Discard

FRIDA:
Una biografía
de Frida Kahlo

HAYDEN HERRERA

FRIDA:
Una biografía
de Frida Kahlo

EDITORIAL DIANA
MEXICO

1a. Edición, Abril de 1985
5a. Impresión, Octubre de 1987

ISBN 968-13-1684-3

Título original: FRIDA. A BIOGRAPHY OF FRIDA KAHLO —
Traductora: Angelika Scherp — DERECHOS RESERVADOS © —
Copyright © 1983 by Hayden Herrera — Edición original en inglés
publicada por Harper & Row, Publishers, New York, N. Y., U.S.A.
— Copyright ©, 1984, por *Editorial Diana, S. A.*, Roberto Gayol
1219, México 12, D. F. — Impreso en México — Printed in Mexico.

Nuestro profundo agradecimiento por el permiso de reimprimir:

Extractos de *The Fabulous Life of Diego Rivera*, de Bertram D. Wolfe. Copyrigth © 1963 Bertram D. Wolfe. Reimpreso con el permiso de Stein and Day Publishers.

Citas de *My Art, My Life*, de Diego Rivera, reimpresas con el permiso de Lyle Stuart, Inc.

Extractos de *Surrealism and Painting*, de André Bretón, traducción de Simón Watson Taylor. Copyright sobre la traducción al inglés © 1972 por Macdonald and Company (Publishers) Ltd. Reimpreso con el permiso del editor.

Versos de "I Paint What I See", *Poems and Sketches of E. B. White*, de E. B. White. Publicación original en *The New Yorker*. Copyright 1933 E. B. White. Reimpreso con el permiso de Harper & Row, Publishers, Inc.

Los dibujos decorativos del Sol y la Luna, que se encuentran sobre las primeras páginas de cada parte y de cada capítulo, son de John Herrera.

A Philip

CONTENIDO

CUARTA PARTE

QUINTA PARTE

SEXTA PARTE

Las ilustraciones a color se encuentran entre las páginas
    128-129 y 304-305
Las ilustraciones en blanco y negro se encuentran entre las páginas
    48-49 y 208-209

Prólogo

EN ABRIL DE 1953, *menos de doce meses antes de que muriera Frida Kahlo, a los 47 años, se inauguró la primera exposición importante de su obra en México, su ciudad natal. Para entonces, su salud había decaído tanto, que nadie esperaba verla ahí. Sin embargo, a las ocho de la noche, cuando la Galería de Arte Contemporáneo en la Ciudad de México, apenas acababa de abrir sus puertas al público, una ambulancia se acercó y la artista, vestida con su traje regional predilecto, se hizo transportar sobre una camilla de hospital, hasta su cama de cuatro postes, que se instaló en la galería esa misma tarde. La cama estaba adornada como a ella le gustaba: con fotografías de su esposo, el gran muralista Diego Rivera, y de sus héroes políticos, Malenkov y Stalin. Esqueletos de papier-mâché colgaban del dosel, y un espejo, sujeto a la parte inferior del mismo, reflejaba su alegre aunque demacrado rostro. Uno por uno, doscientos amigos y admiradores la saludaron, para luego formar un círculo alrededor de su cama y acompañarla cantando canciones mexicanas hasta después de la medianoche.*

Esta ocasión a la vez encierra y culmina la carrera de una extraordinaria mujer. En realidad, revela muchas de las cualidades que caracterizaron a Frida, como persona y pintora: su valor e indomable alegría frente al sufrimiento físico; la insistencia en el elemento de la sorpresa y la especificidad; la pasión propia por el espectáculo, que le sirvió de máscara para proteger su intimidad y dignidad. Ante todo, la apertura de la exposición subrayó el tema central de Frida Kahlo: ella misma. La mayor parte de los doscientos cuadros, más o menos, que produjo durante su breve carrera, fueron autorretratos.

Empezó con material dramático. Era casi bella, y sus pequeños defectos sólo servían para intensificar su magnetismo. Sus cejas formaban una línea continua a través de la frente, y la sombra de un ligero bigote enmarcaba la boca sensual. Tenía los ojos oscuros y almendrados, con las comisuras exteriores prolongadas hacia arriba. Las personas que la conocieron bien dicen que esos ojos resplandecían de inteligencia y humor, además de revelar su estado de ánimo: devorador y fascinante, o escéptica y marchita. Algo en la franqueza penetrante de la mirada hacía que sus visitantes se sintieran desenmascarados, como si los estuviera observando un ocelote.

Siempre reía a carcajadas, con un tono profundo y contagioso que expresaba deleite o el reconocimiento fatalista de lo absurdo del dolor. Su voz era bronca. Sus palabras prorrumpían con vehemencia, rápida y enfáticamente, y eran acentuadas con gestos vertiginosos llenos de gracia, su sonora risa y alguno que otro chillido de emoción. En inglés, el cual hablaba y escribía con soltura, Frida tendía a usar la jerga. Al leer sus cartas hoy en día, impresiona lo que un amigo suyo llamó la "dureza" de su lenguaje; es como si hubiera aprendido el idioma de Damon Runyon. En español, le encantaba usar groserías, palabras como pendejo o hijo de su chingada madre. Disfrutaba de la impresión que esa práctica, en ambos idiomas, causaba en su público, una impresión que era acentuada por el hecho de que tal vocabulario vulgar procedía de una criatura de aspecto tan femenino, y que mantenía la cabeza erguida, sobre un largo cuello, con la nobleza de una reina.

Vestía ropa llamativa y prefería los trajes regionales largos a la haute couture. Provocaba sensación dondequiera que iba. Un neoyorquino recuerda que los niños solían seguirla por la calle. "¿Dónde está el circo?", preguntaban; a Frida Kahlo esto no le molestaba en lo más mínimo.

En 1929 se convirtió en la tercera esposa de Diego Rivera. ¡Qué pareja formaban! Frida era pequeña e intensa, quizá como un personaje de una novela de Gabriel García Márquez, si se quiere; Rivera, enorme y extravagante, como si hubiera salido directamente de Rabelais. Parecían conocer a todo el mundo. Trotsky fue su amigo, al menos durante un tiempo, así como Henry Ford, Nelson Rockefeller, Dolores del Río y Paulette Goddard. La casa de los Rivera, en la ciudad de México, representaba una meca para la intelectualidad internacional, desde Pablo Neruda hasta André Bretón y Sergei Eisenstein. Marcel Duchamp fue el anfitrión de Frida en París, Isamu Noguchi, su amante, y tenía admiradores como Miró, Kandinsky y Tanguy. En Nueva York conoció a Stieglitz y a Georgia O'Keeffe, y la fotografiaron Edward Weston e Imogen Cunningham en San Francisco.

Gracias a la manía de Rivera por la publicidad, su matrimonio se volvió parte del dominio público: todas las aventuras, amores, batallas y separaciones de la pareja eran descritas, con mucho colorido y lujo de detalles, por una ávida prensa. Eran conocidos únicamente por sus nombres de pila. Todos sabían quiénes eran Frida y Diego: él era el artista más grande del mundo; ella, la sacerdotisa, a veces rebelde, en el templo de su esposo. Viva, inteligente y atractiva, cautivaba a los hombres (y aceptaba a muchos como amantes). En cuanto a las mujeres, hay evidencia de que también tuvo relaciones lesbianas. Rivera no parecía preocuparse por éstas, pero se oponía firmemente a los primeros. "No quiero compartir mi cepillo de dientes con nadie", dijo una vez, y amenazó a un intruso con su pistola.

Al conversar con los que conocieron a Frida Kahlo, continuamente impresiona el cariño que inspiraba en ellos. Reconocen que era cáustica e impulsiva. No obstante, cuando hablan de ella, sus ojos a menudo se llenan de lágrimas. Sus recuerdos, llenos de vitalidad, reproducen la historia de su vida como si fuera un cuento de F. Scott Fitzgerald: lleno de diversión y encanto, hasta su final trágico. La verdad es más desoladora. El 17 de septiembre de 1925, cuando tenía 18 años, el autobús que la llevaba de la escuela a su casa chocó con un tranvía, en la ciudad de México. En medio del destrozo, literalmente la atravesó una barra de metal; se fracturó la espina dorsal, se aplastó la pelvis y se rompió un pie. Desde ese día hasta el de su muerte, 29 años después, vivió con el dolor y la constante amenaza de la enfermedad. "Soy campeona en operaciones", decía. También estaba siempre presente el ansia del hijo que no tendría jamás, su pelvis aplastada sólo provocaba abortos, algunos naturales y por lo menos tres terapéuticos, y la angustia de ser engañada con frecuencia, y a veces abandonada, por el hombre a quien amaba. Frida hacía alarde de su alegría, del mismo modo como un pavo real extiende la cola, pero sólo para disimular una profunda tristeza, ensimismamiento e incluso obsesión consigo misma.

"Pinto mi propia realidad", decía. "Lo único que sé es que pinto porque necesito hacerlo, y siempre pinto todo lo que pasa por mi cabeza, sin más consideración. Algunas de las imágenes más originales y dramáticas del siglo XX pasaron por la cabeza de Frida Kahlo e imbuyeron su arte. Al pintarse sangrando, llorando y destrozada, transmutó su dolor en obras de arte de una franqueza extraordinaria, templada por medio del humor y la fantasía. Toda la autobiografía pintada de Frida es específica, personal y minuciosa en lugar de general, con una intensidad y fuerza características, las cuales mantienen al observador bajo una inquietante fascinación.

La mayora de los cuadros son pequeños; el tamaño promedio es de 30 por 38 cm. Estas proporciones se ajustan a la intimidad de sus motivos. Usando pinceles muy finos de cebellina, que siempre tenía muy limpios, cuidadosamente colocaba delicados toques de color con objeto de conseguir un enfoque preciso, haciendo que la fantasía se volviera convincente, a través de la retórica del realismo.

Los resultados agradaron a los surrealistas, quienes le dieron la bienvenida en su grupo a finales de los treinta. Algunos coleccionistas, Edward G. Robinson, Edgar Kaufmann, Jr., A. Conger Goodyear, Jacques Gelman, también se interesaron por los cuadros, pero la mayoría languideció en inmerecida oscuridad hasta hace poco tiempo.

En el otoño de 1977, el gobierno mexicano dedicó la galería más grande y prestigiosa del Palacio de Bellas Artes a una exposición retrospectiva de la obra de Frida Kahlo. Fue un homenaje extraño, porque pareció celebrar la personalidad exótica y la historia de la artista más de lo que honraba su arte. En las grandiosas salas de altos techos, dominaron las enormes fotografías ampliadas de algunos incidentes de su vida. Los cuadros, como joyas, parecían puntuar la exposición.

Sin embargo, al final triunfó el arte, ¹a leyenda que Frida misma creó. Debido a que los cuadros eran tan pequeños, en relación con las fotografías y el espacio total de la exposición, el espectador tenía que acercarse a menos de un metro de cada uno para ajustar la vista a él. A esa distancia, el extraño magnetismo de los mismos ejercía su fuerza de atracción. Basados en distintos momentos clave de su vida, cada uno era como un grito ahogado, o un núcleo de emoción tan densa, que parecía estar a punto de explotar. Los cuadros reducían las tablas fotográficas, montadas en una estructura arquitectónica en el centro de la sala, a algo tan precario y poco estable como una casa de naipes.

El 2 de noviembre de 1978, la Galería de la Raza en Mission, un barrio de San Francisco, inauguró su propio "Homenaje a Frida Kahlo", para celebrar el Día de Muertos, uno de los días festivos más importantes en México. La exposición incluyó las obras de unos 50 artistas (en su mayoría chicanos), a los que se pidió colaboraciones en diferentes medios de expresión y "en el espíritu del simbolismo de Frida Kahlo". Junto a la pared del fondo de la galería se colocó la tradicional ofrenda, un altar dedicado a los difuntos, cubierta de velas, calaveras de dulce, cruces de paja, "pan de muerto" en forma de huesos humanos, un ataúd llena de pájaros de azúcar y una cama de juguete sobre la que yacía una Frida en miniatura. Las obras de los artistas llenaron las demás paredes, así como otras partes de la sala. Muchos yuxtapusieron sus propios retratos con el de Frida, como si quisieran identificarse con ella. Su persona fue representada como heroína política y combatiente revolucionaria, mujer sufrida y sin hijos, esposa maltratada y "Ofelia mexicana". Muchos la vieron como a alguien atormentado por la muerte, aunque desafiante. Una de las artistas explicó su reverencia así: "Para las chicanas, Frida personifica todo el concepto de la cultura. Nos inspira. Sus obras no manifiestan lástima de sí misma, sino fuerza".

Desde entonces, ha crecido el público de Frida Kahlo: una muestra retrospectiva de su obra viajó a seis museos estadounidenses en 1978 y 1979. En 1982, la galería de arte Whitechapel de Londres organizó una exposición llamada "Frida Kahlo y Tina Modotti", la cual visitó Alemania y Nueva York. Para las mujeres en especial, la naturaleza extremadamente personal y femenina de las imágenes de Frida, además de su independencia artística, se han vuelto muy significativas. En el campo del arte, no compitió con Rivera ni se sometió a él, y existen no pocos críticos agudos que sienten que era ella la que pintaba mejor. En efecto, aun Diego con frecuencia decía lo mismo, haciendo alarde de la carta en la que Picasso le escribió: "Ni Derain, ni tu, ni yo somos capaces de pintar una cabeza como las de Frida Kahlo".

A Frida le hubieran complacido los múltiples recuerdos que dejó. De hecho fue ella uno de los creadores de su fabulosa leyenda, y como era tan complicada y tan intrincadamente consciente de sí misma, su mito está lleno de tangentes, ambigüedades y contradicciones. Por eso uno vacila en revelar los aspectos de su realidad que podrían socavar la imagen que ella creó de sí misma. Sin embargo, la verdad no disipa el mito. Aun después de escudriñarla, la historia de Frida Kahlo sigue tan extraordinaria como lo es su fábula.

Capítulo 1

La casa azul de la calle de Londres

LA HISTORIA DE FRIDA KAHLO comienza y termina en el mismo lugar. Desde fuera, la casa de la esquina formada por las calles de Londres y Allende se parece a muchas otras en Coyoacán, una antigua zona residencial de la periferia, ubicada al sudoeste de la ciudad de México. Los muros de un intenso color azul en esta construcción de estuco y un solo piso son avivados por altas ventanas de muchos cristales y postigos verdes, así como por las agitadas sombras de los árboles. Encima de su portal lleva el nombre "Museo Frida Kahlo". Por dentro se halla uno de los sitios más extraordinarios de México: el hogar de una mujer, con todos sus cuadros y efectos personales, convertido en museo.

Dos gigantescos Judas de *papier-mâché* y casi siete metros de alto guardan la entrada, haciéndose ademanes como si estuvieran conversando.* Al pasarlos se penetra en un jardín con plantas tropicales, fuentes y una pequeña pirámide adornada con ídolos precolombinos.

El interior de la casa es notable por la sensación de que la presencia de sus antiguos ocupantes aún anima todos los objetos y cuadros ahí exhibidos. Aquí se encuentran la paleta y los pinceles de Frida Kahlo, abandonados sobre su mesa de trabajo como si los acabara de soltar. Allá, cerca de su cama, están el sombrero *Stetson*, el overol y los enormes zapatos de minero de Diego Rivera. En la gran recámara de la esquina, que da a las calles de Londres y Allende, hay una vitrina con puertas de vidrio que encierra el traje de tehuana, lleno de colores

---

* Estas figuras están destinadas a quemarse en el Sábado de Gloria, pero representan más que la traición de Cristo por Judas. También han llegado a simbolizar el engaño del pueblo por los poderosos opresores. Adaptan muchas formas, por ejemplo, las de policías, soldados, políticos y terratenientes, "cualquiera que merezca el odio de la gente" (Bertram D. Wolfe y Diego Rivera, *Portrait of Mexico,* p. 51).

de Frida. Las siguientes palabras están pintadas en la pared arriba de la vitrina: "Aquí nació Frida Kahlo el día 7 de julio de 1910". Fueron inscritas cuatro años después de la muerte de la artista, cuando su casa se convirtió en un museo público. La pared del patio, en un vivo azul y rojo, está adornada por otra inscripción: "Frida y Diego vivieron en esta casa 1929-1954". ¡Ah! piensa el visitante. ¡Qué bonita circunscripción! He aquí tres hechos principales en la vida de Frida Kahlo: su nacimiento, su matrimonio y su muerte exacta. Como lo demuestra su acta de nacimiento, Frida en realidad nació el 6 de julio de 1907. Reclamando, quizás, una verdad más importante de lo que permitía el hecho preciso, no eligió el verdadero año como su fecha de nacimiento, sino el de 1910, año en que comenzó la Revolución mexicana; y puesto que fue hija de la década revolucionaria, en la que en las calles de la ciudad de México dominaba el caos y el derramamiento de sangre, decidió que ella y el México moderno habían nacido juntos.

La otra inscripción del Museo Frida Kahlo fomenta una imagen ideal y sentimental del matrimonio y el hogar Rivera-Kahlo. Una vez más, la realidad fue otra. Frida y Diego sólo ocuparon brevemente la casa de Coyoacán antes de 1934, cuando regresaron a México después de residir en Estados Unidos durante cuatro años. Entre 1934 y 1939 vivieron en un par de casas que fueron construidas para ellos en la cercana zona residencial de San Ángel. Después hubo largos periodos en los que Diego no vivió con Frida, prefiriendo la independencia de su estudio en San Ángel, por no hablar del año en el que se separaron, se divorciaron y se volvieron a casar.

Por lo tanto, las inscripciones embellecen la verdad. Igual que el museo mismo, forman parte de la leyenda de Frida.

La casa de Coyoacán sólo tenía tres años de construida cuando nació Frida. Su padre la edificó en 1904, en un pequeño lote que adquirió cuando se dividió y vendió la hacienda "El Carmen". Sin embargo, los pesados muros que presenta a la calle, la estructura de un piso, la azotea y el plano en forma de "U", según el cual cada habitación da a la siguiente y al patio central en lugar de estar unidas por pasillos, le dan la apariencia de remontarse a la época colonial. Se encuentra sólo a unas cuadras de la plaza central del pueblo y la parroquia de San Juan Bautista, donde la madre de Frida tenía una banca particular que ella y sus hijas ocupaban los domingos. Desde su casa Frida podía caminar por estrechas calles, a menudo empedradas o sin pavimentar, hasta los Viveros de Coyoacán, un parque selvático, embellecido por un fino río que serpenteaba entre los árboles.

Cuando Guillermo Kahlo construyó la casa de Coyoacán, era un fotógrafo de éxito a quien el gobierno mexicano acababa de encargar el registro del patrimonio arquitectónico de la nación. Era un logro extraordinario para un hombre que llegó a México sin grandes perspectivas sólo trece años antes. Sus padres, Jakob Heinrich Kahlo y Henriette Kaufmann Kahlo, eran judíos húngaros de Arad, ahora parte de Rumania, quienes emigraron a Alemania, estableciéndose en Baden-Baden, donde nació Wilhelm en 1972. Jakob Kahlo era joyero y también comerciaba en artículos fotográficos. Cuando llegó la hora, era suficientemente rico para mandar a su hijo a estudiar en la universidad de Nuremberg.

Alrededor de 1890, la prometedora carrera del estudiante Wilhelm Kahlo finalizó antes de haber comenzado: el joven sufrió heridas en el cerebro a causa de una caída y empezó a padecer de ataques epilépticos. Su madre murió más o menos al mismo tiempo, y su padre se volvió a casar con una mujer con la que Wilhelm simpatizaba. En 1891 el padre le dio a su hijo, de 19 años, suficiente dinero para pagar el pasaje a México; Wilhelm cambió su nombre a Guillermo y no regresó jamás a su país de origen.

Llegó a la ciudad de México casi sin dinero y con pocas posesiones. A través de sus relaciones con otros inmigrantes alemanes, encontró trabajo como cajero en la "Cristalería Loeb". Más tarde ocupó el puesto de vendedor en una librería. Finalmente, trabajó en una joyería llamada "La Perla", cuyos dueños eran compatriotas con los que había viajado de Alemania a México.

En 1894 se casó con una mujer mexicana que murió cuatro años después al dar a luz a su segunda hija. Entonces, se enamoró de Matilde Calderón, una compañera de trabajo de "La Perla". Frida contó la historia así: "La noche en que murió su esposa mi padre llamó a mi abuela Isabel, quien llegó con mi madre. Ella y mi padre trabajaban en la misma tienda. Él estaba muy enamorado de ella y más tarde se casaron".

No es difícil imaginar por qué Guillermo Kahlo amaba a Matilde Calderón. Las fotografías tomadas de ella el día de su boda demuestran que era una mujer de gran belleza, con enormes ojos oscuros, labios gruesos y un mentón decidido. Era "como una campanita de Oaxaca", dijo Frida en una ocasión. "Cuando iba al mercado, ceñía con gracia su cintura y cargaba coquetamente su canasta". Nacida en Oaxaca en 1876, Matilde Calderón y González era la mayor de doce hijos de Isabel González y González, la hija de un general español, educada en un convento, y de Antonio Calderón, un fotógrafo de descendencia indígena procedente de Morelia. Según Frida, su madre era inteligente aunque iletrada; lo que le faltaba en cuanto a educación lo compensaba con su piedad.

Resulta un poco más difícil imaginar qué fue lo que atrajo a la devota Matilde Calderón hacia Guillermo Kahlo. El inmigrante de 26 años era judío por nacimiento, ateo por convicción, y padecía ataques. Por otra parte, su piel blanca y su culto origen europeo seguramente tenían cierto atractivo, en esos días en los que lo europeo se consideraba superior a todo lo mexicano. Además, era inteligente, trabajador y bastante apuesto, a pesar de sus orejas salientes. Su espeso cabello era castaño y tenía una boca bella y sencilla, un magnífico bigote que se torcía hacia arriba precisamente como debía y un cuerpo ágil y esbelto. "Era muy interesante y se movía con elegancia al caminar", comentaba Frida. Si bien la mirada de sus enormes ojos color cafés era demasiado intensa, y se volvió más perturbadora e intranquila a través de los años, también era romántica.

A los veinticuatro años, Matilde había rebasado la edad normal de contraer matrimonio, y es posible que haya sido particularmente sensible a causa de una aventura anterior que terminó de manera trágica. Frida recordaba que cuando tenía once años su madre le mostró un libro, encuadernado en piel rusa, "donde guardaba las cartas de su primer novio. En la última página estaba escrito que el autor de las cartas, un joven alemán, se había suicidado en su presencia. Ese hombre vivía siempre en su memoria". Es natural que la joven mujer se sintiera atraída por otro alemán, y si no lo amaba, Frida afirmaba que no, al menos pensó que era un buen partido.

Fue Matilde Calderón de Kahlo quien persuadió a su esposo a dedicarse a la fotografía, la profesión de su padre. Frida dijo que su abuelo le prestó una cámara a su padre, "y lo primero que hicieron fue salir de gira por la república. Lograron una colección de fotografías de arquitectura indígena y colonial y regresaron, instalando su primer despacho en la avenida 16 de Septiembre".

Las fotografías fueron encargadas por José Ives Limantour, el secretario de Hacienda bajo el dictador Porfirio Díaz. Debían ilustrar una serie de publicaciones de lujo y gran formato para la celebración, en 1910, del centenario de la Independencia mexicana. Entre 1904 y 1908, usando buenas cámaras de fabricación alemana y más de novecientas placas de vidrio preparadas por él mismo, Guillermo Kahlo registró la herencia arquitectónica de México, ganándose el elogioso título de "primer fotógrafo oficial del patrimonio cultural mexicano".

La elección de Limantour efectivamente fue buena: Guillermo Kahlo era un técnico exigente con un enfoque tenazmente objetivo de lo que veía. En sus fotografías, igual que en las pinturas de su hija, no hay efectos engañosos ni ofuscación romántica. Trataba de proporcionar toda la información posible acerca de la estructura arquitectónica que fotografiaba, seleccionando con cuidado su posición y utilizando la luz y la sombra para delinear las formas. Un anuncio de su trabajo, escrito en inglés y español, decía: "Guillermo Kahlo, especialista en paisajes, edificios, interiores, fábricas, etcétera, y que toma fotografías sobre pedido, ya sea en la ciudad o en cualquier otro punto de la república". Aunque de cuando en cuando hacía excelentes retratos de miembros del gobierno de Díaz y de su propia familia, afirmaba que no quería fotografiar a personas, porque no deseaba mejorar lo que Dios había hecho feo.

Es difícil decir si Guillermo Kahlo reconocía el humor de tal afirmación, pero cuando los contemporáneos de Frida hablan de él, casi siempre recuerdan también sus dichos, y por lo regular, es directa, sardónica y al mismo tiempo graciosa, de una manera maravillosamente impasible.

Esto no significa que el padre de Frida fuera un hombre alegre. Por lo contrario, era una persona de pocas palabras, cuyo silencio tenía una poderosa resonancia, y lo rodeaba una aura de amargura. Nunca llegó a sentirse verdaderamente a gusto en México, y aunque estaba deseoso de ser aceptado como mexicano, jamás perdió su marcado acento alemán. Con el tiempo se ensimismó más y más. Frida recordaba que sólo tenía "dos amigos: uno era un viejo largote que siempre dejaba su sombrero sobre el techo del ropero. Mi padre y el viejo pasaban las horas jugando al ajedrez y tomando café".

En 1936 Frida representó su lugar de nacimiento y su árbol genealógico en el encantador y singular cuadro *Mis abuelos, mis padres y yo* (ilustración 2). Se presenta a sí misma como una niña pequeña (según ella, tenía alrededor de dos años) de pie, desnuda y muy dueña de sí misma, en el patio de su casa azul, con una silla tamaño infantil junto a ella. Está sujetando una cinta carmesí, la línea de su sangre, que sostiene su árbol genealógico tan fácilmente como si fuera el cordón de un preciado globo. Los retratos de sus padres se basan en la fotografía de su casamiento, en la cual la pareja flota como ángeles en el cielo, enmarcada por una aureola de nubes. Este anticuado convencionalismo fotográfico debió divertir a Frida: en el cuadro colocó los retratos de sus abuelos en blandos nidos de cúmulos muy similares. Los abuelos maternos de Frida, el indígena Antonio Calderón y la gachupina Isabel González y González, están situados arriba de la madre de Frida. Al lado de su padre se encuentra una pareja europea, Jakob Heinrich Kahlo y Henriette Kaufmann Kahlo. No cabe la menor duda acerca del origen de la característica física más notable de Frida Kahlo: heredó las gruesas cejas unidas de su abuela paterna. Frida decía que se parecía a ambos padres: "Tengo los ojos de mi padre y el cuerpo de mi madre". En el cuadro, Guillermo Kahlo tiene una mirada desasosegada y penetrante, que con inquietante intensidad volvería a aparecer en los ojos de su hija.

Frida copió con exactitud cada volante, costura y lazo del traje de novia de su madre, según aparece en la fotografía original, creando un fondo humorístico para el feto rosado y bastante desarrollado que colocó sobre la virginal falda blanca. El feto es Frida; aunque también puede referirse a la posibilidad de que su madre estuviera embarazada al casarse, pues es característico de cómo Frida se deleitaba con múltiples significados. Debajo del feto se halla un retrato burlesco de bodas: un gran esperma, perseguido por un cardumen de competidores más pequeños, penetra en un óvulo: Frida en el momento de la concepción. Muy cerca se encuentra otra escena de fecundación: la flor carmesí en forma de "U" de un cacto se abre para recibir el polen llevado por el viento.

Frida no sitúa su casa en los suburbios sino en la llanura salpicada por cactos de la alta meseta central de México. En la lejanía están las montañas acuchilladas por barrancos que frecuentemente formaron el escenario de sus autorretratos. Justo debajo de las imágenes de sus abuelos paternos se halla el océano. La tierra simboliza a sus abuelos mexicanos, explicaba Frida, y el mar, a los alemanes. Un humilde hogar mexicano se encuentra junto a la casa de los Kahlo, y en un campo más allá hay una morada aún más primitiva: una choza indígena de adobe. En una visión infantil, la artista incluye a todo el pueblo de Coyoacán en su propia casa, que entonces coloca aparte del resto de la realidad en un desierto. Frida se pone en el centro de su casa, en el centro d México, en el centro, da la sensación, del mundo.

Capítulo 2

Infancia en Coyoacán

MAGDALENA CARMEN FRIDA KAHLO Y CALDERÓN, la tercera hija de Guillermo y Matilde Kahlo, nació el 6 de julio de 1907 a las ocho y media de la mañana, en plena temporada veraniega de lluvias, en la cual la meseta alta de la ciudad de México es fría y húmeda. Recibió los primeros dos nombres para que pudiera ser bautizada cristianamente. Su familia usaba el tercero, que significa "paz" en alemán. (A pesar de que su acta de nacimiento dice "Frida", ella lo escribía en alemán, con una *e*, hasta fines de los treinta, omitiéndola a partir de entonces a causa del crecimiento del nazismo en Alemania.)

Poco después de que naciera Frida, su madre se enfermó y una nodriza indígena amamantó a la niña por un tiempo. "Me crió una nana cuyos senos se lavaban cada vez que iba a mamar", le contó orgullosamente a una amiga. Años después, el hecho de que la alimentó la leche de una mujer indígena se volvió crucial para ella, y pintó al ama de cría como la encarnación mítica de su herencia mexicana, y a sí misma, como una niña de pecho.

En gran parte, las hermanas mayores de Frida, Matilde y Adriana, cuidaron de ella y de la más pequeña, Cristina. Sus hermanastras, María Luisa y Margarita, fueron colocadas en un convento cuando se volvió a casar su padre, y también ellas se encargaron de esa tarea cuando se encontraban en la casa. Es posible que se haya requerido esa ayuda por el temperamento de Matilde Kahlo o por su estado de salud, ya que empezó a padecer "ataques" semejantes a los de su esposo, cuando se acercó a la edad madura.

Tres años después de nacer Frida, estalló la Revolución Mexicana. Comenzó con sublevaciones en varias partes del país, y con la formación de ejércitos guerrilleros en Chihuahua, bajo Pascual Orozco y Pancho Villa; en Morelos, bajo Emiliano Zapata. Estas condiciones se mantuvieron durante diez años. En mayo de 1911, cayó y fue exiliado el antiguo dictador, Porfirio Díaz. En octubre de

1912, se eligió como presidente al líder revolucionario Francisco Madero. Sin embargo, éste fue traicionado y asesinado por el general Victoriano Huerta en febrero de 1913, después de la "decena trágica", durante la cual tropas adversarias se bombardearon desde el Palacio Nacional y la Ciudadela, causando mucha destrucción y muerte. En el norte, apareció Venustiano Carranza para vengar el asesinato de Madero. Adoptó el título de "primer jefe del Ejército Constitucionalista" y salió a derrocar a Huerta, disponiendo de un pequeño grupo de soldados. Las violentas maniobras realizadas para alcanzar el poder, así como el inevitable derramamiento de sangre, no terminaron por completo hasta la toma del poder por el presidente Álvaro Obregón, uno de los generales de Carranza, en noviembre de 1920.

Durante la última década de su vida, Frida escribió un diario que ahora se encuentra en exhibición dentro de su museo. En él, orgullosamente recuerda, quizá con bastante licencia poética, ser testigo de las batallas entre los ejércitos revolucionarios adversarios que invadieron la ciudad de México:

Recuerdo tener cuatro años (en realidad tenía cinco) cuando tuvo lugar la "decena trágica". Con mis propios ojos vi la batalla entre los campesinos de Zapata y los carrancistas. Mi ubicación era muy buena. Mi madre abrió las ventanas que daban a la calle de Allende para dar entrada a los zapatistas, y se encargó de que los heridos y los hambrientos saltaran de las ventanas de la casa a la "sala de estar". Ahí los curó y les dio gorditas de maíz, lo único que se podía conseguir de comer durante esos días en Coyoacán... Eramos cuatro hermanas: Matita, Adri, yo (Frida) y Cristi, la gordita...

Durante 1914, sólo se oía el silbido de las balas. Todavía recuerdo su extraordinario sonido. En el tianguis de Coyoacán se vendía propaganda a favor de Zapata, en forma de corridos editados por (el impresor José Guadalupe) Posada. Los viernes cada hoja costaba un centavo. Cristi y yo contábamos las baladas, encerrándonos en un gran armario que olía a madera de nogal, mientras mis padres vigilaban para que no cayéramos en manos de los guerrilleros. Recuerdo cómo un carrancista herido corrió hacia su cuartel (ubicado cerca) del río de Coyoacán. Desde la ventana, también pude ver cómo (un) zapatista, que había sido herido en la rodilla por un balazo, se agachó para ponerse los huaraches.

(Aquí Frida dibujó a los dos hombres.)

Los padres de Frida no experimentaron la revolución como una aventura sino como un infortunio. Las comisiones que Guillermo Kahlo recibía del gobierno de Díaz, fueron lo suficientemente altas para edificar una casa confortable sobre un lote ubicado en una sección elegante de Coyoacán. La caída del dictador y la década de guerra civil que siguió lo llevaron a la penuria. Era difícil obtener comisiones fotográficas de cualquier tipo. Según Frida, "era con gran dificultad que se ganaba la subsistencia en mi casa".

Matilde Calderón se casó con un hombre de buenas perspectivas y, de repente, se vio obligada a escatimar y ahorrar. Su esposo no sabía administrar dinero, y con frecuencia no podía comprar ni los artículos fotográficos que necesitaba. Hipotecaron la casa, vendieron los muebles franceses de la sala y en cierto momento tuvieron que alquilar cuartos. Guillermo Kahlo se volvió cada vez más taciturno y misantrópico, mientras su esposa, ya madura, mantenía el funciona-

miento del hogar, regañando a los sirvientes, regateando con los comerciantes y
discutiendo con el granjero que entregaba la leche. "No sabía leer ni escribir",
recordaba Frida. "Sólo sabía contar dinero".

Matilde Kahlo sabía más que eso. Les enseñó a sus hijas los trabajos domésticos que acompañan una educación mexicana tradicional, e intentó transmitirles
la fe religiosa que significaba tanto para ella, llevándolas a la iglesia todos los
días y a los retiros durante Semana Santa. Frida aprendió a coser, bordar,
guisar y limpiar a temprana edad; durante toda su vida la belleza y el orden de
su hogar constituyeron un motivo de orgullo para ella. Sin embargo, tanto ella
como Cristina se rebelaron contra la piedad tradicional de su madre, sus hermanas
mayores (Margarita se volvió monja) y sus tías. "Mi madre llegaba a la histeria
por la religión", comentaba Frida. "Teníamos que orar antes de las comidas.
Mientras los demás estaban concentrados en sí mismos, Cristi y yo nos mirábamos
esforzándonos por contener la risa". Ambas asistían a clases de catecismo, como
preparación para su Primera Comunión, "pero nos escapábamos para ir a comer
tejocotes, membrillos y capulines en un huerto cercano".

Cuando empezaron a ir a la escuela, Frida y Cristina lo hicieron juntas.
"Entre los tres y los cuatro años de edad a Cristi y a mí nos mandaban a un
colegio de parvulitos", recordaba Frida. "La maestra era del tiempo antiguo, con
cabello postizo y trajes rarísimos. Mi primer recuerdo se refiere justamente a esa
maestra: se encontraba parada al frente del salón todo oscuro, sosteniendo en
una mano una vela y en la otra una naranja, explicando cómo era el universo,
el Sol, la Tierra y la Luna. Me oriné de la impresión. Me quitaron los calzones
mojados y me pusieron los de una niña que vivía enfrente de mi casa. A causa
de eso le cobré tal odio, que un día la traje cerca de mi casa y comencé a ahorcarla. Ya estaba con la lengua de fuera cuando pasó un panadero y la libró de
mis manos".

Sin duda Frida exagera su carácter diabólico, pero definitivamente era traviesa. Una vez su hermanastra, María Luisa, estaba sentada en la bacinica, "cuando la empujé y cayó hacia atrás con la bacinica y todo". En esa ocasión, la
víctima se desquitó. "Furiosa me dijo: «Tú no eres hija de mi mamá y de mi
papá. A ti te recogieron en un basurero». Aquella afirmación me impresionó al
punto de convertirme en una criatura completamente introvertida. Desde entonces
viví aventuras con una amiga imaginaria".

Tales rechazos no desanimaban a Frida durante mucho tiempo. Aun osaba
tomarle el pelo a su padre, y se burlaba de sus puntillosas costumbres alemanas
llamándolo "Herr Kahlo". Jugó un papel principal en el episodio que demuestra,
quizá mejor que cualquier otro, la infelicidad que reinaba en casa de los Kahlo
durante la infancia y la adolescencia de las hermanas. Frida contó la historia:

A los siete (años) ayudé a mi hermana Matilde, que tenía 15, a que se esca-
para a Veracruz con su novio. Le abrí el balcón y luego cerré como si nada hubiera
pasado. Matita era la preferida de mi madre y su fuga la puso histérica... Cuando
Mati se fue, mi padre no dijo una palabra...

Durante algunos años no volvimos a ver a Matita. Cierto día, mientras viajá-
bamos en un tranvía, mi padre me dijo: "¡No la encontraremos nunca!" Yo lo
consolé y en verdad mis esperanzas eran sinceras (porque una amiga me había di-

cho:): "Por la colonia Doctores vive una señora parecidísima a ti. Se llama
Matilde Kahlo". La encontré al fondo de un patio, en la cuarta habitación de un
largo corredor. Era un cuarto lleno de luz y pájaros. Matita se estaba bañando con
una manguera. Vivía allí con Paco Hernández, con el que después se casó. Gozaban
de buena situación económica y no tuvieron hijos. Lo primero que hice fue avisar
a mi padre que ya la había encontrado. La visité varias veces y traté de convencer a
mi madre de que la visitara, pero no quiso.

Pasó mucho tiempo antes de que la madre de Frida perdonara a su hija
mayor. Matilde solía llegar a casa con fruta y manjares exquisitos, pero como
su madre le negaba la entrada, tenía que dejar sus obsequios en la puerta. Más
tarde, cuando ya Matilde se había ido, la señora Kahlo los metía a la casa. En
1927, doce años después de la fuga, Frida por primera vez pudo escribirle a un
amigo que "Maty ya visita esta mansión. Se han hecho las paces".

Los sentimientos encontrados que su madre inspiraba a Frida, tanto el amor
como el desprecio, se manifestaron en una entrevista, en la que la describió como
"cruel" (por ahogar una camada de ratas) y, al mismo tiempo, como "muy simpática, activa, inteligente". Al envejecer ambas, las inevitables batallas con la
mujer, a quien llamaba "mi jefe", se volvieron más reñidas. Sin embargo, Frida
"no cesaba de llorar" cuando murió su madre.

De niña, Frida era una diablilla gordita, con un hoyuelo en el mentón y un
centelleo travieso en los ojos. Un retrato de la familia, tomado cuando ella tenía
alrededor de siete años, muestra un cambio notable. Está delgada y larguirucha,
con una expresión sombría e introvertida. Se encuentra sola detrás de un arbusto,
como si deseara ocultarse.

Este cambio se debió a una enfermedad: a los seis años, Frida contrajo poliomielitis. Tuvo que pasar nueve meses en su cuarto. "Todo comenzó con un dolor
terrible en la pierna derecha, desde el muslo hacia abajo", recordaba. "Me lavaban
la piernita en una tinita con agua de nogal y pañitos calientes".

La extraña ambivalencia de la obsesión consigo misma y la extraversión que
caracterizaba a Frida como adulto, puede haber surgido en la niña enferma, a
partir de su conciencia exacerbada de la discrepancia entre el mundo interior, el
del ensueño, y el exterior, del intercambio social. Jamás la abandonó la fantasía
de que tenía una amiga imaginaria, su confidente consoladora. En su diario, explicó el origen del autorretrato doble llamado *Las dos Fridas* (lámina XIV):

Debo haber tenido seis años cuando viví intensamente la amistad imaginaria
con una niña de mi misma edad más o menos. En la vidriera del que entonces era
mi cuarto y que daba a la calle de Allende. Sobre uno de los primeros cristales de
la ventana echaba vaho y con el dedo dibujaba una "puerta". (Aquí Frida dibujó la
ventana.) Por esa "puerta", salía en la imaginación con gran alegría y urgencia.
Atravesaba todo el llano que se miraba, hasta llegar a una lechería que se llamaba
"PINZÓN"... Por la "o" de PINZÓN entraba y bajaba impetuosamente *al interior
de la tierra*, donde "mi amiga imaginaria" me esperaba siempre. No recuerdo su
imagen ni su color. Pero sí sé que era alegre, se reía mucho, sin sonidos. Era ágil
y bailaba como si no tuviera peso alguno. Yo la seguía en todos sus movimientos y
le contaba, mientras ella bailaba, mis problemas secretos. ¿Cuáles? No recuerdo. Pero
ella sabía por mi voz todas mis cosas. Cuando ya regresaba a la ventana, entraba

por la misma puerta dibujada en el cristal. ¿Cuándo? ¿Por cuánto tiempo había estado con ella? No sé. Pudo ser un segundo o miles de años... Yo era feliz. Desdibujaba la "puerta" con la mano y "desaparecía". Corría con mi *secreto* y mi alegría hasta el último rincón del patio de mi casa y siempre en el mismo lugar, debajo de un árbol de cedrón, gritaba y reía, asombrada de estar *sola* con mi gran felicidad y el *recuerdo* tan vivo de *la niña*. Han pasado 34 años desde que viví esa amistad mágica y cada vez que la recuerdo, se aviva y se acrecienta más y más dentro de mis mundos.

Cuando Frida estuvo de nuevo en pie, un médico recomendó un programa de ejercicios físicos para fortalecer su marchito miembro derecho. Guillermo Kahlo, quien durante la enfermedad de su hija se mostró más cariñoso qque de costumbre, se aseguró de que se dedicara a toda clase de deportes, lo cual era muy poco común para las respetables jóvenes mexicanas de esa época. Jugaba futbol, boxeaba, practicaba la lucha y se convirtió en una campeona de natación. Según recordaba, "mis juguetes eran los de un muchacho: patines, bicicletas". Le gustaba subirse a los árboles, remar en el lago de Chapultepec y jugar a la pelota.

No obstante, contó: "la pierna quedó muy delgada. A los siete años usaba botitas. Al principio supuse que las burlas (acerca de mi pierna) no me harían mella, pero después sí me hicieron, y cada vez más intensamente". Una amiga de la niñez de Frida, la pintora Aurora Reyes, afirma: "Éramos bastante crueles a causa de su pierna. Cuando andaba en bicicleta le gritábamos: «¡Frida, pata de palo!», y ella solía contestar, furiosa, con muchas maldiciones". Ocultaba la pierna usando tres o cuatro calcetines en la pantorrilla más delgada y un tacón más alto en el zapato derecho. Otros amigos admiran el hecho de que nunca permitió que su leve deformidad interfiriera con su actividad física. La recuerdan mostrando las bombachas negras, pedaleando en su bicicleta como demonio alrededor del jardín Centenario. "Tenía una coordinación física y una gracia extraordinaria. Al caminar daba pequeños saltitos que parecía flotar como pájaro en vuelo".

Sin embargo, era un pájaro herido y, por lo tanto, diferente de los otros niños. Con frecuencia se encontraba sola. Precisamente en la edad en la que hubiera podido extender su mundo más allá del círculo familiar, trabando amistades, pero fue obligada a permanecer en casa. Cuando se recuperó y regresó a la escuela, los otros niños se burlaban de ella y la dejaban fuera de sus juegos. Alternativamente reaccionó ensimismándose (dijo que se convirtió en una "criatura introvertida") y exagerando en la compensación de sus temores, al volverse primero un marimacho y después, "peculiar".

Frida se halla sola, tanto en la fotografía en la que se coloca aparte del grupo familiar, como en los cuadros que la retratan de niña (aun en su representación del árbol genealógico, se encuentra separada de los demás). Aunque esa soledad tiene mucho que ver con los sentimientos que tuvo en el momento de producir dichas pinturas, también es seguro que sus recuerdos artísticos dicen la verdad acerca de su pasado: un adulto solitario recuerda semejantes momentos de soledad.

En un cuadro, pintado en 1938 e inscrito con las palabras "Piden aeroplanos y les dan alas de petate" (ilustración 4), Frida combinó el recuerdo de una desilusión infantil menor, con el de cómo la poliomielitis redujo su movilidad, y con la frustración más reciente que sufrió al quedar inmovilizada por una operación en el pie. El biógrafo de Diego Rivera, Bertram D. Wolfe, afirma que el cuadro se remontaba a "la ocasión cuando sus padres la vistieron con un traje blanco y alas, para representar a un ángel. Alas que le provocaron gran infelicidad, porque no servían para volar. En esta obra, Frida, que parece tener alrededor de siete años, sostiene lo que pidió y no recibió: un avión de juguete. Las alas de paja que sí obtuvo están suspendidas del cielo por cintas; es evidente que no sirven para volar. Para hacer hincapié en eso, Frida rodea su falda con otro cordón, y sujeta los lazos de cada extremo al suelo con clavos.

Otro cuadro en el que Frida se representa como una niña solitaria es *Cuatro habitantes de México* (ilustración 5), pintado en 1938. Su significado es más ambiguo que el del autorretrato con las alas de petate, y a primera vista parece una muestra inofensiva de folclor mexicano. En realidad representa la imagen importante de una niña que confronta los símbolos de su patrimonio cultural.

Sin la protección de los muros de su casa, Frida está sentada en el suelo de tierra, chupándose el dedo medio y agarrando los pliegues de su falda. Con el rostro impasible, está absorta en las idas y venidas del mundo adulto. A su lado se encuentran cuatro personajes extraños: un ídolo precolombino de Nayarit, un Judas, un esqueleto de barro y un jinete de paja. Los cuatro habitantes fueron pintados a imitación de artefactos mexicanos que realmente pertenecían a los Rivera. La escena debe ubicarse en Coyoacán: al fondo se ve "La Rosita", una pulquería situada cerca de la casa de Frida. La plaza está casi "vacía, con muy poca gente", comentó Frida, "porque la revolución demasiado larga dejó un México desierto". Por grande que haya sido el amor que sentía por su patria, Frida pintó una visión muy ambivalente, identificando los sufrimientos del país con los suyos.

La joven Frida tiene la mirada fija en uno de los cuatro habitantes: la escultura precolombina de barro, que representa a una mujer embarazada y desnuda, la cual simboliza tanto la herencia indígena de México como el futuro propio de la niña, como mujer sexualmente madura. Al igual que Frida lo estaría de adulta, el ídolo está roto: faltan las partes delanteras de sus pies, y su cabeza ha sido desprendida y reparada de nuevo. Frida explicó a un amigo que el ídolo está embarazado porque tiene algo vivo adentro, a pesar de haber muerto, y "eso es lo más importante en los indígenas". Se encuentra desnuda "porque ellos no se avergüenzan del sexo ni de otras cosas igualmente estúpidas".

El Judas, un hombre grande, de bigote, sin rasurar y vestido con un overol azul, hace ademanes como si estuviera articulando un pronunciamiento. Mantiene una de las mechas de su red de explosivos en una posición que sugiere un pene erecto. Constituye la contraparte masculina del ídolo, embarazado y pasivo; es el líder y destructor que se explota a sí mismo, lleno de furia y con mucho ruido. La sombra larga que proyecta sobre la tierra pasa entre las piernas del ídolo femenino y se detiene junto a la silueta del mismo, uniéndolos como pareja. Esa sombra también toca a la niña, convirtiéndola en parte de la familia formada por el Judas y la estatuilla. Frida declaró que hallaba más humor que amenaza en el personaje del Judas, y explicó que servía como pretexto para la alegría, la diversión y la irresponsabilidad sin tener nada que ver con la religión. "Se quema", aclaró... hace ruido, es bonito y porque se hace pedazos posee colorido y forma.

El esqueleto con su mueca constituye la versión grande de lo que los niños mexicanos suelen cargar y columpiar el Día de Muertos. Simboliza "la muerte: algo muy alegre, un chiste", según Frida. Al igual que el ídolo embarazado, el esqueleto se encuentra sobre el campo visual de la niña; éste también, representa su futuro.

A medio fondo detrás del esqueleto, se halla el hombre de paja, posiblemente un bandido revolucionario como Pancho Villa. Lleva un sombrero y una cartuchera, y va montado en un burro, también de paja. Indica la fragilidad y el patetismo inherentes a la vida mexicana, una mezcla intensa de pobreza, orgullo y sueños. Frida dijo que lo incluyó en el cuadro "por débil y, al mismo tiempo, por poseer tal elegancia y ser tan fácil de destruir".

Esta visión de México es extraña, porque insinúa que los habitantes del país, hechos de *papier-mâché*, paja y barro, son los sobrevivientes efímeros de una historia atroz. Sin embargo, esos objetos tuvieron un significado personal para la Frida ya madura; al igual que los monos y otras mascotas que la rodeaban, todos los cuales formaron para ella una especie de familia. Le ofrecieron el consuelo familiar en un mundo que a menudo parecía vacío. Los cuatro habitantes, de los cuales reaparecen tres en *La mesa herida* (1940; ilustración 55), acompañaron a Frida en un drama pintoresco y doloroso. En efecto, al crear su personalidad mexicana, ella misma se convirtió en el quinto habitante de México.

Frida tardó años en realizar esa transformación. La poliomielitis fue el comienzo. Durante toda su vida odió el resultado de esa enfermedad, su pierna marchita, y la ocultaba bajo largas faldas regionales. Compensó ese defecto (y sus otras heridas) llegando a ser la más mexicana entre los mexicanos.

Guillermo Kahlo se sintió más unido a Frida que a cualquiera de sus otras cinco hijas. Aunque rara vez era expresivo, acostumbraba murmurar, en voz baja, *Frida, liebe Frida,** cuando regresaba a Coyoacán de su trabajo en la ciudad de México. En ella reconoció algo de su propia sensibilidad desasosegada, su introspección e inquietud. "Frida es la más inteligente de mis hijas", solía comentar Kahlo. "Es la que más se parece a mí".

Siendo un hombre de hábitos fijos, no tenía mucho tiempo para sus hijas. Temprano por la mañana salía hacia el centro de la ciudad de México, donde su estudio se encontraba en la esquina de las calles de Madero y Motolinia, arriba de "La Perla", la joyería en la que trabajara tiempo atrás. A causa de la distancia entre éste y Coyoacán, no adoptó la costumbre mexicana de regresar a casa a mediodía para tomar la comida principal. En su lugar, la señora de Kahlo le preparaba el almuerzo en una canasta y se lo mandaba por medio de un mozo.

El estudio, compuesto de un pequeño taller y un cuarto oscuro, formaba su propio mundo privado. Contenía todos los accesorios necesarios para los retratos fotográficos (un tapete oriental, sillas francesas y telones de foro, decorados con paisajes imaginarios), sus grandes cámaras alemanas, objetivos y placas de vidrio,

* Aquí hubo un error en el original, que decía "lieber". Sin embargo, esta forma de la palabra es masculina en alemán y su uso no sería correcto en este caso. (N. T.)

además de una locomotora hecha a escala, cuyas partes intrincadas mantenía con mucho cuidado. Como correspondía a un europeo culto que vivía en México durante esa época, también contaba con una biblioteca pequeña, pero seleccionada con mucha atención. Los libros principalmente eran en alemán, e incluían obras de Schiller y Goethe, así como numerosos volúmenes de filosofía. En una ocasión declaró delante de sus hijas, con tono sentencioso, que "la filosofía hace prudentes a los hombres y les ayuda a cumplir sus responsabilidades". Arriba de su escritorio, en una posición que dominaba la habitación, colgaba un retrato grande de su héroe personal: Arthur Schopenhauer.

Todas las noches Guillermo Kahlo regresaba a casa a la misma hora. Saludaba a su familia de manera solemne, atenta y algo severa, para luego ir directamente a encerrarse, durante una hora, en la habitación que albergaba su piano alemán. Tenía pasión por Beethoven, en primer lugar, y luego por Johann Strauss; los acordes del *Danubio azul* apenas se oían a través de las gruesas paredes. Al reaparecer, comía solo, mientras su esposa lo atendía en silencio. Después de la cena volvía a tocar el piano, y siempre leía antes de retirarse a descansar.

Aunque no hubo una unión íntima entre Kahlo y sus hijas, sí era atento con su preferida. Estimulaba el desarrollo del espíritu intelectual aventurero de Frida, prestándole libros de su biblioteca, y la incitaba a compartir sus sentimientos de curiosidad y pasión por todas las manifestaciones de la naturaleza, las piedras, las flores, los animales, los pájaros, los insectos y las conchas. A veces Frida y su padre iban a los parques cercanos, donde Kahlo pintaba acuarelas (era un aficionado a la pintura), mientras su hija se pasaba horas juntando guijarros, insectos y plantas raras en la orilla del río. Llevaba todo a la casa, para buscarlo en libros, disecarlo u observarlo con un microscopio.

Cuando Frida tuvo edad suficiente, su padre la hizo partícipe de su interés en la arqueología y el arte de México. Le enseñó a usar una cámara y a revelar, retocar y colorear fotografías. A pesar de que la joven Frida no tenía mucha paciencia para ese trabajo agotador, algo del esmero y de la preocupación de su padre por los diminutos detalles superficiales volvería a aparecer en sus propios cuadros. El retocado de fotografías implicaba minúsculas pinceladas en una escala muy reducida, técnica que llegó a formar parte esencial del estilo de Frida. La rígida formalidad de los retratos de su padre influyó en su concepción del género. Reconociendo el vínculo entre el arte de éste y el de ella misma, en una ocasión Frida dijo que sus cuadros eran como las fotografías hechas por su padre para ilustrar calendarios, con la única diferencia de que ella pintaba los calendarios que se encontraban dentro de su cabeza, en lugar de representar la realidad exterior. Aunque los cuadros meticulosamente realistas de Guillermo Kahlo, en su mayor parte naturalezas muertas y sentimentales escenas campestres, no hayan tenido influencia en Frida, sí la tuvo el hecho de que este último fuera pintor, además de fotógrafo: ella constituye un ejemplo más de una artista mujer con un padre que fomentara su carrera. (Otros ejemplos son Marietta Robusti, la hija de Tintoretto; Artemisia Gentileschi y Angelica Kaufman.)

Después de la lucha de Frida contra la poliomielitis, ella y su padre se sintieron aún más unidos, debido a la experiencia común de la enfermedad y la soledad. Frida recordaba que los ataques de él con frecuencia ocurrían de noche, poco antes de que ella se acostara. De niña la alejaban para que no estorbara. No se le explicaba nada, y se quedaba en cama, asustada y asombrada. En la mañana le causaba igual confusión el encontrar a su padre comportándose de manera completamente normal, como si nada hubiera pasado. Según ella, se convirtió en una "clase de misterio que inspiraba temor y también compasión". Más tarde, lo acompañaba con frecuencia en sus excursiones fotográficas, para estar con él cuando la necesitara. "Muchas veces, al ir caminando con la cámara al hombro y llevándome de la mano, se caía repentinamente. Aprendí a ayudarlo durante sus ataques en plena calle. Por un lado cuidaba de que aspirara prontamente éter o alcohol, y por otro vigilaba que no robaran la máquina fotográfica".

Años después, Frida apuntó en su diario: "Mi niñez fue maravillosa. Aunque mi padre estaba enfermo (sufría vértigos cada mes y medio), para mí constituía un ejemplo inmenso de ternura, trabajo (como fotógrafo y pintor) y, sobre todo, de comprensión para todos mis problemas".

El *Retrato de Don Guillermo Kahlo* (ilustración 7) constituye otro testimonio de su amor filial. Está basado en una fotografía que probablemente fue tomada por él mismo, y lo pintó en 1952, once años después de que murió de un ataque al corazón, y sólo dos años antes de la muerte de la artista. Los colores sobrios, café, gris y negro, sugieren la seriedad de Herr Kahlo. El ceño fruncido y la mirada extraña y obsesiva de sus ojos demasiado grandes, ojos tan redondos y brillantes como el objetivo de su cámara, insinúan la falta de equilibrio emocional. Sorprende que Frida haya usado la palabra "tranquilo" una vez para describir a su padre, porque su aparente calma se debió más a su control de sí mismo y su carácter taciturno, que a verdaderos sentimientos de paz. Del mismo modo, Frida decidió pintar siempre su propio rostro como una máscara impasible, para ocultar su desasosiego interior. Alrededor del hombre y de su cámara, Frida imita las formas circulares de los ojos y el objetivo, al pintar amplificadas células con núcleos opacos, flotando en un enjambre de pequeñas manchas oscuras que sugieren esperma. ¿Únicamente se quiso referir al hecho de que fue su progenitor biológico, o trató de insinuar una relación entre su padre y la energía primordial? Sea cual sea el significado de las manchas desligadas, su efecto ulterior es realzar la inquietud experimentada por Guillermo Kahlo.

El rollo de papel que se encuentra debajo del pecho de éste dice: "Pinté a mi padre Wilhelm Kahlo, de origen húngaro alemán, artista fotógrafo de profesión, de carácter generoso, inteligente y fino, valiente porque padeció durante sesenta años de epilepsia, pero jamás dejó de trabajar y luchó contra Hitler; con adoración, su hija Frida Kahlo".

Capítulo 3

La Escuela Nacional Preparatoria

En 1922, Frida Kahlo entró a la que sin duda era la mejor institución docente de México: la Escuela Nacional Preparatoria. Lejos del control de su madre, hermanas y tías, y lejos de la lenta vida pueblerina de Coyoacán, fue introducida al corazón de la ciudad de México, donde se estaba inventando la nación moderna y donde los estudiantes realmente participaban en ese proceso. Entre sus compañeros se encontraba la crema de la juventud mexicana, los hijos de profesionales de la capital y de la provincia, que querían prepararse para las diversas escuelas para graduados y profesionales de la Universidad Nacional. Para cuando terminaron sus estudios, habían ayudado a cambiar tanto a su escuela como a la universidad, además de estar en camino de convertirse en líderes dentro de la comunidad nacional. No tiene nada de extraño que Frida haya elegido el año en el que estalló la Revolución Mexicana como su fecha de nacimiento. Si tomó esta decisión en una ráfaga de comprensión, la historia tras ella se desplegó durante sus agitados años en la Escuela Preparatoria.

Desde sus principios, la preparatoria fue una institución impresionante. Se fundó en 1868, después de la ejecución del emperador Maximiliano. El Colegio Jesuita de San Ildefonso fue integrado al sistema de educación laica gratuita, establecida por el presidente Benito Juárez en la república restaurada. Tenía más parecido con una escuela de licenciatura que con un instituto de enseñanza media. El primer director, Gabino Barreda, describió el plan de estudios como una escalera de conocimientos, de la cual cada peldaño conduce al siguiente, empezando con las matemáticas y llegando a su culminación con la lógica. Entre una y otra, los alumnos tomarían numerosos cursos de ciencias físicas y biológicas; se coordinarían las clases de idiomas de acuerdo con el orden de los estudios científicos: primero el francés, después el inglés, en algunos casos el alemán y, durante los dos últimos años, el latín. "El siguiente", declaró Barreda, "será nuestro lema: libertad, orden

y progreso; la libertad como medio, el orden como base y el progreso como meta".
Estas palabras constituyen una interpretación de las que se cincelaron sobre el
escudo de esa Preparatoria: "Amor, Orden y Progreso".

En 1910, cuando ya se escuchaban los primeros disparos de la Revolución en
la provincia, el último secretario de Educación bajo Porfirio Díaz, Justo Sierra,
fundó la Universidad Nacional de México y convirtió la preparatoria en parte
integrante de la misma. Durante los años veinte, los alumnos de la escuela dispu-
sieron de las mentes más hábiles de México como profesores, el biólogo Isaac
Ochoterena, por ejemplo; el historiador Daniel Cossío Villegas; los filósofos Antonio
Caso y Samuel Ramos; los literatos Erasmo Castellanos Quinto, Jaime Torres
Bodet y Narciso Bassols (en ese entonces, director de la Escuela Nacional de
Derecho). Estos dos últimos posteriormente desempeñaron el cargo de secretarios
de Educación. Ser alumno de esa escuela también significaba verse atrapado en
un centro de agitación cultural y política.

Durante la dictadura de Porfirio Díaz, que duró 34 años, el curso de la
nación se estableció en gran parte por un grupo de abogados, contadores e intelectuales conocidos como los "científicos". (La mayoría de esos hombres eran
discípulos de la filosofía positivista de Auguste Comte.) Buscaron sus modelos
culturales y económicos en la Europa "moderna" y colocaron una gran parte de
la industria mexicana, así como la explotación de sus recursos naturales, en manos
de potencias extranjeras, norteamericanas o europeas. La cultura indígena de México era despreciada y se degradaba a sus creadores. Los mexicanos sofisticados
preferían las imitaciones: cuadros pintados en el estilo de los maestros españoles,
como Murillo o Zuloaga, avenidas que copiaban los Champs-Élysées, y un palacio
de Bellas Artes que se parecía a los neoclásicos pasteles de cumpleaños de Francia.
El mismo Porfirio Díaz se ponía polvos en la piel morena para ocultar el hecho
de que era mixteco, con muy poca sangre española.

Los mexicanos tardaron una década en recuperar a su país por medios revolucionarios. En los veinte, se empezaron a consolidar los logros de la larga batalla.
Hubo reformas agrarias y laborales, se redujo en gran medida el poder de la
Iglesia católica y se promulgaron leyes que dictaban la devolución de los recursos
naturales a la nación. Los mexicanos empezaron a forjar una nueva y orgullosa
identidad. Rechazaron las ideas y costumbres, anteriormente preciadas, de Francia
y España, volviendo hacia su cultura nativa. "Idealistas, persistan en la salvación
de la república", exhortó Antonio Caso a sus alumnos. "¡Fijen la mirada en el
suelo mexicano, en nuestras costumbres y tradiciones, esperanzas y deseos, en lo que
realmente somos!"

Al ser elegido en 1920, el presidente Álvaro Obregón nombró secretario de
Educación Pública a José Vasconcelos, un abogado y filósofo brillante de la generación subsiguiente a la de los "científicos", quien había participado en la sublevación contra Díaz. Tuvo la meta de transformar la educación mexicana en algo
verdaderamente nacional: debía fundarse, según dijo, en "nuestra sangre, nuestra
lengua y nuestro pueblo". Como parte de una cruzada lanzada para alfabetizar
al país, mandó construir mil escuelas rurales y formó un ejército de maestros para
llevar libros (y la bandera) al interior. Fundó bibliotecas, equipó campos de juegos
infantiles y balnearios públicos; organizó escuelas de arte al aire libre e hizo pu-

blicar, a precios accesibles, los clásicos, como los *Diálogos* de Platón, la *Divina Comedia* de Dante y *Fausto* de Goethe. Para los que no sabían leer, dispuso conciertos gratuitos y contrató, a sueldo de albañil, a pintores como Diego Rivera, José Clemente Orozco y David Alfaro Siqueiros, para decorar los muros públicos con imágenes que glorificaran la historia y la cultura de México. Vasconcelos creía que el arte tenía el poder de incitar al cambio social. Su filosofía se basaba en la intuición, al contrario de la lógica y el empirismo reverenciados por los "científicos". "Los hombres son más maleables cuando se apela a sus sentidos", afirmó, "a través de la contemplación de hermosas formas y figuras, por ejemplo, o la apreciación de ritmos y melodías armoniosos". Resumió su creencia mística en la grandeza del hombre indígena americano con las palabras: "Por Mi Raza Hablará el Espíritu".

Éste era, entonces, el ambiente de ardor y activismo, cólera y celo reformista, que nutrió a Frida cuando dejó los muros protectores de su patio, rompió con la rutina familiar de su barrio y emprendió el viaje de una hora en tranvía a su nueva escuela. "No hablamos de tiempos de mentiras, ilusiones ni ensueño", escribió Andrés Iduarte (director del Instituto Nacional de Bellas Artes a principios de los cincuenta), quien conoció a Frida en la preparatoria. "Fue un periodo de veracidad, fe, pasión, nobleza, progreso, aire celeste y acero muy terrestre. Fuimos afortunados, junto con Frida, fuimos afortunados, los jóvenes, los muchachos y los niños de mis tiempos: nuestra vitalidad coincidió con la de México; crecimos en el terreno espiritual, mientras el país ascendió en la esfera moral".

La estructura colonial de piedra volcánica color café rojizo, con aspecto de fortaleza, que alberga la Escuela Preparatoria, se encuentra a pocas cuadras del Zócalo, en el centro de México (que supuestamente fue construido encima de la gran plaza y los templos de los aztecas), donde se encuentran ubicadas la catedral y algunos edificios de gobierno, entre ellos, el Palacio Nacional. Durante la época de Frida, también era el barrio universitario. Cerca de la preparatoria se hallaban muchas tiendas, restaurantes, jardines públicos y cines, así como otras escuelas. Una de ellas era la escuela Miguel Lerdo, el lugar de reunión de los muchachos preparatorianos, que ahí esperaban, todas las tardes a las cinco, la salida de sus novias. Los vendedores callejeros surtían a clientes hambrientos con sus carnitas, nieve y churros, y los organilleros llenaban los jóvenes oídos románticos con las melodías melancólicas y suaves de Agustín Lara.

Los patios de la preparatoria, rodeados por arcadas, servían de campo de batalla, para jugar y como podio. El maestro de deportes gritaba: "¡Un, dos; un, dos!", mientras un ejército de pies se abría y cerraba a brincos y los muros resonaban al grito de la escuela: "Shi... ts... púm/Gooya, Gooya,/Cachún, cachún, ra, ra,/Gooya, Gooya,/¡PREPARATORIA!" Asimismo, en los patios se escuchaban las voces sinceras y apasionadas de jóvenes oradores que argumentaban a favor de los derechos del estudiante, o confesaban sus adherencias políticas, de derecha, izquierda o centro, mientras bromistas maquinaban travesuras en los oscuros pasillos. El exaltado ambiente a veces desbordaba los muros; una vez un muchacho, vestido de Cupido, en ocasión del carnaval, secuestró un tranvía y llevó ese "manicomio sobre ruedas" por toda la ciudad de México. De cuando en cuando, explotaban bombas y había que llamar a los bomberos con sus mangueras. También

‍an disparos; en una ocasión, una bala arrancó la nariz al jefe de bombero⸱ ⸱errible riña en la Escuela Preparatoria!" "¡Agresión contra el secretario de ‍ducación!", decían los titulares de los periódicos.

Cuando Frida entró a la preparatoria, hacía poco que se admitía a mujeres. No es de sorprender que sólo asistieran pocas: Frida fue una de 35 dentro de un estudiantado total de unos dos mil. (Un padre dejó que su hija se inscribiera sólo bajo la condición de que prometiera no hablar con los muchachos.) Matilde Calderón de Kahlo probablemente se opuso a mandar a su hija a un lugar tan poco protegido, pero Guillermo Kahlo no conoció reservas. Como no tenía hijo que satisficiera sus propias ambiciones frustradas, concentró sus esperanzas en su hija preferida. Frida asumió la posición del hijo más prometedor, que según la consagrada tradición se prepararía para ejercer una profesión. Pasó el examen de admisión a la preparatoria, lo cual indica su excepcional promesa. Eligió un programa de estudios que, después de cinco años, le permitiría pasar a la facultad de medicina.

A los 14 años, Frida era esbelta y bien proporcionada, "una adolescente frágil" que irradiaba una extraña vitalidad, producto de una mezcla de sensibilidad y energía voluntariosa. Traía su espeso cabello negro con fleco (después cambió a un peinado muy corto, que hubiera sido digno de una joven emancipada de los años veinte si sus rizos no hubiesen sido tan difíciles de controlar). Sus labios gruesos y sensuales, junto con el hoyuelo en su mentón, le daban un aspecto impetuoso y travieso, intensificado por los radiantes ojos oscuros debajo de sus pesadas cejas unidas. Llegó a la escuela, en la que no se usaba uniforme, vestida como alumna de una preparatoria alemana: con una falda plisada color azul oscuro, calcetas gruesas, botas y un sombrero negro de paja y alas anchas, con cintas colgando por la parte de atrás. Alicia Galant, una amiga (y modelo para retratos), conoció a Frida en 1924 y recuerda cómo ésta anduvo en bicicleta en Coyoacán, vestida de overol azul con hebillas de metal. Las madres burguesas exclamaban: "¡Qué niña tan fea!", cuando la veían montada en bicicleta con un grupo de muchachos y en esa vestimenta poco convencional, además del corte masculino de su cabello. Sin embargo, fascinaba a sus amigos. Muchos se acuerdan de que siempre cargaba una mochila de colegial, que parecía "un pequeño mundo sobre su espalda": contenía libros de texto, cuadernos, dibujos, mariposas, flores secas, pinturas y libros impresos en letra gótica, sacados de la biblioteca de su padre.

En la escuela, las mujeres, cuando no estaban en clases, debían permanecer en el piso alto del patio más grande, donde reinaba el prefecto femenil, Dolores Ángeles Castillo. Sin embargo, desde el principio el marimacho Frida rara vez aparecía por ahí. A la mayoría de las otras alumnas las calificaba de *cursis*. Irritada por su interminable chismorreo y mezquindad, las llamaba *escuinclas* (palabra peyorativa: los *escuintles* son perros mexicanos sin pelo). Prefería jugar en los pasillos de la escuela, participando en las actividades de algunas de las muchas pandillas que integraban la estructura informal de la vida social en esa institución. Había grupos entregados a ocupaciones particulares: deportes, política, periodismo, literatura, arte y filosofía. Otros organizaban debates o excursiones, o se dedicaban a trabajos sociales. Algunos sentían que las reformas populares de Vasconcelos equivalían a un renacimiento de la nación. Otros pensaban que la democratización de la cultura llevaría a la degradación de la misma. Algunos leían a Marx, mientras otros estaban amargados por las reformas revolucionarias. En tanto que los alumnos radicales rechazaban la religión, los conservadores defendían la Iglesia católica con ardor y violencia. Las diversas facciones luchaban en los pasillos de la escuela y a través de las páginas de un sinnúmero de publicaciones escolares.

Frida tenía amigos en varias pandillas de la preparatoria. Entre los "contemporáneos", un grupo literario, conocía al poeta Salvador Novo y al ensayista, poeta y novelista Xavier Villaurrutia. Más tarde se haría amiga íntima del destacado poeta Carlos Pellicer y, por supuesto, conoció al crítico Jorge Cuesta (quien se casó con la segunda esposa de Diego Rivera, Lupe Marín). Los anales de la literatura mexicana recuerdan a los "contemporáneos" como elitistas, puristas y de vanguardia, con muchas miras a lo europeo (les encantaban Gide, Cocteau, Pound y Eliot). Este grupo se oponía tanto al realismo social como a la idealización de la cultura indígena. Frida también disfrutaba la compañía de los "maistros", un círculo que incluía a dos oradores estudiantiles, admirados por muchos, que siempre se manifestaban en favor de Vasconcelos: Salvador Azuela (hijo del novelista Mariano Azuela, quien escribió *Los de abajo*, la novela más notable de la Revolución mexicana) y el radical izquierdista Germán de Campo.

Sin embargo, sus verdaderos *cuates* eran los "cachuchas", que debían su nombre a las gorras que usaban. Tenían cierta fama dentro de la preparatoria por su inteligencia, así como por sus travesuras. La pandilla estaba compuesta por siete hombres y dos mujeres: Miguel N. Lira (Frida le puso el apodo "Chong Lee") porque era un respetado conocedor de la poesía china), José Gómez Robleda, Agustín Lira, Jesús Ríos y Valles (Frida le decía "Chucho Paisajes", por su apellido), Alfonso Villa, Manuel González Ramírez, Alejandro Gómez Arias, Carmen Jaime y Frida. Todos llegaron a ser profesionistas destacados en México. Hoy en día, Alejandro Gómez Arias es un intelectual, abogado y periodista político muy estimado; Miguel N. Lira se convirtió en abogado y poeta; Jorge Gómez Robleda fue profesor de siquiatría en la facultad de medicina de la universidad y Manuel González Ramírez era historiador, escritor y abogado (en varias ocasiones les ayudó tanto a Frida como a Diego).

Durante sus días en la escuela, los unió más su actitud irreverente que cualquier actividad o causa en particular. Aunque no se involucraban en la política (pensaban que los políticos actuaban siempre a partir de un egoísmo estrecho de miras), se adherían a una clase de socialismo romántico mezclado con nacionalismo. Ya que eran seguidores de Vasconcelos, tenían una visión muy idealista del futuro de su país, y hacían campañas en favor de reformar la escuela. Sin embargo, al mismo tiempo les encantaba provocar situaciones caóticas en las aulas. Sus aventuras eran escandalosas, a veces atroces: en una ocasión, se vaciaron los salones cuando recorrieron los pasillos montados en un burro; en otra, envolvieron un perro con una red de cohetes, los prendieron y mandaron a la pobre criatura a correr, ladrando, por todo el edificio. Un miembro del grupo recuerda que "fue nuestra actitud burlona, hacia la gente y las cosas, que atrajo a Frida. No tenía la costumbre de reírse de las personas; sin embargo, ésta la cautivaba. Empezó a aprender a hacerlo, y terminó siendo una maestra de los juegos de palabras y,

cuando eran necesarias, de las agudezas mordaces. Con los "cachuchas", Frida
experimentó también una lealtad de compañeros, un modo juvenil y varonil
de manejar las amistades, que mantendría durante toda la vida. En compañía de
ellos, su picardía natural se intensificó, convirtiéndose en deleite el subvertir a cualquier autoridad.

La "broma" más ofensiva de los "cachuchas" implicó a Antonio Caso, uno
de los venerados profesores universitarios. Sin embargo, ellos opinaban que era
demasiado conservador. Frida explicó a una compañera: "Linda, ya no lo aguantamos. Habla y habla muy bonito, pero sin sustancia alguna. Estamos hartos de
Platón, Aristóteles, Kant, Bergson y Comte, y no se atreve a meterse con Hegel,
Marx o Engels. ¡Hay que hacer algo!"

Mientras el profesor pronunciaba un discurso sobre el tema de la evolución
en el Generalito, el gran salón de actos que había sido una capilla, los "cachuchas" colocaron un cohete de 15 cm de largo y una mecha que duraba 20 minutos
sin explotar, fuera de la ventana ubicada arriba del púlpito. Echaron una moneda
para ver quién tendría que prenderla. La suerte cayó en José Gómez Robleda.
Éste recuerda: "Gómez Arias, Miguel N. Lira y Manuel González Ramírez salieron
del edificio. Yo me quedé [y prendí la mecha]. Entonces bajé al Generalito y me
senté junto al prefecto de las alumnas. Al rato explotó el cohete. ¡Barruum! Se
rompieron los cristales y una lluvia de vidrio, piedras y grava cayó encima de
Antonio Caso". El elocuente orador reaccionó con aplomo perfecto. Aparentan-
do indiferencia, se alisó el cabello despeinado y continuó la conferencia como si
nada hubiera pasado. Los "cachuchas" prepararon bien sus coartadas, como era
su costumbre. La mayoría había salido del edificio o estaban sentados, fingiendo
inocencia, en la sala de conferencias. Así evitaron correr la suerte de los fabricantes de "bombas" que eran detenidos: la expulsión sumaria.

La leyenda narra que una vez Frida fue expulsada de la escuela (la razón
es desconocida). Nada intimidada, llevó su caso directamente ante Vasconcelos,
cuya animadversión y rivalidad con el director de la preparatoria, Lombardo Toledano, eran bien sabidas; el secretario la mandó reinstalar; y supuestamente dijo
al asediado Toledano: "Si no puede controlar a una niña como ésa, no está capa-
citado para ser el director de esta institución".

Un lugar predilecto de los "cachuchas" era la Biblioteca Iberoamericana, situada a corta distancia de la escuela. Aunque la albergaba la antigua iglesia
de la Encarnación, era un lugar acogedor, cuyo laberinto de bajos estantes contra-
restaba la grandiosidad de la alta nave, formada por bóvedas de cañón y decorada con murales de Roberto Montenegro y las banderas en seda, de vivo colorido,
de los países latinoamericanos. Dos amables bibliotecarios permitieron que los
"cachuchas" usaran el local casi como si fuera de su dominio particular, y la
"Ibero" llegó a ser su punto de reunión. Cada uno tenía su rincón especial. Ahí
argumentaban, coqueteaban, se peleaban, hacían trabajos para la escuela, dibujaban
y leían.

Esto último lo hacían constantemente. Leían todo, desde Dumas hasta Mariano Azuela, desde la Biblia hasta *Zozobra* (publicado en 1919 por el poeta Ramón
López Velarde, cuya obra capta el espíritu de la época revolucionaria). Devoraban
los grandes libros de la literatura española y rusa (Pushkin, Gogol, Andreiev,

Tolstoi, en la traducción al español) y se mantenían al tanto de la ficción mexicana contemporánea. Con el tiempo, Frida aprendió a leer en tres idiomas: español, inglés y alemán. Leyó la traducción de *Imaginary Lives* (Vidas imaginarias) de Marcel Schwob, y la conmovió tan profundamente la biografía, ahí incluida, de Paolo Uccello, pintor florentino del siglo xv, que la aprendió de memoria. Se familiarizó con la colección de libros de filosofía que tenía su padre, y le encantaba hablar como si Hegel y Kant fueran tan fáciles de leer como una tira cómica. "Alejandro", solía gritar, asomándose por la ventana, "préstame tu Spengler. ¡No tengo qué leer en el camión!"

Los "cachuchas" y sus amigos se hacían la competencia para ver quién descubría el mejor libro y quién lo terminaba primero. Con frecuencia adaptaban sus lecturas a pequeñas presentaciones de teatro. Adelina Zendejas, una alumna que no era considerada *cursi* por Frida, recuerda haber formado parte de un público fascinado por el relato de viajes imaginarios, hecho por Ángel Salas (un "maistro"), Frida y Jesús Ríos y Valles. Su improvisación se basaba en informaciones espigadas de los libros que habían leído: H. G. Wells, Víctor Hugo, Dostoievsky, Julio Verne. Hablaron de escalar el Himalaya, recorrer Rusia y China y explorar el Amazonas y la profundidad del océano. Sus cuentos estaban llenos de detalles realistas: de cómo acumularon el dinero para el viaje, qué empacaron, cómo eligieron su medio de transporte. Ángel Salas, que llegaría a ser músico y compositor, acompañó sus invenciones con canciones tarascas.

Frida llamaba *cuates* o *manís* a sus compañeros hombres, aunque no fueran "cachuchas". Las muchachas (con excepción de las *escuinclas)* eran *manas.* La *hermana que* Frida menciona con más frecuencia en sus cartas fue otro alegre marimacho, Agustina Reyna (cuyos apodos eran "la Reina" o "Reinita"). A las dos les encantaba entretenerse en los jardines públicos del barrio universitario, donde escuchaban a los organilleros y platicaban con los faltistas y los vendedores de periódicos. Frida ganaba dulces a los vendedores ambulantes echando volados con ellos. Nunca perdía. De la misma fuente, adquirió la sabiduría y la jerga de la calle. A veces Ángel Salas las acompañaba al jardín Loreto; ahí Frida extendía su "cachucha", "mendigando" mientras Ángel tocaba el violín.

Frida disfrutaba de una interminable lucha de ingenio con la otra mujer "cachucha", Carmen Jaime. Ésta leía todos los libros de filosofía que podía encontrar. (Más tarde llegó a ser erudita en literatura española del siglo xvii). La compañía en sí de esta joven seguramente fue educativa. De verdad era excéntrica. Vestía ropa masculina oscura y muy ancha, y se ganó el apodo "James" o "Vampiro" por usar una capa negra cuando iba a patinar al amanecer. Inventó y compartió con los "cachuchas" una lengua personal, diciendo, por ejemplo: "Procedamos al comes", en lugar de "procedamos a comer".

A pesar de ser una lectora ávida, Frida no se aplicaba al estudio. Le interesaban la biología, la literatura y el arte, pero más la fascinaban las personas. Afortunadamente, lograba obtener calificaciones altas sin empeñarse mucho, tenía la capacidad de recordar el contenido de un texto después de haberlo leído una sola vez. Se creía con el derecho de no asistir a las conferencias dadas por maestros mal preparados o aburridos. Solía sentarse justo fuera de la clase a la que decidía faltar, y les leía a sus amigos en voz alta. Cuando resolvía acudir, siempre animaba el ambiente. Un día se aburrió con la exposición hecha por un profesor de sicología acerca de su teoría del sueño, y le pasó un recado a Adelina Zendejas: "Léelo, voltéalo y se lo das a Reyna. No te rías, porque te meterás en líos y probablemente te expulsarán". En el dorso había caricaturizado al maestro como elefante dormido. Por supuesto, ninguno de los 90 alumnos del salón consiguió ahogar su risa al contemplar el dibujo.

Su falta de respeto hacia los profesores a veces alcanzó el extremo de solicitar su destitución ante el director. "No es maestro", decía. "No sabe de qué está hablando, puesto que el texto lo contradice. Cuando le hacemos preguntas, no puede contestarlas. Eliminémoslo y renovemos la cátedra".

Los "cacuchas" tampoco guardaban respeto por los pintores. Vasconcelos comisionó a varios, entre 1921 y 1922, para pintar murales en la preparatoria. Encaramados en sus andamios, se convertían en blancos perfectos. La construcción de cada una de estas estructuras dejaba virutas y desechos de madera por todo el suelo. "Les prendíamos fuego", contó José Gómez Robleda. "Ahí estaba el pobre pintor, en medio de las llamas que arruinaban su trabajo; por lo que los pintores comenzaron a usar grandes pistolas".

Diego Rivera recibió el encargo de hacer un mural en el anfiteatro Bolívar, el auditorio de la preparatoria. Entre todos los artistas, su personalidad era la más pintoresca. En 1922, tenía 36 años. Era conocido mundialmente y estaba muy gordo. Le encantaba hablar mientras pintaba y su energía, además de su parecido con una rana, le garantizaban el público. Otra atracción, en esos tiempos en que los profesores y funcionarios públicos usaban trajes negros, cuellos almidonados y sombreros *homburg*, era la vestimenta característica de Rivera: un sombrero *Stetson*, grandes zapatos negros de minero y un cinturón ancho de piel (a veces una cartuchera), el cual apenas lograba sostener la ropa holgada que tenía la apariencia de que el pintor había dormido con ella puesta durante una semana.

En particular, Diego impulsaba a Frida a las bromas. Aunque los alumnos no debían entrar al anfiteatro mientras trabajaba el artista, ella conseguía meterse sin que nadie la sorprendiera y robaba comida de su canasta del almuerzo. En una ocasión cubrió de jabón la escalera que bajaba del escenario del anfiteatro, donde él trabajaba, y se escondió tras un pilar para observar. Sin embargo, Rivera tenía la costumbre de caminar lenta y pausadamente, colocando con mucho cuidado un pie delante del otro, moviéndose como si estuviera suspendido en un medio líquido, y nunca se cayó. No obstante, al otro día el profesor Antonio Caso rodó por las mismas escaleras.

Una serie de hermosas modelos acompañaba a Rivera en el andamio. Una fue su amante, Lupe Marín (se casó con ella en 1922); otra, la conocida belleza Nahui Olín, que sirvió de modelo para la figura representante de la poesía erótica del mural, además de ser pintora ella misma. A Frida le gustaba ocultarse en el portal oscuro y gritar: "¡Eh! Diego, ¡ahí viene Nahui!", cuando Lupe se encontraba en el andamio. Si no estaba nadie con el pintor y ella veía llegar a Lupe, decía en un fuerte susurro, como si Diego estuviera a punto de ser sorprendido en una situación comprometedora: "¡Cuidado, Diego, que ya viene Lupe!"

El supuesto de que Frida se enamoró locamente de Diego Rivera durante sus años en la preparatoria forma parte de su mito. En una ocasión, un grupo de alumnas estaba discutiendo en una nevería las ambiciones que cada una tenía para su vida, y se dice que Frida hizo la asombrosa declaración: "Mi ambición es tener un hijo con Diego Rivera. Algún día se lo voy a decir". Cuando Adelina Zendejas protestó, oponiendo que Diego era un viejo "barrigón, mugriento, de aspecto horrible", Frida replicó: "Diego es bondadoso, cariñoso, sabio, y encantador. Lo lavaría y limpiaría". Afirmó que tendría su hijo "en cuanto lo convenza para que coopere". Frida misma recordaba que, aunque se mofaba de Diego con apodos como "viejo panzón", siempre pensó, al mismo tiempo: "Ya verás, panzón; ahora no me haces caso, pero algún día tendré tu hijo".

En su autobiografía, *My Art, My Life,* Rivera narra otro suceso:

> Una noche estaba pintando hasta arriba en el andamio mientras Lupe tejía abajo, cuando escuchamos un fuerte griterío y empujones contra la puerta del auditorio. De repente ésta se abrió de un golpe y una niña, que no parecía tener más de diez o doce años, fue impulsada hacia adentro.
>
> Vestía como cualquier otra alumna, pero sus modales la distinguían de inmediato. Poseía una dignidad y confianza en sí misma poco comunes y un fuego extraño brillaba en sus ojos. Su belleza era la de una niña, mas sus senos estaban bastante desarrollados.
>
> Miró directamente hacia arriba. "¿Le causaría alguna molestia que lo viera mientras trabaja?", preguntó.
>
> "De ningún modo, señorita, me encanta", contesté.
>
> Se sentó y me miró en silencio, los ojos fijos en cada movimiento de mi pincel. Al cabo de unas horas, se despertaron los celos de Lupe, y empezó a insultar a la niña, la cual, sin embargo, no le hizo caso. Desde luego, eso enfureció aún más a Lupe. Apoyando las manos en las caderas, se acercó a la niña y la desafió agresivamente. Esta sólo se puso rígida y devolvió la mirada sin pronunciar palabra alguna.
>
> Visiblemente asombrada, Lupe la miró de manera airada por largo tiempo. Después sonrió y me dijo, con un tono de admiración reconocida a regañadientes: "¡Mira a esta niña! Por pequeña que sea, no teme a una mujer alta y fuerte como yo. Realmente me cae bien".
>
> La niña se quedó ahí más o menos unas tres horas. Al salir, sólo dijo: "Buenas noches". Un año después, supe que era la dueña oculta de la voz que salió por detrás del pilar y que se llamaba Frida Kahlo. Sin embargo, no tuve ni idea de que algún día sería mi esposa.

Con todo lo que Rivera fascinaba a Frida, durante sus años de colegio fue la novia del jefe indiscutible de los "cachuchas", Alejandro Gómez Arias. Se le conocía como orador brillante y enérgico, narrador divertido, estudiante erudito y buen atleta. Asimismo, era apuesto, con la frente alta, bondadosos ojos oscuros, una nariz aristocrática y labios finos. Sus modales podían llamarse sofisticados, aun algo *dégagés.* Cuando hablaba de política o Proust, pintura o chismes escolares, sus ideas fluían con soltura; para él, la conversación era un arte e interpolaba periodos de silencio con mucho cuidado, logrando mantener siempre la atención profunda de su público.

A veces, era duro con sus amigos, debido a su extrema sensibilidad, su concepto severo de la autodisciplina y su perspicacia crítica. Podía jugar con palabras como un malabarista, y la punzada rápida de su sátira era devastadora. Despreciaba la vulgaridad, la estupidez, la venalidad y el abuso del poder. Se solazaba con el conocimiento, la probidad moral, la justicia y la ironía. La voz meliflua del joven orador, sus brazos que, garbosos, trazaban arcos en el espacio o se cruzaban brevemente sobre su pecho, y su mirada llena de pasión, levantada como si estuviera buscando inspiración eran cautivadores. "El optimismo, el sacrificio, la pureza, el amor y la alegría constituyen la misión social del orador", exclamaba, mientras les recomendaba a sus compañeros que se entregaran al "gran porvenir" de su nación, a la que él llamaba "mi México".

Como adulta, Frida amaría a grandes hombres, y empezó encariñándose con Alejandro. Él había entrado a la preparatoria en 1919, de manera que le llevaba varios años. Por un tiempo fue su mentor, luego su *cuate* y, finalmente, su novio. Frida usaba esta última palabra, la cual implicaba, en ese entonces, un vínculo romántico que frecuentemente terminaba en casamiento. Sin embargo, Gómez Arias siente que los términos *novio* y *novia* comunican una idea demasiado burguesa de su relación; prefiere que se le llame "amigo íntimo" o "joven amante". Según él, de adolescente Frida "era espontánea, quizá un poco ingenua y cándida en su manera de ser, pero con una viva y dramática necesidad de descubrir la vida". Bondadoso y caballero, Alejandro cortejaba a su "niña de la preparatoria", como ella se llamaba a sí misma, con flores y dichos graciosos. Después de la escuela, solían caminar y platicar incesantemente. Intercambiaron fotografías y, cada vez que se tenían que separar, cartas.

Alejandro todavía conserva las cartas que Frida le escribió; dan una idea de su vida y vivamente descubren su evolución de niña a adolescente y, finalmente, a mujer. También manifiestan el impulso que tenía de hablar sobre su vida y sus sentimientos, una necesidad que con el tiempo la incitaría a pintar principalmente autorretratos. Describe sus emociones con una franqueza sorprendente, tratándose de una adolescente, y su impetuosidad típica se sostiene en el impulso de su lenguaje: el flujo de palabras rara vez es contenido por comas, puntos o párrafos. Sin embargo, es avivado a menudo con dibujos que parecen de tira cómica e ilustran lo que le pasaba: una pelea, un beso, ella misma en la cama, enferma. Aparecen numerosas caras sonrientes y llorosas, y otras que hacen las dos cosas al mismo tiempo (Alejandro a veces le decía *lagrimilla*). Esboza bellezas modernas de cuello largo, cabello corto, finas cejas y labios apretados. Junto a una de ellas escribió, mezclando español con inglés: "*One* tipo ideal" (un tipo ideal), además de la advertencia: "No la arranques porque es muy bonita... Basándote en esa muñequita puedes ver cómo estoy progresando en el dibujo, ¿verdad? ¡Ahora ya sabes que soy un prodigio en lo que concierne al arte! Así que ten cuidado por si los perros se acercan a ese admirable estudio sicológico y artístico de un «*pay Checkz*» (*one* tipo ideal)".

El "cachucha" Manuel González Ramírez recuerda que Frida diseñó un emblema personal que utilizaba en lugar de firma: un triángulo isósceles apuntado hacia abajo. A veces lo convertía en retrato añadiendo sus rasgos faciales, mientras el ángulo inferior representaba una barba. Muchas de las cartas que dirigió a Alejandro están firmadas con un triángulo isósceles señalando hacia arriba y sin cara.

En la primera carta que Frida escribió a Alejandro, la cual está fechada el

15 de diciembre de 1922, parece una niña católica bien educada. Todavía no encuentra su propio estilo ingenioso e íntimo. La carta consuela a Alejandro por alguna adversidad:

> Alejandro: He sentido muchísimo lo que te ha pasado y verdaderamente sale de mi corazón el pésame más grande.
> Lo único que como amiga te aconsejo es que tengas la bastante fuerza de voluntad para soportar semejantes penas que Dios Nuestro Señor nos manda como una prueba de dolor supuesto que al mundo venimos a sufrir.
> He sentido en el alma esa pena y lo que le pido a Dios es que te dé la gracia y la fuerza suficiente para conformarte.
>
> Frieda

Frida y Alejandro se enamoraron en el verano de 1923. Sus cartas se volvieron más íntimas, revelando la coquetería engatusadora de Frida así como el carácter sumamente posesivo de su cariño.

> Coyoacán, a 10 de agosto de 1923

> Alex: Recibí tu cartita a las siete de la noche de ayer cuando menos esperaba que alguien se acordara de mí, y *menos que nadie Don Alejandro,* pero por fortuna estaba equivocada. No sabes cómo me encantó que me tuvieras la confianza de una *verdadera amiga* y que me hablaras como nunca me habías hablado, pues aunque me dices con una poca de *ironía* que *soy tan superior* y *estoy tan lejos de ti,* yo de esos renglones tomo el fondo y no lo que otras tomarían... y me pides consejos, cosa que te daría con todo el corazón si algo valiera mi poca experiencia de 15 (16) años, pero si es que la buena intención te basta no sólo mis humildes consejos son tuyos sino toda yo.
> Bueno Alex, escríbeme mucho muy largo, entre más largo mejor, y mientras recibe *todo* el cariño de
>
> Frieda

> P. D.   Me saludas a Chong Lee y a tu hermanita.

Como los padres de Frida no aprobaban la relación, la pareja se reunía clandestinamente. Frida inventaba pretextos para abandonar la casa o regresar tarde de la escuela. Puesto que era probable que su madre le preguntara a quién estaba escribiendo, frecuentemente lo hacía de noche en la cama o muy de prisa en la misma oficina de correos. Cuando estaba enferma tenía que confiar en que Cristina mandara sus cartas a Alejandro, aunque esta cómplice no siempre estaba dispuesta a ayudar. Para que ella pudiera recibir las contestaciones, le pidió que las firmara "Agustina Reyna". Le prometió escribir todos los días para comprobar que no lo olvidaba. "Dime si ya no me amas Alex, te amo aunque no me quieras ni como a una pulga". Para demostrarlo, llenaba sus cartas con besos y manifestaciones de afecto. A veces dibujaba un círculo junto a su firma, explicando: "Esto es un beso de tu Friducha", o "Mis labios se apoyaron aquí durante mucho tiempo". Cuando creció y empezó a usar lápiz labial, ya no hacían falta esas leyendas,

pero durante toda su vida siguió dibujando círculos alrededor de la marca dejada
por sus labios.

Entre diciembre de 1923 y enero de 1924, Frida y Alejandro fueron separados
no sólo por las vacaciones de fin de año (que duraban desde el término de los
exámenes finales a mediados de diciembre hasta principios del nuevo año escolar,
a mediados de febrero), sino también por el estallido de una rebelión contra el
presidente Obregón el 30 de noviembre de 1923. Para la época navideña ya se
combatía en la ciudad de México. Vasconcelos renunció a su cargo de secretario
de Educación Pública en enero, como protesta contra la cruel represión de los
rebeldes, pero fue persuadido a reasumirlo. La sublevación duró hasta el mes de
marzo de 1924, cuando, finalmente, fue sofocada a costa de siete mil muertos. No
obstante, la situación política siguió siendo inconstante y Vasconcelos volvió a renunciar en junio (por última vez) en declaración de protesta contra la elección
a la presidencia de Plutarco Elías Calles (lograda con el apoyo del presidente
Obregón e intereses estadounidenses). A continuación, los alumnos conservadores
de la preparatoria descargaron su ira contra las obras de las muralistas, grabando
maldiciones en el yeso y escupiendo en los motivos que más los ofendían.

Aunque los "cachuchas" desdeñaban la política y a los políticos, es seguro
que participaron en manifestaciones en apoyo de Vasconcelos. Dicen que en la
Nochebuena de 1923, algunos de ellos tomaron el tren hacia el Desierto de los
Leones (entre la ciudad de México y Toluca) con intención de salir a la pales-
tra. (O los fogonazos de pólvora a lo lejos o la aparición repentina de la luna
llena los hizo cambiar de parecer; subieron al siguiente tren que los condujo de
regreso.) Frida sintió mucho no poder participar en esas aventuras, pues su madre
le prohibía salir cuando había revuelos políticos o corría el rumor de violencia.
Frida aborrecía el estar encerrada. En un recado a Alejandro, escribió: "Estoy
triste y aburrida en este pueblo. Aunque es bastante pintoresco, le falta un *no sé
quién* que todos los días va a la Iberoamericana". En otra ocasión: "Cuéntame
qué hay de nuevo en México, de tu vida y todo lo que me quieras platicar, pues
sabes que aquí no hay más que pastos y pastos, indios y más indios, chozas y más
chozas de los que no se puede escapar, así que aunque no me creas estoy muy
aburrida con *b* de burro... cuando vengas por amor de Dios tráeme algo qué
leer, porque cada día me vuelvo más ignorante. (Discúlpame por ser tan floja.)

16 de diciembre de 1923

Alex: Estoy muy apenada contigo porque no fui ayer a las cuatro a la universidad, no me dejó ir mi mamá a México porque le dijeron que había bola. Además,
no me inscribí [para el año siguiente] y no sé qué hacer ahora. Te ruego que me
perdones, pues dirás que soy muy grosera, pero no fue por culpa mía: por más
que hice se le metió en la cabeza a mi mamá no dejarme salir y ni modo, más que
aguantarse.

Mañana lunes le voy a decir que me examino de modelado [escultura en barro]
y me quedo todo el día en México, no es muy seguro, pues tengo que ver primero
de qué humor está mi mamacita y luego decidirme a decir esa mentira, si es que
voy, te veo a las once y media en Leyes [la escuela de derecho donde Frida y Alejandro se citaban con frecuencia] para que no tengas que ir a la universidad, me

esperas en la esquina de la nevería, si me haces favor. Siempre va a ser la posada en la casa de Rouaix [amigos de la familia radicados en Coyoacán], la primera, es decir ahora, estoy decidida a no ir, pero quién sabe a la mera hora...

Pero ya que nos vamos a ver tan poco, quiero que me escribas Alex porque si no yo tampoco te voy a escribir y si es que no tienes qué decirme me mandas el papel en blanco o 50 veces me dices lo mismo, pero eso me demostrará que siquiera te acuerdas de mí...

Bueno, recibe muchos besos y todo mi cariño.

Tuya
FRIEDA
Dispensa la cambiada de tinta.

19 de diciembre de 1923

...estoy enojada pues me castigaron por esa idiota *escuincla* de Cristina, porque le pegué un catorrazo (porque me cogió unas cosas) y se puso a chillar como media hora y luego a mí me dieron una zurra de aquellas buenas y no me dejaron ir a la posada de ayer y apenas me dejan salir a la calle, así que no te puedo escribir muy largo, pero te escribo así para que veas que siempre me acuerdo de ti, aunque esté yo más triste que nada, pues tú te imaginas, sin verte, castigada y todo el día sin hacer nada porque tengo un coraje bueno. Ahora en la tarde le pedí permiso a mi mamá de venir a la plaza a comprar un encajito y vine al correo... para poderte escribir.

Recibe muchos besos de tu chamaca que te extraña mucho. Saluda a Carmen James y a Chong Lee (por favor).

FRIEDA

22 de diciembre de 1923

Alex: Ayer no te pude escribir porque ya era muy noche cuando regresamos de la casa de los Navarro, pero ahora sí tengo mucho tiempo que dedicar a ti, el baile de esa noche estuvo regular, más bien feo, pero siempre nos divertimos un poco. Ahora en la noche va a haber una posada en la casa de la señora Roca, y nos vamos a comer Cristina y yo, creo que va a estar muy bonita, porque van muchas muchachas y muchachos y la señora es muy simpática. Mañana te escribo y te cuento cómo estuvo.

En el baile de los Navarro no bailé mucho porque no estaba muy contenta. Con Rouaix, fue con el que más bailé porque los demás estaban muy chocantes.

También en la casa de los Rocha hay posada ahora, pero quién sabe si vayamos...

Escríbeme, no seas malo

Muchos besos
Tuya FRIEDA

Me prestaron el *Retrato de Dorian Gray*. Por favor mándame la dirección de Guevara para mandarle su Biblia.

1 de enero de 1924

Mi Alex:

... ¿Dónde se pasaron siempre el Año Nuevo? Yo fui a la casa de las Campos y estuvo regular, pues casi todo el tiempo rezamos y después como ya tenía yo mucho sueño me dormí y no bailé nada. Ahora en la mañana comulgué y le pedí a Dios por todos ustedes...

Fíjate que me fui a confesar ayer en la tarde y se me olvidaron tres pecados y así comulgué y eran grandes, ahora a ver cómo hago, pero es que se me ha metido no creer en la confesión y, aunque yo quiera, ya no puedo confesarme bien. Soy muy burra, ¿verdad?

Bueno mi vida, conste que te escribo. Yo creo que será porque no te quiere nada tu

FRIEDA

Dispensa que te escriba en este papel tan cursi, pero me lo cambió Cristina por un blanco y aunque luego me arrepentí ya ni modo. (No está tan feo, tan feo.)

12 de enero de 1924

Mi Alex: ... Lo de la inscripción en la escuela está muy verde, pues un muchacho me dijo que empezaban el 15 de este mes y todo es un lío, pero mi mamá dice que hasta que se arreglen bien las cosas me voy a inscribir, así es que ni esperanzas de ir a México y me tengo que conformar con quedarme en el pueblo. ¿Qué sabes de la revuelta? Cuéntame algo para estar más o menos al tanto de cómo andan las cosas, no que aquí cada vez que vuelvo más atascada... Te lo pongo chiquito, porque me da vergüenza. Me dirás que lea el periódico, pero es que me da mucha flojera leer el periódico y me pongo a leer otra cosa. Me encontré unos libros muy bonitos que tienen muchas cosas de arte oriental y eso es lo que ahora está leyendo tu Friducha.

Bueno mi lindo, como ya no tengo más papel en qué escribirte y te voy a aburrir con tantas babosadas, me despido y te mando 1000000000000 besos (con tu permiso) que no se oigan si no se alborotan todos los de San Rafael [la colonia en la que vivía Alejandro]. Escríbeme y cuéntame todo lo que te pasa.

Tu FRIEDA

P. D. Salúdame a la Reynilla [Agustina Reyna] si la ves. Dispensa la indecente letra que hice.

Frida y Alejandro se separaron nuevamente en abril, cuando ella estuvo en un retiro. A pesar de sus dudas acerca de la confesión, evidentemente aún no perdía su fe. "Fueron bellos los ejercicios del retiro porque el sacerdote que los dirigió era muy inteligente, casi un santo", escribió el 16 de abril. "En la comunión general nos dieron la bendición papal y se concedieron muchas indulgencias, todas las que uno quisiera, yo oré por mi hermana Maty y como el sacerdote la conoce dijo que también rezaría mucho por ella. También oré a Dios y a la Virgen para que todo te salga bien y me quieras siempre, y por tu madre y tu hermanita...".

El tono de las cartas de Frida cambió durante la segunda mitad de 1924. Se intensificó el amor que sentía por Alejandro, y hay una sombra de tristeza y cierta inseguridad en su necesidad de reafirmar constantemente que él la quiere. Aunque conserva la alegría y franqueza de una niña, ya planea hacer un viaje por Estados Unidos con su novio. (Una vez expresó el deseo de extender su mundo y cambiar su vida mediante una visita a San Francisco.) Durante ese periodo se convirtió en la "mujercita" de Alejandro, además de ser su *cuate*. Él recuerda: "Frida era sexualmente precoz. Para ella, el sexo constituía una manera de disfrutar de la vida, una clase de impulso vital".

Jueves, 25 de diciembre de 1924

Mi Alex: Desde que te vi te amé. ¿Qué dice usted? (?) Como probablemente van a ser varios los días que no nos vamos a ver, te voy a suplicar que no te vayas a olvidar de tu mujercita linda, ¿eh?... a veces en las noches tengo mucho miedo y yo quisiera que tú estuvieras conmigo para que no me dejaras ser tan miedosa y para que me dijeras que me quieres igual que antes, igual que el otro diciembre, aunque sea yo una "cosa fácil" ¿verdad Alex? Te tienen que ir gustando las cosas fáciles... Yo quisiera ser todavía más fácil, una cosita chiquitita que nada más trajeras en la bolsa siempre, siempre... Alex, escríbeme seguido y aunque no sea cierto dime que me quieres mucho y que no puedes vivir sin mí...

Tu chamaca, *escuincla* o mujer o lo que tú quieras [aquí Frida dibujó tres pequeñas figuras representando esos tres tipos distintos de mujer].

FRIEDA

El sábado te llevaré tu suéter y tus libros y muchas violetas, porque hay cantidades en la casa...

1 de enero de 1925

contésta-me	contésta-me	contésta-me	contésta-me	contésta-me
,,	,,	,,	,,	,,
,,	,,	,,	,,	,,
,,	,,	,,	,,	,,

¿Sabe usted la noticia? [Aquí Frida dibujó a una muchacha con rizos en espiral y una corona, y a su alrededor como un velo, escribió: "Se acabaron las pelonas".]

Mi Alex: A las once recogí tu carta, pero no te contesté ahora mismo porque como tú comprenderás no se puede escribir ni hacer nada cuando está uno rodeado de manada, pero ahorita que son las 10 de la noche, que me encuentro sola y mi alma es el momento más apropiado para contarte lo que pienso... Acerca de lo que me dices de Anita Reyna, naturalmente ni de chiste me enojaría, en primer lugar, porque no dices más que la verdad, que es y será siempre muy guapa y muy chula y, en segundo lugar, que yo quiero a todas las gentes que tú quieres o has querido (?) por la sencillísima razón de que tú las quieres. Sin embargo, eso de las caricias no me gustó mucho, porque a pesar de que comprendo que es muy cierto que es chulísima, siento algo así... vaya, cómo te diré, como envidia ¿sabes?, pero eso sólo es natural. El día que quieras acariciarla, aunque sea como recuerdo, me acaricias a mí y te haces las ilusiones de que es ella ¿eh? ¿Mi Alex?... Oye, hermanito, ahora en 1925 nos vamos a querer mucho, ¿eh? (Dispensa que repita mucho la palabra "querer", cinco veces de a tiro, pero es que soy un poco maje.) No te parece que vayamos arreglando muy bien la ida a los *United States*, quiero que me digas qué te parece que nos vayamos en diciembre de este año, hay mucho tiempo para arreglar todos los asuntos, ¿no crees? Dime todo lo que le encuentres de malo y de bueno y si de veras te puedes ir, es bueno que hagamos algo en la vida ¿no te parece? Cómo nos vamos a estar nada más de majes toda la vida en México; como para no hay cosa más linda que viajar, es un verdadero sufrimiento el pensar que no tengo la suficiente fuerza de voluntad para hacer lo que te digo, tú dirás que no nada más se necesita fuerza de voluntad, sino antes que nada la fuerza de la moneda o (moscota), pero se junta eso trabajando un año y ya lo demás pues es más fácil ¿verdad? Pero como yo la mera verdad no sé muy bien de estas cosas, es bueno que tú me digas qué tiene de ventajas y qué de desventajas y si de veras son muy desgraciados los gringos. Porque tienes que ver que de todo esto que te escribo, desde la crucecita hasta *this* renglón, mucho hay de castillos al aire y es bueno que me desengañe de una vez...

A las 12 de la noche pensé en ti mi Alex ¿y tú? Yo creo que también porque me sonó el oído izquierdo. Bueno, como ya sabes que "Año Nuevo vida nueva", tu mujercita va a ser este año no peladilla de a 7 pe, kilo, sino lo más dulce y bueno que hasta ahora se haya conocido para que te la comas enterita a puros besos.

                                        Te adora tu chamaca
                                        FRIDUCHITA

(Un Año Nuevo muy feliz para tu mamá y hermana)

Frida decía que podría ahorrar para ir a Estados Unidos, trabajando durante un año. En realidad tenía que ganar dinero para contribuir al ingreso familiar. Sin embargo, el desempeño de un empleo durante las vacaciones y después de la escuela era menos pesado de lo que hubiera podido ser, porque le daba mayor libertad. Muchas veces mandaba recado a su madre avisando que no llegaría hasta muy tarde, por tener que ayudar a su padre en el estudio fotográfico. Como éste se encontraba en el centro de la ciudad de México, no resultaba muy difícil salir de cuando en cuando a reunirse con Alejandro. "No sé ya cómo hacer para conseguir algún trabajo", escribió durante unas vacaciones, "pues es de la única manera que podría verte como antes, diario, en la escuela".

No era fácil encontrar otro trabajo aparte de la ayuda que prestaba a su padre. Por poco tiempo Frida sirvió de cajera en una farmacia, pero demostró ser inepta: al término de cada día había o demasiado o muy poco dinero en la caja, y frecuentemente se veía obligada a aportar su propio sueldo para hacer el balance. En otra ocasión investigó sobre un anuncio y aceptó llevar las cuentas de un almacén de madera por 60 pesos mensuales. En 1925 Frida estudió taquigrafía y mecanografía en la academia Oliver, mientras seguía buscando trabajo. Entusiasmada por las posibilidades de colocarse en la biblioteca de la Secretaría de Educación Pública, Frida escribió: "Pagan 4 o 4.50 y me parece que no está nada mal, pero antes que nada tengo que saber algo de máquina y de garabatos. ¡Así es que nada más figúrate qué atrasada está tu cuate!..."

Según Alejandro Gómez Arias, durante este periodo de estar buscando trabajo, Frida conoció a una empleada de la biblioteca de la Secretaría de Educación Pública, cuando fue a solicitar el trabajo mencionado arriba. Ésta la sedujo. Frida probablemente se estaba refiriendo a ese incidente cuando en 1938 le platicó a una amiga que su iniciación a las relaciones homosexuales, por parte de una de sus "profesoras", fue traumática, en particular porque sus padres se enteraron del asunto. Resultó un escándalo. "Estoy dominada por la más terrible tristeza", le escribió a Alejandro el primero de agosto, "pero tú sabes que no todo es como una quisiera que fuese y qué caso tiene hablar de ello..." Al final de la carta dibujó una cara cubierta de lágrimas.

En la misma carta le contó a Alejandro: "De día trabajo en la fábrica de la que te platiqué, mientras busco algo mejor porque no hay otra cosa qué hacer, imagínate cómo estoy, pero qué se le va a hacer; aunque el trabajo no me atrae para nada, no es posible cambiarlo ahora y lo tendré que soportar como sea". El trabajo en la fábrica no duró mucho; el siguiente la interesó más. Se colocó de aprendiza de grabado a sueldo con un amigo de su padre, el próspero impresor comercial Fernando Fernández. Éste la enseñó a dibujar mediante la copia de estampas hechas por el impresionista sueco Anders Zorn, y descubrió que tenía un "talento enorme". Según Alejandro Gómez Arias, Frida respondió entregándose a una breve aventura con él.

A los 18 años, Frida definitivamente ya no era la "niña de la preparatoria". La muchacha que entró a la escuela Nacional Preparatoria tres años antes, con trenzas y un uniforme de escuela secundaria alemana, se encontraba convertida en una mujer moderna, imbuida del impetuoso optimismo de los años veinte, desafiante de la moral convencional e impasible ante la desaprobación de sus compañeros más conservadores.

La intensa originalidad de su nueva persona se manifiesta en una serie de fotografías tomadas por Guillermo Kahlo el 7 de febrero de 1926. Una de ellas es un retrato formal en el que Frida cuidadosamente oculta su pierna derecha, más delgada, tras la izquierda y lleva un extraño vestido de raso que no tiene relación alguna con la moda de los veinte. En otras fotografías, sacadas el mismo día, ella destaca sobre el grupo familiar, de vestimenta convencional, por traer un traje de hombre con chaleco, pañuelo y corbata. Adopta una postura masculina, con una mano en el bolsillo y un bastón en la otra. Tal vez se puso esa ropa de broma, pero de todas formas esa joven ya no era una niña inocente. Desde todas las fotografías nos observa con una mirada aguda y desconcertante, llena de esa mezcla de sensualidad y enigmática ironía que reaparece en tantos autorretratos suyos.

1. Retrato de bodas de Guillermo Kahlo y Matilde Calderón, 1898.

2. *Mis abuelos, mis padres y yo*, 1936, óleo y temple sobre lámina, 30.8 × 34.6 cm, colección Museo de Arte Moderno, Nueva York, donación de Allan Roos, M. D., y B. Mathieu Roos.

3. Frida (lado inferior de la derecha), después de recuperarse de la
poliomielitis, con algunos miembros
de su familia. Fila de atrás, segunda de la derecha, su madre;
quinta de la derecha, su abuela; sentada con las piernas cruzadas, su
hermana Cristina.

5. *Cuatro habitantes de México,*
1938, óleo sobre lámina, 32.4 ×
47.6 cm, colección particular, California.

4. *Piden aeroplanos y sólo les dan
alas de petate,* 1938, óleo, paradero
desconocido.

6. Autorretrato de Guillermo Kahlo, más o menos 1907.

7. *Retrato de don Guillermo Kahlo,* 1952, óleo sobre masonite, 62 × 48 cm, colección Museo Frida Kahlo, México, D. F., fotografía Raúl Salinas.

8. Frida como colegiala, 1923.

9. Alejandro Gómez Arias, más o menos 1928.

10. Dibujo de Frida del accidente, sin fecha, colección Rafael Coronel, México, D. F., fotografía de Raúl Salinas.

19 de Septiembre de 1926 - FRIDA Kahlo (Ocument)

11. Frida (de pie a la izquierda, con un traje de hombre) con algunos miembros de su familia. Al fondo, desde la izquierda: su tía, su hermana Adriana, el esposo de Adriana, Alberto Veraza; en el centro: su tío, su madre, su prima Carmen; hasta adelante: Carlos Veraza, Cristina. Fotografía de Guillermo Kahlo, 1926.

12. *Retrato de Adriana,* 1927, óleo sobre tela, paradero desconocido, fotografía de Guillermo Kahlo.

13. *Retrato de Cristina mi hermana,* 1928, óleo sobre madera, 99 × 81.5 cm, colección Isolda Kahlo, México, D. F.

14. Retrato de Frida distribuyendo armas, en el mural de la Secretaría de Educación realizado por Diego Rivera, 1928.

15. *Niña,* 1929, óleo sobre masonite, 84 × 68 cm, colección Dolores Olmedo, México, D. F., fotografía de Raúl Salinas.

16. *El camión,* 1929, óleo sobre tela, 26 × 55.5 cm, colección Dolores Olmedo, México, D. F., fotografía de Raúl Salinas.

17. Frida y Diego en el día de su casamiento, 21 de agosto de 1929.

18. *Autorretrato*, 1930, óleo sobre tela, 54 × 65 cm, colección Dolores Olmedo, México, D. F., fotografía de Raúl Salinas.

19. *Retrato de Eva Frederick*, 1931, óleo sobre tela, 63 × 46 cm, colección Dolores Olmedo, D. F., fotografía de Raúl Salinas.

20. *Retrato de la señora Jean Wight*, 1931, óleo sobre tela, 64.8 × 47.6 cm, colección Gutierre Tibón, Cuernavaca, México, fotografía de Raúl Salinas.

21. *Retrato del doctor Leo Eloesser*, 1931, óleo sobre cartón, 85.1 × 59.7 cm, colección Universidad de California, San Francisco, Escuela de Medicina.

22. *Luther Burbank*, 1931, óleo sobre masonite, 87 × 62 cm, colección Dolores Olmedo, México, D. F., fotografía de Raúl Salinas.

23. Frida y Diego en la fábrica Rouge River de la Ford Motor Company, Detroit, 1932.

24. En el andamio del Instituto para las Artes de Detroit, 1932. Por cortesía del Instituto para las Artes de Detroit, compra de la Sociedad de Fundadores, Fondo Edsel B. Ford y donación de Edsel B. Ford, negativo núm. 2773, fotografía de W. J. Stettler, fotógrafo de la Ford Motor Company.

25. Con (de izquierda a derecha) Lucienne Bloch, Arthur Niendorff y Jean Wight, en el techo del Instituto para las Artes de Detroit, viendo el eclipse solar, 31 de agosto de 1932. Por cortesía del Instituto para las Artes de Detroit, negativo núm. 2774, fotografía de W. J. Stettler, fotógrafo de la Ford Motor Company.

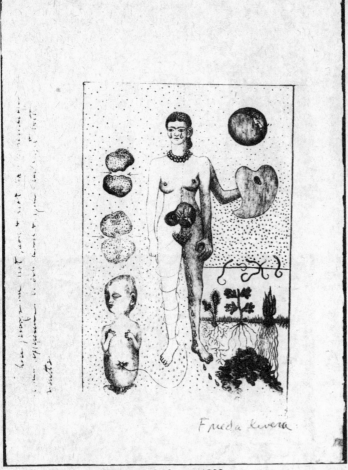

26. *Frida y el aborto,* 1932,
litografía, 32 × 23 cm,
fotografía de Raúl Salinas.

27. Después de la muerte
de su madre, fotografía de
Guillermo Kahlo, 1932.

28. *Autorretrato en la frontera entre México y Estados Unidos*, 1932, óleo sobre lámina, 31.9 × 34.9 cm, colección Manuel Reyero y señora, Nueva York, fotografía por cortesía de Christie's, Nueva York.

29. Pintando *Autorretrato en la frontera*.

30. *Autorretrato*, 1933, óleo sobre lámina, 34.3 × 29.2 cm, colección Jacques Gelman y señora, México, D. F., fotografía de Raúl Salinas.

31. El mural del Centro Rockefeller de Rivera, en su segunda versión del Palacio de Bellas Artes, México, D. F., 1934, fotografía de Raúl Salinas.

32. Con Diego y una amiga no identificada en la Escuela Nueva para Trabajadores, Nueva York, 1933.

33. Con Nelson Rockefeller y Rosa Covarrubias en 1939.

34. *Mi vestido cuelga ahí,* 1933, óleo y collage sobre masonite, 45.7 × 50.2 cm, testamentaría del doctor Leo Eloesser, por cortesía de la Galería Hoover, San Francisco.

36. Con Ella Wolfe en Nueva York, 1935.

35. Los retratos de Frida, Cristina y los hijos de Cristina, realizados por Rivera en su mural del Palacio Nacional, 1935.

37. *Autorretrato*, 1935, óleo sobre lámina, colección particular, California.

38. Isamu Noguchi, fotografía de Edward Weston, 1935.

39. *Recuerdo*, 1937, óleo sobre lámina, 40 × 27.9 cm, colección Michel Petitjean, París.

40. *Recuerdo de la herida abierta*, 1938, óleo, destruido por un incendio, fotografía por cortesía de Raquel Tibol.

41. Con sus sobrinos, Isolda y Antonio Kahlo.

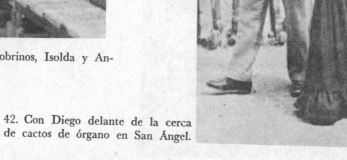

42. Con Diego delante de la cerca de cactos de órgano en San Ángel.

43. Las casas vinculadas de los Rivera en San Ángel.

Capítulo 4

El accidente y sus secuelas

FUE UNO de esos accidentes que provocan un sobresalto de horror, aun años después de ocurrido. Intervino un tranvía, que se incrustó en un endeble camión de madera y transformó la vida de Frida Kahlo.

Lejos de ser una manifestación única de mala suerte, tales accidentes eran tan comunes en la ciudad de México de aquella época, que se representaban en numerosos retablos.* El uso de camiones era relativamente reciente en la ciudad, y por su novedad iban atestados de gente, mientras los tranvías se quedaban vacíos. Entonces, como hoy en día, los conductores manejaban con la baladronada de un torero, como si la imagen de la Virgen de Guadalupe, colgada cerca del parabrisas, los hiciera invencibles. El camión en el que iba Frida era nuevo, y la reciente capa de pintura le daba un aspecto vistoso.

El accidente ocurrió hacia el final de la tarde del 17 de septiembre de 1925, un día después de la celebración de la Independencia mexicana de España. Acababa de lloviznar y los imponentes edificios de gobierno, que bordean el Zócalo, parecían aún más grises y severos que de costumbre. El camión con destino a Coyoacán estaba casi lleno, pero Alejandro y Frida encontraron asientos contiguos en la parte de atrás. Al llegar a la esquina de Cuauhtemotzín y 5 de Febrero, a punto de salir a la calzada de Tlalpan, se acercó un tranvía procedente de Xochimilco. Avanzaba lenta, pero continuamente, como si no tuviera frenos o pretendiera chocar adrede. Frida lo recordó así:

A poco de subir al camión empezó el choque. Antes habíamos tomado otro

* Pequeños cuadros votivos ofrecidos a algún santo, por lo regular a la Virgen, para agradecer el haberlos salvado de algún infortunio. Estas obras, también llamadas "exvotos", muestran el suceso tanto como al agente sagrado de la milagrosa salvación.

camión; pero a mí se me perdió una sombrillita y nos bajamos a buscarla; fue así
que subimos a aquel camión que me destrozó. El accidente ocurrió en una esquina,
frente al mercado de San Lucas, exactamente enfrente. El tranvía marchaba con
lentitud, pero nuestro camionero era un joven muy nervioso. El tranvía, al dar la
vuelta, arrastró al camión contra la pared.

Yo era una muchachita inteligente, pero poco práctica, pese a la libertad que
había conquistado. Quizá por eso no medí la situación ni intuí la clase de heridas
que tenía. En lo primero que pensé fue en un balero de bonitos colores que compré
ese día y que llevaba conmigo. Intenté buscarlo, creyendo que todo aquello no tendría mayores consecuencias.

Mentiras que uno se da cuenta del choque, mentiras que se llora. En mí no
hubo lágrimas. El choque nos botó hacia adelante y a mí el pasamanos me atravesó
como la espada a un toro. Un hombre me vio con una tremenda hemorragia, me
cargó y me puso en una mesa de billar hasta que me recogió la Cruz Roja.

**Cuando Alejandro Gómez Arias describió el accidente, el timbre de su voz
se redujo hasta volverse monótono y casi inaudible, como si pudiera evitar el
recuerdo hablando de él con sobriedad:**

El tren eléctrico, de dos vagones, se acercó lentamente al camión y le pegó
a la mitad, empujándolo despacio. El camión poseía una extraña elasticidad. Se
curvó más y más, pero por el momento no se deshizo. Era un camión con largas
bancas a ambos lados. Recuerdo que por un instante mis rodillas tocaron las de la
persona sentada enfrente de mí; yo estaba junto a Frida. Cuando el camión alcanzó
su punto de máxima flexibilidad, reventó en miles de pedazos y el tranvía siguió
adelante. Atropelló a mucha gente.

Yo me quedé debajo del tren. Frida no. Sin embargo, una de las barras de
hierro del tren, el pasamanos, se rompió y atravesó a Frida de un lado a otro a
la altura de la pelvis. En cuanto fui capaz de levantarme, salí de abajo del tren. No
sufrí lesión alguna, sólo contusiones. Naturalmente, lo primero que hice fue buscar
a Frida.

Algo extraño pasó. Frida estaba completamente desnuda. El choque desató su
ropa. Alguien del camión, probablemente un pintor, llevaba un paquete de oro en
polvo que se rompió, cubriendo el cuerpo ensangrentado de Frida. En cuanto la vio
la gente, gritó: "¡La bailarina, la bailarina!" Por el oro sobre su cuerpo rojo y sangriento, pensaba que era una bailarina.

La levanté, en ese entonces era un muchacho fuerte, y horrorizado me di cuenta
de que tenía un pedazo de fierro en el cuerpo. Un hombre dijo: "¡Hay que sacarlo!"
Apoyó su rodilla en el cuerpo de Frida y anunció: "Vamos a sacarlo". Cuando lo
jaló, Frida gritó tan fuerte, que no se escuchó la sirena de la ambulancia de la Cruz
Roja cuando ésta llegó. Antes de que apareciera, levanté a Frida y la acosté en el
aparador de un billar. Me quité el saco y la tapé con él. Pensé que iba a morir.
Dos o tres personas sí fallecieron en el escenario del accidente y otras, después.

Llegó la ambulancia y la llevó al hospital de la Cruz Roja, que en esa época
se encontraba sobre la calle de San Jerónimo, a unas cuadras de donde ocurrió el
accidente. La condición de Frida era tan grave, que los médicos no creyeron poder
salvarla. Pensaban que iba a morir sobre la mesa de operaciones.

Ahí operaron a Frida por primera vez. Durante el primer mes no se supo con
seguridad si iba a vivir.

La muchacha cuyas alocadas carreras por los pasillos de la escuela parecían el vuelo de un pájaro y que se subía y bajaba de los tranvías y camiones a saltos, de preferencia cuando se encontraban en movimiento, ahora estaba inmovilizada y encerrada en una serie de escayolas de yeso y otros aparatos. "Fue un choque raro, comentó Frida. No fue violento sino silencioso y pausado, y dañó a todos: más que a nadie, a mí".

Su columna vertebral se rompió en tres lugares de la región lumbar. También se fracturó la clavícula y la tercera y cuarta costillas. Su pierna derecha sufrió once fracturas y el pie derecho fue dislocado y aplastado. El hombro izquierdo estaba fuera de lugar y la pelvis, rota en tres sitios. El pasamanos de acero, literalmente, la atravesó a la altura del abdomen; entró por el lado izquierdo y salió por la vagina. "Perdí mi virginidad", dijo.

En el hospital, un antiguo convento con desnudos cuartos oscuros de altos techos, los doctores que la operaron, menearon la cabeza y deliberaron: ¿Viviría? ¿Volvería a caminar? "La tuvieron que ensamblar por secciones, como si estuvieran haciendo un montaje fotográfico", contó un antiguo amigo. Cuando recobró el conocimiento, Frida pidió que se mandara llamar a su familia, pero ninguno de sus padres estuvo en condiciones de acudir. "Mi madre se quedó muda durante un mes por la impresión", recordaba Frida. "A mi padre le causó tanta tristeza que se enfermó y sólo pude verlo después de veinte días. Nunca se había muerto nadie en mi casa". Adriana, que vivía con su esposo, Alberto Veraza, cerca de la casa azul en Coyoacán, se trastornó tanto cuando escuchó la noticia que se desmayó. Matilde fue la única pariente que visitó a Frida de inmediato. Todavía estaba separada de los demás porque su madre aún no le perdonaba el haberse fugado, y le dio gusto tener la oportunidad de ayudar a su hermana menor. En cuanto leyó acerca del accidente en un periódico, fue a acompañar a Frida. Como vivía más cerca del hospital que el resto de la familia, podía ir todos los días. "Nos tenían en una especie de pabellón horrendo... Una sola enfermera cuidaba a 25 enfermos. Fue Matilde quien levantó mi ánimo: me contaba chistes. Era gorda y feíta, pero tenía gran sentido del humor. Nos hacía reír a carcajadas a todos los que estábamos en el cuarto. Tejía y ayudaba a la enfermera en el cuidado de los enfermos". Durante un mes Frida estuvo acostada, enyesada y encerrada en algo parecido a una caja o un sarcófago.

Además de Matilde, la visitaban los "cachuchas" y otros amigos. Sin embargo, en la noche, cuando ya se habían ido su hermana y amigos, la obsesionaba el pensamiento de que hubiera podido o aún pudiera morir. La muerte era el recuerdo de carne roja y desnuda, moteada de oro; de exclamaciones: "¡La bailarina!", atravesando los gemidos generales y de ver, con la impresionante y despegada claridad que a veces acompaña una conmoción, a las otras víctimas arrastrándose desde abajo del tranvía y a una mujer alejándose rápidamente del lugar, con los intestinos en las manos. Frida le contó a Alejandro que "en este hospital la muerte baila alrededor de mi cama por las noches".

En cuanto estuvo en condiciones de hacerlo, Frida desahogó sus sentimientos y reflexiones en cartas a Alejandro. Éste tuvo que guardar cama con heridas más serias de lo que la palabra "contusión", que él mismo usó, indicaba. Frida le informó sobre los adelantos de su recuperación, escribiendo con la mezcla de detalles verídicos, fantasía y sensitiva intensidad que caracterizarían las imágenes de su arte. Hay señales de humor y alegría que no logran, sin embargo, cubrir un estribillo más pesimista: *No hay remedio*. "Debo soportarlo", escribió. "Estoy empezando a acostumbrarme al sufrimiento". Del accidente en adelante, el dolor y la entereza se convirtieron en los temas centrales de su vida.

Martes, a 13 de octubre de 1925

Alex de mi vida:

Tú mejor que nadie sabes todo lo triste que he estado en este cochino hospital, pues te lo has de imaginar, y además ya te lo habrán dicho los muchachos. Todos dicen que no sea yo tan desesperada; pero ellos no saben lo que es para mí tres meses de cama, que es lo que necesito estar, habiendo sido toda mi vida una callejera de marca mayor, pero qué se va a hacer, siquiera no me llevó la pelona. [Aquí dibujó una pequeña calavera y dos huesos cruzados.] ¿No crees?

Figúrate con qué angustia me habré quedado sin saber cómo estabas tú ese día y al día siguiente ya que me habían operado, llegaron [Ángel] Salas y Olmedo [Agustín Olmedo era un amigo. En 1928, Frida pintó su retrato]; ¡me dio un gusto verlos!, sobre todo a Olmedo, como no tienes idea, les pregunté por ti y me dijeron que era muy doloroso lo que pasó, pero no de gravedad y no sabes cómo he llorado por ti mi Alex, al mismo tiempo que por mis dolores, pues te digo que en las primeras curaciones se me ponían las manos como papel y sudaba del dolor de la herida... que me atravesó enteramente de la cadera a adelante, por tantito y me quedo hecha una ruina para toda mi vida o me muero, pero ya todo pasó, ya una me cerró, y pronto dice el doctor que me va a cerrar la otra. Ya te habrán explicado lo que tengo, ¿verdad? y todo es cuestión de mucho tiempo hasta que me cierre la fractura que tengo en la pelvis, y se me componga el codo y que cicatricen otras heridas chicas que tengo en un pie...

De visitas me han venido a ver un "gentío de gente" y una "humareda de humo, hasta Chucho Ríos y Valles preguntó varias veces por teléfono y dicen que vino una vez pero yo no lo vi... Fernández [Fernando Fernández, el impresor] me sigue dando la moscota y ahora resulté todavía con más aptitudes que antes para el dibujo, pues dice que cuando me alivie me va a pagar 60 semanales (puro jarabe de pico, pero en fin), y todos los muchachos del pueblo vienen cada día de visita y el señor Rouaix hasta lloró, el padre, eh, no vayas a creer que el hijo, bueno y tú imagínate cuántos más...

Pero daría cualquier cosa porque en lugar de que vinieran todos los de Coyoacán y todo el viejerío que también viene, un día vinieras tú. Yo creo que el día que te vea Alex, te voy a besar, no tiene remedio, ahora mejor que nunca he visto cómo te quiero con toda el alma y no te cambio por nadie; ya ves que siempre sirve de mucho sufrir algo.

Además de que físicamente he estado bastante amolada, aunque como le dije a Salas no creo haber estado muy grave, he sufrido mucho moralmente, pues tú sabes cómo estaba mi mamá de mala, lo mismo que mi papá, y haberles dado este golpe me dolió más que cuarenta heridas, figúrate, la pobrecita de mi mamá, dicen que tres días estuvo como loca llorando, y mi papá, que ya iba muy mejorado se puso muy malo. Solamente dos veces me han traído a mi mamá desde que estoy aquí, que con hoy son 25 días que se me han hecho mil años y una vez a mi papá, así es que ya quiero irme a la casa lo más pronto posible; pero no será hasta que me baje completamente la inflamación y me cicatricen todas las heridas, para que no haya ninguna infección y no me vaya yo a pasar a... arruinar ¿te parece?, de todos modos yo creo que no pasa de esta semana... de todas maneras te espero contando las horas donde sea, aquí o en mi casa, pues así, viéndote, se me pasarían los meses de cama mucho más aprisa.

Oye mi Alex, si no puedes venir todavía me escribes, no sabes todo lo que me ayudó a sentirme mejor tu carta, la he leído yo creo que dos veces al día desde que la recibí y siempre me parece como si fuera la primera vez que la leo.

Te tengo que contar una bola de cosas, pero no te las puedo escribir porque como todavía estoy débil, me duelen la cabeza y los ojos cuando leo o escribo mucho, pero pronto te las contaré.

Hablando de otra cosa, tengo un hambre manís que pa' qué te escribo... y no puedo comer más que unas porquerías que ya te aviso; cuando vengas tráeme pastillas y un balero como el que perdimos el otro día.

Porque te alivies muy pronto me estaría otros quince días en este hospital. Dime cómo están tu mamacita linda y Alice [Alicia, la hermana menor de Alejandro].

Tu cuate [sic] que se ha vuelto tan delgada como un hilo. (Aquí Frida se dibujó a palitos y bolitas.) Friducha.

(Estuve muy triste por [perder] la sombrillita.) [Aquí dibujó una cara con lágrimas.] ¡La vida comienza mañana...!

—TE ADORO—

Frida salió del hospital de la Cruz Roja el 17 de octubre, exactamente un mes después del accidente. Cuando llegó a su casa, esperaba estar encerrada ahí durante varios meses, perspectiva que casi la horrorizó más que la del dolor. A diferencia del hospital, que se encontraba cerca de la preparatoria, Coyoacán estaba a mucha distancia del centro de la ciudad de México, y era poco probable que sus compañeros la visitaran a menudo. Asimismo, aparentemente temía que las excentricidades de su familia, la irritabilidad de su madre y los periodos de silencio de su padre, desconcertaran por lo menos a algunos. En una ocasión escribió que la suya era "una de las casas más tristes que conozco".

Martes, 20 de octubre de 1925

Mi Alex:

A la una del sábado llegué al pueblo; Salitas me vio salir del hospital y te ha de haber dicho cómo me vine, ¿verdad? Me trajeron muy despacio, pero siempre tuve dos días de una inflamación de todos los demonios, pero ya estoy ahora más contenta por estar en mi finca y con mi mamá. Ahora te voy a explicar todo lo que tengo, como me dices en tu carta sin faltar detalle, según el doctor Díaz Infante, que fue el que me curó en la Cruz Roja, ya nada es de mucho peligro y voy a quedar más o menos bien... otra de las cosas que tengo es que estamos a 20 y F. Luna no ha venido a verme y es sumamente grave eso... (Frida usaba F. Luna como clave para designar su menstruación), el doctor duda mucho que pueda extender el brazo, pues la articulación está bien pero el tendón está contraído y no me deja abrir el brazo hacia adelante y que si lo llegaba a extender sería muy lentamente y con mucho masaje y baños de agua caliente, me duele como no tienes idea, a cada jalón que me dan son unas lágrimas de litro, a pesar de que dicen que en cojera de perro y lágrimas de mujer no hay que creer; la pata también me duele muchísimo, pues has de cuenta que la tengo machacada y además me dan unas punzadas en toda la pierna horribles y estoy muy molesta, como tú puedes imaginar, pero con reposo dicen que me cierra pronto, y que poco a poco podré ir andando.

Tú cómo estás y quiero también saberlo exactamente, pues ya ves que ahí en el hospital no les podía preguntar nada a los muchachos, y ahora es mucho más difícil que los vea, pero no sé si querrán venir a mi casa... y tú tampoco has de querer venir... se necesita que no tengas vergüenza de nadie de la parentela y menos de mi mamá. Pregúntale a Salas cómo son de buenas gentes Adriana y Mati. Ahora Mati no puede venir muy seguido a la casa, pues cada vez que viene es un disgusto para mi mamá, y el día que ella viene no entra mi mamá, pobrecita, después de que tan bien se portó conmigo esta vez, pero ya sabes que las ideas de cada gente son muy diferentes y ni remedio, hay que aguantarse. Así es que ya te digo, no es justo que nada más me escribas y no me vengas a ver, pues yo lo sentiría como nada he sentido en mi vida. Puedes venir con todos los muchachos un domingo o el día que quieras, no seas malo, nada más ponte en mi lugar: cinco 5 [sic] meses, amolada y para más lujo recontra aburrida, pues de no ser una bola de viejas que me vienen a ver y los *escuincles* de aquí, que de cuando en cuando se acuerdan de que existo, me tengo que estar sola y mi alma y sufro mucho más, mira, nada más está Kity conmigo que ya la conoces y todo, a Mati yo le digo que venga el día que ustedes quieran venir y ella ya conoce a los muchachos y es muy buena gente, Adriana lo mismo, el Güero no está, mi papá tampoco, mi mamá no me dice nada, no me explico por qué te da vergüenza si no has hecho nada; todos los días me sacan al corredor en la cama, pues Pedro Calderas quiere que me dé el aire y el sol, así es que no estoy tan encerrada como en ese malvado hospital...

Bueno, mi Alex, ya te canso y me despido con la esperanza de verte mucho muy pronto ¿eh?; no se te olvide el balero y mis dulces, te advierto que quiero algo de mesa porque ya puedo comer más que antes.

Saludos por tu cantón y por favor les dices a los muchachos que no vayan a ser tan malas gentes de olvidarme por el solo hecho de estar en mi casa.

Tu chamaca Friducha. [Aquí dibujó una cara sonriente y con lágrimas.]

Lunes, 26 de octubre de 1925

Alex: Acabo de recibir tu carta hoy, y aunque la esperaba desde mucho antes, me quitó mucho los dolores que tenía, pues imagínate que ayer domingo a las nueve me cloroformaron por 3ª vez para bajarme el tendón del brazo, que como ya te dije lo tenía contraído, pero ya que se me pasó el cloroformo que fue a las 10, estuve en un grito hasta las seis de la tarde que me pusieron una inyección de Sedol y no me hizo nada, pues los dolores me siguieron aunque un poco menos fuertes, después me dieron cocaína, así fue como se me pasaron un poco, pero la vasca (no sé cómo se escribe) no se me quitó en todo el día, depuse verde, la pura bilis, pues figúrate que al otro día de que vino Mati a verme, es decir, el sábado en la noche, le dio un ataque a mi mamá y yo fui la primera que la oí gritar y como estaba dormida, se me olvidó por un momento que estaba mala y me quise levantar pero sentí un dolor terrible en la cintura y una angustia tan espantosa que no te puedes imaginar, Alex, pues yo quería pararme y no podía hasta que le grité a Kity y todo eso me hizo mucho mal y estoy muy nerviosa. Bueno, pues te estaba yo diciendo de ayer que toda la noche no hice otra cosa más que deponer y tuve un trastorno horrible, vino Villa a verme, pero no lo dejaron pasar a la recámara, pues estaba muy molesta con esos dolores. También vino Verastigué pero tampoco lo vi. Ahora en la mañana amanecí con una inflamación en donde tengo la fractura de la pelvis (cómo me choca ese nombre), que ya no sabía que hacer, pues tomaba agua y la deponía de la misma inflamación en todo el estómago por tanto grito como di ayer. Ahora no me queda más que dolor de cabeza, pero te digo que ya estoy desesperada de tanto estar en cama y en una sola postura, quisiera que aunque poco a poco me pudiera ir sentando, pero no me queda otro remedio que aguantarme.

Respecto a los que me vienen a ver te diré que no son tan pocos, pero no son ni la 3ª parte de los que más me simpatizan, un montón de viejas y muchachas que más que por cariño vienen por curiosidad, de los muchachos son todos los que tú te puedes imaginar..., pero siquiera me quitan el aburrimiento en los momentos que están conmigo, esculcan todos los cajones; me quieren traer una Victrola; nada más imagínate que la güera Olaguíbel me trajo la suya y como el sábado llegó Lalo Ordóñez del Canadá se trajo de Estados Unidos unos discos bastante suaves, pero no aguanto más que una pieza, pues a la 2ª ya me duele la cabeza, casi todos los días vienen los Galán y también los Campos, los italianos, los Canet, etcétera, todo Coyoacán; entre la gente seria se cuenta a Patiño y al Chava, que me trae libros como *Los 3 mosqueteros,* etcétera, tú imagínate qué contenta estaré, ya les he dicho a mi mamá y a Adriana que yo quiero que vengan ustedes, es decir tú y los muchachos (se me olvidaba)... Oye Alex, quiero que me digas qué día vas a venir para que si por casualidad el mismo día quiere venir una bola de atascadas no recibirlas, pues quiero platicar contigo y nada más. Diles por favor a Chong Lee (el príncipe de Manchuria) y a Salas que también tengo muchas ganas de verlos, que no sean malas gentes, de no venirme a ver etc., lo mismo que a la Reyna, pero yo no quisiera que el día que vinieras tú, viniera la Reyna, pues no conviene tenerle que estar platicando a ella sin libertad de platicarte a ti y a los muchachos, pero si es más fácil, venir con ella, ya sabes que con tal de verte a ti aunque vengas con la *puper* Dolores Ángela...

Alex ven pronto, lo más pronto que puedas, no seas malo con tu chamaca que tanto te quiere.

FRIEDA

Sin embargo, Alex no fue, por lo menos no con tanta frecuencia como le hubiera gustado a Frida. Quizás había descubierto su aventura con Fernández. Pasara lo que pasase, Alejandro lo desaprobó y se sintió traicionado. Frida temió perder su amor y con creciente desesperación rogó a Alejandro que fuera a verla.

5 de noviembre de 1925

Alex: Tú dirás que no te he escrito porque ya no me acuerdo de ti, pero no hay nada de eso, la última vez que viniste me dijiste que volverías muy pronto, un día de éstos, ¿no es cierto? Yo no he hecho más que esperar ese día que no ha llegado todavía...

Pancho Villa vino el domingo, pero F. Luna no se presenta, ya estoy perdiendo las esperanzas. Ya estoy sentada en un sillón y seguramente para el día 18 me paro, pero no tengo fuerzas de nada, así que quién sabe cómo me vaya; del brazo sigo igual (ni pa'trás ni pa'delante), ya estoy buten de desesperada con *d* de dentista.

Ven a verme no seas tan mala gente hombre, parece mentira que ahora que más te necesito te hagas que la V. t. h. dile a Chong Lee que se acuerde de Jacobo Valdez [sic] que tan bellamente dijo: en la cama y en la cárcel se conocen los amigos [sustituyó las palabras "cama" y "cárcel" por pequeños dibujos]. Y todavía estoy en espera de tú.

...si no vienes es porque ya no me quieres nada, ¿eh? Mientras escríbeme y recibe todo el cariño de tu hermana que te adora

FRIEDA

Jueves, 26 de noviembre de 1925

Mi adorado Alex: No te puedo explicar todo lo que estoy pasando ahora, pues figúrate que a mi mamá le dio un ataque y estaba yo con ella, porque Cristina se largó a la calle, cuando tú viniste, y la desgraciada gata te dijo que no estaba yo, y estoy con un coraje que no te puedes imaginar, tenía yo unas ganas de verte, de estar contigo un rato sola, como hace tanto tiempo no estamos, que me dan ganas de decirle todas las picardías que sé a la infeliz maldita gata, después salí a gritarte por el balcón y la mandé a que te buscara, pero no te encontró, así es que no me quedó otro remedio que llorar de puro coraje y de sufrimiento...

Créeme Alex, quiero que me vengas a ver porque estoy que me lleva el diablo y no puedo más que aguantarme, pues sería peor si me desesperara, ¿no crees? Quiero que me vengas a platicar como antes, que te olvides de todo y que me vengas a ver por el amor de tu santa madre y que me digas que me quieres aunque no sea cierto ¿eh? (la pluma no escribe muy bien con tantas lágrimas).

Me gustaría contarte muchas cosas, Alex, pero tengo ganas de llorar y lo único que puedo hacer es convencerme de que vas a venir... Perdóname, pero no fue mi culpa que vinieras de balde, Alex mío.

Escríbeme pronto

Tu querida FRIDUCHA

El 18 de diciembre, tres meses después del accidente, Frida se había recuperado lo suficiente para ir a la ciudad de México. Su restablecimiento parecía extraordinario. Su madre ofreció una misa de gracias por la salvación de su hija y publicó en un periódico una nota de agradecimiento de la familia Kahlo a la Cruz Roja por el cuidado que recibió Frida en el hospital.

El 26 de diciembre, Frida escribió: "El lunes empiezo a trabajar, o sea, el lunes dentro de ocho días". Como no pudo presentar los exámenes finales en otoño de 1925, no se inscribió para el nuevo año escolar. Los gastos médicos fueron muy grandes y su familia necesitaba dinero. Es probable que haya seguido ayudándole a su padre en el estudio, además de aceptar trabajos de medio tiempo.

Para entonces, el desacuerdo entre Frida y Alejandro se había convertido en una riña seria. La siguiente carta pone de manifiesto que él la acusó de ser "fácil". En otra, ella prácticamente lo admite: "Aunque haya dicho «te quiero» a muchos y haya tenido citas y besado a otros, en el fondo sólo te he amado a ti".

19 de diciembre de 1925

Alex: Ayer fui a México sola a dar una vuelta, lo primero que hice fue ir a tu casa (no sé si estaría mal hecho o bien hecho), pero fui porque sinceramente tenía ganas de verte. Fui a las 10 y no estabas, te esperé hasta la una y cuarto en las bibliotecas, en la tienda, volví como a las cuatro a tu casa y tampoco estabas; no sé a dónde estarías, ¿qué sigue enfermo tu tío?

Todo el día anduve con Agustina Reyna; según me dijo, no quiere andar mucho conmigo porque tú le dijiste que era igual o peor que yo, y eso es un gran desprestigio para ella, en lo que creo tiene razón, pues me voy dando cuenta de que "el señor Olmedo" estaba en la verdad al decir que no valgo ni un "centavo", es decir, para todos los que algún día se llamaron más amigos, porque, para mí naturalmente valgo mucho más que un centavo, porque me quiero tal como soy.

Ella dice que en varias ocasiones tú le has dicho algunas de las cosas que te he contado yo, detalles que yo nunca le dije a la Reyna porque no hay ninguna razón para que ella las supiera y no me explico con qué fin se las contaste tú. El caso es que ya nadie quiere ser mi amigo porque estoy demasiado desprestigiada, cosa que no puedo remediar. Tendré que ser amiga de los que me quieran así como soy...

Lira me levantó el falso de que le había dado un beso y si sigo enumerando llenaría hojas enteras; naturalmente todo esto a mí me llamó al principio la atención, pero después empezó a no importarme nada (justamente eso fue lo malo), ¿sabes?

De todos, Alex, lo hubiera recibido sin ninguna importancia, porque es lo que hacen *todos,* ¿comprendes?, pero nunca se me ha de olvidar que tú, al que he querido como a mí misma o más, me tuvieras en el concepto de una Nahui Olín o peor que ella misma, que es un ejemplo de todas ellas. Todas las veces que me has dicho que no quieres hablarme ya, lo has hecho como para quitarte un peso de encima. Y tuviste el valor, Alex, de insultarme, diciendo que había hecho ciertas cosas con otro el día que lo hice por primera vez en mi vida porque te quería como a nadie.

Soy una mentirosa porque nadie me cree, ni tú siquiera, y así poco a poco y sin sentirlo, entre todos la van echando a uno al demonio. Bueno, Alex, yo quisiera decirte todo, todo, porque yo sí creo en ti, pero hay la desgracia de que tú no creerás en mí nunca.

El martes voy probablemente a México, si quieres verme estoy a las 11 en la puerta de la biblioteca de la Secretaría de Educación Pública. Te espero hasta la una.

Tuya FRIEDA

Durante toda la vida Frida usaría su inteligencia, atracción magnética y dolor para conservar su ascendiente sobre sus seres queridos. Mediante las cartas salpicadas de lágrimas que escribió durante los largos meses de su disputa, trató de recuperar a su novio. "No puedo por nada en esta vida dejarte de hablar", escribió el 27 de diciembre de 1925. "No seré tu novia, pero siempre te hablaré aunque me hagas las peores groserías..., porque te quiero más que nunca, ahora que te me vas". El 19 de febrero de 1926 dijo que estaba "dispuesta a hacer cualquier sacrificio por hacerte ese bien, ya que con eso compensaría un poco el mal que te he hecho..., en cambio de todo lo que no te pude o no te supe dar te voy a ofrecer lo único que a nadie más que a ti te daría, seré tuya, el día que quieras, para que siquiera eso te sirva de prueba para justificarme un poco".

Frida trató de convencerlo de que estaba reformando su carácter. "Rehacería" su vida para llegar a asemejarse más a la muchacha de la que él se enamoró tres años antes. A veces se enojaba: "Me dijiste el miércoles que ya era hora de que acabara todo y que siguiera yo para donde podía seguir", escribió el 13 de marzo. "Tú crees que eso no me duele nada, porque muchas circunstancias te hacen creer que no tengo ni gota de vergüenza y que, en primer lugar no valgo nada y no tengo nada que perder ya, pero me parece que ya te he dicho otra vez que si para ti no valgo nada, para mí valgo más que muchas otras muchachas, cosa que tú interpretarás como pretensión de ser una muchacha excepcional (título que tú alguna vez me diste, ahora no me explico por qué), y por eso todavía le llamo ofensa a lo que tú tan sincera y bien intencionadamente me dices".

Pocos días más tarde, el 17 de marzo, rogó: "Te esperé hasta las seis y media en el convento y te habría esperado toda la vida, pero tenía que llegar a buena hora a la casa... ya que tú has sido tan bueno conmigo, ya que tú eres el único que me ha querido bien, te pido con toda mi alma que no me dejes nunca, acuérdate que yo no puedo decir que cuento con mis padres porque tú sabes perfectamente cómo estoy, así es que el único que podría ver por mí eres tú, y tú me dejas porque te imaginaste lo peor, que me apena nada más pensarlo. Dices que ya no quieres ser mi novio..., ¿qué quieres entonces hacer de mí?, ¿dónde quieres que me vaya? (lástima que no puede realizarse eso que pensaba yo cuando era chica, que me trajeras en la bolsa); aunque no lo digas tú sabes que por mucho que haya hecho estupideces con otros, ellos no son nada junto a ti... todavía falta mucho tiempo para olvidarnos, podemos ser buenos novios, buenos esposos, no me digas que no, por lo que más quieras... Todos los días te voy a esperar en Churubusco hasta las 6, puede ser que alguna vez le tengas lástima y comprendas como a ti mismo a tu Frieda".

El 12 de abril prometió: "si alguna vez nos casamos, vas a ver, voy a ser buten de «bien», casi como mandada a hacer para ti".

El primer autorretrato de Frida, en verdad su primer cuadro serio (lámina I), fue un regalo para Alejandro. Empezó el trabajo durante el verano de 1926, cuando se volvió a enfermar y de nuevo fue confinada en la casa de Coyoacán. El 28 de septiembre casi lo había terminado. Al igual que muchos autorretratos suyos, representó una muestra de amor mediante la cual esperaba atar a ella a un ser querido. "El retrato dentro de unos días estará en tu casa", escribió. "Perdona que te lo dé sin marco. Te suplico que lo pongas en un lugar bajo, donde lo puedas ver como si me vieras a mí".

Así es que el primer autorretrato constituyó una especie de súplica visual, una oferta de amor hecha en un momento en que Frida sintió que había perdido a la persona que más amaba. La obra es oscura y melancólica; en ella, Frida logra representarse como una mujer bella, frágil y llena de vitalidad. Extiende la mano derecha como si estuviera pidiendo que la tomaran; uno siente que nadie, ni el despegado Alejandro, resistiría a ese ruego. Lleva un romántico vestido de terciopelo color vino, cuyo cuello y puños aparentemente son de brocado dorado. Al contrario de la moda usual de los veinte, realza su feminidad: el escote muy bajo hace resaltar dramáticamente la palidez de su largo cuello y sus senos de prominentes pezones. La delicadeza propia de la representación de sus senos parece insinuar cierta vulnerabilidad, sin admitirla por completo; por contraste, la expresión de su rostro permanece fría y reservada. En vez de llenar todo el ancho del lienzo con el busto retratado, Frida deja una franja abierta a ambos lados de la figura. De ese modo pone realce en las delicadas cualidades espirituales de la modelo, así como lo hace Hans Memling en *Joven con un clavel*, y la muchacha esbelta y alargada se ve aún más sola contra el océano y el cielo oscuros.

Es posible que el regalo de veras haya conmovido a Alejandro, puesto que se reconcilió con Frida al poco tiempo de haberlo aceptado. Las cartas que ella le escribió posteriormente a Europa revelan cuan intensamente se identificaba con su primer autorretrato. Lo llamaba "tu Botticelli". El 29 de marzo de 1927, escribió: "Alex: Your «Botticelli» también se ha puesto muy triste, pero ya le dije que mientras que tú vuelvas, será la "Bien dormida", y a pesar de eso, te recuerda siempre". El 6 de abril: "Hablando de pintores, tu «Botticelli» está bien, pero en el fondo se le ve cierta tristeza que, naturalmente, no puede disimular; en el triángulo que tú sabes hay en el jardín, han crecido ya las plantas, seguramente será por la primavera, pero no florecerán hasta cuando tú llegues... y tantas otras cosas que te esperan...". El 15 de julio, cuando pensaba verlo pronto: "No te imaginas lo maravilloso que es esperarte, con la misma serenidad del retrato".

El cuadro poseía una personalidad alterna, que compartía y reflejaba los sentimientos de la artista, al igual que lo hiciera la amiga de sus sueños infantiles. En el dorso del lienzo están escritas las palabras "Frieda Kahlo a los 17 años en septiembre de 1926. Coyoacán" (en realidad tenía 19). Unos centímetros más abajo expresó un sentimiento que casi parece desafiar el ambiente tenebroso del cuadro: "Heute ist Immer Noch" ("aún existe el ahora").

Capítulo 5

La columna rota

LA VIDA DE FRIDA, de 1925 en adelante, equivalió a una dura batalla contra la progresiva decadencia física. Continuamente se sentía fatigada y sufría de dolores casi constantes en la espina dorsal y la pierna derecha. Hubo periodos en los que su estado de salud era más o menos bueno y apenas se notaba su cojera, pero gradualmente se fue desmejorando. Una amiga de toda la vida, Olga Campos, cuenta con el historial médico de Frida, desde su niñez hasta 1951, y afirma que ésta fue sometida a, por lo menos, 32 operaciones quirúrgicas, la mayoría en la columna vertebral y el pie derecho, antes de sucumbir, a 29 años del accidente. "Se fue muriendo durante toda la vida", sustentó el escritor Andrés Henestrosa, otro amigo íntimo de muchos años.

La primera recaída, según se desprende de las cartas de Frida a Alejandro en septiembre de 1926, ocurrió más o menos un año después del accidente. Un cirujano ortopédico descubrió que tres vértebras estaban fuera de lugar; tuvo que usar una serie de corsés de yeso que la mantuvieron inmovilizada durante varios meses, además de un aparato especial para el pie derecho. Aparentemente, los médicos del hospital de la Cruz Roja, que la atendieron inmediatamente después del accidente, no revisaron la condición de su columna vertebral. Supusieron que estaba curada y la mandaron a su casa. Según Frida, "nadie me hizo caso. Además, no me tomaron radiografías". Sus cartas revelan que no se cumplieron ciertos tratamientos médicos necesarios porque su familia no se podía permitir el gasto. Cuando sí tenían el dinero, las intervenciones frecuentemente fueron ineficaces. "Ya no sirve el segundo corsé de yeso que me pusieron", escribió Frida a Alejandro durante su recaída, "y en eso se han tirado casi cien pesos a la calle, pues se los entregaron a un par de ladrones que es lo que son la mayor parte de los doctores."

Después de la poliomielitis, Frida se impuso el movimiento con el fin de curarse, convirtiéndose así en una deportista. Después del accidente, tuvo que aprender a mantenerse quieta para salvar lo más posible. Casi por pura casualidad se empezó a dedicar a la ocupación que transformó su vida. "Como era joven", afirmó, "la desgracia no adquirió un carácter trágico en ese entonces: creí tener energía suficiente para hacer cualquier cosa en lugar de estudiar para doctora. Sin prestar mucha atención, empecé a pintar".

A pesar de que tenía talento, no hay evidencia de que en la escuela ya hubiera poseído ambiciones artísticas, por lo menos no hasta su aprendizaje con Fernández. Tomó los cursos obligatorios de arte, extremadamente académicos, que ofrecía la preparatoria, dibujo y modelado en barro (el profesor era Fidencio L. Naba, quien estudió en París y ganó el Prix de Rome). Asimismo, brevemente consideró ganarse la vida haciendo dibujos científicos para libros de medicina, y practicó la técnica en su casa, observando portaobjetos de vidrio con tejidos biológicos a través de un microscopio. Aparte de eso, sus antiguos compañeros sólo recuerdan que le "interesaba el arte", le gustaba seguir el trabajo de los muralistas y que tenía un "espíritu artístico". Todo el tiempo dibujaba líneas entrelazadas caprichosamente en sus cuadernos. Manuel González Ramírez recuerda que "le encantaba hacer que las líneas se juntaran, separaran y volvieran a unirse después de dos o tres sinuosos arcos".

Frida contaba varias versiones de cómo se inició en la pintura. Sin embargo, siempre evitaba promover el conocido mito, aprovechado por muchos artistas, de haber nacido con un lápiz en la mano. Tampoco insinuaba que un "genio innato" la hubiera impulsado irresistiblemente hacia el arte desde los tres años. A Julien Levy, que en ese entonces preparaba una exposición de la obra de Frida Kahlo en Nueva York (1938), le describió su primer encuentro con el arte así:

> Nunca pensé en la pintura hasta 1926, cuando tuve que guardar cama a causa de un accidente automovilístico. Me aburría muchísimo ahí en la cama con una escayola de yeso (me había fracturado la columna vertebral así como otros huesos), y por eso decidí hacer algo. Robé [sic] unas pinturas al óleo de mi padre, y mi madre mandó hacer un caballete especial, puesto que no me podía sentar. Así empecé a pintar.

Adornó la historia en beneficio de su amigo, el historiador de arte Antonio Rodríguez:

> Durante muchos años, mi padre conservó una caja con pinturas al óleo, algunos pinceles en un viejo florero y una paleta en un rincón de su pequeño taller fotográfico. Le gustaba pintar y dibujar paisajes cerca del río en Coyoacán, y a veces copiaba cromos. Desde niña, como se suele decir, echaba un ojo hacia la caja de pinturas. No me explico por qué. Como tenía que pasar tanto tiempo en cama, aproveché la ocasión para pedírsela a mi padre. Como un niño, a quien se le quita un juguete para dárselo a un hermano enfermo, me la "prestó". Mi madre mandó hacer un caballete con un carpintero, si así se le puede llamar al aparato especial que se sujetaba a la cama donde estaba acostada, porque la escayola de yeso no me permitía sentar. Fue así como empecé a pintar.

Por estar inválida, escogió los primeros motivos a su conveniencia: retratos

de amigos (dos "cachuchas" y dos amigas de Coyoacán), familia (su hermana
Adriana) y ella misma. Tres de esos cuadros sólo se conocen por fotografías y
uno de ellos, el retrato pintado en 1927 del "cachucha" Jesús Ríos y Valles, salió
tan malo, según Frida, que lo destruyó. Pese a ser ambiciosos y mostrar promesas,
esos trabajos apenas insinúan el complicado desarrollo personal que seguiría. Todos
son caracterizados por colores oscuros y melancólicos, dibujos rígidos, propios de
una diletante, y un trato torpe del espacio que no corresponde a la lógica de la
percepción. Pese a que el retrato de Adriana, Frida lo llamaba "la Boticelinda
Adriana" (ilustración 12), y los de Ruth Quintanilla y Alicia Galant poseen
cierta elegancia envarada, el de Miguel N. Lira, en el que aparece rodeado por
objetos que simbolizan sus esfuerzos como literato y poeta, parece, como ella misma
dijo, un "recorte de cartón". Sin embargo, los cuadros tienen unos toques de sofisticación que comprueban que Frida, como lo cuenta la leyenda, de veras se pasaba
horas estudiando los libros de historia del arte. Es obvio que fue influida principalmente por la pintura italiana del Renacimiento, en particular por la de Botticelli. En una carta a Alejandro mencionó la admiración que sentía por el retrato
Eleonora di Toledo, del manierista italiano Bronzino, y algo de la conmovedora
gracia inherente a las manos de esa real mujer reaparece en el delicado y aristocrático gesto de Frida en su *Autorretrato.* Asimismo, hay huellas de la elegancia
lineal de los prerrafaelistas ingleses y de las figuras alargadas y sensuales de Modi-
gliani. Motivos muy estilizados, como árboles delgados y nubes festoneadas, sugieren
fuentes tales como iluminaciones de manuscritos medievales o ilustraciones al estilo
del *Art Nouveau;* el dibujo espiral que transforma el mar en el primer *Autorretrato*
hace pensar en biombos y grabados japoneses en madera.

Entre esos primeros cuadros, sólo el *Autorretrato* tiene el carácter intensamente
personal de sus obras posteriores. Es posible que esto sea así porque, al igual que
muchos autorretratos pintados más tarde, constituía una muestra de amor, una
especie de talismán mágico crucial para el bienestar de la artista.

Al leer las cartas que Frida escribió a Alejandro durante el periodo de su
recaída, de 1926 a 1927, uno queda impresionado, página a página, por la intensidad de sus ganas de vivir y su voluntad no sólo de soportar la vida, sino de
disfrutarla también. Asimismo, destacan su soledad quejumbrosa y la omnipresencia
del dolor, además del modo en que utiliza éstas para atar a su amante. "Cómo
me gustaría explicarte mi sufrimiento, minuto a minuto", escribió, a sabiendas
de que según lo expresó un amigo, la "compasión es más fuerte que el amor".

10 de enero de 1927

Alex: Ya quiero que te vengas, no sabes cómo te he necesitado este tiempo y
cómo, cada día, te quiero más.
Estoy como siempre, mala, ya ves qué aburrido es esto, yo ya no sé qué hacer,
pues ya hace más de un año que estoy así y es una cosa que ya me tiene hasta el
copete, tener tantos achaques, como vieja, no sé cómo estaré cuando tenga treinta
años, me tendrás que traer envuelta en algodón todo el día y cargada...
Oye, cuéntame qué tal te has paseado en Oaxaca y qué clase de cosas suaves
has visto, pues necesito que me digas algo nuevo, porque yo, de veras que nací para

maceta y no salgo del corredor... ¡Estoy *buten buten* de aburrida...! [Aquí dibuja una cara con lágrimas]... Esta casa en donde tengo un cuarto ya la sueño todas las noches y por más que le doy vueltas y más vueltas ya no sé ni cómo borrar su imagen de mi cabeza (que además cada día parece más un bazar). ¡Bueno! qué le vamos a hacer, esperar y esperar... La única que se ha acordado de mí es Carmen James (Jaime) y eso una sola vez, me escribió una carta nada más... nadie, nadie más...

¡Yo que tantas veces soñé con ser navegante y viajera! Patiño me contestaría que es *one* ironía de la vida. ¡ja ja ja ja! (no te rías). Pero son sólo 17 años (en realidad, 19) los que me he estacionado en mi pueblo. Seguramente más tarde ya podré decir... Voy de pasada, *no tengo tiempo de hablarte*... [Aquí apunta un compás con siete notas musicales.] Bueno, después de todo, el conocer China, India y otros países viene en segundo lugar... en primero, ¿cuándo te vienes...? Espero que sea mucho muy pronto, no para ofrecerte algo nuevo pero sí para que pueda besarte la misma Frida de siempre...

Oye, a ver si por ahí entre tus conocencias saben de alguna receta buena para engüerar el pelo (no se te olvide).

Y haz de cuenta que está en Oaxaca contigo tu

FRIEDA

Alejandro salió para Europa en marzo. Planeaba quedarse cuatro meses, viajando y estudiando alemán; algunos han dicho que su familia lo mandó al extranjero "para enfriar su estrecha relación con Frida". Quizá Alejandro mismo quiso librarse del control posesivo, y sucesivamente más necesitado de su cariño, que ejercía Frida. Es posible que la promiscuidad anterior de Frida, además de su grave enfermedad, hayan impulsado al joven a apartarse de ella, a pesar de la profunda relación que lo unía a su novia. Sin embargo, siguió sintiendo afecto por ella durante toda su vida.

Alejandro abandonó México sin decir adiós, pues sabía que ambos sufrirían horriblemente al despedirse. En su lugar, escribió que debía estar presente cuando operaran a su tía en Alemania. (Recientemente aceptó que inventó este pretexto para justificar su viaje ante Frida.) Declaró que regresaría en julio, pero transcurrió ese mes y Frida le siguió escribiendo al extranjero, hasta que, finalmente, retornó en noviembre.

Domingo, 27 de marzo de 1927

Mi Alex: No te imaginas con qué gusto te esperaba el sábado, pues estaba segura de que vendrías y de que el viernes habías tenido algo qué hacer... a las cuatro de la tarde recibí tu carta de Veracruz... Imagínate mi dolor, no sé explicártelo. Yo no quisiera atormentarte, y ser fuerte, sobre todo tener tanta fe como tú, pero no puedo, no puede consolarme nada, y ahora ya tengo miedo de que así como no me dijiste cuándo te ibas, me engañes diciéndome que nada más cuatro meses vas a tardar... No puedo olvidarte un solo momento, en todas partes, en todas mis cosas estás tú, sobre todo en mi cuarto, y en mis libros y en mis pinturas. Hasta hoy a las 12 recibí tu primera carta, esta mía quién sabe cuándo la recibirás, pero te voy a escribir dos veces a la semana y tú me dirás si te llega bien o a qué dirección puedo mandarlas...

Ahora, desde que te fuiste, no hago nada en el día, nada, no puedo hacer nada, ni leer... pues cuando estabas conmigo, todo lo que hacía era para ti, para que tú lo supieras y lo vieras, pero ahora no me dan ganas de hacer nada. Sin embargo, comprendo que no debo ser así, al contrario, voy a estudiar todo lo que puedo y ahora que me alivie voy a pintar y a hacer muchas cosas, para que cuando vengas sea yo un poco mejor. Todo depende del tiempo que esté yo enferma. Todavía faltan 18 días para hacer un mes acostada y quién sabe cuánto tiempo en ese cajón, así es que, por ahora no hago nada; sólo llorar y apenas dormir porque en las noches, que estoy sola, es cuando mejor puedo pensar en ti, voy viajando contigo...

Oye Alex, el 24 de abril lo vas a pasar seguramente en Berlín, y ese día justamente cumples un mes de no estar en México, ojalá no sea viernes y que lo pases más o menos feliz. ¡Qué cosa tan horrible es estar tan lejos de ti! Cada vez que pienso que el vapor te lleva más y más de mí, siento unas ganas de correr y correr hasta alcanzarte, pero todas las cosas que pienso y siento, etcétera, las resuelvo como todas las mujeres, con llorar y llorar, ¿qué puedo hacer yo? nada. "I am buten de *lagrimilla*". Bueno Alex, el miércoles que vuelva a escribirte te diré casi lo mismo que en esta carta, un poco más triste y a la vez un poco menos porque habrán pasado tres días más y tres días menos... así, poco a poco sufriendo indeciblemente, se acercará el día en que vuelva a verte... y entonces sí nunca más tendrás que irte a Berlín.

△

Viernes Santo, 22 de abril de 1927

Mi Alex: Ya me escribió Alicia, pero después del 28 de marzo, ni ella ni nadie ha tenido la menor noticia de ti... no hay nada comparable a esta desesperación de no saber nada de ti en un mes.

Sigo mala, me estoy adelgazando mucho; y siempre opinó el doctor que me pusieran el corsé de yeso tres o cuatro meses, pues la canaladura esa, aunque es un poco menos molesta que el corsé, da peores resultados, pues como es cosa de estar en ella meses, los enfermos se llagan, y es más difícil curar las llagas que la enfermedad. Con el corsé voy a sufrir horriblemente, pues lo necesito fijo y para ponérmelo me van a tener que colgar de la cabeza y esperar así hasta que seque, pues de otro modo sería completamente inútil por la posición viciada en que tengo la espina y colgada van a procurar que me quede lo más derecha posible, pero por todo esto, que no es ni mitad, te puedes imaginar cómo estaré sufriendo y lo que me falta... Dice el *viejo* doctor que el corsé da muy buenos resultados cuando está bien puesto, pero todavía falta ver eso y si no me lleva el diablo. Me lo van a poner el lunes en el Hospital Francés... La única ventaja que tiene esta cochinada es que puedo andar, pero como andando me duele tanto la pierna la ventaja sale contraproducente. Además no voy a salir a la calle en esa figura, pues con toda seguridad me llevan al manicomio. En el caso remoto que no dé resultado el corsé tendrían que operar, y la operación constituiría, según este doctor, en quitarme un pedazo de hueso de una pierna y ponérmelo en el espinazo, pero antes de que esto pasara, con toda seguridad me autoeliminaba del planeta... A esto se reduce todo lo que me pasa, no tengo nada nuevo que contarte; estoy aburrida con *A* de ¡ay ay ay! Mi única esperanza es verte...

Escríbeme

y sobre todo, quiéreme

△

"Novedades en mi casa."

Sábado, 4 de junio de 1927

Alex, mi vida: Ahora en la tarde recibí tu carta... No tengo ni siquiera esperanzas de que estés aquí para julio, estás encantado... ¡enamorado de la catedral de Colonia y de tantas cosas que has visto! Yo en cambio contando los días hasta que el día menos pensado vuelvas. Me entristece pensar que me vas a encontrar todavía enferma, pues el lunes me van a cambiar, por 3ª vez el aparato, esta vez para ponérmelo fijo, sin poder andar durante dos o tres meses, hasta que me suelde perfectamente la espina, y no sé si después sea necesario siempre operarme. De todos modos ya me aburro y muchas veces creo que sería preferible que me llevara de una vez... la tía de las muchachas, ¿no crees? Nunca voy a poder hacer nada con esta desgraciada enfermedad, y si eso es a los 17 (19) años no sé cómo estaré después, cada día estoy más flaca y ya verás cuando vengas cómo te vas a ir para atrás de ver lo horrible que estoy con *this aparadaje móndrigo*. [Aquí se dibuja con una escayola de yeso que le cubre todo el torso y los hombros.] Después voy a estar mil veces peor, pues imagínate después de haber estado un mes acostada (como me dejaste), otro con dos diferentes aparatos, y ahora otros dos acostada, metida en una funda de yeso, después 6 otra vez con el aparato chico para poder andar, y con las esperanzas magníficas de que me operen y me pueda quedar en la operación como el oso... [Aquí dibuja a un oso caminando hacia el horizonte por un sendero, probablemente simboliza su acercamiento a la muerte.] Es para desesperarse, ¿o no? Probablemente tú me dirás que soy *buten* pesimista y lagrimilla, y sobre todo ahora que eres completamente optimista, después de haber visto el Elba, el Rin, todo Lucas Cranach y Durero y sobre todo el Bronzino y las catedrales. Así yo podría ser enteramente optimista y siempre niña.

Pero si te vienes pronto, prometo estar cada día mejor.

tuya

No me olvides...

△

22 de julio de 1927, Día de la Magdalena

Mi Alex: Yo a pesar de tantos sufrimientos creo que me voy aliviando, puede no ser cierto, pero ya *quiero creerlo* de cualquier manera es mejor, ¿no crees? Estos cuatro meses han sido una continua pena para mí, día por día; ahora casi me avergüenza no haber tenido fe, pero es que nadie puede imaginarse cómo he sufrido. ¡Pobre novia tuya! Me hubieras llevado, como yo te decía cuando era chica, en una de tus bolsas, como la pepita de oro en el poema de [López] Velarde... ¡pero ahora soy ya tan grande! He crecido tanto desde entonces...

Oye mi Alex: qué maravilla debe ser el Louvre; cuántas cosas voy a saber cuando tú vengas.

A Niza la tuve que buscar en la geografía, porque no me podía acordar dónde estaba (he sido siempre "sometimes brutilla"), pero ya *non* se me olvidará nunca... créeme.

Alex: voy a confesar una cosa: hay momentos que creo que me estás olvidando, pero ¿verdad que no? Ya no podrías tú reenamorarte de la Gioconda...

"Novedades en mi casa":

—Maty ya viene a *this* mansión. Se han hecho las paces. (Todas las señoras católicas [Veladora, Abuelita, Pianista, etcétera], acabaron sus días por *this chance* anticatólico).

—Mi papá ya no está en la "Perla", sino en Uruguay 51.

"Fuera de mi casa":

—Chelo Navarro tuvo *one* "niña".
—Ganó Jack Dempsey contra Jack Sharkey en Nueva York. ¡Gran sensación!

—La revolución en México[1] reeleccionistas
                                              antirreeleccionistas.*

'En mi corazón"
—solamente tú—

                                                                                    tu
                                                                                    —
                                                                                    —
                                                                                    —
                                                                                    —
                                                                                    —
                                                                                    FRIEDA

[1] Candidatos interesantes: José Vasconcelos (?)

       * Luis Cabrera.

* Frida se refiere a las distintas facciones de la campaña electoral para la presidencia, con elecciones a principios de 1928. Para poder presentar su candidatura de nuevo, el presidente anterior, Álvaro Obregón, anuló, con el apoyo del presidente Calles, la salvedad constitucional que prohibía que un presidente desempeñara su cargo durante dos periodos de gobierno. Una sublevación contra Obregón fue sofocada violentamente.

23 de julio de 1927

Mi Alex: En este momento recibo tu carta... Me dices que después te embarcarás a Nápoles, y es casi seguro que también vayas a Suiza, te voy a pedir una cosa, dile a tu tía [Alejandro pasó una parte del viaje acompañado por una tía] que ya quieres venirte, que por ningún motivo quieres quedarte allá después de agosto... no puedes tener idea de lo que es para mí cada día, cada minuto sin ti...

Cristina sigue igual de bonita, pero es *buten de móndriga* conmigo y con mi mamá.

Pinté a Lira porque él me lo pidió, pero está tan mal que no sé ni cómo puede decirme que le gusta. *Buten* de horrible. No te mando la fotografía porque mi papá todavía no tiene todas las placas en orden con el cambio; pero no vale la pena, tiene un fondo muy alambicado y él parece recortado en cartón. Sólo un detalle me parece bien (*one* ángel en el fondo), ya lo verás. Mi papá también sacó una fotografía del otro de Adriana, de Alicia [Galant] con el velo (muy mal) y a la que quiso ser Ruth Quintanilla y que le gusta a Salas. En cuanto me saque *more* copias mi papá te las mando. Solamente sacó una de cada uno, pero se las llevó Lira, porque dice que las va a publicar en *one revistamen* que saldrá en agosto (ya te habrá platicado ¿no?). Se llamará *Panorama*, en el primer número colaboran, entre otros, Diego, Montenegro (como poeta) y quién sabe cuántos más. No creo que sea algo bien.

Ya rompí el retrato de Ríos, porque no te imaginas cómo me chocaba ya. El fondo lo quiso el *Flaquer* [apodo que usaba Frida para llamar a un amigo de Coyoacán, Octavio Bustamante] (la mujer y los árboles) y el retrato acabó sus días como Juana de Arco.

Mañana es el santo de Cristina, van a venir los muchachos y los dos hijos del licenciado Cabrera, no se parecen a él (son muy brutos) y apenas hablan español, pues tienen ya doce años en Estados Unidos y sólo vienen en vacaciones a México. Los Galant también vendrán, la Pinocha [apodo de su amiga íntima Esperanza Ordóñez], etcétera, solamente Chelo Navarro no porque está todavía en cama por su niña, dicen que está *buten* de mona.

Esto es todo lo que pasa en mi casa, pero de esto nada me interesa.

Mañana hace mes y medio de que estoy enyesada, y *cuatro* meses que no te veo, yo quisiera que el otro comenzara la vida y pudiera besarte. ¿Será verdad que sí?

Tu hermana
FRIEDA

Coyoacán, 2 de agosto de 1927

Alex: Entramos a agosto... y podría decir que a la *vida* también si estuviera segura de que vas a regresar a fin de mes. Pero ayer Bustamante me dijo que probablemente te vas a Rusia, por lo cual te quedarás más tiempo... Ayer fue santo de Esperanza Ordóñez (Pinocha) e hicieron *sam guateque* en mi casa porque ellos no tienen piano. Estuvieron los muchachos (Salas, Mike [Lira], Flaquer), Matilde mi hermana y otros mancebos y mancebas. A mí me llevaron en mi carrito a la sala y estuve viendo bailar y cantar. Los muchachos estuvieron bastante contentos (creo yo). Lira le hizo *one* poema a la Pinocha y en el comedor hablaron los tres. Miguel [Lira] se las corrió de episodios, citó a Heliodoro Valle, Tsiu Paŭ, López Velarde *e otros vareos*. Creo que a los tres les gusta bastante la Pinocha (estéticamente) y ya se hicieron muy buenos amigos.

Yo, como siempre, estuve "lagrimilla". Aunque ya *tutes* las mañanas me sacan al sol (cuatro horas) no siento que haya mejorado mucho pues los dolores siempre son los mismos y estoy bastante delgada; pero a pesar de esto, como te dije en la otra carta, yo quiero tener fe. Si hay dinero, este mes me sacan otra radiografía y ya tendré mayor seguridad; pero si no, de todas maneras me voy a levantar hasta el 9 o 10 de septiembre y para entonces sabré si me alivio con este aparato o siempre sí es necesaria la operación (tengo miedo). Pero todavía tendré que esperar bastante tiempo para ver si el absoluto reposo de estos tres meses (casi puedo decir martirio) da resultado o no.

Según lo que me dices el Mediterráneo es maravillosamente azul, ¿lo conoceré alguna vez? Creo que no, porque tengo muy mala suerte, y mi mayor deseo desde hace mucho tiempo ha sido viajar. Sólo me quedará la melancolía de los que han leído libros de viajes.

Ahora no leo nada. No quiero. No estudio alemán ni hago nada más que pensar en ti. Seguramente me creo *buten* de sabia. Y aparte de las "Idas y venidas de los buques de vapor" solamente leo en el periódico "el editorial" y lo que pasa en Europa.

De la revolución acá todavía no se sabe nada, ahora el que parece que las puede es Obregón, pero nadie sabe nada.

Aparte de esto no hay nada interesante. Alex, ¿has aprendido mucho francés? Aunque no sea necesario aconsejártelo... atácalo lo más que puedas, ¿eh?

¿Qué museos has visitado?

¿Cómo son las muchachas en todas las ciudades que has visitado? ¿y los muchachos? No coquetees mucho con las muchachas en los balnearios... Sólo en México les dicen "Medeas" y "Meches" a las que son tan exquisitas que parecen de Botticelli, con buenas piernas, y sólo aquí se les puede hablar así: Señorita (Sorita), ¿quiere ser mi novia? Pero en Francia no, ni en Italia, y definitivamente no en Rusia donde hay muchas peladas comunistas... No sabes con qué gusto daría toda mi vida sólo por besarte.

Creo que ahora que de veras he sufrido, es justo que lo merezca ¿no?

¿Será como tú dices en el mes de agosto? ¿Sí?

Tu FRIEDA
(Te adoro)

15 de octubre de 1927

Mi Alex: ¡La penúltima carta! Todo lo que podría decirte, ya lo sabes.

Todos los inviernos hemos sido felices, nunca como ahora. La vida está delante de nosotros, es imposible explicarte lo que esto significa.

Es probable que siga mala, pero ya no lo sé. En Coyoacán las noches asombran como en mil novecientos veintitrés, y el mar, símbolo en mi retrato, sintetiza mi vida.

¿No me has olvidado?

Casi sería injusto ¿no crees?

Tu FRIEDA

Cuando Alejandro regresó en noviembre, no había olvidado a Frida. ¿Cómo hubiera sido posible? A pesar de que el propósito del viaje fue separar a los novios, el *crescendo* de dolor y añoranza expresado en las cartas, la mantuvo siempre presente en su conciencia. Sin embargo, la intensidad de su relación había disminuido y poco a poco se alejaron el uno del otro, involucrándose él en las actividades de la universidad y ella en la pintura.

Casi todos los que en México hablan del accidente de Frida, dicen que fue fatal: no murió porque era su destino sobrevivir, para sufrir todo un calvario de dolor. Frida misma llegó a compartir la idea de que el sufrimiento y la muerte son inevitables. Dado que todos soportamos el peso de nuestra suerte, debemos tratar de hacerlo lo más ligero posible.

Más tarde, vestía esqueletos de cartón con su propia ropa y mandó hacer una calavera de azúcar con su nombre escrito en la frente. Se burlaba de la pelona del mismo modo como un católico se ríe del catolicismo y un judío hace chistes a costa de su religión. La muerte era su compañera, un miembro de su familia. Coqueteaba, desafiando a su contraria: "Me burlo y río de la muerte, le gustaba decir, para que no se aproveche de mí".

A pesar de que pintaba a la muerte, la suya metafórica, y la de otros literalmente, Frida no era capaz de representar su accidente. Años después mencionó que alguna vez lo intentó pero que nunca pudo hacerlo, puesto que el accidente fue demasiado "complicado" e "importante", para reducirlo a una sola imagen comprensible. Sólo existe un dibujo, sin fecha, en la colección del yerno de Diego Rivera (ilustración 10). El dibujo lineal, desigual y mal acabado, indica que el tema le causaba tanta angustia que no podía controlar sus trazos. El tiempo y el espacio se hunden en una pesadilla: dos vehículos chocan, el suelo está cubierto de lesionados, aparece la casa de Coyoacán y Frida se ve dos veces, sobre una camilla, envuelta en vendas y enyesada; y simplemente como una gran cabeza de niña que observa todo, quizá recordando un balero perdido.

Aunque Frida no haya plasmado el accidente en pintura, fue éste y sus secuelas, el que con el tiempo la llevaron, ya como pintora madura, a trazar su estado de ánimo, puntualizar sus descubrimientos, en términos de lo que hicieron a su cuerpo: su rostro siempre aparece como una máscara y su cuerpo frecuentemente se encuentra desnudo y herido, al igual que sus sentimientos. Tal como en sus cartas Frida advertía a Alejandro que quería que conociera todos los detalles de su sufrimiento, "minuto a minuto", estaba determinada a dar a conocer sus sentimientos dolorosos por medio de sus cuadros. Volvía su cuerpo al revés, colocando el corazón delante de su pecho y mostrando su columna vertebral fracturada, como si su imaginación tuviera el poder de rayos X o el filo cortante de un escalpelo quirúrgico. Si bien la fantasía de Frida no se alejaba mucho de sus propios confines, efectuaba sondeos muy hondos de sí misma. La muchacha que tuvo la ambición de estudiar medicina, se dedicó a la pintura como una especie de cirugía sicológica.

"Me retrato a mí misma porque paso mucho tiempo sola, afirmó Frida, y porque soy el motivo que mejor conozco". Por el confinamiento de la enfermedad, Frida llegó a considerarse como un mundo particular, visión muy semejante a la de niños postrados en cama que descubren montañas y valles en las siluetas de sus miembros. Aun cuando pintaba fruta o flores, la imagen resultaba modificada por el filtro de su propia manera de percibir las cosas. "Me parezco a mucha gente y a muchas cosas", comentó Frida, y en sus cuadros muchas cosas se aseme- jan a ella. "Desde entonces [desde el accidente], he estado obsesionada por comen- zar de nuevo, por pintar las cosas tal como las veía con mis propios ojos, nada más... Así, de la misma manera que el accidente cambió mi rumbo y muchas cosas me impidieron satisfacer los deseos considerados como normales por todo el mundo, a mí nada me pareció más natural que pintar lo que no se había realizado".

La pintura formó parte de la lucha que Frida Kahlo sostuvo por la vida. También constituyó un aspecto muy importante del proceso de su "autocreación": la presentación teatral de sí misma, en su arte, como en su vida, era un medio de controlar su mundo. Mientras se recuperaba, recaía y se volvía a reestablecer, se inventaba siempre de nuevo. Creó a una persona que podía movilizarse y hacer maldades con la imaginación en lugar de con las piernas. "Frida es la única pintora que se dio a luz a sí misma", declara una amiga íntima de Frida, la fo- tógrafa Lola Álvarez Bravo. En cierto sentido, explica Álvarez Bravo, Frida de hecho murió en el accidente. "La lucha entre las dos Fridas, la muerta y la viva, se estaba llevando a cabo siempre dentro de ella". Después del accidente, vino su renacimiento: "Se reavivó su amor por la naturaleza así como por los animales, los colores y la fruta, por cualquier cosa bella y positiva a su alrededor".

Sin embargo, Frida no vio el cambio producido por el accidente como un renacimiento, sino como una aceleración del proceso de envejecimiento. Un año después del mismo, escribió a Alejandro:

¿Por qué estudias tanto? ¿Qué secreto buscas? La vida pronto te lo revelará. Yo ya lo sé todo, sin leer ni escribir. Hace poco, tal vez unos cuantos días, era una niña que andaba en un mundo de colores, de formas precisas y tangibles. Todo era misterioso y algo se ocultaba; la adivinación de su naturaleza constituía un juego para mí. ¡Si supieras lo terrible que es alcanzar el conocimiento de repente, como si un rayo dilucidara la Tierra! Ahora habito un planeta doloroso, transparente como el hielo. Es como si hubiera aprendido todo al mismo tiempo, en cosa de segundos. Mis amigas y mis compañeras se convirtieron lentamente en mujeres. Yo envejecí en unos instantes, y ahora todo es insípido y raso. Sé que no hay nada detrás; si lo hubiera lo vería...

Lo que Frida describió era el desolado y ominoso paisaje soñado que reaparece- ría en muchos autorretratos suyos: expresión externa de su soledad interior. Sin embargo, no compartió su "planeta doloroso" con muchos amigos, y estaba obligada a ocultar la intensidad de su sufrimiento ante los miembros de su familia. "Nadie en esta casa cree que realmente estoy enferma. No puedo ni hablar de eso porque mi madre, la única que se aflige un poco, se enferma, y luego dicen que es por mi causa, que soy muy imprudente, así que yo, y nadie más que yo, sufro". En público, Frida era alegre y fuerte. Queriendo rodearse de gente, acentuó cuali- dades que ya eran suyas: la viveza, la generosidad y el ingenio. Gradualmente, se convirtió en un personaje famoso. Aurora Reyes recuerda que "siempre parecía feliz" después del accidente y durante la recaída. "Daba el corazón. Poseía una riqueza espiritual increíble, y aunque uno la iba a ver para consolarla, siempre salía consolando a uno mismo".

Adelina Zendejas recuerda: "Cuando la visitábamos mientras estaba enferma, ella jugaba, se reía, hacía comentarios y críticas mordaces y agudas y formulaba opiniones sensatas. Si lloraba, nadie se enteraba de ello". Nadie, con excepción de Alejandro. Después del accidente, la mayoría de las caricaturas que dibujaba en las cartas dirigidas a él eran autorretratos llorosos.

Con el tiempo, el papel de la víctima heroica se convirtió en parte integrante del carácter de Frida: la máscara se convirtió en su rostro. La dramatización del dolor se volvió más importante para la imagen de sí misma, por lo cual exageró los sucesos lastimosos del pasado. Declaró, por ejemplo, que había pasado tres meses en el hospital de la Cruz Roja, en lugar de uno. Se creó una personalidad que fuera lo bastante fuerte para soportar los golpes que la vida le asestaba y para sobrevivir, y aun transformar su desolado planeta.

Tanto la fuerza como la insistencia en el sufrimiento impregnan los cuadros de Frida. Cuando se representa lesionada y llorando, equivale a la letanía de heridas morales y físicas, a la llamada de atención, que llena sus cartas. Sin embargo, aun el más doloroso de los autorretratos no es sensiblero ni manifiesta lástima de sí misma. Su dignidad y determinación de "aguantar" se hacen patentes en su majestuoso porte y en su semblante estoico. Esta mezcla de franqueza y artificio, de integridad e invención de sí misma, da a sus autorretratos su urgencia particular e inflexible fuerza, características reconocibles de inmediato.

Entre todos los cuadros de Frida, el que ejemplifica estas cualidades con más intensidad es *La columna rota* (lámina XXVIII), pintado en 1944, poco tiempo después de sufrir una intervención quirúrgica que la dejó encerrada en un "aparato", del mismo modo que en 1927. En él la impasibilidad resuelta de Frida crea una tensión casi insoportable, una sensación de parálisis. La angustia cobra vida por los clavos que perforan su cuerpo desnudo. Una brecha, parecida a la grieta causada por un terremoto, le hiende el torso, cuyas dos partes se mantienen unidas por el corsé ortopédico de acero que simboliza el confinamiento de un inválido. El cuerpo abierto indica la cirugía sufrida y la sensación que tiene Frida de que literalmente se caería a pedazos sin el corsé de acero. Dentro del torso se ve una columna jónica resquebrajada, en lugar de su propia espina dorsal deteriorada: la vida remplazada por una ruina desmoronadiza. La columna afilada cruelmente invade la grieta roja del cuerpo de Frida, desde los costados hasta la cabeza, donde un capitel de dos volutas le apoya el mentón. Según algunos observadores, la columna es análoga a un falo y alude al vínculo, existente en la inteligencia de Frida, entre el sexo y el dolor, al recordar la barra de acero que atravesó su vagina en el accidente. Una anotación desarticulada en su diario dice: "La esperanza, conteniendo la angustia; la columna rota y la visión inmensa, sin caminar, por la extensa senda... moviendo mi vida, hecha de acero".

Las tiras blancas del corsé, con hebillas de metal, acentúan la delicada vulnerabilidad de los senos desnudos de Frida, cuya belleza perfecta hace aún más terrible la hendidura brutal de su cuerpo, desde el cuello hasta los costados; con las caderas envueltas en una tela evocadora de la sábana enrollada de Cristo, Frida exhibe sus heridas como un mártir cristiano; como un San Sebastián mexicano, utiliza el dolor físico, la desnudez y la sexualidad para comunicar el mensaje de su sufrimiento espiritual.

Sin embargo, Frida no es ninguna santa. Valora su situación con agresivo materialismo y en lugar de implorar consuelo al cielo, dirige la mirada fijamente hacia adelante, como si quisiera desafiarse a sí misma (en un espejo), y al público, para hacer frente a su apuro sin inmutarse. Lágrimas salpican sus mejillas, del mismo modo como en tantas representaciones mexicanas de la Madona, pero su rostro se niega a llorar. Forma una máscara tan impávida como las facciones de un ídolo indígena.

Para sugerir la soledad del sufrimiento físico y emocional, Frida se retrata aislada, delante de un inmenso y árido llano. Barrancos parten el paisaje, como metáfora de su cuerpo herido, como el desierto, privado de la capacidad de crear vida. En la lejanía hay una franja de mar azul, debajo de un cielo despejado. Cuando pintó su árbol genealógico, Frida utilizó el océano para representar el hecho de que sus abuelos paternos vivían en Europa. En su primer autorretrato simbolizó la "síntesis de la vida". El mar en *La columna rota* parece encarnar la esperanza de otras posibilidades, pero se encuentra tan lejos y Frida está tan quebrantada, que se halla completamente fuera de su alcance.

Capítulo 6

Diego: el príncipe rana

A POCOS MESES del regreso de Alejandro de Europa, o sea, a fines de 1927, Frida se encontraba lo suficientemente recuperada para llevar una vida activa, casi normal. A pesar de que no reanudó sus estudios, pues todavía le dolía la pierna, además de que quería pintar, se volvió a reunir con sus antiguos compañeros de la preparatoria. Para entonces, la mayoría estaba estudiando en las escuelas profesionales de la universidad, y los cohetes y bombas de agua cedieron el paso a congresos nacionales de estudiantes y manifestaciones de protesta.

Luchaban principalmente por dos causas: la campaña para la presidencia de José Vasconcelos (1928-1929), que se enfrentó con el candidato de Calles, Pascual Ortiz Rubio, y la demanda de autonomía universitaria. Se perdió la primera, pero la segunda fue ganada en 1929.

Después de sobrevivir a una tentativa de asesinato y a una sublevación, el anterior presidente Álvaro Obregón, ganó la presidencia en enero de 1928. Fue asesinado seis meses después. Emilio Portes Gil se convirtió en presidente provisional y se programaron nuevas elecciones para el otoño de 1929. Vasconcelos llegó a la conclusión de que el régimen de Calles era aún más corrupto y despótico que el de Porfirio Díaz, por lo cual decidió presentarse como candidato del Partido Nacional Antirreeleccionista, rivalizando con Ortiz Rubio. Estaba consciente de que era imposible ganar la elección, pero él y sus seguidores creían que era un imperativo moral la lucha contra el caudillismo y por el renacimiento del espíritu democrático y mexicanista de principios de los años veinte.

El esfuerzo por alcanzar la autonomía universitaria estaba relacionado de alguna forma con el anterior, pues en parte también éste constituía una protesta contra la opresión gubernamental. En esencia, todo empezó en 1922, cuando Justo Sierra declaró que la universidad, fundada por él mismo dos años antes, debía quedar libre de la intervención del gobierno. El primer rector de la institución,

Joaquín Eguía Liz, fue aún más lejos: sostuvo que la universidad debía ser autónoma. El 17 de mayo de 1929, finalmente, se desencadenó una huelga estudiantil a escala nacional, porque el presidente de la república cerró la escuela de derecho, después de que los estudiantes rechazaran la propuesta de un nuevo sistema de exámenes. Los estudiantes se reunieron en masa, marcharon, tuvieron encuentros de protesta e hicieron pancartas propagandísticas. El gobierno se desquitó mediante la policía montada, los bomberos y las armas. Alejandro Gómez Arias, elegido presidente de la Confederación Nacional de Estudiantes en enero de 1929, se constituyó en el líder indiscutible del movimiento. "Samurai de la nación", invocó a sus compañeros estudiantes en apasionados discursos. "No nos dejaremos convencer por la violencia". En julio se firmó la ley que estableció la Universidad Nacional Autónoma de México, la cual fue aprobada en el Congreso y entregada ceremoniosamente a Alejandro.

Germán de Campo era otro líder estudiantil que canalizaba sus encarnizadas opiniones contra el militarismo y el imperialismo en numerosos discursos durante la campaña electoral, en los que se expresaba en contra de los callistas y a favor de Vasconcelos. La amistad entre Frida y "Germancito el Campirano", como ella lo llamaba, se intensificó durante los largos y solitarios meses de 1927, mientras Alejandro estaba de viaje y Frida, se encontraba atrapada en un corsé ortopédico tras otro. A ella le encantaba el espíritu divertido de ese joven apuesto, así como su alegría y vehemencia. Era un petimetre incorregible y pronunciaba los discursos más fervorosos con una flor en el ojal, un elegante sombrero de fieltro y un bastón de bambú indio. Murió poco después de ganarse la lucha por la autonomía universitaria: mientras hacía un discurso a favor de Vasconcelos durante una manifestación en el Jardín de San Fernando, lo hizo callar un disparo callista.

Fue Germán de Campo quien presentó a Frida, a principios de 1928, a un círculo de amigos que se formó en derredor del exiliado revolucionario comunista cubano, Julio Antonio Mella. Al igual que Alejandro y de Campo, estudiaba en la escuela de derecho. Asimismo, editaba un periódico estudiantil, el *Tren Blindado,* además de *El Liberador,* la publicación oficial de la Liga Antimperialista, y colaboraba en la revista comunista *El Machete.* Sin embargo, lo más importante con referencia a Frida era el hecho de que también fuera el amante de la fotógrafa estadounidense, de ascendencia italiana, Tina Modotti. Mella se encontraba caminando en compañía de esta última el 10 de enero de 1929, día en que lo asesinó un pistolero al servicio del gobierno cubano.

Modotti llegó a México desde California en 1923, como aprendiza y compañera del gran fotógrafo Edward Weston. Se quedó después de que éste abandonó el país, y se involucró cada vez más en la política comunista, en gran parte por sus aventuras sucesivas con el pintor Xavier Guerrero y Mella. Tenía talento, era bella, borrascosa y sensible, y rezumaba una fuerza llena de vitalidad. De algún modo lograba ser terrenal y despegada del mundo al mismo tiempo. No es de sorprender que la adorara el mundo artístico mexicano de los veinte, el cual incluía a los pintores Jean Charlot, Roberto Montenegro, Best-Maugard, Nahui Olín y Miguel y Rosa Covarrubias; a la escritora Anita Brenner, la editora de *Mexican Folkways* ("Costumbres mexicanas"), Frances Toor y, desde luego, a los principales muralistas: Orozco, Siqueiros y Rivera. Frida y Modotti pronto desarrollaron una

fiel amistad. La mujer más joven, y pintora neófita, se sintió atraída por naturaleza al mundo bohemio de los artistas y comunistas que rodeaban a la fotógrafa.

Este ambiente no era el de Alejandro, a pesar de que muchos de sus miembros
le siguieron en la campaña contra Calles. Para junio de 1928 terminó su relación
con Frida, lo cual se volvió aún más definitivo cuando se enamoró de una amiga
de esta última, Esperanza Ordóñez.

Frida no lo soltó fácilmente. "Ahora más que nunca siento que no me quieres
ya, le escribió, pero te confieso, que no lo creo, tengo fe... no puede ser. Tú
en el fondo me entiendes; ¡sabes por qué hice las cosas! además, ¡sabes que te
adoro!, ¡que eres no sólo una cosa mía, sino yo misma!... ¡Insustituible!" Sin embargo, dos o tres meses después Frida se afilió al partido comunista, por medio de
su amistad con Tina Modotti. Allí conoció a Diego Rivera y sustituyó su viejo
amor por uno nuevo.

En ese entonces, Diego Rivera tenía 41 años y era el más famoso artista de
México, con la peor reputación. Indudablemente había cubierto más paredes que
cualquier otro muralista.

Pintaba con tal soltura y velocidad que a veces parecía estar impulsado por
una fuerza telúrica. "No soy solamente un «artista»", afirmó, "sino un hombre
que desempeña su función biológica de producir pinturas, del mismo modo como
un árbol produce flores y fruta". Efectivamente, el trabajo constituía una especie
de estupefaciente para él y cualquier impedimento para su realización lo irritaba,
fueran las exigencias de la política, una enfermedad o los pequeños detalles de
la vida cotidiana. De cuando en cuando trabajaba sin parar durante varios días, comiendo sobre el andamio y, cuando era necesario, dormía ahí también.

Cuando pintaba, lo rodeaban amigos y espectadores, a los que entretenía con
cuentos ficticios, de haber participado en la Revolución rusa, por ejemplo, o de
experimentos con una dieta de carne humana, particularmente de muchachas
jóvenes, envuelta en tortillas. "Es como de lechón muy tierno", declaraba.

A pesar de sus payasadas y de que la velocidad a la que pintaba daba la impresión de que estaba improvisando, gozó de un buen aprendizaje y trabajaba
deliberadamente, como un profesional. Pintaba desde los tres años, cuando su
padre lo observó llenando las paredes de dibujos y puso a su disposición un cuarto
forrado de pizarrones, donde podía dibujar hasta quedar satisfecho.

Rivera nació en 1887 en Guanajuato, hijo de un maestro (masón y libre-
pensador) y su esposa, una piadosa mujer dueña de una tienda de dulces. Desde
niño se consideró como prodigio a Diego María de la Concepción Juan Nepo-
muceno Estanislao de la Rivera y Barrientos Acosta y Rodríguez. A los diez años
pidió que lo mandaran a una escuela de arte. Mientras continuaba su educación
primaria de día, tomaba clases nocturnas en la escuela de arte más prestigiosa
de México, la academia de San Carlos. Ganó premios y becas, pero para 1902
las técnicas académicas le parecían demasiado limitadas y abandonó la escuela
para seguir trabajando por su cuenta.

En esa época sólo existía un sitio adecuado para un estudiante de arte con
ambiciones, y Rivera zarpó para Europa en 1907, armado de una pensión concedida por el gobernador de Veracruz. Después de pasar un año en España, se
estableció en París, donde se quedó, con excepción de varios viajes, hasta su regreso

a México en 1921. En Europa dejó a una amorosa compañera rusa, Angelina Beloff, a una hija ilegítima que tuvo con otra mujer rusa y a muchos amigos, sobre todo entre los círculos bohemios: Picasso y Gertrude Stein, por ejemplo, Guillaume Apollinaire, Elie Faure, Ilya Ehrenburg y Diaghilev.

Su primer trabajo en la ciudad de México fue el mural intitulado *Creación*, pintado en el anfiteatro de la Escuela Nacional Preparatoria. Era una obra extraña para un pintor ya inflamado con entusiasmo por dar existencia a un arte revolucionario específicamente mexicano. El misticismo laico de Vasconcelos, claramente, constituyó la inspiración intelectual: despliega figuras monumentales e ideales, representantes de las virtudes teológicas y encarnaciones, por ejemplo, de la sabiduría, la fortaleza, la poesía erótica, la tragedia y la ciencia. Sin embargo, está prácticamente desprovisto de *mexicanidad*, tanto en lo referente al estilo como al contenido. Quizá Rivera todavía era demasiado afecto a la pintura europea para encontrar las formas y los motivos que darían cuerpo a sus ideales. No obstante, al pintar *Creación* descubrió su medio de expresión y la escala indicada: el mural monumental. Aunque en ésta, su primera obra, la temática era universal y alegórica, en lugar de nativa y real, no pasaría mucho tiempo para que la musa mítica de cuerpo clásico se convirtiera en su ideal de la madre indígena mexicana.

La *mexicanidad* de Rivera se puso de manifiesto primeramente en los murales de la Secretaría de Educación Pública (1923-1928), los cuales empezó a pintar en cuanto terminó los trabajos en el auditorio de la preparatoria. En la secretaría, tres pisos de corredores abiertos rodeaban un enorme patio. Sobre los mismos, pintó a indígenas trabajando en los campos y en las minas, adquiriendo educación por medio de maestros indígenas de apariencia santa, en una escuela rural al aire libre, organizando una reunión de obreros y repartiendo las tierras restituidas por la Revolución. Inventó un vocabulario propio para describirlos: cuerpos sólidos y morenos, de formas y cabezas redondeadas, y una infinidad de sombreros. Los enemigos de Rivera llegaron a llamar a esas figuras anónimas los "monos de Rivera". Su temática y estilo, con el tiempo, se fusionaron tan completamente que su obra no parece derivada de ninguna otra, a pesar de que ciertas influencias (Giotto, Miguel Ángel) son obvias. Según algunos espectadores, México mismo, su folclor, su pueblo, cactos y montañas parecen "motivos" inventados por Diego Rivera. No importando el tema específico, retrataba al indígena como un luchador valiente contra la opresión continua y por ganar nuevos derechos y libertades y una vida mejor.

Era un tema grande y democrático, que Rivera y los otros muralistas adoptaron con celo reformista, no sólo en su arte, sino también en su política. En septiembre de 1923, los artistas respondieron a la proliferación de organizaciones laborales y campesinas durante los años posrevolucionarios, reuniéndose en la casa de Rivera para fundar el Sindicato de Obreros Técnicos, Pintores y Escultores; Rivera, David Alfaro Siqueiros, Fernando Leal y Xavier Guerrero (en ese entonces amante de Tina Modotti) integraron el comité ejecutivo. En un manifiesto, declararon su simpatía hacia las masas oprimidas y su convicción de que el arte mexicano "es grande porque surge del pueblo; es colectivo, y nuestra propia meta estética es la socialización de la expresión artística, la destrucción del individualismo burgués. Rechazamos el llamado arte de caballete y todo el arte que se derive de círculos ultraintelectuales, porque en esencia es aristocrático. Aclamamos el arte monumental porque es de la propiedad pública. Proclamamos que siendo éste un momento de transición de un orden decrépito a uno nuevo, los creadores de belleza deben invertir sus mayores esfuerzos a fin de realizar un arte de valor para el pueblo. Nuestro supremo objetivo artístico, en un medio que hoy en día es sinónimo del placer individual, es el de dar origen a la belleza para todos, a una belleza que ilustre e incite a la lucha".

Esta reacción contra el positivismo, así como la creencia en el genio de la intuición, figuraron entre los frutos de la Revolución. Los acompañó una nueva valoración del arte infantil, campesino e indígena. Los pintores osaron proclamar que "el arte del pueblo mexicano constituye la expresión espiritual más grande y más sana del mundo". El arte precolombino, que fuera despreciado por ajeno y bárbaro, se empezó a considerar como un reflejo de algo misterioso, y aun notablemente mexicano en su esencia. Los ricos, que antes de la Revolución quizá hubieran adquirido las obras de moda del pintor español Ignacio Zuloaga, después de la misma coleccionaban ídolos toltecas, mayas y aztecas. Se estimaban las artesanías populares como obras de arte, verdadera manifestación del "pueblo" en lugar de simple curiosidad o basura. Hubo un renacimiento de la artesanía, y los mexicanos urbanos comenzaron a decorar sus hogares con objetos muy coloridos, comprados en los mercados, y con muebles baratos fabricados por los campesinos. Se encomiaron y clasificaron los trajes regionales del país, y los vistieron aun las mujeres mexicanas cosmopolitas. La comida nativa remplazó a la cocina francesa en las mesas de los círculos sofisticados. Meticulosamente se recogieron, publicaron y cantaron, en las escuelas y salas de concierto, los *corridos* de todas partes de la nación. Los compositores mexicanos modernos, Carlos Chávez y Silvestre Revueltas, entretejieron su música con ritmos y armonías autóctonos, y un amigo de Rivera, el compositor estadounidense Aaron Copland, escribió que "la huella principal de la personalidad indígena, su reflejo más intenso en la música de nuestro hemisferio, se halla en la escuela actual de compositores mexicanos".

Del mismo modo, el teatro adoptó un colorido nacional. Las *tandas*, revistas teatrales íntimas en la tradición de antiguas formas españolas, se "mexicanizaron", al escribir papeles para personajes típicos del país que, al igual de lo que se hacía en las artes visuales, simbolizaban diferentes aspectos de la nación. Sofisticados habitantes de la urbe se congregaron en las *carpas* (teatros callejeros alojados en tiendas de campaña, que presentaban piezas satíricas acerca de los más recientes fiascos políticos), y las personas que antes sólo disfrutaban el ballet clásico, se reunieron en las ciudades y los pueblos para ver las danzas regionales y aprender a bailar el *jarabe* y la *zandunga* en sus propias fiestas. Con el tiempo se desarrolló un estilo específicamente mexicano de baile moderno, el cual asimilaba la temática y los movimientos típicos de los indígenas: para las mujeres, la molienda de maíz o la acción de cargar un niño en un rebozo, y para los hombres, la labranza de los campos. En 1919, Anna Pavlova participó en la presentación de un ballet mexicano, *La Fantasía Mexicana*, con música propiamente indígena de Manuel Castro Padilla, escenarios y vestuario basados en diseños nativos. Gozó de tanta popularidad que se dieron funciones adicionales en una plaza de toros.

Sin importar sus inclinaciones ni antecedentes, todos los artistas, excepto los más retrógrados, incorporaron elementos mexicanos a su obra. Los pintores de caballete, con orientación europea, también mezclaban distintos colores, como tonos de rosa mexicano, motivos indígenas y escalas de sensibilidad característicamente nacionales con ideas importadas, que abarcaban desde el cubismo, dadaísmo y surrealismo hasta la *Neue Sachlichkeit* alemana y el neoclasicismo que profesaba Picasso en los años veinte. El tervor nacionalista los hizo creer que un arte realmente libre de influencias coloniales sólo sería posible mediante el rechazo de todo lo extranjero. Se apropiaron las formas sencillas y la temática fácilmente comprensible del arte popular mexicano, con la esperanza de dar origen a un estilo más directo y accesible, libre de los "valores elitistas" asociados con la pintura europea de vanguardia. Albergaban rencor hacia la imitación mexicana de modas europeas, del mismo modo como se resentían con el hecho de que compañías extranjeras fueran dueñas de los pozos petroleros del país. Diego Rivera sostenía precisamente esta posición nacionalista. Aunque en sus momentos más sinceros reconocía la necesidad de fusionar la tradición europea con las raíces mexicanas, tronaba contra los "artistas falsos", los "lacayos de Europa", que copiaban las modas de ese continente y así perpetuaban la condición "colonial" en la cultura del país.

El primitivismo y la adopción de ciertos aspectos del arte popular en el arte "fino" representaban, aparte de un rechazo de los valores burgueses o europeos, un anhelo romántico de un mundo agrario primitivo, en el que prevalecía la artesanía hecha a mano. Los artistas seguramente sintieron que ese mundo desaparecía en la era industrial del futuro. Diego Rivera adoraba ese pasado, y a veces lo pintaba como una época idílica, pese a que estaba convencido de que la única esperanza para el futuro de la humanidad radicaba en la industrialización y el comunismo. Él y Frida se rodearon de arte popular mexicano, y su colección de escultura precolombina es una de las mejores de México.

Cuando Frida conoció a Rivera en 1928, éste no estaba comprometido con nadie. En septiembre de 1927, fue a Rusia, como miembro de la delegación mexicana de "obreros y campesinos", para asistir al décimo aniversario de la Revolución de Octubre y para pintar un fresco en el Club del Ejército Rojo. Nunca terminó el proyecto, pues siempre parecía interponerse uno u otro obstáculo burocrático. En mayo de 1928, el partido comunista mexicano precipitadamente pidió que regresara, según todas las apariencias, para trabajar en la campaña presidencial de Vasconcelos. (¡Más tarde, Rivera declaró que lo querían presentar como candidato para la presidencia!)

Cuando llegó a México en agosto, encontró su matrimonio con la bella Lupe Marín disgregado. Había sido tumultuoso, físicamente apasionado y violento. Rivera describió a Lupe como un animal enérgico: "ojos verdes, tan transparentes que parecía estar ciega", "dientes animales", "una boca de tigre", manos como "garras de águila". Según Lupe, la causa de su separación fue la aventura que tuvo Diego con Tina Modotti. Ésta junto con ella misma, fueron las modelos de los magníficos desnudos en el mural que pintó Rivera para la Escuela Nacional de Agricultura de Chapingo. Ahí empezaron las relaciones. No fue la primera vez que Lupe encontraba a Rivera interesado en otra mujer. Había aprendido a ser indulgente y también, a tomar venganza: en una ocasión delante de un asombrado grupo de invitados, tiró del cabello a una rival, desgarró varios dibujos de Rivera y atacó a su esposo a puñetazos. En otra, destrozó algunos de los ídolos precolombinos de Diego y le sirvió una sopa hecha con los pedazos. Lupe no supo tolerar el hecho de que tuviera que compartir con otra mujer el foco de la atención pública en el mural de Chapingo. A pesar de que la aventura de Rivera con Tina terminó antes de que él partiera para Rusia, el daño ya estaba hecho.

Como si tuviera la necesidad de llenar el vacío que dejó en su vida la marcha de Lupe y sus dos pequeñas hijas, Diego se entregó a más aventuras en el periodo subsiguiente a su regreso de Rusia, que jamás antes, o después. No tenía ningún problema para hacer conquistas. A pesar de que irrefutablemente era feo, cautivaba a las mujeres con la facilidad de un imán que atrae limaduras de hierro. En efecto, su apariencia monstruosa formaba parte de su encanto: hacía resaltar muy bien al tipo de mujer a la que le gusta jugar a la bella y la bestia. Sin embargo, el mayor atractivo era su personalidad. Era un príncipe rana, un hombre extraordinario lleno de humor brillante, vitalidad y encantos. Podía ser cariñoso y era muy sensual. Más importante, gozaba de mucha fama, y ésta parece constituir un atractivo irresistible para algunas mujeres. Se dice que ellas perseguían a Rivera más que él a ellas. En particular lo cazaban ciertas jóvenes estadounidenses, las cuales sentían que una cita con Diego Rivera era tan "imprescindible" como una visita a las pirámides de Teotihuacan.

A las mujeres, mexicanas o de otros países, también les gustaba estar con Diego, porque a él le agradaba su compañía. Desde su punto de vista, las mujeres son superiores a los hombres en muchos sentidos: son más sensibles, más pacíficas y más civilizadas. En 1931, Rivera, con la voz soñadora, los ojos brillantes y los labios extendidos en una sonrisa lánguida de Buda, habló con un reportero neoyorquino sobre la admiración que sentía por las mujeres: "Por naturaleza, los hombres somos unos salvajes. Lo seguimos siendo hoy en día. La historia demuestra que el primer progreso fue realizado por mujeres. Los hombres preferimos permanecer brutos, peleándonos y cazando. Las mujeres se quedaron en casa y cultivaron las artes. Ellas fundaron la industria. Fueron las primeras en contemplar las estrellas y en desarrollar la poesía y el arte... Muéstreme cualquier invento que no haya tenido su origen en el deseo [de los hombres] de servir a las mujeres". Quizá los años que Rivera pasó en Europa cambiaron tanto su actitud hacia el otro sexo, en comparación con la del *macho* medio. En todo caso, le gustaba conversar con las mujeres; apreciaba sus mentes y tal postura constituía un raro deleite para la mayoría de las mujeres en ese entonces, en México así como en cualquier otra parte.

Desde luego, Rivera también apreciaba sus cuerpos. Tenía una pasión por la belleza, un apetito descomunal del placer visual, y se decía que el servir de modelo a Diego significaba ofrecerle el cuerpo a su carne, además de a sus ojos. No se sabe qué pensaba Frida de su reputación de mujeriego cuando lo conoció. Quizá la atraía o se dejó engañar por aquella secular esperanza falsa: yo seré la que capte y sostenga su amor; a mí me amará de otra forma, y así resultó, pero no sin ciertas luchas.

Es casi seguro que Frida y Diego se conocieron en una fiesta en la casa de Tina Modotti. Estas reuniones semanales, al principio se organizaron bajo los auspicios de Weston, en 1923, y Tina las continuó. Ayudaron mucho a crear un ambiente artístico y bohemio en México, donde se podían intercambiar las últimas ideas acerca del arte y la revolución. Dicen con moderación, estos acontecimientos eran animados, en los que se cantaba, bailaba, conversaba, se comía y bebía lo que fuera asequible tanto para la anfitriona como para sus invitados. "El encuentro (con Diego) según Frida, tuvo lugar durante una época en la que la gente cargaba pistola y andaba balaceando los faroles de la avenida Madero, además de otras tonterías. En la noche los rompían todos y recorrían las calles salpicando la ciudad de balas, sólo para divertirse. Una vez, en una fiesta de Tina, Diego disparó contra un fonógrafo y empecé a interesarme por él, a pesar del temor que le tenía".

Esta historia, probablemente la verdadera, de cómo se conocieron Frida y Diego en una fiesta de Tina Modotti, en sí no es mala, sin embargo, ha dado lugar a otra mejor. En realidad, parece haber tantas versiones como personas que las relatan, y la misma Frida recordaba el encuentro de maneras distintas en diferentes ocasiones. La versión "oficial" es que cuando se recuperó de su accidente, empezó a mostrar sus cuadros a sus amigos y conocidos; entre otros, los vio Orozco, y le gustaron mucho. "Me dio un abrazo", afirmó Frida. También llevó algunos lienzos con un hombre al que sólo conocía "de vista". Frida lo contó así:

> En cuanto me permitieron caminar y salir a la calle, fui a ver a Diego Rivera con mis cuadros. En ese entonces estaba pintando los frescos en la Secretaría de Educación. Sólo lo conocía de vista, pero lo admiraba muchísimo. Tuve el valor de hablarle para que bajara del andamio y viera mis cuadros, y me dijera, con sinceridad, si tenían o no algún valor... Sin más ni más le dije: "Diego, baja". Y por como es él, tan humilde, tan amable, bajó. "Oye, no vengo a coquetear ni nada, aunque seas mujeriego. Vengo a mostrarte mis cuadros. Si te interesan, dímelo, y si no, también, para ir a trabajar en otra cosa y así ayudar a mis padres". Entonces me dijo: "Mira, en primer lugar me interesan mucho tus cuadros, sobre todo este retrato tuyo, que es el más original. Me parece que en los otros se nota la influencia de lo que has visto. Ve a tu casa, pinta un cuadro, y el próximo domingo iré a verlo y te diré qué pienso". Así lo hizo, y me dijo: "Tienes talento".

La versión del encuentro, que relata Diego en *My Art, My Life,* sirve como ejemplo de su memoria poco común y de su imaginación igualmente bien desarrollada. Era un gran narrador, y aunque algunos aspectos de lo que cuenta embellezcan la realidad, la narración también da una idea bastante precisa de la duradera fascinación que Frida ejercía sobre él.

> Poco antes de ir a Cuernavaca, tuvo lugar uno de los acontecimientos más felices de mi vida. Un día estaba trabajando en uno de los frescos superiores del edificio de la Secretaría de Educación, cuando escuché cómo una muchacha me gritó: "Diego, ¡por favor baja de ahí! ¡Hay algo importante que debo discutir contigo!
>
> Volteé la cabeza y miré hacia abajo. En el suelo, debajo de mí, estaba una muchacha de aproximadamente 18 años. Tenía un cuerpo bueno y vigoroso, coronado por un delicado rostro. Su cabello era largo; oscuras cejas pobladas se unían arriba de su nariz. Parecían alas de mirlo, y sus arcos negros formaban un marco para dos extraordinarios ojos color café.

Cuando bajé, me dijo: "No vine a divertirme. Tengo que trabajar para ganarme la vida. He terminado unos cuadros que quisiera que vieras en un plan profesional. Quiero una opinión completamente franca, porque no me puedo permitir seguir con esto sólo para satisfacer mi vanidad. Quiero que me digas si piensas que puedo llegar a ser una artista lo suficientemente buena, para que valga la pena continuar. He traído tres de mis cuadros. ¿Quieres verlos?"

"Sí", contesté, y la seguí hacia un recinto ubicado debajo de una escalera, donde había dejado sus cuadros. Los volteó todos, apoyándolos contra la pared. Los tres eran retratos de mujeres. Considerándolos uno por uno, inmediatamente me impresionaron. Los lienzos revelaban una energía expresiva poco usual, delineaban los caracteres con precisión, y eran realmente severos. No mostraban ninguno de los trucos que, por lo regular, distinguen el trabajo de principiantes ambiciosos, que los utilizan en nombre de la originalidad. Poseían una sinceridad plástica fundamental y una personalidad artística propia. Comunicaban una sensualidad vital, complementada por una capacidad de observación despiadada, aunque sensible. Evidentemente, esta muchacha era una verdadera artista.

Sin duda se dio cuenta del entusiasmo que se reflejaba en mi cara, pues antes de que pudiera decir nada, me amonestó, con un tono duro y a la defensiva: "No he venido en busca de cumplidos. Quiero la crítica de un hombre serio. No soy ni aficionada al arte, ni diletante. Simplemente soy una muchacha que tiene que trabajar para vivir".

Me sentí profundamente conmovido de admiración hacia esa muchacha, y me tuve que contener para no alabarla todo lo que hubiera querido. Sin embargo, no podía ser completamente falso. Me desconcertaba su actitud; le pregunté sus razones, y si no confiaba en mi juicio. Ella misma había venido a pedírmelo, ¿o no?

"El problema radica en que algunos de tus buenos amigos me advirtieron que no hiciera mucho caso de lo que me dijeras, replicó. Afirman que si una muchacha, que no sea totalmente horrorosa pide tu opinión, estás dispuesto a cubrirla de elogios. Bueno, sólo quiero que me digas una cosa. ¿Realmente crees que debo seguir pintando, o mejor me dedico a otro tipo de trabajo?"

"Opino que, pese a lo difícil que se te pueda hacer, debes seguir pintando", contesté de inmediato.

"Entonces haré caso a tu consejo. Ahora quisiera pedirte otro favor. Tengo más cuadros, y me gustaría que los vieras. Puesto que no trabajas los domingos, ¿podrías ir a mi casa este domingo a verlos? Vivo en Coyoacán, Avenida Londres 126. Me llamo Frida Kahlo".

En cuanto oí su nombre, recordé cómo mi amigo Lombardo Toledano, cuando era director de la Escuela Nacional Preparatoria, se quejó conmigo acerca de la indocilidad de una muchacha de ese nombre. Según él, era la cabecilla de una pandilla de delincuentes juveniles que armaban tales alborotos en la escuela que Toledano pensó en renunciar. Recordé cómo me la señaló una vez, después de dejarla en la oficina del rector para una reprimenda. Entonces, de repente, otra imagen apareció en mi mente, la de la niña de doce años que siete años atrás desafió a Lupe en el auditorio de la escuela, donde estaba pintando unos murales.

Exclamé: "Pero tú eres..."

Me calló rápidamente, casi colocando la mano sobre mi boca. Sus ojos adquirieron un brillo diabólico.

Con tono amenazador, respondió: "Sí, ¿y qué? Fui la del auditorio, pero eso no tiene nada que ver con lo de ahora. ¿Todavía quieres ir el domingo?"

Me fue muy difícil no contestar: "¡Más que nunca!" Pero si mostraba mi emoción, tal vez no me permitiría ir. Por eso sólo dije: "Sí".

Después de rechazar mi ayuda para cargar sus cuadros, Frida partió, con los grandes lienzos zangoloteando bajo los brazos.

El domingo siguiente me encontré en Coyoacán, buscando la Avenida Londres número 126. Cuando toqué a la puerta, escuché a alguien arriba de mí, silbando "la Internacional". En lo alto de un árbol, vi a Frida vestida de overol. Empezó a bajar. Riéndose alegremente, me tomó de la mano y me hizo pasar a la casa, que parecía estar vacía, y a su cuarto. Ahí hizo alarde de todos sus cuadros. Éstos, su habitación y su vivaz presencia, me llenaron de asombroso júbilo.

Entonces no lo sabía aún, pero Frida acababa de convertirse en el elemento más importante de mi vida. Y lo seguiría siendo hasta el momento de su muerte, 27 [26] años más tarde.

Unos días después de esta visita a la casa de Frida la besé por primera vez. Al terminar mi trabajo en el edificio de la Secretaría, la empecé a cortejar en serio. Aunque sólo tenía 18 años [20 o 21] y yo más del doble de su edad, ninguno de los dos nos sentíamos molestos por eso. Su familia también parecía aceptar lo que estaba pasando.

Un día su padre, don Guillermo Kahlo, un excelente fotógrafo, me llevó aparte.

—Veo que está interesado en mi hija, ¿eh? —dijo.

—Sí —contesté—. De otro modo no estaría viniendo hasta Coyoacán para verla.

—Ella es un demonio —afirmó.

—Ya lo sé.

—Bueno, lo advertí —concluyó, y se fue.

Capítulo 7

El elefante y la paloma

DESPUÉS DE CONOCERSE, como quiera que haya ocurrido, el cortejo de Frida y Diego se desarrolló a gran velocidad. Rivera la visitaba en Coyoacán los domingos en la tarde, y Frida pasaba sucesivamente más tiempo junto a Diego en el andamio, viendo cómo pintaba. A pesar de que Lupe estaba separada de Diego, se puso celosa:

> Cuando fui a la Secretaría de Educación para dejarle el almuerzo, estaba pintando los murales en el edificio de Educación, me indignó la confianza con la que lo trataba una insolente niña... Le decía "mi cuatacho"... Era Frida Kahlo... Francamente, me puse celosa, pero no le di importancia, pues Diego era tan propenso al amor como una veleta... Sin embargo, un día me dijo: "Vayamos a la casa de Frida" .. Me pareció muy desagradable ver cómo esa supuesta jovencita tomaba tequila como un verdadero mariachi.

Por desagradable que Frida le haya parecido a Lupe, a Diego por lo contrario, el cariño que le tenía iba en aumento. Su franqueza lo desarmaba, y la extraña mezcla de frescura y manifiesta sexualidad que la caracterizaba lo seducían. El hecho de que el arrojo y las travesuras de Frida atraían a su propia picardía de muchacho, se ejemplifica en el afectuoso recuerdo de un momento de hilaridad: caminando por las calles de Coyoacán, se detuvieron bajo un farol y se sobresaltaron cuando en todo el vecindario se encendieron las lámparas". Siguiendo un repentino impulso, me agaché para besarla. Al tocarse nuestros labios, el farol más cercano a nosotros se apagó y se volvió a encender cuando nos separamos". Se besaron una y otra vez bajo otros faroles, con los mismos resultados electrizantes.

La mente aguda y poco convencional de Frida constituía otro atractivo para Diego. Del mismo modo que él, ella se aburría fácilmente. "Sólo lo irritan dos cosas: la pérdida de tiempo en el trabajo y la estupidez", escribió Frida una vez. "En muchas ocasiones ha dicho que preferiría tener muchos enemigos inteligentes que un amigo tonto". Frida y Diego no se aburrían cuando estaban juntos. Ambos se deleitaban en tener un compañero que viera la vida con una mezcla semejante de ironía, hilaridad y humor negro. Ambos rechazaban la moral burguesa. Hablaban sobre el materialismo dialéctico y el "realismo social", pero para ambos este último estaba estrechamente vinculado con la fantasía. Por mucho que admiraran un enfoque sensato de la vida, elevaban lo banal a algo maravilloso y adoraban las tonterías y la imaginación. Rivera solía quejarse: "El problema con Frida es que es demasiado realista. No tiene ilusiones". Frida, a su vez, lamentaba la falta de sentimentalismo de Rivera. No obstante, si hubiera sido más sentimental, probablemente lo hubiera tratado como la sal a la ostra: una de sus fulminantes miradas sardónicas hubiera sido suficiente para consumir a un hombre con esa cualidad.

Según Lupe, cuando Frida visitó por vez primera a Diego en el andamio "tenía la cara pintada, llevaba el cabello arreglado con un peinado chino y su vestido tenía un escote propio de la moda de los veinte". Posiblemente haya sido así. Sin embargo, al poco tiempo Frida acudía a reuniones obreras, participaba en juntas clandestinas y pronunciaba discursos, como miembro de la Liga de Jóvenes Comunistas. "Ya no usaba blusas blancas, recuerda con cierta melancolía Alejandro Gómez Arias. En su lugar, llevaba camisas negras o rojas y un broche de esmalte, con un martillo y una hoz". Ya no se preocupaba por la coquetería y, frecuentemente, se vestía con pantalones de mezclilla y una chamarra de cuero con parches: una obrera entre obreros. Quizás esto también atraía a Diego, quien estaba invirtiendo mucha energía en las actividades del Partido Comunista durante esa época, como delegado de la Liga Mexicana de Campesinos, secretario general de la Liga Antimperialista y editor de *El Libertador*.

En 1928, representó a Frida como militante comunista en el lienzo intitulado *Insurrección,* que formaba parte de la serie de murales *Balada de la Revolución Proletaria,* pintada en el tercer piso del edificio de la Secretaría de Educación (ilustración 14). Flanqueada por Tina Modotti, Julio Antonio Mella, Siqueiros y otros fervorosos comunistas, Frida aparece como un marimacho adulto, con el cabello corto y el cuerpo cenceño y resistente cubierto por una camisa laboral roja de hombre, con una estrella roja en el bolsillo. Reparte rifles y bayonetas, con una encantadora expresión de ansia y rectitud en el rostro de heroína política y digna compañera de un líder comunista. Dicen que mientras posaba para el retrato, Rivera comentó sarcásticamente: "Tienes cara de perro". Frida no se dejó intimidar, y contestó: "¡Y tú tienes cara de rana!"

Durante el cortejo, Frida empezó a pintar con mayor confianza y aplicación. Pensaba que Diego era el mejor pintor del mundo, y el gusto que a él le daba el hecho de que ella pintara hacía que el trabajo valiera la pena. En una ocasión, Frida recordó que "tenía una inquietud tremenda por pintar al fresco", cuando primero le mostró sus cuadros a Diego. Sin embargo, cuando los vio le dijo: "Tu voluntad tiene que llevarte a tu propia expresión". No obstante, por poco tiempo su voluntad la condujo a expresarse mediante un estilo parecido al de Rivera. "Empecé a pintar cosas que le gustaron. Desde entonces me admira y me quiere".

Prudentemente, Rivera se limitó a aconsejar a Frida, pero se abstuvo de enseñarla: no quiso echar a perder su talento innato. Sin embargo, ella lo adoptó como su mentor: viendo y escuchándolo, aprendía. Al desarrollar su arte, desaparecería la influencia de Rivera, pero otras lecciones perduraron. "Diego me mostró el sentido revolucionario de la vida y el verdadero significado del color", afirmó ante un periodista en 1950.

La influencia de Rivera se percibe tanto en el estilo como en la sustancia de los cuadros que pintó Frida en 1928 y 1929. El *Retrato de Cristina Kahlo* (ilustración 13), que data de principios de 1928, repite las características de los primeros retratos: siluetas duras, que parecen cortadas de madera, delinean las formas, y un pequeño árbol estilizado el fondo contrasta con una rama más grande en el primer plano, lo cual define el espacio de un modo ingenuo y rudimentario. Más avanzado el mismo año, pintó el *Retrato de Agustín M. Olmedo*. Frida coloca a su antiguo compañero de la escuela contra una extensión de azul, que no se interrumpe por diseños de ninguna clase, al igual que los fondos de muchos de los retratos realizados por Rivera. Asimismo, se apropió de su manera de pintar la figura principal, mediante anchas áreas simplificadas de colores muy vivos. Rivera desarrolló este estilo sobreponiendo a sus conocimientos del modernismo europeo, una asimilación total de los valores del arte popular y precolombino de México. A pesar de que los cuadros que Frida pintó durante ese periodo son bastante grandes, en comparación con su obra posterior, muestran muy poco detalle en cuanto a los trazos, la textura y el modelado. Parece como si hubiera sacado una figura de un mural de Diego para colocarlo en el centro de su lienzo.

En los cuadros *Niña* (ilustración 15) y *Retrato de una niña*, ambos pintados en 1929, los fondos se dividen en dos zonas de colores vivos: color de lavanda y amarillo en el caso de *Niña*, y azul verdoso y color ladrillo en el *Retrato de una niña*. En el primer cuadro, la modelo lleva un vestido verde olivo con lunares rojos, y en el segundo, uno color rosa. Estos colores, alegres y austeros a la vez, caracterizan el arte popular y aun la vida mexicana. Se ven, en calidoscópico movimiento, en cualquier día de mercado.

El color que usa Frida en estos cuadros se aleja aún más de la tradición europea (que trató de adaptar a sus primeras obras) que el de Rivera, quien tomó la decisión consciente de "mexicanizar" sus colores al regresar de París. Parece que Frida, que nunca llegó a dominar realmente la pintura "clásica", disponía de más libertad para abandonar las convenciones impuestas por ésta. De modo semejante, en toda su obra el dibujo es más primitivo que el de Diego. Aunque en los primeros cuadros se aprovechó de un estilo ingenuo y folclórico para ocultar la torpeza debida a su falta de experiencia, más tarde este primitivismo, así como la paleta mexicana de colores, se convirtieron en su elección estilística.

Pese a que no se puede decir que los primeros retratos de niños que realizó Frida constituyen grandes obras de arte, resultan conmovedores y llenos de vida, especialmente porque armonizan hasta la perfección las cualidades infantiles propias del estilo, el motivo y la artista. Frida, como pintora sin experiencia, pudo adoptar una actitud ingenua sin afectación. Por su propio espíritu juvenil, era capaz de inspirar confianza a los niños y así captar su soñadora frescura mediante el arte, esa mirada infantil que parece contener el mutismo de los animales y el peso de la sabiduría. En tanto que muchos de los retratos que pintaba Rivera de niños poseen cierto atractivo estereotipado, mejillas y ojos que rivalizan en su redondez, hechos así para interesar a los turistas, los de Frida siempre son concretos y auténticos, llenos de detalles observados con mucha perspicacia: orejas grandes, brazos delgados, codos huesudos, mechones rebeldes de cabello y calzones visibles debajo del dobladillo de una falda. El gran imperdible que sostiene el mejor vestido de la *Niña*, claramente indica el orgullo y la pobreza de esos niños mexicanos.

Frida observaba las cosas de modo distinto al de Diego. Evitando las teorías e imágenes generales, penetró en lo particular y enfocó los detalles de la ropa y los rostros, en un intento de captar la vida individual. Más tarde, examinaría el interior de la fruta y las flores, los órganos ocultos debajo de carne lesionada y los sentimientos escondidos tras facciones estoicas. Desde el lugar más distanciado y abstracto que ocupaba Rivera, abarcaba toda la extensión del mundo visible: poblaba sus murales con toda la sociedad y el desfile histórico. Por contraste, los motivos de Frida salían de un mundo que se encontraba más a mano: amigos, animales, naturalezas muertas y sobre todo ella misma. Sus verdaderos temas encarnaban estados de ánimo, su propia alegría y tristeza. Las imágenes siempre estaban estrechamente vinculadas con lo que sucedía en su vida y comunican la proximidad de la experiencia vivida.

Esta cercanía e intimidad aparecen aun en *El camión*, un cuadro de 1929 en el que Frida intentó hacer, a su manera y en un lienzo muy pequeño, lo que Rivera representaba tantas veces en sus enormes murales (ilustración 16). Los personajes estereotipados de la sociedad mexicana están formados sobre la banca de un camión desvencijado: una matrona regordeta, de clase media baja, con una canasta de paja para el mandado; un obrero que sostiene una llave inglesa y lleva un overol de mezclilla y una gorra azules; en el centro, la heroína del grupo, una madre indígena descalza, con un rostro de madona, que amamanta a su niño, envuelto en un rebozo amarillo; junto a ella, un niño pequeño que observa el mundo que pasa fuera de la ventana; un hombre viejo al que se identifica fácilmente como gringo, por sus ojos azules y un monedero abultado (recuerda al capitalista gordo que aparece en el mural pintado por Rivera en la Secretaría de Educación); finalmente, una remilgada joven de la alta burguesía (sus emblemas son una mascada moderna y un pequeño pulcro bolso). Como pareja, la burguesa y el capitalista contrastan con el ama de casa y el obrero, pues ambos pares flanquean a la madre indígena del centro; representando claramente la simetría social. Considerándolo todo, *El camión* constituye una burlona versión mexicana de *Third-Class Carriage* (Vagón de tercera clase) de Daumier, con la única diferencia de que en el mensaje ligeramente marxista de Frida las figuras abarcan distintas clases sociales, en tanto que todos los personajes en la escena realista de transporte público de tercera clase que nos muestra Daumier, desde el hombre con sombrero de copa y el niño, hasta la mujer con la canasta para el mercado y la madre que da de mamar a su hijo son pobres.

Aunque la idea de pintar una escena de jerarquía social parezca de Rivera, el humor con el que están retratados los estratos de la sociedad en *El camión* definitivamente es de Frida. Ciertamente tenía una conciencia política, pero además poseía un sentido agudo de lo ridículo, aun cuando éste apareciera en forma de un bombardeo barroco como las teorías políticas expresadas por Diego. La sospecha de que tal vez se estuviera burlando un poco de nosotros (o de Rivera) al pintar *El camión,* se apoya en ciertos detalles. La pulquería al fondo se llama La Risa y el proletario usa corbata, así como una camisa azul de cuello blanco. Quizá se ideó como un comentario irónico acerca de los obreros que heredarán la tierra en el mejor de los mundos marxistas.

En el segundo autorretrato de Frida (lámina II)), el primero que pintó después de tomarle cariño a Diego, ha desaparecido la pálida y melancólica princesa del Renacimiento que integraba el regalo a Alejandro, de 1926. Tampoco existen ya las olas en espiral, al estilo del *Art Nouveau,* ni otros detalles románticos con los que se rodeó la adolescente herida de amor en su primer autorretrato. En cambio, vemos a una muchacha contemporánea de mejillas rojas, enmarcada por cortinas, accesorio de los retratos coloniales del cual se apropiaron los artistas populares; también servía a los pintores primitivos (incluyendo a Frida), porque eliminaba el problema de cómo colocar, de manera convincente, a la figura dentro del espacio a su alrededor. Frida se ve fresca, en ambos sentidos de la palabra. Nos mira fijamente, con la intensidad sin parpadeos por la cual una persona que la conoció durante esa época dijo que era "radiante como un águila". Lo suficientemente impetuosa para hacer bajar de su andamio a Rivera, también tenía el atractivo que lo impulsara a hacerlo con diligencia.

Cuando Frida fue con Jesús Ríos y Valles para decirle que estaba comprometida con Diego, éste contestó: "Cásate con él, porque serás la esposa de Diego Rivera, un genio". Otros amigos se quedaron asombrados de que Frida dejara a Alejandro por un viejo feo como Rivera, pero su compañero Baltasar Dromundo (que luego escribiría sobre Frida y Alejandro en su libro acerca de la Escuela Preparatoria) comprendía perfectamente por qué lo hacía: "Cuando se comprometió con Rivera, su relación con Alejandro ya se había enfriado. La atraía la fama de Diego. En los momentos en que Alejandro la hubiera cubierto de flores, Diego la hubiera abrazado y besado".

Pensara lo que pensara Guillermo Kahlo de la perspectiva de tener a Diego Rivera como yerno, su incapacidad de dar seguridad financiera a la familia o aun de cubrir los gastos médicos de Frida los cuales, como él sabía, iban a continuar a través de los años, seguramente lo incitó a dar su aprobación a la petición de mano. A pesar de que Frida era la única hija soltera (Cristina ya vivía con su marido en 1928; su hija Isolda nació en 1929), todavía resultaba difícil cubrir los gastos de la casa. Ninguno de los padres de Frida gozaba de buena salud, y el accidente de ella acabó con sus esperanzas de que siguiera una carrera profesional. Aunque hubiera otro inconveniente para la unión, al casarse con Diego Rivera, Frida estaría contrayendo matrimonio con un hombre del cual se sabía que era tan rico como generoso y con el que se podía contar para mantener no sólo a Frida sino también a su familia. (Efectivamente, al poco tiempo de casarse Diego con Frida, liquidó la hipoteca que gravaba la casa de los Kahlo, la cual los padres de Frida ya no podían sostener, y les permitió seguir viviendo ahí).

Fue Matilde Calderón de Kahlo, a la que Frida acusó alguna vez de mezquindad, la que no quiso aceptar el compromiso de su hija con un comunista ateo, gordo y feo de 42 años, aunque fuera rico. Le rogó a Alejandro Gómez Arias que hiciera todo lo posible por impedir el casamiento. Sin embargo, éste tenía ya muy poca influencia, tal vez ninguna. La boda tuvo lugar el 21 de agosto de 1929. Frida la describió así:

A los 17 (20) años me enamoré de Diego, lo cual no les pareció a los míos (sus padres), pues Diego era comunista y decían que parecía un Brueghel gordo, gordo, gordo. Afirmaban que era como un casamiento entre un elefante y una paloma.

No obstante, hice todos los arreglos necesarios en el registro de Coyoacán para podernos casar el 21 de agosto de 1929. Le pedí unas faldas a la sirvienta; quien también me prestó la blusa y el rebozo. Me acomodé el pie con el aparato, para que no se notara, y nos casamos.

Nadie, con excepción de mi padre, fue a la boda. Éste le dijo a Diego: "Dése cuenta de que mi hija es una persona enferma y que estará enferma durante toda la vida; es inteligente, pero no bonita. Piénselo si quiere, y si desea casarse, le doy mi permiso".

La pareja se unió en matrimonio en una ceremonia civil celebrada por el alcalde de Coyoacán, en el antiguo ayuntamiento del pueblo. Según Diego, este funcionario también era "un destacado comerciante con pulque". Hubo tres testigos: un peluquero, un doctor homeópata y el juez Mondragón de Coyoacán. Rivera recordaba que el padre de Frida se divirtió mucho con la boda de su hija preferida: "A la mitad de la ceremonia, Don Guillermo Kahlo se levantó y declaró: «Señores, ¿no es cierto que estamos haciendo teatro?»"

La Prensa (23 de agosto de 1929), publicada en la Ciudad de México, informó:

Diego Rivera se casó, el pasado miércoles, en el pueblo vecino de Coyoacán; el discutido pintor (prefijo casi inevitable del nombre de Rivera cuando aparecía en la prensa mexicana) contrajo matrimonio con la señorita Frieda (sic) Kahlo, una de sus discípulas. Como pueden apreciar, la novia fue vestida con ropa muy sencilla de calle, y el pintor Rivera de americana (de traje), y sin chaleco. La ceremonia fue modesta; se celebró en un ambiente muy cordial y discreto, sin ostentación ni formalidades pomposas. Después de su casamiento, los novios recibieron las calurosas felicitaciones de unos cuantos amigos íntimos.

Una graciosa y encantadora fotografía de los novios acompañó este aviso. Frida aparece muy pequeña junto a su enorme esposo y mira fijamente hacia el fotógrafo, con su característica intensidad. No hace concesiones a la solemnidad de la ocasión: ¡en su mano derecha se ve un cigarro! Resulta fácil imaginarla tomando tequila como Lupe Marín la describió, "como un verdadero mariachi".

Lupe Marín estuvo presente en la fiesta de bodas. Según relatan algunos, armó un escándalo (ella misma lo niega). Bertram Wolfe narra el suceso:

Simulando indiferencia en cuanto a las aventuras amorosas de Diego, dio a entender que era suficientemente "liberal" para ir a su boda... Con candidez, Frida invitó a Lupe a una fiesta que hicieron después para unos cuantos amigos y parientes. Lupe fue, fingió estar muy contenta y de repente, en medio de la festividad, se acercó a Frida a grandes pasos, levantó la falda de la novia y gritó, dirigiéndose a las personas ahí reunidas: "¿Ven estos dos palos? ¡Son las piernas que Diego ahora tiene en lugar de las mías!" Después salió de la casa, triunfante.

La versión que dio Frida de los sucesos posteriores a la boda no incluye la afrenta de Lupe: "Ese día nos hicieron una fiesta en la casa de Roberto Montenegro. Diego se puso una borrachera tan espantosa con tequila que sacó la pistola y rompió el dedo meñique de un hombre, además de otras cosas. Luego nos peleamos. Salí llorando y me fui a mi casa. Pasaron unos días hasta que Diego fue a recogerme y me llevó a la casa ubicada en el número 104 de Reforma".

Andrés Henestrosa recuerda que la fiesta se llevó a cabo en la azotea de la casa de Tina Modotti. "Había prendas de ropa interior tendidas en la azotea para que se secaran. Daban buen ambiente para una boda".

Capítulo 8

Recién casada: Frida la tehuana

EL PRIMER HOGAR de Frida y Diego fue una grandiosa casa construida durante la dictadura de Díaz, en el número 104 del elegante Paseo de la Reforma. Como demostración tanto de su pasión por el nacionalismo y su afición a lo contradictorio, Rivera colocó figuras precolombinas en la entrada de la fachada gótica francesa. Frida recordaba que "de muebles teníamos una cama estrecha, un comedor que nos regaló Frances Toor, una larga mesa negra y una mesa amarilla de cocina que nos dio mi madre, la cual arrimamos a un rincón y sobre ella colocamos la colección de piezas arqueológicas". En la casa vivía una sirvienta llamada Margarita Dupuy y, además, "mandaron a Siqueiros, a su esposa, Blanca Luz Bloom, y a dos comunistas más a vivir en mi casa. Ahí estábamos todos amontonados, debajo de la mesa, en los rincones y en las recámaras".

La convivencia marxista no duró mucho, porque los incondicionales partidarios estalinistas lanzaron un ataque contra Diego, secretario general del Partido Comunista Mexicano. Hubo muchos cargos en su contra: su amistad con cierto funcionario de gobierno, por ejemplo, y el hecho de que aceptara comisiones de un régimen reaccionario. El Partido creía que éstas formaban una especie de soborno: permitir que Rivera pintara martillos y hoces en los edificios públicos daba la apariencia de que el gobierno era liberal y tolerante. También lo reprendieron por no estar de acuerdo con los otros dirigentes del Partido en asuntos tales como la creación de sindicatos que exclusivamente fueran comunistas y la probabilidad de que las naciones capitalistas atacaran a Rusia. Se consideraban como desviaciones hacia la derecha, sus conexiones oficiales con otros grupos de izquierda o con individuos ubicados fuera de la ortodoxia comunista ya que Rivera ofrecía su amistad a los que él quería. Además de eso, el muralista siempre fue poco serio como funcionario del Partido. Nunca llegaba a las juntas a tiempo, y cuando sí estaba presente trataba de dominarlas con su carismática personalidad.

Cuando llegó la hora, él mismo dirigió su expulsión del Partido, el 3 de octubre de 1929. Baltasar Dromundo describe la escena así: "Diego llegó, se sentó, sacó una gran pistola y la colocó sobre una mesa, la tapó con un pañuelo y dijo: «Yo, Diego Rivera, secretario general del Partido Comunista Mexicano, acuso al pintor Diego Rivera de colaborar con el gobierno pequeño burgués de México y de haber aceptado una comisión para pintar la escalera del Palacio Nacional. Esto contradice la política del Comintern y, por lo tanto, el pintor Diego Rivera debe ser expulsado del Partido Comunista por el secretario general del mismo, Diego Rivera». Pronunció su expulsión, se levantó, quitó el pañuelo, agarró la pistola y la rompió. Era de barro".

Rivera no dejó de ser comunista; los ideales marxistas, siguieron siendo la esencia de los temas de los mismos murales por los que fuera castigado. Sin embargo, la actividad política era casi tan importante para él como la comida, el sueño y la pintura, y de repente se convirtió en un político expulsado de su partido. La prensa del Partido Comunista lo difamaba y varios de sus antiguos compañeros rompieron relaciones con él. Por ejemplo, para Tina Modotti la lealtad al partido representaba un vínculo más estrecho que la amistad, a pesar de que sólo unos meses antes Rivera la defendió en la corte que la acusó erróneamente de complicidad en el asesinato de Julio Antonio Mella. La fotógrafa le escribió a Edward Weston: "Creo que su salida del Partido le hará más daño a él que al Partido. Lo considerarán como traidor. No hace falta añadir que yo comparto esta opinión y que desde ahora todos mis contactos con él se limitarán a nuestras negociaciones con respecto a la fotografía". Según Diego mismo lo expresó, años después: "No tenía hogar: el Partido siempre lo había sido".

Empezó a trabajar más que nunca. El mismo mes que se casó con Frida, fue nombrado director de la Academia de San Carlos, la escuela de arte en la que estudió de niño, y se propuso revolucionar el programa de estudios y la estructura de autoridad. Diseñó un sistema de aprendizajje, según el cual la escuela se convirtió en taller, en vez de academia. Los maestros se tenían que someter a la evaluación de los estudiantes, los cuales, a su vez, debían considerarse como artesanos u obreros técnicos. (No es de sorprender que aumentara la oposición a Rivera como director, y a menos de un año de su contratación, fue despedido.)

Asimismo, pintó pródigamente. A finales de 1929 terminó los murales en la Secretaría de Educación Pública, completó el diseño del escenario, los accesorios y el vestuario del ballet H. P. (Horse Power; caballo de fuerza), compuesto por Carlos Chávez, además de una serie de seis grandes desnudos femeninos, símbolos de la pureza, la fortaleza, el conocimiento, la vida, la moderación y la salud, para el salón de actos de la Secretaría de Salubridad, e hizo el anteproyecto para cuatro vidrieras de colores, por colocarse en el mismo edificio. Por último, inició los trabajos de sus murales épicos en las paredes de la escalera principal del Palacio Nacional, que representan al pueblo mexicano desde la época anterior a la conquista hasta la presente, y aun del futuro. Estuvo ocupado con este último proyecto de manera intermitente durante los siguientes seis años, y no fue sino hasta mediados de los cincuenta que terminó los lienzos en el corredor del piso superior.

Frida no pintó mucho durante los primeros meses de su matrimonio, pues el estar casada con Diego era un trabajo de tiempo completo. En septiembre, cuando se enfermó Rivera por la presión de todos sus compromisos, ella lo cuidó. Con mucha atención anotó el programa establecido por el médico para curar el colapso, e hizo todo lo posible por conseguir que su esposo obedeciera esas órdenes. Cuando se recuperó, ella lo acompañó espiritualmente durante el juicio absurdo y humillante del Partido y se salió de sus filas cuando expulsó a Rivera. Diego llevaba un plan de trabajo casi sobrehumano. Una vez se durmió sobre el andamio, durante una sesión de trabajo de 24 horas, y se cayó al suelo. Sin embargo, esto no incitó a Frida a pintar. Más bien le enseñó que la mejor manera de ver a Rivera era reuniéndose con él en el andamio, donde se mostraba contenta con dejar el papel de genio a su marido y jugar a la joven esposa del gran hombre. Por extraño que parezca, Lupe Marín le enseñó a complacer los gustos de Diego. Un día llegó, revisó toda la casa y mandó a Frida al mercado de La Merced a comprar ollas, sartenes y otras cosas. Después le demostró a la joven novia cómo guisar la comida que le gustaba a Rivera. En recompensa, Frida pintó el retrato de Lupe.

Ésta también le mostró cómo llevar la comida a Diego en una canasta decorada con flores y cubierta por servilletas bordadas con frases como "Te adoro". Esta costumbre era originaria de las campesinas mexicanas, que llevan los almuerzos de sus maridos a los campos donde éstos trabajan.

A pesar de que Diego se quedó "sin casa ni hogar" como resultado de su expulsión del Partido, no se corrigió: en diciembre de 1929 aceptó una comisión, ofrecida por el embajador estadunidense en México, Dwight W. Morrow, para pintar un mural en el Palacio de Cortés de Cuernavaca. Se llegó a un acuerdo respecto a los detalles en una cena en la que estuvieron presentes Frida y Diego, además del embajador y su esposa. La gran simpatía personal de los cuatro eclipsó lo que de otro modo se hubiera considerado como una serie de ironías. Un capitalista estadunidense, que en 1928 convenció al gobierno del presidente Plutarco Elías Calles de hacer un convenio informal que modificaba la legislación de los derechos petroleros mexicanos, de tal manera que beneficiaba a los inversionistas de Estados Unidos, estaba comisionando a un comunista para pintar un mural con motivos antiimperialistas: el fresco representa la brutalidad de la conquista española y la gloria de la Revolución Mexicana, cuyo héroe (Zapata) conduce un caballo blanco. En la misma mesa se encontraba Diego Rivera, que sólo unos meses antes denunció la invasión de Latinoamérica por parte de Wall Street, actuando como miembro de la Liga Antiimperialista de las Américas. Asimismo, y como partidario del Bloque Obrero y Campesino, encabezó una delegación formada para sacar de la cárcel al secretario del Partido Comunista, así como a muchos otros manifestantes del mismo movimiento detenidos por insultar al embajador Morrow durante una violenta reunión política.

El artista tampoco estuvo dispuesto a despreciar otra muestra de buena voluntad del embajador: cuando a fines de diciembre los deberes diplomáticos llamaron a los Morrow a Londres, dejaron la hermosa casa de distribución irregular, que tenían en Cuernavaca para pasar los fines de semana, a Frida y Diego por casi un año, tiempo que duró la realización de los murales. Ahí, en el clima más benévolo y el ambiente suave de esa bella ciudad, ubicada en la cuesta baja de una montaña a unos setenta kilómetros de la ciudad de México, Frida y Diego celebraron su luna de miel. Mientras Diego trabajaba, Frida deambulaba en los jardines colgantes, entre fuentes, adelfa y árboles de plátano. Desde una pequeña torre alcanzaba a ver, hacia el norte el pueblo de Tres Marías así como las montañas que separan el altiplano de la ciudad de México del caluroso y fértil valle de Morelos; hacia el Sur, la vista abarcaba la torre de la catedral, y al Este, los volcanes Popocatépetl e Iztaccíhuatl, cubiertos de nieve.

La mayor parte del tiempo que Frida no estaba en la casa, lo pasaba en el Palacio de Cortés viendo cómo pintaba Diego. Éste estimaba la crítica de ella, porque tenía la capacidad de advertir rápidamente falsedad o pretensión tanto en el arte como en la gente. Con el paso de los años, él llegaría a depender más y más de sus juicios. Frida tenía tacto; cuando quería decir algo negativo, suavizaba el impacto haciendo una sugerencia tentativa o formulándola mediante una pregunta. A veces sus comentarios eran irritantes, pero Rivera le hacía caso y en ocasiones efectuaba cambios. Le encantaba platicar la historia de la reacción que tuvo Frida, por ejemplo, a su representación de Zapata conduciendo un caballo blanco (el caballo de Zapata era negro) en el mural del Palacio de Cortés. Cuando vio el esbozo, emitió un grito y exclamó: "Pero Diego, ¿cómo puedes pintar el caballo de Zapata blanco?" Rivera argumentó que debía crear cosas bellas para "el pueblo", y el caballo permaneció blanco. Sin embargo, cuando Frida criticó las toscas piernas del caballo, Diego le dio el bosquejo y le permitió dibujarlas como a ella le parecía. "Tuve que corregir ese caballo blanco de Zapata, dijo sonriendo, ¡según los deseos de Frida!"

La "luna de miel" de los Rivera definitivamente careció de la languidez usual. El historiador de arte Luis Cardoza y Aragón, quien visitó a la pareja, describió los días que pasó en Cuernavaca como un maratón incansable de aventuras y pláticas. Según él, Diego se levantaba temprano e iba a trabajar. Frida y su invitado dormían tarde y disfrutaban de un abundante y pausado desayuno, después del cual emprendían excursiones a pueblos cercanos: Tazco, Iguala, Tepoztlán o Cuautla. En las noches recogían a Rivera, quien siempre estaba aprovechando los últimos rayos del sol o aun la luz más pálida de una lámpara. A pesar de sus largas horas de trabajo, siempre estaba listo y lleno de entusiasmo en cuanto a las posibilidades que ofrecía la noche. Los tres amigos solían buscar un restaurante y pedir una botella. Las historias de Diego empezaban con la primera copa. Mientras las desarrollaba, se vaciaba la botella y los episodios se volvían más y más extravagantes. En cuanto Diego comenzaba no quería parar, y las pláticas continuaban mucho después de que regresaban a la casa. Finalmente, Frida dejaba a su invitado exhausto, aunque fascinado, en manos del hombre que éste con cariño llamaba "el monstruo", y se acostaba. Después de más o menos una semana Cardoza huyó, pero sus vivos recuerdos siempre lo acompañarían. "Frida", escribió, "reunía gracia, energía y talento en la personalidad que más entusiasmo ha despertado en mi imaginación. Diego y Frida formaban parte del paisaje espiritual de México, al igual que el Popocatépetl e Iztaccíhuatl en el valle del Anáhuac".

Durante los meses que pasó en Cuernavaca, Frida pintó, probablemente por primera vez desde su casamiento. En ese periodo, con seguridad produjo un lienzo, perdido desde entonces, que representa a una mujer indígena desnuda de la cintura para arriba y rodeada por hojas tropicales, así como también el retrato de Lupe

Marín y los de varios niños indígenas, También es muy probable que el tercer autorretrato (ilustración 18) de Frida sea de su estancia en Cuernavaca.

Existen diferencias sutiles entre la mujer casada representada en el tercer autorretrato y la novia del segundo. En este último, Frida es la niña bonita de Rivera, la joven cuya frescura y candidez él adoraba. En lugar de mirar de frente, con la sinceridad intrépida de la juventud, el nuevo autorretrato de Frida muestra su rostro volteado un poco hacia un lado, y sus ojos parecen brillar con tristeza. En el retrato de 1929, la boca, con las comisuras jaladas un poco hacia arriba, se ve insolente y firme, dispuesta a reír; en cambio, en el de 1930, parece melancólica. El cambio radica en algunos milímetros: la curva o sombra más diminuta puede transformar completamente la expresión de un rostro.

Años después, Frida contó a una amiga lo que sucedió en los meses que separaban esos dos autorretratos: "No pudimos tener un hijo y yo, desconsolada, lloraba, pero me distraía guisando, sacudiendo la casa, a veces pintando, y yendo todos los días a acompañar a Diego en el andamio. Le daba mucho gusto cuando llegaba con la comida en una canasta cubierta de flores". Después de tres meses de embarazo, Frida sufrió un aborto, porque el feto adoptó una mala posición. En un dibujo que hizo en 1930, representándose a sí misma y a Rivera, incluyó y luego borró un Diego infantil visible, como por rayos X, dentro de su estómago: la cabeza del niño señala hacia arriba y los pies se encuentran abajo. *Frida y la operación cesárea*, un cuadro extraño y probablemente incompleto de 1931, también debe referirse al aborto de 1930. (Nunca le hicieron una cesárea, pero mencionó la posibilidad en una carta que escribió a un amigo en 1931. En ella, afirmó que un médico le dijo que podría dar a luz por cesárea a pesar de las fracturas en su pelvis y columna vertebral.) Aparte de la desilusión por no poder llevar un embarazo a su término, sin duda hubo otras causas de desdicha durante el primer año de su matrimonio. Se dice, por ejemplo, que Rivera tuvo una aventura con su joven asistente Ione Robinson en 1930. Sin importar las razones específicas, Frida se vio obligada a hacer frente al hecho de que los infortunios que la afectaron durante su niñez serían igualados o sobrepasados por la desdicha de su vida adulta. "Sufrí dos accidentes graves en la vida", comentó una vez. "El primero ocurrió cuando me atropelló un tranvía... El otro accidente es Diego".

Para los observadores contemporáneos, el matrimonio parecía una unión de leones, cuyos amores, peleas, separaciones y sufrimiento se encontraban más allá de la censura mezquina. Como santos o semidioses, no les hacían falta los apellidos: "Diego" y "Frida" pertenecían al tesoro nacional mexicano. Sin embargo, las personas que los conocían mejor, ofrecen evaluaciones muy contrarias y contrastantes de la vida que llevaban juntos.

Las ideas que se hacían los amigos dependían, por supuesto, de cuándo conocieron a los Rivera. Sin embargo, es posible afirmar que todo lo "comprendido" en un matrimonio está presente desde el principio, con todas sus características y contradicciones suspendidas en una especie de medio sicológico, del cual algunos aspectos salen a la superficie en un momento y otros en otro, separándose y formando nuevas combinaciones constantemente, de mil maneras distintas. Por eso, podemos decir que el amor de Frida por Diego la obsesionaba desde el principio, o podemos creerles a quienes afirman que lo llegó a amar con el tiempo, o que a veces lo odiaba y quería librarse del dominio que ejercía sobre ella. La imaginación pródiga de Diego esclavizaba a Frida y la aburrían sus interminables fábulas. Sin duda alguna, era un esposo infiel. Sin embargo, aunque a veces eso la desesperaba, hubo ocasiones en las que dijo que le "valía" y que en realidad, las aventuras de Diego la divertían. Casi todos están de acuerdo en cuanto a que Frida se convirtió en una figura maternal para Diego, pero la relación padre-hija de los primeros años siguió siendo importante hasta su muerte. ¿Cuál es la verdad? Sin duda no se encuentra sólo en una u otra interpretación, sino se tuerce y retuerce hasta incluir a todas las contradicciones.

Fuera de toda duda, Frida adoraba a Diego aun cuando lo odiaba, y su deseo de ser una buena esposa para él constituyó la base de su existencia. Esto no significa que se haya dejado eclipsar: Rivera admiraba a las mujeres fuertes e independientes. Esperaba que Frida tuviera sus propias opiniones, amigos y actividades. Alentó su pintura y el desarrollo de su estilo individual. Cuando construyó una casa para ellos, ésta en realidad comprendía dos construcciones unidas únicamente por un puente. Le agradaba que ella tratara de ganarse la vida para no depender de él en cuanto a su manutención y que hubiera conservado su apellido de soltera. Aunque no le tenía atenciones como abrirle las puertas de los autos, sí le abría nuevos mundos: era el gran maestro y ella eligió ser su compañera admiradora. Este papel introdujo una paleta de muchos colores a su vida, colores de deslumbrante viveza o de dolor sombrío, pero siempre de penetrante intensidad. Bertram Wolfe comentó, en su biografía de Rivera:

> Como es natural, tratándose de dos caracteres tan fuertes motivados ambos completamente desde adentro por impulsos voluntariosos e intensa sensibilidad, su vida conjunta era tormentosa. Ella subordinó su voluntad a la de él: de otro modo hubiera sido imposible vivir con Diego. Ella miraba a través de sus subterfugios y fantasías, se reía de sus aventuras, se burlaba del colorido y la imaginación que desarrollaba en sus increíbles historias, aunque las disfrutaba; perdonaba sus relaciones con otras mujeres, sus estratagemas hirientes, su crueldad... A pesar de las peleas, la brutalidad, las acciones rencorosas, aun el divorcio, en la profundidad de sus seres seguían cediendo el primer lugar el uno al otro. Más bien, para él, ella venía después de su pintura y de su dramatización de la vida como una serie de leyendas, pero para ella, él ocupaba el primer lugar, aun ante su propio arte. Sostenía que a las grandes dotes de Rivera debía corresponder con mucha indulgencia. En todo caso, me dije una vez, con una risa pesarosa, que así era y por eso lo amaba. "No puedo quererlo por lo que no es".

Con el tiempo, Frida se convirtió en un pilar imprescindible para la estructura existencial de Rivera. Siendo astuta en la distinción de los puntos vulnerables y necesitados de su marido, lo ató a sí misma en esas áreas. En su autobiografía, él nombró a Frida como "el hecho más importante de mi vida". (Sin embargo, debe notarse que el arte la precede en el título del libro, My Art, My Life ("Mi arte, mi vida").

Las cartas dirigidas a Frida por parte de Diego, que se exponen en el Museo de Frida Kahlo, revelan la solicitud cariñosa del hombre más conocido por su tremenda desconsideración y por el egoísmo brutal de su absorción consigo mismo y su trabajo. Con frecuencia firmó con un dibujo de sus grandes labios, añadiendo que llevaban millones de besos. Algunas aperturas eran "Niña de mis ojos te dejo miles de besos", "Para mi hermosa niñita" o "Para la encantadora Fisita, Para (sic) la niña de mis ojos, vida de mi vida". Tales recados a veces iban acompañados de rasgos encantadores, de los cuales algunos, como también las cartas, eran ideados para compensar ausencias o desatenciones: por ejemplo, después de pasar la noche celebrando con unas turistas, regresó a Coyoacán al amanecer con una carretada de flores.

Los esposos expresaban el cariño que se tenían con palabras y gestos. Mariana Morillo Safa, que los conoció durante la última década de su convivencia, recuerda cómo Frida solía esperar el regreso de Rivera todos los días. Se mantenía muy quieta. Cuando lo escuchaba en la puerta, susurraba: "¡Ahí está Diego!" Él le daba un breve beso en la boca. "¿Cómo está mi Fridita, la niñita de mi alma?" acostumbraba preguntar, como si estuviera hablando con una niña. "Lo trataba como a un dios, comenta Mariana, y él a ella, como a una dulce criatura".

Algunos observadores sienten que los apodos cariñosos con los que se hablaban, "Rana-sapo" o "Niña Fisita", formaban parte de una mascarada, un encubrimiento de los problemas que persistían en su relación, o que constituían otra señal de su insistencia en la "mexicanidad", ya que el uso de diminutivos con los seres queridos, es típico del español hablado en México, en comparación con el de España. Posiblemente haya sido así. Sin embargo, la "cachucha" Carmen Jaime recuerda la expresión "embelesada" que cubrió el rostro de Rivera un día que llegó a casa y se paró en el umbral del cuarto de Frida, diciendo "chicuita" (versión infantil de "chiquita").

En el primer autorretrato de Frida, ésta lleva un lujoso vestido de terciopelo, al estilo renacentista. En el segundo, se presenta a sí misma como un miembro "del pueblo" y, más enfáticamente, como mexicana. Su blusa con encajes constituye una muestra típica de la ropa barata vendida en los puestos de los mercados mexicanos, y sus alhajas, aretes coloniales y cuentas precolombinas de jade, simbolizan la identidad mestiza de la pintora. "En otra época me vestía de muchacho, con el pelo al rape, pantalones, botas y una chamarra de cuero", contó Frida en una ocasión, "pero cuando iba a ver a Diego me ponía mi traje de tehuana".

Evidentemente, no era despreocupación bohemia lo que incitó a Frida a elegir como vestido de bodas la ropa que le prestó una sirvienta indígena. Al vestirse de tehuana, estaba eligiendo una nueva identidad, y lo hizo con el fervor de una monja que toma el velo. Aun de muchacha, la ropa equivalía a una especie de lenguaje para Frida y, desde que se casó, el vínculo intrincado entre la vestimenta y la imagen de sí misma, entre su estilo personal y el de su pintura, se convirtió en una de las tramas secundarias del drama que comenzaba a desenvolverse.

Su traje preferido era el que usaban las mujeres del istmo de Tehuantepec. Sin duda, las leyendas contadas acerca de ellas influyeron en su elección. Las mujeres de esa región tienen fama por su majestuosidad, belleza, sensualidad, inteligencia, valor y fortaleza. La leyenda popular declara que su sociedad es un matriarcado en el que las mujeres administran los mercados, se encargan de los asuntos fiscales y dominan a los hombres. Su traje es encantador: una blusa bordada y falda larga, normalmente de terciopelo morado o rojo, con un volante de algodón blanco en el dobladillo. Entre los accesorios hay cadenas largas de oro o collares hechos con monedas de oro, los cuales integran la dote de las muchachas, ganada con mucho esfuerzo y, para las ocasiones especiales, un tocado primoroso con pliegues de encaje admidonado que hacen pensar en una gran gorguera isabelina.

A veces Frida llevaba trajes de otras épocas y lugares, o mezclaba elementos de diferentes vestidos, creando un conjunto compuesto con mucho cuidado. Se ponía huaraches indígenas, por ejemplo, o botas cortas de piel, como las que usaban en la provincia a principios del siglo así como por las soldaderas que lucharon al lado de sus hombres en la Revolución Mexicana. A veces se envolvía en un rebozo a la manera de estas últimas, particularmente en las sesiones fotográficas con Imogen Cunningham. En otras ocasiones iba vestida con un mantón español de seda, bordado y orlado cuidadosamente. Varias capas de enaguas, cuyos bordes estaban bordados por la misma Frida con chuscos dichos mexicanos, conferían una gracia y un vaivén especiales a su manera de andar.

Para Frida, los distintos elementos de su vestuario integraban una especie de paleta, con base en la cual creaba todos los días la imagen de sí misma que deseaba presentar al mundo. Las personas que tuvieron la oportunidad de observar ese rito de vestirse, recuerdan el tiempo y el cuidado que invertía tanto como su perfeccionismo y precisión. Con frecuencia se entretenía con una aguja antes de ponerse una blusa, añadiendo un poco de encaje o cinta. La decisión de qué cinturón usar con una falda representaba un asunto serio. "¿Sirve?", preguntaba. "¿Se ve bien?" "Frida tenía una actitud estética en cuanto a la vestimenta", afirmó la pintora Lucile Blanch. "Hacía cuadros enteros con los colores y las formas".

Frida se arreglaba el cabello de diferentes modos para acompañar sus trajes exóticos. Algunos peinados eran típicos de ciertas regiones del país, mientras que ella misma inventaba otros. Se estiraba el cabello hacia arriba desde las sienes, a veces con tal fuerza que le dolía, para después entrelazarlo con cintas de lana de colores vivos y decorarlo con lazos, pasadores, peinetas o flores frescas de buganvilia. Una amiga vio cómo se enterró los dientes de una peineta en el cuero cabelludo al sujetarse el cabello con un "masoquismo coqueto". Con los años, cuando se puso más débil, le gustaba que su hermana, sobrina o amigas íntimas le arreglaran el cabello. "Péiname", solía decir. "Arréglame el pelo con peinetas".

Le encantaban las joyas y, desde el principio de su matrimonio, Rivera se las daba como si estuviera ofreciendo obsequios a una princesa indígena. Usaba todo, desde cuentas baratas de vidrio y pesados collares precolombinos de jade, hasta elegantes aretes coloniales y un par, hecho en forma de manos, que le regaló Picasso en 1939. En los dedos llevaba una exposición constantemente cambiante de anillos de diferentes estilos y orígenes. La gente se los daba y ella, con impulsiva generosidad, los volvía a regalar con la misma frecuencia.

Desde luego, Frida en cierta forma decidió vestirse de tehuana por la misma razón por la que adoptó el "mexicanismo": para complacer a Diego. A Rivera le gustaba ese traje; viajaba seguido al istmo para pintar a sus habitantes en su trabajo y diversiones. Se dice que uno de los varios amoríos que tuvo durante el cortejo a Frida fue una belleza tehuana.

Rivera era de ascendencia española, indígena, portuguesa y judía (a veces declaraba contar con sangre holandesa, italiana, rusa y china también). Le agra daba recalcar el elemento indígena en la ascendencia de Frida y se jactaba de su autenticidad, entereza y "primitivismo": "Es una persona cuyos pensamientos y sentimientos están libres de cualquier restricción impuesta en ellos por las necesidades falsas del conformismo social burgués. Todas las experiencias son profundamente sentidas por ella, pues la sensibilidad de su organismo no se ha embotado por un esfuerzo excesivo en áreas que desintegrarían esas facultades innatas... Frida desprecia los mecanismos, por lo cual siempre dispone de la fuerza moral con la que un organismo primitivo hace frente a las experiencias más intensas y siempre variadas que le presenta la vida a su alrededor".

En realidad, Frida era una muchacha de la ciudad, formada primero en un ambiente burgués y más tarde, en la "alta bohemia", lo cual no tiene nada que ver con la vida "sencilla" del indígena mexicano. Es muy probable que Frida, al igual que las otras mujeres de su grupo, que también usaban trajes mexicanos, vestían ropa campesina por la idea "de moda" de que el campesino, o indígena está más atado a la tierra y, por lo tanto, es más profundamente sensual, más "real" que alguien que forme parte de la sofisticación urbana. El vestuario nativo ponía de manifiesto su vínculo con la naturaleza. Era como una máscara primitiva que las libraba de las opresivas costumbres burguesas. Por supuesto, intervenía también un factor político. El traje indígena representaba una manera más de proclamar la alianza con la *raza*. Rivera definitivamente no vaciló en sacar provecho político de la ropa que usaba Frida: "El clásico traje mexicano fue creado por y para el pueblo. Las mujeres nacionales que no lo usan no pertenecen al mismo, sino dependen, en lo mental y en lo emocional, de una clase extranjera de la que quieren formar parte, o sea, la gran burocracia norteamericana y francesa".

Desde el momento en que se casaron, Frida y Diego comenzaron a jugar papeles importantes en el escenario teatral de sus respectivas vidas. Los trajes de tehuana integraban una parte de la creación de Frida de sí misma, como personalidad legendaria y compañera perfecta que hacía resaltar a Diego. Delicada, extravagante y bella, constituía el adorno que le hacía falta a su esposo enorme y feo, la pluma de pavo real en su sombrero *Stetson*. Sin embargo, aunque felizmente jugaba el papel de la doncella indígena para Diego, su artificio no era falso. No modificó su carácter para corresponder al ideal de Diego. Más bien inventó un estilo personal muy individual, para dramatizar la personalidad que ya tenía y que sabía le gustaba a Diego. Al final se convirtió en una mujer garbosa de tal extravagancia, que muchas personas se sintieron más atraídas por la pluma de pavo real que por el sombrero.

El traje de tehuana, efectivamente, se volvió una parte tan esencial de la personalidad de Frida que lo representó varias veces solo, sin la dueña. Sirvió de sustituto para ella misma. Era como una segunda piel que nunca se asimiló completamente a la mujer oculta debajo de la tela; sin embargo, constituía una parte tan integrada a ella, que retenía algo de su ser aun cuando se lo quitaba. Esta manera primitiva y animista de ver la vestimenta recuerda, por ejemplo, el modo en que un niño siente la presencia de su madre en la ropa que ésta deja sobre una silla mientras se viste para salir.

Evidentemente, Frida conocía el poder mágico de la ropa para sustituir a sus dueños. En su diario escribió que el traje de tehuana equivalía al "retrato en ausencia de una sola persona": ella misma.

Los trajes de Frida, que siempre fueron una forma de comunicación social, con el tiempo se convirtieron en un antídoto contra la soledad. Aun hacia el final de su vida, todos los días se vestía como preparándose, para una fiesta, a pesar de que estaba muy enferma y recibía a pocos visitantes. Del mismo modo como los autorretratos, que confirmaban su existencia, los trajes le daban a la frágil mujer, a menudo confinada a la cama, la sensación de ser más atractiva y visible, de tener una presencia más enfática como objeto físico en el espacio. Paradójicamente, esa ropa formaba tanto una máscara como un marco. Ya que, a la vez que definía la identidad de su dueña en términos de aspecto, la distraía tanto a ella como al espectador, de su dolor interior. Frida decía que la usaba por "coquetería": quería ocultar sus cicatrices y su cojera. La envoltura, hecha con mucho cuidado, representaba un intento de compensar los defectos de su cuerpo y su sentimiento de fragmentación, desintegración y mortalidad. Las cintas, flores, joyas y fajas, se volvieron más coloridas y más trabajadas a medida que empeoraba su salud. En cierto modo, Frida era como una piñata mexicana: una vasija frágil decorada con volantes y rizos, llena de dulces y sorpresas, pero destinada a ser destrozada. Tal como los niños, con los ojos vendados, tratan de pegarle a la piñata con un palo de escoba, la vida le dio un golpe tras otro a Frida. Mientras baila y oscila la piñata, el hecho de que esté a punto de ser destruida hace aún más intensa su viva belleza. Del mismo modo, la decoración de Frida era conmovedora: era, a la vez, una afirmación de su amor por la vida y una señal de que estaba consciente del dolor y la muerte, a los que desafiaba.

Capítulo 9

Gringolandia

AUN ANTES de que Plutarco Elías Calles asumiera el poder en 1924, la euforia de los primeros años en torno al renacimiento mexicano del mural, empezó a decrecer. Los alumnos conservadores de la preparatoria se amotinaron, desfigurando los murales nuevos de la escuela. El mismo día que el autor de las comisiones, Vasconcelos, renunció a su cargo de secretario de Educación, se impidió que Orozco y Siqueiros regresaran a sus andamios. En agosto, un decreto presidencial suspendió la mayor parte de la producción de murales en México. Los muralistas empezaron a dispersarse. Siqueiros dejó la pintura por un tiempo, convirtiéndose en líder sindical en el estado de Jalisco. En 1927, Orozco viajó a Estados Unidos y pasó los siguientes seis años pintando murales en el colegio Pomona de Claremont, California, en la Nueva Escuela para Investigaciones Sociales en Manhattan, Nueva York, y en el Colegio Dartmouth de Hanover, New Hampshire.

La situación de Rivera era distinta. A pesar de que en 1924 también se destruyó y amenazó con devastar su obra, el nuevo director de Bellas Artes declaró que su primer acto oficial sería "encalar esos horribles frescos", de algún modo logró congraciarse con José Manuel Puig Casauranc, el secretario de Educación bajo Calles, quien llamaba a Rivera "el filósofo del pincel" y lo mantuvo en la nómina del gobierno durante los siguientes cuatro años. (El hecho de que Diego aceptara una comisión para pintar un mural en el Palacio Nacional en 1929, fue la causa directa de su expulsión del Partido Comunista.) Sin embargo, el periodo comprendido entre 1929 y 1934 se caracterizó por la represión política. Aumentó el presupuesto militar y la actitud de tolerancia que anteriormente se adoptaba hacia los izquierdistas, se transformó en un antagonismo virulento. El gobierno dejó de apoyar a los sindicatos. Con frecuencia, los comunistas (Siqueiros, por ejemplo) se encontraban en la cárcel, eran deportados o asesinados, o simplemente "desaparecían". Para 1930-1931, la histeria dirigida contra los comunistas produjo a los Camisas Doradas, una organización fascista. Los disturbios estudiantiles que condujeron a los ataques contra los murales de la preparatoria, en 1924, seguramente parecieron cosa de niños en comparación con el ambiente contemporáneo de amenaza constante. A pesar de la habilidad y la energía que Rivera ponía de manifiesto en su empeño por mantener su fortuna a flote y su pincel trabajando, no podía estar seguro de que un día, mientras él se encaramaba en el andamio de Palacio Nacional, no se le fuera a aparecer algún funcionario gubernamental de traje oscuro y le quitara el trabajo. Después de todo, la visión de México que él presentaba, era claramente la de un marxista. Al mismo tiempo que los comunistas lo llamaban "pintor para los millonarios" y "agente del gobierno", los derechistas decían que era un agente de la revolución. El tiempo era propicio para irse y lo hizo, reuniéndose con Orozco en Estados Unidos. (Cuando Siqueiros fue expulsado de México en 1932, también viajó a Estados Unidos, donde se dedicó a dar clases de la técnica del fresco en Los Ángeles.)

La época estaba llena de ironías, semejantes a la comisión de Rivera, por parte del embajador Morrow, para pintar murales revolucionarios en el palacio del conquistador. El renacimiento muralista mexicano se volvió célebre en Estados Unidos a mediados de los veinte, y Rivera en especial se convirtió en leyenda. Nadie parecía prestarle mucha atención al hecho de que era comunista y de que sus murales estaban llenos de martillos y hoces, estrellas rojas y retratos poco halagüeños de Henry Ford, John D. Rockefeller, J. P. Morgan y otros capitalistas enriquecidos por la explotación. El crítico Max Kozloff lo expresó de la siguiente manera: "En ninguna otra parte, el arte reconocido como proletario ha sido patrocinado con tanta generosidad por los mecenas capitalistas". Al igual que el gobierno reaccionario de México, los grandes líderes del capitalismo estadunidense hacían pública su amplitud de criterio contratando a un artista como Rivera Cualquiera que pagaba por los mensajes marxistas de Rivera, definitivamente debía estar pensando en el bien del pueblo, y no en su propia ganancia.

En cuanto a Rivera, si por una parte cayó en desgracia con el Partido Comunista por aceptar comisiones del gobierno mexicano y de los capitalistas estadunidenses; por otra, sin embargo, eso le daba la oportunidad de crear obras públicas para glorificar y edificar al proletariado industrial. Después de todo, Lenin aconsejó a los revolucionarios trabajar desde adentro. ¿Qué otro lugar hubiera sido mejor para realizar esta labor que el país situado a la vanguadia de la era tecnológica y aparentemente listo para la revolución, al principio de la Gran Depresión?

Rivera no mantuvo sus metas revolucionarias en secreto. Ante un reportero neoyorquino se refirió a las opciones que tenía después de su expulsión del Partido Comunista y afirmó que "sólo me queda una cosa: probar que se puede aceptar mi teoría (del arte revolucionario) en una nación industrial en la que gobiernan capitalistas... Tuve que venir (a Estados Unidos) como espía, disfrazado". Declaró que pintaba con la intención de producir propaganda comunista: "El arte es como el jamón", declaró, "alimenta a la gente".

Un hecho tal vez más importante para Rivera, era que los capitalistas estadunidenses dominaban los logros tecnológicos más maravillosos. El hombre cuyo apodo era "Lenin de México" quedó fascinado tanto con la belleza de la tecnología como con el potencial revolucionario del país. Quizá no era deliberada la ironía de su comentario sobre el fresco *Frozen Assets* ("bienes congelados") de 1931, en el que la cámara blindada de un banco forma los cimientos de una sombría visión de la injusticia económica de Manhattan durante la época de la Depresión: "Hay tanta belleza en la puerta de acero de una caja fuerte, que posiblemente las generaciones del futuro reconozcan la máquina como el arte de nuestros días".

En la segunda semana de noviembre de 1930, Frida y Diego viajaron a San Francisco. Él provisto de comisiones para pintar murales en el Club para el Almuerzo de la Bolsa de San Francisco y en la Escuela de Bellas Artes de California (el actual Instituto de Arte de San Francisco), que consiguió por medio de los esfuerzos del escultor Ralph Stackpole, al que conoció en París, y de William Gerstle, el presidente de la Comisión de Arte de San Francisco. Diego recordaba que la misma noche que llegaron las invitaciones "Frida soñó que estaba haciendo señales de despedida hacia su familia, al partir rumbo a esa «Ciudad del Mundo». como ella le decía a San Francisco". Durante el viaje, sorprendió a Diego con un regalo, un autorretrato que se ha perdido desde entonces): "Al fondo se veía el perfil de una ciudad desconocida. Cuando arribamos a San Francisco, casi me dio miedo tener que reconocer que la ciudad que ella imaginó era la misma que estábamos viendo por primera vez".

Llegaron el 10 de noviembre y se instalaron en el gran estudio de Ralph Stackpole, ubicado en el número 716 de la calle Montgomery, en el antiguo barrio de los artistas. Lucile Blanch quien con su esposo, el pintor Arnold Blanch, visitaban San Francisco mientras él daba clases en la Escuela de Bellas Artes de California vivía dos pisos debajo de ellos. "Puesto que no tenían teléfono, usaban el nuestro", recuerda ella. "Además Frida no se presentaba como artista y era demasiado tímida acerca de sus cuadros, para pedirme que los viera. Ambas éramos pintoras, pero no hablábamos de arte. Nos sentíamos como un par de adolescentes. Sus palabras centelleaban; se burlaba de todo y de todos y se reía juguetonamente y quizá con altivez. Se ponía muy crítica cuando pensaba que algo mostraba demasiadas pretensiones, y con frecuencia se mofaba de los habitantes de San Francisco".

Rivera empezó a pintar su alegoría de California en la Bolsa hasta el 17 de enero, más de dos meses después de su llegada. Primero tuvo que asimilar el ambiente y el aspecto del motivo. Acompañado por Frida, exploró San Francisco con sus dramáticos cerros y puentes, el pintoresco puerto y los alrededores industriales; salió a las afueras para conocer los huertos, las torres de perforación petrolera, una mina de oro y el maravilloso campo color ocre y naranja. Bosquejó las colas donde hombres derrotados, macilentos y de triste mirada, se formaban para recibir alimentos; tomó nota de las lujosas mansiones del Russian Hill (Cerro Ruso), delante de las cuales se estacionaban automóviles relucientes para dejar subir o bajar a hombres con trajes hechos a la medida y a mujeres con elegantes vestidos ceñidos y alegres sombreritos.

Con el fin de conocer al pueblo estadunidense, acudió con Frida al juego anual de futbol americano entre Stanford y California. Cuando un reportero le pidió un comentario acerca de su impresión, opinó que el juego no era trágico como la corrida de toros, sino gozoso: "El futbol americano es espléndido, emocionante, hermoso... un gran cuadro lleno de vida, arte espontáneo e inconsciente. Es un arte de las masas, una nueva forma artística". No se registró lo que Frida pensó: nadie se tomó la molestia de preguntarle. A los 23 años, todavía no desarrollaba la personalidad llamativa que con el tiempo la convertiría en un foco de atención comparable con Diego. Los reporteros apenas se percataban de la presencia de ella y cuando lo hacían, era sólo para mencionar, de cuando en cuando, su juventud y encanto.

En cierto momento de sus preparativos para el mural de la Bolsa, Rivera se obsesionó con la figura de la campeona de tenis Helen Wills, y fue ella, para consternación de algunos, a la que eligió como "mujer representativa de California" para su alegoría del estado. (Dicen que ella también sirvió de modelo para la figura desnuda que flota o vuela en el techo.) Años más tarde, Frida le contó a una amiga que Rivera a veces desaparecía durante varios días, en el periodo en que se dedicó a hacer estudios de Wills, siguiéndola a las canchas de tenis y dibujándola en acción. Frida entonces pasaba el tiempo explorando por su propia cuenta. Recorría en tranvía los cerros empinados de la ciudad. Refrescó sus conocimientos del inglés, visitó los museos y deambuló por el barrio chino en busca de seda oriental para hacer faldas largas. "La ciudad y la bahía son irresistibles", escribió a la amiga de su infancia, Isabel Campos. "Lo más impresionante es el barrio chino. Los chinos son muy simpáticos y jamás en la vida he visto niños tan hermosos como los suyos. Sí, de veras, son extraordinarios. Me encantaría robarme uno, para que tú misma lo vieras... Tuvo sentido venir acá, porque me abrió los ojos y he conocido un sinnúmero de cosas nuevas y bellas".

"Nos festejaban en fiestas, cenas y recepciones", decía Rivera· "Yo daba conferencias". Efectivamente hizo eso, en instituciones tales como la San Francisco Society for Women Artists (Sociedad para Mujeres Artistas de San Francisco) y en el Pacific Art Association Convention (Congreso de la Asociación de Arte del Pacífico)· Asimismo, recibió ofertas de trabajo, bien remunerado, en la Universidad de California y el Colegio Mills. Sin embargo, no las aceptó. Como su dominio del inglés era limitado, normalmente daba las conferencias con fuidez en francés. Emily Joseph, crítica de arte en el *San Francisco Chronicle* y esposa del pintor Sidney Joseph, lo acompañaba como intérprete. Numeroso público acudía a escuchar sus discursos sobre el arte y el progreso social, temas candentes durante la época de la Depresión. En diciembre, el California Palace of the Region of Honor (Palacio de la Liga de Honor en California) organizó una exposición exclusiva de la obra de Rivera, la cual también se exhibió en numerosas galerías del estado. En una de las inauguraciones, el *Call-Bulletin* informó que la multitud consistía en "casi todos los que en San Francisco han cantado una canción, representado a su país como cónsul, cruzado el desierto en un camello, editado una revista o salido en el teatro".

Cuando Rivera, finalmente, empezó a pintar, se lanzó a la obra con furor. Reunió a su alrededor un séquito de asistentes, algunos asalariados y otros voluntarios, que llegaron de todas partes del mundo para aprender con el legendario "maestro". Uno de ellos era el joven y fiel mexicano Andrés Sánchez Flores, al que Rivera empleó durante años como químico. Era experto en el análisis, la molienda y la mezcla de pigmentos y también les sirvió de chofer a Frida y a Diego, puesto que ninguno de los dos sabía manejar. El asistente y estucador en jefe en Estados Unidos era el artista Clifford Wight, un hombre alto, fuerte y apuesto que perteneció a la policía montada de Canadá antes de ir a México para solicitar trabajo con Rivera. Otro ayudante era el excéntrico pintor lord John Hastings, un inglés radical que viajó de Tahití a México, con el fin de convertirse en discípulo no retribuido de Rivera, cuando lo conoció por casualidad en San Francisco. Matthew Barnes, artista y actor, agregó un toque alegre al equipo, y hubo muchos más que se juntaron por un tiempo y luego desaparecieron. Los asistentes de Rivera, así como sus esposas, ofrecieron amistad a Frida, pero ella no tuvo amigos íntimos en San Francisco, a pesar de que su compañía le agradaba. Al igual que mucha gente que se siente tímida y molesta en un ambiente nuevo, Frida desdeñaba un poco a las personas que conocía, actitud que se agudizó y se volvió crítica. "No me caen muy bien los gringos", escribió. "Son aburridos y tienen caras como bolillos sin hornear (particularmente, las ancianas)".

Diego recibió otra impresión. Su apetito voraz de nuevas experiencias y sensaciones lo hacía disfrutar tanto de las buenas conversaciones como del buen vino y la comida. Presentó a Frida a sus amigos: Ralph Stackpole, por supuesto, y su esposa Ginette; Emily y Sidney Joseph; Timothy Pflueger, el arquitecto del nuevo edificio de la Bolsa en San Francisco, y William Gerstle. También volvió a ver al agente de seguros y mecenas Albert M. Bender, ya de edad, quien, en un viaje a México, adquirió varios cuadros de Rivera. Bender conocía a mucha gente importante. Fue él quien, finalmente, logró conseguir permiso para que Rivera entrara a Estados Unidos (pues como era un comunista declarado, no podía obtener una visa). Junto con Stackpole, reunió a clientes para la obra de Rivera.

Frida conoció a Edward Weston en San Francisco. Sin duda sintió curiosidad acerca de su persona, porque Tina Modotti probablemente le habló de él y Rivera admiraba mucho sus fotografías. A pesar de que parecía un tranquilo profesor, Weston era como un volcán salido de Whitman que arrojaba una pasión sensual y estática por la vida. "Soy un aventurero en un viaje de exploración", escribió sobre sí mismo, "dispuesto a recibir nuevas impresiones, ansioso por horizontes desconocidos... con los que me pueda identificar, y para unirme con lo que reconozca como una parte significativa de mí mismo, el «yo» del ritmo universal". En el caso de Weston, así como en el de Rivera, esos "horizontes desconocidos" con frecuencia eran mujeres. Al igual que Rivera, otra vez, el fotógrafo era irresistible. "¿Por qué esta marea de mujeres?", solía preguntar complacido, aunque perplejo. "¿Por qué vienen todas al mismo tiempo?"

Weston se encontró con los Rivera el 14 de diciembre de 1930, y apuntó en su diario: "¡Vi a Diego! Me encontraba de pie junto a un bloque de piedra, del cual me aparté mientras él bajó pesadamente al patio de Ralph en la plaza Jessop. Su abrazo me levantó del suelo. Tomé fotografías de Diego, así como de su nueva esposa, Frida. Contrasta mucho con Lupe. Es chiquita, una muñequita junto a Diego, pero sólo en cuanto al tamaño, porque es fuerte y bastante hermosa. Casi no se le nota la sangre alemana de su padre. Vestida con traje nativo, incluyendo huaraches, causa mucha agitación en las calles de San Francisco. La gente se para en seco para mirarla, asombrada. Comimos en un pequeño resturante italiano en el que se reúnen muchos artistas. Recordamos los días de antaño en México y decidimos juntarnos de nuevo muy pronto, en Carmel".

Una de las fotografías, que probablemente fue tomada en el estudio de Stackpole, muestra a un colosal Diego mirando amorosamente a su esposa, la cual lleva un vestido mexicano y tres collares de pesadas cuentas precolombinas. Ella no observa a su cónyuge, sino dirige una divertida mirada coqueta y burlona hacia el fotógrafo, lo cual resulta extraño en una mujer que rara vez sonreía delante de una cámara.

Durante su estancia en San Francisco, Frida también trabó amistad con Leo Eloesser, un famoso cirujano torácico especializado, además, en la cirugía osteológica, a quien conoció en México en 1926. Durante el resto de su vida, Frida confió más en sus consejos médicos que en los de cualquier otro doctor. Las cartas que le escribió están llenas de preguntas acerca de sus diversos males. En diciembre de 1930, cuando Frida lo consultó por primera vez, diagnosticó una deformación congénita de su espina dorsal (escoliosis) y la falta de un disco intervertebral. Asimismo, al poco tiempo de llegar a San Francisco, el pie derecho empezó a volverse más marcadamente hacia fuera y los tendones del mismo se tensaron tanto que le dificultaban el andar.

A la edad de 49 años, el doctor Eloesser era el jefe de servicios en el Hospital General de San Francisco, así como profesor clínico en la Escuela Universitaria de Medicina de Stanford. Sin embargo, las exigencias de su profesión no lo alejaban de la compañía de las personas a las que amaba, y todos los que conocían a ese hombre de corta estatura, cabello oscuro y ojos inteligentes de mirada intensa y a menudo centellante, a su vez, lo querían, incluyendo a Frida. Durante los años siguientes, seguiría las demandas de su profunda conciencia social (pero no política), realizando misiones humanitarias en Rusia, Sudamérica y China. En 1938 sirvió como médico en el Ejército Republicano de España. Desde su "jubilación" en 1952 hasta su muerte, en 1976 a la edad de 95 años, se dedicó a la medicina comunal en una retirada ranchería cerca del pueblo de Tacámbaro en Michoacán.

Definitivamente no era conformista y sus extrañas y encantadoras costumbres divertían a sus amigos. Solía abandonar su oficina a medianoche, aparejar su balandro, de casi diez metros, y navegar por la bahía hasta la isla de la Roca Roja. Al amanecer y después de desayunar a bordo, regresaba a la ciudad y al trabajo. A veces abreviaba su excursión de medianoche a las tres de la mañana para estar al lado de pacientes que figuraban en su lista crítica. También era un excelente músico y tenían fama las reuniones semanales, que organizaba en su departamento de la calle Laavenworth para tocar música de cámara. Atraían a amigos músicos tales como Isaac Stern, Joseph Szigeti y Pierre Monteux. Una vez tomó un tren para ir a un congreso médico en la costa del Este, cargando nada más que su viola y un cepillo de dientes. En el camino, pasó las noches tocando y escribiendo el discurso que daría en el congreso. Nadie sabía a qué hora dormía.

Frida pintó el *Retrato del Dr. Leo Eloesser* (ilustración 21) como un gesto de cariño y gratitud, quizá también en forma de pago por su atención médica. Le puso la inscripción "Para el Dr. Leo Eloesser con todo cariño, Frieda Kahlo. San Francisco, California 1931". Vestido con un traje severo y una camisa blanca de cuello alto impecablemente almidonado, el modelo está parado rígidamente con una mano apoyada sobre una mesa en la que está colocado el objeto que lo identifica, un velero de juguete llamado *Los Tres Amigos*. Otra cosa que lo define es el dibujo firmado "D. Rivera" que cuelga en la pared desnuda, pues Eloesser patrocinaba las artes. Su actitud es típica de los retratos de cuerpo entero que se pintaron de hombres durante los siglos XVIII y XIX en México. El primitivismo extremo del estilo indica que Frida tomó como modelo un retrato ingenuo, como el de Secundino González, realizado por el conocido pintor primitivo del siglo pasado, José María Estrada, al que ella admiraba. En el *Retrato del Dr. Leo Eloesser,* sustituye, como fuente principal de inspiración, el arte primitivo del retrato pueblerino mexicano (coleccionado por ella y Diego) por los murales y retratos de Rivera.

"Quizá no serían inoportunos unos comentarios acerca del cuadro", escribió el doctor Eloesser el 10 de enero de 1968, poco antes de que el Hospital de San Francisco donara el retrato a la Escuela Médica de la Universidad de California. "Frida Kahlo de Rivera lo pintó en mi casa, ubicada en el número 2152 de la Leavenworth, durante la primera visita que realizó el matrimonio a San Francisco... Representa una de sus primeras obras. Con tonos principalmente grises y negros, me muestra de pie, junto a un velero de juguete. Frida nunca había visto un barco de vela. Le pidió a Diego que le dijera cómo es el aparejo de las velas, pero éste no quiso satisfacer su curiosidad. Le aconsejó pintarlas como ella pensaba que debían ser. Eso fue lo que hizo".

Durante el medio año que pasó en San Francisco, Frida pintó varios retratos, particularmente cuando tuvo que quedarse en casa por los problemas con su pie. Como era su costumbre, sólo representó a amigos y, como siempre, el vínculo personal entre el artista y el patrocinador o modelo afectó el aspecto y el significado de su trabajo: los retratos de Frida se adhieren a su tipo de sociabilidad, o sea, muestran franqueza, modestia, agudeza y astucia en su juicio de las personas. Un dibujo hecho a lápiz con mucho cuidado capta una gran parte de la altanería y sofisticación aristocráticas de lady Cristina Hastings, nacida en Milán y educada en Oxford. Sus virajes entre estados de aburrimiento, de coraje explosivo o de humor le parecían agradables y divertidos a Frida. Aparece otra amiga, una norteamericana negra de identidad desconocida, en el *Retrato de Eva Frederick* (ilustración 19) así como en un dibujo contemporáneo de un desnudo. Quienquiera que haya sido Eva Frederick, evidentemente era una mujer inteligente y de buen corazón, por la que Frida sentía gran simpatía. No armonizaba con igual claridad con la modelo para el *Retrato de Mrs. Jean Wight,* con fecha de enero de 1931. El cuadro representa a la esposa del asistente en jefe de Rivera, sentada delante de una ventana que da a la ciudad de San Francisco (ilustración 20). El estilo resulta simple y convencional. Años después Jean Wight se quedó con los Rivera en México y Frida escribió sobre lo exasperante que era su huésped: "Tiene el enorme defecto de creer eternamente que está muy grave. No hace otra cosa más que hablar de sus enfermedades y de las vitaminas, pero no pone nada de su parte para estudiar algo o trabajar en lo que sea... Esta Jean no tiene en la cabeza más que pendejadas, cómo hacerse nuevos vestidos, cómo pintarse la jeta, cómo peinarse para que se vea mejor; y todo el día habla de «modas» y de estupideces que no llevan a nada, y no solamente eso, sino que lo hace con una pretensión que te deja frío".

A mediados de febrero, Diego terminó su alegoría de California, menos de

un mes después de iniciar el proyecto. No resulta asombroso que haya hecho trabajar a sus asistentes y a sí mismo hasta quedar exhaustos. Con el fin de recuperarse, Frida y él dejaron San Francisco para ir a la casa de la señora Sigmund
Stern, amiga de Albert Bender y notable mecenas. Vivía en el campo cerca de
Atherton. Lo que fue planeado como unas vacaciones descansadas de diez días,
duró seis semanas. Diego ocupó tres·pintando un mural pastoral en el comedor
de la señora de Stern.

Probablemente Frida pintó *Luther Burbank* en ese lugar. El retrato representa al horticultor originario de California y conocido por su trabajo en la creación de vegetales y fruta híbridos (ilustración 22). (Ese productor de plantas nuevas, en lugar de maquinaria novedosa, también interesó a Diego, quien lo incluyó
en su alegoría de California.)

Frida convierte al mismo Burbank en híbrido, mitad árbol, mitad hombre. Lo
empequeñecen las colosales hojas verdes de una planta desarraigada a la que él
ha "apareado" o está a punto de "aparear" con otra. Sin embargo, en lugar de
plantar el híbrido, él mismo está echando raíces: está parado en un hoyo y sus
piernas, vestidas con pantalones color café, forman un tronco de árbol. Una clase
de visión por rayos X le permite a Frida mostrar la continuación del hombre-árbol
debajo de la tierra, donde sus raíces se enredan con un esqueleto humano. Burbank
literalmente tiene los dos pies (convertidos en tronco) en la tumba y constituye el
primer ejemplo, en la obra de Frida, de lo que se volvería un motivo predilecto:
la dualidad de la vida y la muerte y la fecundación de la primera por la segunda.
En este cuadro, todavía reproduce una visión de Rivera: en Chapingo, éste transformó la parte inferior del cuerpo desnudo de Tina Modotti en el tronco de un
árbol, para manifestar la continuidad entre la vida vegetal y la humana, así como
la alimentación de la vida por la muerte.

Luther Burbank también es la primera indicación de que Frida Kahlo se convertiría en pintora de fantasías en lugar de retratos sencillos y relativamente realistas. No sabemos qué fue lo que la impulsó a ese cambio. Es posible que haya visto
algunas muestras de arte surrealista en San Francisco. Quizá algún suceso de su
propia vida la hizo recordar las incursiones al reino de la imaginación que realizó
Rivera en sus murales mexicanos (como los de Chapingo), o que representa el arte
popular del mismo país. En todo caso, este cuadro de Frida prevé la mezcla de
realismo y fantasía propia de pinturas como *Mis abuelos, mis padres y yo*, a través
de su combinación de inventiva, agudeza y detalle miniaturista, además del violento
cielo azul y los pelados cerros verdes (sin plantas, con excepción de los dos árboles
frutales de Burbank).

Cuando Frida y Diego regresaron a San Francisco el 23 de abril, Rivera, por
fin, se puso a cumplir con la comisión encargada desde hacía mucho por William
Gerstle, de pintar un fresco en la Escuela de Bellas Artes de California. Frida se
dedicó a *Frida y Diego Rivera*, una especie de retrato de bodas realizado año y
medio después del casamiento (lámina III). Al igual que los retratos de Jean Wight
y Eva Frederick, la inscripción informativa sobre su contenido está escrita en una
cinta. Ambos esposos utilizaban este dispositivo original de la pintura colonial mexicana. El tono del mensaje es ingenuo, en la misma medida que el estilo del
cuadro es primitivo y folclórico: "Aquí nos ven, a mí, Frida Kahlo, con mi adora-

do esposo Diego Rivera. Pinté estos retratos en la bella ciudad de San Francisco, California para nuestro amigo, Mr. Albert Bender, y fue en el mes de abril del año 1931". Si es verdad que Frida pintó *Luther Burbank* en Atherton, y si vamos a creer que realizó el retrato de bodas "en la bella ciudad de San Francisco, en el mes de abril", entonces casi trabajó tanto como su marido. Eso contradice el recuerdo de Lucile Blanch de que "no pintó mucho" y que "no se presentó como artista" en San Francisco. A juzgar por el brusco cambio en calidad entre el *Retrato de Mrs. Jean Wight,* pintado en enero, y el de bodas; parece evidente que en secreto Frida estaba tomando su oficio muy en serio. En mayo le escribió a Isabel Campos: "Paso la mayor parte del tiempo pintando. Espero tener una exposición (mi primera) en Nueva York en septiembre. No he tenido suficiente tiempo aquí; sólo podría vender unos cuantos cuadros".

En el retrato doble, se representó a sí misma y a Diego en la forma en que los veían los habitantes de San Francisco: como recién casados. Diego se ve enorme junto a su joven esposa. (Medía más de 180 centímetros y pesaba 136 kilos en 1931. Frida alcanzaba una estatura de 160 centímetros y pesaba más o menos 44 kilos.) La representación de él coincide con la descripción de su aspecto por parte de Frida en el largo ensayo "Retrato de Diego" que escribió muchos años después para el catálogo de una muestra retrospectiva de su obra: "Su enorme vientre, tirante y liso como una esfera, descansa sobre sus fuertes piernas, columnas hermosas que terminan en grandes pies, los cuales señalan hacia fuera, formando un ángulo obtuso que parece abarcar todo el mundo y sostenerlo de manera invencible sobre la tierra, como un ser antediluviano del cual surge, desde la cintura para arriba, un ejemplo de la humanidad del futuro, alejado de nosotros por dos o tres mil años".

Frida representa a Rivera como al gran artista que blande su paleta y pinceles; ella misma juega el papel que más le agradaba: el de la esposa amorosa del genio. Diego está con los pies colocados tan firmemente como las piedras angulares de un arco de triunfo; las delicadas zapatillas de ella no parecen tener la fuerza suficiente para sostenerla y causan la impresión de apenas estar rozando el suelo. Flota en el aire como una muñeca de porcelana, sostenida únicamente por el asimiento de su monumental cónyuge. No obstante, la mirada penetrante de Frida tiene un elemento de humor demoniaco y de animosa fortaleza. A pesar de la actitud ansiosa y "femenina" que manifiestan su postura y vestido, se ve dueña de sí misma. El retrato muestra a una joven mujer que presenta a su compañero al mundo, quizá con cierta timidez apropiada para la situación, pero también con orgullo por la "captura" que ha hecho. Evoca a una clase de mujer muy común en México: la esposa que de buena gana asume el papel sumiso, pero que en realidad maneja todo lo relacionado con la casa y domina a su marido de manera hábil y delicada.

El retrato de bodas es revelador también en otro sentido. Diego vuelve la cara de manera que se ve un poco apartada de la de su novia, y ambos brazos los tiene pegados a los costados. La cabeza de Frida se inclina un poco hacia el hombro de Rivera y sus brazos señalan en esa dirección. Las manos de la pareja se estrechan en el centro del lienzo, lo cual sugiere que el lazo matrimonial era muy importante para ella. El cuadro implica que Frida sabía, desde el principio, que sería imposible poseer a Diego y que el arte constituía la principal pasión de su vida. A pesar de que la podía amar, su verdadera afición era hacia la belleza, México, el marxismo, "el pueblo", las mujeres (muchas), las plantas y la tierra. "Diego está más allá de toda relación personal limitada y precisa", escribió Frida. "No tiene amigos sino aliados: es muy afectuoso, pero nunca se entrega". Afirmaba que quería ser su mejor aliada.

En San Francisco, Frida aprendió que una de las maneras de ser la mejor aliada de Rivera y de mantenerlo junto a ella, aunque fuera mediante el ligero asimiento de mano mostrado en el retrato de bodas, era siendo divertida. En una cena en la que se reunieron muchos miembros del mundo artístico, por ejemplo, se dio cuenta de que una joven sentada junto a Diego estaba empeñada en conquistarlo, mientras él rebosaba de contento. Frida sorbió su vino poco a poco e inició el contrataque. Discretamente al principio, empezó a cantar y a representar canciones mexicanas humorísticas y subidas de color. Al tomar efecto el vino, se volvió más atrevida, hasta que tenía a todos los presentes en la palma de la mano. La mirada divertida y cariñosa de Diego fija en ella: había triunfado. La audacia y la resolución de ser "la mujer de Rivera" son inconfundibles en el retrato de bodas de Frida. Seguramente tuvo que disimular un guiño cuando le dio al perfil general de ella misma y de Diego, la misma forma de la inicial grabada en la hebilla del cinturón de Diego: la letra *D*.

Mientras Frida presentaba a su esposo al espectador, de pie y mirando atentamente hacia el frente, éste se encontraba ocupado en la Escuela de Bellas Artes de California, sentado y con la espalda hacia su auditorio. Ese mural constituye una monumental broma efectista: Diego y sus asistentes aparecen en un andamio imaginario, dedicados a pintar el fresco de un obrero sobre lo que da la impresión de ser la pared misma de la sala. Al igual que muchas representaciones de obreros durante una década en la que era muy difícil conseguir trabajo, Rivera pinta a su héroe con casco, que lo hace aparecer como un cruce entre Goliat y G. I. Joe,* al tiempo que ase las palancas de control que lo llevarán al futuro, hacia el cual mira con la significativa seriedad que caracteriza las imágenes pintadas durante los treinta, de esa figura representativa. Debajo del andamio, Timothy Pflueger, William Gerstle y Arthur Brown, Jr., el arquitecto de la escuela, discuten los planos arquitectónicos de la misma. Los tres llevan trajes y sombreros que los distinguen de los artistas y el obrero, vestidos en mangas de camisa. En el centro del mural, intitulado *The Making of a Fresco* ("La elaboración de un fresco"), el gran trasero de Rivera sobresale de la orilla del andamio, mientras contempla su retrato del hombre más firme y de mejor estado físico al que pertenece el futuro. ¡De esta manera Rivera instruyó a los estudiantes de arte en la relación entre el arte y la revolución! Si su llegada a San Francisco, con el fin de pintar los murales de la Bolsa, fue anunciada bajo muestras de protesta pública, "Rivera para la Ciudad de México; los mejores de San Francisco para San Francisco", decía un titular, un estallido de polémicas acompañó su éxito. La queja del pintor Kenneth Callahan era típica: "Muchos habitantes de San Francisco consideran ese gesto [el trasero de Rivera] como un insulto abierto y aparentemente premeditado. En caso

---

* Nombre genérico coloquial para el soldado raso estadunidense. (N. T.).

de que sea una broma, resulta bastante divertida, pero de mal gusto". Los mensajes sociales no sirvieron precisamente para fomentar la revolución social en Estados Unidos, pero sí causaron bastante agitación.

El 8 de junio de 1931, cinco días después de terminar el fresco, Frida y Diego tomaron un vuelo a México, desde donde el presidente Ortiz Rubio llamó a Rivera por cartas y telegramas, ansioso de que terminara el mural que aún se hallaba incompleto en la escalera del Palacio Nacional. Se quedaron en la casa azul de Coyoacán mientras Rivera iniciaba la construcción de su nuevo hogar en el barrio de San Ángel de la ciudad de México, con el dinero que recibió de sus patrocinadores estadunidenses. El edificio consistiría en dos partes unidas por un puente. (Una fotografía tomada en 1931 muestra a los Rivera sobre la escalera que daba al patio de la casa en Coyoacán, junto con el director de cine ruso Sergei Eisenstein, quien estaba en México para la filmación de la película épica *¡Que Viva México!*

A la semana de su regreso, Frida le escribió al doctor Eloesser:

Coyoacán, a 14 de junio de 1931

Querido doctor:

No se puede imaginar la pena que nos dio no verlo antes de venirnos para acá, pero fue imposible, yo telefonee tres veces a su oficina, sin encontrarlo, pues nadie contestó, entonces le dejé dicho a Clifford que me hiciera el favor de explicarle a usted. Además, imagínese que Diego estuvo pintando hasta las doce de la noche anterior al día que salimos de San Francisco y ya no tuvimos tiempo de nada, así es que esta carta es en primer lugar para pedirle mil perdones y decirle también que llegamos con bien a este país de las enchiladas y los frijoles refritos. Diego ya está trabajando en el Palacio. Lo he tenido un poco malo de la boca; además, está cansadísimo. Yo quisiera que si usted le escribe, le diga que es necesario para su salud que descanse un poco, pues si sigue trabajando así, se va a morir. Usted no le diga que yo le conté que está trabajando tanto, pero dígale que lo supo usted y que es absolutamente necesario que descanse un poco. Se lo agradecería muchísimo.

Diego no está contento aquí, porque extraña la amabilidad de la gente de San Francisco y a la ciudad misma. Ya no quiere otra cosa más que regresar a Estados Unidos a pintar. Yo llegué muy bien, flaca como siempre y aburrida de todo, pero me siento mucho mejor. Yo no sé con qué pagarle a usted mi curación y todas las finezas que tuvo usted conmigo y con Diego. Sé que con dinero sería la peor manera, pero el agradecimiento más grande que pudiera tener, nunca compensaría su amabilidad, así que le suplico y le ruego sea tan bueno de mandarme decir cuánto le debo, pues no se puede imaginar con qué pena me vine sin haberle dado nada que equivaliera a su bondad. En la carta que me conteste, cuénteme cómo está, qué hace, todo, y por favor salúdeme a todos los amigos, con especialidad particular a Ralph y a Ginette.

México está como siempre, desorganizado y dado al diablo, sólo le queda la inmensa belleza de la tierra y de los indios. Cada día, lo feo de Estados Unidos le roba un pedazo, es una tristeza, pero la gente tiene que comer y no hay más remedio que el pez grande se coma al chiquito. Diego lo saluda muchísimo y reciba el cariño que sabe le tiene.

FRIEDA

Los Rivera no se quedaron en México por mucho tiempo: en julio, Frances Flynn Paine, comerciante neoyorquina en arte, consejera artística de los Rockefeller y miembro de la junta directiva de la Asociación de Artes Mexicanas, viajó a México para ofrecerle a Diego una exposición retrospectiva de su obra en el recién inaugurado Museo de Arte Moderno de Nueva York.

Durante los regímenes conservadores de Calles y sus sucesores, el entusiasmo por el intercambio cultural formó parte de la mejoría en las relaciones entre Estados Unidos y México. La Asociación de Artes Mexicanas constituyó un resultado de esa evolución. Se ideó en el domicilio neoyorquino de John D. Rockefeller, Jr., con el fin de "promover la amistad entre los pueblos mexicano y estadunidense a través del fomento de las relaciones culturales y el intercambio de las bellas artes". Rockefeller contribuyó con el fondo inicial. Su cuñado, el banquero neoyorquino Winthrop W. Aldrich, se convirtió en presidente de la Asociación. (Es probable que no haya sido un detalle casual el hecho de que tanto la familia Rockefeller como la Aldrich contaran con inmensas propiedades en Latinoamérica.) La Asociación determinó que el capitalismo podía apoyar a Rivera si lo hacía la administración de Calles. "La médula de lo que es Diego radica en la pintura, y no en la política", argumentó la señora de Paine en su ensayo para el catálogo de la exposición de Rivera.

Diego definitivamente no pudo rechazar el honor de una muestra retrospectiva de su obra en el Museo de Arte Moderno. Apenas sería la segunda exhibición exclusiva de un artista (la primera fue la de Matisse) y la decimocuarta en total. De nuevo abandonó los murales del Palacio Nacional sin haberlos terminado. Al amanecer de un día a mediados de noviembre, él y Frida entraron al puerto de Nueva York a bordo del *Morro Castle,* acompañados por la señora de Paine y el fiel estucador de Rivera, Ramón Alva. Diego se encontraba en la cubierta, como siempre lleno de entusiasmo. Agitó los brazos para señalar la belleza de la iluminación en los rascacielos de Manhattan y las glorias de la niebla, el sol naciente, los remolcadores, los transbordadores y los remachadores trabajando en un muelle Una ráfaga de humo se levantó desde su puro de 18 centímetros de largo e hizo volutas arriba del ala ancha de su sombrero marrón. Con una sonrisa afable y modales corteses, como siempre, el recién llegado recibió al reportero de la *New York Herald Tribune,* que subió al barco para entrevistarlo: "No existe ni una razón en el mundo que justifique que cualquiera que haya nacido en estos continentes vaya a Europa para buscar inspiración o a estudiar. Aquí está todo: la fuerza, el poder, la energía, la tristeza, la gloria y la juventud de nuestras tierras". Mientras admiraba el Edificio Equitativo (1914) ubicado en la parte sur de Manhattan, gigante cuyos cuarenta pisos se elevan directamente sobre la marca límite de construcción de edificios y que constituyó una de las causas por las cuales la ciudad pasó la ley que requiere que los rascacielos se coloquen a cierta distancia de la calle, en 1916, pronunció: "Aquí estamos en nuestra propia tierra, pues aunque los arquitectos no lo sepan, su diseño se inspira en la misma sensibilidad que impulsó al antiguo pueblo de Yucatán a construir sus templos". Rivera cumplía hasta la perfección el papel de embajador cultural del sur. Afirmó que los habitantes de Norte y Sudamérica forman un solo pueblo joven y vital. Una nueva era armoniosa haría surgir una novedosa forma americana de expresión en el campo del arte: "Todos nos esforzamos por alcanzar la perfección, todos nosotros, de todas las clases. Siento que saldremos triunfantes de esta lucha por lograr la cooperación".

Cuando el barco se acercó al muelle, Rivera hizo señales frenéticas con el sombrero para saludar a la concurrencia de amigos y personas que fueron a darle la bienvenida. Lo esperaban en el malecón. A. Conger Goodyear, el bondadoso presidente de cabello cano del Museo de Arte Moderno, quien se convertiría en amigo íntimo de Frida, y dos hombres a los que Rivera conoció en Moscú en 1928: Jere Abbot, el director asociado del museo, y el brillante y joven director del mismo, Alfred H. Bart, Jr. Una década después, este último visitaría a Frida en su estudio de Coyoacán, dándole la gran satisfacción de dirigir una mirada de aprobación tanto hacia su arte como a su persona. Asimismo, estaban presentes Clifford Wight y otro antiguo asistente de Rivera, de San Francisco.

Después de instalarse en un departamento del Hotel Barbizon Plaza, ubicado en la Sexta Avenida y la orilla sur del Parque Central, Frida y Diego inmediatamente fueron al Edificio Heckscher, situado en la esquina de la calle 57 y la Quinta Avenida que en ese entonces albergaba al Museo de Arte Moderno. Ahí inspeccionaron las galerías que pronto llenarían los cuadros de Rivera, así como el estudio preparado para él en uno de los pisos altos del edificio. Rivera tendría que trabajar contra reloj: disponía de poco más de un mes para organizar la exposición que se compondría de 143 cuadros, acuarelas y dibujos, además de siete lienzos de frescos portátiles. Tres de ellos debían integrar obras nuevas basadas en sus observaciones de Manhattan.

A pesar de que Rivera trabajaba de día y de noche, interrumpiéndose únicamente para beber uno que otro vaso de leche, tomó tiempo para jugar a la celebridad. Se honró a él y a Frida con una serie de fiestas y recepciones. A través de las buenas conexiones de la señora Paine, conocieron a poderosos neoyorquinos tanto del mundo artístico como del financiero. La señora de John D. Rockefeller (de soltera Abby Aldrich), por ejemplo, se convirtió en amiga y patrocinadora de Rivera. En una ocasión le pidió que pintara, en la pared de su comedor, una versión de su célebre fresco del edificio de la Secretaría de Educación, *La noche de los ricos*, que muestra a John D. Rockefeller, J. P. Morgan y Henry Ford cenando cinta perforada. Sin embargo, Rivera se negó. A pesar de que estuvo de acuerdo en cuanto a la gracia de la idea, también sabía que les quitaría importancia a sus convicciones políticas. No obstante, disfrutaba de sus propias "noches de los ricos". Existe una maravillosa y divertida fotografía de él en una cena formal realizada en el elegante Club Universitario. Casi no se distingue de sus anfitriones: está gordo, en vías de quedar calvo, bien vestido y evidentemente soborea la abundante comida.

"Estamos en Nueva York desde hace ocho días. Diego, naturalmente, ya empezó a trabajar y le ha interesado muchísimo la ciudad lo mismo a mí, pero yo como siempre no hago nada sino ver y algunas horas aburrirme. Estos días han estado llenos de invitaciones a casas de gente «bien» y estoy bastante cansada, pero esto pasará pronto y ya podré ir poco a poco haciendo lo que a mí me dé la gana", le escribió Frida al doctor Eloesser el 23 de noviembre.

Lucienne y Suzanne Bloch, las hijas del compositor suizo Ernest Bloch, conocieron a los Rivera al poco tiempo de llegar éstos a Manhattan, en un banquete ofrecido por la patrocinadora de Rivera, la señora de Charles Liebman, a su hermana, la señora de Sigmund Stern. "Estaba sentada junto a Diego", recuerda Lucienne. "Me hice cargo de él y hablamos y hablamos. Me impresionó mucho la opinión de Diego acerca de que las máquinas eran maravillosas. A todos los artistas que yo conocía les parecían terribles". Lucienne le contó a Diego que le habían pedido dirigir el departamento de escultura de la escuela fundada por Frank Lloyd Wright en Taliesin. "Wright es un lacayo de los capitalistas", comentó Diego, "porque cree en esparcir a la gente". Lucienne estuvo tan absorta en la conversación que no veía a las demás personas, "excepto a Frida Rivera, de cuando en cuando, que me lanzaba miradas de enojo. Después de la cena, Frida, con su única ceja que le atravesaba la frente y sus hermosas joyas, se acercó a mí, me observó con una mirada verdaderamente penetrante y dijo: «¡La odio!» Quedé muy impresionada. Éste fue mi primer contacto con Frida y por ello la quise. En esa cena, pensaba que estaba coqueteando con Diego". Al siguiente día, Lucienne entró al estudio de Rivera y empezó a trabajar como su asistente. En cuanto Frida se dio cuenta de que Lucienne no trataba de seducir a su esposo, sino que únicamente le encantaba la amplitud y la extravagancia de su personalidad, las dos se volvieron amigas íntimas. (Unos años después, Lucienne se casó con un asistente de Rivera, Stephen Dimitroff, y tuvo un hijo. Frida fue su madrina.)

Otra carta dirigida al doctor Eloesser (el 26 de noviembre) consigna las impresiones que Frida recibió de la ciudad de Nueva York.

> "La *hight society* de aquí me cae muy gorda y siento una poca de rabia contra todos estos ricachones de aquí, pues he visto a miles de gentes en la más terrible miseria, sin comer y sin tener dónde dormir, ha sido lo que más me ha impresionado de aquí, es espantoso ver a los ricos haciendo de día y de noche *parties,* mientras se mueren de hambre miles y miles de gentes...
>
> A pesar de que me interesa mucho todo el desarrollo industrial y mecánico de Estados Unidos, encuentro que les falta completamente la sensibilidad y el buen gusto.
>
> Viven como en un enorme gallinero sucio y molesto. Las casas parecen hornos de pan y todo el confort del que hablan es un mito. No sé si estaré equivocada, pero sólo le digo lo que siento".

En la inauguración de la exposición de Rivera en el Museo de Arte Moderno, el 22 de diciembre, Frida se quedó muy cerca de su esposo por timidez y aversión a la sociedad de los *gringos,* a pesar de la presencia de amigas tales como Lucienne Bloch y Anita Brenner. Resultó ser un importante suceso social, una reunión de la élite de Manhattan, entre la que destacaban John D. y Abby Rockefeller, miembros del sofisticado mundo del arte, como Frank Crowninshield, y desde luego los funcionarios del museo. Los invitados tomaron y conversaron alegremen-

te ante el fondo del desfile mexicano pintado por Rivera. El brillo social y la elegancia en el vestir del público, formaron un marcado contraste con la pieza principal de la exposición, la serie de frescos nuevos que ponían de manifiesto la
visión marxista de Rivera con referencia a México: *El líder agrario Zapata, La
liberación del peón* y *Caña de azúcar,* el cual representa a obreros oprimidos por
terratenientes. (No logró terminar, a tiempo para la inauguración, los otros tres
lienzos con su impresión del proletariado urbano, incluyendo *Bienes congelados.*
Se agregaron unos días después.) Frida Kahlo estuvo en un contraste igualmente
pronunciado con la reunión de mecenas y patrocinadores de arte, engalanados
con corbatas negras y largos trajes de noche, de colores pálidos. Vestida exótica-
mente con sus coloridas galas de tehuana y de piel aceitunada, casi morena, Frida
se mantuvo quieta al lado de la corpulencia protectora de su locuaz esposo.

Además de recibir la aclamación de la crítica, la exposición de Rivera también atrajo la mayor asistencia de cualquiera en esa época al Museo de Arte
Moderno. Cuando cerró, el 27 de enero de 1932, 56 575 personas habían pagado
por verla y el decano de los críticos de arte neoyorquinos, Henry McBride, describió al artista en el *New York Sun* (del 26 de diciembre de 1931) como "el
hombre del que más se habla de este lado del Atlántico".

Sin duda, el éxito que tuvo la exposición de Rivera volvió más divertida la
vida de Frida en Nueva York. Conoció a mucha gente y con sus nuevos amigos
exploró Manhattan, disfrutó de largas comidas y fue al cine, de preferencia, películas de terror y comedias de los hermanos Marx, el Gordo y el Flaco y los Tres
Chiflados. "Almorzamos con Frida en el restaurante Reuben's y nos reímos mucho", anotó Lucienne Bloch en su diario. "Luego fuimos a ver *Frankenstein* y Frida quiso verla otra vez". Otra cosa que hacía más entretenidos sus días era el
hecho de que Rivera ya no tenía que terminar ningún trabajo para cierta fecha
y pasaba más tiempo con ella. "Disfruté de una comida deliciosa con Diego Rivera y su esposa, en el despacho clandestino de bebidas", escribió Lucienne, y
continuó para comentar: "Frida no soporta el Hotel Barbizon Plaza porque los
muchachos del elevador la desairan, ya que ven que no es rica. El otro día le
dijo «hijo de perra» a uno y luego nos preguntó si el término que utilizó era el correcto".

Al acercarse el final de la estadía de los Rivera en Manhattan, Frida ya no
era la criatura tímida y solitaria que fue al llegar. A pesar de que todavía se quejaba de muchos aspectos de gringolandia, llevaba una vida activa. El 31 de marzo,
por ejemplo, los Rivera viajaban a Filadelfia en un vagón de tren lleno de neoyorquinos ávidos de cultura, para presenciar el estreno del ballet mexicano *H. P.*
dirigido por Leopold Stokowski. La reacción de Frida fue franca e insolente al
mismo tiempo. Más o menos un mes después, incluyó en una carta al doctor Eloesser lo que no vaciló en decir en el momento mismo de la presentación: "Lo que
me preguntaba del ballet de Carlos Chávez y Diego, resultó una porquería con
P de... no por la música ni las decoraciones sino por la coreografía, pues hubo
un montón de güeras desabridas haciendo de indias de Tehuantepec y cuando
necesitaban bailar la Zandunga, parecían tener plomo en lugar de sangre. En fin,
una pura y redonda cochinada".

Capítulo 10

Detroit: el hospital Henry Ford

PARA DIEGO RIVERA, Detroit representaba el corazón de la industria estadunidense y la cuna del proletariado del país. Por eso, quedó encantado cuando William Valentiner, director del Instituto de las Artes de Detroit, y el historiador de arte Edgar P. Richardson, miembro del personal del Instituto, se reunieron con él en San Francisco y le propusieron ir a Detroit para pintar murales sobre el tema de la industria moderna. La Comisión para las Artes de Detroit, dirigida por el presidente de la Ford Motor Company, Edsel Ford, dio su aprobación y se concluyó el trato cuando Ford accedió a pagar diez mil dólares por los grandes murales que celebrarían a la industria de Detroit, particularmente a la del automóvil, y poniendo aún más énfasis, en la Ford Motor Company. En abril de 1932, el pintor más famoso del mundo envió a sus asistentes supervisar la preparación de los muros y del yeso de cal. El 21 de abril a mediodía, él y su esposa bajaron del tren en la ciudad más indicada, según Diego, para pintar "la gran saga de la máquina y el acero".

Les dio la bienvenida en la estación un grupo de personas que incluía a Valentiner, al vicecónsul mexicano, a unos veinte miembros de un club cultural mexicano, a los asistentes de Diego, a sus esposas y a la prensa. Según el periódico *Detroit News*, Frida llevaba un vestido negro de brocado de seda con fruncidos acordonados en el cuello redondo, un largo mantón de seda bordada color verde oscuro, zapatillas de tacón muy alto y delgado, pesadas y oscuras cuentas de ámbar sin tallar y un collar de jade y pendientes esculpidos. Rivera la presentó en su inglés torpe: *"His name is Carmen"* ("su nombre de él es Carmen": por el desarrollo del nazismo, no le gustaba su nombre alemán). Como respuesta a la solicitud de un fotógrafo de saludar con la mano, Frida "acabó el pequeño movimento hacia arriba de la mano, con un cómico saludo como un rayo", antes de precipitarse por los escalones del tren para abrazar a sus amigos y poner un ukulele en las manos de Clifford Wight. Cuando le preguntaron si ella también era pintora, respondió en perfecto inglés: "Sí, la mejor del mundo".

Desde la estación, Frida y Diego pasaron directamente a su nueva morada, un departamento amueblado de una recámara, sin carácter, pero bien situado. Se encontraba en el Wardell, un hotel residencial gigante ubicado en el número 15 de la calle Kirby East, esquina con la avenida Woodward, y enfrente del Instituto de las Artes de Detroit. En su membrete, el Wardell se hacía llamar "el mejor domicilio de Detroit". Al cabo de unas semanas, los Rivera descubrieron el significado de ese anuncio: el hotel no aceptaba a judíos. "¡Pero Frida y yo tenemos sangre judía!", exclamó Diego. "¡Vamos a tener que irnos!" Ansioso por retener a sus clientes, un empleado del hotel intervino: "¡Oh no! ¡No queremos decir eso!" y ofreció bajar la renta. Rivera replicó: "No me quedaré, por más que bajen el precio, si no borran esa restricción". La administración, que con gran urgencia necesitaba clientes, prometió que lo haría, además de bajar la renta de 185 a 100 dólares mensuales.

Al poco tiempo de instalarse en el Wardell, Frida y Diego conocieron a Edsel Ford y a los otros miembros de la Comisión para las Artes de Detroit, y Rivera empezó a preparar los estudios que debían ser aprobados antes de poder pintar los murales. Acompañado por Frida, de cuando en cuando recorría el complejo industrial River Rouge de la Ford Motor Company, ubicado en Dearborn, así como otras fábricas de los alrededores de Detroit. Incansablemente esbozaba maquinaria, cadenas de montaje y laboratorios. La perspectiva de pintar máquinas lo emocionó tanto como la idea de representar el México agrario después de su regreso de Europa en 1921. "Entonces coloqué al héroe colectivo, el hombre y la máquina, por encima de los antiguos héroes tradicionales del arte y la leyenda", escribió en su autobiografía.

El 23 de mayo, la Comisión para las Artes aprobó sus bosquejos para dos grandes lienzos en los muros norte y sur del Patio Jardín, con techo de vidrio, en el Instituto de las Artes de Detroit. El diseño del patio, que imitaba el barroco italiano, disgustaba a Diego, por los muros complicados por arcos, rejas, pilastras dóricas y placas en relieve con motivos etruscos. Calificaba la enorme fuente escalonada de horrorosa y decía que simbolizaba "el modo en el que nos aferramos a la antigua cultura". Sin embargo, tenía grandes ambiciones. Vertería "nuevo vino en las viejas botellas y (pintaría) la historia de la nueva raza de la edad de acero", dijo. Sin embargo, sentía que dos muros no alcanzaban para agotar ese gran motivo, así que pidió decorar los 27 lienzos que rodeaban el patio. Entusiasmada, la comisión aprobó la idea, y Diego preparó más bosquejos. Se imaginó "una sinfonía maravillosa", una representación inmensa del imperio industrial de Henry Ford, que incluiría la admiración del creador por dicho personaje y logros, así como los principios marxistas. "Marx elaboró teorías", afirmó Rivera. "Lenin las aplicó por medio de su sentido de la organización social a gran escala... Y Henry Ford hizo posible la labor del Estado socialista".

Mientras tanto, los patrocinadores ricos de la cultura rodeaban a los Rivera y los entretenía la gente adecuada", al igual que en Nueva York. Sin embargo, los resultados no fueron tan positivos. Frida y sus trajes mexicanos les parecían estrafalarios a las personas y ella se desquitaba del esnobismo estrecho de miras

de las matronas de Grosse Pointe, siendo ultrajante y escandalizando deliberadamente a la alta burguesía. Cuando la hermana de Henry Ford la invitó a tomar
el té a su casa, empezó a hablar con entusiasmo del comunismo. En una casa católica, hizo comentarios sarcásticos acerca de la Iglesia. Al regresar de uno u otro
almuerzo o merienda organizado por algún comité de mujeres mundanas, solía
encogerse de hombros y tratar de compensar por un día aburrido con una narración animada de los acontecimientos del mismo. Contaba cómo había usado groserías y expresiones como "¡Me cago en usted!", simulando no conocer su significado. "¡Lo que les hice a esas viejas!" acostumbraba exclamar, riéndose con manifiesta satisfacción. En una ocasión, Frida y Diego pasaron una velada en la casa
de Henry Ford, del cual ella sabía que era un declarado antisemita. Cuando regresaron, Diego entró al departamento riéndose de buena gana. Señalando a Frida, vociferó: "¡Qué muchacha! ¿Sabes lo que dijo en un momento de silencio en
el comedor? Volteó hacia Henry Ford y le preguntó: «Mr. Ford, ¿es usted
judío?»"

"...Esta ciudad me da la impresión de una aldea antigua y pobre, pareció
como un poblado, no me gusta nada", le escribió Frida al doctor Eloesser el 26 de
mayo. "Pero estoy contenta porque Diego está trabajando muy a gusto aquí y ha
encontrado mucho material para sus frescos que hará en el museo. Está encantado
con las fábricas, las máquinas, etcétera, como un niño con un juguete nuevo. La
parte industrial de Detroit es realmente lo más interesante, lo demás es como en
todo Estados Unidos, feo y estúpido". Todos los aspectos de Detroit le parecían inferiores a México, donde, según Frida, había más viveza y mayor contraste
entre la luz y la sombra. Ahí, aun las chozas más pobres se atendían con cierto
amor a la belleza y el orden, mientras que las deterioradas casas de Detroit se
encontraban en un estado sucio y descuidado.

Asimismo, hubo la cuestión de la comida. Frida no soportaba la desabrida
cocina norteamericana, aunque con el tiempo tomó gusto a tres productos nacionales: leche malteada, puré de manzanas y queso amarillo. Comía cantidades de
dulces como melcocha y turrón de almendras, que le hacía recordar la cajeta,
leche caramelizada de cabra que se come en México. Aún después de descubrir
varias pequeñas tiendas de abarrotes que abastecían a la población mexicana de
Detroit, por lo cual logró hacer guisos mexicanos, la estufa eléctrica que estuvo
obligada a usar le parecía endiabladamente difícil de manejar.

A pesar de que Frida tenía ciertos remordimientos acerca de las frecuentes
visitas a las casas de la élite y el disfrute de fiestas lujosas durante la Depresión,
Rivera no mostraba escrúpulo alguno. Nunca se preocupaba por las contradicciones. Cuando Frida lo regañó por ser comunista, pero vestir como capitalista, con
smoking, no se sintió mortificado. "Un comunista debe vestirse como los mejores",
contestó. Se sentía orgulloso de la atención que recibía su esposa y recordaba con
igual placer su éxito en una fiesta de baile folclórico ofrecida por Henry Ford,
como sus comentarios cáusticos: "Frida, que se veía encantadora en su traje mexicano, pronto se volvió el centro de atracción. Ford bailó con ella varias veces".

Según la versión que da Diego del desenlace de la noche (arreglando los detalles para aparecer en la mejor forma), Henry Ford los acompañó a él y a
Frida hasta donde estaba esperando un nuevo Lincoln, con todo y chofer en el

volante. "Ford le dijo a Frida que ya había pagado al chofer y que tanto él como el coche estarían a disposición de ella durante su estancia en Detroit. Me apené por los dos y expresé mi agradecimiento, pero declaré que ni Frida ni yo estábamos en condiciones de aceptar un obsequio tan generoso. Dije que el coche era demasiado magnífico para nuestra sangre. Ford aceptó mi negativa con amabilidad. Sin saberlo nosotros, hizo que su hijo Edsel diseñara un pequeño carro Ford, que le obsequió a Frida poco tiempo después".

Durante su último año de vida, Frida contó otra versión de la historia: "Cuando estuvimos en Detroit, Henry Ford me conoció e hizo una fiesta para los obreros. A pesar de que estaba coja, me proporcionaron un aparato y bailé de punta y talón con Ford. Al otro día, éste me preguntó si le podía pedir permiso a Diego para regalarme un Ford. Diego lo aceptó. En ese Ford regresamos a México. Ayudó mucho a Diego, pues lo cambió por una camioneta que le fue muy útil; más tarde cambió ese coche por otro, llamado «la rana», y por un Opel".

En realidad, se hizo un intercambio: como odiaba verse comprometido con alguien, Rivera insistió en pagar por el carro con un retrato de Edsel Ford. Al final, creyó que lo habían "engañado". Lo que Sánchez Flores llevó a su jefe no fue el último modelo del Lincoln, que Rivera esperaba recibir, sino un simple sedán de cuatro puertas y de un valor mucho menor que el del retrato. "¡Jamás manejaré esa maldita cosa!" afirmó Rivera.

Es posible que la aversión que Frida sentía por Detroit y su sociedad haya tenido mucho que ver con su condición física: cuando le escribió al doctor Eloesser el 26 de mayo, llevaba dos meses de embarazada. A pesar de que la "consulta" se caracteriza por ser hecha de manera informal el principio, lleno de indirectas, y la exploración intranquila de distintas opciones revelan su preocupación y su esperanza:

"De mí tengo mucho que contarle, aunque no es muy agradable que digamos. En primer lugar, de salud no estoy nada bien. Yo quisiera hablarle de todo menos de eso, pues comprendo que ya debe estar usted aburrido de oír quejas de todo el mundo y con la gente enferma, de enfermedades, y sobre todo de los enfermos, pero quiero tener la pretensión de creer que mi caso será un poco diferente porque somos amigos y tanto Diego como yo lo queremos mucho. Eso usted lo sabe bien.

Empezaré diciéndole que fui a ver al doctor Pratt, porque usted se lo recomendó a los Hastings. La primera vez tuve que ir porque sigo mala del pie y en consecuencia del dedo que, naturalmente, está en peores condiciones que cuando usted me vio, pues han pasado ya casi dos años. De este asunto no me preocupo mucho, pues sé perfectamente que no tiene ningún remedio y ya ni llorar es bueno. En el hospital Ford, que es donde se encuentra el doctor Pratt, no recuerdo qué médico diagnosticó que era una *úlcera trófica*. ¿Qué es eso? Me quedé en babia cuando supe que en la pata tenía yo semejante cosa. La cuestión más importante ahora y es lo que quiero consultar con usted antes que con nadie es que tengo *dos* meses de embarazada, con ese motivo volví a ver al doctor Pratt, el que me dijo que sabía en qué condiciones generales estaba yo, porque había hablado con usted acerca de mí, en Nueva Orleáns, y que no necesitaba yo explicarle otra vez la cuestión del accidente, la herencia, etcétera, etcétera. Como por el estado de salud en que estoy creí fuera mejor abortar; se lo dije, y me dio una dosis de *quinina* y una purga de aceite de ricino muy fuerte. Al día siguiente de haber tomado esto tuve una ligerísima hemorragia, *casi nada*. Durante cinco o seis días he tenido algo de sangre, pero poquísima. De todas maneras yo creí que había abortado y fui a ver al doctor Pratt otra vez. Me examinó y me dijo que no, que él está completamente seguro de que *no aborté* y que su opinión era que sería mucho mejor si en lugar de hacerme abortar con operación me dejara yo la criatura y que a pesar de todas las malas condiciones de mi organismo teniendo en cuenta la pequeña fractura en la pelvis, espina, etcétera, etcétera, *podría yo tener un hijo* con operación cesárea sin grandes dificultades. Él dice que si nos quedamos en Detroit durante los siguientes siete meses del embarazo, él se encargaría de atenderme con todo cuidado. Yo quiero que usted me diga qué opina, con toda confianza, pues *yo no sé qué hacer en este caso*. Naturalmente, yo estoy dispuesta a hacer lo que usted crea que me convenga más para mi salud, y *Diego dice lo mismo*. ¿Usted cree que sería más peligroso abortar que tener el hijo? Hace dos años aborté en México con una operación, más o menos en las mismas condiciones que ahora, con un embarazo de tres meses. Ahora no tengo más que dos y creo yo que sería más fácil, pero *no sé por qué* el doctor Pratt piensa que me convendría más tener al hijo. Usted mejor que nadie sabe en qué condiciones estoy. En primer lugar, con esa herencia en la sangre no creo yo que el niño pudiera salir muy sano. En segundo lugar, yo no estoy fuerte y el embarazo me debilitaría más. Además, en este momento la situación para mí es bastante difícil, pues no sé exactamente cuánto tiempo Diego necesitará para terminar el fresco y si, como yo calculo, fuera en septiembre, el niño nacería en diciembre y tendría yo que irme a México faltando tres meses para que naciera. Si Diego acaba más tarde, lo mejor sería que me esperara yo a que la criatura naciera aquí, y de todas maneras habría terribles dificultades para viajar con un niño de días. Aquí no tengo a nadie de mi familia que pudiera atenderme durante y después del embarazo, pues el pobrecito de Diego por más que quiera no puede, pues tiene encima el problema de su trabajo y miles de cosas. Así es que con él no contaría yo para nada. Lo único que podría yo hacer en ese caso sería irme a México en agosto o septiembre y tenerlo allá. No creo que Diego esté muy interesado en tener un hijo, pues lo que más le preocupa es su trabajo y tiene sobrada razón. Los chamacos vendrían en tercer o cuarto lugar. Para mí no le sé decir si sería bueno o no tener un niño, pues como Diego continuamente está viajando y por ningún motivo quisiera dejarlo solo y yo quedarme en México, serían eso solamente dificultades y latas para los dos, ¿no le parece? Pero, si realmente usted opina como el doctor Pratt, que para mi salud es mucho mejor no abortar y tener a la criatura, todas esas dificultades pueden subsanarse en alguna forma. Lo que quiero saber es su opinión, más que la de nadie, pues usted sabe en primer lugar mi situación y le agradecería yo en el alma que me dijera claramente qué es lo que usted piensa que sería mejor. En caso de que la operación para abortar fuera más conveniente, le ruego que le escriba al doctor Pratt, pues probablemente él no se da cuenta bien de todas las circunstancias y como es en contra de la ley hacer abortar, quizá él tiene temor o algo y más tarde ya sería imposible hacerme la operación.

Si, por lo contrario, usted cree que tener al niño pueda mejorarme, en ese caso quiero que me diga si sería preferible que me vaya a México en agosto y tenerlo allá, con mi mamá y mis hermanas, o esperar a que nazca aquí. Ya no quiero darle más molestias, no sabe usted, doctorcito, lo que me apena tenerlo que molestar con estas cosas, pero le hablo más que como a un médico como al mejor de mis amigos y su opinión me ayudará como usted no tiene idea, pues no cuento con *nadie* aquí. Diego como siempre es buenísimo conmigo, pero no quiero distraerlo con semejantes cosas, ahora que tiene encima todo el trabajo y necesita más que nada tranquilidad y

calma. A Jean Wight y a Cristina Hastings no les tengo la suficiente confianza para
consultar cosas como ésta, que tiene trascendencia enorme y que por una tarugada ¡me
puede llevar la pelona! [Aquí Frida dibuja una calavera y unos huesos cruzados.] Por
eso ahora que estoy en tiempo quiero saber lo que usted piensa y hacer lo que sea
mejor para mi salud, que creo que eso es lo único que le interesaría a Diego, pues
sé que me quiere y haré todo lo que esté de mi parte por darle gusto en todo. No
como nada bien, no tengo apetito y con mucho esfuerzo me tomo dos vasos de
crema diarios y algo de carne y verduras. Pero ahora todo el tiempo quiero vomitar
con el dichoso embarazo y ¡estoy fregada! Me canso de *todo,* pues la espina me
molesta y con lo de la pata también estoy bastante amolada, pues no puedo hacer
ejercicio y en consecuencia, ¡la digestión está de la trompada! Sin embargo, tengo
voluntad de hacer muchas cosas y nunca me siento *decepcionada de la vida,* como
en las novelas rusas, Comprendo perfectamente mi situación y más o menos estoy
feliz, en primer lugar, porque tengo a Diego, a mi mamá y a mi papá; los quiero
tanto. Creo que es suficiente y no le pido a la vida milagros ni mucho menos. De
mis amigos a usted es al que más quiero y por eso me atrevo a molestarlo con tanta tontería. Perdóneme y cuando me conteste esta carta, cuénteme cómo ha estado
y reciba de Diego y de mí nuestro cariño y un abrazo de

FRIEDA

Si usted cree que me debo hacer la operación inmediatamente le agradecería
me pusiera un telegrama diciéndome el asunto en una forma velada, para no com-
prometerlo en nada. Mil gracias y mis mejores recuerdos. F."

Cuando el doctor Eloesser respondió a la carta, adjuntando un mensaje para
el doctor Pratt, Frida ya había decidido no abortar, esperando, a pesar de todo,
que tuviera razón este último. Ni la preocupación que manifestó Diego por su salud ni el hecho de que él no quería otro hijo, sirvió para hacerla cambiar de
parecer una vez que tomó la decisión. Rivera tampoco logró conseguir que Frida
obedeciera las órdenes del médico y se quedara tranquila en el departamento. Se
sentía sola, mal y aburrida. Él estaba infundido de entusiasmo por su trabajo y
no tenía ninguna intención de quedarse en casa para cuidar a su esposa. Cuando
Lucienne Bloch llegó a Detroit en junio, insistió en que la joven artista viviera
con ellos. "Frida no tiene nada que hacer", le dijo a Lucienne. "No tiene amigos.
Se siente muy sola". Esperaba que Lucienne pudiera animar a Frida para que
pintara, pero ésta tenía otros planes. Lucienne recuerda que estaba aprendiendo
a manejar.

Lucienne dormía en la sala de estar, en un sofá-cama que guardaba en la
mañana antes de que despertaran sus anfitriones, para que no se sintieran amontonados. Mientras Diego estaba fuera, Frida esbozaba o pintaba en la sala, sin orden ni concierto, y Lucienne trabajaba en la mesa del comedor, diseñando estatuillas para una fábrica holandesa de vidrio.

Al acercarse el final de junio, el calor de verano volvió bochornoso el pequeño departamento. Frida empezó a sangrar un poco, le dolía el útero y sufría ataques prolongados de náuseas. No obstante, nada afectaba su optimismo. Lucienne
recuerda: "Sólo deseaba estar embarazada, así que le pregunté: «¿Has visto al
médico?» y me contestaba: «Sí, veo a un médico, pero me dice que no puedo

hacer esto, que no puedo hacer lo otro, puras tonterías». No lo consultaba tanto como hubiera debido hacerlo".

Frida perdió a su hijo el 4 de julio de 1932.

La anotación que hizo Lucienne en su diario al siguiente día narra el suceso: "El domingo en la noche. Frieda estaba muy deprimida y perdía mucha sangre. Se acostó y vino el médico, quien le dijo, como siempre, que no era nada y que debía mantenerse en reposo. Durante la noche escuché terribles gritos de desesperación. Como pensé que Diego me llamaría si podía ayudar en algo, sólo dormité y tuve pesadillas. A las cinco, Diego entró de golpe al cuarto. Estaba todo despeinado y pálido y me pidió llamar al médico, quien llegó a las seis con una ambulancia. Ella estaba sufriendo los atroces dolores del parto. La sacaron del charco de sangre que se había formado y... los enormes coágulos de sangre que seguía perdiendo. Se veía tan chica, como de doce años. Las lágrimas le mojaban la cabellera".

La ambulancia llevó de prisa a Frida al hospital Henry Ford. Lucienne y Diego siguieron en un taxi. Cuando los enfermeros empujaron a Frida por un corredor de cemento en el sótano del hospital, ella alzó la vista, entre dos de las dolorosas contracciones, y vio un laberinto de tuberías de diferentes colores cerca del techo. "¡Mira, Diego! ¡Qué precioso!", exclamó.

Diego estaba muy turbado mientras esperaba noticias del estado de Frida. "Diego estuvo cansado todo el día", consigna el diario de Lucienne. "Hastings trató de animarlo y nos llevó a todos al desfile del cuatro de julio. Los grandes grumos de sangre y los gritos de Frida me llenaron la mente todo el tiempo. Diego tuvo los mismos pensamientos. Cree que una mujer es superior en mucho a un hombre, por aguantar tal dolor. Un hombre nunca podría soportar el dolor de un parto".

Los trece días que Frida pasó en el hospital fueron terribles. Un hombre estaba muriendo en el cuarto de junto. Quería escapar, pero estaba demasiado enferma como para moverse, y el calor la debilitaba aún más. Sólo era sangrar y llorar. Estaba sobrecogida por la desesperación que le causaba la idea de que tal vez nunca tendría hijos, y por no saber exactamente qué pasaba con ella ni por qué el feto no tomó forma, sino que se "desintegró" dentro de su útero. Exclamaba: "¡Quisiera estar muerta! No sé por qué tengo que seguir viviendo así". Este sufrimiento horrorizó a Rivera y lo asaltaron presentimientos de desastre. Cuando sacaron un líquido de su columna vertebral, estaba él convencido de que tenía meningitis.

Cinco días después del aborto, Frida tomó un lápiz y dibujó un busto de sí misma. En este retrato lleva un kimono así como una redecilla en el cabello y su rostro está hinchado por las lágrimas. Aun en medio de la desdicha era capaz de reír. Cuando Lucienne le llevó la parodia de un telegrama de condolencia, compuesto por ella misma y firmado "Mrs. Henry Ford", Frida se rió tanto que expulsó lo que quedaba del feto desintegrado y empezó a sangrar profusamente.

Frida quería dibujar al niño que perdió, exactamente con la apariencia que hubiera tenido cuando abortó. El segundo día de su estancia en el hospital, le pidió a un doctor un libro médico con ilustraciones sobre el tema, pero éste se lo negó. Argumentó que el hospital no permitía que los pacientes leyeran libros de medicina, porque las imágenes contenidas en ellos podrían trastornarlos. Frida se puso furiosa. Diego intervino y le dijo al doctor: "No está tratando a una persona cualquiera. Frida hará algo con él [el libro]. Creará una obra de arte". Finalmente, el mismo Diego le proporcionó un libro médico, y Frida realizó un detallado bosquejo a lápiz de un feto masculino. Otros dos dibujos a lápiz, probablemente del mismo periodo, son más surrealistas y fantásticos que cualquier trabajo anterior: muestran a Frida durmiendo en la cama y rodeada por extrañas imágenes que representan sus sueños, o quizá las breves visiones que tuvo cuando la anestesiaron. Estas formas están ligadas a su cabeza por largas espirales. Aparentemente, utilizó la técnica surrealista del "automatismo". Los dibujos parecen haber surgido mediante la libre asociación, de una mano con raíces, un pie con un tubérculo, edificios urbanos, el rostro de Diego. En uno de ellos, Frida yace desnuda encima de los cobertores. Su largo cabello rebasa la orilla de la cama y se transforma en una red de raíces que se deslizan por el piso.

El 17 de julio, Lucienne y Diego recogieron a Frida del hospital. El 25 del mismo, Rivera empezó a pintar en el Instituto de las Artes de Detroit y el 29, 25 días después del aborto y doce después de salir del hospital, Frida le volvió a escribir al doctor Eloesser.

Doctorcito querido:

Había yo querido escribirle hace tanto tiempo como no tiene usted idea, pero me pasaron tantas cosas que hasta hoy puedo sentarme tranquilamente, tomar la pluma y ponerle estos renglones.

En primer lugar, le quiero dar las gracias por su cartita y su telegrama tan amables. En esos días estaba yo entusiasmada en tener al niño, después de haber pensado en todas las dificultades que me causaría, pero seguramente fue más bien una cosa biológica, pues sentía yo la necesidad de dejarme a la criatura. Cuando llegó su carta, me animé más, pues usted creía posible que lo tuviera y ya no le entregué la carta que usted me mandó para el doctor Pratt, estando casi segura que podría yo resistir el embarazo, irme a México con tiempo y tener al niño allá. Pasaron dos meses casi y no sentía ninguna molestia, estuve en reposo continuo cuidándome lo más que pude. Pero como dos semanas antes del cuatro de julio empecé a notar que me bajaba una especie de sanguaza casi a diario, me alarmé y vi al doctor Pratt, y él me dijo que todo era natural y que él creía que podía yo tener al niño muy bien con la operación cesárea. Seguí así hasta el 4 de julio, que sin saber ni por qué aborté en un abrir y cerrar de ojos. El feto no se formó, pues salió todo desintegrado a pesar de tener ya tres meses y medio de embarazada. El doctor Pratt no me dijo cuál sería la causa ni nada y solamente me aseguró que en otra ocasión podía yo tener otra criatura. Hasta ahorita no sé por qué aborté y cuál es la razón de que el feto no se haya formado, así es que quién sabe cómo demonios ande yo por dentro, pues es muy raro, ¿no le parece? Tenía yo tanta ilusión de tener a un Dieguito chiquito que lloré mucho, pero ya que pasó no hay más remedio que aguantarme... En fin, hay miles de cosas que siempre andan en el misterio más completo. De todos modos tengo suerte de gato, pues no me muero tan fácilmente, ¡y eso siempre es algo...!

¡Dése una escapadita y venga a vernos! Tenemos mucho qué platicar y con buenos amigos se olvida uno de que está en este país tan mula! Escríbame y no se olvide de sus amigos que lo quieren mucho.

DIEGO y FRIEDA

"No hay más remedio que aguantarme", escribió Frida. "Tengo suerte de gato". Su indomable voluntad comenzaba a triunfar sobre la desesperación y la apatía.

Henry Ford Hospital (lámina IV) dice como indicación única de fecha "julio de 1932". Constituye el primer autorretrato en la serie de cuadros sanguinolentos y espantosos que convertirían a Frida Kahlo en una de las pintoras más originales de su tiempo. La calidad y el poder expresivo de esta pintura rebasan mucho todo lo hecho por ella anteriormente. Rivera se dio cuenta del cambio. Al hablar de la obra posterior al aborto, dijo: "Frida empezó a trabajar en una serie de obras maestras que no tienen precedente en la historia del arte, cuadros que exaltan las cualidades femeninas de la verdad, la realidad, la crueldad y el sufrimiento. Ninguna mujer jamás plasmó en un lienzo la misma poesía agónica que Frida creó durante ese periodo en Detroit".

En *Henry Ford Hospital,* Frida yace desnuda en la cama del hospital, derramando sangre en la sábana. Una gran lágrima le recorre la mejilla y su estómago todavía está hinchado del embarazo. La representación poco halagüeña de su cuerpo es típica de Frida: evidentemente, este desnudo constituye el resultado de la observación de una mujer, en lugar de la imagen idealizada por un hombre.

Contra el estómago hinchado, aprieta seis cintas rojas, parecidas a venas, en cuyos cabos flota una serie de objetos que simbolizan las emociones que sentía al abortar. Uno es un feto y la cinta que lo une con Frida evidentemente representa la continuación del cordón umbilical del niño. Lo coloca exactamente arriba del charco de sangre producido por el aborto y le pone los órganos genitales masculinos del "pequeño Diego" que vivió en su esperanza.

Todos los símbolos del fracaso maternal, incluyendo al feto, tienen el mismo tamaño en relación con Frida, sin tener en cuenta sus dimensiones reales. El torso color salmón que se encuentra sobre un pedestal es "mi manera de explicar los adentros de una mujer", afirmó Frida. Varios organismos parecidos a esperma aparecen en la superficie del mismo, en lo que probablemente es una visión con rayos X del drama de la concepción. Dos columnas vertebrales, dibujadas sobre la misma superficie, se refieren a la lesión de su espina o quizás a la escoliosis que diagnosticó el doctor Eloesser en 1930. Con el fin de hacer las cosas bien, Frida copió ilustraciones médicas de huesos pelvianos, pintando lo que ella llamó la causa principal de su aborto.

En una ocasión, Frida explicó que el caracol indicaba la lentitud del aborto, el cual, al igual que el animal, era "blando, cubierto y descubierto al mismo tiempo". Resulta ambiguo el significado de la extraña máquina situada más abajo de la cama. Según Lucienne Bloch, representa las caderas de Frida, lo cual parece probable, ya que todos los demás símbolos están estrechamente vinculados con el cuerpo femenino. Bertram Wolfe pensaba que equivalía a "un tornillo de banco de acero, sugiriendo el terrible asimiento del dolor". Considerando lo que Frida declaró después de la experiencia que tuvo en Detroit, o sea, que "todo lo mecánico" siempre significaba mala suerte y dolor, esta interpretación también parece plausible. Frida misma explicó a una amiga que la máquina debía hacerla recordar a Diego, y a otra le dijo que la "inventó para hacer patente la parte mecánica del asunto".

La pálida orquídea color lavanda, con el tallo saliente, se ve como un útero extraído. "Diego me la regaló en el hospital", contó Frida. "Cuando la pinté, mezclé la impresión sexual con el sentimentalismo".

La cama de hospital de Frida flota debajo de un cielo azul y arriba de un inmenso y árido llano. Según ella, pintó el suelo color tierra porque estaba tratando de expresar su soledad y aislamiento. Sin embargo, agregó una declaración que aparentemente contradice la anterior: "La tierra para mí equivale a México, a tener gente alrededor de uno y todo; por eso, cuando no tenía nada, me sirvió rodearme de tierra". En el horizonte se distingue claramente el complejo industrial Rouge River, con sus hornos de coque, cintas transportadoras, chimeneas y depósitos elevados de agua. Sugiere la distancia a la que se encuentra Diego. Cuando ella estaba en el hospital, él parecía muy lejos por estar ocupado con los bosquejos del complejo Rouge. Los lejanos edificios evocan también la concepción de la pintora de que el mundo exterior era indiferente a su crisis, así como la impresión de estar separada de la vida cotidiana. El mundo ubicado fuera del hospital funciona limpiamente y con eficiencia; Frida, por otra parte, está destrozada. La escala desproporcionada subraya su desconsuelo: se ve muy pequeña en comparación con la cama. La manera en la cual está inclinada la cama, dibujada deliberadamente en una perspectiva inexacta, produce el mismo efecto. La ausencia de una segunda sábana y la colocación de la cama al aire libre, ponen de manifiesto el abandono y el desamparo que sienten muchos pacientes hospitalizados. Frida se halla flotando, desconectada, vacía e indefensa.

Para ayudarle a combatir su depresión, Lucienne y Diego tramaron un modo de ocuparla y de sacarla del departamento en cuanto recobrara fuerzas. Al poco tiempo de salir del hospital Frida, Rivera consiguió el permiso de un gremio local de artes y oficios para que ella y Lucienne usaran un taller de litografía. Las dos mujeres empezaron a dibujar sobre las piedras de litógrafo después de obtener el consejo técnico de un asistente del lugar, y consultar un libro sobre la materia.

A pesar de su estado de salud y el tórrido clima de verano, Frida acompañó a Lucienne al taller todos los días de ocho a tres. Frida se convertía en "un animal salvaje cuando alguien entraba al estudio para ver cómo «jugábamos»", anotó Lucienne en su diario. "No se daban cuenta de lo serio que era el trabajo para nosotras. Frieda se llegaba a enojar tanto, que echaba pestes cada vez que una mosca se posaba en su brazo".

Sin embargo, cuando sacaron una impresión de la piedra de Frida, quedaron "terriblemente desilusionadas", escribió Lucienne. "Aparecieron unas rayas horrorosas en la piedra, que no se pudieron borrar. Todo el trabajo de Frieda, echado a perder. Diego fue a vernos en la noche, lo cual fue muy amable de su parte, porque pasó todo el día trabajando en el museo... Frieda decidió intentarlo de nuevo con el mismo dibujo, así que volvimos a trabajar al otro día. Nadie se

I *Autorretrato,* 1926, óleo sobre tela, 78.7 × 58.4 cm, colección Alejandro Gómez Arias, México, D. F., fotografía de Hayden Herrera.

II *Autorretrato,* 1929, óleo sobre masonite, 78 × 61 cm, colección Dolores Olmedo, México, D. F., fotografías de Raúl Salinas.

III *Frida y Diego Rivera,* 1931, óleo sobre tela, 99 × 80 cm, colección Museo de Arte Moderno de San Francisco, donado por Albert M. Bender.

IV *Hospital Henry Ford,* 1932, óleo sobre lámina, 30.5 × 38 cm, colección Dolores Olmedo, México, D. F., fotografía de Raúl Salinas.

V *Retablo,* 1937, óleo sobre lámina, 25.4 × 35.8 cm, colección Hayden Herrera, Nueva York, fotografía de Jim Kalett.

VI *Mi nacimiento,* 1932, óleo sobre lámina, 31.7 × 34.6 cm, colección Edgar J. Kaufmann, Jr., Nueva York, fotografía de Jim Kalett.

VII *La diosa Tlazoltéotl en el acto de dar a luz,* azteca, principios del siglo XVI, andradita moteado de granate, 20.3 cm de alto, colección Dumbarton Oaks, Washington, D. C.

VIII *Unos cuantos piquetitos,* 1935, óleo sobre lámina, 29.5 × 39.5 cm, colección Dolores Olmedo, México, D. F., fotografía de Raúl Salinas.

IX Una víctima de Francisco Guerro, "El Chalequero", degollador de mujeres asesinado en 1887 en el I río Consulado. Grabado de José Guadalupe Posada, 1890, 12.7 × 17.8 cm.

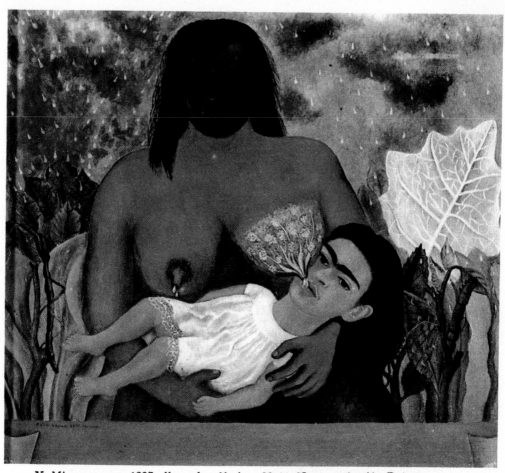

X *Mi nana y yo,* 1937, óleo sobre lámina, 30 × 35 cm, colección Dolores Olmedo, México, D. F., fotografía de Raúl Salinas.

XI *El difuntito Dimas,* 1937, óleo sobre masonite, 48 × 31 cm, colección Dolores Olmedo, México, D. F., fotografía de Raúl Salinas.

XII *Autorretrato*, 1937

XIII *Fulang-Chang y yo*, 1937, óleo sobre masonite, 40 × 27.9 cm, colección Mary Sklar, Nueva York, fotografía de Jim Kalett.

XIV *Las dos Fridas,* 1939, óleo so-
bre tela, 173.5 × 173 cm, colección
Museo de Arte Moderno, México,
D. F., fotografía de José Verde.

XV *El sueño,* 1940, óleo sobre tela, 74.3 × 98.4 cm, colección Selma y Nesuhi Ertegun, Nueva York, fotografía por cortesía de Sotheby Parke Bernet.

XVI *Autorretrato,* 1940, óleo sobre tela, 61.2 × 47.6 cm, colección de Iconografía, Centro de Investigaciones de Humanidades, Universidad de Texas en Austin.

atrevió a ir a vernos, estábamos ocupadas con tanto empeño... Nos dio valor el haber visto a Diego comenzar una y otra vez lo que no le salía bien".

Finalmente, produjeron unas impresiones que parecían satisfactorias en el aspecto técnico. Rivera sugirió que mandaran algunas de ellas con George Muller, experto neoyorquino en litografía, para recibir sus consejos. El trabajo de Frida fue devuelto con los siguientes comentarios: "Estas pruebas no son buenas ni malas, teniendo en cuenta su experiencia. Trabaje mucho y obtendrá mejores resultados". Este mensaje resultaba tan inexpresivo como los aforismos contenidos en las galletas de la fortuna. Frida regresó a su caballete. De cualquier forma, prefería la franqueza, proximidad e intimidad de la pintura al óleo. Sin embargo, la litografía, llamada *Frida y el aborto* sigue siendo enfática y conmovedora (ilustración 26). Frida se encuentra de pie, tan pasiva como una muñeca de papel en el sometimiento a las distintas fases del embarazo. Un feto masculino está unido a ella por medio de una larga y sinuosa vena. Un embrión mucho menos desarrollado se acurruca en su útero. Unas células representadas en dos momentos diferentes del proceso de división demuestran una etapa anterior en el desarrollo del hijo perdido. Dos lágrimas se deslizan por sus mejillas y la hemorragia que terminó el embarazo adopta aquí la forma de gotitas de sangre que corren a lo largo de la parte interior de su pierna, desapareciendo en la tierra que representa tanto una tumba como un jardín. En contraste con Frida, la tierra es fértil: las plantas alimentadas por la sangre han adquirido formas que repiten las de los ojos, las manos y los órganos genitales del feto masculino.

El cuerpo de Frida se divide en dos mitades, una clara y una oscura, como si revelara las dos partes de su psique, la presencia de la vida y la muerte dentro de ella. Del lado oscuro se encuentra una luna llorosa y un tercer brazo, que sujeta una paleta de forma semejante a la del feto. Quizás eso indique que la pintura integra un antídoto contra el fracaso maternal: para Frida, la creación artística debe de sustituir a la de los hijos.

Según Rivera, Frida intentó tener un hijo tres veces más. A pesar de que sabía que su esposo ya no quería otro, estaba convencida de que un hijo fortalecería el vínculo con él. Rivera afirmaba que le "prohibió concebir de nuevo" por el peligro que representaba para su salud. Sin embargo, Ella Wolfe, esposa de Bertram Wolfe y amiga íntima de Frida, cree que esta última hubiera podido tener al niño, si se hubiera quedado en cama durante cinco o seis meses, y que el problema era la negativa de Diego a engendrar otro hijo. "Diego era muy cruel con Frida con respecto a lo del niño. Ella se moría por tener uno, pero así era Diego".

La casa azul de Coyoacán alberga el testimonio mudo del anhelo de Frida: la colección de libros sobre partos; el feto humano conservado en una vasija de aldehído fórmico que le regaló el doctor Eloesser en 1941 y que ella guardaba en su recámara, y lo más importante, la gran colección de muñecas y muebles para las mismas. Frida poseía todo tipo de muñecas: antiguas, extranjeras y muñecas mexicanas baratas hechas de trapo o de papel *maché.* Muñecas chinas se apoyan en una repisa cerca de la almohada. Junto a la cama se encuentra una cuna vacía de juguete donde guardaba la muñeca preferida, y otras tres pequeñas están encerradas en una vitrina junto con el traje de bautizo de Rivera. Valoraba mucho una muñeca que representaba a un niño y que le regaló un "cachucha" (probablemente Alejandro) mientras estaba en el hospital, después del accidente. Entre las cartas que Frida le escribió a Alejandro en 1926, está el acta de bautizo de esa muñeca. La redactó con mucho cuidado, usando mayúsculas al estilo del art deco, para que pareciera documento oficial, y la decoró con el encantador dibujo de una tortuga alada. El acta dice:

LEONARDO

Nació en la Cruz Roja en el año de gracia de 1925, en el mes de septiembre, y se bautizó en la Villa de Coyoacán en agosto del año siguiente—

FUE SU MADRE
FRIEDA KAHLO
Sus padrinos
Isabel Campos
y Alejandro Gómez Arias

Frida era una buena "madre". En la recámara de Rivera se exhibe una lista de las labores que debía hacer: llevar ciertas muñecas al hospital de muñecas, otras necesitaban nuevos cuerpos y una peluca a la última. "No las vayan a perder", advertía. Cuando sus amigos se despedían de ella, a menudo pedía: "Tráeme una muñeca". Con frecuencia lo hacían.

Frida transfirió su anhelo de un niño a los hijos de otras personas, particularmente (después de regresar a México) a las hijas de Diego y Lupe Marín, Lupe y Ruth, y a los hijos de Cristina, Isolda y Antonio, que entraban y salían de la casa de su tía como si fuera la suya, y a los que le encantaba consentir. Prodigó atención distinta, pero igualmente calurosa, a sus numerosas mascotas: varios *escuintles,* changos, gatos, loros, palomas, un águila y un venado. Los changos y loros que acompañan a Frida en algunos autorretratos parecen sustituir a niños. Cuidaba las plantas del jardín como si fueran tan necesitadas como recién nacidos. Pintaba las flores y la fruta de manera que parecían vivas y les comunicó toda la fuerza de su obsesión por la fertilidad.

Muchos cuadros suyos expresan esta fascinación por la procreación y algunos reflejan directamente su desesperación por no tener hijos. Uno de los más conmovedores, perteneciente al último grupo, es *Yo y mi muñeca*, pintado en 1937. Probablemente tuvo otro aborto durante ese año, especulación que se basa en la cantidad de cuadros producidos durante el mismo con ese tema (ilustración 48). Frida y una gran muñeca desnuda están sentadas juntas sobre una cama de niño, como si les fueran a tomar una fotografía formal. La muñeca no tiene vida y una sonrisa tonta y fija se extiende sobre su cara, lo cual forma un contraste agudo con el porte serio de Frida. En lugar de la imagen convencional de una madre que arrulla a su niño, vemos a una mujer sentada con rigidez que no vuelve la cara hacia el "niño" sino hacia el frente. Está fumando y parece muy sola.

Un pasaje desarticulado del diario que escribió Frida en 1944, revela que la tristeza por no poder tener un hijo perduró aún después de que encontró otras cosas con qué llenar su vida: "Vendería todo por nada... No creo en las ilusio-

nes... la gran vacilación. Nada tiene nombre. No veo las formas... arañas ahoga-
das. Vidas en alcohol. Los niños son los días y ahí es donde yo acabo". La pintura
constituyó el mejor antídoto contra la insistente seguridad que tenía Frida de su
esterilidad, misma que aparece en el fondo desértico de tantos autorretratos. El
año en que murió le dijo a una amiga: "Mi pintura lleva dentro el mensaje del
dolor... La pintura me completó la vida. Perdí tres hijos... Todo eso lo sustituyó
la pintura. Yo creo que el trabajo es lo mejor".

La conmoción del aborto y la paulatina comprensión de que nunca tendría
hijos movieron a Frida a decir que quería morir. Sin embargo, su vínculo con
la vida era demasiado fuerte y sus raíces, demasiado resistentes como para dejar
que sucumbiera a la congoja. Cuando recobró suficiente fuerza, solía ir al Instituto para las Artes todos los días a la hora del almuerzo, llevando el de Diego
en una gran canasta mexicana. Ya que éste tenía que observar una rigurosa dieta,
conscientemente componía el contenido de la canasta con más abundancia de lo
que era su costumbre o de lo que desearía Diego. Aun así, ella sólo picaba la comida y siempre quedaba algo. José de Jesús Alfaro, bailarín mexicano sin trabajo,
pasaba mucho tiempo viendo cómo pintaba Rivera, al igual que otros desempleados,
hizo constar: "Frida llegaba todos los días, más o menos a las once y media. Diego
se asomaba y luego bajaba del andamio. Siempre había cajas de Coca-Cola en
el piso. Él y Frida se sentaban sobre ellas y entonces decía: «Siéntense, muchachos,
siéntense». La comida mexicana invariablemente era deliciosa. Yo iba al Instituto
por algo de comer".

Después del almuerzo, Frida dibujaba, tejía, leía o simplemente observaba el
trabajo de Rivera. Durante los descansos, le encantaba persuadir a los asistentes
de su esposo a hablar sobre sus vidas. Todos recuerdan que tenía una gran capacidad de sentir por otros, en contraste con el interés más abstracto y menos personal que Rivera profesaba a sus semejantes. Cuando éste trataba bruscamente a
alguien, ella mediaba entre ellos. Stephen Dimitroff, por ejemplo, trató de congraciarse y obtener empleo con Rivera hablando en búlgaro. El maestro lo des-
pachó con un grito: "¡Ya no quiero más asistentes!" "Ayúdale al pobrecito",
exclamó Frida. "Sólo quiere ver cómo trabajas". Rivera accedió.

De cuando en cuando abandonaba el patio para deambular lentamente por
las galerías del Instituto en compañía del doctor Valentiner. El director del museo
se asombraba de su discernimiento crítico. Solía pararse repentinamente para comentar: "¡Éste es un fraude!" o "¡Qué hermoso!" La piedad del conocedor no
afectaba sus gustos en nada. Le encantaban Rembrandt y los italianos primitivos,
y contaba con una perspicacia extraordinaria para distinguir a los tesoros menos
conocidos.

En la casa, colaboró con Lucienne en el establecimiento de un horario para
estudiar biología, anatomía e historia, además de darle clases de español. Las
dos mujeres compraron un pizarrón y Lucienne sacó libros de la biblioteca, alen-
tando a Frida a leerlos haciéndolo ella misma. Sin embargo, "se le dificulta mucho
a Frida hacer las cosas con regularidad", anotó Lucienne en su diario. Necesita
horarios y organizar las cosas como en la escuela. Para cuando empieza a actuar,
siempre ocurre algo, y entonces siente que se le ha echado a perder el día". A

pesar de que Frida heredó la exigencia y la necesidad de tener todo en orden de su padre, no adquirió las mismas costumbres rigurosamente disciplinadas de trabajo. Cuando la iban a ver amigos, dejaba que la interrumpieran. Aun en el caso de Jean Wight, que ella sabía que la aburría con su plática sobre la moda, no se sentía capaz de decirle que estaba ocupada.

No obstante, cuando Frida pintaba invertía largas horas en ese trabajo. Empezaba muy temprano por la mañana y trabajaba hasta que llegaba la hora de llevarle el almuerzo a Diego al Instituto. Un buen día de trabajo la ponía estática. Pintó cuatro de los cinco cuadros que produjo durante su estancia en Detroit, por el impulso de un arranque de energía, que principió con la litografía y el *Henry Hospital*. Al poco tiempo, realizó *Vitrina en Detroit* y empezó a pintar el *Autorretrato en la frontera entre México y Estados Unidos* el 30 de agosto.

Fue en Detroit donde adaptó una actitud de pintora, seria y burlona a la vez. Fingió no darle importancia a su trabajo. Como si quisiera poner énfasis en su calidad de "amateur", no asimiló el vestuario masculino de obrero que usaban tantas mujeres artistas. En su lugar, se ponía trajes mexicanos muy adornados y delantales con volantes fruncidos, lo cual parecía más adecuado para una fiesta que para la pintura con óleo. Sin embargo, cuando finalmente comenzaba a trabajar, lo hacía con concentración. "Mis cuadros están bien pintados", afirmó en una ocasión, "no están hechos con rapidez, sino con paciencia... Creo que, por lo menos, les interesaron a algunas personas". Sus métodos particulares de pintura la interesaban tanto, que inventó un soporte especial para facilitarlos. Consistía en un tubo de aluminio que llegaba desde el piso hasta el techo y por el cual corría un apoyo que podía deslizarse hacia arriba o abajo, según la sección del cuadro en que estaba trabajando. También influía el hecho de si la artista estaba en condiciones de ponerse de pie o si tenía que sentarse. Frida y Lucienne estaban convencidas de que el tubo podía servir también para la exhibición de cuadros. ¿Por qué debían de exponerse siempre pegados a las paredes?

Rivera sugirió que Frida pintara sobre metal, para que su obra se pareciera más a los exvotos o retablos mexicanos. Después de preparar pequeñas hojas de lámina de aluminio con una mano de ligamiento que sirviera para unir el metal y el pigmento, procedía como si estuviera pintando un fresco, en lugar de al óleo. Primero dibujaba el perfil general de la imagen con pluma o tinta. Luego continuaba el trabajo desde la esquina superior izquierda. Trabajaba con pausada y paciente concentración, avanzando de izquierda a derecha y de arriba a abajo. Completaba cada parte por sí sola antes de seguir. En comparación con el método que se usa al pintar sobre un lienzo, para lo cual se lo cubre todo con áreas imprecisas de color, progresivamente añadiendo los detalles, la técnica de Frida era primitiva. Casi parecía tener el mismo enfoque que un libro para colorear. Sin embargo, era eficaz. (Más tarde, llenaba extensas áreas de color antes de producir, sección por sección, una imagen con un alto grado de realismo.)

Henry Ford Hospital constituye el primer cuadro que Frida realizó sobre lámina metálica. Asimismo, es la primera obra que se remite claramente a la pintura votiva mexicana, tanto con respecto al estilo como al motivo y el tamaño. Quizá Rivera también tuvo la idea de registrar el aborto en la misma forma en la que un retablo hace recordar un desastre del cual se salvó la víctima (lámina V). En todo caso, a partir de 1932 los retablos constituyeron la fuente más importante del estilo primitivo de Frida. Aun cuando sus cuadros se volvieron más realistas, los retablos siguieron siendo la influencia principal.

En la mayoría de ellos, la imagen sagrada, la Virgen, Jesucristo o un santo, que acude a salvar a la persona enferma, lesionada o amenazada, por algún otro peligro, aparece en el cielo rodeada de una aureola de nubes. Una dedicatoria narra el problema completo, con el nombre, la fecha y el lugar, y describe la intervención milagrosa y expresa el agradecimiento del donante. Sin embargo, los de Frida no contienen ninguno de estos elementos. (Rivera escribió una vez: "Los retablos de Frida no parecen retablos ni otra cosa... [pues] pinta al mismo tiempo el exterior y el interior de ella misma y del mundo".) A pesar de que sustituye objetos simbólicos flotantes por la usual imagen sagrada, la combinación de realidad y fantasía propia del primer cuadro que Frida Kahlo pintó usando este estilo, así como de muchos otros, es muy semejante a la de los retablos. Del mismo modo, el dibujo ingenuo es esmerado, los colores escogidos resultan extraños, la perspectiva es desproporcionada, el espacio se reduce a un estado rudimentario y la acción se resume en sus puntos colminantes. La proximidad a la apariencia real tiene menos importancia que la dramatización del espantoso suceso o del encuentro milagroso entre la víctima y el resplandecimiento santo. Tanto los cuadros de Frida como los retablos, muestran detalladamente el padecimiento físico, sin remilgo alguno. Ambos representan con franqueza reporteril una situación terminante; como ya ha sido concedida la salvación, no es necesaria la retórica del ruego. No se relata el acontecimiento para obtener compasión, sino para ajustar cuentas con Dios. La narración debe ser exacta, comprensible y dramática, pues un retablo representa un comprobante visual, o sea, un mensaje de agradecimiento, por la recepción de la misericordia divina, así como una barrera contra los peligros que se pudieran presentar en lo futuro, es decir, una garantía de bendiciones.

Conforme se calmó su dolor, otros aspectos de la vida en Detroit volvieron a entrar en su existencia. El renovado interés en el mundo que la rodeaba, al igual que el pesar que sentía, se ponen de manifiesto en su arte. *Vitrina en Detroit* representa el escaparate de un taller en el que se fabrican adornos para la calle y que está decorado con guirnaldas rojas, blancas y azules, además de otros símbolos nacionales de Estados Unidos, en espera del Día de la Independencia. Es probable que Frida haya visto y esbozado ese aparador poco antes del aborto, pero no lo pintó hasta después de acabar *Henry Ford Hospital*. El momento en el que se ideó el cuadro sirve para explicar el ambiente despreocupado del mismo, tan distinto de las obras más intensas y tristes que siguieron a la pérdida de su hijo. Lucienne Bloch recuerda cómo se concibió la pintura. Ella y Frida salieron a comprar láminas metálicas. "Íbamos caminando por la John R., atravesando un barrio pobre, cuando vimos una de esas tiendas antiguas que dan la impresión de que huelen a humedad. Fue algo extraordinario. Vendían puras cosas para ir a acampar, pero las mismas no tenían ninguna relación entre sí. Frida se paró delante del establecimiento y exclamó: «Ah, ¡qué lindo; qué hermoso!»" Para ella, la vitrina era como el arte popular mexicano, o sea, más auténtico que el arte moderno elitista. Cuando le platicó a Rivera acerca del escaparate, de inmediato comprendió su entusiasmo y sugirió: "¿Por qué no lo pintas?"

El 31 de agosto, sofocándose por el calor de 36° C, Frida, Lucienne, Diego
su asistente Arthur Niendorff y Edsel Ford, subieron a la azotea del Instituto para
las Artes de Detroit y observaron un eclipse solar a través de pedazos de vidrio
ahumado. "Frieda se mostró completamente descontenta con el eclipse y, cuando
llegó a su culminación, declaró que no era nada hermoso [ni mejor que] «un día
nublado cualquiera»". El diario de Lucienne también consigna que Frida empezó
a trabajar en un nuevo cuadro ese día, un autorretrato de cuerpo entero en el
que está de pie sobre un pedestal de piedra gris, el cual lleva la inscripción "Carmen
Rivera pintó su retrato el año de 1932" y señala la frontera entre Estados Unidos
y México.

Vitrina en Detroit representa una broma afectuosa del gusto y costumbres
estadunidenses; *Autorretrato en la frontera entre México y Estados Unidos* (ilustración 28) muestra a Frida en una actitud más crítica. Su ingenio, aunque no
resulta menos evidente, se ha vuelto más mordaz. Lleva puesto, por ejemplo, un
vestido largo color rosa y anticuados guantes de encaje: el atavío "apropiado"
para una velada en Grosse Pointe. Su mano izquierda sujeta un cigarro, en desafío
al decoro, y en la derecha se ve una pequeña bandera mexicana.

Quizá por inspiración del eclipse solar, Frida por primera vez representa al
sol y a la luna juntos en el cielo. Esta yuxtaposición más tarde se convirtió en
uno de los símbolos más significativos de su obra. Encarna la unidad de fuerzas
cósmicas y terrestres, el concepto azteca de la guerra eterna entre la luz y la
oscuridad, así como la preocupación, manifiesta en la cultura mexicana, por la idea
de la dualidad: vida y muerte, luz y oscuridad, pasado y presente, día y noche,
macho y hembra. Al discutir la coexistencia del sol y la luna en el arte de Rivera,
Bertram Wolfe explicó: "En la mayoría de las religiones naturistas, incluyendo la
antigua mitología mexicana, el sol y la luna representan a los señores de los cielos,
el sol representa al principio masculino, fecundador y dador de vida, y la luna
(o la tierra, en ciertas tradiciones mexicanas), al principio femenino, madre de
los dioses y del hombre". La reunión del sol y de la luna, también indica la idea
de que toda la naturaleza llora la muerte de Jesucristo. Asimismo, puede simbolizar la oscuridad que cubrió la tierra durante la crucifixión o el eclipse solar que
ocurrió más o menos en el momento de la misma, según los astrónomos. En
muchas representaciones medievales de ese suceso, el sol y la luna flanquean la
cruz. La presencia de ambos astros en las pinturas del sacrificio de Jesucristo
forma parte de una tradición que perdura a través del Renacimiento y de la
época colonial mexicana, que y aparece en el arte popular del mismo país. Frida
conocía el simbolismo cristiano y lo imbuyó de significados paganos para incrementar la intensidad dramática de sus imágenes.

El *Autorretrato en la frontera entre México y Estados Unidos* muestra tanto
al sol como a la luna del lado izquierdo (mexicano) del cuadro. En cuanto a la
parte estadunidense, una bandera nacional flota dentro de una nube de humo
industrial y un mundo moderno de rascacielos, sombrías fábricas de ladrillo y
maquinaria domina la escena. Todo eso contrasta marcadamente con la visión que
nos presenta Frida del antiguo México agrario. Diego no se cansaba de comparar
la belleza de la maquinaria y los rascacielos estadunidenses con el esplendor de las
obras de arte precolombinas. Sin embargo, cuando Frida pinta chimeneas (mar-

cadas "Ford"), éstas arrojan humo y los rascacielos sin ventanas parecen lápidas sepulcrales. A medio fondo coloca cuatro chimeneas industriales que se asemejan a autómatas y que remiten a las que Rivera incluyó en su mural de la Escuela de Bellas Artes de California, así como a las que diseñó para el ballet *H. P.*, en el que mostró un barco atracado al muelle de la "Ciudad de la Maquinaria". En el cuadro de Frida, deben interpretarse como la contrapartida de los ídolos pre-colombinos que se encuentran del lado mexicano de la frontera. En la primera plana del lado estadunidense, hay tres máquinas redondas, en lugar de plantas. Dos de ellas emiten rayos de luz y energía (por contraste con el resplandeciente sol mexicano). Las tres están arraigadas por medio de cables eléctricos (los símbolos correspondientes, las flores de México, cuentan con raíces). Frida ingeniosamente representa la transformación de un cable, el cual sale de una de las máquinas, en las raíces de una planta mexicana. El otro cable del mismo aparato está conectado con un contacto ubicado en el pedestal de Frida.

Una máquina atropelló a Frida en el accidente de 1925; perdió a su hijo en la "Ciudad del Motor" y la maquinaria era lo que alejaba a Diego de ella durante tantas horas en Detroit. El México agrario, por otra parte; equivalía a la vida, las relaciones humanas y la belleza, y ella ansiaba retornar a todo eso. "Yo la mera verdad, ¡no me hallo!, como las criadas, pero tengo que hacer de tripas corazón y quedarme, pues no puedo dejar a Diego", le escribió al doctor Eloesser en julio.

Su anhelo de regresar a México y de experimentar el abrazo consolador de su familia y de su barrio se cumplió, pero de manera desgarradora. El tres de septiembre recibió un telegrama en el que se le informó que su madre había contraído cáncer en un pecho seis meses antes y que estaba muy enferma, quizá agonizando. Durante tres horas, Frida trató de comunicarse con una de sus hermanas por teléfono, pero no le dieron línea. Le pidió a Lucienne que averiguara qué vuelos había y cuando descubrieron que ninguno, se puso histérica. "Aquí están, hablando de todo el progreso", vociferó. "¿Por qué no podemos ir en avión? ¿Qué pasa con todas las «comodidades modernas»?" Lucienne fue por Diego al Instituto para las Artes de Detroit. Regresaron para encontrar a Frida en un "torrente de lágrimas".

Al día siguiente, Diego llevó a Frida y a Lucienne a un tren que partía rumbo a México. "Frieda lloró en el compartimiento oscuro", anotó Lucienne en su diario. "Tanto por tener que dejar a Diego como por no saber del estado de su madre. Estaba temblando como una niña".

El tren las condujo a través de Indiana y Misurí. En San Luis bajaron y almorzaron en el techo del Hotel Statler, desde donde observaron el paso de los aviones. Frida empezó a sufrir una hemorragia de nuevo y se sentía demasiado débil para caminar, de modo que fueron al cine. Leyeron en un periódico que se había desbordado el *Río Grande;* esa noticia explicaba por qué no hubo líneas telefónicas a México. Despertaron en el curso de la noche siguiente, en Laredo, Texas, sólo para encontrar que el tren avanzaba muy despacio a través del agua de la inundación. Como los puentes quedaron inservibles, tuvieron que pasar doce horas esperando en la frontera. Finalmente, tomaron un camión que pasó a Nuevo Laredo por el puente menos estropeado. El pueblo rebosaba de emoción: vende-

dores pregonaban comida, familias se despedían con vehemencia y alguna gente
se dedicaba únicamente a disfrutar del espectáculo. Antes de abordar el tren de
nuevo, Frida compró cajeta y se comió el pegajoso caramelo con los dedos, como
lo hacía cuando niña.

El paso por el norte de México era hermoso, pues se encontraban en la temporada de lluvias y el desierto estaba lleno de arroyuelos y de relucientes cactos.
Frida no veía nada de eso. "Se puso más y más intranquila y sufrió horriblemente
durante las últimas horas", escribió Lucienne. "Llegamos a la ciudad de México
a las diez de la noche del jueves, el 8 de septiembre. La fueron a recibir sus hermanas y primas con sus esposos, todos llorando e histéricos. Además, se nos olvidaron las maletas".

Se quedaron en la casa de Matilde, ubicada en la colonia Doctores de la
ciudad de México. Al día siguiente, Frida fue a Coyoacán a ver a su madre, en
compañía de Lucienne. El estado de Matilde Calderón de Kahlo era crítico.
"Aparentemente no quiere entregarse a ninguna filosofía. Sólo llora y llora y se
ve cadavérica", comentó Lucienne en su diario, agregando: "El padre de Frida
es un encanto, muy melindroso y sordo, de aspecto deslucido; hace pensar en
Schopenhauer".

El diez de septiembre, Frida le escribió una carta a Diego, describiendo todos
los detalles de la enfermedad de su madre primero. Luego sus pensamientos se
dirigieron, como buscando consuelo, hacia el amor que sentí por su esposo y hacia
la necesidad de estar con él:

> Aunque me dices que te ves muy feo en el espejo con tu pelito corto, no lo creo,
> sé lo lindo que eres de todos modos y lo único que siento es no estar allá para
> besarte y cuidarte, y aunque sea a veces molerte con mis rezongos. Te adoro, mi
> Diego. Siento que dejé a mi niño sin nadie y que me necesitas... No puedo vivir
> sin mi chiquito lindo... La casa sin ti, no es nada. Todo sin ti me parece horrible.
> Estoy enamorada de ti más que nunca y cada vez más y más.

> Te mando todo mi amor
> Tu niña chicuititita

"Niñita Chiquitita preciosa": escribió Diego en respuesta,

> Te pongo aquí ésta no más para acompañar los papeles con muchos besos y
> cariños mi linda Friduchita.
> Estoy rete triste aquí sin ti, como tú ni puedo dormir y apenas saco la cabeza
> del trabajo, no sé ni qué hacer sin poderte ver. Estaba seguro de que no había
> querido yo a ninguna vieja como a la chiquita, pero he sabido en realidad todo
> lo que la quiero, hasta ahora que se me fue. Ya sabe que es más que mi vida, ahora
> sé yo, porque realmente sin usted la vida esa me importa no más alrededor de dos
> cacahuates cuando mucho...
> Ya acabé seis lienzos más desde que te fuiste. Trabajo siempre con el títere
> de que veas tú las cosas cuando vuelvas, no te cuento nada porque quiero ver qué
> carita les pone la chica al verlos. Mañana voy por fin a la fábrica de productos
> químicos. No querían dejarme entrar de tantos secretos que tienen y tantos peligros

que hay (qué estúpidos y chocantes). Se necesitó que Edsel insistiera para que dieran el permiso.

El quince de septiembre, una semana después de la llegada de Frida y a los dos días de que le extrajeron 160 cálculos biliares, murió Matilde Calderón de Kahlo. Lucienne escribió en su diario: "Todas las hermanas fueron, envueltas en chales oscuros y con los ojos irritados. Frieda sollozó y sollozó. Fue terriblemente triste para ella. A su padre se lo dijeron hasta la siguiente mañana. A veces, casi enloquece por la idea, pierde la memoria y pregunta por qué no está ahí su esposa". Un retrato fotográfico, que le tomó su padre a Frida durante este periodo, la muestra vestida de negro y con una expresión desconocida en las tomas anteriores: se ve como si el pesar hubiera absorbido todas las concavidades de su rostro. La mirada de sus ojos se ha oscurecido, con la penumbra inconfundible del dolor.

Frida dedicó a su familia la mayor parte de las restantes cinco semanas de la estancia en México. Ella y Lucienne sacaban a Guillermo Kahlo a pasear en un parque cercano, donde éste solía detenerse a admirar y comentar la belleza de lo que, según Lucienne, eran panoramas "muy convencionales". "Sigue siendo un romántico y un excéntrico también. A veces lo arrebata el mal humor y se pone a gritar, con un cuchillo en la mano".

Asimismo, pasaron muchas horas platicando con las hermanas de Frida, Adriana y Cristina, que vivían en Coyoacán, y Matilde, cuya casa burguesa asombró a Lucienne por el tapiz floreado, los tapetes imitación estilo Luis XVI y las cortinas de encaje. Ella estaba acostumbrada al gusto mexicanista de Frida y Diego. Ésta mostraba un interés malicioso por objetos tales como ceniceros de porcelana blanca en forma de concha, decorados con oro y violetas, mostrando una mujer desnuda pintada de tal modo que parecía yacer sobre un costado mismo. "¡Son tan horribles que son bellos!", exclamaba.

En una ocasión, Frida y Lucienne fueron a San Ángel para comprobar los progresos en la construcción de las dos casas modernas diseñadas por el arquitecto y pintor Juan O'Gorman para ella y Diego. A Frida le gustaba la idea de vivir en casas separadas. "Yo podré trabajar", le dijo a Lucienne, "y él también".

A mediados de octubre, el pintor y caricaturista Miguel Covarrubias y su esposa, la bailarina y pintora Rosa Rolando, de ascendencia norteamericana, les ofrecieron una deliciosa cena mexicana de despedida. Frida estuvo alegre y triste al mismo tiempo. Al siguiente día, un grupo de por lo menos veinte personas fue a la estación del ferrocarril a despedirse de ellas: Lupe Marín, con una de sus hermanas, el padre y las hermanas de Frida y muchos más. Cuando el tren salió de la estación, Frida lloró un rato y luego se acostó en silencio.

Llegaron a Detroit en el amanecer, severo y frío, del 21 de octubre. Diego las estaba esperando, vestido con un traje de Clifford Wight, pues su propia ropa ya no le quedaba después de la dieta. "Frida regresó a Detroit", apuntó en su autobiografía. "Había visto morir a su madre y se veía agotada por el dolor. Además, la horrorizó mi apariencia. En el primer momento, no me reconoció. Durante su ausencia, me puse a dieta y trabajé tanto que bajé bastante de peso... En cuanto la vi, grité: «Soy yo». Finalmente, al reconocerme, me abrazó y comenzó a llorar".

Frida probablemente ideó y tal vez inició el cuadro intitulado *Mi nacimiento* (lámina VI) antes de viajar a México, pero lo terminó cuando regresó a Detroit. Constituye la primera obra de la serie sugerida por Diego, que hace constar las distintas fases de su vida y según Frida demuestra "cómo imaginaba mi nacimiento. Representa una de las imágenes más impresionantes que jamás se hayan producido con referencia a este tema.

Se ve, desde el punto de vista del médico, cómo la gran cabeza de la niña aparece entre las piernas abiertas de la madre. Las pesadas cejas unidas identifican a Frida. La cabeza inerte y caída y el cuello delgado están cubiertos de sangre. La niña parece estar muerta.

La sábana que tapa la cabeza y el pecho de la mujer, como si hubiera fallecido durante el parto, subraya el proceso total del alumbramiento. Un cuadro colgado en la pared arriba de la madre sustituye la cabeza de ésta. Es la representación de otra madre afligida: la Virgen de los Dolores atravesada por espadas, que sangra y llora. Frida declaró que la incluyó en *Mi Nacimiento* como "parte de mis recuerdos, y no por alguna razón simbólica". El cuadro forma un detalle del mobiliario y es precisamente el tipo de objeto que su madre, católica devota, hubiera venerado. Según Frida, la cama era la de su madre; tanto ella como su hermana Cristina nacieron allí. Es posible que el borde de encaje color rosa de la funda de almohada, así como las agradables paredes claras, que contrastan tan marcadamente con el aspecto siniestro de la escena, también constituyan recuerdos infantiles. *Mi nacimiento* tiene menos elementos fantásticos que *Henry Ford Hospital*. Más bien, se asemeja a un retablo tanto en el estilo como en el contenido; en efecto, se encuentra una voluta reservada para una inscripción en la parte inferior del cuadro. Sin embargo, nunca se añadió la información faltante. Quizá Frida pensó que sería ocioso contar la misma historia con palabras también, o tal vez quiso indicar que no hubo ninguna salvación milagrosa en este caso. *Mi nacimiento* representa una desgracia y no el escape milagroso ni un desastre del cual alejó un intercesor divino, al que se deba agradecimiento. El icono de la Virgen mira inútilmente esta escena de muerte doble.

La desnuda imagen de dolor en *Mi nacimiento*, hace recordar también una famosa escultura azteca de piedra, más o menos del año 1500. Representa a una mujer en cuclillas, dando a luz la cabeza de un hombre adulto. El rostro está cubierto por una terrible mueca de dolor (lámina VII). En la religión azteca, un parto equivalía a la captura de una víctima para el sacrificio, por parte de un guerrero. Significaba el nacimiento de una época. Sin duda, Frida conocía la estatua y probablemente también su significado, pues para ella, al igual que para los aztecas, el concepto del nacimiento implica un augurio. Rivera escribió sobre *Mi nacimiento* de Frida: "El rostro de la madre es el de la mater *dolorosa* cuyas siete espadas de dolor hacen posible la apertura de la que surge la niña Frida, única voluntad humana que desde el maravilloso maestro azteca... ha dado plasticidad al fenómeno mismo del nacimiento".

A pesar de que el cuadro representa el propio nacimiento de Frida, también está relacionado con la reciente muerte de su hijo no nacido. Por lo tanto, muestra cómo Frida se da a luz a sí misma. "Quise producir una serie de cuadros que abarcan cada año de mi vida", dijo Frida. "Mi cabeza está cubierta porque mi madre murió durante el periodo en el que pinté el cuadro". "Mi cabeza", dijo, "indicando que es su cabeza la que está cubierta". Años después, apuntó en su diario, al lado de varios dibujos pequeños de ella misma: "La que se dio a luz a sí misma... la que escribió el poema más maravilloso de su vida".

El riguroso invierno desoló Detroit y Frida se compró un abrigo de piel para protegerse de las tempestades, pero el espantoso tiempo la acosaba tanto desde adentro como desde fuera. Aparte de tener que asimilar su doble pérdida, la de la progenitora y la de la progenie, debía enfrentarse con la irascibilidad de Rivera, cuya dieta hacía estragos en su estado de salud y de ánimo. Lucienne escribió en su diario: "Siento que salgo sobrando en el Wardell y cuando Diego dijo que no podía dormir por las noches, por el frío, y mantuvo despierta a Frieda, de inmediato empecé a buscar un cuarto... Ella se ha vuelto muy melancólica; llora mucho y necesita que la consuelen. Diego está nervioso y su presencia parece irritarlo. En Detroit, Frida aprovechó muchas ocasiones para quejarse con Lucienne. Le platicaba de las "dificultades de su vida con Diego, de lo extraño y diferente (que era) en comparación a como lo había conocido". Cuando se "defendía", explicó Frida, Rivera le decía "no me quieres", lo cual la dejaba en una posición aún más impotente.

Rivera se agotaba trabajando contra reloj. Tenía que acabar pronto los murales de Detroit, pues ya existían planes para otros proyectos. En octubre de 1932, fue seleccionado para pintar un mural en el Centro Rockefeller de Nueva York y, en enero de 1933, para un trabajo sobre el tema "la maquinaria y la industria", para la Feria Mundial de 1933 en Chicago. El horario laboral de Rivera era tan estricto, que le dificultaba a Frida reunirse con él en el trabajo. Con frecuencia empezaba a pintar a medianoche, hora en que el yeso preparado por sus asistentes en una parte de la pared alcanzaba la consistencia precisa para que la pintura penetrara en la misma y llegara a formar parte de ella. Empezaba con el dibujo general del perfil y el modelado de los toques de luz con gris y negro. Con los primeros rayos del sol naciente, aplicaba el color y frecuentemente trabajaba hasta la hora del almuerzo. No pasaba todos sus ratos de ocio con Frida, pues jugaba un activo papel en la comunidad mexicana de Detroit. Organizaba y financiaba trenes que regresaban a México a la gente que había llegado a Estados Unidos a trabajar durante la gloriosa década de los veinte y a la que la Depresión había afectado mucho.

A pesar de todos esos problemas, Frida poco a poco logró apartar el dolor y reanudar sus actividades cotidianas. En febrero, la entrevistó y retrató el *Detroit News* en el Wardell. Estaba trabajando en un busto, sobre una pequeña lámina de metal (ilustración 30). En este autorretrato, lleva una blusa blanca con encajes alrededor del cuello redondo y un collar hecho con cuentas precolombinas de jade. El color de la piedra se repite en la cinta que le detiene las trenzas y en el fondo verde claro del cuadro. Se ve fresca y hermosa, más adulta y segura de sí misma que en los autorretratos de 1929 y 1930, y lista para entretener y dejarse entretener. Su restablecimiento anímico se revela también en el artículo publicado por el *Detroit News*, como parte de la columna de Florence Davies "Muchachas del Ayer: Visitas a las Casas de Gente Interesante". El artículo se intitula "La esposa

del maestro muralista juega, regocijada, con el arte". Aunque le estuvieran diciendo
"diletante", por lo menos se prestaba atención a su arte y personalidad. En comparación con la timidez que mostró el año anterior, definitivamente había adquirido cierto aplomo social. Davies escribió:

> Carmen Frieda Kahlo Rivera... es una pintora por derecho propio, aunque
> muy poca gente lo sepa. "No", explica, "no estudié con Diego. No estudié con
> nadie. Simplemente empecé a pintar". Entonces aparece cierto brillo en sus ojos.
> "Por supuesto, Diego lo hace bastante bien, considerando que es un niño", aclara,
> "pero soy yo la gran artista". El brillo de ambos ojos negros estalla y se convierte
> en una carcajada; y eso es todo lo que se puede sacar de ella. Cuando se adopta
> una actitud seria, ella se burla y vuelve a reírse. No obstante, la obra de la señora
> de Rivera de ningún modo constituye una broma...
>
> Sólo pinta en Detroit porque le sobra mucho tiempo, todas las largas horas que
> su esposo pasa trabajando en el patio. Hasta la fecha, sólo ha terminado unos cuan-
> tos lienzos... "Pero éstos están muy bien hechos", exclamé. "Diego debería de cui-
> darse". "Claro", afirma; "seguramente está muy espantado en este momento". La
> risa contenida en sus ojos revela que sólo se está mofando... y uno empieza a
> sospechar que Frede (sic) de veras cree que Diego sabe pintar.

Capítulo 11

Los revolucionarios en el templo
de las finanzas

MIENTRAS RIVERA se afanaba por terminar sus frescos en el Instituto para las Artes de Detroit, y poder seguir al Centro Rockefeller, se estaba creando una campaña publicitaria en contra de su trabajo. En cuanto lo finalizó, fue inaugurado oficialmente, el 13 de marzo de 1933. De inmediato se desató una tormentosa muestra de desaprobación. Los clérigos opinaban que los murales eran sacrílegos, los conservadores los clasificaban de comunistas y los mojigatos, de obscenos. Algunos los interpretaban como una "broma despiadada a costa de los patrocinadores capitalistas" y una "parodia grotesca del espíritu de Detroit". Algunos ciudadanos, en actitudes cívicas, amenazaron con borrar la pintura de las paredes. Otros organizaron comités en su defensa. La controversia se hizo pública a través de los periódicos y la radio. Miles de personas acudieron a ver los murales y se incrementó el apoyo popular. Edsel Ford defendió a Rivera: "Admiro el valor de Rivera", declaró. "Creo que de veras está tratando de poner de manifiesto su concepto del espíritu de Detroit". El artista se puso eufórico cuando un gran grupo de obreros industriales se encargó de la vigilancia de los murales. Ése fue "el principio de la realización de mi sueño de toda la vida", afirmó. Los Rivera abandonaron Detroit una semana después de la inauguración, seguros de que la "forma artística de la sociedad industrial del futuro" se había estremecido con éxito.

Hacía un frío glacial en la tercera semana de marzo, cuando Frida y Diego llegaron a la Gran Central Station,* acompañados por los asistentes Ernst Halberstardt y Andrés Sánchez Flores. Menos de dos días después, los Rivera estaban instalados en un departamento de dos recámaras ubicado en un piso alto del hotel Barbizon Plaza y Diego se encontraba trabajando en el edificio de la RCA. Los almuerzos y las cenas que le llevaba Frida se enfriaban en el andamio junto a

---

* Estación de tren principal de la ciudad de Nueva York.

él mientras pintaba o se quedaba de pie frente a un fresco, mirando y tasando en silencio lo que había logrado y planeando la tarea del día siguiente.

En el trabajo, Rivera era uno de los espectáculos más interesantes de la ciudad. Se vendían boletos a quien estuviera dispuesto a pagar por verlo. Frida misma iba al edificio de la RCA dos o tres veces por semana, con más frecuencia hacia el final de la tarde cuando ya se había ido el público. Solía pasar varias horas debajo del andamio, chupando dulces, platicando con los amigos que se encontraban ahí o enseñándoles baladas mexicanas a Lucienne Bloch y a Stephen Dimitroff en la intimidad de la choza temporal que servía de centro de operaciones para el proyecto. Estaba encantada de haber regresado a la isla cosmopolita de Manhattan, cuyo mundo artístico y "alta sociedad" albergaba a muchos amigos suyos y donde se sentía más a gusto. A diferencia de Detroit, el agua del puerto le ofrecía una vía de escape. Cuando añoraba México, soñaba con embarcarse en el siguiente barco de regreso a su país.

No obstante, al igual que en Detroit, Frida pasaba la mayor parte del tiempo en casa. No pintaba con regularidad. Dado que en Detroit lo había hecho sólo "porque le (sobraba) mucho tiempo", casi no trabajaba en Nueva York, donde se podía ocupar con otras muchas cosas. Durante los ocho meses y medio que estuvo en Manhattan, sólo produjo un cuadro, el cual no terminaba aún cuando abandonó el sitio. En lugar de dedicarse a la pintura, leía, cuidaba el departamento, se reunía con amigos, iba al cine y de compras. Otro pasatiempo era el juego *cadavre exquis,* antiguo esparcimiento de salón adoptado por los surrealistas como una manera de explorar el misterio de la casualidad. El primer jugador empieza por dibujar la parte superior de un cuerpo y luego dobla el papel de modo que la siguiente persona añade otra sección sin conocer el principio de la figura. Cuando Frida participaba, los monstruos resultantes eran divertidísimos. Tenía una imaginación pródiga y la fascinación que ejercían sobre ella los órganos sexuales, manifiesta en los dibujos de sus diarios y en varios cuadros, surgía en los "cadáveres exquisitos". "Frida siempre hacía los peores", hace constar Lucienne Bloch. "Algunos me sonrojaban, y eso que no me sonrojo con facilidad. Dibujaba, por ejemplo, un enorme pene que chorreaba semen. Luego averiguábamos, al desdoblar el papel, que representaba a una mujer con grandes pechos y todo eso, hasta llegar al pene. Diego se reía y decía: «Ya ven cómo las mujeres son mucho más afectas a la pornografía que los hombres»".

La "pornografía" y la nueva y traviesa confianza en sí misma también aparecieron en la manera en que Frida se burló de la prensa neoyorquina. Durante una entrevista recibió a los reporteros acostada en la cama, chupando un largo caramelo. "Lo metió debajo de los cobertores y lentamente lo levantó", cuenta Suzanne Bloch, quien fue testigo de la escena. Con expresión seria y sin interrumpir el flujo de las palabras, Frida se deleitó con el desconcierto del periodista. En otra ocasión, un reportero le preguntó: "¿Qué hace el señor Rivera en sus ratos de ocio?" Sin vacilar, Frida respondió: "El amor".

Le encantaban los grandes almacenes, las tiendas del barrio chino y las que venden artículos baratos. "Frida pasaba por estas últimas como un tornado", dice Lucienne. Solía pararse repentinamente y comprar algo sin demora. Tenía ojo extraordinario para lo auténtico y lo bello. Encontraba joyas baratas de fantasía y les daba un aspecto estupendo". A veces se metía en la bolsa, con la rapidez de un águila, alguna baratija que le encantaba, para regalarla a alguna amiga una vez que hubieran salido de la tienda. Cuando alguien sugirió que se comprara ropa moderna, Frida dejó, por poco tiempo, sus largas faldas nativas para entretenerse con las elegantes modas de Manhattan, incluyendo sombreros, meciendo las caderas por las aceras de la ciudad, parodiando el pavoneo presuntuoso de las mujeres mundanas de la misma. Se burlaba de todo lo que le parecía gracioso, y de eso había mucho. Las farmacias norteamericanas, por ejemplo, representaban un mundo fantástico. En una ocasión, pasó por una en taxi y la palabra "farmacéuticos", escrita en un anuncio de afuera, se le hizo tan laboriosa que compuso una canción de este título y la cantó en voz alta durante el resto del camino, produciendo gran hilaridad en el chofer.

Diego les pidió a sus amigos que acompañaran a Frida al cine y a otros espectáculos. El escultor David Margolis, entonces asistente de Rivera, recuerda que la llevó a ver *La sangre de un poeta,* de Jean Cocteau. Les gustó tanto que la volvieron a ver el mismo día con Diego. Por su falta completa de pretensiones intelectuales, Frida admitió abiertamente que le parecía aburrido el teatro y que prefería ir a Brooklyn para ver películas de Tarzán. Las que trataban de gorilas se le hacían muy divertidas y surrealistas. Tanto Frida como Diego se "aburrían como ostras" con la música clásica, relata Lucienne. Durante una presentación de *Servicio sagrado,* composición del padre de esta última, Diego se durmió. En otra ocasión, durante un concierto de Tchaikovsky, Lucienne y Frida dijeron "nos portamos como las peores traviesas, haciendo dibujos y aviones de papel y riéndonos sin parar... ¡y eso en Carnegie Hall!"

No resulta asombroso que Diego se haya dormido en los conciertos, estuviera aburrido o no. Trabajaba entre catorce y quince horas diarias, determinado a inaugurar el nuevo mural el primero de mayo, día de los trabajadores. Sin embargo, al acercarse esa fecha, empezaron a surgir ciertos problemas. Al aceptar la comisión, Diego no ocultó sus convicciones políticas ni hizo concesiones a la ubicación del mural, que se encontraba frente a la entrada principal del edificio de la RCA en el Centro Rockefeller. El lado izquierdo de la obra representaba a Estados Unidos, con los hombres de negocios de Wall Street en una borrachera, la policía montada intimidando a obreros y a manifestantes desempleados y la deshumanización de la guerra. El lado derecho mostraba una visión utópica marxista, con los obreros, campesinos, soldados, atletas, maestros y madres con niños de la mano, unidos en el esfuerzo por construir un mundo mejor.

El joven Nelson Rockefeller fue quien firmó el contrato con Rivera, en calidad de vicepresidente ejecutivo del Centro que llevaba su apellido. Aparentemente no se le ocurrió la idea de que tal vez no era buena idea que un capitalista contratara a un reconocido comunista para la decoración de uno de los más importantes complejos urbanos del mundo y monumento al éxito capitalista. Él mismo estableció el tema grandilocuente del mural: "El hombre en la encrucijada, mirando con esperanza y elevadas visiones hacia la elección de un nuevo y mejor porvenir". Sus representantes habían aprobado los bosquejos. Rockefeller apoyó en público los frescos que Rivera pintó en Detroit y rebosaba de entusiasmo cada vez que inspeccionaba los progresos del trabajo. Haciendo caso omiso del recelo expresado por Frances Flynn Paine, quien sirvió de agente de Rivera en la comisión de los murales, así como por otras personas relacionadas con el edificio de la RCA y la familia Rockefeller.

El 24 de abril, cuando ya estaban terminadas las dos terceras partes del fresco, el *New York World Telegram* vio lo suficiente para publicar un artículo intitulado "Rivera pinta escenas de actividades comunistas y John D. Jr. paga la cuenta". "El color dominante (del mural) es el rojo", mencionó el *World Telegram:* "un tocado rojo, una bandera roja, olas rojas de una fuerza victoriosa". De repente surgió un ambiente de hostilidad en el Centro Rockefeller. De un día para otro, se remplazó al andamio pesado con una estructura movible más ligera. Aumentó el número de guardias, quienes trataron de provocar a los asistentes de Rivera. Uno amenazó con "romperle la crisma" a uno de ellos si trataba de tomar una fotografía del mural. Cuando Rivera mismo llevó a alguien con ese propósito los guardias lo echaron. Frida le dijo a Lucienne que "algo puede pasar en cualquier momento", y ésta pensó, por estar familiarizada con la imperturbabilidad de su amiga: "El asunto se está volviendo muy serio si *ella* lo dice". Al día siguiente, Rivera ocultó el andamio ante el público con grandes hojas de papel de calcar y Lucienne sacó fotografías del fresco con una cámara que llevó escondida debajo de la falda.

Para el primero de mayo, Diego convirtió el esbozo de un "líder obrero" en un retrato inconfundible de Lenin. El día cuatro del mismo, Nelson Rockefeller le pidió por escrito que sustituyera el rostro de Lenin por el de un desconocido. Argumentó que dicho retrato "ofendería seriamente a muchas personas". Rivera declaró que si eliminaba la cabeza de Lenin destruiría todo el concepto del mural. Ofreció llegar a un acuerdo, compensaría por la representación de Lenin, agregando la de Abraham Lincoln. Recibió la respuesta el nueve de mayo, a una hora en la que la mayoría de sus asistentes estaban almorzando en un restaurante cercano. El director de alquileres de Rockefeller, así como doce guardias uniformados de seguridad, entraron amenazadoramente al edificio de la RCA y mandaron al artista que dejara de trabajar. Rivera lentamente colocó a un lado los grandes pinceles y el plato de cocina que usaba como paleta y bajó del andamio. Recibió un cheque por la cantidad que todavía se le debía (los $ 14 000 dólares restantes de un contrato por $ 21 000) y una carta que consignaba su despido.

Rivera se quedó pasmado. Él, que normalmente se movía con la gracia fácil de un hombre gordo, caminó hacia la choza de trabajo como si estuviera hecho de madera y se quitó el overol. Aparecieron más guardias y alejaron el andamio movible de la pared. Media hora después, el personal de Radio City dejaba cubierto el mural con lona alquitranada y una pantalla de madera.

Cuando se enteraron de lo sucedido, los asistentes de Diego regresaron corriendo, como ángeles vengadores al edificio de la RCA para ayudarlo, pero ya no había nada qué hacer, aparte de protestar. Lucienne Bloch sí logró raspar la pintura blanca de dos ventanas en el segundo piso, formando las palabras "Obreros, ¡únanse! Ayuden a proteger los murales de R...". Los guardias la detuvieron antes de que terminara la última palabra.

Una vez más, Rivera centró sobre sí mismo el alboroto público. Sus defensores se manifestaron en el Centro Rockefeller y fuera de la casa de Nelson, agitando pancartas que decían "Salven la pintura de Rivera" y gritando: "¡Queremos colgado a Rockefeller! ¡Libertad para el arte! ¡Descubran los murales de Rivera!" La policía montada los vigilaba, dispuesta a actuar en cuanto percibiera cualquier muestra de violencia. Un grupo de artistas e intelectuales, que incluía a Walter Pach, George Biddle, Rockwell Kent, Boardman Robinson, Waldo Pierce, H. L. Mencken y Lewis Mumford, solicitó que Nelson Rockefeller volviera a considerar su decisión. E. B. White hizo un comentario más agudo a través del poema "Pinto lo que veo", publicado en la revista *The New Yorker*. Narra una conversación imaginaria entre Rockefeller y Rivera, que termina con un empate:

"No es de buen gusto que un hombre como yo",
dijo Nelson, nieto de John D.
"Cuestione la integridad de un artista
"O mencione algo tan pragmático como un estipendio",
"Pero sé lo que me gusta en amplio grado.
 "Aunque aborrezco ponerle trabas al arte,
"Por veintiún mil dólares conservadores,
"Usted pintó a un radical. Yo digo ¡caramba!
 "Nunca lograré alquilar las oficinas...
 Las oficinas capitalistas.
"Pues esto, como usted sabe, es una plaza pública
"Y la gente quiere palomas, o un árbol otoñal;
"Y aunque me desagrade estorbar su arte,
"Les debo un *poco* a Dios y a abue;
 "Y después de todo
 "Es *mi* pared..."
"Vamos a ver si lo es", contestó Rivera.

Sin embargo, no hubo reconsideración y el muro, finalmente, resultó ser de Rockefeller. Nueve meses después, cuando los Rivera ya habían abandonado Nueva York, se quitó el mural con escoplos y se tiró a la basura. (Quizá Rivera, a fin de cuentas, tuvo la última palabra. Cuando realizó los bosquejos hechos para el Centro Rockefeller en un mural, pintado en el Palacio de Bellas Artes de la ciudad de México en 1934, incluyó a John D. Rockefeller, Sr., entre los juerguistas del lado capitalista, muy cerca de las espiroquetas de sífilis que hormiguean alrededor de las hélices.)

La desilusión que sufrió Rivera al no poder terminar su mural se agravó por los ataques que recibió de parte del Partido Comunista, que siguió arremetiéndolo por aceptar comisiones de millonarios. Joseph Freeman, el editor de *New Masses,* calificó el mural del Centro Rockefeller de "reaccionario" y "contrarrevolucionario". Finalmente el 12 de mayo fue entregado a Diego un telegrama de su amigo Albert Kahn, el arquitecto del edificio de la General Motors en la Feria Mundial de Chicago (así como del Instituto para las Artes de Detroit), en el que se le participaba que se había cancelado la comisión para el mural "Forja y Fundición" de la Feria, para el cual ya estaban listos los bosquejos. Esta noticia dio un golpe tremendo al sueño de Rivera de pintar murales para la moderna sociedad industrial.

Por supuesto, Frida se enredó en la reyerta. Asistió a reuniones de protesta y escribió a máquina un sinnúmero de cartas dictadas por Diego. Como protesta personal, volvió a usar trajes mexicanos después del experimento con ropa convencional. Hacía todo lo que se encontraba en su poder para apoyar a los grupos que estaban a favor de Rivera y constituía la defensora más leal de su esposo. Unos meses después de haber despedido a Rivera, Nelson Rockefeller se acercó a ella en el estreno de la película de Sergei Eisenstein, *¡Que Viva México!* "¿Cómo está, Frida?", preguntó con cortesía. Frida se dio media vuelta, agitando sus faldas y enaguas largas, y se fue. (Sin embargo, era realista. En el otoño de 1939, Rockefeller viajó a México para ayudar a organizar la exposición intitulada "Veinte Siglos de Arte Mexicano", presentada por el Museo de Arte Moderno de Nueva York en 1940. Una fotografía sacada durante ese periodo muestra a Frida sentada junto a él, tomando parte en un bufete.) Un reportero de periódico entrevistó a Frida al poco tiempo de la confrontación:

La señora de Diego Rivera, joven y atractiva esposa del artista cuyo fresco se mandó cubrir, quizá de manera permanente, por su punto de vista comunista, está afligida, pero no turbada...

De tipo español, juvenil, de complexión aceitunada, ojos dulces, ágil y esbelta, se sentó en el borde de la cama en una habitación llena de amigos, simpatizantes y socios de su esposo. Cerró los oídos a las excitadas conversaciones y nos contó exactamente qué piensa de todo eso...

Cree que los Rockefeller han actuado de esta manera "porque temen la opinión pública". Está convencida de que "la señora Rockefeller probablemente se siente apenada por el asunto". Según ella, vieron los bosquejos preliminares, en los que el retrato de Lenin destaca aun más que en el mural, y los aprobaron.

"Los Rockefeller sabían muy bien que los murales representarían el punto de vista revolucionario y que iban a ser pinturas revolucionarias", afirma, tranquila. "Parecían muy amables y comprensivos y siempre mostraban mucho interés, particularmente la señora Rockefeller".

"Nos invitaron a cenar dos o tres veces y discutimos a fondo el movimiento revolucionario".

"La señora Rockefeller siempre nos trató muy bien. Era encantadora. Parecía estar muy interesada en las ideas radicales y nos hacía muchas preguntas. Usted ya sabe que le ayudó al señor Rivera en el Museo de Arte Moderno, que de veras luchó por él".

Cuando se le ordenó a Rivera que abajara del andamio en el Centro Rockefeller, anunció que invertiría lo que quedaba del pago para "pintar, sobre cualquier edificio adecuado que se me ofrezca, una copia exacta del mural oculto. Pintaré gratis, con excepción del costo neto del material". No encontró ningún lugar conveniente, y, finalmente, decidió pintar la historia de Estados Unidos, considerada con criterio revolucionario, sobre 21 lienzos movibles en un deteriorado edificio que pronto iba a ser demolido, ubicado en el número 51 de la calle Catorce, del lado occidental de la isla. Albergaba una organización Lovestonita llamada "Nueva Escuela para Trabajadores".*

---

* Los Lovestonistas integraban un grupo comunista de tendencia antiestalinista, encabezado por el amigo y biógrafo de Rievra, Bertram D. Wolfe.

El tres de junio, un mes después de que tuviera principio la lucha en el Centro Rockefeller, Frida y Diego se mudaron al sur de Manhattan, a un departamento de dos cuartos ubicado en el número ocho al lado occidental de la calle Trece, para que Rivera pudiera estar más cerca de su lugar de trabajo. Diego hizo saber que la nueva morada era más cara que el departamento del hotel Barbizon Plaza. Orgullosamente, no quiso admitir que Rockefeller había perjudicado su estado financiero. En septiembre se cambiaron de nuevo, a un departamento en el decimocuarto piso del hotel Brevoort, situado en la esquina de la Quinta Avenida y la calle Ocho.

Entre el nueve de mayo, cuando lo sacaron del Centro Rockefeller, y el quince de julio, cuando empezó a trabajar en la Nueva Escuela para Trabajadores, Rivera estaba demasiado desmoralizado, amargado y enfadado para pintar. Sus amigos se daban cuenta de que los ojos de Frida con frecuencia estaban irritados de tanto llorar. Sin embargo, aunque no pintaba, Rivera no perdía el tiempo. Junto con Berstram Wolfe, se documentó sobre la historia norteamericana, en preparación para la serie de frescos de la Nueva Escuela. Dio numerosas conferencias acerca del arte y la política y apareció en público, no sólo para defender su posición en cuanto al mural del edificio de la RCA, sino también para apoyar a otras causas, tales como el Fondo Scottsboro para la Defensa. El quince de mayo se dirigió a 1 500 estudiantes de la Universidad de Columbia, quienes protestaban contra el despido de Donald Henderson, profesor de economía y reconocido comunista. Frida solía mantenerse distante en semejantes manifestaciones. Le parecían representaciones teatrales en lugar de históricas. Sin embargo, se encontró al lado de su esposo, adoptando como siempre una postura completamente derecha. Se veía como una princesa azteca. En el curso de la manifestación, que duró cinco horas, hubo peleas a puñetazos y con agua, se quemó la efigie del presidente de la universidad, se taparon los ojos de la estatua de Alma Mater y se colocó a sus pies un ataúd cubierto de negro, que llevaba la inscripción: "Aquí yace la libertad académica". El *New York Times* informó: "Diego Rivera, artista mexicano despedido recientemente del Centro Rockefeller, y su esposa Carmen se dirigieron a los estudiantes en frente del reloj de sol. Rivera exhortó a arrebatarle el control de la universidad al doctor Nicholas Murray Butler".

Cuando Rivera empezó a pintar de nuevo, recuperó su anterior personalidad expansiva. Louise Nevelson rentó un departamento, junto con Marjorie Eaton, en la planta baja del edificio de la calle Trece. Recuerda que la casa de los Rivera "siempre estaba abierta por las noches y cualquiera que quería ir, podía hacerlo. Tomaban muy en serio a la gente; no hacían distinciones. Nunca había conocido una casa como la de Diego. Princesas y reinas... una dama más rica que Dios; obreros y trabajadores. No distinguía entre ellos. Los trataba simplemente como a un grupo de personas. Era muy sencillo. A Diego y a Frieda les gustaba mucho estar allí porque en el lugar donde vivían antes, en el centro, había un portero, y desde luego no les gustaba eso. Les encantaba tener ahora una casa donde podían entrar sin que nadie los molestara. Iba gente todas las noches, y Diego siempre la llevaba a un pequeño restaurante italiano en la calle Catorce".

Tanto Nevelson como Eaton eran jóvenes artistas con ambiciones y gozaban de la compañía del gran Rivera, pese a que debían soportar cierta falta "bohemia" de formalidad a cambio de ese privilegio. Cuando los Rivera las invitaban a su casa para las seis, al llegar solían encontrar a Diego descansando mientras Frida, sin vestir, se ponía varias faldas y blusas, pidiéndole opiniones a su esposo. Después desaparecía durante media hora y regresaba con otro traje. Cuando finalmente terminaba de vestirse, le tocaba a Rivera desaparecer. Después de un largo baño, acostumbraba anunciar de pronto: "Salgamos a cenar". Llevaba a las tres jóvenes mujeres a algún restaurante del barrio chino o Greenwich Village, donde otros amigos se reunían con ellos en una larga mesa.

En una de esas cenas participaron Frida, Diego, Nevelson, Eaton, la bailarina de danza moderna Ellen Kearns y el escultor John Flanagan, quien veneraba a Rivera, y solían pasar horas viéndolo pintar. "Jugábamos mucho, cuenta Nevelson. "Cuando había un mantel blanco le poníamos, por ejemplo, azúcar en polvo. Una persona daba principio a la composición y luego continuaba otra, derramando vino, salpicando todo de pimienta y moviéndolo hasta que el mantel se convertía en paisaje. Diego era muy bueno para la diversión".

Efectivamente lo era. En ese entonces, Louise Nevelson tenía un poco más de treinta años. Estaba divorciada y era bella, viva y resuelta. Se dedicaba apasionadamente al arte y a los hombres. En poco tiempo, se unió a las filas de los asistentes de Rivera y le hizo un retrato expresionista en el que el maestro se ve feo, como él mismo declaraba serlo, pero sin duda alguna un genio. Diego le mostró su agradecimiento llevándola a una tienda hindú, donde le preguntó qué era lo que le gustaba y le compró el collar que ella le indicó.

Pronto todos los asistentes se dieron cuenta de que Rivera estaba pasando mucho tiempo con Louise. Cierto día de julio, Lucienne apuntó en su diario que Diego no había ido a trabajar y que Sánchez Flores les dijo a todos que a Diego le gustaba mucho "la muchacha que pasa tanto tiempo con él". Lucienne se indignó: "Frieda es una persona demasiado perfecta", escribió, "para que alguien tenga la capacidad de sustituirla". Cuando Rivera por segunda vez faltó a la Nueva Escuela para Trabajadores, Sánchez Flores les contó que de nuevo se encontraba en compañía de Louise. "Me da tanta pena por Frieda", anotó Lucienne en esa ocasión.

Frida ya no visitaba el andamio todos los días. No estaba bien de salud, su pie derecho parecía estar paralizado y tenía que mantenerlo en alto todo el tiempo posible, y se sentía sola. Lupe Marín se quedó con ella durante una semana, en el curso de su viaje, de regreso a México desde Europa. Dijo que "Frida no salía. Pasaba todo el día en la tina de baño. Hacía demasiado calor para andar en la calle".

Con frecuencia Diego llegaba a casa hasta el amanecer. Frida se quejaba por teléfono con Suzanne Bloch: "¡Cómo odio estar sola!" "Estoy deprimida. Ven a verme, por favor". En una ocasión, Suzanne pasó la noche con su amiga, la cual se ocupó preparando un ejército de pequeños budines para Diego.

Rivera manifestó cierta preocupación por Frida. Les pidió a Lucienne y a Stephen Dimitroff que la persuadieran a pintar, aunque Lucienne sospechó que sólo "quería independizarse de ella". Al darse cuenta de que Frida admiraba un pequeño fresco que Lucienne acababa de terminar, Rivera alentó a su esposa a experimentar con el medio. Después de manifestar cierta oposición a la idea, Frida lo hizo, pero consideró que el busto resultante era horrible. Al terminarlo, anotó sobre la cabeza diversos comentarios (casi todos en inglés): "Pésimo, no sirve. ¡Vaya! muy feo, Frieda". Asqueada, dejó caer el lienzo, que se agrietó sin romperse, y lo tiró a la basura. A Lucienne y a Stephen les parecía muy bonito; lo recogieron del basurero y se lo llevaron a su casa. Más tarde, se desbriznaron las orillas durante una mudanza, pero la parte principal sigue intacta. El cuadro no es "pésimo", sino encantador. El rostro que mira desde el yeso tiene la intensa presencia física propia del retrato "faiyum" de una momia. Frida logró darle una asombrosa vida a esta obra aún experimental.

Las tensiones entre Frida, y Diego se exacerbaron por otro conflicto más. Frida anhelaba intensamente regresar a México, cuando menos de visita. Al cabo de cuatro años de vivir de manera casi continua en Estados Unidos, todavía la enajenaban gringolandia y su estilo de vida. Unos años después, cuando ya estaba felizmente de regreso en su país de origen, escribió una carta al doctor Eloesser. En ella, expresó sus pensamientos acerca de las cualidades relativas de ambos países. Admitió que en México "siempre tiene uno que andar con las púas de punta para no dejarse fregar por los demás, el esfuerzo nervioso que hace uno para defenderse de todos los cabrones de aquí es mayor al que tiene uno que hacer en gringolandia, por la sencilla razón de que allá la gente es más pendeja y más maleable, y aquí todos andan de la greña queriendo siempre "madrugar" y chingar al prójimo.

Además para el trabajo de Diego la gente responde aquí siempre con chingaderas y tanteadas y eso es lo que desespera más, pues no hace más que llegar y empiezan a fregarlo en los periódicos, le tienen una envidia que quisieran desaparecerlo como por encanto. En cambio en gringolandia ha sido diferente, aun en el caso de los Rockefeller, se pudo luchar contra ellos sin puñaladas por la espalda. En California todo el mundo lo ha tratado muy bien, además respetan el trabajo de cualquiera; aquí no hace más que terminar un fresco y a la semana siguiente está raspado o gargajeado. Esto, como debes comprender, desilusiona a cualquiera, sobre todo cuando se trabaja como Diego, poniendo todo el esfuerzo y la energía de que es capaz, sin tomar en consideración que el arte es "sagrado" y toda esa serie de pendejadas, sino al contrario, echando los bofes como cualquier albañil. Por otra parte, y ésa es opinión personal mía, a pesar de que comprendo las ventajas que para cualquier trabajo o actividad tiene Estados Unidos, voy más a México, los gringos me caen muy gordo con todas sus cualidades y sus defectos, que también se los cargan grandes, me caen bastante "gacho" sus maneras de ser, su hipocresía y su puritanismo asqueroso, sus sermones protestantes, su pretensión sin límites, eso de que para todo tiene uno que ser "very decent" y "very proper"... Sé que éstos de aquí son ladrones, jijos de la chingada, cabrones, etcétera, etcétera, pero no sé por qué aun las más grandes cochinadas las hacen con un poco de sentido de humor, en cambio, los gringos son "sangrones" de nacimiento, aunque sean rete respetuosos y decentes (?). Además, su sistema de vivir se me hace de lo más chocante, esos *parties* cabrones, en donde se resuelve todo, después de ingerir hartos cocteles (ni siquiera se saben emborrachar de una manera "sazona") desde la venta de un cuadro hasta la declaración de guerra, siempre teniendo en cuenta que el vendedor del cuadro y el declarador de la guerra sea un personaje *importante*", de otra manera ni quinto de caso que le hacen a uno, allí sólo *soplan* los "important people" no le hace que sean unos jijos de su *mother*, y así en inglés te puedo dar otras opiniones, iguales de esos tipos. Tu me podrás decir que también se puede vivir allá sin coctelitos y sin *"parties"*, pero entonces nunca pasas de perico perro, y me late que lo más importante para todo el mundo en gringolandia es tener ambición, llegar a ser *"somebody"*, y francamente yo ya no tengo ni la más remota ambición de ser nadie, me vienen guango los "humos" y no me interesa en ningún sentido ser la "gran caca".

A diferencia de Frida, a Rivera le gustaba Estados Unidos y sus habitantes, así como la adulación que recibía por parte del mundo artístico de Manhattan. Por lo tanto decidió quedarse en Nueva York hasta terminar los lienzos de la Nueva Escuela para Trabajadores. Por otra parte, el regreso a México equivalía para él a un retroceso en el tiempo. Estaba convencido de que la revolución mundial se realizaría en un país industrializado y quería estar presente para luchar, cuando menos tras las barricadas ideológicas, con imágenes como munición. Declaró que él y Frida debían sacrificar la comodidad y el amor por México a la gran causa comunista. Frida no estuvo de acuerdo. Para ella, estas afirmaciones eran puras tonterías.

El 16 de noviembre de 1933, Frida le escribió a su amiga Isabel Campos que pasaba el tiempo en gringolandia "soñando con mi regreso a México".

Nueva York es muy bonito y me siento mejor aquí que en Detroit, pero a pesar de eso anhelo estar en México... Ayer nevó por primera vez y pronto hará tanto frío que... vendrá la tía de las muchachitas (la muerte) a llevárselas. No habrá otra cosa qué hacer aparte de vestirse con ropa interior de lana y soportar la nieve. Yo no siento tanto el frío, por mis famosas faldas largas, pero a veces me llega una corriente de aire tan fría que no se dejaría de sentir ni con veinte faldas. Sigo corriendo como loca y me estoy acostumbrando a esta vieja ropa. Mientras tanto, algunas mujeres gringas me imitan y tratan de vestirse a la mexicana, pero las pobrecitas sólo parecen coles y, a decir verdad, se ven ridículas. Eso tampoco significa que yo me vea bien así, pero logro pasarla (no te rías)...

Dime qué quieres que te lleve de aquí, porque hay tantas cosas realmente adorables que no sé qué estaría bien para ti, pero si tienes ganas de algo en especial, nada más dime y te lo llevaré.

En cuanto llegue me vas a tener que hacer un banquete con pulque, y quesadillas de flor de calabaza; se me hace agua la boca sólo de pensar en todo eso. No creas que te quiero obligar ni que te estoy suplicando desde ahora que me hagas un banquete. Sólo te lo recuerdo, para que no te quedes con los ojos muy abiertos cuando llegue.

¿Qué sabes de los Rubés y de toda la gente que antes eran amigos nuestros? Platícame algún chisme, porque aquí nadie habla de nada conmigo, y de cuando en cuando el chisme resulta bastante agradable al oído... ahí van mil toneladas de besos para que los compartas y te quedes con la mayoría...

Frida termina la carta con un dibujo de ella misma delante de los rascacielos de Manhattan. Está llorando, y un globo dice: No me olvides". Arriba de ella se ve un sol de aspecto triste. En el centro del dibujo un barco avanza a través del océano rumbo a México, donde sonríe el sol.

El ansia de abandonar Nueva York y de regresar a casa se pone de manifiesto en el cuadro intitulado *Ahí cuelga mi vestido* (ilustración 34). Lo firmó con gris en el dorso, donde también escribió: "Esto lo pinté en Nueva York, mientras Diego estaba trabajando en el mural del Centro Rockefeller". Ya que lo terminó después de regresar a México y puesto que muestra la influencia de dicho mural, sin duda siguió trabajando en él hasta su partida.

Exactamente en el centro de la composición, que señala a Manhattan como sede del capitalismo, así como centro de pobreza y protesta durante la Depresión, cuelga el vestido de tehuana de Frida. La blusa bordada color castaña y la falda verde claro, con cintas color rosa y volantes blancos, se ven exóticas, íntimas y femeninas. Las enmarcan rascacielos fríos y anónimos, con un sinnúmero de ventanas vacías ordenadas en filas regulares, y están suspendidas de un gancho azul pálido que se sostiene en una tira del mismo color. Al no mostrarse dentro del vestido, Frida expresa la posibilidad de que éste cuelgue en Manhattan mientras ella se encuentra en otra parte: no quiere tener nada qué ver con "gringolandia". Pese a que en este cuadro la ropa vacía todavía no simboliza la angustia, como en obras posteriores, ya se siente su poderosa presencia. Frida conocía las reverberaciones emocionales de los vestidos por sí solos.

Comunica el mensaje sin hacerlo pesado; disfraza esta visión izquierdista de Manhattan por medio de una encantadora parodia folclórica. Frida se burla de la obsesión norteamericana con la plomería eficaz y los deportes competitivos, al colocar sobre pedestales una monumental taza de baño y un trofeo de dorado. También ataca los negocios, la religión y el eclecticismo extremo del gusto estadunidense. Una gran *S* roja serpentea alrededor de la cruz que divide la vidriera de la Iglesia de la Trinidad, convirtiendo el crucifijo en signo de dólares. Una cinta roja une la torre gótica de la misma con un templo dórico de Wall Street: Federal Hall. Frida sustituye las escaleras de mármol de ese edificio por una gráfica, pegada sobre el lienzo, que representa las "ventas de la semana en millones": en julio de 1933, los grandes negocios aparentemente iban bien, pero de ello no sacaron beneficio las masas, las diminutas figuras que hormiguean hasta abajo en el primer plano del cuadro. Un gran teléfono se encuentra situado sobre un edificio de departamentos. Es el corazón de la ciudad. El cable negro del mismo entra y sale por las ventanas como un inmenso aparato circulatorio que lo vincula todo.

Así es como Frida se ríe de Estados Unidos. No obstante, también tiene algo serio qué decir acerca del deterioro del hombre y sobre el desperdicio de seres humanos por parte de la sociedad capitalista: un basurero del que se derraman cosas, como una bolsa de agua caliente, margaritas, un conejo de peluche, una botella de licor, una tela con muchos adornos y manchada de sangre, un hueso, pellas de entrañas, un objeto que se asemeja a un corazón humano y lo más horroroso de todo: una mano ensangrentada.

Un hecho curioso con respecto a los personajes que desfilan por este concepto de Manhattan, es que ninguno de los actores principales está vivo. El vestido vacío de la artista ocupa el centro del escenario. Unos autómatas se encuentran frente al mismo. Una estatua de George Washington se halla sobre las escaleras de Federal Hall, un recordatorio del idealismo revolucionario del pasado. La cartelera que muestra a Mae West juega otra clase de papel. Durante el mismo periodo en el que Frida trabajaba en este cuadro, Rivera declaró, en una conversación acerca del ideal norteamericano de la belleza ("el puente de George Washington, un avión de tres motores, un buen automóvil o cualquier otro tipo de máquina que sea eficaz"), que en cuanto a la hermosura humana, Mae West "es la máquina más maravillosa, para ayudarle a uno a vivir, que he visto jamás, desgraciadamente sólo en la pantalla". Frida no compartía esta idea. En el cuadro, coloca a Mae West junto a la iglesia de la vidriera que expone el signo de dólares, puesto que la estrella de cine también representaba valores falsos, en su caso, la vanidad, el lujo y la veneración de lo sofisticado. Según Frida, la suntuosidad de la actriz es efímera: los bordes de la cartelera que reproduce su imagen se están separando del marco y las llamas envuelven los edificios ubicados debajo de ella.

La primera plana del cuadro representa a "las masas", una multitud puntillista de diminutas cabezas y sombreros, que se forman para recibir alimentos gratuitos, se juntan en manifestaciones, desfilan como soldados y acuden a ver un juego de beisbol. Frida escogió y pegó sobre el lienzo más de veinte fragmentos de fotografías y otros pedazos de papel cortado. La gran deliberación que invirtió en este trabajo se aprecia tanto en la composición como en el significado de la misma. Varias áreas están cubiertas con un diseño de puntos que se asemeja a la vida como es percibida a través de un microscopio. En yuxtaposición con todos los sombreros, sugieren el concepto del micro y el macrocosmos: la gran continuidad de la vida, muy apreciado tanto por Frida como por Diego.

Como remate, la estatua de la Libertad, que levanta su antorcha en lo alto, sirve para hacer recordar satíricamente lo que Estados Unidos simbolizaba en mejores tiempos. Lo único que no corresponde al ámbito general es el vestido de Frida. El buque de vapor, que también está compuesto por papeles pegados al lienzo y que echa humo en el puerto, posiblemente constituye una manifestación de los deseos de la artista. Le hubiera gustado estar a bordo de otro igual.

Durante los cortos días de otoño, Frida y Diego discutieron sobre si debían quedarse en Nueva York o regresar a México. En una ocasión, Lucienne Bloch y Stephen Dimitroff los encontraron en una disputa tan acalorada, que Rivera tomó uno de sus cuadros, una pintura al óleo que representaba cactos desérticos que semejaban manos, y gritó: "¡No quiero regresar a eso!" Frida replicó: "¡Yo quiero regresar a eso!" Diego agarró un cuchillo de la cocina y destrozó el cuadro, mientras su esposa y amigos lo miraban, horrorizados. Lucienne trató de impedirlo, pero Frida la detuvo. "¡No lo hagas!", exclamó. "¡Te mataría!" Diego metió los pedazos de lienzo hechos jirones en sus bolsas y salió del departamento con paso airado, insensible ante el bombardeo de imprecaciones que le lanzó Lucienne en francés su idioma materno. "Frieda tembló durante todo el día", escribió en su diario. "No logró sobreponerse a la pérdida del lienzo. Dijo que era un gesto de odio hacia México y que él siente que debe regresar por ella, porque está harta de Nueva York... Va a tener que aceptar el hecho de que ella es la culpable".

A principios de diciembre, finalmente se terminaron los frescos en la Nueva Escuela para Trabajadores. El día 5 del mismo, hubo una recepción de despedida. Los murales fueron descubiertos al público el 8, 9 y 10 de diciembre. Rivera dio conferencias cada día a las ocho de la noche. Sin embargo, todavía no había gastado hasta el último centavo del pago de Rockefeller en la pintura de frescos revolucionarios en Estados Unidos, como lo había prometido. Después de pintar dos pequeños lienzos para la sede de los trotskistas de Nueva York, ubicada en la Plaza de la Unión, quedó arruinado y dispuso a irse.

El 20 de diciembre de 1933, Frida y Diego se embarcaron en el *Oriente*, con destino a la Habana, primero, y luego a Veracruz. "Juntamos a un grupo de personas", contó Louise Nevelson, "reunimos el dinero y les compramos los boletos. Todos los acompañamos al barco y los vimos partir".

CUARTA PARTE

CUARTA PARTE

Capítulo 12

Unos cuantos piquetitos

CUANDO LOS RIVERA regresaron a México desde Estados Unidos, a fines de 1933, ocuparon su nuevo hogar, ubicado en la esquina de Palmas y Altavista en San Ángel: dos elegantes casas cúbicas, de estilo internacional y moderno, "mexicanizadas" por los colores (rosa para la de Diego y azul para la de Frida) y por el muro de cactos, en forma de tubos de órgano, que las rodeaba. Ella Wolfe afirma que Diego quería dos casas separadas porque "parecía, desde el punto de vista bohemio una idea «interesante» o (llamativa)". Un periódico mexicano lo explicó de otra manera: "Las teorías arquitectónicas (de Diego) se basan en el concepto mormónico de vida, es decir, ¡en las correlaciones objetivas y subjetivas entre la casa grande y la casa chica!" (En México, "casa grande" se refiere al hogar de un hombre y "casa chica", al departamento que pone para su amante.) Efectivamente, las nuevas casas no eran iguales. La de Rivera desde luego era más grande. Tenía un gran estudio de techo alto, el cual en realidad funcionaba como lugar público, pues ahí entretenía a sus invitados y vendía cuadros; asimismo tenía una cocina amplia, donde casi siempre comía. La casa azul de Frida era más íntima y pequeña. Consistía en tres pisos, con un estacionamiento en la planta baja y una sala-comedor y pequeña cocina arriba del mismo. Se llegaba al piso superior, que contenía la recámara-estudio con un enorme ventanal, además de un baño, por medio de una escalera en espiral. La azotea fue convertida en terraza añadiendo una barandilla de metal, y desde ahí un puente conducía al estudio de Diego.

Por fin, de regreso de gringilandia y ocupada con el arreglo de las casas, el tipo de tarea que le encantaba, Frida debería haber estado feliz, pero los cuadros que pintó durante los siguientes dos años demuestran que no lo era. En 1934 no produjo ninguno. Al siguiente, sólo terminó dos: el pasmoso y aterrador *Unos cuantos piquetitos* (lámina VIII) y un autorretrato (ilustración 37), en el que su cabello corto y rizado le da una apariencia completamente diferente a la que tenía con el pelo lacio estirado hacia atrás, como en el pequeño lienzo que pintó poco tiempo antes de abandonar Detroit en 1933.

Unos cuantos piquetitos se basa en la información que dio un periódico sobre un borracho que tiró a su novia sobre un catre y le dio veinte puñaladas. Cuando lo acusó la ley, con toda inocencia protestó: "¡Pero sólo le di unos cuantos piquetitos!" El cuadro nos presenta el momento que siguió inmediatamente al asesinato: con un puñal ensangrentado en la mano, el hombre todavía parece amenazar a la víctima, ya muerta, que yace en una cama con el cuerpo desnudo cubierto de sangrientas cuchilladas. Al igual que en algunas representaciones de Jesucristo muerto bajado de la cruz, uno de los brazos de la mujer cuelga sin vida, con la palma herida y sanguinolenta abierta hacia nosotros. La sangre fluye de los dedos y salpica sobre el piso color amarillo verdoso (más tarde, Frida dijo que el amarillo simbolizaba "la locura, la enfermedad, el temor"). Como si la pequeña lámina de hojalata no pudiera contener ese horror, las manchas de sangre aparecen también sobre el marco del cuadro. Consisten en salpicaduras de rojo de tamaño natural. El efecto que la obra produce en el espectador es inmediato, casi físico. Sentimos que alguien dentro del espacio real, quizá nosotros mismos, ha cometido ese crimen. La transición de la ficción a la realidad radica en una huella de sangre.

Con la mano en la bolsa y el sombrero inclinado de modo despreocupadamente, el asesino se ve tan brutal como la mujer se ve violentamente atacada. En realidad, el cuadro presenta a dos personajes estereotipados: al macho y a su víctima, la chingada. Esta última es la grosería que más se usa en México, y Frida la empleaba con frecuencia. "El verbo (chingar), dice Octavio Paz, denota violencia, salir de sí mismo y penetrar por la fuerza en otro... Es un verbo masculino, activo, cruel: pica, hiere, desgarra, mancha. Y provoca una amarga, resentida satisfacción en el que lo ejecuta.

"Lo chingado es lo pasivo, lo inerte y abierto, por oposición a lo que chinga, que es activo, agresivo y cerrado". Frida le explicó a un amigo que pintó al asesino de esa manera "porque en México el asesinato es bastante satisfactorio y natural". Agregó que sintió la necesidad de pintar la escena, porque simpatizaba con la mujer asesinada, ya que ella misma casi había sido "asesinada por la vida".

"Asesinada por la vida": a pocos meses de regresar a México, Frida vio extinguirse toda esperanza de crear una nueva y armoniosa existencia: Diego sostenía una aventura con Cristina, la hermana menor de Frida.

Angustiada, se cortó el cabello largo que le encantaba a Rivera y dejó de usar los trajes de tehuana. Como si el dolor personal fuera demasiado grande para expresarlo, prefirió pintar *Unos cuantos piquetitos,* en el que transfirió el propio sufrimiento a la desgracia de otra mujer.

Nadie sabe cuándo se inició dicha relación (probablemente durante el verano de 1934) ni cómo o cuándo terminó. Hay sospechas de que los amantes se separaron y luego se reconciliaron. Un hecho seguro es que Rivera no estaba contento por haber regresado a México. Como niño resentido, le echó la culpa a Frida. Estaba enojado y se sentía apático. No trabajaba, a pesar de que recibió la oferta de pintar murales en la Escuela de Medicina de la ciudad de México y pronto fue comisionado para reproducir el fresco del Centro Rockefeller sobre una gran pared en el tercer piso del Palacio de Bellas Artes. Un deficiente estado de salud incrementó su aflicción. A pesar de todo el budín y helado de pistache que comió en Manhattan, la dieta radical que hizo en Detroit lo dejó arrugado y decaído, sensible a trastornos glandulares e hipocondría y extremadamente irritable. (En 1936, un médico que lo atendía de una infección en el conducto lagrimal del ojo derecho lo mandó "inflarse de nuevo".) Estaba "muy decaído y muy delgadito, de color de su piel como amarillosa... y sobre todo sin ánimos para trabajar, y triste siempre..." escribió Frida en una carta a Ella Wolfe, en julio.

> Como no se siente bien, todavía no ha empezado a pintar, eso me tiene a mí como nunca de triste, pues si yo no lo veo a él contento, no puedo estar tranquila nunca, y me preocupa su salud más que la mía propia. Te digo que si no fuera porque no quiero mortificarlo más, no me aguantaría la pena que tengo tan grande de verlo así, pero sé que si le digo que me apena verlo así se preocupa más y es peor... pues él cree que yo tengo la culpa de todo lo que le pasa por haberlo hecho venir a México... que esto es la causa de que esté como está... Yo hago todo lo posible por animarlo y arreglar las cosas en la forma más fácil para él, pero no logro nada todavía, pues no te imaginas lo cambiado que está a como ustedes lo vieron en Nueva York, no tiene ganas de hacer nada y no le interesa en lo absoluto pintar aquí, le doy toda la razón pues sé las causas que tiene para estar así, con 'esta gente de aquí, que es la más mula del mundo y la más incomprensiva que tú te puedas imaginar, pero no sé en qué forma se puede cambiar a esta gente sin cambiar lo que hay que cambiar en todo el mundo que está lleno de esta clase de cabrones... dice que ya no le gusta *nada* de lo que ha hecho, que su pintura de México y en parte la de Estados Unidos es *horrible,* que ha perdido la vida miserablemente, que ya no tiene ganas de nada.

El estado de salud de Frida no era mucho mejor que el de Diego. Se hospitalizó cuando menos tres veces en 1934: para la extirpación del apéndice; para un aborto efectuado a los tres meses de embarazo, y porque se agravaron los problemas con el pie que le empezó a molestar en Nueva York. "Del pie sigo mala", le escribió al doctor Eloesser, "pero eso ya no tiene remedio y un día voy a decidirme a que me lo corten para que ya no me fastidie tanto". Se operó del pie por primera vez en este periodo, pero el proceso de curación fue muy largo. Para empeorar las cosas, no disponía de mucho dinero, puesto que la depresión y la inercia de Diego le impedían trabajar. Cargada con todos esos problemas, resulta natural que Frida haya buscado consuelo en su hermana Cristina, cuyo esposo la abandonó al poco tiempo de nacer su hijo Antonio, en 1930. Ella vivía, junto con sus hijos y Guillermo Kahlo, en la casa azul de Coyoacán.

Las hermanas se complementaban la una a la otra de muchas formas. Frida era la brillante, la que realizó el esplendoroso casamiento, una artista talentosa que contaba con la fama que acompañaba el hecho de ser esposa de Diego Rivera; Cristina, por otra parte, disfrutaba la bendición de la maternidad. Era viva, generosa y seductora. Rivera la representó como esencia de la voluptuosidad sexual, una Eva regordeta que sostiene una flor (con cierto parecido a una vagina) mientras una serpiente tentadora le susurra al oído. (Frida sugirió que su hermana posara para uno de los desnudos alegóricos del mural en el edificio de la Secretaría de Salubridad, que pintó en 1929.) "... Vive un tanto cuanto en el... éter", escribió Frida más tarde acerca de Cristina. "Todavía sigue preguntando... ¿quién es Fuente Obejuna (sic) y si ve una película y no se duerme, es un verdadero milagro, pero al final de la película siempre pregunta, bueno, pero ¿quién es el delator? ¿quién es el asesino? ¿quién es la muchacha?, total no entiende ni el principio ni el fin y en la mitad de la película, generalmente se entrega en brazos de Morfeo".

Cristina, sin duda, no traicionó malévolamente a su hermana, aunque quizá haya influido cierta rivalidad. Lo más probable es que estuviera confundida. Rivera era el gran maestro y resulta difícil resistir a un genio de personalidad encantadora. Probablemente convenció a su cuñada de que la necesitaba con desesperación, y no cabe duda de que él mismo lo creía. Después del aborto, los médicos le dijeron a Frida que se abstuviera de tener relaciones sexuales. No obstante, Diego demostró sentir pocos escrúpulos al embarazarse en esta aventura de manera igualmente despreocupada como en otras ocasiones, y quizá con deliberada crueldad. "Entre más amaba a una mujer", escribió Rivera en su autobiografía, "más la quería lastimar. Frida sólo fue la víctima más evidente de esa repugnante característica".

"He sufrido tanto en estos meses que va a ser difícil que en poco tiempo me sienta enteramente bien" comunicó Frida al doctor Eloesser el 24 de octubre, "pero he puesto todo lo que está de mi parte para ya olvidar lo que pasó entre Diego y yo y vivir de nuevo como antes. No creo que lo logre yo completamente, hay cosas que son más fuertes que la voluntad de uno, pero ya no podía seguir en el estado de tristeza tan grande como estaba porque iba yo a grandes pasos a una neurastenia de esas tan chocantes con las que las mujeres se vuelven idiotas y antipáticas, y estoy siquiera contenta de ver que pude controlar este estado de semidiotez en el que estaba ya".

El 13 de noviembre: "Creo que trabajando se me olvidarán las penas y podré ser un poco más feliz... Ojalá que pronto se me quite la neurastenia estúpida que tengo y vuelva a ser mi vida más normal pero usted sabe que para mí es bastante difícil y necesitaré mucha voluntad para lograr que siquiera me dé entusiasmo pintar o hacer cualquier otra cosa. Hoy fue santo de Diego y estuvimos contentos, ojalá y haya muchos días de éstos en mi vida".

El 26 de noviembre le escribió de nuevo y pidió disculpas por no haberle mandado un dibujo, como se lo prometió:

Hice varios, todos me quedaron espantosos, y decidí romperlos antes de mandarle a usted porquerías. Después caí en cama con influenza y hasta hace dos días me levanté y naturalmente lo primero que hice, fue ponerme a hacer el dibujo, pero yo no sé qué es lo que me pasa que no puedo hacerlo. Me sale todo menos lo que yo quiero y hasta me puse a chillar de rabia, pero sin lograr nada bueno. Así es que me decidí por fin a decírselo a usted y a pedirle que sea tan bueno de perdonarme semejante grosería, pues no lo hago por falta de voluntad de hacer el dibujo, sino porque estoy en tal estado de tristeza, aburrimiento, etcétera, etcétera, que ni un dibujo puedo hacer. La situación con Diego está peor cada día. Sé que yo he tenido mucha culpa de lo que ha pasado, por no haber entendido desde un principio lo que él quería y haberme opuesto a una cosa que no tenía remedio. Ahora, después de meses de verdadero tormento para mí, perdoné a mi hermana y creí que con esto las cosas cambiarían un poco, pero fue todo lo contrario. Quizá para Diego se haya mejorado la situación molesta, pero para mí fue terrible. Me dejó en un estado de tal tristeza y de desánimo que no sé qué voy a hacer. Sé que a Diego le interesa por el momento más ella que yo, y debía comprender que él no tiene la culpa y que yo soy la que debo transigir, si quiero que él sea feliz. Pero me cuesta tan caro pasar por esto que no tiene usted ni idea de lo que sufro. Es tan complicado todo lo que me pasa que no sé cómo explicárselo a usted. Sé que lo entenderá de todas maneras y me ayudará a no dejarme llevar por prejuicios idiotas, pero, sin embargo, quisiera poderle decir a usted todos los detalles de lo que me pasa, para aligerar un poco la pena que tengo.

...Pero creo que ya me pasará este estado de indecibles molestias y alguna vez podré ser la misma que era antes...

Escríbame cuando pueda. Me dan mucho gusto sus cartas.

Ya no podemos hacer lo que decíamos, de destruir a toda la humanidad y quedarnos solamente Diego, usted y yo, pues ahora Diego ya no estaría contento.

Mientras Frida se empeñó encarnizadamente en no dejarse "llevar por prejuicios tontos" y se aferró a la esperanza de que pasarían sus "indecibles molestias", Diego se mantuvo "ocupado de día y de noche", según ella informó al doctor Eloesser. A principios de noviembre, comenzó el mural intitulado *México moderno* sobre la pared que limitaba la escalera del Palacio Nacional del lado izquierdo (ilustración 35). Cristina nuevamente le sirvió de modelo, acompañada esta vez por sus dos hijos. En lugar de una flor, tiene un documento político en la mano. No obstante, las formas de su rostro y cuerpo son redondas y seductoras, y los ojos dorados contienen la expresión vacía, orgásmica, que Rivera guardaba para las mujeres que lo atraían sexualmente. Con ternura, convirtió los delicados pies de Cristina, metidos en zapatillas de tacón alto, en la base principal de la composición. Frida está sentada atrás de su hermana. Sostiene un texto político de manera que lo pueda leer un niño. Resulta más convincente que Cristina en el papel de joven y ansiosa militante, pues en primer lugar lleva el traje indicado: una falda de mezclilla, una camisa azul de trabajo y el pelo corto. También trae un colgante en forma de estrella roja decorada con un martillo y una hoz.

Parece probable que la relación entre Diego y Cristina haya durado más de lo que normalmente se supone. *Unos cuantos piquetitos*, entre otras indicaciones, señala que continuó hasta 1935. A principios de dicho año, Frida de pronto se cambió de la casa en San Ángel a un pequeño departamento moderno, ubicado en el número 432 de la Avenida Insurgentes, en el centro de la ciudad de México. Sólo se llevó a su mono araña predilecto.

Ésta fue la primera de muchas separaciones (Frida incluso consultó a un abogado, a su amigo y compañero "cachucha" Manuel González Ramírez, respecto a la posibilidad de un divorcio), la cual estableció un modelo extraño. A pesar de que Frida y Diego no vivían juntos, se veían constantemente. Él dejaba ropa suya en el nuevo departamento de ella. Como quería hacerles justicia a ambas hermanas, le compró a Frida un juego de muebles "modernos", para los treinta, hechos de cromo e imitación piel azul, iguales a los rojos que compró a Cristina para el departamento que ésta tenía en la elegante calle de Florencia.

Es posible que Frida haya rentado el departamento tanto para crear una vida propia como para alejarse de Diego. Al fin y al cabo, sus amigas, la pintora María Izquierdo (amante de Rufino Tamayo) y la fotógrafa Lola Álvarez Bravo (esposa de Manuel Álvarez Bravo) decidieron compartir un departamento poco tiempo antes y estaban tratando de ganarse la vida. ¿Por qué no lo podía hacer Frida también?

No cabe duda que hizo frente a sus problemas de manera valerosa. Se hacía la alegre y divertía a los demás con un humor sarcástico. Aunque algunos amigos íntimos conocían la situación por la que estaba pasando, otros no sospechaban la magnitud de su tristeza, como Mary Schapiro, por ejemplo, quien se reunió con Frida por primera vez durante el curso de un viaje por México. No obstante, Alejandro Gómez Arias, quien la fue a visitar al departamento, recuerda una ocasión en la que Frida se enfureció al descubrir a Cristina en la gasolinería ubicada enfrente. "¡Mira!, exclamó. ¡Ven acá! ¿Por qué viene a ponerle gasolina a su coche enfrente de mi casa?" *Unos cuantos piquetitos* queda como prueba del golpe que recibió.

A principios de julio, Frida, finalmente, empacó sus cosas y tomó un vuelo a Nueva York, junto con Anita Brenner y Mary Schapiro. El viaje representó tanto una huida desesperada como una aventura buscada en estado de atolondramiento. Sin pensarlo, las mujeres decidieron ir en avión privado en lugar de por tren, pues acababan de conocer al piloto de un "Stinson" la noche anterior, en una animada cena organizada por Diego. El agotador viaje de seis días incluyó muchos aterrizajes forzosos. Con el fin de huir del terror que sentía, Frida dormía en el asiento trasero. Finalmente, las mujeres abandonaron el avión y terminaron el viaje a Manhattan por tren. Ahí Mary (recién separada de su esposo) y Frida se quedaron en el hotel Holly, ubicado cerca de la Plaza Washington. Después de confiarse a Lucienne Bloch así como a Bertram y a Ella Wolfe, Frida tomó una resolución. "Al apagarse las llamas del rencor", escribió Bertram Wolfe, "se dio cuenta de que amaba a Diego y de que él era más importante para ella que las cosas que parecían separarlos". Se resignó a tener un matrimonio de "independencia mutua" y le escribió a su esposo, el 23 de julio de 1935:

(Ahora sé que) todas esas cartas, aventuras con mujeres, maestras de "inglés", modelos gitanas, asistentes con "buenas intenciones", "emisarias plenipotenciarias de sitios lejanos", sólo constituyen *flirteos*. En el fondo, *tú y yo nos* queremos muchísimo, por lo cual soportamos un sinnúmero de aventuras, golpes sobre puertas, imprecaciones, insultos y reclamaciones internacionales, pero siempre nos amaremos...

Se han repetido todas estas cosas a través de los siete años que llevamos viviendo juntos, y todos los corajes que he hecho sólo han servido para hacerme comprender, por fin, que te quiero más que a mi propio pellejo y que tú sientes algo por mí, aunque no me quieras en la misma forma. ¿No es cierto?... Espero que eso siempre sea así y estaré contenta.

Con respecto a Diego, se arrepentía de haberla lastimado, a pesar de que sabía que seguiría engañándola. Una cosa es segura: si hubiera tenido que escoger entre las dos hermanas, hubiera elegido a Frida. En su autobiografía, habla de un suceso que tuvo lugar después de que Frida regresó de Nueva York, en 1935. Unos asesinos, contratados por el embajador alemán en México, dispararon dos veces hacia el estudio del pintor. (Según Rivera, eso pasó porque representaba una persona *non grata* para los alemanes, siendo comunista y abiertamente antifascista.) Los asesinos aparentemente apuntaron a una "mecanógrafa" que estaba posando en la silla donde Frida acostumbraba sentarse para platicar con Diego mientras trabajaba. Él identificó a esa "mecanógrafa" como Cristina Kahlo. "Después se me ocurrió, aclaró Diego, que los asesinos pensaron que me afectarían mucho más si mataban a Frida en lugar de atacarme a mí. En cuanto a eso, estuvieron muy acertados". El hecho de que se quedara con Cristina como "secretaria", seguramente no alivió en nada el dolor de Frida, pero las palabras de Rivera descubren la intensidad de su amor por ella.

Por medio de *Unos cuantos piquetitos,* Frida mostró gráficamente que aún no sanaba la herida. Sin embargo, también puso en evidencia que no lloraría sus penas. No quiso ser una desdichada "antipática", sino convertirse en la mujer sensata, tranquila, entretenida y dispuesta a perdonar que aparece en el autorretrato donde tiene el pelo corto. Transformaría los "piquetitos" de la vida en chistes. Por eso, atenuó la violencia aplastante del motivo mediante un estilo primitivo así como una fuerte tendencia hacia la caricatura, la cual surge en detalles astutos e incongruentes como el borde de encaje fino en la funda de almohada, el alegre color rosa y azul de las paredes, la liga color de rosa floreada y la media caída en la pierna de la mujer, lo cual indica que es prostituta. Lo más incongruente de todo es la pareja de palomas, una negra y otra blanca, que en los picos sostienen una cinta de color azul pálido con el título del cuadro. Pertenecen más bien a una tarjeta de felicitación para el día de la amistad que a una escena de asesinato. Frida explicó que simbolizaban el bien y el mal.

El humor negro que disfruta con el horror y se ríe de la muerte es típicamente mexicano. Considerando toda la obra de Frida, éste se pone de manifiesto con más viveza en *Unos cuantos piquetitos.* El espectador primero se inquieta y luego reacciona con una combinación de ira convulsiva y risa. En la cultura popular mexicana, abundan los ejemplos de esta clase de gracia mordaz, lo cual hace pensar, entre otras cosas, en las pequeñas representaciones, hechas de barro, de escenas tomadas de hospitales, que se venden por unos centavos en los mercados de Guadalajara. Muestran a los médicos y a las enfermeras en el hecho de blandir, jubilosos, una cabeza o una pierna amputada, o el corazón del paciente que yace sobre la mesa de operaciones. Las bases de los juguetes llevan leyendas como "¡Por un Amor!", "¡Última lucha!" o "¡Ni Modo, Cuate!" Asimismo, se recuerdan los ataúdes y pequeños esqueletos de azúcar, dulces hechos para comerse el Día de Muertos, son frecuentes chistes como el siguiente: "Tuvo suerte: de los tres balazos que le dieron, sólo uno lo mató", o historias como la de un hombre que le curó la cruda a un amigo vaciándole la carga de la pistola en la cabeza.

Unos cuantos piquetitos también hace recordar los retablos y los cuadros anónimos de Jesucristo muerto o flagelado, así como las pinturas de género como la que adorna el comedor de Frida, que muestra cómo un hombre amenaza a otro con un cuchillo fuera de una pulquería. Sin embargo, *Unos cuantos piquetitos* con seguridad se inspiró, principalmente, en las imágenes satíricas de José Guadalupe Posada (1851-1913). A Frida le encantaban sus ilustraciones para libros de coplas y canciones, secuencias que muestran escenas impresionantes de horror (lámina IX), así como las estampas de calaveras, en las cuales los esqueletos representan las flaquezas de la vida humana. El pequeño lienzo de Frida pudiera pertenecer a una de dichas secuencias.

Incluso los grabados más violentos de Posada contienen un elemento humorístico que sin duda atraía a Frida. Años más tarde, anotó en su diario: "Nada es más valioso que la *risa*. Se requiere de fuerza para reír y abandonarse a uno, para ser ligera. La *tragedia* es de lo más ridículo". A finales de 1935, se obligó a apartar de sí la relación entre Cristina y Diego. Se encogió de hombros, endureció la sique y soltó una risa profunda y contagiosa. *Unos cuantos piquetitos* fue una carcajada, un estallido de risa tan explosivo que era capaz de alejar el dolor. El humor, al igual que la esperanza, la sostenía y le ayudaba a soportar su tormentosa vida.

Sin embargo, aunque Frida haya alejado la aventura de su esposo, no la olvidó. Dos y tres años después, dio testimonio de su persistente impacto en *Recuerdo*, de 1937, y *Recuerdo de la herida abierta*, de 1938. En *Unos cuantos piquetitos* y obras anteriores, como los sanguinolentos cuadros hechos en Detroit, Frida representó al cuerpo femenino (normalmente el suyo) sufriendo de dolores físicos o una muerte real. En 1937 y 1938, empezó a utilizar las heridas físicas como símbolos de daños síquicos. Ya no constituye la mujer pasiva, doblegada y sumisa al destino. En su lugar, vemos a una mujer de pie mirándonos fijamente. Está consciente de su sufrimiento personal y al mismo tiempo insiste en que nosotros lo tomemos en cuenta.

Es posible que *Recuerdo* (ilustración 39) describa su transición de niña a mujer, después del accidente. Frida aparece con el pelo corto y ropa que no es mexicana: una falda y un bolero de cuero que efectivamente eran suyos. (Durante el viaje a Nueva York, en 1935, Lucienne Bloch le sacó una fotografía en la que está vestida así.) La flanquean identidades alternas, el uniforme de colegiala y un traje de tehuana. Ambas están conectadas con ella por medio de cintas rojas (venas o líneas de sangre) y cuelgan de ganchos del mismo color, suspendidos del cielo por cintas. Cada conjunto tiene un brazo tieso que parece de muñeca de cartón. La figura central es manca y, por lo tanto, desamparada. Un pie vendado indica la operación de 1934, año en que Rivera se enamoró de Cristina. Está acomodado de tal manera que parece velero y se apoya en el mar, mientras el pie sano se sostiene en la costa. Es posible que el pie/barco simbolice el sufrimiento, un "mar de lágrimas", al igual que los charcos que Frida dibujaba debajo de autorretratos llorosos en las cartas que escribía a Alejandro.

Recuerdo representa, con extraordinaria precisión, el agudísimo dolor causado por el amor. El mensaje se comunica de manera tan sencilla y franca como lo hace la imagen de un corazón atravesado por una flecha. Implica, convincentemente, que Frida sabía demasiado bien que la trillada expresión "corazón roto" se basa en una sensación física real, cierto dolor o impresión de fractura en el pecho, como si una espada girara y revolviera una herida que se agranda sin cesar. En el cuadro de Frida, se ha arrancado el corazón roto del pecho, dejando un agujero abierto, penetrado por una asta que hace recordar el pasamanos que le atravesó el cuerpo en el accidente. Dos pequeños cupidos se posan en ambos extremos de la barra de metal y en su alegría hacen caso omiso del dolor que la oscilación del sube y baja provoca en el fulcro humano. El inmenso corazón de Frida se encuentra a sus pies e integra un monumento imponente a lo infinito de su pesar. Su corazón, como una fuente, impulsa torrentes de sangre al desolado paisaje a través de las válvulas cortadas. El líquido fluye hasta las lejanas montañas y baja al mar, donde un delta rojo confluye con el agua azul. La imagen tiene algo de la brutalidad de un sacrificio azteca, en el que se desgajaba el corazón latente a la víctima viva, mientras la sangre formaba arroyos por los escalones de piedra del templo, hasta alcanzar el suelo donde se vendían los brazos y las piernas de la ofrenda como carne. Ciertamente, el río carmesí que brota del corazón extraído de Frida capta la poesía sanguínea tan difundida en la cultura latinoamericana. Hace pensar, no sólo en el arte precolombino y colonial, sino en las corridas de toros y peleas de gallos, en las que los animales se despedazan con espuelas afiladas. En *Cien Años de Soledad,* Gabriel García Márquez escribe de un hilo de sangre que principia en la oreja de José Arcadio, cuando éste es asesinado, viaja por todo el pueblo de Macondo y regresa a su origen. De modo semejante, Frida combina el realismo concreto con la fantasía al sacar las partes interiores de su cuerpo y representarlas como símbolos de sentimientos.

En *Recuerdo* así como en otras obras, el uso crudo y violento que hace Frida del corazón, como símbolo del dolor causado por el amor, no resulta tan grotesco, cuando se interpreta en el contexto de la cultura mexicana. En cuanto a la franqueza sencilla con la que representa el sufrimiento, se asemeja mucho a cuadros de la época colonial en México, tales como el famoso *Políptico de la muerte.* El pintor anónimo del mismo ilustra el verso "dios no desdeñará un corazón arrepentido y humilde", mostrando a clérigos que muelen los propios corazones en un enorme mortero. Asimismo, pintó a un ángel que aplasta un corazón humano con una prensa para figurar el mandato: "aplasta el corazón y ejerce presión sobre él". Al igual que en la época colonial, en el México moderno, el Sagrado Corazón, rodeado con frecuencia por una corona de espinas o herido y sangrante de otra manera, adopta innumerables aspectos: corazones de plata, que se prenden en las faldas de terciopelo de los Cristos hechos de madera; cojines de seda roja en la misma forma o cuadros en los que el corazón se bordea de venas, corona con espinas y algunas veces estalla en llamas, que simbolizan el fervor religioso, o echa follaje de una arteria cortada por la parte de arriba. Frida misma tenía una funda de almohada bordada con cupidos que sostienen un Sagrado Corazón, con las palabras "Despierta Corazón Dormido"; fue precisamente en esta clase de imágenes que se inspiró para pintar *Recuerdo,* obra en la que su corazón está roto, su cuerpo no tiene brazos y su sique está dividida en tres personas, ninguna de las cuales está completa.

Al año siguiente, Frida realizó el autorretrato *Recuerdo de la herida abierta.* Pese a que también es sanguinolento y a que todavía no se curan las heridas, ha cambiado la actitud de la artista (ilustración 40; un incendio destruyó la pintura, pero existe una fotografía en blanco y negro del original). Al igual que en *Unos cuantos piquetitos,* el sexo y las heridas dolorosas se vinculan con el humor. Edgar Kaufman, Jr., quien le compró el cuadro a su padre, recuerda que consistía en "colores mexicanos líricos y vivos: rosa, rojo, anaranjado y negro; de algún modo se sentía que era imposible distinguir el dolor de la alegría". De la misma forma como en *Recuerdo,* las heridas físicas se relacionan con las sicológicas. Sin embargo, en el segundo cuadro, la posición de Frida parece más descarada y perversa. Está sentada con las piernas abiertas y levanta el volante blanco de la falda de tehuana con el fin de mostrar dos heridas: el pie vendado, apoyado en un banco, y una larga cortada en la parte interior del muslo. La lesión "abierta", que ella inventó, deja caer gotas de sangre sobre las enaguas blancas. Junto a la herida se ve una planta frondosa que posiblemente se refiera a la conexión, establecida por Frida, entre ia propia sangre y heridas y el concepto de la fertilidad, relación que aparece por primera vez en *Frida y el aborto.* La cortada del muslo alude a los órganos genitales, como herida sexual, o al hecho verdadero de la barra de metal que le atravesó la vagina y la región pelviana en el accidente. Con franqueza les explicaba a los amigos que colocó la mano derecha debajo de la falda y cerca del sexo porque se está masturbando. No obstante, dirige la mirada fija e imperturbablemente hacia el espectador.

El periodo durante el cual Frida pintó *Recuerdo* y *Recuerdo de la herida abierta* fue relativamente feliz para ella. No obstante, tuvo que conquistar esa felicidad por medio de la destrucción del dolor y el pisoteo de los problemas que bordeaban su camino. El primer cuadro revela cómo el sufrimiento causado por la relación entre Diego y Cristina con el tiempo dio lugar a la formación de una mujer más independiente y fuerte, fortalecida por la exposición de su vulnerabilidad. El otro, en cambio, demuestra que Frida convirtió la "herida abierta" de los celos y el engaño en otra clase de franqueza. Se ha transformado en una mujer sexualmente liberada, coqueta e intrépida, y pese a la insistencia en su sufrimiento, parece despreocupada. Al mirarnos, con el esbozo de una sonrisa en los labios, pensamos que casi está a punto de guiñar el ojo.

Capítulo 13

Trotsky

DEL MISMO MODO como el accidente transformó a Frida, la adolescente alocada, en una mujer joven con una profunda vena de melancolía, así como una férrea voluntad para combatir la tristeza, la relación entre Rivera y Cristina hizo de la joven y amorosa esposa una mujer más complicada. Ya no podía ni siquiera fingir que era una bonita añadidura a su cónyuge más "importante"; tenía que aprender a ser o a simular ser, autónoma. Desde luego siguió brillando y reflejándose en el centelleo y la luminosidad despedidos por la órbita de Diego, lo cual lo hacía feliz. Sin embargo, la luz que atraía a la gente hacia Frida, cada vez más llegó a ser suya propia.

Las dos casas de los Rivera, así como el puente que las unía, representaban la extraña relación de independencia e interdependencia que los caracterizaba. Ambas viviendas le pertenecían a Diego. Sin embargo, cuando Frida se enojaba con él, disponía de la posibilidad de cerrar la puerta que limitaba el puente de su lado. Así obligaba a Rivera a bajar, cruzar el patio y tocar a la puerta principal. Con frecuencia un sirviente salía a decirle que su esposa se rehusaba a verlo. Resoplando por el esfuerzo, Rivera subía por las escaleras de su casa, volvía a atravesar el puente e imploraba perdón a través de la puerta cerrada de Frida.

Diego proporcionaba el dinero y Frida lo administraba. A él no le interesaban las finanzas, y solían pasar años sin que sacara de sus sobres cheques de honorarios por grandes cantidades. Cuando lo reprendían, contestaba que era "demasiado molesto". Gastaba el dinero cuando él quería. A pesar de que el estilo de vida de la pareja era relativamente modesto, tenían enormes gastos, por ejemplo, los pagos constantes por los ídolos precolombinos que Diego añadía a su colección. "Frida solía regañarme a veces por no guardar suficiente dinero para comprar cosas tan prosaicas como ropa interior", afirmó Diego, "pero agregó que la colección «lo valía»." Rivera también era muy generoso en el apoyo a organizaciones políticas de izquierda, así como con las familias de él y de Frida. Los gastos médicos de ella por supuesto también eran considerables. "Hubo ocasiones en los que [sus gastos médicos] prácticamente me arruinaban", se quejó Diego una vez.

Frida hacía todo lo posible por mantener bajos los gastos y los anotaba todos con mucho cuidado en un libro de contabilidad, que ahora se exhibe en el Museo Frida Kahlo. Era responsable del gasto de la casa, el cual incluía cosas como pintura y yeso para las casas, y los salarios de los sirvientes. La tarea nunca fue fácil. El dinero llegaba y desaparecía de manera misteriosa y con frecuencia se acababa totalmente. Entre 1935 y 1946 llevaba las cuentas en colaboración con Alberto Misrachi, hombre encantador y culto, además de dueño de una de las mejores librerías de la ciudad de México. Frida le pintó un retrato en 1937. Él y su esposa, Anita, eran muy amigos de los Rivera. Asimismo, Misrachi les sirvió de agente, contador y banquero. Un recado típico dirigido a él de parte de Frida dice: "Albertito, te voy a pedir el favor de adelantarme el dinero de la semana que entra, pues ya no me queda nada para ésta". Otro ejemplo:

> Le voy a suplicar un favor, que me adelante lo de la semana que entra, pues de ésta no me queda ni un fierro, pues pagué a usted los 50 que le debía, 50 a Adriana, 25 que le di a Diego, para el paseo del domingo, y 50 a Cristi, y me quedé como el oso. (Se refiere a los osos cuyos dueños entrenan para bailar, acompañados por panderetas, para así ganar unas monedas.)
> No le pedí el cheque a Diego porque me dio pena fregarlo, pues sé que está muy amolado de mosca, pero como de todos modos me tendrá que dar el sábado lo de la semana, preferí pedírselo a usted, y el sábado ya no me da fierros, sino hasta la otra semana ¿Quiere? De los $ 200.00 por favor cóbrese $ 10.00 que le debo a Anita, y se los paga de mi parte, pues me los prestó el viernes en Santa Anita (no se le olvide dárselos, pues dirá que soy buten de ratera si no se los pago).
> Gracias por el favor y muchos recuerdos.

En otros recados dice necesitar dinero para una cuenta del hospital, la renta, los gastos de Diego, los albañiles, la pintura para la casa, el traslado de los ídolos de Rivera y el material que se usó para construir la pequeña pirámide que servía de pedestal para las esculturas precolombinas en el jardín de Coyoacán. En otra ocasión, quiso comprar dos pericos y una vez tuvo que pagar por un traje de tehuana. "Albertito", escribió, "la portadora de esta cartita es una señora que le vendió a Diego un traje de tehuana para mí. Diego quedó de pagárselo hoy, pero como se fue a Metepec con... unos gringachos, no me acordé de pedirle los centavos temprano y me dejó sin fierros: Total, es cuestión de pagarle a esta señora $100.00 (cien del águila) y ponerlos a Diego en su cuenta, quedando esta nota como recibo". Tal vez los arreglos con Misrachi eran algo informales, pero funcionaban.

Cuando todo iba bien entre Frida y Diego, los días normalmente empezaban con un largo desayuno en la casa de ella. Lo aprovechaban para revisar el correo y organizar sus planes: quién se iba a llevar al chofer, qué comidas compartirían y quién llegaría a comer. Después de desayunar, Diego solía retirarse a su estudio. De cuando en cuando desaparecía para hacer excursiones al campo, con el propósito de dibujar, y no regresaba hasta muy avanzada la noche. (A veces estas salidas le servían a Diego como demostración de su ilimitada generosidad ante mujeres turistas, que quedaban "fascinadas" por la oportunidad de conocer los alrededores de la ciudad de México en compañía del gran maestro.)

De vez en vez Frida subía a su estudio al terminar el desayuno; sin embargo, no pintaba con regularidad y pasaban semanas sin que trabajara. En 1936, que se sepa, sólo realizó dos cuadros: *Mis padres, mis abuelos y yo* y un autorretrato que le iba a regalar al doctor Eloesser, pero que se ha perdido. La mayoría de las veces, hacía que el chofer la llevara al centro de la ciudad, después de arreglar los asuntos de la casa, para pasar el día con alguna amiga. En otras ocasiones, salía de la ciudad con amigos, para ir, según ella, a algún pueblito en el que no haya más que indígenas, tortillas, frijoles y muchas flores, plantas y ríos".

Frida con frecuencia visitaba a sus hermanas Adriana y Matilde, pero no las veía tanto como a Cristina. Para cuando regresó a San Ángel en 1935, Frida perdonó a su hermana menor por la aventura con Diego, como quizá nunca perdonaría a este último, y Cristina se volvió a convertir en principal compañera, aliada para aventuras y consuelo en tiempos de dolor. Cuando Frida necesitaba a una confidente o una coartada, su hermana siempre estaba dispuesta a ayudarla. Cuando la iban a operar, siempre insistía en que Cristina la tomara de la mano mientras le colocaban la máscara de cloroformo sobre el rostro.

Al igual que sus hijos, Cristina se convirtió en parte integrante de la casa de los Rivera. Isolda recuerda que "siempre, desde los cuatro años en adelante, viví con Diego y Frida". Esta última era una tía perfecta. Colmaba a sus sobrinos de cariño y regalos y ayudaba a pagar las escuelas así como clases de música y baile. Ellos le devolvían ese cariño. En 1940, Frida incluyó a Isolda y Antonio entre sus compañeros más cercanos en *La mesa herida* (ilustración 55). Cuando ella se encontraba de viaje, le escribían cariñosas cartas llenas de pequeños dibujos de tórtolos llamados "Frida" y "Diego" y de corazones atravesados por flechas, derramando sangre en cálices. Los mensajes de Isolda eran particularmente coquetos: "Frida: ¿Cómo estás? Quiero que me digas la verdad: me quieres o no, contesta por favor... en toda la vida no se puede olvidar a una persona tan bonita, preciosa, linda y encantadora como tú. Te doy mi vida y mi cariño".

En realidad, Cristina y sus hijos llegaron a representar una familia para Frida, así como la repetición del mundo conocido de la propia infancia. De adolescente, Frida se quejó de que Coyoacán era una "aldea" dormilona y aburrida, que sólo ofrecía "pastos y pastos, indios y más indios, chozas y más chozas". Sin embargo, de adulta consideró ese mundo como un refugio de las exigencias y el séquito dinámico de Diego. Así lo pintó, al menos, en *Mis padres, mis abuelos y yo*. A los 28 o 29 años, Frida evidentemente se sentía muy a gusto, absorta en sus raíces familiares, y con el recuerdo agradable de estar encerrada en el patio de la casa de Coyoacán.

Por contraste, el hogar de los Rivera en San Ángel era una meca para la intelectualidad internacional. Escritores, pintores, fotógrafos, músicos, actores, refugiados, militantes políticos y gente con suficiente dinero para gastarlo en el arte, encontraban el camino que conducía a las casas color azul y rosa ubicadas en la esquina de Palmas y Altavista. Entre los visitantes extranjeros que buscaban a los Rivera, se encontraban John Dos Passos y Waldo Frank. En cuanto a sus compatriotas, podían nombrar como amigos a tales personas como el presidente Lázaro Cárdenas, el fotógrafo Manuel Álvarez Bravo y la hermosa estrella de cine Dolores del Río. A pesar de que la fama de Rivera despertaba celos en algunas de las otras celebridades mexicanas, la mayoría disfruta de los recuerdos que tienen de Diego y Frida, la cual presidía, vestida con sus galas de tehuana, las reuniones heterogéneas, aunque por regla general, de ambiente bohemio. Con frecuencia tenía lugar una comida festiva en la casa color rosa de Rivera. Los invitados se sentaban a una larga mesa cubierta de flores, fruta y loza de barro. Marjorie Eaton los visitó, invitada por Diego, en el otoño de 1934: "Fui a comer y un mono araña de inmediato se me sentó en la cabeza para quitarme un plátano de la mano. Tuve que hacer equilibrios con el animal, que me rodeaba el cuello con la cola, mientras mostraba mis bosquejos".

Otra asidua invitada a comer, Ella Wolfe, también recordaba al atrevido mono araña, que probablemente era Fulang-Chang ("cualquier mono viejo"), favorito de Diego. Ella había ido a México para estar con su esposo mientras éste trabajaba en el libro *Portrait of Mexico* ("Retrato de México"), en colaboración con Rivera, y en la biografía del muralista. Con la larga cola sostenida en alto para equilibrarse, el mono solía saltar por una ventana abierta, brincaba sobre la mesa del comedor, escogía alguna fruta del platón y, como si temiera que sus bondadosos amos le fueran a quitar el botín, huía al jardín para disfrutarla. A veces los changos de los Rivera no eran tan simpáticos. Uno estaba loco perdido por Diego. Cuando una famosa actriz de cine llegó a comer, descubrió, con consternación, que los monos son criaturas celosas y propensas a morder a sus rivales. Como siempre, Rivera se alegró por ser el objeto del amor de alguien y la riña entre el chango y la reina de la belleza le pareció divertidísima.

Por las noches, Frida frecuentemente acompañaba a algunos amigos al centro de la ciudad, para ir a centros nocturnos. La afición que cobró a la cultura de la raza fue puesta de manifiesto en su entusiasmo por el circo, el teatro callejero, el cine y las peleas de box. Jean van Heijenoort, quien se volvió amigo íntimo de Frida en 1937, recuerda que "a veces Frida, Cristina y yo íbamos a bailar al Salón México, un salón de baile popular de la clase obrera. Mientras yo bailaba con Cristina, Frida se quedaba observando todo". Se sentaba extendiendo los labios con la típica media sonrisa, misteriosa y seductora, los ojos felinos absortos en el vaivén de las parejas, el sudor del cortejo y el latido, rebote y alboroto de la música popular que inspiró la pieza sinfónica *Salón México*, de Aaron Copland.

A pesar de que Lupe Marín recordaba que de adolescente Frida ya "tomaba tequila como mariachi", probablemente no empezó a cargar pequeños frascos de coñac en el bolso, o a ocultarlos en las enaguas, hasta el periodo tratado aquí. Algunas veces llevaba el licor en una botellita de perfume que sacaba rápidamente de la blusa como si quisiera ponerse agua de colonia. Tomaba esos tragos con tal velocidad que la mayoría de la gente no se daba cuenta de lo que estaba haciendo. Generalmente se suponía que "Frida, tomando, podía dejar a cualquier hombre en el suelo". Varias cartas que le dirigió el doctor Eloesser le aconsejan amigablemente reducir el consumo de alcohol. Solía contestar que ya no tomaba "cocktailitos" (sic) y que sólo bebía una cerveza diaria. En 1938, Frida le escribió a Ella Wolfe, la cual cree que su amiga era alcohólica: "puedes decirle a Boit que ya me estoy portando bien, en el sentido de que ya no bebo tantas «copiosas»... lágrimas... de Coñac, tequila, etcétera... eso lo considero como otro adelanto hacia la liberación de... las clases oprimidas. Bebía porque quería ahogar mis penas, pero las malvadas aprendieron a nadar y ahora ¡me abruma la decencia y el buen comportamiento!"

Cuando Frida tomaba, se volvía más "indecente" y menos burguesa. Adoptaba las peculiaridades de la gente que, según ella, eran los verdaderos mexicanos: los pelados (indígenas sin dinero o vagos de la ciudad). Salpicaba sus comentarios con expresiones coloquiales y groserías que oía en el mercado. No era la única que hacía eso: las mujeres mexicanas del mundo artístico o literario que se empeñan en ser tan coloquiales como sea posible, con frecuencia usan el mismo lenguaje. Sin embargo, Frida lo empleaba con particular exuberancia y un ingenio mordaz. Su caso, al igual que el de muchos compatriotas suyos, muestra que la desenfrenada vida social y la risa frenética a menudo implican el lado opuesto de la moneda: la soledad y la aceptación fatalista de la pobreza y la muerte. Algunas expresiones que continuamente brotaban de sus labios, como "hijo de su chingada madre", "pendejo" o "cabrón", hacen patentes cierta violencia, una combinación de alegría y desesperación y el aserto desafiante de que la persona que las pronuncia está orgullosa de ser mexicana.

Durante los meses siguientes de su regreso a San Ángel, Frida se convirtió cada vez más en la compañera y el sostén de Rivera. Lo mimaba, lo cuidaba cuando estaba enfermo, peleaba con él, lo castigaba y lo amaba. Él la apoyaba, se enorgullecía de sus logros, respetaba sus opiniones, la amaba... y seguía mariposeando. Sin embargo, ella también lo empezó a hacer. La mitad de las veces, Frida se llevaba el coche durante el día con el fin de acudir a una cita con algún amante, hombre o mujer.

Las tendencias homosexuales de Frida, que causaron un trauma cuando se manifestaron por primera vez durante el último año que pasó en la Escuela Nacional Preparatoria, volvieron a surgir después de que ella penetrara en el mundo bohemio y liberal de Diego, donde las relaciones amorosas entre mujeres eran comunes y condonadas. Los hombres costeaban una casa chica y las mujeres se tenían la una a la otra. En estas circunstancias, Frida no se apenaba por ser bisexual, y a Diego tampoco le preocupaba eso. Lucienne Bloch recuerda una mañana de domingo en Detroit, cuando, durante un largo desayuno, Rivera de repente la sorprendió, al señalar a Frida y decir: "Ya sabías que Frida es homosexual, ¿verdad?" La única que se desconcertó fue Lucienne. Frida simplemente se rió mientras Diego contó cómo ella había flirteado con Georgia O'Keeffe en la galería de Stieglitz, y cómo él creía que "las mujeres son más civilizadas y sensibles que los hombres, porque estos últimos son más sencillos en lo sexual". Según Rivera, los órganos sexuales del hombre se encuentran "sólo en un lugar", mientras que los de las mujeres están distribuidos "por todo el cuerpo, debido a lo cual dos mujeres juntas tendrán una experiencia mucho más extraordinaria".

"Frida tenía muchas amigas, entre ellas, algunas lesbianas", dijo Jean van Heijenoort. "Su lesbianismo no la volvía masculina. Era una clase de efebo, infantil y definitivamente femenina al mismo tiempo".

Frida representó estas tendencias en su arte, lo mismo que todos los demás aspectos de su vida íntima, pero no abiertamente. Los autorretratos dobles que pintó implican el lesbianismo, además del amor por sí misma y la dualidad síquica. En muchos cuadros surge, como una especie de ambiente, una sensualidad tan intensa que no la afectan las polaridades sexuales convencionales; una ansia de intimidad tan urgente que pasa por alto los géneros. Según dicen, Picasso afirmó que su amistad con el poeta Max Jacob era tan íntima, que se podía imaginar el hecho de hacer el amor con éste, con el fin de conocerlo totalmente. Del mismo modo, Frida ansiaba la unión absoluta del contacto físico cuando amaba a alguien. En 1939, pintó a una pareja de mujeres amantes en *Dos desnudos en un bosque* (ilustración 53). Son las mismas mujeres, una blanca y otra morena, que flotan sobre una esponja en un cuadro que pintó el año anterior, *Lo que me dijo el agua* (ilustración 50). Es muy posible que esas figuras representen a ella misma y a una mujer amada. Las colocó fuera de los reinos del tiempo, el espacio y la convención en *Dos desnudos*. Por un lado hay una exuberante selva, desde la cual las observa un mono araña (símbolo de la lujuria) con la cola enrollada alrededor de las enredadas y torcidas ramas, y por el otro se ve un precipicio del cual sobresalen raíces, como si fuera una tumba recién excavada. En medio de ese paisaje inhóspito, las mujeres se unen la una a la otra. Una está sentada, vigilando; usa un rebozo rojo como si fuera una Madona indígena. Según Dolores del Río, la cual recibió el cuadro como regalo de Frida, "la indígena desnuda está consolando a la blanca. La morena es más fuerte". Sin embargo, gotas de sangre (símbolos del sufrimiento de la mujer o de su pueblo) caen de un extremo del rebozo sobre la agrietada tierra mexicana.

Rivera llegó a estimular las relaciones homosexuales de Frida. Algunos dicen que lo hacía porque sabía que, siendo un hombre mayor, no podía (o no quería) satisfacer a su joven esposa. Otros afirman que deseaba mantenerla ocupada, para que él pudiera ser libre. Jean van Heijenoort supone que "consideraba las aventuras lesbianas de Frida como una clase de válvula de escape". Agrega: "Frida no me dijo si Diego la satisfacía sexualmente. Hablaba sobre su relación, pero no acerca de eso. Sin embargo, ella indudablemente tenía fuertes necesidades sexuales. Una vez me explicó que su idea de la vida era «hacer el amor, bañarse, volver a hacer el amor de nuevo». Tal era su naturaleza".

El poderoso apetito sexual de Frida, tanto de mujeres como de hombres, se pone de manifiesto a través de un aura inconfundible que prácticamente irradia de la superficie de todos sus cuadros. Impregna aun las naturalezas muertas más viscerales y constituye el tema principal de tales obras como el lienzo *Flor de la vida*, de 1944 (ilustración 64), y *El sol y la vida*, de 1947 (lámina XXXII). Desde luego, resulta difícil ubicar la fuente exacta de esa energía sexual. Quizá radique en el ambiente extraño y denso, en las vibraciones y el magnetismo de los cuadros. Incluso los autorretratos más inocentes de Frida cuentan con una rara carga eléctrica que obliga a los espectadores a quedarse delante de ellos, del mismo modo como los transeúntes se sentían atraídos hacia la presencia vital de la artista. Otra parte de la carga sexual se encuentra en el rostro de Frida, la mirada penetrante y devoradora debajo de las cejas pobladas, los labios carnosos y bordeados por un pequeño bozo. Según sus amigos, la relación amorosa más apasionada de Frida fue la que tuvo consigo misma. Ciertamente, se percibe un marcado elemento de autoerotismo y fascinación en la exposición de heridas, en pinturas como *Recuerdo de la herida abierta* y otros retratos.

Hasta el último periodo de su vida, cuando la debilidad física le hacía difícil tener contactos heterosexuales, Frida de hecho prefería los hombres a las mujeres y aceptaba a muchos como amantes. Sin embargo, aunque Rivera creía en el amor libre para sí mismo, y presumía de la franqueza con la que se entregaba a esas relaciones, no soportaba las aventuras heterosexuales de su esposa, a pesar de que, por regla general, no sostenía actitudes machistas y admiraba en grande a las mujeres. Frida tenía que esconderse. Solía cerrar con cuidado la puerta que daba al puente, el cual llevaba a la casa de Diego, o hacía citas para ver a sus amantes en la casa de Cristina en Coyoacán. Su esposo, les advertía a todos, era muy capaz de asesinarlos.

Uno de los intrépidos hombres que hizo caso omiso de esas advertencias y se enamoró de Frida, fue el escultor Isamu Noguchi. Ya desde ese entonces, el mundo artístico de Nueva York reconocía su gran talento. Exuberante, encantador y particularmente apuesto, fue a México en 1935 con la ayuda de una beca Guggenheim, un coche prestado de Buckminster Fuller (un Hudson) y las esperanzas de recibir una comisión para realizar un mural en relieve en el mercado Abelardo L. Rodríguez de la ciudad de México, en donde ya varios muralistas estaban trabajando en otras paredes. Ocho meses después, terminó un mural hecho con cemento policromado y ladrillo tallado.

Dado el reducido tamaño del mundo artístico de México en esa época, era inevitable que Noguchi y Frida se encontraran. En cuanto se conocieron, el escultor quedó encantado. "La quería mucho", afirmó. "Era una persona extraordinaria, maravillosa. En vista de que se sabía muy bien que Diego era mujeriego, no se puede culpar a Frida por andar con hombres... En esos días todos éramos más o menos activos en ese sentido, incluyendo a Diego y Frida. Sin embargo, él no lo toleraba por completo. Yo solía tener citas con ella en diferentes partes. Un lugar era la casa de su hermana Cristina, la casa azul de Coyoacán.

"Cristina me caía muy bien. Era más baja que Frida y tenía unos ojos verdes encantadores. También era algo más normal; no poseía el mismo fuego de su hermana. Nos llevábamos muy bien los tres. Llegué a conocer bastante a Frida durante ese periodo de ocho meses. Íbamos a bailar todo el tiempo. A ella le encantaba bailar. Tenía una pasión por todo lo que no podía hacer. La ponía completamente furiosa el no ser capaz de hacer las cosas".

El romance entre Noguchi y Frida a veces parecía una comedia ligera francesa. Planearon rentar un departamento juntos, en el que se pudieran reunir. Según contó Marjorie Eaton, los amantes incluso encargaron los muebles, los cuales, sin embargo, no llegaron, porque el hombre que los iba a entregar supuso que eran para Frida y Diego. Él mismo se hizo cargo de ir a San Ángel para presentarle la cuenta a Rivera. "Así terminó el romance entre Frida y Noguchi", afirmó Marjorie Eaton.

Otros dicen que la relación tuvo un fin distinto, aunque igualmente cómico. Cuando Rivera se enteró, se enfureció tanto que se fue corriendo a la casa en Coyoacán, donde los amantes se encontraban en la cama. El mozo de Frida, Chucho, avisó a su ama de la llegada de Diego. Noguchi se vistió rápidamente, pero uno

de los *escuincles* se precipitó sobre un calcetín y se lo llevó. El escultor decidió
que la discreción es el mejor aspecto del valor, abandonó el calcetín, trepó a un
naranjo en el patio y huyó por la azotea. Desde luego, Diego encontró la prenda,
e hizo lo que se supone deben hacer todos los machos mexicanos en tales circunstancias. Según lo narró Noguchi: "Diego llegó con una pistola. Siempre la cargaba. La segunda vez que me la mostró fue en un hospital. Frida estaba enferma
por alguna razón, y fui a visitarla, él sacó la pistola y dijo: «¡La próxima vez
que lo vea, lo voy a matar!»."

Durante esa época, Rivera usaba la pistola con frecuencia como una especie
de compensador emocional; la blandía tanto para defender su orgullo machista
como su identidad política. Aun cuando en 1934, las tendencias políticas en México giraron hacia la izquierda con la elección de Lázaro Cárdenas. (Este presidente expulsó a Calles en abril de 1936, regresó al país al camino de las reformas
agrarias y laborales, y nacionalizó la industria petrolera en 1938, medida que ex-
propió numerosas inversiones extranjeras.) A pesar del giro en la política nacional, el Partido Comunista seguía atacando a Rivera. Incluso se puede decir que
los ataques se habían vuelto más fuertes. En 1933, cuando León Trotsky se convenció de que era imposible quedarse en la misma Internacional con Stalin y
empezó a formar la Cuarta, Diego se declaró simpatizante del movimiento trotskista. Aunque no se afilió al sector mexicano del partido de Trotsky hasta 1936, pintó
el retrato del mismo en la sede neoryorquina de la organización e incluyó otro en
la segunda versión del mural del Centro Rockefeller, pintado en el Palacio de Bellas Artes. (En esta obra, Trotsky ayuda a cargar una pancarta en la cual se leen
las siguientes palabras: "Obreros del mundo: ¡Uníos en la 4a. Internacional!")
Rivera llegó a estar de acuerdo con Trotsky en cuanto a que era perjudicial el
fortalecimiento de la burocracia en la Unión Soviética. Al igual que el político
ruso, Diego creía en el internacionalismo revolucionario, doctrina opuesta al "socialismo en un solo país" predicado por Stalin. Sin duda, Rivera simpatizaba particularmente con la figura heroica del líder exiliado porque el Partido Comunista
Mexicano, que apoyaba a Stalin, lo había echado y ultrajado a él mismo.

En México, al igual que en otras partes del mundo occidental, el conflicto
entre trotskistas y estalinistas adoptó formas virulentas. Toda la ciudad hablaba de
las peleas entre artistas politizados. Los comunistas ortodoxos proferían injurias
contra Rivera no únicamente porque era trotskista, sino dado que su arte era político, también lo "criticaban". Diego pintaba en los palacios y para los turistas
gringos: ¿qué clase de revolucionario era, entonces?

Rivera decidió exponer su lado de la historia en una conferencia sobre la
educación progresista, que formaba parte de una serie de discursos dados en el
Palacio de Bellas Artes a partir del 26 de agosto de 1935. Tuvo una buena acogida su presentación, intitulada "Las artes y su papel revolucionario dentro de la
cultura". Al día siguiente, Siqueiros, seguidor fervoroso de la doctrina comunista
de Stalin, habló acerca del movimiento muralista mexicano y emprendió un ataque cáustico contra la contribución de Rivera al mismo. La violencia de Siqueiros
exigió una respuesta equivalente de Diego. Se puso de pie de un salto y negó
todas las acusaciones a gritos. El presidente del congreso, quien en ese entonces
también encabezaba el Instituto Nacional de Bellas Artes, reprendió a Diego, afir-

mando que se encontraba en una conferencia y no en un debate. Sin embargo, Rivera sacó una pistola de la bolsa del pantalón, la agitó en el aire y pidió que le dieran oportunidad de responder. El presidente se la concedió y se fijó un duelo de palabras entre Rivera y Siqueiros para la tarde siguiente.

Al otro día Rivera, teatralmente, llegó tarde. Se abrió camino a través de la multitud que fue a presenciar la discusión y se reunió con Siqueiros en un palco arriba del escenario. Al ver cómo el público luchaba por alcanzar asientos, pidió y le dieron una sala más grande. La muchedumbre de nuevo se peleó por los lugares. Cuando los adversarios por fin empezaron a hablar, el encuentro pronto se volvió aburrido. Terminó con un pasado análisis del porcentaje de su obra que cada artista vendía a los turistas. El público se puso inquieto. La gente se reía disimuladamente, se aclaraba las gargantas y bostezaba. Frida, enojada con todos, pues según ella mostraban poco respeto hacia Diego, se pasó el tiempo dando vueltas en su lugar y mirando airadamente a los ofensores.

Después de que se dispersó el público, hubo una confrontación final cuya "víctima", Emmanuel Eisenberg, la registró para la posteridad, dando una versión ligeramente adecentada, en la revista comunista *New Masses*. Según Eisenberg, Frida corrió hacia él y gritó, enigmáticamente: "¿Ves la multitud?" Lo cual lo dejó perplejo, sentimiento que se intensificó aún más cuando ella le dio un manotazo en la boca. "¡Se ha estado riendo de mí toda la noche!", vociferó Frida. "¡Cada vez que vuelvo la cabeza! ¡Estos cabrones gringos sólo salen de su... país para burlarse de nosotros!" Rivera aprovechó la oportunidad para realizar un acto de caballerosidad y "vengarse" al mismo tiempo. Subió las escaleras corriendo y le pegó dos golpes al escritor en la mandíbula. Unos amigos lo alejaron arrastrando del lugar y se fue gritando: "¡Ese hijo de la chingada es estalinista!" Por lo menos esa vez no sacó la pistola.

Frida compartía el entusiasmo que sentía Diego por Trotsky. Sin embargo, no se afilió al partido. En México, éste consistía en unos cuantos intelectuales y gente metida en asuntos sindicales. Era demasiado pequeño y pobre para que alguien pudiera adherirse a él sin trabajar activamente en su beneficio. La Guerra Civil española, que estalló el 18 de julio de 1936, despertó la conciencia política de Frida. Opinaba que la lucha de la República Española contra la sublevación de Franco representaba "la esperanza más viva y fuerte [que tenemos] de que se aplaste el fascismo en el mundo". Junto con otros simpatizantes leales, ella y Diego formaron un comité que se encargara de conseguir dinero para un grupo de milicianos españoles, que llegaron a México en busca de ayuda económica. Frida pertenecía a la "Delegación del Exterior" y se dedicaba a ponerse en contacto con personas y organizaciones ubicadas fuera de México, a fin de reunir fondos. ...pero lo que tendría ganas de hacer", le escribió al doctor Eloesser el 17 de diciembre de 1936,

"Sería irme a España, pues creo que ahora es el centro de lo más interesante que pueda suceder en el mundo... ha sido de lo más entusiasta que ha habido la acogida que todas las organizaciones obreras de México han tenido para este grupo de jóvenes milicianos. Se ha logrado que muchos de ellos voten un día de salario para la ayuda de los compañeros españoles, y no se imagina usted la emoción que da ver con qué sinceridad y entusiasmo las organizaciones más pobres de campesinos y obreros, haciendo un verdadero sacrificio, pues usted sabe bien en qué miserables condiciones vive la gente en los pueblitos, han dado, sin embargo, un día entero de haber para los que combaten ahora en España en contra de los bandidos fascistas... He escrito a Nueva York y a otros lugares y creo que lograré una ayuda, que aunque pequeña, significará, cuando menos, alimentos o ropa para algunos niños hijos de los obreros que luchan en el frente en estos momentos. Yo quisiera suplicarle a usted que en lo posible hiciera propaganda entre los amigos en San Francisco..."

La participación de Frida en la agitación política sirvió tanto para concentrar su energía como para acercarla a Diego, quien necesitaba de su ayuda. En 1936 y 1937, Rivera pasó varios periodos de semanas enteras en el hospital, por problemas oculares y renales. La salud de Frida era buena, con excepción de su pie (lo operaron de nuevo en 1936). El 5 de enero de 1937 le escribió al doctor Eloesser, desde el sanatorio donde estaba acompañando a Diego, para expresarle su agradecimiento por la ayuda prestada a la causa por la que ella estaba luchando: "Yo trato de ayudarlo en lo más que puedo; pero no es suficiente mi ayuda por más buena voluntad que tenga yo para aliviar en parte sus problemas... Me gustaría escribirle una larga carta acerca de nuestros asuntos personales, pero no se imagina cuánto tiempo paso en eso [se está refiriendo al trabajo con los milicianos españoles]; casi se puede decir que es un milagro cuando logramos dormir cuatro o cinco horas". En la siguiente carta a Eloesser, del 30 de enero de 1937, dice: "Yo he trabajado muchísimo y en todo lo que he podido he tratado de ayudarlo [a Diego] mientras se encuentra en cama, pero como usted sabe, está desesperado cuando no trabaja, y nada lo conforma".

Para el 19 de diciembre de 1936, día en que León y Natalia Trotsky se embarcaron en el buque aljibe Ruth en Oslo, rumbo a México, habían pasado nueve largos años en el exilio. Expulsados de Moscú por decisión del Decimoquinto Congreso del Partido Bolchevique, vivieron en Alma-Ata, ciudad del Asia central soviética de Oriente, hasta 1929, cuando fueron deportados de Rusia. Primero se quedaron en la isla de Prinkipo, cerca de los litorales de Turquía. En 1933 fueron a Francia y, finalmente, a Noruega. Durante todos esos años, Trotsky nunca perdió la confianza en su idea de que estaba destinado a cambiar el mundo. Trabajó incansablemente, con la vista puesta en esa meta. Sin embargo, ciertas presiones económicas ejercidas sobre Noruega por parte de la Unión Soviética (los rusos amenazaron con descontinuar las cuantiosas importaciones de arenque noruego), persuadieron a ese país a echarlo. Cuando un país tras otro rechazó su solicitud de asilo, él y los trotskistas en todas partes empezaron a perder toda esperanza.

Rivera se afilió al sector mexicano de la Liga Internacional Comunista (trotskista) en septiembre. El 21 de noviembre del mismo año, recibió un telegrama urgente de Anita Brenner, desde Nueva York, en el que le informaba que era cuestión de vida o muerte averiguar, de inmediato, si el gobierno mexicano estaba dispuesto a concederle asilo político a Trotsky. El comité político de la organización se reunió en seguida. Se enviaron en secreto a Rivera y a Octavio Fernández, líder dentro del grupo de trotskistas mexicanos, para consultar al presidente Cárdenas, quien en ese momento se encontraba en el norte de México, supervisando el programa para la distribución de la tierra en La Laguna. Cuando llegaron a Torreón, Rivera presentó la solicitud de asilo, firmada por él mismo, para Trotsky, y Cárdenas lo concedió, bajo la condición de que Tortsky se comprometiera a no entrometerse en los asuntos internos de México.

El *Ruth* llegó al puerto de Tampico en la mañana del 9 de enero de 1937. Natalia Trotsky, precavida por los meses de estar rodeada por guardias y los años de vivir con la amenaza constante de que los asesinaran agentes de Stalin, tuvo miedo de abandonar el barco. Trotsky informó a la policía que él y su esposa no desembarcarían hasta ver rostros amigos. Un momento antes de que los depositaran a la fuerza en la costa, se acercó un barco patrullero del gobierno a recibirlos. A bordo se veían dos caras conocidas, Max Shachtman (fundador del movimiento trotskista norteamericano) y George Novak (secretario del Comité Norteamericano para la Defensa de León Trotsky), además de miembros de las autoridades locales y federales, periodistas mexicanos y extranjeros y Frida Kahlo, quien fue en representación de su esposo, quien todavía se encontraba en el hospital, muy resentido por perder la llegada del revolucionario ruso. Hubiera sido un momento triunfal para él pues, como admitió Trotsky más tarde: "Estamos particularmente agradecidos con él (Rivera) por nuestra liberación del cautiverio en Noruega". Convencidos de que estaban seguros, Trotsky y Natalia atravesaron el muelle de madera hacia la libertad. Él llevaba bombachos de lana y una cachucha y cargaba un portafolios así como un bastón. Caminaba con la barba en alto y los pasos orgullosos de un soldado. Ella se veía algo desaliñada en un traje sastre, además de cansada y preocupada. Miraba hacia abajo a fin de no tropezar en las tablas accidentadas del estrecho muelle. Justo detrás de ellos Frida, ágil y exótica con su rebozo y falda larga. "Al cabo de cuatro meses de cautiverio y aislamiento, ese encuentro con amigos fue especialmente cordial".

Cárdenas envió un tren especial llamado "El Hidalgo", para llevar al grupo a la capital. Abandonaron Tampico en secreto a las diez de la noche, para proteger a Trotsky de los agentes de la GPU, y llegaron a Lechería, una pequeña estación en las afueras de la ciudad de México, el 11 de enero. En la oscuridad previa al amanecer, Rivera (al que el hospital dejó salir temporalmente por la ocasión) y otros miembros del grupo de trotskistas mexicanos, se reunieron en un restaurante cercano, junto con varios funcionarios del gobierno y policías, para darles la bienvenida. Mientras tanto, un gran número de personas acudió a la casa de los Rivera en San Ángel, para dar la impresión de que estaban esperando a Trotsky, y otros se arremolinaban, con evidente expectación, en la principal estación de ferrocarril de la ciudad de México.

La comitiva presente en Lechería tuvo que esperar mucho antes de que apareciera una columna de humo a lo lejos y se escuchara el ruido sordo del tren que se aproximaba. A pesar de todos los esfuerzos por desviar la atención, algunos reporteros y fotógrafos, incluyendo a Agustín Víctor Casasola (1874-1938; gran fotógrafo de la Revolución) o a uno de sus socios en el negocio familiar, lograron estar ahí para presenciar el momento en el que Trotsky, Natalia y Frida bajaron del tren. Trotsky abrazó a Rivera. Junto con Natalia, lo llevaron rápidamente a la casa azul de Coyoacán, pasando por calles secundarias. El matrimonio vivió ahí, sin pagar renta, durante los siguientes dos años. (Poco tiempo antes, Cristina se

cambió a una casa ubicada a unas cuadras de distancia en la calle de Aguayo;
Rivera probablemente se la compró. Guillermo Kahlo fue a vivir con Adriana y
sólo se quedó con un cuarto en la casa que había construido, donde guardó sus
aparatos fotográficos.) Cuando el grupo que acompañaba a los Trotsky llegó a
mediodía, la casa estaba rodeada por una guardia policiaca.

Una hora más tarde, Jean van Heijenoort fue a Coyoacán. El matemático
francés, alto y rubio, era secretario de Trotsky desde 1932. Cuando se enteró de
que México le daría asilo a su mentor, viajó a ese país pasando por Nueva York.
En la casa azul encontró a Frida y Diego ocupados con la instalación de sus
huéspedes. Rivera, quien siempre se emocionaba con el peligro, real o imaginario,
se preocupaba por los detalles de seguridad. Ya que ni Trotsky ni Natalia hablaban
español, Frida iba a ser su principal consejera y guía y Cristina a veces su chofer.
La ayuda de sirvientes dignos de confianza era imprescindible y Frida mandó
a algunos de los suyos. Como medida de seguridad, se taparon con ladrillos de
adobe las ventanas que daban a la calle. Los miembros del partido trotskista rem-
plazaron a la guardia policiaca y velaron por las noches. Más tarde surgió la sospecha de que se pudiera atacar la casa desde la del vecino. Diego no vaciló ni
se molestó pensando en modos de reforzar el muro que separaba su jardín del
vecino. Diego tuvo un típico gesto generoso: simplemente compró el terreno adyacente, sacó al vecino y contrató a obreros para unir las dos propiedades; lo cual
hizo posible, en los años cuarenta, ampliar el jardín y agregar otra ala a la casa,
con un estudio para Frida.

Los Trotsky estaban muy alegres y aliviados por haberse salvado del peligro
más inmediato. Les gustaba la casa azul, el patio lleno de plantas, las habitaciones
amplias y ventiladas, decoradas con arte popular y precolombino, y los numerosos
cuadros. 'La casa de Rivera era como un nuevo planeta para nosotros", escribió
Natalia.

A Guillermo Kahlo también le debe haber parecido un "nuevo planeta".
"¿Quiénes son estas personas?", preguntó a su hija. "¿Quién es Trotsky?" Frida
le contó que era el creador del ejército ruso, el hombre que hizo posible la Revolución de Octubre, compañero de Lenin. "Ah", dijo Kahlo. "¡Qué extraño".
Más tarde le habló a Frida otra vez: "Estimas a esta persona, ¿verdad? Quiero
hablar con él. Quiero aconsejarle que no se mezcle en la política, porque es muy
mala".

Fueran perjudiciales o no, Trotsky no aflojó el ritmo de sus actividades políticas. Se puso a trabajar de inmediato. El 25 de enero, dos semanas después de
su llegada, la revista *Time* publicó: "Según nuestras últimas noticias, el anfitrión
Diego Rivera ha regresado al hospital por una enfermedad renal; la señora de
Trotsky se encuentra en cama con lo que parece una reaparición de la malaria
y la joven anfitriona señora de Rivera, de ojos oscuros, cuida y atiende con mucho
respeto a su huésped Trotsky, quien ha vuelto al dictado de la monumental biografía de Lenin que inició hace casi dos años". Trotsky también solicitó la formación de un comité internacional para el análisis de la evidencia que fue usada
en su contra en los juicios de Moscú. Trabajó a un paso muy acelerado para
preparar su declaración.

El comité consistió en seis norteamericanos, un francés, dos alemanes, un italïano y un mexicano. El educador y filósofo estadunidense John Dewey fungió como presidente. Fue transformada la casa de Coyoacán con el fin de realizar las audiciones. De la noche a la mañana se construyó una barricada de casi dos metros de alto con ladrillos y bolsas de arena, para escudar mejor la habitación más grande de la casa, donde se llevarían a cabo las sesiones. Se acomodaron cuarenta asientos para periodistas e invitados. Trotsky, su secretario, Natalia y los miembros del comité se sentaron tras una larga mesa. Refuerzos policiacos estuvieron al acecho de asesinos y saboteadores.

Se realizó la primera de las trece sesiones del comité Dewey el 10 de abril de 1937. El "juicio" duró una semana. Diego Rivera acudió con un sombrero de ala ancha decorado con una pluma de pavo real. Frida se atavió con alhajas tarascas y trajes indígenas y se sentó lo más cerca posible de Trotsky, quien respondió a las preguntas de sus interrogadores con su precisión característica, y el manejo seguro de la gran cantidad de información que había reunido para desacreditar a los acusadores. Al final quedó agotado, pero regocijado, concluyó su defensa con el siguiente discurso: "La experiencia de mi vida, la cual no ha carecido ni de éxitos ni de fracasos, no sólo no ha logrado destruir mi fe en el porvenir luminoso y brillante de la humanidad, sino por lo contrario, le ha dado un temple indestructible. Esta fe en la razón, la verdad y la solidaridad humana que tuve cuando llegué al barrio obrero del pueblo provincial ruso de Nikolayev, a la edad de dieciocho años, esta fe la he conservado completa y totalmente ha madurado, pero no ha perdido ardor". La contestación de Dewey fue enteramente certera: "Cualquier cosa que yo pudiera decir sólo sería un anticlímax". En septiembre, el comité dio a conocer el veredicto: Trotsky había demostrado ser inocente de un modo que no dejaba lugar a dudas.

Durante los meses subsiguientes al "juicio", los Rivera y sus huéspedes se reunían con frecuencia. A pesar de que tanto Diego como Trotsky estaban obsesionados con el trabajo y disponían de poco tiempo para la vida social, las parejas a menudo comían juntas y organizaban días de campo y excursiones a lugares cercanos a la ciudad de México. Trotsky aprovechaba esas ocasiones para coleccionar distintas especies de cactos que encontraba en el campo. Llevaba ejemplares enormes, con raíces y todo, a la casa en el coche de Rivera. Alguien puso a su disposición una casa en Taxco, pintoresco pueblo de pródigas minas de plata, ubicado en las montañas al sur de Cuernavaca. De cuando en cuando, él y su séquito pasaban una semana ahí. Jubiloso por encontrarse en libertad, Trotsky solía correr a caballo a gran velocidad por el terreno escarpado y rocoso, lo cual preocupaba a sus compañeros que no podían mantenerse a su ritmo. Cuando Frida y Diego lo visitaron, este último pasó los días pintando troncos de árboles que tuvieran la forma de cuerpos femeninos, en un intento bastante forzado por imbuir de surrealismo a su visión de México. A causa de su "maldita pata", Frida se dedicó a platicar y a tomar coñac en la plaza central del pueblo, donde observaba el alboroto de los vendedores de globos y helados, a los niños y a las ancianas.

Por bien que conociera a alguna persona, Trotsky siempre guardaba cierta formalidad en el trato con ella. Sin embargo, con los Rivera se portaba con extraordinaria amabilidad y desenvoltura. Diego era el único que podía visitarlo a la hora que fuera sin concertar una cita, y uno de los pocos a los que Trotsky recibía sin tener presente a una tercera persona. Siendo un hombre muy metódico, Trotsky asignaba actividades fijas a ciertas horas de cada día. Rivera era todo lo opuesto y, por un periodo de tiempo, el trato del ruso con él quebrantó su rigidez. Por su parte, Diego admiraba la valentía y la autoridad moral de Trotsky y respetaba la disciplina y fidelidad que tenía para su causa. Cuando estaba con él, se esforzaba por controlar el impulso de fantasear y sus costumbres anárquicas.

"Cuando se encontraban juntos", recuerda Jean van Heijenoot, "Diego a veces dominaba la conversación y luego le dejaba la palabra a Trotsky. Casi siempre hablaban sobre los políticos mexicanos. Diego era muy perspicaz cuando se trataba de la gente, de averiguar el verdadero carácter de una persona. Trotsky era algo distinto en este sentido. Siempre interpretaba todo en función de tendencias, izquierda, derecha, todo eso: puros conceptos abstractos. Trotsky disfrutaba dicha habilidad de Diego, cuya comprensión de semejantes asuntos a él le ayudaba bastante". Asimismo, le complacía a Trotsky que este muralista de fama mundial perteneciera a las filas de la Cuarta Internacional. En un artículo intitulado "Arts and Politics" ("El arte y la política"), publicado por la revista *Partisan Review* (agosto/septiembre de 1938), Trotsky elogió a Rivera como el "intérprete más importante" de la Revolución de Octubre. Un mural de Rivera, escribió, "no era simplemente un «cuadro», objeto de la contemplación estética pasiva, sino también una parte viviente de la lucha de clases".

A pesar de su edad, el ruso causaba gran impresión con su presencia física. Se conducía como un héroe, con gestos dinámicos y pasos severos. Los ojos azules, que miraban de manera penetrante a través de los lentes redondos con armazón de carey, y la mandíbula firme, hacían patentes su fervor y tenacidad intelectuales. A pesar de que tenía sentido del humor, lo caracterizaba cierta rigurosidad imponente. Estaba acostumbrado a conseguir lo que quería.

Asimismo, tenía un vigoroso interés por el sexo. En presencia de mujeres, Trotsky se volvía particularmente entretenido e ingenioso. A pesar de que se le ofrecían pocas oportunidades de conquistar, parece haber tenido bastante éxito. El método de acercamiento que empleaba no era romático ni sentimental, sino directo y, a veces, basto. Acostumbraba acariciar la rodilla de una mujer debajo de la mesa o hacer proposiciones descaradas y francas. En cierto momento, el deseo que sentía por Cristina lo indujo a planear una serie de ejercicios de simulacro para el caso de un incendio, los cuales incluían la práctica de un escape de noche por encima del muro del jardín, así como una carrera a la casa de Cristina, ubicada en la calle Aguayo. Finalmente, lograron disuadirlo de esta aventura imprudente el recelo expresado por su séquito y la afectuosa, pero firme falta de interés manifestada por la misma Cristina.

Aun cuando por su cabellera y barba blancas Frida le puso a Trotsky el apodo de "Piochitas", y se refería a él como "el viejo", la atraían su reputación de héroe revolucionario, su brillantez intelectual y su fuerza de carácter. Sin duda, la evidente admiración que este hombre producía en Rivera intensificaba esos sentimientos en Frida: una aventura con el amigo e ídolo político de su esposo sería la venganza perfecta por la relación entre éste y su hermana. En cualquier caso, Frida desplegó todas sus facultades seductoras con el fin de cautivar a Trotsky. Daba realce a su intimidad hablándole en inglés, idioma que Natalia no entendía.

"Frida no vacilaba en emplear la palabra «amor»", recuerda Jean van Heijenoort. "Se despedía de Trotsky con los términos «todo mi amor»."

Es muy poco probable que Frida tuviera necesidad de inventar estratagemas paar atraer a Trotsky. A los 29 años, se encontraba en ese momento perfecto en el cual la hermosura de la juventud se funde con el carácter para crear un atractivo más fuerte. La mujer que Trotsky vio cuando conoció a Frida fue la que ella misma representó en los autorretratos *Fulang-Chang y yo* (lámina XIII; marzo de 1937) y *Escuincle y yo* (ilustración 49; del año siguiente. Este cuadro se ha perdido, pero lo documenta una fotografía): una joven mujer seductora con la cara llena y labios sensuales. La expresión de su mirada es evaluadora, atractiva y sensata, y sin la cautela que la caracteriza en los autorretratos pintados más tarde.

Existe, no obstante, un toque de emoción explosiva, aunque contenida, y cierta diversión ligeramente perversa, incluso insolente, en la manera en que, por ejemplo, los rasgos de Frida "corresponden" a los de la mascota, en *Fulang-Chang y yo;* Frida siempre sostuvo que sus cuadros tenían mucho humor, evidente para los que contaran con la agudeza necesaria para percibirlo. Al igual que en las tradiciones occidental y maya, el chango seguramente simboliza la lujuria o la promiscuidad. Tanto en *Escuincle y yo* como en *Recuerdo de la herida abierta,* la actitud de Frida, con un cigarro en la mano, es intencionalmente provocativa; hay algo desnudo, y al mismo tiempo absolutamente reservado, en la fijeza sin parpadeos de su mirada; como la de ciertos animales y niños, que hace al observador sentirse también desnudo. Estos autorretratos comprueban, sin lugar a duda, que Frida es una mujer que ha amado y ha sido amada por los hombres.

Trotsky empezó a escribir cartas que metía entre las hojas de libros que le recomendaba a Frida. Luego se los daba al despedirse de ella, frecuentemente en presencia de Natalia y Rivera. A unas semanas de que finalizaron las sesiones realizadas por el Comité Dewey, este coqueteo remilgado se convirtió en plena aventura amorosa. La pareja se veía en la casa de Cristina, ubicada en la calle de Aguayo.

Rivera, afortunadamente, ignoró la existencia de esta relación. Natalia, sin embargo, se puso celosa y muy deprimida hacia fines de junio. Llevaba casada con Trotsky 35 de los 55 años de su vida, y éstos dejaron sus huellas: marcadas arrugas le atravesaban el rostro cálido e inteligente. Le mandó un recado patético a su esposo: "Me miré en un espejo en la casa de Rita y me vi mucho más vieja. Nuestra condición interior resulta extremadamente importante en la vejez: nos da una apariencia más joven o de mayor edad". El séquito de Trotsky temía que se descubriera la aventura, ya que un escándalo desacreditaría al ruso a los ojos del mundo.

El 7 de julio, Trotsky abandonó la casa de Coyoacán y se trasladó a una finca, parte de una gran hacienda ubicada cerca de San Miguel Regla, aproximadamente a 130 kilómetros al noreste de la ciudad de México. El 11 de julio, Frida lo fue a visitar, acompañada por Federico, el hermano de Lupe Marín. Cuando Natalia se enteró del viaje, le escribió a su esposo una carta en la que sus sentimientos heridos se manifiestan entre líneas. Aparentemente ella deseaba haber ido también, pero se quedó debido a la premeditada falta de comunicación entre ella y los Rivera. Unos días más tarde Natalia recibió la narración de la visita de Frida, evidentemente mal representada por parte de Trotsky, quien le dijo que acababa de regresar de pescar cuando

de repente llegaron visitas: Frida, acompañada por Marín y el susodicho Gómez (un sobrino del dueño de la hacienda). Frida me dijo que no "habías podido" venir... Los visitantes (los tres) comieron conmigo, mientras tomamos bastante y conversación que valiera la pena recordar, con excepción de la que me contaron de ti. Gómez nos llevó a todos a ver unas antiguas minas y la casa principal de la hacienda (las habitaciones de lujo, los macizos de flores... ¡qué esplendor!). En el camino echamos un vistazo a un despeñadero basáltico... No hubo ninguna conversación que valiera la pena recordar, con excepción de la que me contaron de ti. Después de tomar un café muy aprisa, Frida y Marín se fueron porque querían estar de regreso antes del anochecer (la carretera está en muy mal estado)... Frida me habló "bien" de ti; mencionó el concierto y la película. Quizá se mostró demasiado "optimista" con el fin de tranquilizarme; sin embargo, me dio a entender que te encuentras algo mejor.

El 15 de julio, Trotsky se reunió con Natalia en Coyoacán por tres días, durante los cuales también vio a Frida y a Diego. En cuanto regresó a la hacienda, le escribió a su esposa:

Ahora déjame platicarte de la visita. Me recibió F. D. estaba en el estudio, donde un fotógrafo estaba sacando fotos de los cuadros.
Lo primero que hice fue pedir permiso de llamarte por teléfono. Mientras tanto, F. mandó traer a D. En cuanto me senté, sonó el teléfono: era la esposa de Marín, quien le preguntó a F. si tú te encontrabas en la casa (te quiere llevar flores)... Me sorprendió la manera antipática en la que le respondió F. Mientras esperábamos a D., F. me dijo que pensaba irse de la ciudad. "¿A Nueva York?" "No, no tengo dinero suficiente para eso; a algún lugar de Veracruz".
D. llegó con un perico en la cabeza. Hablamos de pie, porque D. ya quería irse. F. le dijo algo a D., quien lo tradujo con una sonrisa: "Dice que si no fuera tan tarde lo acompañaría [a Trotsky] hasta Pachuca y se regresaría en camión". Ella no mencionó nada semejante durante los tres minutos que pasamos esperando a D. ¿Por qué se lo habrá dicho? Él me tradujo todas las palabras de ella de un modo muy amable. Perdóname por contarte todos estos detalles, pero quizá te interesen, aunque sea un poco.

Obviamente, había terminado ya la aventura entre Trotsky y Frida. Al día siguiente este último escribió: "Acabo de recordar que ayer no le di las gracias a F. por su intención de acompañarme, además de que en general la traté con desconsideración. Hoy les mandé unas palabras afables a ella y a D.". En esta carta, al igual que otras, habló del amor que lo invadió por Natalia después de que rompió con Frida. "Te quiero tanto, Nata, ¡mi única, mi eterna, mi fiel, mi amor y mi víctima!"

Ella Wolfe cree que Frida, y no Trotsky, fue quien puso fin a la relación, y que lo hizo durante la visita a San Miguel Regla. Desde este lugar Trotsky le envió a Frida una carta de nueve hojas, en la que le suplica que no se separe de su lado y le dice cuánto ha significado ella para él durante las semanas que pasaron juntos. "Fue un ruego que un joven enamorado de 17 años, hubiera dirigido a un ser amado, y no el de un hombre de más de sesenta. Trotsky de veras estaba chiflado por Frida. Ella era muy importante para él". Frida le mandó la carta a Ella Wolfe porque, según dijo, era tan "linda". No obstante, le pidió a su amiga que la rompiera después de leerla, y ésta obedeció. "Estoy muy cansada del viejo", escribió Frida.

Halagada por el amor del gran ruso, además de fascinada por su inteligencia y conmovida por el deseo que sentía por ella, a Frida le encantó la aventura con Trotsky, pero no lo amaba. Finalmente, ambos se apartaron de una relación que sólo los hubiera llevado al desastre. "Era imposible seguir sin comprometerse completamente el uno con el otro, o sin el riesgo de producir un incidente con Natalia, Diego o la GPU", afirma Jean van Heijenoort.

Después de que Trotsky regresó de la hacienda, el 26 de julio, la vida en la casa azul de Coyoacán se tornó más o menos normal. Sin embargo, las relaciones entre las dos parejas habían cambiado sutilmente en algunos aspectos. Frida ya no coqueteaba tan abiertamente con Trotsky; ni hubo indirectas, ni cartas secretas. Ya no se pronunciaba la palabra "amor" al despedirse. Trotsky y Frida simplemente se volvieron buenos amigos. Sin embargo, en términos generales, los amantes que quedan como amigos siempre conservan un poco de la intimidad que compartieron. En una película que se tomó en Coyoacán en 1938, la cual muestra a Trotsky, Natalia, Frida, Diego, Jean van Heijenoort y otros, Frida se acurruca amorosamente sobre las piernas de Rivera y así provoca la sospecha de que está tratando de dar celos a su anterior amante. Los labios de la artista llevan la provocadora media sonrisa que también aparece en *Recuerdo de la herida abierta*.

Varios meses después del fin de su aventura, el 7 de noviembre de 1937, aniversario de la Revolución Rusa y cumpleaños de Trotsky, Frida le dio como obsequio uno de los autorretratos más encantadores que haya pintado (lámina XII). Extrañamente, se presenta ante el líder revolucionario como mujer burguesa colonial o aristócrata, en vez de vestirse como tehuana o militante política. Se encuentra de pie entre dos cortinas, con la postura de una diva y el porte de una doncella criolla. En las manos, apretadas con recato, sostiene un ramillete de flores y una hoja de papel sobre la cual se leen las siguientes palabras: "Para León Trotsky, con todo cariño dedico esta pintura el siete de noviembre de 1937. Frida Kahlo, San Ángel, México".

Está ataviada "para deslumbrar", con joyas coloniales, un clavel morado y una cinta roja en el cabello. Tiene los labios color carmesí, las mejillas rosadas y las uñas pintadas de rojo. Ha elegido los colores de la vestimenta con una habilidad consumada: una falda color salmón, un rebozo ocre y una blusa color vino. El fondo verde oliva realza magníficamente todos esos elementos. La combinación muy original de los colores indica que ellos, así como el motivo del cuadro, se basan directamente en la vida real, en ropa que ella usaba de verdad. La delicadeza estética de su obra artística, en general, formaba parte del mismo impulso que la empujaba a preocuparse de su ropa y de la decoración de su hogar, incluyendo la manera de poner la mesa. El marco de terciopelo rosado y verde que escogió para este autorretrato, por ejemplo, completa el cuadro en la misma forma como el rebozo amarillo favorece a Frida. Subraya su idea de que no hay mucha diferencia entre un objeto atractivo o bonito y una obra de arte.

En el primer autorretrato que pintó, una Frida hermosa y pura implora a su primer amor que regrese con ella, después de que la ha rechazado; la Frida seductora y mundana del cuadro que le regaló a Trotsky provoca a su rechazado amante al entregarse a él en forma de retrato. "Hace mucho que admiro el autorretrato de Frida Kahlo de Rivera que adorna una pared del estudio de Trotsky", escribió, al año siguiente, el poeta y ensayista surrealista André Breton. "Se representa vestida con un traje de alas que se ven brillantes por las mariposas que las cubren, y es precisamente de ese modo como abre las cortinas mentales. Tenemos el privilegio de presenciar, al igual que en los días más gloriosos del romanticismo alemán, la aparición de una joven mujer dotada de todos los poderes de seducción y acostumbrada a la compañía de hombres geniales". Frida se presenta de ese modo también en los cuadros más o menos contemporáneos *Fulang-Chang y yo, Escuincle y yo* y *Recuerdo de la herida abierta,* aparte del que le dedicó a Trotsky. Parece que Breton está describiendo estos autorretratos cuando dice: "No existe obra de arte que sea más marcadamente femenina, en el sentido de que, para ser tan seductora como sea posible, esté dispuesta, de manera total, a alternar entre el juego de ser absolutamente pura o absolutamente malvada. El arte de Frida Kahlo es como una cinta que envuelve una bomba".

Capítulo 14

Una pintora por derecho propio

AL TÉRMINO DE LA AVENTURA DE FRIDA y Trotsky, la vida de los Rivera prosiguió su curso, más o menos calmado y aceptado, de siempre. Compartían algunas actividades y mutuamente se daban autonomía. Tanto Frida como Diego trabajaban y se divertían con ahínco. Sus amores se volvieron más intrascendentes. Frida se burlaba de los de Diego y mantenía los suyos en secreto. Asimismo, empezó a tomar su profesión más en serio y a pintar con más disciplina. Mejoró mucho en cuanto a habilidad técnica. Entre 1937 y 1938, produjo más cuadros que a través de todos los ocho años anteriores de su matrimonio. Quizá estaba reconociendo esos cambios cuando le confió a Lucienne Bloch, en una carta fechada el 14 de febrero de 1938, que la llegada de Trotsky a México había sido el acontecimiento más importante de su vida.

"Ella querida", le escribió a Ella Wolfe en la primavera del mismo año:

> Hace siglos que te quiero escribir, pero como siempre yo no sé qué bolas me hago que nunca contesto cartas ni me porto como la gente decente... Bueno, niña, permíteme darte las gracias por tu carta y la amabilidad de preguntarme de las camisas de Diego. Siento no poder darte las medidas que me pides, pues por más que les busco en el cuello, no les encuentro ni rastro de lo que pudiera llamarse un número indicador del grueso del cuello de don Diego Rivera y Barrientos, así es que yo creo que lo mejor será que en caso de que esta carta llegue a tiempo, lo cual dudo *very much* le digas a Martín que por favor me compre seis camisas de las más grandes que existan en los Nueva Yores (sic), de esas que parece casi increíble que sean para una persona, es decir, de las grandes del planeta, comúnmente llamado Tierra. Creo que las puede conseguir en las tiendas para marineros, allá en una orilla de Nueva York, de la cual no... puedo acordarme para describírtela cómo es debido. Total, sino las encuentra pues... ¡ni modo! O. K. De todas maneras te agradezco tu atención, y a él la suya. (Martin Temple era un industrial e izquier-

dista que en la ciudad de México formó una organización de la cual eran miembros los Rivera. Esta reunía fondos para ayudar a la gente a escapar de la Alemania de Hitler, durante el desarrollo del nazismo. Durante siete años, Temple tuvo una relación amorosa con Margarita, la hermanastra de Frida. Cuando no se quiso casar con ella, entró en un convento para monjas.)

Oye, niña, hace unos días recibió Diego la cartita de Boit, dice que le des las gracias de su parte y que por favor le manden con Martin la "mosca" de Covichi (sic) (Covichi, Friede, Inc., era la editorial que publicó *Portrait of Mexico*, de Wolfe y Rivera, en 1938) y la "mosca" del señor que le compró el dibujo o acuarela. Que efectivamente se le han perdido varias cartas y que la razón que da Boit en su carta es precisamente la verdadera. Así es que cualquier cosa que se trate de la poderosa y nunca bien ponderada "mosca" sería bueno mandarla en especial, para evitar que los rupas se la avancen. Como ves, mi léxico es cada día más florido, y tú podrás comprender la importancia de semejante adquisición cultural, dentro de mi ya extensa y bastísima cultura. Dice Diego que saludes a Boit, así como a Jay (el hijo de los Wolfe), Jim (el hermano de Ella) de su parte y a todos los cuatezones.

Si quieres saber algo acerca de mi singular persona, ahí te va: desde que ustedes dejaron este bello país, he seguido mala de la pezuña, es decir, pie. Con la última operación (hace precisamente un mes), cero y van cuatro tasajeadas que me hacen. Como tú comprenderás, me siento verdaderamente "poifect" y con ganas de recordarles a los doctores a todas sus progenitoras, comenzando por nuestros buenos padres, en términos generales, Adán y Eva. Pero como esto no me serviría lo suficiente para consolarme y descansar ya vengada de tales "maloreadas" (sic) me abstengo de tales recuerdos o recordatorios, y aquí me tienen hecha una verdadera "santa", con paciencia y todo lo que caracteriza a esa especial fauna... me han sucedido otras cosas más o menos desagradables, las cuales no procedo a contártelas por ser de insignificante valor. Lo demás, la vida cotidiana, etcétera, es exactamente la misma que tú ya conoces con excepción de todos los cambios naturales debido al estado lamentable en que se encuentra por ahora el mundo; ¡qué filosofía y qué comprensión!

Además de las enfermedades, líos políticos, visitas de turistas gringos, pérdidas de cartas, discusiones riverescas, preocupaciones de índice sentimental, etcétera, mi vida es, como en el poema de López Velarde... igual a su espejo diario (cita de "La Suave Patria" de Velarde: "Fiel a tu espejo diario..."). Diego también ha estado enfermo, pero ahora ya casi está bien; sigue trabajando como siempre, mucho y bien, está más gordito, igual de platicador y comelón, se duerme en la tina, lee los periódicos en el WC y se entretiene horas jugando con don Fulang-Chang (el monito), al que ya le consiguió consorte, pero por desgracia resultó que la dama en cuestión es un poco jorobada, y al caballero no le ha agradado lo suficiente para consumar el matrimonio esperado, así es que todavía no hay descendencia. Todavía Diego pierde todas las cartas que llegan a sus manos, deja los papeles en cualquier parte... se enoja mucho cuando lo llama uno a comer, florea a todas las muchachas bonitas y a veces... se vuelve ojo de hormiga con algunas ciudadanas que llegan de improviso, bajo el pretexto de "enseñarles" sus frescos, se las lleva un día o dos... a ver diferentes paisajes... para variar, ya no se pelea tanto como antes con la gente que lo molesta cuando trabaja; se le secan las plumas fuente, se le para el reloj y cada quince días hay que mandarlo componer, sigue usando los zapatotes esos de minero (hace ya tres años que usa los mismos). Se pone furioso cuando se pierden las llaves de los coches, y generalmente aparecen dentro de su propia bolsa; no hace nada de ejercicio ni se baña en el sol jamás; escribe artículos para los periódicos que, generalmente causan un "bochincho" padre; defiende a la Cuarta Internacional, a capa y espada, y está encantado de que Trotsky esté aquí. Ya más o menos te dije los detalles principales... Como podrás observar, he pintado, lo que ya es algo, pues me he pasado la vida hasta ahora queriendo a Diego y haciéndome guaje respecto al trabajo, pero ahora sigo queriendo a Diego y, además, me he puesto seriamente a pintar monitos. Inquietudes de orden sentimental y amoroso... ha habido algunas pero sin pasar de ser puramente vaciladas... Cristi estuvo muy mala; la operaron de la vesícula biliar y se vio gravísima, ya creíamos que se moría, afortunadamente salió bien de la operación y hasta ahora aunque no se siente muy bien, está mucho mejor... Los chiquitos están preciosos, el Toñito (el filósofo) está cada día más inteligente y ya construye con el "mecano" muchas cosas. Isoldita ya está en tercer año; está rete chula y muy traviesa. Adriana, mi hermana, y el güerito Veraza, su marido (los que fueron con nosotros a Ixtapalapa), siempre se acuerdan de ti y de Boit y les mandan hartos saludos...

Bueno, linda, espero que con esta excepcional carta me volverás a querer, tantito cuando menos, y así, poco a poco, hasta que me quieras igual que antes... respondan a mi amor escribiéndome una poderosa carta misiva, que me llene de alegría el ya tan triste corazón que me late por ustedes desde aquí con una fuerza mayor a la que ustedes pueden imaginarse, nada más óiganlo ¡TIC-TAC TIC-TAC TIC-TAC TIC-TAC! La literatura es malísima para eso de representar y dar en todo su volumen los ruidos interiores, así que no es culpa mía si en lugar de sonar mi corazón suena a reloj descompuesto, *bu't... you know what I mean, my children! Land let me tell you, it's a pleasure.*

Hartos besos para los dos, hartos abrazos, todo mi corazón, y si les sobra tantito repártando entre Jay, Jim, Lucienne, Dimy y todos mis cuates del alma. Salúdame rete harto a tu mamá y papá y a la nenita que me quería mucho.

Su amada y mulífera chicua
Friduchín"

"Como verás, he pintado", escribió y, en realidad, era cierto. En 1937, además de *Fulang-Chang y yo,* el autorretrato que le regaló a Trotsky y *Recuerdo,* produjo *Mi nana y yo, El difuntito Dimas* y la naturaleza muerta intitulada *Pertenezco a mi dueño.* En 1938, realizó obras tales como *Recuerdo de la herida abierta, Escuincle y yo, Cuatro habitantes de México, Piden aeroplanos y les dan alas de petate, Niña con máscara de muerte, Yo y mi muñeca, Lo que me dio el agua* y tres naturalezas muertas: *Tunas, Pitahayas* y *Los frutos de la tierra.* Aparte de volverse más productiva, también se volvió más experta en la adaptación de su arte a la personalidad que estaba desarrollando. De manera bastante compleja, los cuadros ya no retrataban únicamente los "acontecimientos" de su vida, sino dejaban vislumbrar su ser interior y el modo en que interpretaba las relaciones entre éste y el mundo. Como ya expusimos, *Fulang-Chang y yo,* el autorretrato dedicado a Trotsky y *Recuerdo de la herida abierta* demuestran claramente la nueva confianza que tenía en su atractivo femenino. Otros cuadros, como *Recuerdo, Mi nana y yo* y, particularmente, *Lo que me dio el agua,* indican sin lugar a duda la evolución de una mayor complejidad sicológica y perfección técnica...

Varias obras producidas durante ese periodo sugieren que Frida siguió experimentando la tristeza de no poder tener hijos. Es muy probable que haya abortado de nuevo en 1937. *Mi nana y yo, El difuntito Dimas, Cuatro habitantes de*

México, Piden aeroplanos y les dan alas de petate y *Niña con máscara de muerte* muestran a niños que se encuentran en situaciones desventuradas. En todos los cuadros, con excepción de *El difuntito Dimas* (y quizá *Niña con máscara de muerte*), Frida se representa a sí misma como niña. Creo que esta nostalgia de la propia infancia correspondía al ansia de tener hijos: Frida se identifica con el niño al que no puede dar a luz. *Yo y mi muñeca* constituye una declaración aún más acentuada acerca de su deseo frustrado de ser madre.

Dos de esas pinturas, *Mi nana y yo* y *Cuatro habitantes de México*, revelan, asimismo, el interés que Frida sentía hacia las propias raíces hundidas en el pasado de México. Quizá esta obsesión con su origen fuera intensificada por la renovada comprensión de que no dejaría progenie que la vinculara con las generaciones del futuro. Durante esos años, la ética de la mexicanidad crecientemente invadió la existencia de Frida en muchos niveles: era un estilo, una postura política y un sostén sicológico. Se ponía de manifiesto en su comportamiento y apariencia, la decoración de su hogar y en su arte.

Frida tuvo razón al opinar que *Mi nana y yo* (lámina X) era una de sus mejores obras. En el cuadro se representa mamando, como una niña con cabeza adulta, abrazada por los brazos morenos de la nana indígena. Por medio del mismo, hace patente su fe en la continuidad de la cultura mexicana, en la idea de que el antiguo patrimonio de México renace con cada nueva generación y de que Frida, como artista adulta, seguía siendo nutrida por su ascendencia indígena. En el cuadro, literalmente coloca su ser dentro del seno del pasado indígena. Funde lo que ella siente acerca de la propia vida con el énfasis que la cultura precolombina ponía en la magia y el rito, el paso cíclico del tiempo, el concepto de la cooperación entre las fuerzas cósmicas y biológicas y la importancia de la fertilidad. La pintura hace recordar la dignidad ritualista de una conocida escultura olmeca de piedra llamada *Señor de las Limas*, que representa a un hombre adulto con un niño de rostro maduro en brazos. También hace pensar en escultura de cerámica como la que se realizó en Jalisco (100 a.C.-250 d.C.) en forma de una madre que da de mamar a su hijo. En esta última obra de arte, al igual que en *Mi nana y yo*, los ductos y las glándulas mamarias se revelan sobre la superficie de un seno, formando un diseño parecido al de los tallos de una planta. La nana de Frida, maciza y morena, concreta el patrimonio indígena, la tierra, las plantas y el cielo de México. Como si sintiera simpatía hacia la madre de la lactante, están hinchadas las venas blancas de una enorme hoja que aparece al fondo. Las gotas de lluvia en el cielo son "la leche de la Virgen"; la misma nana indígena de Frida le dio esta explicación del fenómeno de la lluvia. La hoja henchida, la "leche de la Virgen", la santateresa y la oruga/mariposa en proceso de metamorfosis, disimuladas estas últimas en los tallos de las plantas, comunican la creencia de Frida en la conexión de todos los aspectos del mundo natural y en el hecho de que ella misma participa en ellos.

"Aparezco con el rostro de mujer adulta y el cuerpo de niña, en los brazos de mi nana", dijo Frida de *Mi nana y yo*. "Sus pezones gotean leche, y el cielo también... Salí viéndome como niña, y ella tan fuerte, tan empapada de sustento, que me dieron ganas de dormir". Asimismo, afirmó que pintó la cara de la nana como máscara, porque no se acordaba de cómo era. Sin embargo, el asunto es más complicado de lo que eso indica. Aunque Frida haya querido prestarle una apariencia optimista y tranquilizadora a la nana, hay pocos elementos reconfortantes en el aspecto de la misma. La temible máscara de piedra de Teotihuacan, con los ojos vacíos y fijos, difícilmente podría ser más espeluznante como figura materna. A fuer de máscara funeraria, evoca el salvajismo ritual del pasado mexicano, sugiriendo que el mismo abarca el presente y amenaza la existencia de Frida.

Ésta no se ve como una niña somnolienta, satisfecha y mimada. La mirada penetrante que dirige hacia el espectador parece indicar que está absorbiendo, junto con la leche que describe como "empapada de sustento", el conocimiento terrible del propio destino. Este sentido trágico del destino quizá también haga alusiones cristianas: el cuadro constituye una analogía obvia al motivo de la "Madonna Caritas", la Virgen que amamanta al niño Jesús, y se puede comparar, asimismo, a una *Pietà*.

Es posible que exista una dimensión más en *Mi nana y yo*. La espantosa mujer tiene el pelo negro suelto y las cejas unidas, lo cual señala que es una ascendiente de la niña o quizá otra parte de Frida misma. En efecto, *Mi nana y yo* posiblemente constituye un autorretrato doble, al igual que *Mi nacimiento*. En este cuadro, una parte de Frida nutre a la otra y se convierte en el elemento que sostiene la vida, dentro de la dualidad esencial de Frida como adulta.

Como la niña de *Cuatro habitantes de México* ve la personificación de su destino en el esqueleto de la plaza, del mismo modo, *Niña con máscara de muerte* combina la preocupación que sentían tanto Frida como México por la muerte. La niña, que probablemente sea Frida, pues se parece a la que aparece en *Mis abuelos, mis padres y yo* se encuentra de pie en medio del árido campo, en la mano sostiene un cempazúchil, la flor amarilla que en México, desde los aztecas ha sido asociada con la muerte y se usa para engalanar tumbas el Día de Muertos. El destino o la mortalidad de la niña le cubre el rostro en forma de máscara, que representa una calavera. El pequeño cuadro, no más grande que una mano, fue un obsequio a Dolores del Río, quien afirmó que mostraba a la hija que Frida nunca tuvo, y que lo motivó una conversación entre ella misma y Frida acerca de la tristeza que esta última sentía por no poder darle un hijo a Diego.

El difuntito Dimas (lámina XI) se presenta por medio de las palabras escritas sobre una cinta: "El difunto Dimas Rosas a la edad de tres años, 1937". (En México, se celebra el Día de Muertos con una fiesta que dura dos días. Uno de ellos se dedica a los niños muertos, o difuntitos.) Dimas Rosas era un niño indígena, probablemente uno de los varios hijos pertenecientes a una familia de Ixtapalapa. Rivera los tomaba como modelos y era, además, compadre del matrimonio. (Un compadre es una persona relacionada con otra como resultado de una ceremonia religiosa. El padre de Dimas y Rivera se hicieron compadres cuando Dimas fue bautizado y se eligió al artista como padrino.) Pese a los argumentos científicos enumerados por Diego, el padre de esa familia insistía en consultar a brujos en lugar de a médicos, y sus hijos seguían muriéndose. Frida hubiera reaccionado a tales circunstancias con una clase de dolor fatalista, en lugar de manifestar conmoción o compasión sentimentales. Ese sentimiento es el que muestra el cuadro. Al igual que muchos que con frecuencia son testigos de la pobreza y la muerte, hubiera sabido que no podía hacer nada para cambiar las cosas.

El cuadro forma parte de la tradición mexicana de retratar a los muertos, costumbre que se remite a la época colonial, la cual se derivó, a su vez, de una práctica europea que se inició durante la Edad Media. Al principio, en la Nueva España tales retratos honraban de manera moralista a una persona considerada como ejemplar. Más tarde, sirvieron de recuerdos para la familia del muerto. Uno de éstos cuelga en la cabecera de la cama de Frida, en el museo que lleva su nombre. Muestra a un niño muerto coronado de flores, con el cuerpo y la cama sobre la que yace regados de las mismas. Al igual que Dimas, este niño sostiene flores en las manos sin vida y su cabeza descansa sobre una almohada en forma tubular, pero existe una diferencia obvia. Los padres de Dimas no hubieran podido reunir suficiente dinero para mandar pintar tal recuerdo. El retrato hecho por Frida representa a un niño de cuerpo presente al estilo tradicional: vestido como un santo, Dimas lleva una corona de cartón y una capa de seda, atribuidas a los reyes magos que fueron a adorar al niño Jesús. Sin embargo, los pequeños y morenos pies de Dimas están descalzos y está tendido sobre un humilde petate de paja, la estera que servía de cama a los pobres de México. Este objeto es tan fundamental en la vida del campesino mexicano que muchas expresiones coloquiales se basan en la palabra, como también pasa con el maíz. Uno de dichos giros convierte el nombre en verbo: "se petateó" significa "se fue al sueño eterno sobre el petate". "De petate a petate" significa "desde el nacimiento hasta la muerte".

En *Henry Ford Hospital* y *Mi nacimento,* Frida adaptó su tema al estilo de los retablos y derivó *Mi nana y yo* de otro ejemplo muy conocido, la "Madonna Caritas". En *Dimas* modificó la tradición de modo sutil y logró que la costumbre incrementara la originalidad de su obra. No representa a Dimas de perfil, actitud típica en esta clase de retratos. En cambio, lo más cercano a nosotros son sus pies, lo cual de inmediato hace pensar en el dramático *Cristo muerto* de Andrea Mantegna, que adopta la misma postura. Del mismo modo como lo hizo este maestro del Renacimiento italiano, Frida apoyó la cabeza de la persona muerta en un cojín, de manera que el espectador mira directamente hacia la palidez de la muerte. Todo eso tiene como fin obtener la máxima intensidad dramática de la escena. Al colocar los pies de Cristo de manera que parecen salir del cuadro, Mantegna obliga a uno a ocuparse casi físicamente de sus heridas y a meditar acerca del significado de su muerte. En *Dimas*, de Frida, la perspectiva utilizada pone al espectador en la posición de doliente, inclinándose sobre la cama del niño muerto, y luego lo fuerza a reconocer los aspectos más reales y físicos, por no decir prosaicos, de la muerte. Frida no tiene piedad. No disimula la muerte. Gotas de sangre chorrean de la comisura de la boca de Dimas, y sus ojos entreabiertos y desenfocados resultan tan obsesionantes como terribles. La pequeña tarjeta postal que se ha colocado sobre la almohada del niño, representando la flagelación de Cristo, añade cierto toque de patetismo y pone en evidencia la fe simple propia de la familia del muerto. No obstante, lo que Frida pintó equivale a una visión atea de la muerte, literal e intrascendente. Dimas será envuelto en su petate y metido a la tierra: otra víctima de la alta cuota de mortalidad infantil en México. El elemento sardónico en el concepto de Frida se revela mediante el título que ella puso a este cuadro cuando lo exhibió en Nueva York en 1938: *Vestido para el paraíso*.

Frida no imitó el arte popular porque su mentalidad fuera pueblerina. Tenía bastantes conocimientos sobre el arte y conocía a artistas, críticos e historiadores de la materia. Cuando se le preguntaba a quién admiraba, solía mencionar a Grünewald, Piero della Francesca, Bosch, Clouet, Blake y Klee. Le encantaban el primitivismo y la fantasía de Gauguin o Rousseau, pero estos elementos eran distintos en su propia pintura, porque ella los derivaba de la tradición popular mexicana.

La adopción del primitivismo como manera de tratar el estilo y las imágenes le ofrecía varias ventajas a Frida. Además de reafirmar su compromiso con la cultura indígena mexicana, hacía una declaración política de izquierda, pues expresaba su sentimiento de solidaridad con las masas. El estilo artístico popular también coincidía con la imagen que Frida cuidadosamente construyó alrededor de su propia persona. Al igual que los trajes que usaba, el arte popular de México está lleno de festivo colorido y alegría, y al igual que la existencia de la artista, frecuentemente resulta teatral y sangriento. El hecho de pintar cuadros folclóricos tan encantadores, aunque desconcertantes, agregó cierto atractivo a la criatura fabulosa y exótica que Frida hizo de sí misma. Igualmente, redundaba en otro beneficio. El primitivismo descubre y oculta. Si no fuera por el tamaño tan pequeño y el estilo parecido al de retablos de *Unos cuantos piquetitos* o *Mi nacimiento*, sería insoportable la contemplación de estos cuadros. Por medio de la fantasía, los colores vivos y los encantadores dibujos primitivos, Frida lograba alejar tanto al espectador como a sí misma del contenido doloroso de la pintura. El arte popular suaviza y simultáneamente subraya el impacto de las imágenes horrorosas. Imágenes que el ejemplo del arte popular la animó a representar. Las obras como *Dimas* y *Henry Ford Hospital*, por lo tanto, son ingeniosamente ingenuas y el primitivismo de Frida sólo formaba parte de una postura irónica. Le permitía tanto exponer como ocultar y burlarse de los suplicios íntimos del yo.

Las naturalezas muertas de Frida consisten en extrañas combinaciones de frutas y flores que ella imbuyó con toda clase de sentimientos personales, por ejemplo, la obsesión con la fecundidad, la muerte y la mexicanidad. *Pertenezco a mi dueño*, cuadro que sólo se conoce gracias a una fotografía, representa a un grupo de plantas del desierto, raras y animadas, cuyas vainas dentadas y flores parecidas a víboras aluden tanto a órganos sexuales como al amor que sentía Frida por su tierra natal. Un florero de barro muestra el título del cuadro y las palabras "VIVA MÉXICO". ¿Qué era lo que quería expresar Frida mediante el contraste entre el recipiente lleno de flores silvestres de México, secas y de apariencia espinosa, por una parte (las cuales le encantaban; solía decorar la mesa con ellas) y, por otra, la rosa cortada y abandonada sin agua sobre una mesa, de modo que con seguridad morirá? Quizá el cuadro se refiere al periodo en el que se dividía su amor entre Diego y Trotsky, y el título puede constituir un juego de palabras basado en una realidad emocional: que Frida siempre le pertenecería a Diego, pese a todos los "amores" que tuviera.

Las otras tres naturalezas muertas producidas durante ese periodo son similares, en cuanto a su mexicanismo. Frida deliberadamente eligió exóticas frutas mexicanas que no tuvieran nada de la neutralidad de las manzanas o naranjas. Con frecuencia se ven muy extrañas. *Tunas*, por ejemplo, muestra la fruta de un cacto espinoso que Frida relacionaba con México. En algunas cartas, habla de su país natal como "Mexicalpán de las Tunas". En este cuadro, convierte las ondulaciones de un mantel en un paisaje y cielo nublado, en medio de los cuales se ven tres tunas en diferentes fases de madurez: un ciclo vital que termina con la rajadura de una fruta color marrón en forma de vagina, aunque todavía con mayor intensidad evoca un corazón extraído. Sin duda, las manchas de rojo sobre el plato y el mantel representan sangre.

Al igual que *Tunas*, *Pitahayas* (que se ha perdido) y *Los frutos de la tierra* (ilustración 66) se refieren al ciclo de la vida, el sexo y la muerte. En el último cuadro, tres mazorcas de maíz, de las cuales dos están cubiertas y la tercera, desprovista de la farfolla y la mitad de los granos, simbolizan el paso del tiempo. El tallo de un hongo puesto al revés señala hacia arriba, como un falo o un hueso. En *Pitahayas*, un esqueleto de juguete está sentado sobre una piedra volcánica y mantiene la guadaña encima de un montón de dichas frutas, parecidas a granadas, de la pitahaya que florece de noche. La mayoría de ellas están abiertas y revelan la jugosa pulpa. André Breton tenía la misma habilidad de Frida en cuanto al descubrimiento de la naturaleza sexual de esa fruta: "Nunca me imaginé un mundo de frutas que abarcara tal maravilla como la pitahaya, cuya pulpa hecha ovillo tiene el color de los pétalos de rosa, cuya cáscara es gris y que sabe a un beso de amor y deseo".

La fruta imperfecta de Frida parece haber luchado por sobrevivir en el suelo reseco de México. Dado que lo ha logrado, hace pensar en Frida misma, como sobreviviente, y de ese modo sus naturalezas muertas llegan a constituir una clase de autorretrato. Lejos de ser motivos de cierto color y forma que carecen de sentido, simbolizan un drama de mayor alcance. Frida no coloca la fruta sobre una mesa convencional, sino la integra a un paisaje montañoso cubierto por el tumultuoso cielo mexicano.

Cuando Frida era invadida por una racha de ganas de trabajar, se retiraba a su estudio y pintaba con absoluta concentración. No obstante, al igual que alguien que monta la resaca y pierde una ola, fácilmente se le acababa el impulso. Diego hacía todo lo posible por alentarla. "Está trabajando ahora", solía advertirles a sus amigos como indicación de que no la interrumpieran. "Diego quiere que pinte siempre, que no haga otra cosa", le escribió Frida al comerciante en arte Julien Levy. "Sin embargo, soy floja y pinto muy poco". En realidad no era floja. Más bien, era tan modesta en lo que se refería a su trabajo que manifestaba una actitud despreocupada, y estaba poco dispuesta a mostrar sus cuadros a la gente.

Diego, finalmente, la incitó a participar en una exposición de grupo organizada por la pequeña Galería de Arte de la Universidad en la Ciudad de México, a principios de 1938. "Desde que regresé de Nueva York [en 1935], he pintado como doce cuadros, todos pequeños y sin importancia, representando los mismos motivos personales que sólo me interesan a mí misma y a nadie más, le escribió (en inglés) a Lucienne Bloch el 14 de febrero. Mandé cuatro a la galería, un lugar pequeño e infame, pero el único que acepta cualquier cosa. Los envié sin entusiasmo. Cuatro o cinco personas me dijeron que eran fenomenales, y los demás piensan que son demasiado locos".

Entre las "cuatro o cinco personas" que calificaron la obra de Frida de "fenomenal", se encontraba Julien Levy, dueño de una pequeña y elegante galería, orientada hacia el surrealismo y ubicada en la parte oriental de la calle 57 en Manhattan. "Con gran asombro mío", continúa la carta a Lucienne, "Julian [sic] Levy me escribió una carta en la que dice que alguien le habló acerca de mis cuadros y que le interesaría mucho organizar una exposición en su galería. Respondí enviándole unas fotografías de las últimas cosas que he hecho, y me contestó por medio de otra carta, en la que se muestra muy entusiasmado por dichas fotografías y me pide una exposición de treinta cuadros para octubre del presente año".

A pesar de que le dijo a Lucienne: "No sé qué vean en mi trabajo. ¿Por qué quieren que haga una exposición?", aceptó la invitación de Levy.

La actitud con la que Frida se refería a su trabajo constituía tanto una pose como algo más que eso: formaba parte de su carácter. No importaba cuántas muestras de admiración o incentivos recibiera de parte de la gente y aun cuando, más tarde, necesitaba dinero, no pensaba en términos de una carrera profesional. Nunca se esforzó por conseguir exposiciones, patrocinadores o reseñas. Cuando alguien le compraba un cuadro, decía que le daba lástima el comprador: "Por ese precio hubiera comprado algo mejor", o "Ha de ser que está enamorado de mí". El hecho de que su esposo era reconocido como genio le proporcionaba un escudo protector: podía fingir que jugaba a ser pintora, produciendo pequeños lienzos particulares, mientras Diego realizaba enormes obras públicas, pese a que ella pintaba en serio y a pesar de que el arte significaba un punto de apoyo en su vida. El carácter folclórico de sus cuadros, así como el hecho de que los presentaba en marcos populares hechos de hojalata, conchas, espejos, terciopelo o yeso pintado con diseños parecidos a los de los azulejos de "talavera", pertenecían al juego de ser "amateur". Parecía que deliberadamente decidió relegar su arte al reino de lo "encantador" y "exótico", donde estaba a salvo de la crítica y la competencia serias. Prefería que la consideraran como personaje seductor en lugar de que la juzgaran como pintora. Sus cuadros expresan, de la manera más viva y directa que es posible, la realidad de la artista. Sin embargo, la creación de los mismos sólo representaba una parte de la creación y la existencia de Frida Kahlo, y no era más importante que ésta misma.

Aparte de animarla a exponer sus trabajos, Rivera hizo posible, casi subrepticiamente, la primera venta importante de los mismos, en el verano de 1938. El comprador fue la estrella de cine Edward G. Robinson. Al igual que todos los que tenían interés en el arte y dinero para adquirirlo, él y su esposa, Gladys, acudieron al estudio de Rivera en cuanto llegaron a México. "Tenía escondidos como 28 cuadros", recordó Frida. "Mientras me ocupaba en la azotea con la señora de Robinson, Diego le mostró mis cuadros a él, quien compró cuatro por doscientos dólares cada uno. Quedé tan asombrada y maravillada que pensé: «Así podré ser libre. Podré viajar y hacer lo que quiera sin tener que pedirle dinero a Diego»".

En abril de 1938, el ensayista y poeta surrealista André Breton vio el trabajo de Frida por primera vez. Breton se encontraba en auge. De apariencia noble y leonina, buena capacidad expresiva y mundialmente famoso, era el "papa del surrealismo", movimiento a cuya creación contribuyó más que cualquier otro. Lo envió a México el Ministerio para Asuntos Exteriores de Francia, con el fin de dar unas conferencias. Complacido por tener la posibilidad de abandonar Francia cuando la guerra parecía inminente, quería establecer contacto con Trotsky. (Breton se afilió al Partido Comunista por poco tiempo, en 1928, y luego lo atacó en público, después de salirse de sus filas a principios de los treinta.) Sin embargo, en primer lugar quería explorar un país que él descubrió como el "lugar surrealista *par excellence*", mismo que ya había predicho. Al siguiente año escribió: "Hallo al México surrealista en el relieve, la flora, el dinamismo conferido por la mezcla de razas, así como en sus ambiciones más elevadas". Encontró toda esta *sur-réalité* en el curso de excursiones hechas en compañía de los Rivera a los alrededores de la ciudad de México, a Guadalajara (junio de 1938) y a las iglesias ubicadas cerca de la capital. (A veces lo acompañaba Trotsky. En una ocasión, éste se encolerizó cuando Breton robó unos retablos de una iglesia. Para el francés, los exvotos constituían tesoros surrealistas. Para el ruso, pese a toda su ideología marxista, eran iconos religiosos.)

Breton y su muy bella esposa, Jacqueline, se quedaron primero con Lupe Marín y luego con los Rivera en San Ángel, durante los restantes meses en México. A pesar de que Frida esperó la llegada del poeta con entusiasmo, ya que Jean van Heijenoort le aseguró que era muy apuesto, no simpatizó con él. Sus teorías y proclamaciones de doctrinas le parecían presuntuosas, inútiles y aburridas y le hastiaron su vanidad y arrogancia. Sin embargo, Jacqueline, pintora también, estaba dotada de una inteligencia más ágil, que divertía y agradaba a Frida; se volvieron amigas íntimas.

En julio, los Breton, los Rivera y los Trotsky viajaron a Pátzcuaro, Michoacán, precioso pueblo de calles empedradas, grandes plazas y bajas casas blancas con pilares tallados en madera y techos de teja. Iban con la intención de hacer excursiones a las aldeas ubicadas alrededor del lago de Pátzcuaro durante el día, y de conversar acerca del arte y la política por la noche. Planeaban publicar esas pláticas con el título: "Conversaciones en Pátzcuaro". (Trotsky dominó la primera "conversación", en la que expuso su teoría de que en la sociedad comunista del futuro, no habría divisiones entre el arte y la vida. La gente decoraría sus propias casas, pero no habría pintores profesionales de caballete que satisficieran los gustos de patrocinadores particulares.)

No es de sorprender que Frida y Jacqueline no hayan participado en esas discusiones. Frida estaba feliz por su exclusión: aborrecía los discursos oficiales u organizados y le parecía cansada la política, en el nivel de la teoría abstracta. En Pátzcuaro, las dos mujeres se sentaban en un rincón a jugar, juegos surrealistas como *cadavre exquis* y los pasatiempos mexicanos más inocentes que Frida recordaba de su infancia. "Nos portamos como dos colegialas, dice Jacqueline Breton, pues Trotsky era muy estricto. No podíamos fumar, por ejemplo. Él nos dijo que las mujeres no debían fumar. Frida, de cualquier forma, encendía un cigarro, pero como sabía que él haría algún comentario, abandonábamos la habitación y nos íbamos a fumar afuera. Ambas queríamos a Trotsky. Exageraba en todo y era muy anticuado".

A pesar de que Frida despreciaba a Breton, éste se mostraba encantado con ella. Su gusto se incrementó cuando vio los cuadros de Frida, y no sólo ofreció organizar una muestra de su obra en París, después de la exposición de Nueva York, sino que además, escribió un ensayo muy halagador, aunque algo retórico, para el folleto de la exhibición realizada por Julien Levy. En dicho texto, proclama a Frida surrealista por creación propia:

> Mi asombro y regocijo no conocían límites cuando descubrí, al llegar a México, que su obra había florecido, produciendo en los últimos cuadros un surrealismo puro, y eso a pesar del hecho de que todo fue concebido sin tener conocimientos anteriores de las ideas que motivaron las actividades de mis amigos y mías. Sin embargo, en este momento preciso en el desarrollo de la pintura mexicana, que desde principios del siglo XIX se ha mantenido aparte, en gran medida, de la influencia extranjera y ligada profundamente a los propios recursos, presencié aquí, del otro lado de la tierra, el derramamiento espontáneo de nuestro propio espíritu interrogativo: ¿a qué leyes irracionales obedecemos?, ¿qué señales subjetivas nos permiten distinguir el camino indicado en el momento que sea?, ¿qué símbolos y mitos prevalecen en cierta coincidencia de objetos o sarta de acontecimientos?, ¿qué significado puede atribuirse a la capacidad que tiene el ojo de pasar de la fuerza ocular a la visionaria...?
>
> Este arte aún contiene esa gota de crueldad y de humor singularmente capaz de mezclar los raros poderes eficaces que en conjunto forman la poción secreta de México. La facultad de la inspiración es nutrida aquí por el éxtasis extraño de la pubertad y los misterios de las generaciones. Lejos de considerar que estos sentimientos componen terrenos vedados de la mente, así como sucede en las zonas de clima más frío, ella (Frida) los expone orgullosamente, con una mezcla de franqueza e insolencia a la vez...

A principios de octubre y después de una calurosa fiesta de despedida, Frida partió, llena de ánimos, para Nueva York. La exposición y la reciente venta de los cuatro cuadros a Edward G. Robinson, reforzaron sus sentimientos de independencia y de seguridad en sí misma. Se sentía "muy dueña de sí misma". En efecto, hizo creer a amigos como Noguchi y Julien Levy que se había separado de Diego, que estaba "harta" de él y que se encontraba "viviendo su propia vida". Levy fue uno de los hombres que en este periodo quedaron como hechizados por Frida. Recordó que "ella actuaba como pesona libre frente a los hombres. Aseguraba que no le importaban las novias de Diego y solía contarme, desapasionadamente, acerca de una amiga de Diego que también lo era de ella. Quería darme la impresión de que extrañaba a Diego, pero que ya no lo amaba. A veces lo mencionaba de modo masoquista y, en otras ocasiones, hablaba de él como si fuera un esclavo muy querido al que ya no soportaba: "Ese viejo cerdo gordo... haría lo que fuera por mí", declaraba. "Yo le diría qué hacer, pero me resulta demasiado repelente". En otros momentos afirmaba: "Es tan cariñoso. Lo extraño mucho. De cierta manera rara, simplemente lo adoro". Siempre se contradecía, según la confusión de sus propios sentimientos.

Haya sido cual fuere el estado de su matrimonio, sin duda Frida estaba preocupada por tener que dejar a Diego solo en México, y éste, porque todo le saliera bien en Nueva York. Rivera le dio consejos y cartas de recomendación diri-

gidas a gente importante, incluyendo a Clare Boothe Luce, editora principal de
Vanity Fair y anfitriona de un sofisticado círculo de artistas e intelectuales. El 3
de diciembre de 1938, Diego le escribió a Frida: "Deberías retratar a la señora
Luce, aunque no te lo pida. Pregúntale si puede posar para ti. Así tendrás la oportunidad de hablar con ella. Lee sus obras de teatro, parece que son muy interesantes, y a la mejor te sugieren alguna composición para el retrato. Creo que
sería muy buena modelo. Su vida. . . es sumamente extraña; te interesaría". Rivera
también informó acerca de la exposición de Frida a su amigo Sam A. Lewisohn,
coleccionista y autor de *Painters and Personality,* libro que comprendió un ensayo
sobre Rivera: "Te la recomiendo, no como esposo, sino como admirador entusiasta
de su obra ácida y tierna, dura como acero y delicada y fina como el ala de una
mariposa, adorable como una sonrisa hermosa y profunda y cruel, como la amargura de la vida".

Entre los papeles de Frida se encuentra una lista, escrita a mano por Diego,
de las personas a quienes podía invitar a la inauguración. Aparecen los nombres
de antiguas amistades así como de conocidos con poder o fama. Se menciona a
artistas, comerciantes, coleccionistas, encargados de museos, críticos, escritores, editores, militantes políticos y millonarios: Ben Shahn, Walter y Magda Pach, Pascal
Covici, Sam A. Lewisohn, la señora de Charles Liebman, Peggy Bacon, A. S. Bay-
linson, Alfred Stieglitz, Lewis Mumford, Meyer Schapiro, Suzanne Lafollete, Niles
Spencer, George Biddle, Stuart Chase, Van Wick Brooks, John Sloan, Gaston La-
chaise, Holger Cahill, Dorothy Miller, Alfred H. Barr, Jr., la señorita Adelaide
Milton de Groot, la señora Edith G. Halpert, Henry R. Luce, William Paley y
señora, E. Weyhe, Carl Zigrosser, el doctor Christian Brinton y George Grosz,
además de los señores Nelson A. Rockefeller y John D. Rockefeller, con sus respectivas señoras. Evidentemente, tanto a Rivera como a Frida les pareció conveniente perdonar a su anterior antagonista.

"Una pintora por derecho propio": éste llegó a ser el agregado al nombre de
Frida en Nueva York, de modo semejante a como en México la gente siempre
se refería a Diego como "el muy distinguido pintor". Sin embargo, no cabe duda
que el hecho de ser la esposa de Diego Rivera incrementaba la sensación causada
por la muestra de Frida. Incluso en el ensayo que escribió Breton para el catálogo
presentó a Frida como la bella y perniciosa mariposa, que acompañaba a un mons-
truoso marido marxista. La galería tampoco vaciló en sacar provecho del vínculo
con Rivera. El comunicado de prensa decía, por ejemplo:

El martes, 1o. de noviembre, se inaugura una exposición con la pintura de
Frida Kahlo *(FRIDA RIVERA)* en la *GALERÍA JULIEN LEVY,* en el número
15 al Este de la calle 57. Frida Kahlo es esposa de Diego Rivera, pero en esta
exposición, la primera, demuestra ser una fascinante pintora de importancia y por
derecho propio. Nació en Coyoacara (sic) (un suburbio de la Ciudad de México)
en 1910. Fue víctima de un serio accidente de tránsito en 1926 (se perciben los efectos sicológicos del mismo en los cuadros que realizó posteriormente). Postrada en
cama por bastante tiempo, empezó a pintar con una técnica primitiva, aunque me-
ticulosa, dedicándose tanto a los pensamientos pasajeros como a los más personales
de cada momento. En 1929, se convirtió en la tercera esposa de Diego Rivera, quien
la alentó a seguir pintando, y el año pasado conoció al surrealista André Breton,

quien alaba su obra con entusiasmo. Ella misma escribió: "No sabía que yo era surrealista hasta que André Breton llegó a Méqico y me lo dijo. Yo misma todavía no sé lo que soy".

Respecto a hechos concretos, sus cuadros combinan cierto elemento mexicano nativo y primitivo con una franqueza e intimidad femeninas poco comunes, así como la sofisticación que integra el factor surrealista. La pintura se conserva dentro de la tradición de México: es realizada sobre metal y enmarcada en encantadores marcos rústicos hechos de vidrio y hojalata. La obra de esta artista recién descubierta definitivamente es importante y amenaza aun los laureles de su distinguido esposo. La exposición durará dos semanas, hasta el 15 de noviembre.

En la inauguración, Frida se veía espectacular en su traje mexicano, el complemento perfecto de los cuadros decorados con marcos folclóricos. El público era numeroso y estaba animado, pues en ese entonces existían pocas galerías de arte y aún menos establecimientos que se dedicaran a las manifestaciones artísticas de vanguardia. Una exposición como la de Frida era un gran acontecimiento. Levy recuerda que Noguchi y Clare Luce estaban muy emocionados por la muestra, y que ahí se encontraba Georgia O'Keeffe, además de otros muchos personajes destacados del mundo artístico. Ninguno de ellos recordaba haber visto jamás algo igual a los 25 cuadros exhibidos.

El catálogo incluyó los siguientes títulos:

1. *Entre las cortinas* [Autorretrato dedicado a Trotsky]
2. *Fulang-Chang y yo*
3. *La plaza es de ellos* [Cuatro habitantes de México]
4. *Yo y mi nana*
5. *Piden aeroplanos y les dan alas de petate*
6. *Pertenezco a mi dueño*
7. *Mi familia* [Mis abuelos, mis padres y yo]
8. *El corazón* [Recuerdo]
9. *Mi vestido estaba colgando ahí*
10. *Lo que me dio el agua*
11. *Ixcuhintle y yo*
12. *Pitahayas*
13. *Tunas*
14. *Los frutos de la tierra*
15. *Recuerdo de la herida abierta*
16. *El deseo perdido* [Henry Ford Hospital]
17. *El nacimiento*
18. *Vestido para el paraíso*
19. *Ella juega sola*
20. *Enamorada apasionadamente*
21. *Burbank—Fabricante de frutas norteamericanas*
22. *Xóchitl*
23. *El marco*
24. *El ojo*
25. *Sobreviviente*

En general, la prensa quedó encantada con los cuadros y su creadora. La revista *Time* informó, en la sección dedicada al arte, que la "agitación más notable de la semana fue causada por la primera exposición de pintura de la esposa mexicano-alemana del famoso muralista Diego Rivera, Frida Kahlo. Demasiado tímida para exhibir su obra antes, la pequeña Frida, de negras cejas, ha pintado desde 1926, cuando un accidente automovilístico la confinó en una escayola de yeso [donde se], «moría de aburrimiento»". El crítico de *Time* consideró que la definición dada por Breton de la obra de Frida, "una cinta que envuelve una bomba", era "una imagen relativamente exacta, aunque bastante halagüeña. Los cuadros de la pequeña Frida, en su mayoría óleos en cobre, tienen la elegancia de las miniaturas, los vivos matices rojos y amarillos, propios de la tradición mexicana, y la juguetona y sangrienta fantasía de una niña poco sentimental".

El tono protector, ¡"la pequeña Frida"!, iba implícito, asimismo, en otras críticas. Algunas eran desfavorables. Howard Devree, del *New York Times*, se quejó de que algunos de los motivos de Frida eran "más obstétricos que estéticos" (probablemente en referencia a *Mi nacimento* y *Henry Ford Hospital*). Otro crítico quisquilloso habló de la pretensión de haber publicado en el folleto el ensayo original de Breton en francés, en lugar de traducirlo, y censuró la manera en la que "la señora de Diego Rivera... insistió en usar su nombre de soltera, Frida Kahlo (y luego añadió el apellido de su esposo entre paréntesis)". Bertram Wolfe reveló que Frida, en realidad, utilizaba su nombre de soltera precisamente porque no quería sacar ímpetu de la fama de Rivera. Sin duda, Levy y Breton "insistieron" en el paréntesis.

Frida misma no tuvo quejas con respecto a la exposición y le agradaban las atenciones que recibía. El día de la inauguración le escribió a Alejandro Gómez Arias:

> Alex, el mero día de mi exposición te quiero platicar aunque sea este poquito.
> Todo se arregló a las mil maravillas y realmente me cargo una suerte lépera. La manada de aquí me tiene gran cantidad de cariño, y son todos de un amable elevado. El prefacio de A. Breton no quiso Levy traducirlo y es lo único que me parece un poco desacertado, pues tiene un aspecto medio pretencioso, ¡pero ahora ya ni remedio! ¿A ti qué se te hace? La galería es padré y arreglaron los cuadros muy bien. ¿Viste *Vogue*? Hay tres reproducciones, una en color la que me parece más *drepa*. Escríbeme si te acuerdas de mí algún día. Estaré aquí dos o tres semanas. Te quiero re harto.

Más tarde, Frida dijo haber vendido todos los cuadros, lo cual constituye una exageración. En realidad sólo se vendió aproximadamente la mitad, un número bastante imponente si se toma en cuenta que estaban en plena depresión. (Desde luego, Edward G. Robinson compró sus cuatro cuadros antes de la inauguración, pero se los prestó a Levy para la exposición. El autorretrato dedicado a Trotsky era de él mismo. Es posible que Levy haya exhibido otros cuadros de dueños particulares.) No se ha logrado encontrar los registros de la galería, pero Levy recuerda que un siquiatra, el difunto doctor Allan Roos, compró *Mis abuelos, mis padres y yo*.

Sam Lewishon adquirió una naturaleza muerta, casi con toda seguridad *Per-*

tenezco a mi dueño. Frida vendió varias obras sin la ayuda de Levy, quien cree que el gran coleccionista Chester Dale compró una. Este admirador de Frida jugaba al papel de "abuelito o de buen papá" con ella y, por lo menos, liquidó la cuenta de una de sus operaciones; además le deleitaba la manera como ella le tomaba el pelo. Mary Schapiro (quien ya estaba casada con Solomon Sklar) adquirió *Tunas* en la galería, y Frida le regaló *Fulang-Chang y yo.* El fotógrafo Nickolas Muray compró *Lo que me dio el agua.* Se vendió *Recuerdo de la herida abierta* al destacado industrial Edgar J. Kaufmann, Sr., encargado por parte de Frank Lloyd Wright de la construcción de la casa llamada Fallingwater, ubicada en Bear Run, Pensilvania, que terminó poco tiempo antes y que pronto se volvería famosa. Según Frida, el crítico de arte Walter Pach (antiguo amigo de los Rivera) compró un cuadro en la galería. Aunque algunas de las pinturas se hayan quedado sin vender, la exposición sirvió de estímulo a ventas realizadas más tarde. Clare Boothe Luce no le pidió un retrato a Frida, como esperaba Rivera; no obstante, encargó un cuadro conmemorativo con motivo del reciente suicidio de una amiga, la actriz Dorothy Hale. En 1940, compró el autorretrato dedicado a Trotsky. Dicen que Frida fue comisionada para retratar a la famosa actriz Katharine Cornell durante el mismo periodo, pero nunca lo hizo. Conger Goodyear se enamoró de *Fulang-Chang y yo,* que ya era de Mary Sklar, y le pidió a Frida un autorretrato semejante. Declaró que lo donaría al Museo de Arte Moderno, pero se quedó con él hasta su muerte, cuando lo heredó al Museo Albright Knox. Frida permaneció en su habitación del Hotel Barbizon Plaza y en el término de una semana pintó para él *Autorretrato con chango.*

A Frida le era indiferente si la ponían en primer plano o no, pero seguramente debe haberle complacido el hecho de verse rodeada por un torbellino social, a pesar de que no la acompañaba su célebre marido. Poseía una personalidad que no se podía pasar por alto, por lo que no le hacía falta la amplia y burbujeante estela de Diego, y la estimulaba poder desplegar, por cuenta propia, su considerable, aunque excéntrica habilidad social, para ver a cuánta gente lograba cautivar. Manhattan era un carnaval y la animada vida social impedía a Frida pintar mucho, aunque contaba con un cuaderno de dibujo en el que a veces hacía esbozos (o planeaba hacerlos) de cosas que atraían su atención. "Hice eso" o "haré aquello en mi cuaderno", solía afirmar. Tampoco frecuentaba los museos. Julien Levy recordó que alguien la llevó al Museo de Arte Moderno, pero ella se quejó de su dificultad que tenía para caminar. Le escribió a Alejandro Gómez Arias: "En una colección particular de pintura vi dos maravillas: un Piero della Francesca, que me pareció el más estupendo del mundo, y un pequeño Greco, el más pequeño que he visto, pero el mejor de todos. Te voy a enviar las reproducciones". Le encantaba sentarse en el café al aire libre ubicado fuera del Hotel Saint Moritz y contemplar a la gente que pasaba, delante del fondo formado por el Parque Central. Los aparadores de las tiendas la cautivaban, y se deleitaba en la variada vida callejera de Nueva York, el exotismo del barrio chino, la zona italiana, Broadway y Harlem. A dondequiera que iba, causaba sensación. Julien Levy trae a cuento una ocasión en la que la acompañó al Central Hanover Bank, en la Quinta Avenida: "En cuanto entramos al banco, me di cuenta de que nos rodeaba un tropel de niños que nos habían seguido, pese a las objeciones del portero. «¿Dónde está el circo», gritaban. Fiesta hubiera sido más acertado. Frida llevaba un traje mexicano completo. Era hermosa y pintoresca, pero desgraciadamente no usaba esos trajes nativos de faldas largas sólo por el efecto que producían. «Estoy obligada a ponerme faldas largas [dijo] ahora que mi pierna enferma está tan fea»".

Levy, hombre de mundo, elocuente y apuesto, y a quien le encantaban la aventura y las sorpresas, presentó a Frida a un grupo animado e inteligente de personas. A través de él, Frida conoció al surrealista Pavel Tchelitchew, cuya exposición de pintura, llamada "Fenómenos", precedió a la suya en la galería. "Me gusta este tipo, comentó, así como su trabajo, por extraño". Éste y otros surrealistas adoraban a Frida, pues, según comentó Breton era dueña de ese bien surrealista tan necesario, *"la beauté du diable"* ("la belleza del diablo"). Contaba muy buenas anécdotas, y tenía la costumbre de hablar directamente con la persona que se encontrara a su lado, enfrentándola con toda la fuerza de su personalidad. Tenía una voz suave, cálida y baja, un poco masculina, y no intentaba mejorar su pintoresco inglés ni acento extranjero, porque sabía que incrementaban su magnetismo. El crítico surrealista Nicolas Calas recuera que "correspondía por completo al ideal surrealista de la mujer. Tenía cierto modo de ser teatral y muy excéntrico. Siempre estaba consciente de que representaba un papel, y su exotismo atraía la atención de inmediato".

Únicamente su salud la limitaba. Julien Levy quería llevar a Frida a un recorrido por los bares de Harlem, pero se dio cuenta de que "no mostró mucho entusiasmo por la idea, quizá porque estaba cansada y sabía que no se divertiría muy avanzada la noche. Recorrer muchos bares no es cosa fácil si uno no tiene piernas ligeras. No lograba superar el hecho de ser inválida. Después de caminar tres cuadras, fruncía la frente y empezaba a apoyarse un poco en el brazo de su acompañante; si éste seguía caminando, la obligaba a decir: «Hay que conseguir un taxi». No le gustaba decir eso". Frida tenía buenas razones para no querer caminar mucho. Su pie derecho seguía causándole problemas; le salieron verrugas en la planta de un pie y aún le dolía la espalda. Al terminar la exposición, enfermó gravemente y consultó a varios médicos, ortopédicos y especialistas. Finalmente, el esposo de Anita Brenner, el doctor David Glusker, muy amigo de Frida, logró curar la úlcera trófica que durante años sufrió en el pie. Además, los médicos le hicieron una prueba Wassermann y Kahn, por ciertos síntomas que parecían señalar que padecía de sífilis. El resultado fue negativo.

Aunque su estado de salud le impidiera disfrutar de los museos y del recorrido por los bares, no ponía límites a gozar el hecho de sentirse libre de Diego. Mucho más allá del alcance de la pistola de este último, gozó al máximo de sus facultades seductoras y manifestaba un placer evidente en el efecto que producía en los hombres. Para Levy, Frida era una clase de "criatura mítica de otro mundo, orgullosa y completamente segura de sí misma, pero dulce en forma extraordinaria y, al mismo tiempo, tan varonil como una orquídea". La fascinación que Frida sentía por sí misma cautivaba a los hombres, incluyendo a Levy, quien le sacó una serie de fotografías en las que aparece desnuda hasta la cintura, arreglándose, una y otra vez, el largo cabello negro. "Solía decorarse el cabello con distintos adornos. Cuando se soltaba las trenzas, colocaba estos adornos en cierto orden sobre el tocador, y luego se los volvía a poner cuando se peinaba. La preparación del peinado implicaba una liturgia maravillosa. Le escribí un poema acerca de lo mismo, y le envié una caja hecha por Joseph Cornell, al cual entregué antes un mechón del cabello de Frida, el poema y una fotografía de ella. Puso todo en una caja, combinando vidrio azul y espejos con la presencia de Frida".

En una ocasión Levy llevó a Frida a Pensilvania, para visitar a su cliente y amigo Edgar Kaufmann, Sr., quien, según Levy, quería patrocinarla. El viaje por tren fue todo lo que esto debe ser, un aumento gradual e inexorable de tensión erótica. No obstante, al llegar, Frida no se limitó a flirtear con Levy, sino coqueteó también con el anfitrión, ya de edad, así como con el hijo de éste. Era "muy desenvuelta con los hombres", recordó Levy. Le gustaba oponerlos el uno al otro, y fingía, delante de un pretendiente, que el otro le parecía molesto o "aburrido". Al llegar la hora de retirarse, ambos, Levy y Kaufmann, Sr., esperaron que el otro se fuera a dormir con el fin de pasar los últimos momentos de la velada romántica a solas con Frida. Cuando ella se hubo retirado, las complicadas escaleras dobles de Fallingwater sirvieron de escenario al drama de esa noche. Después de hacer tiempo hasta considerar que todos ya dormían tranquilamente, Levy salió de su habitación y empezó a subir por un lado de las escaleras. Con gran asombro descubrió que su anfitrión estaba haciendo lo mismo por el otro lado. Ambos bajaron. Esta confrontación se repitió varias veces, hasta que Levy, finalmente abandonó el propósito. No obstante, cuando regresó a su recámara, ahí estaba Frida ¡esperándolo!

Nickolas Muray, de ascendencia húngara, era un pretendiente mucho más serio. Era hijo de un empleado de correos, llegó a Estados Unidos en 1913, a los 21 años, con 25 dólares en la bolsa. Para fines de los veinte, se había convertido en uno de los fotógrafos de más éxito en ese país. Sus retratos de celebridades aparecían en las revistas *Harper's Bazaar* y *Vanity Fair*; *Coronet* publicó, en 1939, una de las numerosas fotografías que le tomó a Frida. Igualmente era muy activo en el campo de la fotografía comercial. Este hombre multifacético hacía también críticas para la revista *Dance*; pilotaba aviones; era campeón de esgrima (ganó el título estadunidense de sable olímpico en 1927 y 1928, así como los campeonatos de equipo en florete y espada); se casó cuatro veces antes de su muerte en 1965 (era soltero cuando conoció a Frida); tuvo cuatro hijos; además, era un mecenas generoso, que con frecuencia compraba cuadros con el fin de ayudar a los amigos que tuvieran necesidad de dinero. En los años veinte, las reuniones que se realizaban todos los miércoles por la noche en su estudio, ubicado en la calle Macdougal, de Manhattan, atraían a gente tan notable como Martha Graham, Ruth St. Denis, Sinclair Lewis, Carl Van Vechten, Edna St. Vincent Millay, Eugene O'Neill, Jean Cocteau, T. S. Eliot, Gertrude Vanderbilt, Whitney y Walter Lippmann. Sin embargo, aparte de poseer energía, encanto, gracia y sofisticación, Muray también conservaba cierta sencillez, amabilidad, y era capaz de gran ternura e intimidad, cualidades que seguramente cautivaron a Frida. Asimismo, deben haberle agradado sus finas facciones y su delgado y garboso cuerpo. Lo conoció en México (probablemente a través de Miguel Covarrubias, quien era colaborador de *Vanity Fair*, al igual que Muray). Más tarde, el fotógrafo la ayudó en el planeamiento de su exposición, en la toma de fotografías de los cuadros, en el arreglo

de asuntos como el embarque, y más tarde el desempaque y revisión de los mismos
al llegar a Nueva York. También la aconsejó en cuanto a la presentación del
catálogo. La relación entre Frida y Muray probablemente tuvo principio en México, pero en realidad no empezó a prosperar hasta Nueva York, donde la pareja
se encontraba lejos del celoso escudriñamiento de Rivera.

La relación era inconstante, Frida se peleó con él en la inauguración de la
muestra, pero las cartas que Frida le escribió (en inglés) desde París, revelan la intensidad del amor que sentían. "Mi adorado Nick, mi niño", anotó el 16 de febrero de 1939:

["... tu telegrama llegó esta mañana y lloré mucho, de felicidad y porque te extraño, con todo mi corazón y sangre. Recibí tu carta ayer, mi cielo, es tan hermosa y
tan tierna que no encuentro palabras que te comuniquen la alegría que sentí. Te
adoro, mi amor, créeme; nunca he querido a nadie de este modo, jamás, sólo Diego
está tan cerca de mi corazón como tú... Extraño cada movimiento de tu ser, tu
voz, tus ojos, tu hermosa boca, tu risa tan clara y sincera. A ti. Te amo, mi Nick.
Estoy tan feliz porque te amo, por la idea de que me esperas, de que me amas.

Querido, dale muchos besos a Mam de mi parte. Nunca la olvidaré. [No ha
sido posible identificar a Mam; Mimi, una hija de Muray, piensa que era asistente
de éste en su estudio.] También besa a Aria y a Lea (hijas de Muray). Para ti, un
corazón lleno de ternura y caricias, un beso especial en el cuello, tu

Xóchitl"

El 27 de febrero de 1939:

Mi amado Nick:

Esta mañana recibí tu carta, después de tantos días de espera. Sentí tal felicidad
que empecé a llorar antes de leerla. Mi niño, en realidad no debería quejarme de
nada de lo que me pase en la vida, mientras tú me quieras y yo te quiera. [Este
amor] es tan real y hermoso que me hace olvidar todas las penas y los problemas,
hasta hace que olvide la distancia. A través de tus palabras estoy tan cerca de ti
que puedo sentir tu risa, esa risa tan limpia y franca que sólo tú tienes. Estoy contando los días que faltan para mi regreso. ¡Un mes más! Entonces estaremos juntos
de nuevo...

Cariño, debo decirte que te has portado mal. ¿Por qué me mandaste ese cheque
de 400 dólares. Tu amigo, "Smith", es imaginario. Fue un gesto muy bonito, pero
dile a él que me voy a quedar con su cheque sin tocarlo hasta que regrese a Nueva
York, y ahí discutiremos el asunto. Nick mío, eres la persona más tierna que jamás
he conocido. Pero escucha, mi amor, en realidad no necesito el dinero ahora. Tengo
un poco; todavía de México, además de que soy una perra muy rica, ¿lo sabías?
Es suficiente para quedarme un mes más. Ya cuento con el boleto de regreso. Todo
está bajo control, así que de veras, mi amor, no es justo que hagas gastos adicionales... De cualquier forma, no te imaginas cuánto te agradezco el deseo de ayudarme.
No dispongo de las palabras para describirte la alegría que me causa saber que
quisiste hacerme feliz y que eres tan bondadoso y adorable... Mi amante, mi cielo,
mi Nick, mi vida, mi niño, te adoro.

Adelgacé por la enfermedad. Cuando regrese, soplarás una vez y... ¡voy para arriba! hasta el quinto piso del hotel La Salle. Oye, niño, ¿todos los días tocas esa cosa para incendios que cuelga en el descanso de la escalera? No olvides hacerlo todos los días. Tampoco olvides dormirte en tu cojincito, porque me encanta. No beses a nadie mientras lees los letreros y nombres en las calles. No lleves a nadie a pasear por nuestro Parque Central. Sólo es de Nick y Xóchitl... No beses a nadie en el sofá de tu oficina. Blanche Heys [amiga íntima de Muray] es la única que puede darte masaje en el cuello. Sólo puedes besar a Mam todo lo que quieras. No hagas el amor con nadie, si lo puedes evitar. Hazlo únicamente en el caso de encontrar una verdadera F.W. ["fucking wonder": "maravilla para coger"], pero *no te enamores*. Juega con el tren eléctrico de cuando en cuando, si no regresas demasiado cansado del trabajo. ¿Cómo está Joe Jinks? ?Cómo está el hombre que te da masaje dos veces a la semana? Lo odio un poco, porque *te* alejó de mi lado durante muchas horas. ¿Has practicado la esgrima mucho? ¿Cómo está Georgio?

¿Por qué dices que sólo tuviste éxito a medias en el viaje a Hollywood? Platícame acerca de eso. Cariño, no trabajes tanto si lo puedes evitar, porque sólo te cansas del cuello y la espalda. Dile a Mam que te cuide y que te obligue a descansar cuando estés cansado. Dile que estoy mucho más enamorada de ti, que eres mi amor y mi amante, y que mientras no estoy te tiene que querer más que nunca, para hacerte feliz.

¿Te molesta mucho el cuello? Te mando millones de besos para tu hermoso cuello, para que se sienta mejor, toda mi ternura y todas mis caricias para tu cuerpo, de la cabeza a los pies. Beso cada pulgada, desde lejos.

Toca con mucha frecuencia el disco de Maxine Sullivan en el gramófono. Estaré *ahí contigo*, escuchando su voz. Te puedo imaginar, acostado sobre el sofá azul con tu capa blanca. Te veo cómo disparas hacia la escultura que se encuentra junto a la chimenea; veo claramente cómo el resorte salta al aire y oigo tu risa, la de un niño, cuando atinas. Oh, mi querido Nick, te adoro tanto. Te necesito tanto que me duele el corazón...

No obstante el deseo ardiente que Muray despertaba en Frida, ni él ni ninguno de sus rivales lograron hacerle la competencia al intenso afecto que ella sentía por Diego. Asimismo, Frida sabía que éste la amaba. Cuando ella vaciló en ir a París para la exposición que estaba organizando Breton, a causa de su estado de salud y la preocupación por tener que dejar solo a Rivera por mucho tiempo, éste trató de disipar sus dudas:

Diciembre 3

Mi niñita chiquitita:

Estuve tantos días sin recibir noticias tuyas que ya me estaba preocupando. Me da gusto que te sientas un poco mejor y que Eugenia te esté cuidando. Dale las gracias de mi parte y quédate con ella por lo que resta de tu estancia. También me alegro de que tengas un departamento cómodo y un lugar en dónde pintar. No te des prisa con los cuadros y los retratos. Es muy importante que salgan retesuaves, porque complementarán el éxito de tu exposición y tal vez te crean mayores posibilidades de hacer más...

¿Qué me das por las buenas noticias de las que seguramente ya te has enterado? Dolores, la maravillosa, va a pasar la Navidad en Nueva York... ¿Le has escrito a Lola [Dolores del Río]? Supongo que es una pregunta tonta.

Me dio mucho gusto oír de la comisión de un retrato para el Museo Moderno [lo más probable es que se esté refiriendo al encargo de Conger Goodyear]. Va a ser magnífico que entres ahí a partir de tu primera exposición. Formará la culminación de tu éxito en Nueva York. Escupe en tus manitas y produce algo que haga sombra a todo lo que lo rodee y que convierta a Fridita en la mera dientona...

No seas ridícula: no quiero que por mí pierdas la oportunidad de ir a París. TOMA DE LA VIDA TODO LO QUE TE DE, SEA LO QUE SEA, SIEMPRE QUE TE INTERESE Y TE PUEDA DAR CIERTO PLACER. Cuando se envejece, se sabe qué significa el haber perdido lo que se ofreció cuando uno no tenía suficientes conocimientos como para aprovecharlo. Si de veras quieres hacerme feliz, debes saber que nada me puede dar más gusto que la seguridad de que tú lo eres. Y tú, mi chiquita, mereces todo... No los culpo porque les guste Frida, porque a mí también me gusta, más que cualquier otra cosa...

> Tu principal sapo-Rana
> Diego

En su diario, Frida incluyó el borrador de lo que tal vez fue su respuesta a la carta de Diego. Lo escribió en el cumpleaños de él, el 8 de diciembre de 1938, y se dirige a éste como "Niño mío... de la gran ocultadora", o sea, de ella misma.

Son las seis de la mañana
y los guajolotes cantan,
calor de humana ternura
Soledad acompañada
Jamás en toda la vida
olvidaré tu presencia
Me acogiste destrozada
y me devolviste entera
Sobre esta pequeña tierra
¿dónde pondré la mirada?
¡Tan inmensa, tan profunda!
Ya no hay tiempo, ya no hay nada.
Distancia. Hay ya sólo *realidad*
¡Lo que fue, fue para siempre!
Lo que son las raíces
que se asoman transparentes
transformadas
En el árbol frutal eterno
Tus frutas dan sus aromas
tus flores dan su color
creciendo con la alegría
de los vientos y la flor
No dejes que le dé sed
al árbol del que eres sol,
que atesoró tu semilla
Es "Diego" nombre de amor.

Capítulo 15

Este pinchísimo *París*

En enero de 1939, cuando Frida se embarcó para Francia, Europa se encontraba en un intranquilo estado de paz. Hitler había sido "apaciguado" en Munich, y la Guerra Civil española se acercaba a su fin: el 27 de febrero, Gran Bretaña y Francia reconocieron al régimen de Franco. En la capital mundial de la cultura, trababan batallas verbales y discutían acerca de los detalles de sus respectivas teorías ideológicas los fascistas y los trotskistas, los comunistas y los capitalistas, los liberales y los conservadores, en tanto que la primera oleada de refugiados, que luego se convertiría en un torrente, esperaba un destino incierto.

Frida se quedó primero con André y Jacqueline Breton, en un pequeño departamento ubicado en el número 42 de la calle Fontaine (intersección de los círculos surrealista y trotskista de París), pero no resultó la visita. En primer lugar, se aplazó la exposición que Breton supuestamente estaba organizando: "El asunto de la exposición es un maldito lío", le escribió Frida a Nickolas Muray el 16 de febrero:

Cuando llegué, los cuadros todavía estaban en la aduana, porque ese hijo de... Breton no se tomó la molestia de sacarlos. *Jamás recibió* las fotografías que enviaste *hace muchísimo tiempo,* o por lo menos eso dice, no hizo *nada* en cuanto a los preparativos para la exposición, y hace mucho que ya no tiene una galería propia. Por todo eso fui obligada a pasar días y días .esperando como una idiota, hasta que conocí a Marcel Duchamp, pintor maravilloso y el único que tiene los pies en la tierra entre este montón de hijos de perra lunáticos y trastornados que son los surrealistas. De inmediato sacó mis cuadros y trató de encontrar una galería. Por fin una, llamada «Pierre Colle», aceptó la maldita exposición. Ahora Breton quiere exhibir, junto con mis cuadros, catorce retratos del siglo XIX (mexicanos), así como 32 fotografías de Álvarez Bravo y muchos objetos populares que compró en los mercados de México, *pura basura;* ¡es el colmo! Se supone que la galería va a estar lista el 15 de marzo. Sin embargo... hay que *restaurar* los catorce óleos del siglo XIX, y este maldito proceso tarda un mes entero. Tuve que prestarle 200 lanas (dólares) a Breton para la restauración porque no tiene ni un céntimo. (Le telegrafié a Diego describiéndole la situación, y le dije que le presté ese dinero a Breton. [Diego] se puso furioso, pero ya lo *hice* y ya no se puede hacer nada al respecto.) Todavía me resta dinero para permanecer aquí hasta principios de marzo, de manera que no me preocupo mucho.

Bueno, cuando hace unos días, todo, más o menos estaba arreglado, como ya te platiqué, Breton de repente me informó que el socio de Pierre Colle, un anciano bastardo e hijo de perra, vio mis cuadros y consideró que sólo será posible exponer *dos,* ¡porque los demás son demasiado "escandalosos" para el público! Hubiera podido matar a ese tipo y comérmelo después, pero estoy tan harta del asunto que he decidido mandar todo al diablo y largarme de esta ciudad corrompida antes de que yo también me vuelva loca.

Además, Frida se enfermó: escribió la carta citada arriba desde una cama del Hospital Americano. Hasta la coronilla de Breton, e incómoda por tener que compartir un reducido cuarto con la pequeña hija del mismo, Aube, a fines de enero Frida se cambió al Hotel Regina, ubicado en la Plaza de las Pirámides, desde donde una ambulancia la llevó al hospital "porque no podía ni caminar". Había contraído, a través de una colitis, una inflamación bacteriana de los riñones. El 27 de febrero, dirigió la siguiente misiva a Muray:

Me siento bastante débil después de tantos días con fiebre. La maldita colitis hace que uno se sienta pésimo. El médico me dice que he de haber comido algo que no se lavó bien (ensalada o fruta cruda). Me juego la cabeza a que adquirí las cochinas bacterias en la casa de Breton. No tienes idea de la mugre con la que vive esa gente, ni de los alimentos que comen. Es algo increíble. En la maldita vida he visto nada igual. Por alguna razón que ignoro, la infección pasó de los intestinos a la vejiga y a los riñones, por lo que no pude hacer pipí durante dos días. Sentía que iba a explotar en cualquier momento. Afortunadamente, todo *está O.K. ahora,* y lo único que debo hacer es descansar y seguir una dieta especial.

Entró en más detalles en una carta a Ella y Bertram Wolfe:

Tenía yo la panza llena de anarquistas y cada uno de ellos hubiera puesto una bomba en algún rincón de mis pobres tripas. Yo sentía que hasta ese momento "habría habido de piña", pues estaba segura de que me iba a llevar la pelona. Entre los dolores de panza y la tristeza de encontrarme solita en este pinchísimo París, que me cae como patada en el ombligo, les aseguro que hubiera preferido que de un jalón me llevara el puritito tren. Pero ya cuando me encontré en el Hospital Americano, donde podía "ladrar" en inglés y explicar mi situación, me comencé a sentir un poco mejor. [El hecho de que Frida no hablara francés seguramente contribuyó a que se formara una opinión tan desfavorable de París.] Cuando menos podía yo decir: "¡*Pardon me I burped!*" (Claro que no era el caso, pues precisamente no podía yo burpear ni a mentadas). Hasta los cuatro días pude tener el placer de arrojar el primer "burp" y desde ese feliz día hasta ahora ya me siento mejorada. La razón del levantamiento anarquista en mi barriga fue que estaba llena de colibacilos y estos desgraciados quisieron traspasar el límite decente de su actividad y se les ocurrió irse de parranda a pasear por la vejiga y los riñones, y francamente, me pasaron a arder, pues se cargaban un vacilón del diablo en mis riñones y yo me andaban mandando a la difuntería. Total que yo no contaba más que los días para que se me cortara la fiebre, para agarrar un barco y pelarme pa' los *United States,* pues aquí no comprendían mi situación ni a nadie le importaba yo un demonio... y poco a poco, me empecé a recuperar".

No regresó "al maldito hotel, porque no podía quedarme completamente sola". En vez de eso, Mary Reynolds, "una maravillosa mujer norteamericana que vive con Marcel Duchamp, me invitó a quedarme en su casa. Acepté con gusto porque de veras es simpática y no tiene nada qué ver con los asquerosos «artistas» del círculo de Breton. Se porta muy bien conmigo y me cuida de manera estupenda".

Para ese entonces, la cuestión de la muestra, finalmente se resolvió y Frida informó a Muray:

> Marcel Duchamp me ha ayudado mucho. Es el único hombre verdadero entre toda esta gente corrompida. La exposición se va a inaugurar *el 10 de marzo,* en una galería llamada "Pierre Colle". Dicen que es una de las mejores de aquí. Ese tipo, Colle, es comerciante de Dalí y de otros peces gordos del surrealismo. La muestra durará dos semanas, pero ya hice los arreglos necesarios para sacar mis cuadros el 23. Así tendré tiempo para empacarlos y llevarlos conmigo el 25. Los catálogos ya se encuentran en la imprenta, por lo que parece que todo va bien. Quise embarcarme en el "Isle de France" el 8 de marzo, pero le telegrafié a Diego y éste me dijo que esperara hasta después de la exposición, ya que no confía en que estos tipos me envíen los cuadros. Tiene razón, en cierto modo, pues después de todo vine aquí *sólo* por la maldita exposición, y sería tonto irme dos días antes de que se inaugure. ¿No estás de acuerdo?"

A pesar de sus desdichas, Frida participó en los placeres "surrealistas" de París. Conoció a destacados personajes de dicho movimiento, como al poeta Paul Eluard y a Max Ernst. Los ojos azules de mirada intensa, el cabello blanco y la nariz aguileña de este último le agradaron y le gustó su pintura, pero en cuanto a su personalidad, este pintor le parecía un poco inaccesible, como hielo seco. Sus nuevos amigos la acompañaron a los cafés frecuentados por artistas y a clubes nocturnos como el "Boeuf-sur-le-Toit", donde escuchó jazz (le encantaban las composiciones del pianista negro estadunidense Garland Wilson) y donde, como siempre, se dedicó a observar a los demás mientras bailaban. Ya era una experta del *cadavre exquis,* y en ese periodo aprendió otros juegos surrealistas. El preferido de Breton era el "juego de la verdad". Lo tomaba muy en serio, hasta el punto de encolerizarse si un participante decía algo fuera de turno. Las personas que se negaban a decir la verdad tenían que hacer cosas como entrar a la habitación a gatas, con los ojos vendados y luego adivinar quién las estaba besando. En una ocasión, Frida se rehusó a contestar a la pregunta: "¿Qué edad tienes?", y le impusieron como castigo: "Tienes que hacerle el amor al sillón". Un jugador recuerda que "Frida se sentó en el piso y lo hizo muy bien. Acarició el sillón como si fuera una hermosa criatura.

El mundo de la alta costura también la admitió. Los trajes de tehuana le gustaron tanto a Schiaparelli que diseñó un vestido llamado "Madame Rivera' para las parisienses elegantes. Una mano de Frida, con todo y anillos, apareció en la portada de *Vogue*.

Cuando le fue posible, visitó Chartres y uno o dos castillos del río Loire; también pasó un poco de tiempo en el Louvre. Además, acudió al "mercado de los ladrones", donde adquirió

"muchas baratijas, que es una de las cosas que más me gusta hacer", le escribió a Muray. No me hace falta comprar vestidos ni otras cosas semejantes, porque como "tehuana" ni siquiera uso pantaletas ni medias. Lo único que compré aquí fueron dos muñecas antiguas muy bonitas. Una es rubia de ojos azules, los más maravillosos que te puedes imaginar. Está vestida de novia. Tenía la ropa llena de polvo y mugre, pero la lavé y ahora se ve mucho mejor. La cabeza no se ajusta bien al cuerpo, pues la goma elástica que la detiene ya está muy vieja, pero nosotros la arreglaremos en Nueva York. La otra es menos hermosa, aunque encantadora, de cabello rubio y ojos muy negros. Todavía no le lavo el vestido y está tan negro como el infierno. Sólo tiene un zapato: el otro se le perdió en el mercado. Ambas son preciosas, a pesar de que sus cabezas están un poco flojas. Quizá eso sea lo que les da tanta ternura y encanto. Hace años que quería una muñeca así, porque alguien rompió la que tenía de niña y no volví a encontrar otra igual, por lo que ahora estoy muy contenta por tener dos. En México tengo una camita que le servirá de maravilla a la más grande. Piensa en dos bonitos nombres húngaros para el bautizo. Juntas me costaron como dos dólares y medio.

Pese a todas las diversiones, y aún después de abandonar la casa de los Breton y de haberse recuperado, París le parecía decadente a Frida. Lo que más aborrecía era la adopción inútil de distintas teorías por parte de los círculos bohemios:

No te imaginas lo perra que es esta gente. Me da asco. Es tan intelectual y corrompida que ya no la soporto. De veras es demasiado para mi carácter. Preferiría sentarme a vender tortillas en el suelo del mercado de Toluca, en lugar de asociarme a estos despreciables "artistas" parisienses, que pasan horas calentándose los valiosos traseros en los "cafés". Hablan sin cesar acerca de la "cultura", el "arte", la "revolución", etcétera. Se creen los dioses del mundo, sueñan con las tonterías más fantásticas y envenenan el aire con teorías y más teorías que nunca se vuelven realidad. A la mañana siguiente, no tienen nada qué comer en sus casas, porque *ninguno de ellos trabaja*. Viven como parásitos, a costa del montón de perras ricas que admiran la "genialidad" de los "artistas": *mierda* y sólo *mierda*, eso es lo que son. Nunca he visto a Diego ni a ti [Muray] perdiendo el tiempo con chismes estúpidos y discusiones "intelectuales": por eso ustedes sí son *hombres* de verdad y no unos cochinos "artistas" ... ¡Caramba! Valió la pena venir sólo para ver por qué Europa se está pudriendo y cómo toda esta gente, que no sirve para nada, provoca el surgimiento de los Hitler y los Mussolini. Creo que voy a odiar este lugar y a sus habitantes por el resto de mi vida. Hay algo falso e irreal en su carácter que me vuelve loca.

Frida se desesperó por la derrota de los republicanos en la Guerra Civil española y conoció, de primera mano, el sufrimiento de los refugiados de ese país. Con la ayuda de Diego, dispuso la emigración de cuatrocientos de ellos a México.

45. Frida y Trotsky, 1937.

44. La llegada de los Trotsky a Tampico, 1937.

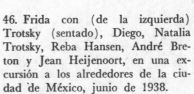

47. Una reunión en el departamento de Lupe Marín en 1938. De la izquierda: Luis Cardoza y Aragón, Frida, Jacqueline y André Breton, Lupe, Diego y Lya Cardoza.

46. Frida con (de la izquierda) Trotsky (sentado), Diego, Natalia Trotsky, Reba Hansen, André Breton y Jean Heijenoort, en una excursión a los alrededores de la ciudad de México, junio de 1938.

48. *Yo y mi muñeca,* 1937, óleo sobre lámina, 40 × 31.1 cm, colección Jacques Gelman y señora, México, D. F., fotografía de Raúl Salinas.

49. *Escuincle y yo,* más o menos 1938, óleo, paradero desconocido, fotografía por cortesía de Unidad de Documentación, Dirección de Artes Plásticas, Instituto Nacional de Bellas Artes, México, D. F.

50. *Lo que me dio el agua,* 1938, óleo sobre tela, 96.5 × 76.2 cm, colección Tomás Fernández Márquez, México, D. F., fotografía de Raúl Salinas.

52. Con Nickolas Muray, fotografía de Nickolas Muray, más o menos 1938.

51. En la exposición de Nueva York, 1938, fotografía de Elinor Mayer.

53. *Dos desnudos en un bosque*, 1939, óleo sobre lámina, 22.9 × 30.5 cm, colección Dolores del Río, México, D. F., fotografía de Raúl Salinas.

54. *El suicidio de Dorothy Hale,* 1939, óleo sobre masonite, 59.2 × 48.3 cm, Museo de Arte de Phoenix, Phoenix, Arizona.

55. *La mesa herida,* 1940, óleo sobre tela, paradero desconocido, fotografía por cortesía del archivo de *Excélsior.*

56. *Autorretrato,* 1940, óleo sobre masonite, 59.7 × 40 cm, testamentaría del doctor Leo Eloesser, por cortesía de la Galería Hoover, fotografía por cortesía de Sotheby Parke Bernet.

57. *Autorretrato con trenza,* 1941, óleo sobre tela, 51 × 38.5 cm, colección Jacques Gelman y señora, México, D. F., fotografía de Raúl Salinas.

58. Relojes de cerámica, uno con la fecha del divorcio (Frida escribió en el mismo: "Se rompieron las horas"), el otro con la fecha de las segundas nupcias, fotografía de Hayden Herrera.

59. Frida y Diego con Caimito de Guayabal, fotografía por cortesía del archivo de *Excélsior*.

61. En el comedor de la casa azul de Coyoacán, fotografía de Emmy Lou Packard.

60. Durante la Segunda Guerra Mundial, fotografía de Nickolas Muray.

62. *Diego y Frida 1929-1944,* 1944, óleo sobre cartón, paradero desconocido, fotografía por cortesía de la Unidad de Documentación, Dirección de Artes Plásticas, Instituto Nacional de Bellas Artes, México, D. F.

63. *Autorretrato,* dibujo, 1946, lápiz sobre papel, 38.5 × 32.5 cm, colección Marte Gómez Leal, México, D. F., fotografía de José Verde.

64. *La flor de la vida*, 1944, óleo sobre masonite, 27.8 × 19.7 cm, colección Dolores Olmedo, México, D. F., fotografía de Raúl Salinas.

65. *Naturaleza muerta*, 1942, óleo sobre lámina, 63 cm de diámetro, colección Museo Frida Kahlo, México, D. F., fotografía de Raúl Salinas.

66. *Los frutos de la tierra*, 1938, óleo sobre masonite, 41.3 × 59.2 cm, colección Banco Nacional de México, México, D. F., fotografía de Larry Bercow.

67. *Retrato de Mariana Morillo Safa,* 1944, óleo sobre tela, 26.7 × 38.1 cm, colección Ruth Davidoff, México, D. F., fotografía por cortesía de la Unidad de Documentación, Dirección de Artes Plásticas, Instituto Nacional de Bellas Artes, México, D. F.

68. *Doña Rosita Morillo,* 1944, óleo sobre masonite, 77.5 × 72.4, colección Dolores Olmedo, México, D. F., fotografía de Raúl Salinas.

69. *Moisés,* 1945, óleo sobre masonite, 75 × 61 cm, colección Jorge Espinosa Ulloa, México, D. F., fotografía de Raúl Salinas.

70. Con Granizo cuando éste era un cervato, más o menos 1939, fotografía de Nickolas Muray.

71. Con Diego en un mitin político, más o menos 1946.

72. Con tres alumnos suyos, más o menos 1948. De la izquierda: Fanny Rabel, Arturo Estrada y Arturo García Bustos.

73. Frida, más o menos 1947.

74. Detalle del mural pintado por Rivera en 1947-1948 en el Hotel del Prado, donde se representa a sí mismo como niño, mientras la mano de Frida descansa protectoramente sobre su hombro.

75. Diego con María Félix, 1949.

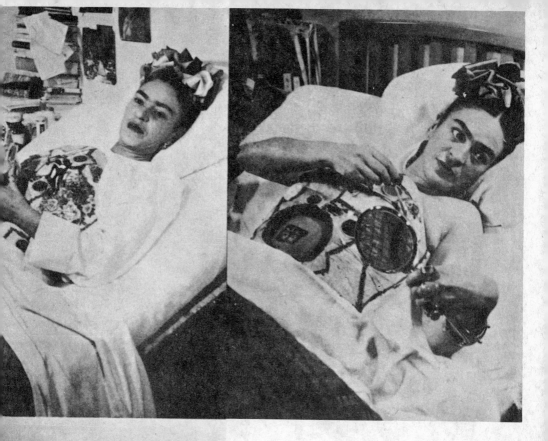

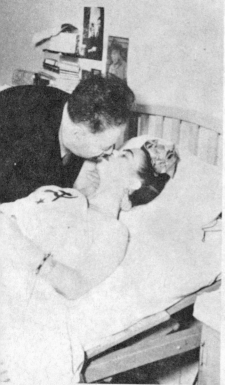

76. El año que pasó Frida en el hospital, 1950-1951. Arriba y a la izquierda, con una calavera de azúcar inscrita con su nombre; arriba y a la derecha, pintando uno de la serie de corsés de yeso que soportó; a la izquierda, con Diego; fotografías de Juan Guzmán.

77. Pintando *Naturaleza Viva* en su casa, 1952, fotografía de Antonio Rodríguez.

78. Con sus sirvientes, más o menos 1952.

79. Entrando a la galería para la inauguración del Homenaje a Frida Kahlo, en 1953. Contemplándola (de izquierda a derecha) Concha Michel, Antonio Peláez, doctor Roberto Garza, Carmen Farell y (abajo y a la derecha) el doctor Atl; fotografía por cortesía del archivo de *Excélsior*.

80. *El marxismo dará la salud a los enfermos*, 1954, óleo sobre masonite, 76 × 61 cm, colección Museo Frida Kahlo, México, D. F., fotografía de Raúl Salinas.

81. El estudio de Frida como ella lo dejó, con el retrato sin concluir de Stalin en el caballete; fotografía de Raúl Salinas.

82. Protestando por la destitución del presidente guatemalteco Jacobo Arbenz Guzmán por parte de la CIA, en julio de 1954. Juan O'Gorman se encuentra junto a Frida y Diego, atrás de ella.

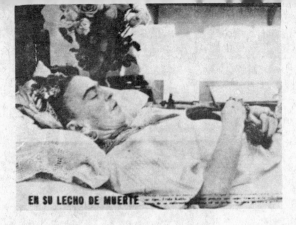

EN SU LECHO DE MUERTE

83. En su lecho de muerte.

84. Diego flanqueado por Lázaro Cárdenas (a la izquierda) y Andrés Iduarte, siguiendo la carroza fúnebre al crematorio; fotografía por cortesía del archivo de *Excélsior*.

85. La cama de Frida, Museo Frida Kahlo, fotografía de Raúl Salinas.

Si supieran ustedes en qué condiciones están los pobres que han logrado escapar de los campos de concentración. Se les partiría el corazón. Manolo Martínez, el compañero de Rebull anda por aquí [Daniel Rebull, uno de los milicianos españoles a los que Frida conoció en México en 1936 o 1937]. Me cuenta que Rebull fue el único que se tuvo que quedar del otro lado, pues no pudo dejar a su mujer que estaba moribunda quizá ahora que les escribo ésta ya lo habrán fusilado al pobrecito. Estas mulas francesas se han portado como cerdos con todos los refugiados; son unos cabrones, de la peor calaña que he conocido. Estoy asqueada de toda esta gente podrida de Europa, y estas pinches "democracias" valen bolillo.

A pesar de que Frida representó a México en una o más reuniones trotskistas y siguió asociándose con ese grupo hasta abandonar París, incluso tuvo una breve aventura con uno de sus miembros, con el que pasó una semana en la casa de Mary Reynolds, ubicada en Montparnasse, estuvo dispuesta a apoyar a Diego cuando se enteró de que éste rompió con Trotsky, al poco tiempo de que Frida llegara a la capital francesa. "Diego se peleó con la Cuarta [Internacional] y le dijo de manera muy enfática a piochitas (Trotsky) que se fuera al diablo", les escribió a Ella y a Bertram Wolfe. "... *Diego tiene toda la razón*".

Conflictos personales y políticos comenzaron a corroer la amistad entre Rivera y Trotsky, más o menos cuando Frida partió para Nueva York en octubre. Su ausencia descorazonó a Diego, como si hubiera quedado a la deriva. Dada su irritabilidad, fue inevitable que los modales petulantes de Trotsky le crisparan los nervios. A su vez, las reacciones imprevisibles y la tendencia inmoderada hacia la fantasía, propias de Rivera, molestaban a Trotsky. Un suceso hace patente esta incompatibilidad entre los temperamentos de los dos hombres: el 2 de noviembre de 1938, Día de Muertos, Rivera apareció en la casa de Coyoacán, rebosando de espíritu travieso, y le dio a Trotsky una gran calavera morada de azúcar, con el nombre "Stalin" escrito en blanco sobre la frente. Trotsky no apreció el humor ni el regalo, y en cuanto Diego abandonó la casa, le dijo a Jean van Heijenoort que lo destruyera.

Al poco tiempo, los desacuerdos políticos que existían entre ellos y que fueron controlados antes, salieron a relucir. No concordaron en cuanto al carácter clasista del Estado soviético, la participación de Rivera en los sindicatos y el apoyo que él mismo brindaba a Francisco Mújica en la campaña electoral para la presidencia (según Trotsky, este candidato representaba a la burguesía). El verdadero problema fue el hecho de que el trotskismo profesado por Rivera no tenía consistencia ni profundidad. Decía cosas como: "Realmente soy un poco anarquista". Tras la espalda de Trotsky, Rivera lo acusaba de ser estalinista. Por su falta de disposición para someterse a los dogmas o sistemas de otra gente, el artista era incapaz de permanecer, obediente, bajo el ala ideológica de Trotsky o de servir al partido como funcionario responsable. Asimismo, y al igual que muchos intelectuales en ese periodo anterior a la Segunda Guerra Mundial, se decepcionó de la Cuarta Internacional de Trotsky. La veía como un "gesto jactancioso e inútil". Se molestó cuando Trotsky tomó medidas para limitar su influencia dentro del Partido trotskista de México, después de que él mismo trató de convencer a Rivera de que podía ser de mayor utilidad a la causa en el campo del arte, que en el trabajo administrativo. A fines de diciembre, Rivera le escribió una carta a Breton criticando los métodos de Trotsky, quien le pidió que la redactara de nuevo para eliminar dos declaraciones erróneas. Rivera se mostró complacido, pero nunca realizó esa modificación.

A principios del nuevo año, Rivera se retiró de la Cuarta Internacional. El 11 de enero, Trotsky afirmó, ante la prensa mexicana, que ya no sentía "solidaridad moral' con Rivera, y que desde ese momento en adelante no podía continuar aceptando su hospitalidad. No obstante, el 12 de enero, Trotsky todavía esperaba que Rivera regresara al redil, pues ese día le escribió a Frida acerca del conflicto, en busca de su ayuda. Tras las detalladas explicaciones y argumentos políticos, informó a Frida sobre el trabajo sindical de Diego y la carta dirigida a Breton, existe una vehemente sugerencia que indica lo que significaba para Trotsky la posible pérdida de Rivera como amigo y compañero político. "Querida Frida", escribió:

> Todos nosotros estamos muy contentos y hasta orgullosos de ti a causa de tu éxito en Nueva York. Te consideramos como la embajadora artística no sólo de San Ángel, sino de Coyoacán también. Incluso Bill Lander, representante imparcial de la prensa norteamericana, nos comunicó que, según las noticias periodísticas, de veras has encontrado aceptación en Estados Unidos. Nuestras más cordiales felicitaciones. . .
>
> Sin embargo. . . , quisiera darte a conocer algunas dificultades que han surgido respecto a Diego y que son muy penosas para mí y para Natalia, así como para todos los miembros de esta casa. Me resulta imposible hallar el verdadero motivo del descontento de Diego. Dos veces intenté provocar una discusión abierta al respecto, pero sus réplicas fueron muy evasivas. Lo único que pude sacarle fue la indignación que siente porque no estoy dispuesto a reconocer su capacidad como funcionario del partido. Insistí en que no aceptara un puesto burocrático dentro de la organización, porque un "secretario" que no escribe, no contesta cartas, no llega a tiempo a las juntas y siempre se opone a las decisiones generales no es buen secretario. Y te pregunto: ¿por qué tenía que ser secretario? No tiene necesidad de probar que es un auténtico revolucionario; además, es revolucionario multiplicado por gran artista. Precisamente esta "multiplicación" indica que no es apto para el trabajo rutinario del Partido. . .
>
> Hace unos días, Diego renunció a la 4a. Internacional. Espero que no se acepte su renuncia. Por lo que a mí se refiere, haré todo lo posible para solucionar cuando menos el asunto político, aunque no logre resolver la cuestión personal. No obstante, creo que tu ayuda es imprescindible en la superación de esta crisis. La separación de Diego de nosotros daría un fuerte golpe a la 4a. Internacional, aparte de que, temo decirlo, equivaldría a su muerte moral. Dudo que le sea posible encontrar un ambiente comprensivo y amable hacia él, como artista, revolucionario y persona, fuera de la 4a. Internacional y del círculo de nuestros simpatizantes.
>
> Ahora, querida Frida, estás enterada de la situación en la que nos encontramos aquí. Me rehúso a creer que no haya alguna salida. En todo caso, sería el último en abandonar el esfuerzo por restablecer nuestra amistad política y personal. Espero sinceramente que colabores conmigo en la aclaración de este problema.
>
> Natalia y yo te deseamos lo mejor en cuanto a salud y éxito artístico y te abrazamos, como a nuestra buena y fiel amiga.

Después de la ruptura, Trotsky trató de persuadir a Rivera a que aceptara dinero como pago de renta, mientras buscaba otro lugar en dónde vivir. Rivera lo rechazó. Finalmente, Trotsky y su séquito se cambiaron, en abril de 1939, a una casa ubicada en la avenida Viena, de Coyoacán, desde donde era posible ir a pie hasta la casa azul de la avenida Londres. Trotsky dejó atrás, aparte de otros recuerdos, el autorretrato y una pluma, ambos regalos de Frida. Ésta adquirió la pluma en la librería de Misrachi, después de tomarse la molestia de conseguir una muestra de la firma de Trotsky, sin que éste se diera cuenta, con el fin de mandarla grabar en el cañón de la misma.

A pesar de que Frida también se distanció de Trotsky, guardó para él cierto cariño, aun después de su muerte. En 1946, por ejemplo, no quiso prestarle a Rivera la pluma mencionada arriba. Diego la quería usar para firmar su solicitud de readmisión al Partido Comunista. Frida era muy indulgente respecto a los caprichos políticos de Diego, aunque en alguna forma seguía respetando el recuerdo de su antiguo amigo. No obstante, al final ella también se alejó de Trotsky, cuando buscó entrar de nuevo al Partido Comunista. Declaró que la carta que el ruso le escribió en enero de 1939 era "completamente ridícula". Asimismo, recordaba la ocasión en que conoció al asesino de Trotsky, Ramón Mercader, alias Jacques Mornard, en Francia:

"En París conocí a Mornard, el que lo mató. Andaba por ahí insinuándome que lo llevara a la casa de Trotsky. «Ya no lo voy a hacer, porque tengo problemas con el viejo», le contesté. «Sólo te estoy pidiendo que por favor me encuentres una casa cerca de ahí». «Pues búscala tú, porque yo estoy demasiado enferma para andarle buscando casa a alguien. No te puedo alojar en la mía ni puedo presentarte a Trotsky; no te lo voy a presentar jamás». Sin embargo, fue su novia [Sylvia Ageloff] quien los presentó".

Mientras Mercader, agente de la GPU que fingía ser trotskista, estaba cortejando a Sylvia Ageloff, trotskista norteamericana que visitaba París durante la misma época que Frida, aparentemente también trató de relacionarse con esta última, pero sin éxito. Una amiga de Sylvia Ageloff, Maria Craipeau, trató de explicar el papel que jugó la estadounidense en el asesinato. En un artículo, repite la historia que le contó "Mornard" acerca de su encuentro con Frida Kahlo, un suceso que le parecía tan divertido al joven hombre que reía hasta las lágrimas. "Te voy a platicar algo gracioso", empezó "Mornard". "En realidad nunca había quedado tan en ridículo en toda la vida. Escucha: cuando supe que Frida Kahlo, la esposa de Diego Rivera, había llegado a París, compré un enorme ramo de flores y la fui a buscar". "Mornard", siguió a Frida de un lugar a otro, armado de su gigantesca ofrenda floral, que, finalmente, trató de darle en la inauguración de una muestra de arte. Cuando Frida rechazó tanto las flores como al hombre, éste salió a la calle y ofreció el ramo a la primera mujer que pasó, la cual huyó, aterrorizada. Las flores terminaron en la cuneta. Maria Craipeau le preguntó por qué insistió tanto en conocer a Frida Kahlo, y el agente sólo contestó: "Me hubiera divertido conocerla", y abandonó la habitación.

Cuando por fin se inauguró la exposición, Frida le dijo a Muray que ya no le importaba "si tiene éxito o no... La gente, en general, tiene un miedo espantoso a la guerra y todas las exposiciones han sido fracasos, porque las perras ricas no quieren comprar nada". (Canceló una muestra que se iba a hacer durante la primavera en Londres, en la galería Guggenheim Jeune, propiedad de Peggy Guggenheim ubicada en la calle Cork. "¿Qué sentido tiene empeñarse en ir a Londres sólo para perder el tiempo?", preguntó retóricamente.)

La muestra parisiense se intituló "Mexique", y no se limitó exclusivamente a la obra de Frida. (Breton, efectivamente, agregó a los cuadros de ella esculturas precolombinas, cuadros de los siglos XVIII y XIX, fotografías de Manuel Álvarez Bravo y su propia colección de lo que Frida llamó "puras baratijas": juguetes, un candelabro de cerámica, una enorme calavera de azúcar, exvotos y otros objetos de arte popular que él adquirió en México.) No obstante, Frida constituyó la atracción principal. Jacqueline Breton recuerda la inauguración como un acontecimeinto animado, durante la mayor parte del cual Frida se quedó en un rincón. Puesto que no hablaba mucho francés, es posible que se haya sentido excluida. Como ella lo temía, la exposición no tuvo éxito financiero. Según Jacqueline Breton, los franceses eran demasiado nacionalistas para sentir interés por el trabajo de una extranjera desconocida. Aparte de eso, "todavía se menospreciaba a las mujeres. Era muy difícil ser pintora. Frida comentó: «Los hombres son los reyes. Ellos dirigen el mundo»".

No obstante, la obra de Frida fue favorablemente reseñada por *La Flèche*. El crítico, L. P. Foucaud, afirmó que cada uno de los 17 cuadros exhibidos constituía una "puerta abierta hacia lo infinito y la continuidad del arte". Calificó los colores de Frida de "puros" y su dibujo de "perfecto" y alabó la "autenticidad" y "lo sincero" de su pintura. Declaró que en un periodo en el que "el engaño y la mentira están de moda, la probidad y el rigor imponentes de Frida Kahlo de Rivera nos muestran muchas pinceladas geniales". El Louvre estimó conveniente comprar *El marco*, encantador autorretrato en el que Frida se recoge el pelo con una cinta color verde amarillento coronada por una enorme flor amarilla. Actualmente, este cuadro forma parte de la colección del Museo Nacional de Arte Moderno, albergado en el Centro Georges Pompidou.

Entre todos los admiradores de Frida, Diego, por supuesto, tenía más cosas qué decir acerca de su triunfo parisiense. A pocas semanas de su llegada de París, escribió que su esposa se había ganado los corazones del mundo artístico de esa ciudad: "Entre más severos los críticos, más grande fue su entusiasmo... Los cuadros de Frida conmovieron tanto a Kandinsky que la abrazó y le besó las mejillas y la frente, delante de todos los presentes en la exposición, mientras lágrimas de emoción pura le recorrían el rostro. Incluso Picasso, el más difícil de los difíciles, cantó las alabanzas de las cualidades artísticas y personales de Frida. Desde el momento en que la conoció hasta el día de su partida, Picasso estuvo como hechizado por ella".

Como prueba del afecto que ella le inspiraba, Picasso le regaló a Frida unos aretes en forma de pequeñas manos, hechas de carey con puños de oro. También le enseñó una canción española, "El Huérfano", que empieza así: "Yo no tengo ni madre ni padre que sufran mi pena,/Huérfano soy". Llegó a ser una de las preferidas de la artista, y más tarde con frecuencia la cantó para Diego y sus amigos.

El 17 de marzo, Frida resumió para Ella y Bertram Wolfe las impresiones que había recibido:

Ella linda y Boitito, *mis meros cuates:*

Después de dos meses les escribo, ya sé que van a decir lo de siempre: ¡esa "chicua" es una mula! Pero esta vez créanme que no fue tanto la mulez, sino la bandida suerte. Aquí van las explicaciones poderosas: desde que llegué me fue de la puritita chi... fosca... pues mi exposición no estaba arreglada. Mis cuadros me estaban esperando muy quietecitos en la aduana, pues Breton ni siquiera los había recogido. Ustedes no tienen ni la más ligera idea de la clase de cucaracha vieja que es Breton y casi todos los del grupo de surrealistas. En pocas palabras, son unos perfectos hijos de... su mamá. Toda la historia de la dicha exposición se las contaré en detalle cuando nos volvamos a ver las fachadas (caras) pues es larga y triste. Pero en resumida síntesis tardó un mes y medio el asunto antes de que fuera com- (sic) etcétera, etcétera, la mentada exposición. Todo esto sucedió con acompaña- miento de pleitos, habladurías, chismes, rabias y latas de la "pior" clase. Por fin, Marcel Duchamp (el único entre los pintores y artistas de aquí que tiene los pies en la tierra y los sesos en su lugar) pudo lograr arreglar con Breton la exposición. Se abrió el día 10 de éste en la galería Pierre Colle, que según me dicen, es de las mejores de aquí. Hubo gran cantidad de raza el día del "opening", grandes felicitaciones a la "chicua", entre ellas un abrazote de *Joan Miró* y grandes alaban- zas de *Kandinsky* para mi pintura, felicitaciones de *Picasso* y *Tanguy,* de Paalen y de otros "grandes cacas" del surrealismo. En total, puedo decir que fue un éxito y tomando en cuenta la calidad de la melcocha (es decir, de la manada de felici- taciones), creo que estuvo bastante bien el asunto...

Ya hablaremos largo de todo. Mientras quiero decirles: que los he extrañado harto; que los quiero más y más; que me he portado bien; que no he tenido aven- turas ni vacilones, ni amantes, ni nada por el estilo, que extraño México como nunca; que adoro a Diego más que a mi propia vida; que de cuando en cuando extraño también mucho a Nick; que me estoy ya volviendo gente seria, y que total de cuentas mientras los vuelvo a ver les quiero mandar hartísimos besos a los dos algunos repártanlos equitativamente entre Jay, Mack, Sheila y todos los cuates. Y si tienen un tiempecito vean a Nick y denle un besito también y otro a Mary Sklar.

Su chicua que nunca los olvida
FRIDA

Una semana después de escribirles a los Wolfe, Frida finalmente pudo aban- donar el "corrompido" continente europeo. Se embarcó en el Havre el 25 de marzo, rumbo a Nueva York. No se llevó únicamente recuerdos negativos de Pa- rís. Hizo algunos buenos amigos ahí, aun entre los "grandes cacas" del surrealis- mo, y le fascinó la belleza de la ciudad. De regreso en México, escribió la siguiente melancólica carta a una amiga residente en París (probablemente Jacqueline Bre- ton, pues el nombre "Aube" aparece en el margen de la copia que luego guardó en su diario, donde habla de la hija de dicha mujer).

Desde que me escribiste, en aquel día tan claro y lejano, he querido expli- carte que no puedo irme de los días ni regresar a tiempo al otro tiempo. No te he olvidado; las noches son largas y difíciles. El agua. El barco y el muelle y la ida que te fue haciendo tan chica desde mis ojos, encarcelados en aquella ventana redonda que tú mirabas para guardarme en tu corazón. Todo eso está intacto. Después vinieron los días, nuevos de ti. Hoy quisiera que mi sol te tocara. Te digo que tu niña es mi niña, los personajes títeres arreglados en su gran cuarto de vidrios son de las dos.

Es tuyo el huipil con listones solferinos. Mías, las plazas viejas de tu París, sobre todas ellas la maravillosa Vosges, tan olvidada y tan firme. Los caracoles y la muñeca novia es tuya también, es decir, eres tú. El vestido es el mismo que no quiso quitarse el día de su boda con nadie, cuando la encontramos casi dormida en el piso sucio de una calle. Mis faldas con olanes de encaje y la blusa antigua que siempre hacen el retrato ausente de una sola persona. Pero el color de tu piel, de tus ojos y tu pelo cambia con el viento de México. También *sabes* que todo lo que mis ojos ven y que toco conmigo misma, desde todas las distancias, es Diego. La caricia de las telas, el color del color, los alambres, los nervios, los lápices, las hojas, el polvo, las células, la guerra y el sol, todo lo que se vive en los minutos de los no relojes y los no calendarios y en las no miradas vacías es *él*. Tú lo sentiste por eso dejaste que me trajera el barco desde el Havre, donde tú nunca me dijiste adiós.

Te seguiré escribiendo con mis ojos siempre. Besa a la niña.

Capítulo 16

Lo que me dio el agua

LA REACCIÓN QUE TUVO FRIDA al ser aceptada en la élite surrealista por parte de su fundador, consistió en un despliegue de ingenua consternación. "No sabía que yo fuera surrealista", afirmó, "hasta que André Breton llegó a México y me lo dijo. Lo único que sé es que pinto porque necesito hacerlo, y siempre pinto todo lo que pasa por mi cabeza, sin más consideraciones".

Es posible que un poco de astucia se haya ocultado tras esta cándida pose. Frida Kahlo quería que la vieran como personalidad original, cuya fantasía se nutría en gran parte de la tradición popular mexicana, en lugar de alguna tendencia artística extranjera. Breton y Rivera deseaban presentarla precisamente así. Es cierto que la obra de la pintora impresiona en cuanto a inventiva, franca y aparentemente libre de la influencia de los movimientos artísticos europeos. Sin embargo, Frida tenía demasiados conocimientos e información sobre el arte del pasado y del presente para haber sido una artista completamente pura, salida de sí misma, en caso de que tal cosa exista. La negación enfática que hace del influjo de cualquier corriente resulta sospechosa, pues es muy semejante a la definición del surrealismo según Breton: "El automatismo síquico puro mediante el cual se pretende expresar verbalmente, por escrito o cualquier otro método, el funcionameinto real de la mente. El dictado del pensamiento, en ausencia de todo control ejercido por la razón y más allá de cualquier preocupación estética o moral".

Sin duda, las teorías de Breton llegaron a México antes que él mismo, y Frida no pudo haberlas ignorado. Por otra parte, sabía que la etiqueta surrealista atraería mayor aporbación crítica a su trabajo. Le agradó que la aceptaran en los círculos surrealistas, primero en Nueva York, donde la galería de Julien Levy constituía el foco de dicho movimiento, y luego en París. Si ella hubiera tenido reparos, su amigo Miguel Covarrubias no la hubiera calificado de surrealista en el catálogo de la exposición "Veinte Siglos de Arte Mexicano", organizada por el Museo de

Arte Moderno de Nueva York. Sin embargo, Frida se aseguró de que *otras* personas, y no ella, la definieran así. El historiador de arte Antonio Rodríguez, repite las siguientes palabras de la artista: "Me encanta la sorpresa y lo inesperado. Me gusta ir más allá del realismo. Por lo tanto, quisiera ver salir leones de ese librero, y no libros. Desde luego, mi pintura refleja estas predilecciones, así como mi estado de ánimo, y sin duda, es verdad que mi obra se relaciona de muchas formas con el surrealismo. No obstante, nunca tuve la intención de crear algo que pudiera considerarse dentro de esa clasificación".

No existía la menor duda, en 1940, acerca de cuál era el movimiento más de moda en los círculos artísticos internacionales. La "Exposición Internacional del Surrealismo", que se inauguró el 17 de enero en la Galería de Arte Mexicano de Inés Amor, ubicada en la ciudad de México, representó el acontecimiento cultural y social más importante de la temporada. Esa muestra ya había viajado de París a Londres; fue organizada por André Breton, el poeta peruano César Moro y el pintor surrealista Wolfgang Paalen, quien emigró a México en 1939 junto con su esposa Alice Rahon, pintora y poetisa surrealista, así como amiga íntima de Frida. La lista de los invitados a la inauguración, que se publicó en los periódicos incluyó a "todo México".

El catálogo anunció "relojes clarividentes", "el perfume de la quinta dimensión", "marcos radiactivos" e "invitaciones quemadas". (Aunque no se haya cumplido con todas esas promesas, por lo menos sí se realizó la última: las invitaciones enviadas a unos cuantos escogidos tenían las orillas elegantemente chamuscadas.) La mayoría de los hombres vistieron trajes formales y las mujeres, las últimas modas de París. La hermana de Lupe Marín, Isabel, se paseaba vestida con una túnica blanca mientras la enorme mariposa que llevaba sobre la cabeza casi le ocultaba el hermoso rostro, representando así la "aparición de la gran esfinge de la noche". El subsecretario de Hacienda, Eduardo Villaseñor, dio un discurso de inauguración adecuadamente inescrutable, en tanto que la élite social y cultural de México bebía a sorbos buen whisky y coñac, y comía los deliciosos manjares ofrecidos por Inés Amor. Al disgregarse la reunión, muchos invitados fueron a bailar a El Patio, un cabaret popular.

La mayoría de las reseñas fueron favorables. No obstante, un crítico comentó que la fiesta de inauguración "tuvo el carácter de una visita muy correcta al surrealismo, en lugar de un encuentro apasionado o sentido hondamente". Afirmó que el movimiento de hecho había perdido sus enemigos, se puso de moda y estaba muerto. Algunos articulistas observadores hicieron patente que los participantes mexicanos en la exposición, excepto unos cuantos, en realidad no eran surrealistas. Excluyeron a Frida de la corriente, por ejemplo, a causa de su "ingenuidad espiritual". Ella misma declaró, en una carta dirigida a Nickolas Muray, que todo mundo se estaba volviendo surrealista en México, con el único fin de poder entrar a la muestra. De cualquier forma, ella incluyó dos cuadros: *Las dos Fridas*, 1939, y *La mesa herida*, 1940, los únicos lienzos de gran tamaño que produjo en toda la vida; en los cuales trabajó con particular premura, en parte porque quería tenerlos listos para la exposición.

A pesar de que la "Exposición Internacional del Surrealismo" tuvo importancia como el primer contacto directo entre México y el arte europeo propio del movimiento, surtió un efecto menos trascendente en la producción artística de este país de lo que esperaban los organizadores. Ellos habían considerado a México como tierra fértil para el surrealismo, pero los mexicanos no demostraron ser muy receptivos. El dominio de los muralistas, con su apego a la realidad, representó un obstáculo. Otro impedimento, más difícil de evitar, radicaba en el hecho de que México disponía de su propia magia y mitos, por lo cual no tenía necesidad de las ideas extranjeras en cuanto a la fantasía. La búsqueda preconcebida de las verdades del subconsciente posiblemente les proporcionó a los surrealistas europeos cierta salida de los límites del mundo racional y de la vida burguesa normal. No obstante, esto tenía poco atractivo en un país en el que se confunden la realidad y los sueños; donde los milagros son considerados como hechos cotidianos.

Sin embargo, aunque la "Exposición Internacional del Surrealismo" y la presencia de algunos muralistas europeos refugiados no hayan creado un movimiento semejante en México, sí jugaron un papel significativo en el estímulo al desarrollo del realismo fantástico durante los cuarenta, periodo en el curso del cual varios artistas mexicanos empezaron a rechazar la hegemonía del muralismo. Frida sin duda fue una de las personas a las que el contacto con el surrealismo sirvió para fortalecer una tendencia, tanto personal como cultural, hacia la fantasía. A pesar de que ella fue descubierta por el surrealismo, en lugar de pertenecer a la corriente, hubo un evidente cambio en su trabajo después de que se relacionó directamente con dicha escuela en 1938. Los cuadros que pintó a principios de los treinta, como *Luther Burbank* y *Henry Ford Hospital,* ponen de manifiesto un estilo y fantasía ingenuos basados en el arte popular mexicano. Después de 1938, sus obras se volvieron más complicadas, más profundas y de mayor intensidad perturbadora. En tanto que las líneas delineadoras de la personalidad de Frida cobraron fuerza y las sombras se llenaron de ambigüedad, la energía traviesa propia del autorretrato pintado en 1929 y el encanto diabólico y femenino del cuadro dedicado a Trotsky cedieron el paso a un nuevo plano de misterio y magnetismo, y a una mayor profundidad en cuanto a la conciencia de sí misma. Y si esta sensibilidad tiene mucho que ver con la acumulación del sufrimiento de Frida a través de los años, tampoco puede hacerse caso omiso de la influencia ejercida en su subconsciente por el énfasis surrealista como el origen del contenido artístico. Las teorías de Breton con seguridad afectaron el enigma y las implicaciones sicológicas que caracterizan la obra más surrealista de Frida, *Lo que me dio el agua* (ilustración 50), la cual, afirmó, era particularmente importante para ella. En este cuadro muestra una fantasía dentro de una tina de baño. Imágenes de temor, recuerdos, sexualidad, dolor y muerte flotan en la superficie del agua, sobre las piernas sumergidas de la bañista. El ambiente es sosegado y difícil de precisar. No se fijan los recuerdos por completo; sólo se vislumbran. El matiz general gris azuloso y la aplicación extraordinariamente delgada de pintura sostienen esa sensación de irrealidad. Este lienzo es el más complejo y deliberadamente enigmático de toda la obra de Frida. Recuerda a Dalí respecto a la plétora de detalles minuciosos y yuxtapuestos de manera ilógica, y también a Bosch y Brueghel, pintores admirados por Frida.

Frida pintó sus piernas desde un particular punto de vista, parcialmente oscurecidas por el agua. Los dedos, que sobresalen de la superficie, se reflejan en forma grotesca, de modo que parecen cangrejos carnosos. El dedo gordo del pie derecho deformado está agrietado, como referencia al accidente y a las operaciones que le siguieron. Al igual que podría pasar en una película de terror, una vena sale de uno de los agujeros del desagüe ubicado junto al dedo herido y deja caer gotas de sangre al agua. (La fascinación que la sangre ejercía sobre Frida se revela en los cuadros pintados a partir de 1932, pero a fines de los treinta esta obsesión empezó a adoptar cierta intensidad sexual más sutil y sadomasoquista, en tanto que la artista observaba con más detenimiento la dinámica intrincada del flujo de la sangre.) Otro elemento que evoca una escena de alguna película de terror es un desfile de insectos, una víbora y una minúscula bailarina que avanza encima de una cuerda floja detenida por una roca en forma de falo, la cima de una montaña y un hombre enmascarado casi desnudo. La cuerda sujeta el cuello y la cintura de una Frida ahogada a la que le brota la sangre por la boca y cuyo cuerpo descubierto se torna un desagradable tono de gris. El detalle final y espeluznante lo representa un segador cuyas patas tratan de tocar el rostro de Frida desde la cuerda floja.

No es de sorprender que André Breton haya elegido *Lo que me dio el agua* para ilustrar el ensayo sobre Frida que incluyó en la redición de *Surrealism and Painting*. Dijo que la pintora estaba terminando la obra cuando él visitó México: "*Lo que me dio el agua*, sin saberlo ella, da expresión óptica a la frase que una vez le oí a Nadja [heroína de la novela surrealista de Breton, *Nadja*]: «Soy el pensamiento de bañarse en la habitación sin espejos»". En un cuarto sin espejos uno sólo se percibe del pecho para abajo. La mente puede volverse hacia adentro y el cuerpo, libre de los reflejos, puede jugar a lo que quiere.

Resulta fácil ver por qué tanta gente ha calificado a Frida de surrealista. Sus retratos, en los que se mortifica a sí misma, ponen un énfasis surrealista en el dolor y manifiestan una corriente clara de erotismo suprimido. El uso que hace de figuras híbridas (compuestas por elementos animales, de plantas y humanos) ya aparece en la iconografía surrealista, en la cual los miembros humanos echan ramas y una persona puede tener la cabeza de un pájaro o de un toro. Las aperturas o cortadas que Frida frecuentemente produce en un cuerpo humano hacen pensar en las cabezas y manos amputadas o en los torsos huecos que se ven a menudo en la pintura surrealista. También es posible interpretar su costumbre de colocar escenas de dramática inactividad en medio de espacios abiertos, muy extensos, espacios que se encuentran separados de la realidad cotidiana, como un modo surrealista de disociar al espectador del mundo racional. Aun las áreas cerradas causantes de claustrofobia que ella representa pueden ser de origen surrealista: los muros formados por hojas tropicales, de aspecto omnívoro e hirviendo de insectos disimulados, hacen recordar las exuberantes selvas pintadas por Max Ernst.

No obstante, el concepto de Frida era muy diferente al de los surrealistas. Su pintura no era el producto de una cultura europea desilusionada, que buscaba una salida de los límites impuestos por la lógica a través del sondeo del subconsciente. En lugar de eso, la fantasía de Frida era resultado de su temperamento, vida y condición; representaba una manera de adaptarse a la realidad, y no de pasar de ésta a otra esfera. Su simbolismo casi siempre era autobiográfico y relativamente sencillo. A pesar de que los cuadros de Frida servían a un fin particular, su significado debía ser accesible, como en los murales. La magia de su arte no radica en relojes que se derriten, sino en el deseo de que las imágenes cuenten con cierta eficacia, como pasa en los exvotos: debían de afectar la vida. Frida exploró la sorpresa y el enigma de la experiencia inmediata y de las sensaciones reales.

Los surealistas inventaron maneras de representar la sexualidad amenazada, y Frida ilustraba el propio sistema reproductivo destrozado. En *Raíces* (1943), conectó su cuerpo con una enredadera verde (lámina XXVII) con el fin de comunicar un sentimiento personal específico: el ansia sentida por una mujer sin hijos para obtener la fertilidad. La emoción quedó completamente clara. El erotismo corría más bien por las venas de Frida que por su cabeza; para ella, el sexo no era tanto un misterio freudiano como un hecho vital. De manera semejante, no le hacía falta la enseñanza de Sade para representar con una franqueza casi feroz el drama del sufrimiento físico. Frida pinta a una mujer desnuda apuñalada, a una Virgen de los Dolores o la propia carne herida, pero no como símbolos anónimos del dolor ni alegoría freudiana, como lo es el dedo perforado que sobresale de una ventana en *Oedipus Rex,* de Max Ernst. Cuando ella se abre el torso con el fin de revelar la clásica columna rota que sustituye su espina dorsal, no está fingiendo nada: presenta un informe sobre la propia condición física. Se representa dos veces, sentada y recostada, en *Árbol de la esperanza* (1946; lámina XXX), pero no pretende lograr una yuxtaposición irracional ni crear una "surrealidad". La obra de Frida no integra un paradigma del surrealismo semejante al que describe el poeta francés Lautréamont como el "encuentro casual de una máquina de coser y un paraguas sobre una mesa para disecciones". Más bien muestra a una paciente anestesiada que sufre la cirugía sola, acostada en una cama de hospital y vigilada por una parte de su ser que encuentra fortaleza en la esperanza y la voluntad. Esta franqueza contrasta radicalmente con la voluntad y las elipsis surrealistas.

Inclusive *Lo que me dio el agua* en realidad es más real que surrealista. A pesar de que la acumulación de pequeños detalles fantásticos da la impresión de que el cuadro es más incoherente y separado de la realidad terrestre que otras obras, todas las imágenes están estrechamente vinculadas con acontecimientos o emociones presentes en la vida de la artista. Considerado en su totalidad, el lienzo resulta completamente plausible como representación "real" de la mujer que está soñando y de su sueño.

Julien Levy dijo que Frida rara vez hablaba de su trabajo, pero que sí hizo unos comentarios acerca de *Lo que me dio el agua.* "El cuadro es bastante explícito", recuerda Levy que dijo ella: "Simboliza el paso del tiempo; que trataba, por un lado, del tiempo, de los juegos infantiles y de la tristeza inherente a lo que le pasó en la vida. Al cumplir más años, los sueños de Frida se volvieron tristes, mientras que los de la niña habían sido felices. De niña jugaba con distintos objetos en la tina del baño; soñaba con ellos. Las imágenes del cuadro se relacionan con esos juegos. Cuando éste fue pintado, Frida se vio a sí misma bañándose, y todos los sueños con un final triste, como suele suceder cuando se sueña hacia atrás. También acostumbraba hablar mucho de la masturbación en la tina del baño. Luego mencionó la perspectiva desde la cual el cuadro la presenta. En cuanto al aspecto filosófico, su idea tenía que ver con la imagen que uno se forma de las cosas, porque es imposible contemplar la propia cabeza, la cual sirve para mirar, pero no puede ser vista por uno mismo. Es algo que uno se carga con uno para poder conocer la vida".

Lo que el agua le ofrecía a Frida era la suspensión tranquilizadora del mundo objetivo en una forma que le permitía entregar a la fantasía una constelación de breves imágenes, del tipo de las que atraviesan la mente en los momentos anteriores al sueño. Sin embargo, aun en este cuadro, el más fantástico de todos los que pintó, Frida logra ser prosaica. En realidad pinta objetos "reales" del modo más literal y franco posible. Tal vez nosotros no sepamos lo que significa cada detalle, pero ella sí lo sabía. La poesía de Frida no contiene matices sutiles. Nada se ve amorfo ni borroso. Traza las líneas con completa precisión.

Al darse cuenta de esto y como sabía que el realismo y el marxismo están relacionados entre sí, Diego argumentó que Frida era "realista". En 1943, escribió un artículo intitulado "Frida Kahlo y el arte mexicano":

"Dentro del panorama de la pintura mexicana de los últimos veinte años, la obra de Frida Kahlo brilla como un diamante entre muchas joyas menores: es clara y dura, de facetas definidas con precisión. . .

"Los autorretratos, producidos a intervalos, nunca son idénticos; aunque cada vez se parezcan más a Frida, son propensos a cambios y perdurables al mismo tiempo, como una dialéctica universal. Un monumental realismo ilumina la obra de Frida. También se oculta cierto materialismo en el corazón extraído, la sangre que fluye sobre mesas, las tinas del baño, las plantas, las flores y las arterias cerradas por las tenazas hemostáticas de la pintora.

"Dicho realismo invade aun las dimensiones más pequeñas: diminutas cabezas son esculpidas como si fueran gigantes. Así aparecen cuando la magia de un proyector las amplía hasta el tamaño de una pared. Cuando el microscopio fotográfico amplifica el fondo de los cuadros de Frida, se vuelve evidente la realidad. La malla de venas y la sarta de células son claras, aunque falten algunos elementos, y aportan una nueva dimensión al arte de la pintura. . .

"El arte de Frida es individual y colectivo. Su realismo es tan monumental que todo tiene X dimensiones. Como consecuencia, pinta al mismo tiempo el exterior y el interior de ella misma y del mundo. . .

"En el cielo compuesto por oxígeno, hidrógeno y carbono así como el principal estimulante, la electricidad, los espíritus del espacio, Huarakán, Kukulkán y Gukamatz se encuentran solos, con los padres y los abuelos. Ella se halla sobre la tierra y dentro de la materia, en medio de los truenos, los relámpagos y los rayos de luz, que finalmente se transforman para crear al hombre. Sin embargo, para Frida lo tangible es la madre, el centro de todo, la madre océano, tempestad, nebulosa, mujer".

Si lo que se describe aquí no suena como la clase de realismo accesible a las masas, que las impulse a pensar en la reforma social, sí lo es, no obstante, dentro del contexto de los pensamientos de Rivera. La pintura de Frida, así como los murales de Diego y una gran parte del arte mexicano, desde los retablos hasta los grabados de Posada, entrelazan el hecho y la fantasía como si los dos fueran inseparables e igualmente reales.

El humor de Frida también difiere del impulso surrealista europeo, refinado y desencantado, hacia la paradoja. "El surrealismo, afirmó Frida, es la sorpresa mágica al encontrar un león en un ropero, cuando uno estaba «seguro» de hallar camisas". Su concepto del movimiento era juguetón: "Utilizo el surrealismo como una manera de burlarme de los demás sin que se den cuenta, y de trabar amistad con los que sí se percatan de ello". Frida se divertía dando sustos a la gente con un Judas en forma de esqueleto colocado sobre el dosel de su cama, con las decoraciones realizadas con yodo y chinches sobre sus escayolas de yeso, o con el juego del *cadavre exqui*. Para entretenerse y como regalo, Frida disfrutaba de armar objetos fantásticos con base en diferentes curiosidades. Es probable que los "montajes" surrealistas de Breton, Miró y Dalí le hayan dado la idea, aunque quizá Marcel Duchamp o Joseph Cornell, pues cada uno rindió homenaje a Frida haciéndole una caja que contenía diversos objetos yuxtapuestos de manera irracional. Dentro de México, es posible que la haya inspirado su amiga íntima Machila Armida, quien creaba combinaciones extrañas de distintas cosas. En una ocasión, juntó una mariposa, un caimán, una víbora, una máscara y alambre de púas, con el fin de amenazar a lo que seguramente era una muñeca vestida de novia que Frida halló en París en 1939 (ella misma la incluye en la naturaleza muerta pintada en 1943 *Novia atemorizada al ver la vida abierta*).

El Museo Frida Kahlo expone varios pequeños objetos debajo de una esfera protectora de vidrio: un jinete colocado encima de una calavera, unos soldados de plomo, dados y ángeles de juguete, todos sobre pedestales. Es posible que en conjunto representen una obra de Frida. Una pieza que con seguridad es de ella, consiste en una esfera terrestre cubierta de mariposas y flores, que le regaló a Alejandro Gómez Arias. Más tarde, cuando ella se encontraba enferma y deprimida, le pidió que se la regresara, y cubrió las mariposas y las flores de pintura roja, como símbolo tanto de sus ideas políticas como de su dolor.

Frida realizó esos trabajos en el mismo estado de ánimo que tenía cuando ordenaba muebles o ropa. Al contrario de los surrealistas, ella no creía que esas yuxtaposiciones incongruentes contaran con algún significado profundo. Para ella, la ambigüedad era un juego. El humor de Frida era menos complejo e irónico, así como más fatalista y sardónico en un sentido terrenal, que el surrealista, y lo utilizaba para mofarse del dolor y la muerte. Por contraste, el humor surrealista es muy serio. "El problema con el señor Breton es que se toma demasiado en serio", comentó Frida en una ocasión.

Algunos perspicaces críticos (aparte de Rivera) reconocieron la diferencia entre el arte de Frida y el surrealismo ortodoxo. En el artículo "Rise of Another Rivera", que *Vogue* publicó con motivo de la exposición en la galería de Julien Levy, Bertram Wolfe afirmó: "A pesar de que André Breton, quien patrocinará la muestra de Frida en París, le dijo que ella era surrealista, esta pintora no adquirió su estilo en atención a los métodos de dicha escuela... Su obra también está bastante libre de los símbolos y la filosofía freudiana, que obsesionan a los pintores oficiales del surrealismo, su estilo adopta cierta forma «primitiva», inventada por ella misma, en sus cuadros... En tanto que el surrealismo oficial se ocupa por regla general, con los sueños, las pesadillas y el simbolismo de la neurosis, el ingenio y el humor predominan en la versión particular de Madame Rivera".

Después de visitar a Frida en México en 1939, con el fin de tomar notas para un artículo, el historiador de arte Parker Lesley le escribió que el argumento principal del mismo sería la definición de su arte como un ejemplo de "pintura consciente, llena de significado, útil y opuesta a las producciones misteriosas y completamente indescifrables de ingeniosos impostores como Dalí. Usted sabe con exactitud qué es lo que ha pintado; él admite que no tiene ni la más mínima idea del significado de su trabajo. Por lo tanto, deberían de ponerse a disposición de los lectores las diferencias estéticas y sicológicas entre la sinceridad y el charlatanismo".

En una serie de artículos que Antonio Rodríguez escribió acerca de Frida a través de los años, puso de manifiesto la opinión de que ella no era surrealista, sino una "pintora arraigada profundamente en la realidad. . . una pintora extraordinariamente realista". Aunque la obra de Frida pareciera estar relacionada con la de los surrealistas, declaró, en realidad "constituye el recuerdo sangriento de su experiencia, una clase de autobiografía, en lugar de excursiones al mundo de las sensaciones oníricas y críticas".

Años más tarde, Frida negó con vehemencia que fuera surrealista. Es posible que la pérdida de popularidad que el movimiento sufrió durante los cuarenta haya tenido algo qué ver con ello. Según lo expresó Julien Levy, "estaba cantando el gallo. Casi todos, al oír ese canto, desmintieron su adhesión al surrealismo, porque no era de buen gusto". Muchos artistas que al principio se enamoraron de esa escuela llegaron a calificarla de decadente y demasiado europea. Al finalizar la guerra, París ya no era la capital cultural del mundo. Los norteamericanos sintieron que Nueva York integraba el lugar donde se estaban inventando nuevas y vitales formas artísticas, y los mexicanos siguieron estando orgullosos de la cultura de su país. No obstante, hubo otras razones para la defección de Frida. Sin duda la exasperó el fervoroso trotskismo de Breton después de que ella y Diego rompieron con dicho líder. El hecho de que Diego y Frida decidieran solicitar el reingreso al Partido Comunista en los cuarenta, definitivamente los debió haber motivado a censurar el surrealismo. Alrededor de 1952, Frida expresó algunos de sus pensamientos acerca del tema en una carta a Antonio Rodríguez:

> Algunos críticos han tratado de clasificarme como surrealista, pero no me considero como tal. . . En realidad no sé si mis cuadros son surrealistas o no, pero sí sé que representan la expresión más franca de mí misma. . . Odio el surrealismo. Me parece una manifestación decadente del arte burgués. Una desviación del verdadero arte que la gente espera recibir del artista. .. Quisiera ser merecedora, junto con mi pintura, de la gente a la que pertenezco y de las ideas que me dan fuerza. . . Quisiera que mi obra contribuyera a la lucha de la gente por la paz y la libertad.

Resulta interesante que la obra más surrealista de Frida quizá sea el diario que escribió desde 1944, más o menos, hasta su muerte. El diario encuadernado en cuero rojo, con las iniciales "J. K." impresas en oro sobre cubierta (dicen que pertenecía a John Keats), fue comprado en una tienda de libros raros, ubicada en la ciudad de Nueva York, por una amiga, quien se lo regaló a Frida con la esperanza de que le diera un poco de consuelo durante un periodo en el que ésta se encontraba sola y enferma. Frida derramó sobre esas páginas (sólo quedan 161, porque sus amigos arrancaron algunas partes cuando ella murió) un conmovedor soliloquio poético compuesto por imágenes y palabras. Ya que el diario era

privado y no hacía falta aclarar su significado a nadie, no contiene los aspectos
realistas que Frida utilizaba en los cuadros con el fin de fundamentarlos en la
verdad. Cuando dibujaba en las hojas de su libro particular, lo hacía de manera
juguetona, como si estuviera improvisando. Esto evoca los objetos que armó o las
decoraciones con las que cubría sus escayolas de yeso. Dado que los dibujos y el
texto del diario sólo se producían para ella, y Diego, podían ser realmente surrealistas si así lo deseaba su autora.

Las imágenes y las palabras fluían con una soltura que seguramente se basaba
en su conocimiento del "automatismo" surrealista. Hay páginas cubiertas con palabras o frases aparentemente desligadas, y listas de términos que empiezan con la
misma letra, ordenados, a veces, como si integraran un poema. Quizá a Frida
simplemente le agradaba el sonido de las palabras. Escribió, por ejemplo:

> Ya llega él, mi mano, mi roja visión, más grande, más suya. Martirio del vidrio.
> La gran sinrazón. Columnas y valles, los dedos del viento. Niños sangrantes. La
> mica micrón. No sé qué piensa mi sueño burlón. La tinta, la mancha. La forma.
> El color. Soy ave. Soy todo, sin más turbación. Todas las campanas, las reglas. Las
> tierras. La gran arboleda. La mayor ternura. La inmensa marea. Basura. Tinaja.
> Cartas de cartón. Dados, dedos dúos débil esperanza de hacer construcción. Las
> telas. Los reyes. Tan tontos. Mis uñas. El hilo y el pelo. El nervio zumbón, ya me
> voy conmigo. Un minuto ausente te tengo robado y me voy llorando. Es un vacilón.

El diario contenía mensajes de amor para Diego, textos autobiográficos, declaraciones de fe política, expresiones de angustia, de soledad y de dolor y pensamientos acerca de la muerte. A Frida le encantaban las tonterías, y el diario está
lleno de ellas. Hay pasajes con obsesivos dibujos en los que la repetición de los
elementos parece componer listas de palabras sin sentido. Dos de los personajes
más raros son una "pareja extraña del país del punto y la raya: "ojo-único", un
hombre desnudo, y "Neferisis", una mujer desnuda que abraza un feto. "Ojo-único
casó con la bellísima «Neferisis» (la inmensamente sabia) en un mes caluroso y
vital. Nacióles un hijo de rara faz y llamóse Neferúnico, siendo éste el fundador
de la ciudad comúnmente llamada «Lokura»".

Frida realizó los dibujos del diario con tintas de vivos colores, a lápiz y al
pastel. Manejaba todos estos materiales de manera asombrosamente suelta, si se
tiene en cuenta la meticulosidad con la que pintaba al óleo. Una gran parte de los
esbozos parecen haber sido efectuados en trance o por una persona drogada. El
color rosa rebasa con violencia los perfiles, y los trazos aparentemente se arrojan
y vagan por las páginas como si la autora estuviera haciendo garabatos. Hay figuras fragmentadas y deformes. Los rostros con frecuencia se convierten en grotescas
máscaras, y algunos tienen varios perfiles, mostrando la influencia de Picasso, cuya
exposición en el Museo de Arte Moderno de la ciudad de México fue muy admi-
rada por Frida durante el verano de 1944. Hay hojas llenas de cuerpos y secciones
de los mismos, sin relación lógica entre sí. El punto de partida para muchas imágenes es una gota de tinta. A veces Frida comenzaba a dibujar desde una mancha
de color sobre la cual cerraba el libro mientras la pintura todavía estaba fresca,
de modo que la mancha cambiaba de forma y crecía. Seguía trabajando con base

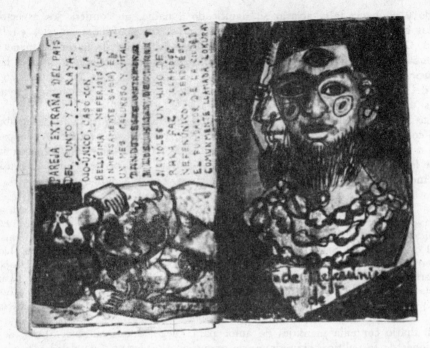

Página del diario

en estas figuras, inventando bestias o dragones como el "horrendo Ojosauro primitivo".

Frida expresó la siguiente opinión acerca de tales métodos surrealistas para integrar un elemento fortuito al arte: "¡¿Quién hubiera dicho que las manchas viven y le ayudan a uno o sobrellevar la vida?! La tinta y la sangre huelen. No sé qué tinta usar que quisiera dejar sus huellas en tales formas. Respeto los deseos de este líquido y haré lo que pueda para huir de mis propios mundos, Mundos de tinta, libres de tierra y sólo míos. Soles lejanos que me llaman, porque formo parte de su núcleo. Tonterías... ¿Qué haría sin el absurdo y lo efímero?"

El propósito de utilizar las líneas y la forma para captar las imágenes fantásticas del subconsciente reaparece en varios dibujos realizados sobre pequeñas hojas sueltas de papel en los cuarenta. Algunas de éstas cosisten en una red extremadamente intrincada de líneas, cuya misma energía e impulso parece transformarlas en rostros, senos, pies, venas y ojos. Estos trazos y garabatos resultan tan obsesivos como los esbozos de un loco. No obstante, a veces parece que son así a propósito. Se recibe la impresión de que Frida, en pleno dominio de su conciencia, empleó la técnica del automatismo surrealista para sondear las propias neurosis; el resultado no es completamente auténtico en lo emocional (aunque hay que dudar de que exista tal cosa), sino tan imbuido de artificios como cualquier manifestación artística.

De manera paradójica aparece una clase de "realismo" hasta en estos dibujos y bosquejos del diario, por medio de los cuales, de su color y forma suelta, Frida intentaba interceptar el proceso espontáneo del pensamiento. Al fin y al cabo, las aventuras del inconsciente y los encuentros siempre cambiantes de éste con el mundo "de verdad" representaban una realidad significativa para esa inválida, postrada a menudo en cama, una verdad tan "real" como lo son las ilusiones. En última instancia, Frida tuvo razón al decir: "Pensaban que era surrealista, pero no estaban en lo cierto. Nunca pinté sueños. Pinté mi propia realidad".

Capítulo 17

Un collar de espinas

Después de la estadía en París, Frida pasó poco tiempo en Nueva York con una amiga, la pianista Ella Paresce. Abandonó precipitadamente esta ciudad antes de que finalizara el mes de abril. Su aventura con Nickolas Muray había terminado.

"Querida, querida Frida", le escribió Muray a mediados de mayo:

Te debí haber escrito hace mucho. Tú y yo vivimos en un mundo difícil.

Fue bastante desesperante para ti cuando te dejé en Nueva York, pero no lo ha sido menos para mí. Ella P. (Paresce) me platicó todo respecto a tu partida.

No me asombré ni sentí enojo. Sé lo triste que estabas y cuánto te hacían falta tu medio ambiente conocido, tus amigos, Diego, tu propia casa y costumbres.

Estaba consciente de que Nueva York sólo servía de sustituto temporal y espero que hayas hallado intacto tu hogar al regresar. En realidad, entre los tres (Rivera, Frida y Muray) sólo existía la relación de ustedes dos. Desde el principio lo percibí; tus lágrimas me lo demostraron cuando escuchabas su voz. Yo, que soy uno, estaré eternamente agradecido por la Felicidad que la mitad tuya me concedió de manera tan generosa. Mi Querida Frida: como tú, he anhelado el verdadero cariño. Cuando te fuiste, supe que todo había terminado. Tu instinto te guió en forma muy sensata. Tomaste la única decisión lógica posible porque yo no podía trasladar México a Nueva York para ti, y sé que eso hubiera sido imprescindible para tu felicidad...

Extrañamente, no se ha modificado el cariño que siento por ti, y eso no cambiará jamás. Espero que entiendas esto, y me gustaría tener la oportunidad de comprobártelo. Tu pintura me causa gran alegría. Muy pronto te enviaré el retrato a colores que te prometí. El Centro de Arte de Los Ángeles lo está exponiendo. Quiero saber de ti todo lo que desees contarme.

Afectuosamente Nick

Aunque Frida haya regresado a casa porque extrañaba su "medio ambiente conocido", también resulta obvio que Muray la lastimó profundamente, quizá por la relación que entabló con la mujer que se convirtió en su esposa en junio. Un amigo recuerda que Frida estaba deprimida al regresar a México, porque la había plantado un "apuesto norteamericano" por una cruel razón: sus padecimentos físicos le impedían la libre expresión del amor sexual. Es posible que este hombre haya sido Muray. Ciertamente, el último párrafo de la carta que le escribió a Frida en mayo demuestra más afecto que ardor.

Desesperada, Frida le habló por teléfono desde México, y él respondió con otra misiva:

> Cariño, tienes que tranquilizarte y levantarte de nuevo por las orejas. En la punta de los dedos tienes un don que ni el amor, ni Dios ni el chisme te pueden quitar. Debes trabajar, trabajar pintar, pintar trabajar, trabajar. Cree en ti misma y en tu poder. También quiero que entiendas que siempre seré tu amigo, sin importar lo que nos pase a ti o a mí. Tienes que saber que lo digo en serio. Me da pena escribirte del amor y de los asuntos del corazón porque... pues no estoy seguro de que interpretes bien lo que quiero expresar...
>
> Mi cariño por ti nunca se acabará. ¡Es imposible! Sería como si me deshiciera del brazo derecho, de la oreja o del cerebro. Eso lo entiendes, ¿verdad? Frida, eres una gran persona, una gran pintora: Sé que demostrarás merecer estos calificativos. También sé que te he lastimado. Trataré de curar la herida que te inferí mediante una Amistad que espero llegue a tener tanta importancia para ti como la tiene para mí.
>
> Tu Nick

El 13 de junio ella contestó, despidiéndose de él con palabras tan conmovedoras como antes lo fue su primer autorretrato. La carta no cuenta ya con el optimismo que caracteriza sus otros mensajes a Muray o los pícaros autorretratos del año anterior:

> Querido Nick: Recibí la estupenda fotografía que enviaste; me gusta aún más que en Nueva York. Diego dice que es tan buena como un Piero de la Francesca; para mí significa más que eso: es un tesoro. Además, siempre me hará recordar esa mañana en la que desayunamos en la farmacia del Barbizon Plaza y luego fuimos a tu taller a tomar fotos. Ésta fue una de ellas, y ahora la tengo aquí junto a mí. Siempre te encontrarás dentro del rebozo color magenta (del lado izquierdo). Millones de gracias por mandármela.
>
> Al recibir tu carta hace unos días, no supe qué hacer. Debo decirte que no pude evitar las lágrimas. Sentí que algo se me había atorado en la garganta, como si me hubiera tragado todo el mundo. Todavía no sé si estaba triste, celosa o enojada, pero en primer lugar experimenté una sensación de gran desesperanza. He leído tu carta muchas veces, demasiadas, yo creo, y me estoy dando cuenta de cosas que al principio no percibí. Ahora comprendo todo; se ha vuelto completamente claro. Lo único que quiero es decirte, de la manera más sincera, que mereces lo mejor, lo absolutamente mejor en la vida, porque eres una de las pocas personas honestas consigo mismas que hay en este cochino mundo. Esto es lo único que cuenta, en realidad. No sé cómo tu felicidad me pudo ofender, aun por un minuto. ¡Las muchachas mexicanas (como yo) a veces tenemos una visión tan tonta de la vida! Sin

embargo, tú lo sabes y estoy segura de que me perdonarás por haberme portado de manera tan estúpida. No obstante, debes entender que, sin importar lo que nos suceda en la vida, para mí siempre serás el Nick al que conocí una mañana en el número 18 de la calle 48, al este de Nueva York. Le dije a Diego que pronto te vas a casar, y él se lo repitió a Rose y a Miguel (Covarrubias) al otro día, cuando vinieron a visitarnos. Tuve que admitir que era cierto. Lamento muchísimo haberlo mencionado antes de preguntarte si estaba bien hacerlo, pero ya pasó y te ruego perdones mi falta de discreción.

Quiero pedirte un gran favor: mándame el *cojincito* por correo. No quiero que otra persona lo use. Prometo hacerte otro, pero quiero el que ahora está en el sofá de abajo, cerca de la ventana. Otro favor: No le permitas a "ella" tocar las señales de incendio de la escalera (ya sabes cuáles). Si lo puedes evitar y si no es mucha molestia, trata de evitar llevarla a Coney Island, particularmente al *Half Moon*. Baja mi foto de la chimenea y ponla en la habitación que tiene Mam en el taller. Estoy segura de que a ella todavía le caigo tan bien como antes. Además, no es conveniente que la otra señora vea mi retrato en tu casa. Quisiera platicarte muchas cosas, pero creo que no tiene caso incomodarte. Espero que entiendas todos mis deseos sin palabras. . .

Respecto a las cartas que te mandé: si te estorban, dáselas a Mam y ella me las enviará. No quiero convertirme en una dificultad para tu vida, en todo caso.

Por favor perdona que me porte como una novia de la antigüedad. El pedirte que me devuelvas mis cartas es ridículo de mi parte, pero lo hago por ti y no por mí. Me imagino que ya no te interesan esos papeles.

En lo que te escribí esta carta, Rose me habló y me dijo que ya te casaste. No tengo nada qué comentar acerca de lo que sentí. Espero que seas feliz, muy feliz.

Si hallas el tiempo de cuando en cuando, por favor mándame unas cuantas palabras, nada más para decirme cómo estás. ¿Lo harás. . .?

Gracias una y otra vez por la magnífica foto. Gracias por tu última carta y por todos los tesoros que me diste.

Un abrazo
FRIDA

Por favor, perdona que te haya hablado por teléfono aquella noche. No lo volveré a hacer.

Frida sintió mucho la pérdida del amor de Nickolas Muray y el hecho de que la sustituyera otra mujer, no sólo porque la aventura con él, de ninguna manera había sido superficial, sino que incluso cuando Muray escribió: "entre los tres sólo existía la relación de ustedes dos", ella y Diego se estaban separando. A mediados del verano, ella ocupó la casa azul de Coyoacán y dejó a Diego en San Ángel. El 19 de septiembre tuvieron principio los trámites de divorcio y lo solicitaron un mes después, de mutuo acuerdo, en el tribunal de Coyoacán. Un antiguo amigo de Frida, Manuel González Ramírez, le sirvió de abogado. Antes de finalizar el año, se concretó el divorcio.

Los amigos de la pareja sostienen distintas explicaciones de la separación y el divorcio, pero ninguna de ellas resulta completamente convincente. Es posible que Rivera se haya enterado de la aventura de Frida y Nickolas Muray, y sin duda la genuina pasión que el gallardo húngaro inspiraba en ella hubiera desper-

tado en Diego celos más intensos que los normales. Otra versión es que los Rivera
tenían problemas sexuales, en el sentido de que la fragilidad física o la falta de
disposición de Frida le impedía o le quitaba el deseo de satisfacer las necesidades
sexuales de su esposo. Algunas personas afirman que Rivera sufría de impotencia.
En una ocasión, Frida culpó a Lupe Marín de haber destruido su matrimonio. Es
cierto que la ex esposa de Rivera nunca le dejó de gustar y que sentía cierto
vínculo con ella por ser la madre de sus hijas. "Cuando Frida ya no servía para
nada, vino a cantar frente a mis ventanas", declaró Lupe. La admiración que
Diego guardaba para la belleza de ésta definitivamente se pone de manifiesto en
el *Retrato de Lupe Marín,* pintado en 1938. Sin embargo, Lupe también subraya
que fue pintado porque Frida insistió en ello, y que ésta no se mostraba celosa,
de ninguna manera, por las atenciones de Rivera para con su anterior esposa.
Otra teoría supone que Rivera se divorció de Frida con el fin de protegerla contra posibles represalias causadas por las actividades políticas de él. Jean van Heijenoort piensa que tal vez se enteró de la aventura entre Frida y Trotsky.

Cuando se iniciaron los trámites del divorcio, corrió el rumor de que Rivera
planeaba casarse con la hermosa pintora húngara Irene Bohus. Sin embargo, pese
a que ella se convirtió en asistente suya después de la decisión final y que Frida,
ciertamente estaba celosa de ella, con el tiempo las dos mujeres desarrollaron una
amistad tan íntima que el nombre de la artista figura entre los que adornan la
pared de la recámara de Frida. Quizá hubo un "triángulo": una fotografía (publicada en octubre de 1939) muestra a Bohus y a Rivera en el estudio de este
último, ubicado en San Angel. Ambos pintores están retratando a la famosa estrella de cine norteamericana, Paulette Goddard, que acababa de instalarse en el
lujoso San Ángel Inn, que se encontraba enfrente de la residencia de Rivera. Se
supone que hubo cierta relación romántica entre este último y la actriz. La prensa
comentó mucho acerca del asunto y Diego también lo comentaba con frecuencia.
No obstante, a pesar de que este capricho disgustó a Frida, también trabó amistad
con Paulette. En 1941, Frida pintó para ella *La canasta de flores,* una encantadora naturaleza muerta.

En octubre, la prensa informó que, según Frida y Diego, el divorcio representaba la única manera de salvar su amistad. El *Herald Tribune* de Nueva York
hizo notar que se separaron por cinco meses y que Rivera explicaba la medida
como un acto de "conveniencia legal". Amplió este comentario para la revista
Time: "No se ha modificado en nada la magnífica relación que nos une. Lo hacemos con el fin de mejorar la posición legal de Frida... se trata simplemente
de un acto de conveniencia legal, de acuerdo con el espíritu de los tiempos modernos".

Algunos periódicos afirmaron, ¡vaya ocurrencia!, que "diferencias artísticas"
provocaron la separación y que Frida en adelante podría "pintar con más libertad".

En una fiesta que organizó para celebrar el divorcio, Rivera expuso otra razón más. Se acababa de publicar un libro de Bertram Wolfe, *Diego Rivera: His
Life and Times,* en el que el autor declaró: "Éste es el décimo año de su matrimonio, y Diego está llegando a depender más y más de la opinión y la compañía
de su esposa. Si la pierde ahora, la consiguiente soledad sería mucho más difícil
de sobrellevar que antes". En la fiesta, Diego le pidió a un amigo que le dijera

a Bert que "me divorcié de Frida para demostrar que mi biógrafo estaba equivocado".

Según Diego informó a un reportero en San Ángel, la separación se realizó "llanamente y sin problemas. No están implicadas cuestiones sentimentales, artísticas ni económicas. De veras es por precaución". Agregó que estimaba a Frida más que nunca. "Sin embargo, creo que mi decisión ayudará al desarrollo de su vida en la mejor forma posible. Es joven y bella. Ha tenido mucho éxito en los centros artísticos más exigentes. Tiene todas las posibilidades que le puede ofrecer la vida, en tanto que yo ya soy viejo y no estoy en condiciones de darle mucho. Para mí, ella se encuentra entre los cinco o seis más destacados pintores modernistas".

Cuando el mismo periodista entrevistó a Frida en Coyoacán, ésta no proporcionó muchos datos. "Nuestra separación ha durado cinco meses. Surgieron problemas después de mi regreso de París y de Nueva York. No nos llevamos bien". Agregó que no tenía la intención de casarse de nuevo, y nombró "razones íntimas, causas personales difíciles de explicar" como motivo del divorcio.

Al igual que la poco convencional separación de los Rivera provocada por la aventura de Diego y Cristina en 1934 y 1935, el nuevo pleito adoptó extrañas formas. Se veían mucho y sus vidas siguieron estrechamente vinculadas. Frida no dejó de cuidar del bienestar de Diego. Se encargaba de su correspondencia y le ayudaba en los asuntos de negocios. Frida sirvió de intermediaria cuando el ingeniero norteamericano, Sigmund Firestone, encargó un par de autorretratos de tamaño natural a los dos artistas, como recuerdo de la hospitalidad que le brindaron a él y a sus hijas. El 9 de enero de 1940, al poco tiempo de consumarse el divorcio, Firestone escribió a Diego desde Estados Unidos: "Supongo que tú y Frida ya estarán ocupados en pintar sus retratos para mí. Por favor usen lienzos de tamaños iguales, pues pienso mantenerlos juntos siempre, en memoria de la simpatía que sentimos mutuamente. Has de recordar lo que te dije de mi plática con Frida en el Reforma. Le indiqué que el pago total será de $ 500.00, para dividir entre los dos por ambos cuadros". El 15 de febrero Frida contestó a nombre de Diego, pues según afirmó, "no habla bien el inglés y le da pena escribir". Ella declaró haber tenido "algunos problemas", pero dijo que ya estaba listo el autorretrato y que lo enviaría en cuanto Diego terminara el suyo. A continuación Frida describió, de la manera más discreta posible, la naturaleza de sus "problemas":

"Diego está más contento ahora que cuando lo viste. Come y duerme bien, y trabaja con gran energía. Lo veo con mucha frecuencia, pero ya no quiere compartir la misma casa conmigo, porque le gusta estar solo. Dice que siempre quiero tener sus papeles y otras cosas en orden, y que a él le gusta el desorden. Bueno, de cualquier manera lo cuido desde lejos lo mejor que puedo, y lo amaré durante toda la vida, a pesar de que él no desee que lo haga".

Frida firmó la carta como le gustaba hacerlo, con besos de lápiz labial color magenta, y adjuntó (como era su costumbre) plumas rosadas como prueba de su cariño.

Diego y Frida siguieron recibiendo a invitados y apareciendo juntos en público. Sus amigos tenían presente la agitación causada por los divorciados cuando llegaban, siempre atrasados, al palco de Rivera en la sala de conciertos del Palacio

de Bellas Artes. A veces los acompañaban las hijas y alguna amante de Diego así
como Cristina Kahlo o Lupe Marín. Parker Lesley describe una de estas ocasiones: "Nadie hacía caso del baile de Carmen Amaya, sino que todos fijaban su
atención en Frida, vestida de tehuana y con todas las alhajas de oro que le diera
Diego, sonaba como la armadura de un caballero. Tenía la opulencia bizantina
de la emperatriz Teodora, combinación de barbarie y elegancia. Cuando se ponía
de tiros largos, se quitaba las tapas de oro sencillo que le cubrían los dientes inci-
sivos y las remplazaba por otras de oro con diamantes rosados, con lo cual su
sonrisa realmente brillaba". A Frida le agradaba la compañía del historiador de
arte porque éste admiraba su trabajo, aparte de que le fascinaba la personalidad
de la artista. "Para ella, eso era mejor que el amor", subrayó Lesley. En el inter-
medio, Frida le estrechó la mano al atractivo joven norteamericano y lo condujo
al bar. La multitud les abrió el camino como si fuera a pasar una reina.

Frida utilizaba abiertamente sus poderes de seducción. "Le encantaba el minué del coqueteo", y lo bailaba bien. Sin embargo, aun mientras flirteaba con
otros hombres, su verdadero interés seguía fijo en Diego. Del mismo modo como
el traje de tehuana ocultaba sus padecimientos físicos, la sonrisa adornada de
diamantes y su extravagante frivolidad servían para esconder el dolor al ser rechazada. En público se mostraba llena de vitalidad y despreocupada; con actitud re-
tadora se entregaba a las aventuras, particularmente a una con el refugiado español Ricardo Arias Viñas, al que tal vez conoció a través de su trabajo por la causa
de los republicanos españoles. En la intimidad, confiaba su angustia a unos cuantos amigos . . .y a la pintura.

"Querido Nick", le escribió a Nickolas Muray el 13 de octubre: "No te pude
escribir antes. Desde que te fuiste [Muray estuvo en México en septiembre], la situación con Diego ha empeorado y ya llegamos al final. Hace dos semanas solici-
tamos el divorcio. No tengo palabras para describirte lo que he sufrido. Tú sabes
cuánto amo a Diego y comprenderás que estos problemas nunca desaparecerán
de mi vida. Después de la última pelea que tuve con él (por teléfono, porque no
lo veo desde hace casi un mes), me di cuenta de que abandonarme fue lo mejor
para él. . . Ahora me siento tan mal y sola que no creo que persona alguna en el
mundo haya sufrido como yo, pero por supuesto será distinto, espero, en unos
meses".

Frida pasó el otoño de 1939 y el invierno de 1940 deprimida y enferma. Tenía una infección de fungos en los dedos de la mano derecha, que a veces le impedía trabajar, y terribles dolores en la espina dorsal, lo cual era peor. Algunos de
los médicos a los que consultó recomendaron una operación y otros se opusieron
a ella. El doctor Juan Farill le dijo que le hacía falta descansar completamente, y
ordenó un aparato, con un peso de veinte kilogramos, para extenderle la columna. Nickolas Muray le tomó una fotografía atrapada en ese dispositivo. La expresión de su rostro, a pesar de que muestra dominio sobre sí misma, comunica la
agonía de no poderse mover. A finales de 1939, estaba tan desesperada que tomaba una botella entera de brandy todos los días.

Pese a que se sentía sola, huía de la gente, en particular de los amigos que
también lo eran de Diego. En la carta que le escribió a Muray en octubre, informó que no quiso ver a los Covarrubias ni a Juan O'Gorman, porque "no quiero

ver a nadie que tenga tratos con Diego". A Wolfgang Paalen le indicó por escrito que se negó a verlo a él y a Alice Rahon por su situación, la más difícil por la que atravesaba en la vida; dado su estado de ánimo, lo mejor que podía hacer por sus amigos era no recibirlos, declaró. En enero, apuntó en otra carta a Muray: "No veo a nadie. Paso casi todos los días en mi casa. ¡Diego vino el otro día a tratar de *convencerme* de que nadie en el mundo es como *yo*! Pura mierda, hijo. *No lo puedo* perdonar, y eso es todo. . ."

Años más tarde, Rivera narró el divorcio de Frida en su autobiografía, con una mezcla típica de acusación y congratulación hacia sí mismo. Cuando menos estaba consciente, en retrospectiva, del sufrimiento de Frida:

Nunca fui. . . un esposo fiel, ni con Frida. Al igual que con Angelina y Lupe, consentía mis caprichos y tenía aventuras. En ese entonces, empecé a examinarme a mí mismo como cónyuge, conmovido por el extremo al que había llegado la condición de Frida (se está refiriendo a su mala salud). Hallé muy pocos puntos a mi favor. Sin embargo, sabía que no podía cambiar.

Frida me abandonó una vez al descubrir que tenía amores con su mejor amiga (se refiere a Cristina). Regresó a mí con el orgullo un poco disminuido, pero con el mismo amor. La quería demasiado para desear que sufriera y decidí separarme de ella, para ahorrarle tormentos en el futuro.

Al principio, sólo insinué la posibilidad del divorcio, pero cuando las indirectas no hallaron respuesta, lo sugerí abiertamente. Frida, que ya se había recuperado, replicó con calma que prefería soportar lo que fuera a perderme por completo.

La situación empeoraba cada vez más. Una noche sentí el impulso de hablarle por teléfono para pedirle el consentimiento para el divorcio. Desesperado, inventé un pretexto estúpido y vulgar. Tenía pavor a una larga y desgarradora discusión, tanto que sin reflexionar busqué el camino más rápido a mi meta.

Funcionó. Frida declaró que ella también quería divorciarse de inmediato. Mi "victoria" pronto empezó a pesar sobre mi corazón. Llevábamos 13 (en realidad 10) años de casados. Seguíamos queriéndonos. Simplemente quería tener la libertad de andar con la mujer que me atrajera. Sin embargo, Frida no se oponía a mi infidelidad como tal. Lo que no comprendía era que escogiera a mujeres indignas de mí o inferiores a ella. Se sentía personalmente humillada porque la abandonara por una mujerzuela. No obstante, si le permitía establecer tales limitaciones, ¿no era eso restringir mi libertad?, ¿o era yo simplemente la depravada víctima de mis propias instintos?, ¿y no fue solamente una mentira consoladora el pensar que el divorcio acabaría con el sufrimiento de Frida?, ¿no sufriría ella aún más?

En el curso de los dos años que estuvimos separados, Frida produjo algunos de sus mejores cuadros. Sublimaba la angustia por medio de la pintura.

El día que estuvieron listos los papeles del divorcio, Frida casi había terminado lo que probablemente es su obra más conocida: *Las dos Fridas* (lámina XIV). El historiador de arte norteamericano MacKinley Helm estaba presente:

Tomé té con Frida Kahlo de Rivera. . . cierto día de diciembre de 1939. Alguien llegó al estudio con unos papeles que equivalían a la consumación final de su divorcio de Rivera. Frida definitivamente estaba melancólica. Afirmó que no fue ella la que pidió la disolución del matrimonio, sino que Rivera mismo insistió en ello. Le dijo que la separación les haría bien a los dos, convenciéndola de dejarlo.

Sin embargo, no logró persuadirla de que ella sería feliz ni de que la medida favorecería su carrera.

En ese entonces estaba trabajando en su primer cuadro grande, un enorme lienzo llamado *Las dos Fridas*... (que) muestra dos autorretratos de tamaño natural. Uno de ellos es la Frida a la que Diego había amado... la otra, la que Diego ya no quería. Ahí es donde se rompe una arteria. La Frida despreciada trata de detener momentáneamente el flujo de la sangre con unas pinzas de cirujano. Los papeles del divorcio llegaron mientras estábamos viendo el cuadro, y tuve la impresión de que agarraría el utensilio, que goteaba sangre, y lo arrojaría por la habitación.

Varios días más tarde, Frida informó a unos reporteros: "Lo empecé a pintar hace tres meses, y lo terminé ayer. Es todo lo que les puedo decir". *Las dos Fridas* están sentadas juntas sobre una banca, con las manos estrechadas rígida y expresivamente. La mujer a la que Diego ya no quiere luce un vestido victoriano blanco. La otra lleva una falda y blusa de tehuana, y su tez es un poco más morena que la de su compañera, que parece española, lo cual indica la doble herencia de Frida, indígena mexicana y europea, al igual que el cuadro realizado durante el mismo periodo, *Dos desnudos en un bosque*. Ambas Fridas tiene el corazón descubierto, el mismo símbolo, sin ningún recato, del dolor causado por el amor que Frida utilizó en *Recuerdo*. El corpiño de encajes de la mujer olvidada está desgarrado, revelando un seno y su corazón roto, mientras este último está entero en la otra.

Cada Frida tiene una mano colocada cerca de los órganos sexuales. La mujer no amada sostiene unas pinzas quirúrgicas, y la tehuana, un retrato en miniatura de Diego cuando niño, copia de una antigua fotografía que ahora forma parte de la colección del Museo Frida Kahlo. Una larga vena roja, parecida al cordón umbilical que surge de la placenta, sale del marco carmesí de la miniatura ovalada. En cierto modo, el retrato de Diego aparentemente representa tanto la pérdida de un niño como de un amante. Para Frida, Diego era ambas cosas.

La vena da vuelta al brazo de la tehuana, le atraviesa el corazón, cruza el espacio, le rodea el cuello a la otra Frida, penetra en su corazón roto y finaliza sobre sus piernas, donde ella detiene el flujo de la sangre con las pinzas quirúrgicas. En su diario, Frida dirigió un mensaje a Diego: "Mi sangre es el milagro que viaja por las venas del aire, de mi corazón al tuyo". Enojada y desesperada por el divorcio, Frida corta esa corriente mágica con las pinzas. No obstante, la sangre sigue goteando y forma dos charcos sobre su vestido blanco. Más abajo, manchas rojas imitan las flores bordadas en la falda. La impresionante imagen de sangre sobre tela blanca hace pensar en martirios, abortos y sábanas manchadas de sangre, como las que aparecen en varios cuadros de Frida. Sin embargo, Frida logra ser sardónica a pesar de la tragedia: transforma astutamente algunas de las pequeñas flores bordadas en borrosas manchas de sangre.

Los impasibles y voluntariosos rostros de las dos Fridas están perfilados ante un cielo gris y blanco tan turbulento como el que El Greco pintó arriba del cerro de Toledo: oscuras rasgaduras entre los huecos de las nubes reflejan la agitación emocional de las figuras y, simultáneamente, intensifican la inmovilidad perturbadora inherente a su porte. Como se ve con frecuencia en sus autorretratos de tamaño natural, Frida se encuentra sola en medio de un vacío llano sin límites. (El espacio ubicado directamente detrás de ella, en los autorretratos que muestran sólo la mitad de su cuerpo, a menudo es cerrado por vegetación muy densa.) A excepción de la banca mexicana en la que está sentada, no figura ningún objeto sólido que por su familiaridad pudiera ofrecerle algún consuelo. En cambio, todo su poder de observación se concentra en su propia imagen, lo cual la vuelve aún más explosiva.

Y también más sola: la única compañera de Frida es ella misma. Esta multiplicación acrecienta la frialdad de su soledad. Abandonada por Diego, se estrecha la propia mano y vincula dos identidades con una vena de sangre. Ella misma contiene a su mundo, en un callejón sin salida. En una ocasión, Frida comentó que *Las dos Fridas* representaba la "dualidad de su carácter". Al igual que los otros autorretratos que la muestran dos veces (*Dos desnudos en un bosque* y *Árbol de la esperanza*), *Las dos Fridas* simboliza el apoyo que ella se ofrece: Frida se consuela, se cuida o se fortalece.

También existen otras formas de dualidad en esta obra. Sin duda, todas las horas que Frida pasaba estudiándose en el espejo y copiando la imagen, acentuaron la idea de tener dos identidades: la observadora y la observada, el yo como se siente desde adentro y como aparece desde fuera. Aparte de representarse dos veces, en éste como en otros autorretratos, Frida enfocaba cismáticamente el cuerpo y el rostro. Pintó su cuerpo, desnudo o vestido con volantes y listones, como un objeto para el escrutinio del artista; la mujer en el papel pasivo de persona bonita, víctima del dolor o participante en los ciclos de fecundidad de la naturaleza. Por contraste, al mirarse al espejo, se percibía como pintora, y no como objeto retratado. De este modo llegó a ser tanto artista activa como modelo pasiva, investigadora imparcial de qué se siente ser mujer y reflejo apasionado de las emociones femeninas. Al calificar a Frida como "la pintora más pintor", Diego reconoció esta dicotomía como masculino-femenina.

En una carta escrita a Nickolas Muray en enero de 1940, Frida apuntó que estaba "trabajando como loca" con el fin de terminar un gran lienzo para la muestra surrealista. El 6 de febrero aseguró tener el propósito de enviar el mismo cuadro a Julien Levy, además de estar muy ocupada con los preparativos para la exposición que éste iba a organizar para ella en octubre o noviembre. (No se efectuó la muestra porque la guerra en Europa lo hacía imposible, según Levy.) Se estaba refiriendo a *La mesa herida,* otro cuadro lleno de sangre (ilustración 55). Al igual que *Las dos Fridas,* dramatiza la soledad. En el autorretrato doble, Frida se acompañó a sí misma. En el otro, se encuentran con ella sus sobrinos Isolda y Antonio Kahlo, su cervato domesticado, "El Granizo" (quizá porque las manchas de su piel parecían granizo), un Judas, un ídolo precolombino y un esqueleto, pero su presencia no ofrece consuelo.

Frida y sus tres inanimados compañeros miran hacia nosotros como un tribunal. El bestial Judas, vestido de overol, la abraza, y la red de mechas fálicas que lo rodea parece atraparla. La artista pintó el largo brazo del ídolo de Nayarit (basado en la escultura de una pareja sentada, abrazándose, que ahora se encuentra en el Museo Frida Kahlo) de tal forma que da la impresión de estrechar a Frida y de constituir, al mismo tiempo, una continuación de su propio brazo derecho. Disfrutando de la misma intimidad con ella, el sonriente esqueleto de barro le acaricia un mechón de pelo, enredándolo en el resorte que integra su antebrazo. El pecho y el pie derecho del Judas sangran, el ídolo tiene piernas de palo y el esqueleto se fracturó el pie derecho (al igual que Frida). Incluso la mesa está herida. Sangre rezuma de las nudosidades de la madera y cae al suelo, sobre los pies del Judas y del esqueleto y mancha la falda tehuana de Frida. Las patas del mueble son desolladas piernas humanas, como las de un modelo para estudios anatómicos. Siendo símbolo de la vida hogareña, la mesa herida seguramente representa el matrimonio destruido de la pintora.

Frida organizó con cuidado los elementos en este cuadro. Dos pesadas cortinas adornadas con flecos se separan para revelar una plataforma de madera colocada frente de un fondo que consiste en un cielo tempestuoso y plantas carnívoras de la selva. Los personajes retratados se encuentran animados, pero detienen todo movimiento, como actores en el momento de subir el telón. Esta inacción integra el foco de la tormenta: aparentemente todos se han quedado inmovilizados por la soledad histérica de la heroína. Es probable que esta "obra de teatro" fue montada con el fin de mandarle un mensaje a Diego: los actores lo juzgan, y el juicio que pronuncian al mirar fijamente hacia el espectador es, sin duda, colérico.

La preocupación de Frida por la muerte, que la asaltó al divorciarse, se hace patente también en *El sueño* (1940; lámina XV), cuadro en el que duerme sobre una cama con cuatro columnas que flota dentro del cielo azul y nublado de su sueño. Ese fondo parece integrar la continuación de las sombras color lavanda que llenan los pliegues de la prenda blanca que la envuelve. Una vez más se acompaña de un esqueleto, en esta ocasión, el Judas que de veras tenía encima del dosel de su cama. A visitantes espantados o confundidos les daba la explicación de que servía para advertir, de manera humorística, la propia mortalidad. En el cuadro, la planta bordada sobre la colcha, de un amarillo muy vivo (en la raelidad también poseía una colcha bordada de flores), adquiere vida y se convierte en una enredadera espinosa que echa hojas alrededor de la cara de Frida y crece hacia arriba, separándose de la cama como si fuera una verdadera planta y no las puntadas del hilo para bordar. Da la impresión de que Frida sueña con el momento, posterior por mucho a la muerte, en el que las plantas cubrirían su tumba.

Al igual que Frida, el esqueleto descansa la cabeza sobre dos almohadas; sin embargo, lo rodean alambres y explosivos y sostiene un ramo de flores color lavanda. El rostro de Frida es calmado, mientras la calavera abre los ojos de par en par y hace muecas. El espectador siente que podría explotar en cualquier momento, haciendo realidad el sueño de Frida. El esqueleto es el "amante" de ella, como en alguna ocasión señaló Diego burlonamente. Es su otra mitad.

En casi todos los autorretratos que pintó a partir del año del divorcio, Frida se rodea de acompañantes esqueletos, un Judas, sus sobrinos, su propia identidad alterna y sus mascotas. Las más fascinantes de estas últimas son los changos, con frecuencia la abrazan como amigos íntimos.

En el primer autorretrato con chango, *Fulang-Chang y yo* (1937), éste, en primer lugar, simboliza la promiscuidad. No obstante, también puede ser su descendiente o antepasado (en *Moisés*, de 1945, colocó unos monos macho y hembra junto a la primera pareja de hombre y mujer): Frida descubre cierta similitud entre las facciones simiescas y las suyas y subraya el vínculo existente entre el animal y ella mediante la cinta de seda color lavanda que rodea los cuellos de ambos. Todo esto contiene cierto afecto y humor. Por otra parte, en el *Autorretrato con chango* pintado en 1940 (lámina XVII), la cinta de color rojo sangre que le rodea el cuello cuatro veces y luego la une al chango, como una metafórica línea de sangre, imparte un sentido de desesperación; y la manera en la cual el animal la abraza de modo que su pata se confunde con el cabello trenzado de la pintora, o parece integrar una continuación del mismo, es siniestra.

Después del divorcio, los changos de Frida, particularmente el mono araña Caimito de Guayabal que Rivera le regaló al cabo de un viaje al sur de México, sirvieron para llenar algo el espacio vacío dejado por el gran niño travieso y celoso llamado Diego. También sustituyeron a los hijos que con seguridad ya no iba a tener. Por eso los changos juegan en su arte un papel más complejo y sutil de lo que parece. A partir de 1939, cuando se empezó a retratar con cosas como cintas, venas, sarmientos, ramas espinosas, patas de chango o mechones de cabello alrededor del cuello, uno siente que esos "medios de unión" amenazan con ahorcarla. Intensifican la claustrofobia provocada por los muros de entrelazadas plantas selváticas que cierran el espacio justamente detrás de ella. A pesar de que la consuelan y le dan compañía, los changos incrementan el terror de la soledad. Su proximidad física es perturbadora. Pese a toda la inocencia infantil que los caracteriza, los monos araña definitivamente no son niños, sino animales salvajes de la jungla. En esas pinturas, su inquietud animal aumenta la tensión de la regia calma de Frida e insinúa un desenfreno bestial oculto bajo su piel.

En otro autorretrato pintado en 1940, que fue comprado por Nickolas Muray, Frida se hace acompañar por Caimito de Guayabal y un gato negro. Un colibrí muerto cuelga del collar de espinas (lámina XVI). El chango combina una capacidad casi humana de compasión hacia su ama abandonada, con las posibles reacciones imprevisibles de un simio. Mientras toca con cautela el collar de espinas de Frida, el espectador siente que un precipitado jalón puede hacer más profundas las heridas. El gato también constituye una amenaza. Listo para saltar, con las orejas echadas hacia adelante, fija al mirada en el colibrí que cuelga junto a la carne desnuda y sangrante de Frida. Puesto que el colibrí no sólo representa una especie a la cual Frida se sentía estrechamente ligada (en un dibujo realizado en 1946 convirtió sus cejas en un pájaro, y la gente decía que ella se movía con la ligereza de un colibrí), el cuerpo inánime del mismo probablemente señala el hecho de que Frida una vez más se sintió "asesinada por la vida". Asimismo, tiene otro significado: en México es usan los colibríes como amuletos para atraer suerte en el amor.

Frida también utiliza la corona de espinas de Cristo como collar en otro busto del mismo año, en el que un broche en forma de mano sostiene una cinta sobre la que ha escrito: "Pinté mi retrato en el año de 1940 para el doctor Leo Eloesser, mi médico y mi mejor amigo. Con todo mi cariño, Frida Kahlo" (lámina XIX). Al igual que en el autorretrato que le vendió a Muray así como en *La columna rota,* y de hecho en la mayoría de sus autorretratos, Frida amplía su sufrimiento personal al darle un significado cristiano. Se representa como mártir; las espinas le causan heridas sangrientas. A pesar de que rechazó la religión, las imágenes cristianas, particularmente el martirio teatral y sanguinolento común en el arte de México, impregnan la obra de Frida. La sangre y la aplicación de sufrimiento en uno mismo, por supuesto, se remite hasta la tradición azteca, pues no sólo ejecutaban sacrificios humanos, sino también se pinchaban la piel y se perforaban las orejas con el fin de conseguir mejores cosechas. Pero fue el cristianismo el que llevó al México colonial la imagen del dolor en términos verdaderos y humanos. Como resultado, casi todas las iglesias mexicanas cuentan con una escultura espantosamente realista de Cristo ya sea atado a un poste, arrastrando la cruz o muerto, pero siempre lleno de heridas sangrientas y supurantes. Frida tenía un cuadro particularmente impresionante de Jesucristo rumbo al Calvario y utilizaba el mismo dolor y realismo extremos para comunicar sus propios mensajes. El hecho de que empleara la retórica católica se debía a que sus pinturas, en cierto modo muy especial, trataban acerca de la salvación.

Frida no usaba una fórmula específica para todos los autorretratos, a pesar de que empezó a acelerar su producción artística en ese periodo, ya que así se ganaba la vida, y pese a que existen similitudes en las dimensiones de varios bustos. Sin duda, el ángulo al que vuelve la cabeza con frecuencia es el mismo; éste claramente es el que minimiza el movimiento necesario para mirar el lienzo y el espejo. No obstante, la pintora trabaja en cada retrato como si fuera una nueva confrontación consigo misma. Cada uno es maravillosamente diferente en cuanto a la perspicaz captación de los detalles, la manera en la que el colibrí está sujeto al collar de espinas, la selección y el sitio de las plantas (capullos blancos junto a ramitas secas color café en el autorretrato dedicado al doctor Eloesser, por ejemplo), el ritmo preciso y tirantez de una cinta. En todos, Frida se representa con actitud seria y la cabeza en alto, con la dignidad que la caracterizaba. Su rostro se ve mayor, la expresión es más tensa y precavida que en los autorretratos realizados antes de la separación de Diego. Se percibe la emoción oculta tras la máscara del control, mientras Frida trata de sobrellevar la propia vulnerabilidad y al mismo tiempo se asegura de que el espectador reconozca su sufrimiento. El elaborado esfuerzo por convertirse a sí misma en un mito, le proporcionaba distancia sicológica de un dolor que de otra forma hubiera sido abrumador. Invocando quizá la piedad y educación católica de su infancia, se convierte a sí misma en un icono que ella, y otros, pueden venerar, y así supera el pesar.

Los autorretratos que Frida pintó durante el año de 1940 también muestran con claridad el grado en que había asimilado la capacidad de los colores para comunicar las emociones. Ante el ojo acostumbrado a la tradición francesa en las artes visuales, los colores escogidos por Frida, color verde oliva o de tierra, morado, anaranjado y un amarillo alucinante, resultan discordantes. Aun cuando esta extraña paleta refleja el amor que la pintora sentía por las combinaciones de colores típicas de México, efectuadas sin educación alguna al respecto, Frida los utiliza para hacer resaltar el drama sicológico. El rosa lo emplea con frecuencia como contraste irónico a la violencia o a la muerte. En varios autorretratos, un amarillento verde oliva incrementa la sensación de ahogo o claustrofobia. El gris azuloso de los cielos y el color lavanda u ocre de la tierra confieren fuerza a la expresión del apartamiento y la desesperación. Como no usa mucho negro en el modelado de las figuras, los cuadros a menudo tienen una brillantez visionaria.

A mediados de los cuarenta, Frida explicó el significado de los colores en su diario, en una especie de poema en prosa: "Probaré los lápices tajados al punto infinito que mira siempre adelante". Sigue una lista de matices, algunos designados por pequeñas áreas de líneas de color representando distintos diseños, y otros identificados por su nombre:

EL VERDE — luz tibia y buena.

SOLFERINO — Azteca. TLAPALI (palabra azteca que significa "color" usado en la pintura y el dibujo). Vieja sangre de tuna, el más vivo y antiguo.

CAFÉ — color de mole, de hoja que se va; tierra.

AMARILLO — locura, enfermedad, miedo. Parte del sol y de la alegría.

AZUL COBALTO — electricidad y pureza. Amor.

NEGRO — nada es negro, realmente *nada*.

VERDE HOJA — hojas, tristeza, ciencia. Alemania entera es de este color.

AMARILLO VERDOSO — más locura y misterio. Todos los fantasmas usan trajes de este color... cuando menos, ropa interior.

VERDE OSCURO — color de anuncios malos y de buenos negocios.

AZUL MARINO — *distancia*. La ternura también puede ser de este azul.

MAGENTA — ¿Sangre? Pues, ¡quién sabe!

El autorretrato dedicado al doctor Eloesser es de colores chillones, rosa, ocre verdoso, amarillo y el vivo rojo de los labios y la sangre de Frida. La opulencia barroca del cuadro y el dominio de un rosa opalescente contrastan fuertemente con la imagen dolorosa del cuello sangrante de Frida. Evoca las figuras de Cristo lacerado que se encuentran en las iglesias mexicanas, en las que se rodean las espantosas heridas con flores bonitas, lujosos encajes, terciopelo y oro. Por contraste, *Autorretrato con mono* resulta oscuro y austero. Los espacios negros que separan las hojas del muro de follaje indican que es de noche, la lobreguez del ambiente nocturno se intensifica por la cinta color rojo sangre que da vueltas al cuello de Frida. En el autorretrato (ilustración 56) encargado por Sigmund Firestone, por otra parte, el fondo de vivo verde amarillento, las cintas moradas en el cabello negro, las cuentas de jade y el bordado color lavanda del huipil blanco dan dentera al espectador, como seguramente fue la intención de Frida. Si los amarillos puros y verdosos simbolizan la locura, Frida se debe haberse sentido bastante trastornada, pues utilizó mucho amarillo en los cuadros producidos después del divorcio de Diego.

Otro autorretrato de 1940 también comunica, a través de la desconcertante penetración de los colores, la congoja que experimenta Frida por estar separada de Diego. *Autorretrato de pelona* muestra a la artista sentada en una silla mexicana, de vivo amarillo, en medio de una gran extensión de tierra color marrón rojizo cubierta de mechones de cabello negro (lámina XVIII). El cielo está lleno de nubes rosadas y nacaradas que deberían ser blandas y bonitas, pero que en su lugar tienen una apariencia opresiva y paralizada, al igual que las aparecidas en el cuadro dedicado al doctor Eloesser. La silla, alegre y folclórica, subraya la sensación de desconsuelo, por ser el único objeto de intenso colorido.

Un mes después de concretarse el divorcio, Frida repitió lo que hizo en 1934, como reacción a la aventura entre Rivera y Cristina: se cortó el pelo. El 6 de febrero, escribió a Nickolas Muray: "Tengo malas noticias para ti: me corté el cabello y parezco una hada. Bueno, crecerá de nuevo, ¡espero!" Según una versión, Frida amenazó con deshacerse de su larga cabellera, que le fascinaba a Diego, si éste insistía en continuar la aventura del momento (quizá con Paulette Goddard). Él persistió y ella tomó dicha medida. Aunque la historia no sea verdad, definitivamente parece característico de Frida. *Autorretrato de pelona* contiene un ambiente de vengativa ira. En vez del traje de tehuana, que le gustaba mucho a Diego, Frida lleva ropa de hombre, tan grande que seguramente es de éste. Se ve sentada con las piernas separadas, trae zapatos negros de agujetas y una camisa, todo propio de un hombre. Los aretes constituyen el único vestigio de feminidad.

La destrucción de los atributos sexuales de la mujer equivale a un acto de venganza que repercute en el incremento de su soledad. Un mechón de cabello le cuelga entre las piernas, como el cadáver de algún animal muerto. Sostiene las tijeras que afectuaron el corte muy cerca de los órganos sexuales, en exactamente la misma posición que adoptaron las pinzas quirúrgicas de *Las dos Fridas,* que sirvieron para cortar la vena que la conectaba con el retrato en miniatura de Diego. En ambos cuadros se tiene la sensación de que se ha ejecutado alguna acción macabra, el rechazo violento de la feminidad, o el deseo de extirpar la parte de sí misma que es capaz de amar. El corte simbólico de la vulnerabilidad y el afecto, por supuesto, no elimina la malignidad del pesar. En *Las dos Fridas,* la sangre sigue goteando de la vena abierta. En *Autorretrato de pelona,* la artista se encuentra rodeada por siniestros, casi animados mechones de cabello, que se extienden por todo el suelo y se enredan, como sarmientos o víboras, en los barrotes de la silla amarilla. Ya que los cabellos negros no se empequeñecen con la distancia, parecen flotar en el aire, lo cual evoca las venas, las enredaderas y las cintas que en los otros autorretratos simbolizan la impresión (o el deseo) de Frida de estar ligada con realidades existentes más allá de sí misma. En el cuadro aquí discutido, así como en *Las dos Fridas,* el coraje y la pena unen sus fuerzas para interrumpir las conexiones entre Frida y el mundo exterior, más específicamente, Diego. Frida se encuentra completamente sola en medio de un inmenso llano vacío, debajo de un cielo sin sol. En la parte de arriba de la pintura están escritas las letras de una canción: "Mira que si te quise, fue por el pelo./Ahora que estás pelona, ya no te quiero". Frida convierte su inútil venganza en un chiste melancólico: la extirpación de una señal de feminidad se reduce a la ilustración de un canto popular. Desafiante, sola y rodeada por los vestigios del acto vengativo, tan espantosos como las gotas y manchas de sangre en otros cuadros, Frida crea una imagen inolvidable de ira y sexualidad ofendida.

Tenía buenos fundamentos la observación hecha por Rivera en el sentido de que Frida produjo algunos de sus mejores cuadros durante ese periodo de separación. Trabajaba mucho, porque estaba decidida a no aceptar dinero de Diego. El 13 de octubre de 1939, informó a Muray: "Cariño, debo decirte que no voy a mandar el cuadro con Miguel [Covarrubias]. La semana pasada lo tuve que vender a alguien, a través de Misrachi, porque me hacía falta el dinero para una consulta con el abogado. Desde que regresé de Nueva York, no he aceptado ni un maldito centavo de Diego. Supongo que comprendes los motivos. Jamás tomaré dinero de ningún hombre hasta mi muerte. Deseo pedirte que me perdones por haber hecho eso con un cuadro que era para ti. No obstante, cumpliré mi promesa y pintaré otro en cuanto me sienta mejor. Es facilísimo". (La pintura probablemente fue un autorretrato. En sustitución pintó el retrato en el que un colibrí cuelga de su collar de espinas.)

Trató de vivir de la venta de los cuadros y se esforzó mucho más que antes en cuanto a su promoción. De cuando en cuando mandaba paquetes de varias obras a Julien Levy. Sus amigos se reunían a su alrededor y estaban presentes cuando los necesitaba. Conger Goodyear, por ejemplo, le escribió el 3 de marzo de 1940: "Creo que tuviste mucha razón al no aceptar nada [de Diego]. Si de veras te hace falta dinero, avísame y te mandaré un poco. De cualquier forma quería otro cuadro tuyo. ¿Me darás la oportunidad de ser el primero en escoger entre los que vas a mandar [a Julien Levy]?" Anita Brenner envió otra carta ofreciendo su ayuda para los gastos médicos, y dijo que el doctor Valentiner quería saber si Frida necesitaba dinero. Mary Sklar y Nickolas Muray le mandaban dinero todos los meses. "Nick, cariño, escribió Frida a Muray el 18 de diciembre de 1939: ¡Dirás que soy bien cabrona e h. de p.! Te pedí dinero y no te di las gracias. ¡De veras es el colmo, chico! Perdóname, por favor. Estuve enferma durante dos semanas. Mi pie, otra vez, y gripe. Ahora te agradezco mil veces el amable favor. Ojalá puedas esperar hasta enero para que te lo devuelva, cuando los Arensberg de Los Ángeles me compren un cuadro. [Walter G. Arensberg era un coleccionista muy conocido que se enamoró del cubismo en la muestra Armory Show, en 1913, y luego amplió sus gustos para incluir el surrealismo.] Estoy segura de tener la lana el año que entra y te regresaré tus cien dólares entonces. ¿Te parece bien? En caso de que te hiciera falta antes, podría organizar otra cosa. De cualquier forma, quiero decirte que de veras fue muy amable de tu parte que me prestaras el dinero; me hacía tanta falta... ¡¡Creo que poco a poco lograré solucionar mis problemas y sobrevivir!!" Con el fin de reunir fondos, Frida pensó en alquilar su casa a turistas, pero la idea no fue posible: "la reparación de la casa hubiera costado mucho dinero, que yo no tenía y Misrachi no me quiso prestar", le indicó a Muray, "y en segundo lugar, mi hermana no es precisamente la persona indicada para administrar tal negocio. No habla ni una maldita palabra de inglés y hubiera sido imposible que lo manejara. Por eso ahora fijo todas mis esperanzas únicamente en mi propio trabajo".

Algunos amigos la animaron a participar en el concurso interamericano de la Fundación Guggenheim de 1940, confiando en que conseguiría una beca. El hermano de Mary Sklar, el crítico e historiador de arte Meyer Schapiro, y Carlos Chávez la patrocinaron. Asimismo, pudo ostentar cartas de recomendación de William Valentiner, Walter Pach, Conger Goodyear, André Breton, Marcel Duchamp y Diego Rivera. Schapiro declaró: "Es una pintora excelente, de verdadera originalidad, y una de las artistas mexicanas más interesantes que conozco. Su obra se compara bien junto a los mejores cuadros de Orozco o de Rivera. En algunos aspectos, es más mexicana que la de ellos. Aunque no dispone del sentimiento heroico y trágico de dichos pintores, se encuentra más cerca de la tradición de México y de la visión típica de este país en cuanto a la forma decorativa".

Las afirmaciones hechas por Frida misma en la solicitud son ejemplares por su modestia (y faltas de ortografía). Quizá hubiera tenido más éxito añadiendo recovecos y dándose más importancia a sí misma, pues no recibió la beca.

ANTECEDENTES PROFESIONALES:

Empecé a pintar hace doce años, durante la convalecencia de un accidente automovilístico que me obligó a permanecer en cama durante casi un año. Hasta la fecha, he trabajado con el impulso espontáneo de mis sentimientos. Nunca he seguido una escuela ni la influencia de alguien. No espero recibir de mi trabajo más que la satisfacción que me da el hecho mismo de pintar y de decir lo que no podría expresar de ninguna otra forma.

TRABAJO:

He hecho retratos, composiciones con figuras así como motivos en los que el paisaje y la naturaleza muerta adquieren gran importancia. He sido capaz de hallar una forma personal de expresarme en la pintura, sin que me empujara prejuicio alguno. Durante doce años, mi obra ha consistido en eliminar todo lo que no surgiera de las causas líricas internas que me incitaron a pintar.

Ya que mis temas siempre han sido sensaciones, estados de ánimo y profundas reacciones producidas en mí por la vida, con frecuencia les he dado objetividad y expresión por medio de retratos de mí misma. Ésa es la manera más sincera y real de expresar lo que siento, dentro y fuera de mí.

EXPOSICIONES Y VENTAS DE CUADROS:

Exhibí mis pinturas por primera vez el año pasado (1938), en la galería Julien Levy de Nueva York. Llevé 25 cuadros, de los cuales se vendieron doce a las siguientes personas:

Conger Goodyear	Nueva York
Mrs. Sam Lewison	Nueva York
Mrs. Claire Luce	Nueva York
Mrs. Salomon Sklar	Nueva York
Edward G. Robinson	Los Ángeles (Hollywood)
Walter Pach	Nueva York
Edgard Kauffman	Pittsburgh
Nicholas Murray*	Nueva York
Dr. Roose	Nueva York

y otras dos personas cuyos nombres no recuerdo, pero Julien Levy las podrá identificar. Se efectuó la exposición del primero al 15 de noviembre de 1938.

Después tuve una muestra en París, organizada por André Breton en la galería Renou et Colle del primero al 15 de marzo de 1939. Mi obra interesó a los críticos y artistas de París. El Museo Louvre (Jeux du Paume) adquirió uno de mis cuadros".

A pesar de que Frida quería vivir de la venta de su trabajo, no hizo compromisos de ninguna clase en cuanto al contenido artístico del mismo, para que se vendiera con mayor facilidad. Únicamente amigos estaban dispuestos a comprar obras penosas y sangrientas tales como el autorretrato vendido a Muray. En las raras ocasiones en que se le encargaba un cuadro, no siempre producía lo que esperaba el patrocinador, sino convertía la comisión en otra oportunidad de comunicar su desesperación personal. Incluso cuando debía retratar a otra persona que no fuera ella misma, Frida no lograba evitar una declaración personal vinculada estrechamente con los acontecimientos de su propia vida.

Esto indudablemente pasó con uno de los cuadros que Frida terminó mientras estaba separada de Diego: *Suicidio de Dorothy Hale* (ilustración 54). La obra es tan sangrienta que hace pensar en el horror de *Unos cuantos piquetitos*. Se muestra el desenlace del suicidio en tres fases distintas. Primero vemos a una diminuta figura cerca de una ventana alta del Hampshire House, desde la cual Dorothy Hale saltó el 21 de octubre de 1938. Luego sigue una imagen mucho más grande que cae con la cabeza señalando hacia abajo. Tiene los ojos abiertos de par en par y nos mira. Nubes algodonosas la cubren en parte, lo cual vuelve aún más palpable esta caída a través del espacio. Finalmente, aparece un gran cuerpo acostado, tieso como si fuera una muñeca de porcelana, en el suelo en medio de un charco de sangre. Rezuma sangre por una oreja, la boca y la nariz, lo cual extrañamente subraya la belleza del rostro. Todavía tiene los ojos abiertos, y nos contemplan con la calma lastimera de un animal herido.

Clare Boothe Luce, quien encargó el retrato al principio de la exposición de Frida en Nueva York, afirma que Frida conocía a Dorothy desde México y Nueva York, donde esta última formaba parte de un pequeño grupo de amigos relacionados todos con *Vanity Fair* (revista de la que la señora Luce era la editora principal). Entre ellos figuraban Miguel y Rosa Covarrubias, Muray y Noguchi.

"Era una mujer muy hermosa", recuerda Noguchi. "Todas mis chicas lo han sido. Fui a Londres con ella en 1933. Bucky [Buckminster Fuller] y yo estuvimos presentes la noche antes de que lo hiciera. Me acuerdo muy bien de cómo ella dijo: «Bueno, ya se acabó el vodka. Ya no hay más». Así, simplemente. No le di mucha importancia, pero después me di cuenta de lo que quiso decir. Dorothy era muy bonita y vivía en un mundo falso. No quería hacerle segunda a nadie. Seguramente pensó que las cosas le estaban fallando".

La señora Luce narra la historia del retrato con sus propias palabras: "Dorothy Donovan Hale era una de las mujeres más hermosas que he conocido. Ni la joven Elizabeth Taylor, con la que tenía cierto parecido, era más bella. Al principio fue una corista de Ziegfeld, y luego se casó con Gardiner Hale, un retratista de mucho éxito en Nueva York. La joven pareja tenía muchos amigos, no sólo en la alta sociedad, donde Hale conseguía comisiones, sino también entre los artistas de la época, incluyendo a Diego Rivera y a Frida Kahlo.

Hale murió en un accidente automovilístico en California, a mediados de los treinta y le dejó muy poco dinero a Dorothy. Después de reprobar las pruebas para la pantalla en Hollywood, ella regresó a Nueva York. Algunos amigos, entre ellos yo, le dábamos suficiente dinero, de cuando en cuando, para que siguiera viviendo con el mismo estilo al que la vida con Gardiner la acostumbró.

Todos creíamos que una muchacha de belleza y encanto tan extraordinarios no tardaría mucho en desarrollar una carrera o en hallar a otro esposo. Desgraciadamente, Dorothy contaba con muy poco talento y nada de suerte.

Según recuerdo, en la primavera de 1938 me confió, con gran alegría, que

había conocido al "amor de su vida": Harry Hopkins, el consejero político de más
confianza y el confidente personal más cercano al presidente Franklin D. Roosevelt.
Afirmó que pronto se daría a conocer el compromiso. Se casaría con Hopkins "con la
aprobación de la Casa Blanca". Mientras tanto, pues, le hacía falta dinero para pagar
la renta de su suite en el Hampshire House.

En algunas columnas de sociales empezaron a aparecer noticias acerca de su
compromiso con Hopkins. No obstante, otros articulistas citaron "fuentes de la Casa
Blanca" en el sentido de que el asunto Hopkins-Hale no finalizaría en el altar. No
se consumó el casamiento. Las personas con buenos contactos en Washington declararon que FDR le ordenó a Harry Hopkins poner fin a la aventura con Dorothy y
casarse, en su lugar, con Lou Macy, amiga íntima de los Roosevelt. Hopkins lo hizo.
La mayoría de las columnas de sociales hicieron muy evidente que Dorothy había
sido rechazada.

Una vez más, la pobre Dorothy necesitaba dinero para pagar la renta. De
nuevo accedí. No obstante, en esa ocasión agregué: "Lo que de veras te hace falta,
Dorothy, es un empleo". Decidimos que fácilmente podría cumplir con los deberes
de anfitriona en el Pabellón de Arte Estadunidense de la Feria Mundial. Bernard Baruch, buen amigo mío, conocía a Bob Moses, el director principal de la feria. De
ese modo le conseguí una cita a Dorothy, además de una carta de recomendación
firmada por Baruch.

Unos días después, me estaba probando un vestido en el departamento de Bergdorf Goodman, dedicado a la ropa hecha a la medida. Una modelo entró dando
vueltas para mostrar un vestido de noche verdaderamente magnífico. Pregunté el
precio. Costaba como quinientos o seiscientos dólares, exorbitante precio para un
vestido hace cuarenta años. Comenté: "Demasiado caro para mí". La vendedora contestó: "Lo acaba de pedir la señora Gardiner Hale". Pensé, enojado: ¡Así es como se
gasta el dinero que supuestamente necesita con tanta urgencia para la renta!

Cuando Dorothy me habló por teléfono días más tarde, estaba tan molesta con
ella que apenas hice caso a lo que estaba diciendo. Afirmó que había decidido hacer
un viaje muy largo. Por el momento, quería mantener el destino en secreto, pero
ofrecería una fiesta de despedida, ya que estaría fuera por mucho tiempo, y sólo
quería invitar a sus amigos más queridos. Por eso preguntó si yo podía ir y "Cariño,
¿qué me pondré para mi fiesta de despedida?"

Estuve a punto de decir: "¿Por qué no te pones ese hermoso vestido de Bergdorf
que compraste con el dinero que te di para la renta?" Sin embargo, no dije nada.
Si de veras iba a emprender un largo viaje, la lamentable historia del dinero para
la renta se terminaba. Contesté, de manera bastante fría: "Siento no poder ir a tu
fiesta. Lo que mejor te sienta es el vestido de terciopelo negro de Madame X. Espero
que el viaje cumpla con lo que esperas", y colgué.

A la mañana siguiente, la policía me habló por teléfono para avisar que Dorothy
Hale acababa de saltar por la ventana de su suite, ubicada en el piso más alto del
Hampshire House, más o menos a las seis de la mañana. Puesto que la fiesta ter-
minó antes de la medianoche, tuvo mucho tiempo para pensar.

Llevaba puesto el vestido que más me gustaba, el de terciopelo negro que la
convertía en "mujer fatal", y un ramillete de pequeñas rosas amarillas. Después resultó
que se las envió Isamu Noguchi.

El único mensaje que dejó en el departamento fue un recado dirigido a mí,
en el que me daba las gracias por mi amistad y me pedía pasar la noticia a su
madre, quien vivía en el estado de Nueva York, a fin de que se pudieran hacer los
arreglos necesarios para enterrarla en la tumba familiar.

Fue un desperdicio. Dorothy era tan hermosa y vulnerable. Bernie Baruch me habló por teléfono en cuanto se enteró de la noticia en el periódico. Me informó que Dorothy lo fue a ver con el fin de solicitar su ayuda e influencia con Bob Moses, para conseguir un trabajo, pero él (Bernie) le contestó que era muy tarde para tratar de hacer una carrera que le permitiera vivir como acostumbraba hacerlo. Lo que le hacía falta no era trabajo, sino un esposo. Le indicó que la mejor manera de hallar uno era asistiendo a fiestas y viéndose lo más hermosa posible. Por eso le dio mil dólares, con una condición: que los usara para comprar el vestido más bonito que pudiera encontrar en Nueva York.

Al poco tiempo, fui a la exposición de la pintura de Frida Kahlo. La muestra estaba muy concurrida. Frida Kahlo se acercó a mí y de inmediato empezó a hablar sobre el suicidio de Dorothy. No quise discutirlo, pues todavía me remordía la conciencia por haber acusado a Dorothy erróneamente, en mis pensamientos, de aprovecharse de mí. Kahlo no dejó pasar la oportunidad de ofrecer pintar un recuerdo de Dorothy. Yo no hablaba suficiente español para entender el significado de la palabra "recuerdo". Pensé que sería un retrato pintado de memoria. Me imaginé que Kahlo retrataría a Dorothy en el mismo estilo de su propio *autorretrato* (el dedicado a Trotsky), que le compré en México (y que todavía se encuentra en mi posesión).

De repente se me ocurrió que un retrato de Dorothy, hecho por una famosa pintora amiga, tal vez le gustaría a la pobre madre de mi amiga. Lo mencioné y Kahlo estuvo de acuerdo. Pregunté cuánto costaría, Kahlo me lo dijo y respondí: "Adelante. Envíeme el retrato en cuanto esté terminado, y yo se lo mandaré a la madre de Dorothy".

No olvidaré jamás la impresión que recibí cuando saqué el cuadro del embalaje. Me sentí físicamente *mal*. ¿Qué iba a hacer con la espantosa representación del cadáver destrozado de mi amiga? Tenía gotas de sangre por todo el marco. Era imposible devolverlo. La parte de arriba mostraba a un ángel que agitaba un estandarte desplegado con la inscripción (en español): "El suicidio de Dorothy Hale, pintado por encargo de Clare Boothe Luce para la madre de Dorothy". No hubiera mandado pintar un cuadro tan sangriento ni de mi peor enemigo, y menos de mi desdichada amiga.

Entre los muchos ardientes admiradores de Dorothy figuraban Constantin Alajalov, conocido creador de portadas para la revista *New York*, e Isamu Noguchi, el escultor. No recuerdo ahora a cuál le hablé por teléfono, pidiéndole que me fuera a ver por un urgente asunto relacionado con Dorothy. En todo caso, le dije al que llegó que iba a destruir el cuadro con unas tijeras de biblioteca y que necesitaba un testigo. Sin embargo, al final, accedí a no destruirlo, con la condición de que se pudiera borrar el estandarte que proclamaba que yo lo había mandado pintar. El admirador de Dorothy se lo llevó y quitó la ofensiva inscripción.

El homenaje que hizo Frida a Dorothy Hale resultó más como un retablo que un recuerdo, en el sentido de que muestra el desenlace del desastre además de la muerte de la protagonista y un ángel en el cielo, como lo señala la señora Luce. Una franja gris en la parte de abajo del retrato hace constar, con letras color rojo sangre: "En la ciudad de Nueva York el día 21 del mes de octubre de 1938, a las seis de la mañana, se suicidó la señora DOROTHY HALE tirándose desde una ventana muy alta del edificio Hampshire House: En su recuerdo [sigue un espacio vacío donde se borraron las palabras] este retablo, habiéndolo ejecutado FRIDA KAHLO". Del lado derecho, debajo de las palabras "se suicidó" y arriba de "KAHLO", hay un tramo rojo del cual parece gotear sangre. Al igual que en *Unos cuantos piquetitos,* la sangre mancha el marco del cuadro y lo introduce a la dimensión del espectador. Estas representaciones son las más espantosas que realizó de la violenta muerte de dos mujeres, y las pintó, significativamente, durante periodos en los que Diego le estaba causando gran sufrimiento. Aparentemente se sintió obligada a extender el espacio de esos dos cuadros al ambiente real del observador. Así hace resaltar el horror del tema. Intensificó esta sensación de proximidad por medio de uno de los pies, cubiertos sólo con medias, cuya punta parece sobresalir de la superficie del lienzo y proyectar una sombra sobre la palabra "HALE" de la inscripción.

La fría irrealidad del medio en el que se realiza el suicidio, caracteriza los cuadros de Frida, cuyo verdadero motivo es la soledad o la desesperación. Dorothy Hale yace, muerta, en el despejado suelo color café. Este espacio no es la calle ni la banqueta delante de Hampshire House, sino un escenario que no tiene conexión, en términos de tamaño o perspectiva, con el rascacielos que se eleva al fondo. En él, no hay objetos concretos que le den fundamento en el mundo "real" y normal. No se dispone de nada qué tocar, de nada que confirme la cordura. Todo se ve insustancial y extraño, como en una pesadilla.

A pesar del horror que causa, *Suicidio de Dorothy Hale* también contiene cierto elemento extrañamente dulce y lírico. La belleza delicada y fresca de la mujer muerta sigue intacta, aun después de la caída, al igual que los indicios de su encanto femenino: el vestido de "mujer fatal", de Madame X, el ramillete de rosas amarillas, símbolo de la admiración de un hombre. Aunque Dorothy Hale haya sido víctima de unos valores no compartidos por Frida Kahlo, la compasión provocada en esta última por la caída, literal y figurada, de su amiga, así como el hecho de que la pintora se haya identificado con la crisis que precedió a la muerte, confieren una intensidad particular al cuadro. Abandonada por Diego, le resultó muy fácil a Frida comprender por qué la mujer rechazada hubiera hecho una fiesta de despedida y luego saltado a su muerte, vestida con su prenda más bonita. Durante los meses que duró la separación de Diego, Frida con frecuencia llegó a pensar lo mismo que después del accidente, que sería preferible que se la llevara la pelona. No obstante, Frida sobrevivió: "No hay remedio, hay que aceptarlo". Le escribió a Nickolas Muray: "Déjame decirte, chico, que este periodo ha sido el peor de toda mi vida y me asombra que lo pueda aguantar". Por supuesto que pudo.

Capítulo 18

Segundas nupcias

El 24 de mayo de 1940, un grupo de estalinistas, incluyendo al pintor David Alfaro Siqueiros, asaltaron la recámara de Trotsky con ametralladoras. La tentativa de asesinato falló: Trotsky y Natalia se dejaron caer hacia atrás de la cama y así escaparon de las balas. "Se portaron como fabricantes de petardos", dijo Frida acerca de los asesinos. "Mataron a un gringo llamado Shelton Harte, lo enterraron en el Desierto de los Leones y huyeron. Por supuesto la policía los capturó. Metieron a Siqueiros a la cárcel, pero Cárdenas era su cuate". (Soltaron al pintor a menos de un año, con la condición de que saliera del país. Se fue a Chile a pintar murales.)

Debido a toda la publicidad que rodeó la ruptura entre Trotsky y Rivera, se sospechó de este último. Al poco tiempo de la tentativa de asesinato, Paulette Goddard se asomaba por la ventana de su hotel cuando se reunía un grupo de policías para acordonar el estudio del pintor, ubicado en San Ángel. La actriz le habló por teléfono para advertirlo. Irene Bohus, quien estaba con él en ese momento, metió a Diego sobre el piso de su auto, lo cubrió con varios lienzos y salió, frente al policía, coronel De la Rosa, y sus treinta agentes. Durante las semanas que pasó oculto, Paulette Goddard era la única persona (aparte de Irene) que conocía su paradero, según Rivera. "Frecuentemente me llevaba manjares y vinos. Su encantadora presencia por sí sola hubiera sido suficiente para hacer muy agradable mi retiro". Al igual que Siqueiros, Rivera contaba con amigos entre los funcionarios de gobierno. Dos de ellos descubrieron el escondite y fueron a decirle que se encontraba en peligro, según lo platicó él mismo. Le dieron un pasaporte con todo lo necesario para entrar a Estados Unidos. "Salí de México sin causar alboroto alguno y me dirigí hacia San Francisco". En realidad, la partida no fue tan furtiva. Rivera abandonó México desde el aeropuerto de la capital, con un pasaporte normal y la propuesta de pintar un mural en la biblioteca del

San Francisco Junior College (Colegio Junior de San Francisco), de ejecutarlo en público, por cierto, en la Treasure Island (Isla del Tesoro), como parte de la muestra "Arte en acción" de la Exposición Internacional del Golden Gate.

Al poco tiempo se instaló con Irene Bohus en un departamento-estudio ubicado en el número 49 de la calle Calhoun, en el Cerro del Telégrafo. (Pensaba incluir a Bohus en el mural, como símbolo de la mujer artista, pero ella abandonó su empleo y el estudio antes de que pudiera terminar el retrato. Dicen que fue impulsada a hacerlo porque su madre se oponía a que conviviera con el artista sin haber visitado antes a un juez o sacerdote. Rivera la sustituyó por Emmy Lou Packard, otra asistente que no compartía el estudio con él.)

El mural de la Isla del Tesoro puso de manifiesto la actitud contemporánea de Rivera en cuanto a la política. El motivo es la Unidad Panamericana. A pesar de que el pintor rompió con Trotsky, siguió siendo un opositor fervoroso de Stalin (por unos años). Después de concretarse el pacto entre éste y Hitler en 1939, Rivera se convirtió en un abogado apasionado de la solidaridad panamericana en oposición al totalitarismo. En una carta fechada el 30 de enero de 1941, le explicó a Sigmund Firestone que su verdadera meta política era el establecimiento de "una ciudadanía común" para todos los habitantes de América y la destrucción de los principales totalitarios de la época: Hitler, Mussolini y Stalin. Quería crear una sola cultura intercontinental y democrática, basada en las tradiciones antiguas del sur y la actividad industrial del norte.

En el mural representó su versión personal de la idea panamericana: Rivera y Paulette Goddard se estrechan las manos y al mismo tiempo abrazan al árbol del amor y la vida. Los ojos azules de ella y los color café de él se miran amorosamente, y el virginal vestido blanco que lleva la primera está levantado para descubrir unas piernas encantadoras. Ella representa a la "juventud norteamericana, explicó Rivera en su autobiografía, ...en contacto amistoso con un hombre mexicano". Rivera le da la espalda a Frida, quien está parada sola con un pincel y paleta en la mano, la mirada perdida y tan abstracta como la de la Estatua de la Libertad. Ella es "Frida Kahlo, artista mexicana con sofisticados antecedentes europeos que se ha vuelto hacia la tradición plástica nativa como fuente de inspiración; personifica la unión cultural de las Américas".

Frida se enfermó de gravedad después de la tentativa de asesinar a Trotsky y la partida subsiguiente de Rivera a Estados Unidos. Tres meses más tarde, Ramón Mercader, quien, finalmente, logró ganarse la confianza y amistad de Frida, asesinó a Trotsky hundiendo un piolet en su cabeza. Frida quedó muy perturbada. Le habló a Diego por teléfono a San Francisco para comunicarle la noticia. "Mataron al viejo Trotsky en la mañana", exclamó. "¡Estúpido! Lo mataron por tu culpa. ¿Por qué lo trajiste?"

Debido a que Frida conocía al asesino desde París y lo invitaba a la casa de Coyoacán a cenar, se sospechó de ella. La policía la arrestó e interrogó durante doce horas. "Saquearon la casa de Diego", recordó ella. "Robaron un magnífico reloj que le regalé, dibujos, acuarelas, cuadros, pinturas, trajes: se llevaron todo. Aquí vineron 37 policías a revisar la casa. Ya sabía que iban a venir. Arreglé todos los papeles y tiré todos los de contenido político al sótano de la casa grande, ubicado debajo de la cocina. Luego trajeron a la policía y nosotras, mi hermana y yo, pasamos dos días llorando en la cárcel. Mientras tanto, la casa se quedó vacía y los dos niños de mi hermana, solos. Le suplicamos a un policía: «Tenga la bondad nada más de ir a darles algo de comer a los niños». Nos soltaron al cabo de dos días, porque no éramos culpables ni del asesinato ni de los balazos [la tentativa de asesinato en la que participó Siqueiros]".

Después de la guerra, Rivera trató de conseguir la readmisión al Partido Comunista y declaró con orgullo que obtuvo el asilo para Trotsky con la intención de mandarlo asesinar. Algunas personas han afirmado que existe la posibilidad de que Diego y Frida hayan participado en una conspiración para matar al ruso. Esta idea parece inverosímil: quizá los Rivera no aprobaban la moral convencional, pero no eran amorales, y amaban demasiado la vida como para ser capaces de un asesinato, sin importar cuáles fueran los mandatos del Comintern. La presunción de Rivera fue típica de su oportunismo político, propio de un payaso, al cual se debían declaraciones tales como que había luchado al lado de Zapata y Lenin y como afirmó ante el poeta chileno Pablo Neruda, quien visitó México en 1940, que era judío, en parte, y el verdadero padre del general nazi Rommel (a otras personas les dijo que Pancho Villa era el padre de Rommel), indicándole que debía guardar ese "hecho" en secreto, porque su descubrimiento podría tener desastrosas consecuencias internacionales. En lo político, Diego parecía veleta. Cuando se enteró del asesinato de Berin, jefe de la GPU soviética, en los cincuenta, se acercó a una amiga, la crítica de arte Raquel Tibol, y le dijo: "Raquelito, hay que abrir una botella de vodka para celebrar el regreso al poder de los trotskistas en la Unión Soviética". Cuando ocurrió el asesinato de Trotsky, no compartió con nadie sus pensamientos acerca de las implicaciones políticas a largo plazo que éste tendría. No obstante, era evidente una conclusión personal a corto plazo: contrató a un guardia armado para protegerse mientras pintaba en la Isla del Tesoro, pues estaba convencido de que habría represalias contra él.

Aunque Diego no pasó mucho tiempo llorando la muerte de su antiguo camarada, lo afectó profundamente la noticia del arresto de Frida y el empeoramiento de su enfermedad. Consultó al doctor Eloesser con el fin de obtener un consejo médico respecto a la situación de ella. El doctor recomendó que Frida fuera a San Francisco, y él mismo le habló por teléfono para decirle que no aprobaba el tratamiento que estaba recibiendo en México. En su opinión, el problema era una "crisis nerviosa", que la cirugía recomendada por los médicos mexicanos no curaría.

"Diego te quiere mucho", escribió el doctor Eloesser, "y tú a él. También es cierto, y tú lo sabes mejor que yo, que tiene dos grandes amores aparte de ti: 1) la pintura y 2) las mujeres en general. Nunca ha sido monógamo ni lo será jamás, aunque esta virtud de cualquier forma es imbécil y va en contra de los impulsos biológicos.

"Reflexiona con base en esto, Frida. ¿Qué es lo que quieres hacer?

"Si crees que puedes aceptar los hechos como son, vivir con él en estas condiciones, someter tus celos naturales a la entrega de trabajo, la pintura, la enseñanza en una escuela, o lo que sea mientras te sirva para vivir más o menos pacífica-

mente... y te ocupe tanto que te acuestes agotada todas las noches (entonces cásate
con él).

"Lo uno o lo otro. Reflexiona, querida Frida, y decide".

Frida tomó su decisión. A principios de septiembre se subió a un avión con
destino a San Francisco, donde Diego y el doctor Eloesser la recibieron en el aeropuerto. Después de pasar unos días con Diego en su departamento, fue admitida
en el hospital Saint Luke. El doctor Eloesser negó las graves diagnosis de los médicos mexicanos y le mandó reposo y total abstinencia de alcohol. Asimismo, recomendó electroterapia y tratamientos de calcio. Pronto Frida recuperó tanto la
salud como los ánimos. "Estuve muy enferma en México", le escribió a Sigmund
Firestone en noviembre, desde Nueva York, ciudad en la que se encontraba para
hacer los arreglos necesarios respecto a una exposición, planeada para 1941 en la
galería de Julien Levy, y para servir de testigo en un proceso contra Bertram
Wolfe y su editor, a los que Lupe Marín demandó por difamarla, de varias maneras, en la biografía de Rivera. La carta sigue así:

> Pasé tres meses acostada dentro de un terrible aparato que me cubría hasta el
> mentón y me hacía sufrir infernalmente. Todos los médicos de México pensaban
> que era necesaria una operación de la espina dorsal. Estaban de acuerdo en cuanto
> a que tenía tuberculosis de los huesos a causa de la fractura que recibí hace años
> en un accidente automovilístico. Gasté todo el dinero que tenía en consultas con
> cada uno de los especialistas en huesos que hay allá, y todos me dijeron lo mismo.
> Me asusté tanto que estaba segura de que iba a morir. Además, me preocupaba
> mucho Diego. Antes de que él se fuera de México, no supe de su paradero durante
> diez días. Al poco tiempo de que, por fin, pudo salir (en realidad, un poco antes),
> se realizó la primera tentativa de asesinar a Trotsky y, más tarde, lo mataron. Me
> resulta imposible describirte mi condición física y moral de entonces. En tres meses
> perdí 6 kilos, y me sentía muy mal en general.
> Finalmente, decidí venir a Estados Unidos y no hacerles caso a los médicos
> mexicanos. Por eso fui a San Francisco, donde pasé más de un mes en el hospital.
> Me hicieron todos los exámenes habidos y por haber, y no encontraron *ningún*
> indicio de tuberculosis *ni* pensaron que habría necesidad de operarme. Te puedes
> imaginar lo feliz y lo aliviada que me sentí. También pude ver a Diego, y eso me
> ayudó más que cualquier otra cosa...
> Además de anemia, descubrieron una infección de los riñones que me causa esta
> tremenda irritación de los nervios, la cual me atraviesa toda la pierna derecha. Esta
> explicación no suena muy científica, pero es lo que entendí de lo que me dijeron los
> médicos. De todas maneras, me siento un poco mejor y estoy pintando algo. Voy
> a regresar a San Francisco para volverme a casar con Diego. (Él quiere que lo
> haga porque dice que me ama más que a cualquier otra mujer.) Estoy muy feliz...
> Estaremos juntos de nuevo, y tú nos tendrás reunidos en tu casa (se está refiriendo
> al par de autorretratos pintados para Firestone).

Frida comunicó la noticia de sus segundas nupcias de manera casual, pero
llegar a la decisión final no fue sencillo. Entre las dificultades figuraba la relación
con el joven Heinz Berggruen, quien actualmente es un respetado comerciante y
coleccionista de arte, pero que en ese entonces era un refugiado de la Alemania

nazi, de 25 años de edad. En su calidad de funcionario de relaciones públicas para la Exposición Internacional del Golden Gate, conoció a Rivera y los dos hombres simpatizaron. Un día Rivera mencionó que Frida estaba en San Francisco para que el doctor Eloesser le examinara la pierna. "Me llevó al hospital", recuerda Berggruen", y jamás olvidaré la manera en que me miró, justo antes de entrar a la habitación de Frida. Dijo, deliberadamente: «Frida te va a gustar mucho». Diego era muy perspicaz e intuitivo; sabía qué iba a pasar. Quizá aún más, quería que sucediera. Había algo diabólico en él. Me alentó. Me llevó de la mano".

Cuando el esbelto joven de grandes ojos seductores, una frágil belleza poética y una sensibilidad romántica, casi femenina, penetró en el cuarto de Frida, "de inmediato sentí algo", afirmó Berggruen. "Ella era despampanante, tan hermosa como en sus cuadros. Me quedé y Rivera se fue. Visité a Frida todos los días durante el mes que estuvo hospitalizada".

No había mucha privacía: un reglamento del hospital establecía que los pacientes no debían encerrarse con llave, y la habitación tenía una puerta oscilante. Sin embargo, "el riesgo de que nos descubrieran sólo incrementó la intensidad de nuestros encuentros", declara Berggruen. "Para la gente joven y extravagante, Frida era muy desenfrenada y apasionada, el peligro es un incentivo adicional".

Cuando Frida viajó a Nueva York, Heinz Berggruen la acompañó. Salió con discreción de San Francisco, un día antes que ella, y luego la esperó en una parada del camino. La pareja pasó casi dos meses junta en el Hotel Barbizon-Plaza. "Éramos muy felices. A través de Frida descubrí muchas cosas. Me llevó a fiestas, de las que había muchas en los círculos frecuentados por Julien Levy. Frida podía moverse con facilidad, a pesar de que le dolía la pierna".

Compartían su sentido del humor y la percepción que sólo puede tener un extranjero, acerca de las cosas extrañas que existen en Estados Unidos. Al leer los periódicos en las mañanas, por ejemplo, Frida se echaba a reír por las pequeñas fotografías de periodistas que acompañaban las columnas de texto escritas por ellos. "¡Mira estas cabezas locas!", solía exclamar. No comprendía por qué los periódicos se tomaban la molestia de imprimir tales retratos de rostros que con frecuencia eran poco atractivos. "No es posible. ¡Se han vuelto locos en este país!", comentaba. Otra cosa que le parecía divertidísima era el conducto automático para desayunos del que disponía el cuarto. Después de hacer un pedido, se apretaba un botón y, según explica Berggruen, "Zas. ¡Un termo de café y un plato de pan tostado caían en la trampa!"

"Dios mío, ¡estos gringos¡", profería Frida. "¡Todo, aun el desayuno, está mecanizado en este país!" No obstante, con el paso del tiempo, hubo violentas peleas. "Frida era una mujer tempestuosa y yo, impresionable e inmaduro". Las separaciones resultaban en reconciliaciones. Es posible que Frida no haya tomado la relación en serio, ya que no estaba tan enamorada como su compañero y, además, le llevaba ocho años. "No le daba la misma importancia que yo", dice Berggruen. "Sufrí bastante. Sin embargo, también pudo ser que me haya pedido más de lo que yo era capaz de dar. No era lo suficientemente adulto para guiarla. Yo quería avanzar en mi propia vida, e intuía que podía haber inmensas complicaciones y obstáculos con Frida. Estaba muy angustiada. Su relación con Diego era extremadamente difícil, pues las cosas ya no andaban bien. Era muy infeliz con él. Por otra parte, ella sentía que le hacía falta alguien fuerte en quien apoyarse. Él era pesado en lo físico; en cierta forma, representaba un gran animal, y ella mostraba mucha fragilidad, tanto en lo físico como en lo mental. Para ella, él constituía algo sólido, un sostén".

El idilio neoyorquino finalizó penosamente. Frida aceptó la propuesta de matrimonio de Rivera, y Berggruen regresó a San Francisco antes que ella. Jamás se volvieron a ver.

En realidad, Diego le pidió su mano varias veces. El doctor Eloessser fungió como mediador y le advirtió a Frida que Rivera no cambiaría de costumbres, mientras a éste le dijo que la separación había exacerbado la enfermedad de Frida, por lo cual un nuevo matrimonio le podría ayudar a conservar la salud. Diego sabía que se estaba agravando el estado físico de Frida. "Me voy a casar con ella", le dijo a Emmy Lou Packard, "porque de veras me necesita". No obstante, ella en realidad también le hacía falta a él. Según afirmó Rivera, la separación "había tenido consecuencias desagradables para ambos".

Frida escuchó, además, los consejos de otros amigos. Anita Brenner le escribió acerca de la "insensatez" de Diego. Hablando desde el punto de vista de una mujer que de veras sabía lo que era la independencia, aparte de tener mucha compenetración en cuanto a la naturaleza humana, le escribió:

> Diego es esencialmente triste. Busca el calor y cierto ambiente que siempre están exactamente en el centro del universo. Naturalmente te busca aunque no estoy segura de que sepa que tú eres la única, entre todas, que de veras lo ha amado. (Posiblemente Angelina [Beloff] también.) Es normal que quieras regresar con él, pero yo no lo haría. Lo que atrae a Diego es lo que él no tiene, y si no te tiene muy amarrada y completamente segura, te seguirá buscando y necesitando. Dan ganas, por supuesto, de andar cerca de él y de ayudarlo, cuidarlo y acompañarlo, pero eso es lo que no sabe tolerar. Se le hace siempre que a la vuelta de la esquina va la mera luna. Y la luna lo serías tú si anduvieras en esa posición elusiva, me imagino... me parece que sería mejor coquetear. No dejarte amarrar por completo; hacerte algo de vida tuya, pues es eso lo que acojina cuando vienen los golpes y las caídas. Sobre todo, dentro de uno mismo el golpe no es tan fuerte, si queda algo por lo cual uno puede decir: aquí estoy yo; aquí valgo. No estoy completamente identificada en sombra y que cuando no puedo estar de sombra no sea nada y sienta que me han abofeteado y humillado hasta no poder aguantar. Me hago fuerte y lo que digo es que hay que saber que, en el fondo, uno depende solamente de sí misma, y de allí tiene que salir todo lo que haga falta para el aguante, y para ir haciendo las cosas, y para el buen humor, y para todo.

A pesar de los consejos de Brenner, Frida envió un telegrama al doctor Eloesser desde Nueva York, el 23 de noviembre de 1940, en el que le comunicó que llegaría a San Francisco el día 28 del mismo mes y le pidió reservar una habitación en un hotel "no muy elegante". Las semanas pasadas en Manhattan le "levantaron el ánimo". Había visto a antiguos amigos y aun logrado terminar unos cuadros. Expresó el deseo de que nadie supiera de su llegada: "Quiero evitar ir a la inauguración del fresco. No quiero ver a Paulette ni a las otras viejas". El doctor contestó que mandara su equipaje directamente a la casa de él, la cual estaba a su disposición.

Según Rivera, Frida impuso ciertas condiciones antes de acceder a casarse
con él de nuevo (quizá los consejos de Anita Brenner sí tuvieron algún efecto):

> ...quería mantenerse económicamente con las ganancias de su trabajo, que yo
> pagara la mitad de los gastos del hogar, nada más, y que no tuviéramos relaciones
> sexuales. Al explicar esta última estipulación, afirmó que le era imposible hacer el
> amor conmigo mientras las imágenes de todas las otras mujeres le pasaban por la ca-
> beza, lo cual le causaba una barrera sicológica en cuanto me acercaba a ella.

Me sentí tan contento por tener otra vez a Frida conmigo que me presté a todo.

El 8 de diciembre de 1940, día en que Diego cumplió 54 años, se casó por
segunda vez con Frida. La ceremonia fue breve. Habían solicitado el permiso el
día 5 del mismo mes. El secretario del condado llevó los papeles necesarios a la
corte, que abrió en domingo, exclusivamente para celebrar ese casamiento. Presidió el juez municipal George Schoenfeld, y sólo estuvieron presentes dos amigos:
Arthur Niendorff, un asistente de Rivera, y su esposa, Alice. Frida llevaba un
traje español, de larga falda verde y blanca, y un chal color café. Se veía hermosa, aunque su rostro mostraba los estragos de los largos meses de sufrimiento. No
hubo recepción. Diego, siempre enamorado de la pintura, fue a trabajar a la Isla
del Tesoro el mismo día de la boda. Ahí ante un público integrado por atentos
asistentes y la gente que había ido a conocer la parte de la feria llamada "Arte
en acción", se quitó la camisa para mostrar su camiseta, cubierta de las huellas
dejadas por el lápiz labial color magenta de su esposa.

Después del casamiento, Frida y Diego pasaron casi dos semanas juntos, en
California, antes de que ella regresara a México, a tiempo para celebrar la Navi-
dad con su familia. "Emilucha linda", le escribió a Emmy Lou Packard desde
Coyoacán:

> Recibí tus dos cartitas; muchas gracias, compañera. Estoy deseosa de que ter-
> minen todo el trabajo, para que puedan venir a Mexicalpán de las Tunas. Cuánto
> daría por estar a la vuelta y poder ir a visitarlos hoy, pero no tiene caso, tendré
> que aguantar la espera, hermana.
> Extraño mucho a los dos... No me olvides. Te confío al gran niño (Diego)
> con toda mi alma, y no sabes cuánto te agradezco que estés tan preocupada por él
> y que lo cuides por mí. Dile que no haga tantos berrinches y que se porte bien.
> Sólo me la paso contando las horas y los días que faltan para tenerlos a los
> dos aquí... Asegúrate de que Diego vea a un oculista en Los Ángeles, y que no
> coma demasiado espagueti, para que no engorde demasiado.

En febrero Rivera terminó el mural de la Isla del Tesoro y unas cuantas comisiones más. El asesino de Trotsky fue arrestado sin que se acusara al pintor
de ser su cómplice. Empacó sus cosas y regresó a México para estar con Frida.
Se instaló en la casa azul de la calle de Londres y conservó la de San Ángel como
estudio.

Con mucho cariño Frida preparó una recámara en Coyoacán, que contenía
una ancha cama de madera, lo suficientemente grande para abarcar a alguien
del tamaño de Diego, y cojines bordados (quizá por ella misma con alegres diseños de flores y "ternezas". En la pared, instaló un perchero antiguo, con la espe-

ranza de que su esposo lo usara para colgar su overol, sombrero *Stetson* y demás
prendas, en lugar de tirarlas al suelo. Además, colocó estantes para los ídolos precolombinos, un armario para las inmensas camisas y una mesa para escribir. (Por
supuesto, Diego tenía otra recámara en San Ángel: en las ocasiones cuando acompañaba a gringas en excursiones turísticas por México y las cautivaba con su mirada brillante e hipertiroide y su sonrisa afable de Buda, necesitaba un lugar a
dónde llevarlas al regresar a la ciudad.)

La reconciliación de los Rivera pronto adquirió una rutina agradable y relativamente feliz. Diego ya no era el único que decidía lo que debía hacer sino que
lo resolvían por acuerdo o adaptación mutua. En adelante Frida vivió su vida más
o menos conforme a sus propios términos. Las exposiciones y la insistencia en la
autonomía financiera y sexual le hacían sentirse confiada e independiente, y sus
sentimientos por Diego se volvieron más maternales. Esta actitud es muy evidente
en la carta que le escribió al doctor Eloesser el 15 de marzo de 1941:

> Queridísimo doctorcito:
>
> Tienes razón al pensar que soy una mula porque ni siquiera te escribí cuando
> llegamos a Mexicalpán de las Tunas, pero debes imaginarte que no ha sido pura
> flojera de mi parte, sino cuando llegué tuve una bola de cosas que arreglar en la
> casa de Diego, que estaba puerquísima y desordenada, y en cuanto llegó Diego, ya
> puedes tener una idea de cómo hay que atenderlo y de cómo absorbe el tiempo,
> pues como siempre que llega a México, los primeros días está de los demonios hasta
> que se aclimata otra vez al ritmo de este país de "lucas". Esta vez el mal humor le
> duró más de dos semanas, hasta que le trajeron unos ídolos maravillosos de Nayarit
> y viéndolos le empezó a gustar México otra vez. Además, otro día, comió un mole
> de pato, rete suave, y eso también ayudó más a que de nuevo le agarrara gusto a
> la vida. Se dio una atascada de mole de pato que yo creía que se iba a indigestar,
> pero ya sabes que tiene una resistencia a toda prueba. Después de esos dos acon-
> tecimientos, los ídolos de Nayarit y el mole de pato, se decidió a salir a pintar
> acuarelas en Xochimilco y, poco a poco se ha ido poniendo de mejor humor".

A continuación, Frida le describió al doctor su manera de vivir y las dificultades que tenía con su huésped, Jean Wight, quien la acompañó a México. En
la opinión de Frida, los defectos de la señora Wight eran la indiscreción, la pe-
reza y el estalinismo:

> No es que yo presuma, pero si ella está enferma, yo estoy peor y, sin embargo,
> arrastrando la pata o como puedo, hago algo, o trato de cumplir en lo que puedo
> para atender a Diego, pintar mis monitos o tener la casa cuando menos en orden,
> sabiendo que eso significa para Diego aminorarle muchas dificultades y hacerle la
> vida menos pesada, ya que trabaja como burro para darle a uno de tragar...
> ...Y porque ya me hice el ánimo de que aunque coja es preferible no hacer
> mucho caso de las enfermedades, porque de todas maneras se la lleva a uno la chin-
> gada hasta de un tropezón con una cáscara de plátano. Cuéntame qué haces, procura
> no trabajar tantísimas horas, diviértete más, pues como se está poniendo el mundo
> muy pronto nos va a ir de la vil tostada, y no vale la pena irse de este mundo
> sin haberle dado tantito gusto a la vida...

Según Emmy Lou Packard, quien fue a México con Rivera para seguir como su asistente y quien vivió en la casa azul de San Ángel durante casi un año, un día normal en el hogar de los Rivera tenía inicio con un largo desayuno, en el curso del cual Frida o Emmy Lou leían el periódico matutino, lleno de noticias acerca de la guerra, en voz alta a Diego, quien tenía problemas con los ojos y no quería cansarlos. Al cabo del desayuno, Rivera se ponía a trabajar. Él y Emmy Lou iban al estudio de San Ángel a las diez u once. A la una y media o dos regresaban a comer a la casa de Coyoacán. Los días en los que Rivera pasaba la mañana dibujando en el mercado local, regresaba con comida indígena, como el huitlacoche (un hongo que se desarrolla sobre las mazorcas de maíz), para que lo preparara la cocinera. La comida normalmente consistía en un guisado sencillo de carne o pollo; siempre había guacamole para acompañar a las tortillas, y Frida tomaba varias copitas, que la ponían animada y alegre. Por la preocupación que sentía en ese entonces por su salud, Rivera se abstenía del alcohol. (Aparte de las dificultades con los ojos y la tiroides, tenía ataques de hipocondría que lo convencían de que se estaba muriendo.)

Cuando Frida pintaba en las mañanas, a veces llegaba a comer con ropa de trabajo, pantalones de mezclilla y una chamarra de obrero al estilo del oeste, en lugar de las acostumbradas faldas de mucho vuelo, e invitaba a Diego y a Emmy Lou a entrar al estudio antes de comer, a ver lo que había hecho. "Diego siempre parecía algo maravillado por el trabajo de ella. Nunca decía nada desfavorable. Constantemente se quedaba asombrado por la imaginación de Frida", recuerda Emmy Lou. "Solía decir que ella pintaba mucho mejor que él".

Cuando Frida no pintaba por las mañanas, a veces iba al mercado, con una amiga o una de sus hermanas, a comprar flores, utensilios para el hogar u otros objetos por los que se encaprichaba. Conocía a los artesanos y a los comerciantes; entre otros, le gustaba mucho ir con Carmen Caballero Sevilla, quien vendía extraordinarios Judas así como otras artesanías, como juguetes o piñatas, hechas por ella misma. Diego también iba a comprar cosas, pero la señora Caballero recuerda que "la niña Fridita me consentía más; pagaba un poco mejor que el maestro. No le gustaba verme sin dientes. En una ocasión un hombre me golpeó y perdí los dientes; bueno, más o menos en la misma época le hice algo muy bonito a ella y como regalo me dio estos dientes de oro que ahora traigo. Le agradezco mucho sus atenciones. Sólo le di el esqueleto y ella lo vistió, con todo y sombrero". Frida no ayudaba únicamente a la señora Caballero. Camino al mercado, así como de regreso del mismo, hacía caso a los pobres que iban a pedir unos centavos cuando el auto se detenía en el tráfico. Aunque hubiera seis o siete personas, le daba algo a cada una. "Los quería y les hablaba de tal modo que eso resultaba mejor regalo que el dinero", afirma Jacqueline Breton, quien viajó a México por segunda vez a mediados de los cuarenta.

Frida también disfrutaba de los quehaceres del hogar: darle atractivo a la casa para Diego no era una tarea penosa, sino agradable. Éste frecuentemente participaba en las decisiones relacionadas con la casa: cuando ella cambió la decoración de la cocina, por ejemplo, primero le preguntó a Rivera si le parecía bien cubrir las paredes con azulejos azules, blancos y amarillos, al estilo de las tradicionales cocinas de provincia. Por supuesto, él estuvo de acuerdo, pues el diseño era muy mexicanista, con grandes ollas de barro colocadas sobre el bracero de azulejos, y una gran cantidad de pequeños jarros del mismo material colgados de la pared, de modo que deletreaban "Frida y Diego".

El comedor también ponía de manifiesto la devoción que sentían los Rivera hacia la cultura del campesino mexicano. Las paredes estaban cubiertas con primitivas naturalezas muertas, máscaras y otras muestras del arte popular. El piso de madera de pino estaba pintado con polvo de congo, la pintura amarilla utilizada en las casas campesinas, y cubierto con petates de paja. Al igual que en las casas pobres, la habitación estaba iluminada por focos desnudos colgando de los cables, y Frida normalmente colocaba un sencillo mantel de hule, decorado con innumerables florecitas, sobre la madera áspera y sin pintar de la mesa. Los invitados pasaban horas ahí, bebiendo de jarros de barro rojo y comiendo de platos del mismo material. Rara vez se usaba ese invento "burgués" que es la sala.

Emmy Lou Packard recuerda que "Frida convertía la mesa en una naturaleza muerta para Diego todos los días". Acomodaba los platos, la fruta y seis o siete enormes ramos de flores que conseguía en las expediciones matutinas, y que simplemente metía en recipientes de barro, con frecuencia dejándoles las envolturas. Diego siempre se sentaba en un extremo de la mesa, para disponer de la mejor vista, y Frida y Emmy Lou se colocaban a los lados.

A Frida le gustaba avivar este cuadro con animales: una ardilla en una jaula, por ejemplo, o el pequeño loro llamado Bonito, que en ese entonces era su mascota preferida y solía arrellanarse debajo de las cobijas mientras ella descansaba en cama. Durante las comidas, Bonito platicaba, ladeaba la cabeza y echaba una mirada curiosa, con los ojos desorbitados, hacia la gente, antes de besarla. Su alimento preferido era la mantequilla. Los invitados no dejaban de reír cuando lo veían caminar con las patas torcidas hacia adentro, alrededor de las ollas y los platos de barro colocados como obstáculos por Frida y Diego, antes de echarse sobre el premio: su comida favorita. Mientras tanto, en el patio un gran loro macho, que tomaba grandes cantidades de cerveza y tequila, maldecía y graznaba: "¡No se me pasa la cruda!" Cuando estaba abierta su jaula, inclinaba la cabeza e iba derecho hacia el apetecible tobillo de algún confiado invitado.

Después de la comida, Frida a veces se acostaba bajo el sol que iluminaba el patio, extendiendo las faldas de tehuana sobre las losas calientes de barro y escuchaba el canto de los pájaros. En otras ocasiones, se paseaba por los senderos del jardín, acompañada por Emmy Lou, prestando cariñosa atención a cada florecita que surgía. Jugaba con sus perros aztecas pelones y extendía la mano como percha para las palomas domesticadas o su águila (un pigargo), llamada "Gertrudis Caca Blanca", porque dejaba excremento blanco en todos los escalones. Los animales más divertidos eran los dos guajolotes grises que vivían en el jardín. "El macho bailaba delante de la hembra, que no le hacía caso", platica Emmy Lou. "Cuando empezaba a tamborilear fuerte con las patas en el suelo, ella ya le prestaba más atención. Finalmente, la hembra se echaba sobre el piso y abría las alas. Él le saltaba al lomo, agitando las alas. Luego todo terminaba. Eran estas cosas ordinarias de la vida, los animales, los niños, las flores y el campo, las que más interés despertaban en Frida. Para ella, los animales eran como niños". (El 15 de diciembre de 1941, cuando Emmy Lou ya estaba de regreso en California, Frida le escribió: "Imagínate que el periquito «Bonito» se murió. Le hice su entierrito y todo; le lloré harto, pues acuérdate que era maravilloso. Diego también lo sintió rete hartísimo. A la changuito «El Caimito» le dio pulmonía y ya también andaba pelando gallo, pero la «sulfanilamida» la alivió. Tu periquito está muy bien; aquí lo tengo conmigo".)

En las tardes, Emmy Lou y Diego regresaban al estudio de San Ángel. Frida a veces descansaba, quizá luego iba a visitar a alguna amistad, o se ocupaba con sus asuntos o los de Diego, o pintaba. De cuando en cuando iba al cine o a una pelea de box. A Diego le gustaba oír la orquesta sinfónica, pero a Frida no. Solía vestir a Emmy Lou con su ropa y mandarla en su lugar. Ella prefería los conciertos de los mariachis en la Plaza Garibaldi, donde se podía deleitar comiendo tacos y pidiendo que le cantaran sus canciones preferidas, por unos cuantos pesos, a los grupos de músicos itinerantes que competían entre sí para ver cuál las cantaba con más sentimiento y cuál era más elegante, con sus pantalones ajustados, sarapes de vivos colores y enormes sombreros bordados.

En las noches, Diego llegaba tarde a casa a cenar chocolate caliente y pan dulce, bizcochos y pastelitos, servido sobre un gran plato y hecho en una gran variedad de formas, de las cuales algunas se referían humorística y, a veces, pornográficamente, a las distintas partes del cuerpo humano. Frida y Diego solían entretenerse dibujando *cadavres exquis* o cantando corridos. A pesar de que Diego siempre desafinaba, le encantaba cantar y le agradaba escuchar a Frida, pues ella entonaba las melodías con gran energía y sabía manejar muy bien los falsetes de canciones tales como "La Malagueña". Rivera también disfrutaba mucho la habilidad que tenía Frida para descartar de inmediato las pretensiones y llegar a la verdad, descubierta por medio de contestaciones siempre muy atinadas. En ocasiones se burlaba de ella de manera hiriente, sólo para provocar dichas respuestas. Por ejemplo, delante de algún invitado, se refería a la relación que tuvo con Cristina, diciendo: "Frida compuso una canción mexicana llamada «El Petate», de la que un verso dice: «No te quiero a ti, quiero a tu hermana»". Alguna que otra vez tales mofas dejaban impasible a Frida, pero con más frecuencia se desquitaba. Un día a la hora de la comida, le dio un tapabocas a Diego acerca de una de las modelos de éste, la cual, según Frida, tenía enormes y feos pechos. "No son tan grandes", argumentó Diego, y Frida replicó: "¡Eso lo dices porque siempre la ves acostada!"

La compatibilidad instintiva de los Rivera se vuelve evidente en otro de los relatos de Emmy Lou: en una ocasión, los tres quedaron de reunirse en un cine para ver una película acerca de la invasión alemana a Rusia. Diego y Emmy Lou no lograban encontrar a Frida en la multitud que hormigueaba afuera. Rivera silbó el primer compás de la *Internacional*. Desde algún sitio, se escuchó el segundo y, sin lugar a duda, fue Frida la que contestó. Los silbidos continuaron hasta que se encontraron, y los tres entraron a tomar asiento.

La impresión de calma y tranquilidad que da la carta de Frida al doctor Eloesser el 15 de marzo se había modificado hacia el 18 de julio, cuando le volvió a escribir. En el ínterin, murió su padre y empeoró el estado de salud de ella. No obstante, habló de la desgracia con tono animado e impetuoso. A pesar de que el doctor era un amigo muy íntimo, trató de ocultar el pesar y la pena tras una fachada de alegría.

Queridísimo doctorcito:

Qué dirás de mí, ¿que soy más como música de saxofón que un *jazz band?* Ni las gracias por tus cartas ni por el niño (el feto que el doctor Eloesser le regaló) que me dio tanta alegría; ni una sola palabra en meses y meses. Tienes razón sobrada si me recuerdas a la... familia. Pero sabes que no por no escribirte me acuerdo menos de ti. Ya sabes que tengo el enorme defecto de ser floja como yo sola para aquello del escribir, pero créeme que he pensado harto en ti, y siempre con el mismo cariño...

Yo sigo mejor de la pezuña, pata o pie. Pero el estado general bastante jo... ven. Creo que se debe a que no como suficiente, fumo mucho y ¡cosa rara!, ya no bebo nada de cocktelitos ni cocktelazos. Siento algo en la panza que me duele y continuas ganas de eructar. (Pardon me ¡burped!). La digestión de la vil tiznada. El humor pésimo, me voy volviendo cada día más corajuda (en el sentido de México) no valerosa (estilo español de la Academia de la lengua), es decir, muy cascarrabias. Si hay algún remedio en la medicina que baje los humos a la gente como yo, procede a aconsejármela para que inmediatamente me la trague, pa' ver qué efecto tiene.

El recasamiento funciona bien. Poca cantidad de pleitos, mayor entendimiento mutuo, y de mi parte menos investigaciones de tipo molón, respecto a las otras damas que de repente ocupan un lugar preponderante en su corazón. Así es que tú podrás comprender que por fin ya supe que *la vida es así* y lo demás es pan pintado (nada más que una ilusión). Si me sintiera yo mejor de salud, se podría decir que estoy feliz, pero eso de sentirme tan fregada desde la cabeza hasta las patas trastorna el cerebro y me hace pasar ratos amargos. Oye, ¿no vas a venir al Congreso Médico Internacional, que se celebrará en esta hermosa ciudad, dizque de los Palacios? Anímate y agarra un pájaro de acero y Zócalo, México. ¿Quihubo? ¿Si o sí? Tráeme hartos cigarros Lucky o Chesterfield, porque aquí son un lujo, compañero, y no puedo "affordear" una morlaca diaria en puro humo.

Cuéntame de tu vida. Algo que me demuestre que siempre piensas que en esta tierra de indios y de turistas gringos existe para ti una muchacha que es tu mera amiga de a deveritas.

Ricardo (probablemente Ricardo Arias Viñas, el refugiado español, amante de Frida) se enceló un poquito de ti porque dice que te habló de tú, pero ya le expliqué todo lo explicable. Lo quiero rete harto y ya le dije que tú lo sabes.

Ya me voy porque tengo que ir a México a comprar pinceles y pintura para mañana, y ya se me hizo rete tarde.

A ver cuándo me escribes una carta largotota. Salúdame a Stack y a Ginette (Ralp y Ginette Stackpole) y a las enfermeras del Saint Luke (el hospital). Sobre todo a la que fue tan buena conmigo, ya sabes cuál es, no me puedo acordar en este momento de su nombre. Empieza con M. Adiós doctorcito chulo. No me olvide.

Hartos saludos y besos de
FRIDA

La muerte de mi papá ha sido para mí algo horrible. Creo que a eso se deba que me desmejoré mucho y adelgacé otra vez bastante. ¿Te acuerdas qué lindo era y qué bueno?

Su salud y la muerte de su padre deprimieron a Frida, y la guerra en Europa sólo sirvió para intensificar su congoja. Compartía la angustia de Diego, por la amenaza o destrucción de la gente, los lugares y los valores políticos, sentimiento que se profundizó después de la invasión a Rusia en junio.

Diego siempre admiró a Rusia y a los rusos. Durante los años que pasó en París aprendió a hablar ruso con Angelina Beloff y un gran número de amigos rusos, y los ideales de la revolución le llenaron el corazón y la mente a través de todos los años subsiguientes, a pesar de que consideraba que Stalin los había traicionado. "Por lo menos las masas revolucionarias se encuentran en marcha en Rusia, le escribió Diego a Emmy Lou Packard después de que ésta regresó a Estados Unidos. Estoy desesperado por no poderlos acompañar".

Este sentimiento se multiplicó por el hecho de que aún no disponía de una organización como base para convertir sus ideas en acciones, ya que se había alejado del movimiento trotskista, y el Partido Comunista seguía atacándolo. El fervor que sentía por Rusia no fue acompañado desde el principio por una revalidación de Stalin. Pasó bastante tiempo antes de que "el verdugo" se transformara en "tío José". Sin embargo, durante el periodo descrito aquí empezó a examinar de nuevo su actitud ante el líder soviético así como el Partido Comunista. Aunque el pacto firmado con Hitler haya hecho un traidor de Stalin, la valerosa defensa de la patria rusa lo volvió héroe. La indignación moral provocada por los desafueros soviéticos fue remplazada por asombro cuando muchas personas dadas por muertas volvieron a aparecer, saliendo de los campamentos para prisioneros con el fin de luchar en el frente. Emmy Lou Packard recuerda que "Rivera solamente quería escuchar las noticias del frente ruso [cuando ella le leía el periódico], y que solía comentar: «¡Entonces, no es cierto que mataron a toda la gente que apareció en la lista de personas purgadas!»"

A pesar de que las convicciones políticas de Frida no tenían tanta importancia para ella, comprendía lo que estaba sintiendo Diego. "¡Pobrecito!", le dijo a Emmy Lou. "Se encuentra solo ahora, fuera del Partido Comunista y del centro del movimiento".

En vísperas del año nuevo de 1942, Frida le escribió al doctor Eloesser, desde la cama, en la cual debía permanecer por gripe, anginas y "todas las demás latas": "Creo que la guerra seguirá en su apogeo todo este año que apenas mañana *nace,* y no podemos esperar días muy felices... No tengo mucho qué contarte, porque llevo la vida más simple que te puedas imaginar. Diego trabaja en Palacio, y yo me quedo en la casa pintando moninches o rascándome la panza; de tarde en tarde me meto a un cine y párale de contar. Cada día me caen más «gordo» las gentes (bien) y los [parties] y las mierdas fiestas burguesas, así que huyo lo más que puedo de todo eso".

El carácter sombrío de Frida se reflejaba de manera más elocuente, desde luego, en sus cuadros. Uno de los primeros bustos que produjo después de regresar a México desde San Francisco es el *Autorretrato con trenza* (1941; ilustración

57). Es posible interpretarlo como comentario acerca del segundo matrimonio o como contraparte de *Autorretrato de pelona,* realizado durante el periodo que duró el divorcio. Evoca la imagen de que alguien recogió el cabello esparcido por todo el piso en el primer cuadro e hizo una trenza en forma de ocho que colocó sobre la cabeza de Frida. La devolución del pelo afirma la feminidad que negó antes, pero este acto no es feliz. Mechones de cabello difíciles de controlar parecen vivos y desconciertan tanto como lo hizo el pelo cortado el año anterior; integran las puntas nerviosas de una sique angustiada. Las enormes y carnívoras hojas selváticas, de bordes filosos y dentados, que cubren la desnudez de Frida son igualmente perturbadoras. Parecen moverse al compás de un agitado ritmo, controlado sólo por las calmadas facciones de ella. Gruesos tallos le rodean el pecho, haciendo recordar la vena representada en *Las dos Fridas,* y le impiden moverse con libertad. La pesada gargantilla de cuentas precolombinas intensifica lo opresivo del cuadro, y los colores sordos contribuyen al ambiente melancólico. A pesar de que el matrimonio "funcionaba bien", como ella misma afirmó, no le faltarían espinas.

En *Autorretrato con Bonito* (1941), Frida extrañamente lleva sólo una sencilla blusa oscura que hace pensar que está de luto: por su padre, las víctimas de la guerra y quizá también, por la muerte de Bonito, el cual se posa sobre su hombro. El follaje que le rodea la cara literalmente hormiguea de vida. Las orugas han perforado varias hojas, simbolizando lo efímero de la vida. Una se encuentra atrapada por una telaraña que se apoya, de un lado, en el cabello de Frida, y de una hoja, del otro, formando un vínculo tétrico entre la artista y el mundo. Cuando no estaba feliz, Frida siempre buscaba modos de confirmar su existencia. Una manera que se volvió más y más importante con el paso de los años y las crecientes limitaciones impuestas en su vida, fue la transformación de su ligadura con la naturaleza, el cariño que sentía por las mascotas, el cuidado de las plantas, el arreglo de platos de fruta, etcétera, de un hábito en cuestión de fe.

La conservación de dicha fe y la idea de construir algo permanente en un mundo asfixiado por la muerte y la destrucción, quizá incitó a los Rivera a edificar Anahuacalli en 1942: un extraño y tenebroso templo/museo colocado de un yacimiento de lava en el distrito llamado "Pedregal", ubicado cerca de Coyoacán. "Frida y yo fundamos una extraña especie de rancho", apuntó Rivera. "Pensábamos cultivar comida para nosotros, leche, miel y vegetales, mientras preparábamos el museo. Durante las primeras semanas, levantamos un establo para los animales... A través de toda la guerra, el edificio fue nuestra «casa». Más tarde, se convirtió exclusivamente en un albergue para mis ídolos". La construcción de un "hogar" ayudó a cimentar el matrimonio y les permitió "escapar" de la sociedad burguesa y del mundo desgarrado por la guerra, mediante el arraigo en la tierra mexicana.

Lo que finalmente resultó fue un museo antropológico (abierto al público desde 1964), monumento a la pasión de un hombre por su cultura nativa. Rivera construyó, en un estilo descrito por él mismo como compuesto por elementos aztecas, mayas y "tradicionales de Rivera" (en este último edificó la nueva ala de la casa de Coyoacán), un edificio tanto imponente como elegante, usando como material la piedra volcánica gris de los campos aledaños. A causa de la grandeza ceremoniosa que lo caracteriza, Anahuacalli ha sido calificado de "pirámide" y "mausoleo" de Rivera, quien invertía en este proyecto cada centavo que le sobraba. Frida hacía todo lo posible por ayudar. Le dio a su esposo las escrituras de un terreno que compró con su propio dinero, a fin de alojar ahí a un refugiado español con su familia, y vendió el apartamento de Insurgentes. El 14 de febrero de 1943, le escribió a su amigo, patrocinador y modelo para retrato, Marte R. Gómez, destacado ingeniero agrónomo que en ese entonces encabezaba la Secretaría de Agricultura:

> Hace tiempo que me preocupo por Diego. En primer lugar figura su salud y las dificultades económicas que empieza a tener, como consecuencia de la guerra, precisamente en el momento en el que me hubiera gustado que dispusiera de la calma y tranquilidad necesarias para pintar y hacer lo que él quisiera, después de una vida llena de incesante trabajo. No me inquieta el problema inmediato de ganar lo suficiente para vivir más o menos como estamos acostumbrados. La cuestión involucra algo tremendamente importante para Diego, y no sé cómo ayudarle. Como usted sabe, los ídolos representan lo único que verdaderamente le causa alegría y entusiasmo, aparte de la pintura. Desde hace más de quince años ha gastado la mayor parte de lo que gana, por medio de su incansable trabajo, en la formación de una magnífica colección de piezas arqueológicas. Dudo que haya una mejor en México, ya que incluso el museo nacional no cuenta con ciertas piezas de la misma importancia. Diego siempre ha alimentado la idea de construir una casa para las mismas, y el año pasado halló un sitio, que definitivamente merece que ahí se construya la "casa de los ídolos", en el Pedregal de Coyoacán. Compró un terreno en el pueblito llamado San Pablo Tepetlapa. Empezó a edificar la casa apenas hace ocho meses. No se imagina usted con cuánto cariño y entusiasmo se ha dedicado a los planos, trabajando en ellos toda la noche después de haber pasado todo el día pintando. Créame, jamás ha existido alguien que se dedicara a algo con la alegría y la entrega manifestadas por Diego Rivera al ocuparse con lo que le gusta y admira más. Aparte de todo eso, el terreno ha resultado estupendo para lo que quiere hacer, y el paisaje que se abarca con la vista desde ahí es de lo más impresionante, con el Ajusco (una montaña) al fondo. Me gustaría que usted mismo lo viera, pues no puedo describírselo.
>
> El hecho es que Diego no tiene suficiente dinero para terminar la construcción, de la que apenas se ha acabado la mitad del primer piso, debido a la guerra y todas las circunstancias que usted ya conoce. No encuentro palabras para comunicarle la tragedia que esto representa para Diego y el dolor que siento al ser incapaz de ayudarle en algo. Lo único que puedo hacer, y ya lo hice, fue vender una casita que tenía en Insurgentes, para disminuir los gastos, pero desde luego ésta sólo constituyó una solución parcial.

A continuación, Frida preguntó si el gobierno estaría dispuesto a apoyar el proyecto mediante el financiamiento de un museo arqueológico para la colección de Rivera. Propuso que el establecimiento fuera propiedad de México, con la condición de que Diego pudiera vivir y trabajar, hasta su muerte, cerca de los ídolos, en un estudio propio ubicado en la cima de la pirámide. Tal museo, señaló Frida, "constituirá el orgullo de la civilización actual... Usted sabe cuánto lo quiero y está en condiciones de entender cómo me duele que él sufra por no tener algo que tanto merece, pues lo que pide no es nada en comparación con lo que ha dado".

Seis años más tarde, cuando escribió el ensayo "Retrato de Diego", el entu-

siasmo de Frida aún no disminuía: "La estupenda obra que está construyendo...
crece dentro del paisaje increíblemente hermoso del Pedregal como un enorme
cacto que mira hacia el Ajusco, sobrio y elegante, fuerte y refinado, antiguo y pe-
renne; desde las entrañas de piedra volcánica profiere, con las voces de los siglos
y los días: ¡México vive! Al igual que Coatlicue, contiene la vida y la muerte;
como el magnífico terreno sobre el que está construido, abraza la tierra con la
firmeza de una planta viva y duradera".

Así también abraza Frida la tierra rocosa en *Raíces* (lámina XXVII), cuadro
que expresa el amor sentido por ella y por Diego hacia el inmenso mar de piedra
volcánica en el que edificaron Anahuacalli. Efectivamente intituló la obra *El Pedregal* cuando la mandó, en 1953, junto con otras cuatro pinturas, a una exposición de arte mexicano organizada por el Consejo Británico para las Artes en la
Galería Tate de Londres. A partir de 1943, el Pedregal y su áspera y agrietada
roca gris aparecen al fondo de muchos autorretratos de la artista. No se puede
afirmar con seguridad si los Rivera realizaron la idea de cultivar legumbres en
el terreno, pero en el cuadro Frida planta su propio cuerpo en ese lugar. Al arraigarse en la tierra amada por Diego, ella se ató más estrechamente a él. Resulta
evidente que esto la proporcionó un relativo contento. El pequeño lienzo es uno
de sus autorretratos menos atormentados.

Raíces pone de manifiesto de manera brillante, el creciente deseo de Frida
de hundirse en la naturaleza. En 1944, escribió en su diario sobre el "milagro vegetal del paisaje de mi cuerpo". El ansia de la fertilidad se transformó en una
creencia casi religiosa de que todo bajo el sol está íntimamente ligado y de que
ella era capaz de participar en el flujo del universo. *Raíces* es la inversión (o contraparte) de *Mi nana y yo*. En la obra de 1937, Frida se representó como la niña
que se alimenta del seno, parecido a una planta, de una madre terrenal. En *Raíces,* ella misma nutre la naturaleza dando existencia a un sarmiento.

Con el codo apoyado en una almohada, Frida sueña que su cuerpo se alarga
por una gran extensión de terreno desértico. Esa presencia solitaria resulta tan
misteriosa y de ensueño, además de natural, como en *La gitana dormida* de Rousseau, cuadro que Frida sin duda conocía y admiraba. Se abre una ventana dentro
de su torso, pero éste no revela huesos fracturados ni un útero estéril, sino el paisaje rocoso más ellá de ella. El sarmiento verde y flexible surge de esa mística
matriz y cubre con exuberante follaje el desierto. La sangre de Frida corre por
las arterias de la planta y termina en vesículas rojas que sobresalen, como raíces
móviles, de las orillas de las hojas. De este modo Frida se convierte en una fuente
de vida, arraigada en la tierra reseca de México. Es posible que el cuadro también haga alusión a la idea de que el cuerpo fertiliza los ciclos de la naturaleza
después de la muerte: delante de Frida, se agrieta la tierra en forma de un oscuro
barranco, y una cueva sepulcral se abre a sus pies. La permanencia de Frida, sus-
pendida arriba de esos precipicios, depende de la continuidad del sueño.

Mientras Frida se arraigaba en la tierra, el templo de Diego, con "las entrañas de piedra volcánica", creció "como un enorme cacto", abrazando la vida y la
muerte, así como el suelo mexicano, en forma de "una planta viva y duradera".
Con motivo de alcanzar la inmortalidad, Diego se dedicó a la construcción; Frida, en *Raíces,* ligó el propio cuerpo a la cadena de la vida.

Capítulo 19

Patrocinadores, política, reconocimiento público

La carrera de Frida adquirió impulso durante los cuarenta, quizá como resultado del interés despertado por medio de las exposiciones en el extranjero y la participación en la gran muestra del surrealismo en la ciudad de México. Este reconocimiento atrajo a mecenas y redundó en comisiones, un puesto como maestra, un premio, una beca, actividades en organizaciones culturales, conferencias, proyectos artísticos y aun alguna que otra invitación a colaborar en distintas publicaciones. Todos esos factores, sin duda, la alentaron a tomarse más en serio como artista. Además, estaba decidida a ganarse la vida y, por lo tanto, trabajaba con más diligencia.

La mayoría de los cuadros que produjo entonces tenían un tamaño mayor que el de los que pintó durante los treinta. Asimismo, parecen dirigirse a un público más amplio, perdiendo el carácter de talismanes privados e imágenes votivas hechas para fines propios o el placer personal de Diego. Al incrementar su destreza técnica, el realismo de las representaciones se volvió más meticuloso en cuanto a la textura y las formas, y el simbolismo, más refinado y menos llenos de encanto juvenil. Se empezó a dedicar más a los autorretratos de mucho detalle (y relativamente fáciles de vender) que a los cuadros narrativos, como *La columna rota* y *Árbol de la esperanza,* que la muestran en situaciones fantásticas siempre dolorosas y que se relacionan más con las obras parecidas a retablos que realizó a principios de los treinta. No obstante, la pintura en primer lugar persistió como medio de expresión personal. "Desde que el accidente me desvió del camino ya emprendido y me privó de muchas cosas", Frida le dijo a Antonio Rodríguez, "no me ha sido posible satisfacer los deseos considerados como normales por todo el mundo. Nada se me hizo más natural que pintarlos... mis cuadros constituyen... la expresión más franca de mí misma, sin tomar en cuenta ni los juicios ni los prejuicios de nadie. He pintado poco, sin sentir el más mínimo deseo de alcanzar la gloria y sin tener ambiciones, pero con la convicción de que, ante todo, quiero darme gusto a mí misma y ser capaz de ganarme la vida por medio de mi arte... muchas vidas no bastarían para pintar como yo quisiera y todo lo que me gustaría".

Siguió desaprobando lo que producía. "De la pintura, voy dándole", le escribió al doctor Eloesser el 18 de julio de 1941. "Pinto poco, pero siento que voy aprendiendo algo". Todavía le hacía falta la motivación de diversos estímulos. Rivera la ayudaba, frecuentemente por medio de halagos o, a veces, reteniendo el dinero. No obstante, los hábitos irregulares de trabajo y la incapacidad física de Frida le impedían producir muchos cuadros y, por consiguiente, juntar suficientes obras para una exposición exclusiva en alguna galería comercial. De cualquier forma, participó en varias muestras importantes de grupo. En 1940, formó parte de la exposición de surrealistas en la ciudad de México y de la Exposición Internacional del Golden Gate, de San Francisco, además de enviar *Las dos Fridas* a la presentación "Veinte Siglos de Arte Mexicano", organizada por el Museo de Arte Moderno de Nueva York. Este cuadro impulsó a Frida Crowninshield a comentar, en *Vogue,* que "la más reciente de las ex esposas de Rivera" era "una pintora aparentemente obsesionada por la idea de la sangre". En 1941, la exposición "Pintores del México Moderno", realizada por el Instituto para las Artes Contemporáneas de Boston, exhibió *Frida y Diego Rivera,* que luego viajó a otros cinco museos estadunidenses. En 1942, *Autorretrato con trenza* fue incluido en "Retratos del siglo xx", otro evento del Museo de Arte Moderno de Nueva York, planeado éste por Monroe Wheeler. El Museo de Arte de Filadelfia mostró, como parte de la exposición "El Arte Mexicano de Hoy", de 1943, *Las dos Fridas, Lo que me dio el agua* y el autorretrato, pintado en 1940, en el que lleva un collar de espinas y está acompañada por un mono y un gato. En el mismo año, otro retrato de 1940 apareció en "Mujeres Artistas", coordinado por la galería Art of This Century, de Peggy Guggenheim. (Algunos años más tarde, en *Confessions of an Art Addict,* ésta comentó que aborrecía los enormes frescos de Rivera, Orozco y Siqueiros, pero que le gustaba mucho la obra de Frida Kahlo: "La incluí en mis exposiciones de mujeres al darme cuenta del talento que manifestaba, en adhesión a la más pura tradición surrealista".)

Debido a que su pintura fue descubierta por el público mexicano más tarde que por el de Estados Unidos y no gozó del mismo prestigio como en este país, por lo menos durante la vida de la artista, Frida siempre admitió que era allá donde primero se reconoció su valor como artista. No obstante, estaba mejorando su reputación en México. En enero y febrero de 1943, participó en una exposición dedicada a cien años del arte del retrato en México, en la Biblioteca Benjamín Franklin, institución consagrada al idioma inglés y ubicada en el Paseo de la Reforma. Al año siguiente, el mismo establecimiento presentó otro panorama histórico, "El niño en la pintura mexicana", y Frida colaboró con un cuadro llamado *El sol y la luna,* que se ha perdido desde entonces. En 1944, obras de Frida y Diego participaron en la inauguración de un nuevo local de corta duración, la Galería de Arte Maupassant, en el número 128 del Paseo de la Reforma. El anuncio para una exposición, publicado sin fecha para la Galería Orozco-Rivera (con el mismo domicilio), afirmó que se exhibirían trabajos de Orozco, Rivera y Kahlo, así como esculturas de María Teresa Pinto.

Frida también recibió una invitación para contribuir al "Salón de la Flor", exposición de cuadros que formaba parte de la feria anual de las flores de la ciudad de México. La idea de pintar flores seguramente le gustó: el vínculo especial entre Frida y el mundo natural se hizo más intenso con el paso de los años y en la medida en que su incapacidad de tener hijos se convirtió en un hecho de la vida imposible de negar. Envió *Flor de la Vida* (ilustración 64) a dicho "Salón", y quizá ideó *Magnolias* (1945) y *El sol y la vida* (lámina XXXII) para la misma muestra. Resulta posible imaginarse el asombro experimentado por el público amante de las flores de la ciudad de México a causa del evidente simbolismo sexual propio de los cuadros pintados en 1944 y 1947: tanto en *Flor de la vida* como en *El sol y la vida*, Frida transformó las plantas, de apariencia tropical, en órganos genitales masculinos y femeninos.

Ambos lienzos establecen cierta relación entre las fuerzas cósmicas y las sexuales. El sol obviamente encarna la fertilidad. La explosión de esperma, creadores de vida, en la punta de un falo representado en *Flor de la vida* (título original: *La flor de la llama*) también puede interpretarse como el descenso de rayos de luz sagrada sobre un feto que surge desde adentro de un útero. Un relámpago intensifica el drama. En *El sol y la vida*, las lágrimas del astro y de un feto, encerrado por una matriz compuesta por hojas, se ven reflejadas en las gotas de líquido seminal que chorrean de varias plantas fálicas. El llanto indica el hecho de que para Frida la fecundidad de la naturaleza a veces integraba un recuerdo doloroso de la frustración del propio impulso procreativo. Efectivamente sufrió otro aborto durante más o menos el periodo en el que pintó *El sol y la vida*. En esa ocasión fue el hijo de un amante, y no de Rivera. En 1944, informó a un crítico que tres preocupaciones la incitaron a dedicarse al arte: el recuerdo vivo de cómo fluyó su propia sangre en el accidente; los pensamientos acerca del nacimiento, y la muerte y los "hilos conductores" de la vida, así como el deseo de ser madre.

Para la segunda mitad de la década, la obra de Frida había ganado suficiente respeto en su país de origen como para ser incluida en la mayor parte de las exposiciones de grupo. Asimismo, estaba cambiando la "escena artística" mexicana. A pesar de que los muralistas seguían ocupados con frescos sociales y realistas, ya no eclipsaban a los pintores modernistas o surrealistas de caballete. Rufino Tamayo, cuyo trabajo anteriormente era menospreciado por ser demasiado "europeo", empezó a encabezar un movimiento de vanguardia. Se sospechaba menos de las influencias extranjeras, y existía más información acerca del desarrollo artístico en otros países. En aquel entonces la Galería de Arte Mexicano de Inés Amor había sido la única de importancia, pero se inauguraron muchas nuevas durante este periodo, las cuales necesitaban de cuadros portátiles para la muestra y venta. Por eso la pintura de caballete, antes considerada como el emblema de la decadencia burguesa, se convirtió en el modo de expresión más frecuente y popular de los pintores. Frida, desde luego, había producido pequeños lienzos durante todo ese tiempo.

Un indicio de la nueva reputación de Frida radicó en el hecho de que fuera seleccionada como miembro fundador del Seminario de Cultura Mexicana, en

1942. Esta organización (cerada bajo los auspicios de la Secretaría de Educación) al principio incluyó a aproximadamente 25 artistas e intelectuales y se formó con motivo de promover la difusión de la cultura mexicana, por medio de conferencias, exposiciones y publicaciones. (Alejandro Gómez Arias postuló a Frida para miembro fundador del más prestigioso Colegio Nacional, institución comparable con la Académie Française, pero no se aceptó la propuesta. Según recuerda Gómez Arias: "El secretario de Educación pidió mi ayuda para la fundación del Colegio Nacional, en 1942, y llamé a dos mujeres, una bióloga famosa que había escrito un tomo clásico sobre el cacto, y Frida. Rechazaron a ambas: a Frida, porque ya había dos pintores en el Colegio Nacional, Orozco y Rivera, y a la bióloga, porque su profesor ya era miembro". Estas razones fueron las dadas por los demás integrantes del comité, aunque Gómez Arias insinúa que las rechazaron por ser mujeres.)

El Seminario de Cultura Mexicana publicaba una revista erudita. El segundo número de la misma incluyó el texto "Frida Kahlo y el arte mexicano", de Rivera. El antiguo "cachucha" amigo de Frida, Miguel N. Lira, director del Seminario, le pidió que contribuyera con uno o dos artículos mensuales, para la radio o el departamento de prensa de la organización. En 1943, ella participó en la coordinación de la primera de las exposiciones sin jurado, llamadas "Salón Libre 20 de Noviembre", con referencia al día en el que tuvo principio la Revolución Mexicana, y celebradas en el Palacio de Bellas Artes. Asimismo, ayudó a organizar una Feria Nacional de Pintura en el parque de la Alameda. En 1944, fue invitada a tomar parte en una conferencia, financiada por la Secretaría de Educación, acerca de la moderna pintura mural.

En 1946, Frida figuró entre los seis artistas que recibieron becas gubernamentales. No obstante, se le concedió un honor más grande durante septiembre del mismo año, en la Exposición Nacional que se lleva a cabo anualmente en el Palacio de Bellas Artes. A Orozco se le otorgó el Premio Nacional de Arte y Ciencia por los murales que realizó en el Hospital de Jesús de la ciudad de México. Un arreglo especial entre el presidente de la República y el secretario de Educación hizo posibles otros cuatro premios de pintura de cinco mil pesos cada uno, los cuales fueron otorgados a Frida (por *Moisés*), al Doctor Atl, a Julio Castellanos y a Francisco Goitia. A pesar de que la artista estaba encerrada en una escayola de yeso, por haber sufrido una operación de la espina, llegó a la recepción inaugural vestida como princesa, para aceptar el premio.

Asimismo, hubo comisiones gubernamentales. En 1941, se le mandó pintar una serie de retratos para el comedor del Palacio Nacional, con el tema de "las cinco mujeres mexicanas que más han destacado en la historia del «pueblo»", según ella misma lo describió. "Ahora me tienes buscando qué clase de cucarachas fueron las dichas heroínas", escribió al doctor Eloesser,

y qué geta se cargaban y qué clase de sicología les abrumaba, para que a la hora de pintarrajearlas sepan distinguirlas de las vulgares y comunes hembras de México, que yo te diré que pa' mis adentros hay entre ellas más interesantes y más dientonas que las damas en cuestión. Si entre tus curiosidades te encuentras algún libraco que hable de doña Josefa Ortiz de Domínguez, de doña Leona Vicario (ambas relacionadas con el movimiento de Independencia), de la reina Xóchitl (durante el reino tolteca, Xóchitl hizo popular el "pulque", la bebida embriagante hecha del jugo fermentado del maguey) o de Sor Juana Inés de la Cruz (la gran poetisa y monja mexicana [1651-1695], hazme el favorcísimo de enviar algunos datos o fotografías, grabados, etcétera, de la época y de sus muy ponderadas efigies. Con ese trabajo me voy a ganar algunos "fierros", que dedicaré a mercar algunas "chivas" que me agraden la vista, olfato o tacto, y a comprar unas macetas rete suavelangas que vide el otro día en el mercado.

Desgraciadamente no terminó los retratos de esas destacadas mujeres. Sí logró acabar otra comisión gubernamental menos importante: una naturaleza muerta en forma circular, obra extraordinaria que Frida produjo en 1942 para el comedor del presidente Manuel Ávila Camacho. No obstante, el cuadro fue devuelto. Quizá la señora de Ávila Camacho pensó que representaba fruta, verdura y flores demasiado inquietantes por su parecido a ciertas partes de la anatomía humana.

Estas circunstancias ponen de manifiesto que Frida seguía teniendo dificultades para encontrar y satisfacer a posibles clientes. Diego con frecuencia mandaba a Coyoacán a los norteamericanos, que llegaban en tropel a su estudio, para que conocieran la obra de ella, pero la mayoría de las veces se limitaban a demostrar cierto interés, sin comprar nada. Dos años después de que Frida informó a Nickolas Muray que Walter Arensberg compraría un cuadro, por ejemplo, éste todavía titubeaba. El 15 de diciembre de 1941, la pintora le escribió a Emmy Lou Packard:

De lo que me dices de los Arensberg, quiero que les digas que el cuadro del nacimiento lo tiene Kaufman. Yo quisiera que compraran el de "yo mamando" *(Mi nana y yo),* pues me darían una armada padre. Sobre todo ahora que ando de un "bruja" subido. Si tienes la oportunidad, hazles la lucha, pero como si saliera de ti. Diles que es un cuadro que pinté al mismo tiempo que "el nacimiento" y que les gusta mucho a ti y a Diego. Ya sabes cuál es, ¿verdad? Donde yo estoy con mi nana mamando puritita leche. ¿Te acuerdas? Ojalá y los animes para que me lo merquen, pues no te imaginas en qué forma necesito fierros ahora. (Diles que vale 250 dólares.) Te mando la fotografía, para que tú les cuentes hartos primores y me hagas la valona de que los intereses en esa "obra de arte". ¡Eh joven! También cuéntales del de la cama *(El sueño),* que está en Nueva York, porque sí se interesan por ése, es aquel de la calavera arriba, ¿te acuerdas? Ese vale 300 del águila. A ver si me das un empujoncito, chula, pues te digo que de veras me urgen los fierros.

La contestación de Emmy Lou prevé el resultado final: "Lucharé por ti, pero quién sabe qué pase. Me parece que Arensberg sólo quiere el cuadro del nacimiento como documento. Está gastando todo su dinero tratando de comprobar que Bacon escribió la obra de Shakespeare. Stendahl (comerciante de arte de Los Angeles) dice que ya no compra pinturas".

En lugar de congraciarse con los mecenas, Frida no modificaba en nada sus actitudes ni sus cuadros. "No sentí tanto la muerte de Albert Bender", le escribió al doctor Eloesser, "porque me caen muy gordo los *art collectors,* no sé por qué, pero ya el arte en general me da cada día menos de «alazo», y sobre todo esa gente que explota el hecho de ser «conocedores del arte» para presumir de «escogidos de

Dios», muchas veces me simpatizan más los carpinteros, zapateros, etcétera, que toda esa manada de estúpidos, dizque civilizados, habladores, llamados «gente culta»".

Aun cuando hubo más ventas, a mediados de los cuarenta, no le resultó fácil ganarse la vida. Una entrada en su libro de gastos demuestra, por ejemplo, que en 1947 vendió *Las dos Fridas* al Museo de Arte Moderno de la ciudad de México, por cuatro mil pesos. Según el director del mismo, Fernando Gamboa, la institución adquirió la obra porque Frida necesitaba dinero con gran urgencia y nadie quería comprarle el lienzo. No obstante, en ese entonces Frida ya contaba con varios mecenas entusiastas que esporádicamente se hacían de trabajos suyos. El más importante entre ellos era Eduardo Morillo Safa, ingeniero agrónomo y diplomático, que compró aproximadamente treinta cuadros a través de los años. En 1944 mandó pintar retratos de sus dos hijas, Mariana y Lupita, y de su madre, Doña Rosita Morillo, de su esposa e hijo, y de sí mismo.

Los retratos que Frida pintó de otras personas casi siempre manifestaban menos energía y originalidad que sus otros cuadros y autorretratos. Quizá tenía reparos en proyectar toda su complicada fantasía y sentimientos personales, su propia "realidad", en la imagen de un individuo en particular.

Existe, no obstante, una excepción muy significativa. El retrato más extraordinario de un amigo o amiga que haya producido Frida es el de Doña Rosita Morillo. En este caso no vaciló en convertir el cuadro en una expresión de emociones personales profundamente sentidas (ilustración 68). A pesar de que el estilo de Frida no se desarrollaba en forma lineal, en un mismo año llegaba a pintar retratos con un realismo meticuloso o simplificados de manera primitivista, *Doña Rosita Morillo* muestra un movimiento general hacia un realismo extremadamente refinado y detallado, muy distinto del manejo más impreciso de los retratos mexicanistas que realizó, al estilo de los murales, en 1929 y 1930 así como de los cuadros primitivos de 1931, basados en la tradicional pintura popular.

Doña Rosita encarna todas las cualidades de las abuelas. Se ve sabia aunque dispuesta a juzgar, fuerte y agotada al mismo tiempo. Parece concretar un fundamental anhelo humano de valores familiares tales como la comodidad, la comunión y la continuidad. Al igual que *La Berceuse* de Van Gogh, la cual sostiene una cuerda que sale del cuadro hacia una cuna invisible que ella mece, Doña Rosita deja que un estambre de su tejido guíe nuestra mirada hacia afuera del cuadro, terminando en el mismo espacio ocupado por nosotros. Sabiendo que Frida usaba cintas y otros medios de conexión para establecer vínculos emocionales, resulta justificado suponer que ese hilo de lana debía formar un lazo concreto entre el espectador y la modelo del retrato. La corpulencia consoladora de Doña Rosita llena el lienzo de un lado al otro; ubicada muy cerca de la superficie del cuadro, se ve tan sólida como un baluarte.

La maraña de vegetación que cubre el espacio justo atrás de la anciana sirve como reflejo de ella misma. La oscuridad que llena los huecos entre las hojas demuestra que es de noche, la cual para Frida equivalía al final de la vida. Otras señales de vejez y muerte son las plantas marchitas y cinco palos grises, secos y sin hojas. Sin embargo, como siempre Frida representa la muerte como parte del ciclo vital: los palos muertos sirven de apoyo a un enredo de plantas espinosas vivas, verdes y en florecimiento, las cuales serpentean por la superficie del cuadro. En cierto modo, Doña Rosita tiene la misma apariencia. A pesar de la sabiduría y compasión expresadas por sus ojos, la firmeza de su boca indica que posee el mal humor crítico propio de las ancianas, que ven cómo las generaciones consecutivas cometen todos los errores previsibles.

Frida prestó mucha atención a las distintas texturas que componen el cuadro. Formó la imagen con pesadas capas de pigmento y pintó cada detalle con un toque diferente. El aspecto lanudo del suéter y del chal de Doña Rosita, al igual que el vello de la planta florecida, consisten en un gran número de diminutas pinceladas cuidadosamente ejecutadas. Los suaves cabellos blancos de la anciana están representados uno por uno. En realidad, la abundancia de detalles superficiales resulta casi obsesiva: da la impresión de que Frida quería materializar a Doña Rosita misma. En cuanto a estilo, ella era la contraparte del artista que abrevia o sintetiza el mundo visual, creando cierta verosimilitud mediante anchos trazos del pincel. Frida, en cambio, pintó cada pizca de lo que veía, pedacito por pedacito, centímetro por centímetro, pincelada por pincelada. Su necesidad fundamental era la de recrear el mundo en el lienzo, como realidad sólida y palpable.

El retrato de Mariana Morillo Safa, nieta de Doña Rosita, expone la misma concentración en los detalles e igual intensidad característica, que refleja el cariño que Frida sentía por su modelo (ilustración 67). Con la mirada dulce y el enorme moño color rosa, esta niña cuenta con todas las cualidades que la pintura al óleo debe producir: se ve tan real que pensamos que es posible extender la mano y pellizcarle la mejilla o hacerle cosquillas en el mentón. Al igual que los duraznos cubiertos de rocío en las naturalezas muertas holandesas del siglo XVII, ella constituye un objeto que se desea.

Frida adoraba a los niños. Los trataba como a iguales, y les concedía una dignidad propia especial, tanto en el arte como en la vida. En 1928, cuando Rivera le encontró empleo dando clases de arte a niños, pues sabía que le hacía falta el dinero, ella se dirigía a sus alumnos como niña entre compañeros y, al mismo tiempo, como adulto que no quiere "echar a perder" la creatividad infantil. Al igual que Rivera, quien escribió un poema al arte producido por niños, Frida opinaba que antes de que "las escuelas o las mamás convirtieran [a los pequeños] en idiotas", éstos contaban con fuerzas creativas más puras que las de los adultos. "Diego me consiguió trabajo como maestra de dibujo", platicó Frida "y tanto los muchachos como yo nos tiramos de panza en el piso a dibujar; yo les decía: «Ya no copien; pinten sus casas, a sus mamás y hermanos, el camión, las cosas que suceden». Jugábamos a las canicas y con trompos, y éramos muy buenos amigos".

Es posible que más tarde Frida ya no haya sido capaz de jugar a las canicas en el piso, pero su actitud no cambió en nada. Su primo segundo, Roberto Behar, se acuerda de una ocasión en la que visitó a Frida en los cuarenta, época durante la cual él estaba en un internado católico. Un día ella se dio cuenta de que Roberto llevaba un escapulario, y exclamó: "¿Qué es eso?" Él explicó que si uno lo llevaba puesto y moría, pasaría directamente al cielo. "¿Quién te lo dio?", preguntó Frida. "Una monja", respondió Roberto. "¡Dile a la madrecita que vaya a chingar a su madre, pero no a ti!", gritó ella. En otra ocaisón, Roberto le enseñó a Frida un mapa que había calcado. "¡¿Qué?!", profirió Frida, de manera des-

aprobatoria. "Lo tienes que dibujar a pulso". Roberto lo hizo, aunque de mala
gana, pues temía dejar imprecisos los contornos de los países. Tuvo razón: la maestra le puso un cero. La próxima vez que visitó a Frida, le enseñó el resultado. Ella
añadió un "uno" delante del cero y proclamó: "¡Yo soy la maestra!"

Frida sentía necesidad de ser (y era) persona importante en la vida de todos
"sus" niños. Hace poco, Mariana Morillo Safa recordó el tiempo que pasó posando para Frida: "Yo la quería, y ella a mí. Me consentía todo el tiempo. Estoy
segura de que sentía más cariño por mi hermana y por mí porque no tenía hijos
propios. Mi padre nos decía: «Pórtense afectuosas con Frida. No tiene hijos y las
quiere muchísimo a ustedes»".

Los padres de Mariana solían dejarla en la casa de Frida los sábados por la
mañana, regresando por ella hasta avanzada la tarde. Como Frida no podía pintar más de una hora seguida, y necesitaba descansar durante varias horas después
de cada periodo ocupado con el trabajo, tardó dos o tres meses en terminar el
retrato.

Frida sentaba a la niña en una sillita que le compró especialmente y que le
regaló cuando acabó el retrato. "Me hacía permanecer muy quieta. Me cansaba,
pero ella platicaba conmigo todo el tiempo, contándome cuentos chistosos. Decía
que no me riera, lo cual resultaba imposible. Siempre era tan tierna".

A Frida le encantaba darle regalos a Mariana. Le mandó hacer un vestido de
tehuana y en otra ocasión, cuando Mariana ganó un juego, le dio un monedero
rojo en forma de bota. Al recoger a su hija más tarde, Eduardo Morillo Safa le
dijo que era una maleducada por haber aceptado el obsequio. Frida se enojó.
"¡Metiche!", gritó. "¡Este juego es de Mariana y mío!" La niña se quedó con
la bolsa.

El cariño que Frida sentía hacia Mariana no disminuyó a través de los años.
De 1946 a 1948, la familia Morillo Safa se fue a radicar a Caracas, ciudad donde
el ingeniero estuvo como embajador de México. Frida se recuperaba de una de
las muchas operaciones que sufrió en la espina cuando recibió una carta de Mariana. Le dio tanto gusto que le contestó a su "Cachita, changa, maranga" con
un mensaje y un largo poema, del cual citamos una parte a continuación:

Desde Coyoacán, muy triste,
ay, Cachita de mi vida,
te manda estos versos "gachos"
tu mera cuate, la Frida.

No pienses que me hago rosca",
y que no te escribo cantando,
pues no te escribo mi cariño
este corrido te mando.

Te fuiste para Caracas
en un poderoso avión
y yo desde aquí te extraño
con todo mi corazón.

No te olvides de tu México,
que es la raíz de tu vida,
y ten presente que "acantos"
te espera tu cuate Frida.

Aparte de Morillo Safa, otro mecenas preferido de Frida era el ingeniero José Domingo Lavín, quien mandó pintar un retrato circular de su esposa, en 1942, y *Moisés*, en 1945 (ilustración 69). Este cuadro constituyó el resultado de una conversación casual que se efectuó en una comida en la casa de los Lavín. El anfitrión le mostró a Frida un ejemplar recientemente adquirido de *Moses and Monotheism*, de Freud. Ella leyó unas páginas y le pidió prestado el libro. Quedó fascinada. Cuando lo terminó, Lavín sugirió que compusiera un cuadro con las ideas que le había dado el texto. Tres meses más tarde, había acabado *Moisés*. A los dos años, Frida lo discutió en una conferencia informal delante de un grupo de personas en la casa de Lavín.

Los primeros párrafos de la explicación de Frida son interesantes por lo que revelan en cuanto a la actitud franca y desprovista de toda pretensión con la que la pintora se dedicaba al arte:

Como ésta es la primera vez en la vida que trato de "explicar" uno de mis cuadros a un grupo de más de tres personas, me perdonarán si parezco un poco confundida y empolvada...

Lo leí [*Moses*, de Freud] sólo una vez, y empecé a pintar el cuadro mientras estaba bajo la primera impresión que me dio. Ayer, al escribir estas palabras para ustedes, lo volví a leer, y tengo que confesar que el cuadro me parece muy incompleto y bastante diferente de lo que debería ser una interpretación de lo que Freud analiza tan maravillosamente en el libro. Sin embargo, ahora ya no se puede hacer nada, ni quitarle ni agregarle, así que hablaré de lo que pinté y de lo que ven aquí en el cuadro. Por supuesto, el motivo principal es "MOISÉS", o el nacimiento del HÉROE, aunque generalicé, a mi manera (muy confusa) los logros o las imágenes que más me impresionaron al leer el libro. En cuanto a lo que "va por mi cuenta", ustedes me podrán decir si metí la pata o no.

A causa de la extensión del tema y la multitud de pequeñas figuras, muchos espectadores han llegado a comparar *Moisés* con un mural. No obstante, le falta mucho para ser una muesrta de arte "público". Al tratar el tema histórico de manera tan libre e individual, Frida logró convertirlo en una imagen de su preocupación personal por la procreación como parte del ciclo vital. El mismo modo de juntar los elementos evoca la reproducción: Frida combinó el método aditivo primitivo de ordenar las formas, que aparecen en distintas secciones del cuadro, con una coherencia general basada en cierta simetría bilateral que hace pensar en la anatomía de la pelvis femenina. El nacimiento de Moisés está colocado, apropiadamente, en el centro.

El niño nace debajo de un enorme sol rojo cuyos rayos terminan en manos. Esta idea por supuesto procedió de los relieves egipcios del periodo de Amarna, pero una fuente más inmediata del concepto radica en las manos pintadas por Rivera en el mural de la Escuela Preparatoria, donde también forman un extremo de rayos de luz y simbolizan, según Diego, "la energía solar, origen de toda vida". En un plan semejante, Frida explicó, en el ensayo sobre *Moisés,* que concibió el sol como "el centro de todas las religiones, el primer DIOS y el creador y reproductor de la VIDA".

El nacimiento de Moisés representa el de todos los héroes. De ambos lados del acontecimiento central se encuentra un grupo de personajes históricos que incluyen a Cristo y a Lenin, a Buda y a Hitler, los "hombres de fuste", como les llamó Frida. Arriba de ellos se hallan los dioses y debajo, las masas, hirviendo en las guerras que hacen la historia. En la esquina inferior izquierda, se ve "al primer hombre, el constructor, de cuatro colores (cuatro razas), acompañado por su cercano antepasado, el mono". La esquina inferior de la derecha contiene a "la madre, la creadora con el hijo en brazos", junto con un chango hembra, que también abraza a su progenie. Entre el cielo atiborrado de dioses y el otro, donde se forman los héroes, aparecen dos esqueletos, uno humano y otro animal y, para completar, un diablo. Grandes dedos representan a la tierra, que abre las manos para proteger y recibir, "generosamente y sin hacer distinciones" a los muertos. Rivera a veces pintaba semejantes manos monumentales en sus murales.

"De ambos lados del niño, explicó Frida, coloqué los elementos que condujeron a su creación: el óvulo fecundado y la división celular". Unas gotas de lluvia acompañan el rompimiento del agua al nacer, y (al igual que en *Flor de la vida*) trompas de Falopio, parecidas tanto a flores como a manos humanas, surgen de la matriz.

El símbolo del ciclo de la vida y de la muerte preferido por Frida, dos antiguos troncos de árbol, divide la escena del nacimiento de las secciones históricas laterales. La madera en descomposición produce nuevos brotes de hojas verdes, y las viejas y rotas ramas se asemejan a las trompas de Falopio. La vida siempre nace del "tronco de la eternidad", según afirmó Frida. En el centro del primer plano, enredado en una tracería de raíces parecidas a venas, un caracol arroja líquido en una concha, representando "el amor".

Moisés revela el deseo de Frida por abarcar todos los tiempos y espacios en una imagen. Así como *Raíces,* el cuadro expresa su religión, panteísmo vitalista que compartía, en gran medida, con Diego. La fe de Frida constituía una visión completa del universo como maraña complicada de "hilos conductores", "armonía de forma y *color*" en la que "todo se mueve según una sola ley: la de la vida. Nadie lucha por sí mismo. Todo es todo y uno. La angustia y el dolor, el placer y la muerte no son más que un *proceso* con el fin de *existir*". El diario (en un pasaje escrito en 1950), sigue así:

> Nadie es más que una función o una parte de la función total... nos dirigimos a *nosotros mismos* a través de millones de seres piedras, de seres aves, seres astros, de seres microbios, de seres fuentes, a nosotros mismos. Variedad del uno, incapacidad de escapar al *dos,* al tres, al etcétera, de siempre... para regresar al *uno.* Pero no a la *suma* (llamada a veces *dios,* a veces *libertad,* a veces *amor)...* No... somos odio-amor-madre-hijo-planta-tierra-luz-rayo-etcétera-mundo dador de mundos-universos y células universales.

El nombre "La Esmeralda" no se refiere a una joya ni joyería de la ciudad de México, sino a la Escuela de Pintura y Escultura de la Secretaría de Educación Pública, llamada así por los estudiantes, en honor a la calle en que estuvo su primer domicilio. Cuando se inauguró la escuela, en 1942, hubo más maestros que alumnos, pues el director, Antonio Ruiz, pintor de pequeños cuadros llenos de humor y fantasía, empezó contratando a un equipo impresionante de 22. Para 1943, éste incluía a artistas tan destacados como Jesús Guerrero Galván, Carlos Orozco Romero, Agustín Lazo, Manuel Rodríguez Lozano, Francisco Zúñiga, María Izquierdo, Diego Rivera (quien daba clases de composición) y Frida Kahlo. Al principio, el salario de Frida fue de 252 pesos por doce horas, trabajando tres días por semana. Aunque su empleo después de tres años era informal, por decir algo, estuvo registrada como maestra durante una década.

Aunque no todos los profesores eran mexicanos, el poeta surrealista de origen francés Benjamin Péret, por ejemplo, enseñaba su idioma natal, el espíritu del grupo era categóricamente mexicanista. A pesar de que el edificio escolar era pobre y primitivo, consistiendo en un solo salón de clases y un patio en el que pintaban los alumnos (cuando llovía, se inundaba el patio y todos tenían que caminar sobre tablones), para los maestros de La Esmeralda todo México era su estudio. En lugar de pedirles a sus alumnos que copiaran modelos de yeso o imitaran el ejemplo europeo, los mandaban a las calles y los campos, para trabajar de manera más directa. No tenían como fin la producción de artistas, sino "preparar a individuos cuya personalidad creativa más tarde se exprese por medio de las artes". El programa de cinco años incluía clases de matemáticas, español, historia, historia del arte y francés. El propósito era estimular la iniciativa del estudiante por medio del contacto directo con el maestro. Como la mayoría de los alumnos eran pobres, no pagaban colegiatura y los materiales necesarios para la clase de arte eran gratuitos.

Uno de los primeros estudiantes, el pintor Guillermo Monroy, recuerda que "al principio sólo había como diez alumnos. Luego llegó una pandilla de mi barrio, de más o menos 22 muchachos. Cuando entré a la escuela, no sabía nada del arte, porque era obrero de una familia de carpinteros. Sólo tuve una educación de seis años; ni siquiera sabía que existían escuelas de arte. Barnizaba y tapizaba muebles. Más tarde quise aprender a tallar en madera, porque trabajaba en una tienda de muebles coloniales. Por eso, y por ser obrero, fui a La Esmeralda".

La llegada de Frida a La Esmeralda causó gran impresión. Algunos alumnos la admiraban mientras otros, como Fanny Rabel (en ese entonces, Fanny Rabinovich), manifestaron cierto escepticismo al principio:

"Un antiguo vicio de las mujeres es no tener confianza en nuestras semejantes. Por eso, no me gustó la idea de tener una maestra cuando al principio me lo informaron. Hasta entonces, sólo tuve profesores y compañeros hombres. El género masculino manejaba casi todo en México, y había muy pocas muchachas en la escuela. Mi maestro de paisajes, Feliciano Peña, me contó: «Pues vi a esta Frida Kahlo en la oficina. Me miró y preguntó: '¿Das clases aquí?' contesté 'Sí'. Entonces Frida dijo: '¿Qué es esto de la enseñanza? Yo no sé nada acerca de cómo enseñar'». Peña estaba muy enojado y comentó: «¿Cómo va a ser maestra si no sabe enseñar?'»

"Sin embargo, quedé fascinada cuando conocí a Frida, pues tenía el don de cautivar a la gente. Era única. Disponía de enormes reservas de alegría, humor y pasión por la vida. Había inventado un idioma propio, su manera individual de hablar el español, con mucha vitalidad y acompañado por gestos, mímica, risa, chistes y un gran sentido de lo irónico. Lo primero que hizo al conocerme fue decir: «Oh, ¡tú eres una de las muchachitas de aquí! ¡Vas a ser mi alumna! Oye, ¿cómo se hace esto de dar clases? Yo no sé. ¿De qué se trata? No tengo ni la más mínima idea de cómo enseñar. Pero creo que todo saldrá bien». Eso me desarmó. Era muy amigable, y su relación con los alumnos se inició con base en la igualdad, de tú a tú. Se convirtió en una hermana mayor, una madre que cuida a sus muchachitos".

Según la recuerda Guillermo Monroy, Frida era "fraternal, una maestra extraordinaria, una compañera. Parecía una flor andante. Nos decía que dibujáramos lo que teníamos en nuestras casas, jarras de barro, arte popular, muebles, juguetes, Judas, para no sentirnos como extraños en la escuela".

Si Frida era una "flor andante", su alumno Monroy retiene algo de lo que ella enseñaba: es un escritor de florida gracia. Entre los artículos apasionados que redactó acerca de su querida maestra, figura la siguiente descripción del primer día que ella pasó en La Esmeralda:

Recuerdo la primera vez que entró a la escuela de pintura y escultura "La Esmeralda". Apareció de repente, evocando un estupendo ramo de flores por su alegría, amabilidad y encanto. Sin duda esta impresión se debió al vestido de tehuana que llevaba y que siempre usaba con tanta gracia. Los jóvenes que íbamos a ser sus alumnos... la recibimos con verdadero entusiasmo y emoción. Platicó brevemente con nosotros, después de habernos saludado con mucho cariño, y pasó sin rodeos a anunciar, de manera muy animada: "Bueno, muchachos, pongámonos a trabajar. Voy a ser lo que se llama «maestra», pero no soy nada de eso; sólo quiero ser su amiga. Nunca he sido maestra de pintura ni creo serlo jamás, pues todo el tiempo estoy aprendiendo. Es cierto que la pintura es lo más estupendo que existe, pero resulta difícil ejecutarla bien. Hace falta practicar y aprender a fondo la técnica, tener una autodisciplina muy rígida y, sobre todo, sentir mucho amor por ella. De una vez por todas les voy a decir que me comuniquen si la poca experiencia que tengo como pintora les sirve de alguna forma. Conmigo pintarán todo lo que quieran y sientan. Trataré de comprenderlos lo mejor posible. De cuando en cuando me permitiré hacer unos cuantos comentarios acerca de su trabajo, pero les pido, al mismo tiempo, que hagan lo mismo cuando les enseñe el mío, ya que somos cuates. Nunca les quitaré el lápiz para corregir algo. Quiero que sepan, queridos niños, que no existe en todo el mundo un maestro capaz de enseñar el arte. Hacer eso de veras es imposible. Seguramente hablaremos mucho de una que otra cuestión teórica, de las distintas técnicas usadas en las artes plásticas, de la forma y el contenido artísticos, y de todas las demás cosas estrechamente relacionadas con nuestro trabajo. Espero no aburrirlos, y si lo hago, les ruego que no se queden callados, ¿de acuerdo?" Pronunció estas palabras sencillas y bastante claras sin amaneramiento ni afectación, con una falta completa de pedantería.

Después de un momento de silencio, la maestra Frida nos preguntó a todos qué queríamos pintar. Al escuchar esa pregunta muy directa, todo el grupo se desconcertó y, mirándonos los unos a los otros, no supimos qué contestar de inmediato. No obstante, cuando vi lo bonita que era, le pedí con gran franqueza que posara para nosotros. Visiblemente conmovida, una leve sonrisa floreció en sus labios; pidió una silla. En cuanto se sentó, fue rodeada por caballetes y alumnos.

Ahí estaba Frida Kahlo ante nosotros; seria, asombrosamente quieta, guardando un silencio tan profundo e impresionante que nadie, ni uno de nosotros, se atrevió a interrumpirlo. . .

Sus alumnos están de acuerdo en cuanto a que el método de enseñanza de Frida no seguía ninguna clase de programa. No imponía sus ideas. Prefería dejar que los talentos de los estudiantes se desarrollaran según el temperamento de los mismos, y les enseñó a criticarse a sí mismos. Los comentarios que hacía resultaban agudos, pero nunca severos. Atenuaba tanto las alabanzas como las críticas poniendo en evidencia que sólo expresaba una opinión personal y que podía estar equivocada. "Me parece que aquí debería de aumentar la intensidad del colorido", decía. "Esto debería tener cierto equilibrio con aquello. Esta parte no está bien hecha. Yo la pintaría de este modo, pero yo soy yo, y tú eres tú. Es una opinión y puedo estar equivocada. Si te sirve, adelante, y si no, déjalo".

"Su única ayuda era el estímulo, nada más", afirma otro alumno, Arturo García Bustos. "No decía ni media palabra acerca de cómo debíamos pintar ni hablaba del estilo, como lo hacía el maestro Diego. No pretendía explicar cuestiones teóricas. Sin embargo, despertábamos su entusiasmo. Solía comentar: «¡Qué bien pintaste esto» o «Esta parte salió muy fea». Fundamentalmente, lo que nos enseñaba era el amor por el pueblo y un gusto por el arte popular. Exclamaba, por ejemplo: «¡Miren ese Judas! ¡Qué maravilla! ¡Observen las proporciones! ¡Cómo le gustaría a Picasso lograr pintar algo con tanta expresividad, con tal fuerza!»".

Fanny Rabel cree que "la gran lección que nos dio Frida fue cómo mirar artísticamente; abrió nuestros ojos ante el mundo y México. No ejerció influencia en nosotros a través de su pintura, sino por medio de su manera de vivir, de considerar el mundo, a la gente y el arte. Nos hacía sentir y comprender una especie de belleza que existe en México y que no hubiéramos notado por cuenta propia. No nos comunicó esta sensibilidad con palabras. Éramos jóvenes, simples y manejables; uno tenía sólo catorce años, otro era campesino. No teníamos pretensiones intelectuales. Ella no nos imponía nada. Solía decir: «Pinten lo que quieran, lo que vean». Todos pintábamos de distintas formas; seguíamos nuestros propios caminos. No pintábamos como ella. Había mucha plática, chistes, convivencia. No nos daba clases. Diego, por otra parte, salía con teorías acerca de cualquier cosa en un momento. Ella, sin embargo, era instintiva y espontánea. Se ponía feliz delante de cualquier objeto hermoso".

"Muchachos", proclamaba, "no podemos hacer nada encerrados en esta escuela. Salgamos a la calle. Vayamos a pintar la vida callejera". Iban a los mercados, los barrios pobres, los conventos coloniales y las iglesias barrocas, los pueblos vecinos, como Puebla, y las pirámides de Teotihuacan. Una vez Frida los acompañó, apoyada en muletas, a visitar a Francisco Goitia, quien años atrás fuera comisionado por el gobierno para que representara los tipos y costumbres indígenas. Al abandonar la pintura, se quedó a vivir en una choza primitiva, donde daba clases a niños pueblerinos.

De ida y de vuelta de estos destinos, Frida les enseñaba corridos y canciones revolucionarias mexicanas, y ellos a ella, las melodías que aprendían en la Organización de la Juventud Comunista. Con frecuencia hacían paradas en las pulquerías, donde cantantes presentaban las baladas de la raza por unos cuantos pesos. El pintor Héctor Xavier, estudiante de La Esmeralda, que no formaba parte de la clase de Frida, estuvo presente en una de las excursiones a Teotihuacan. "Al iniciar el viaje de regreso", recordó, "el camión se paró frente a una pulquería. Frida iba hasta adelante, junto al camionero, en parte porque descubrió que éste tenía una cara muy interesante y, por otra, porque ahí estaba más cómoda que atrás. Me dijo que bajara del camión. «¡Todos los muchachos a la pulquería! En cuanto a mí, me quedaré con este caballero del volante». Bajamos y nos dio un monedero con dinero. Entramos a la pulquería. Fue la primera vez que vi las jícaras para la bebida. Además, me pareció que podíamos invitar a toda la gente a tomar, ya que Frida era la que pagaba. Finalmente, ella dijo: «Todos arriba», y nos volvimos a subir al camión. Ella siguió platicando con el conductor, quien le estaba contando muy buenas anécdotas. A dos cuadras de la escuela se paró el camión, y Frida dijo: «Los que sientan que tienen suficiente fuerza para continuar el viaje e ir a la escuela, acompáñenos; los demás, bájense». Un grupo más pequeño llegó a la escuela, pero todos estábamos muy contentos por la experiencia de Teotihuacan, el pulque de la pulquería y el espíritu de Frida".

Al cabo de unos meses, el largo recorrido entre Coyoacán y La Esmeralda empezó a surtir efecto en la salud de Frida. Sin embargo, no quiso dejar de dar clases y les pidió a sus alumnos que fueran a su casa. Al principio, un gran grupo hacía el viaje a Coyoacán, pero con el tiempo la mayoría abandonó el curso, desanimada por la larga duración del trayecto en camión. Frida se convirtió en una persona tan importante en la vida de los cuatro que quedaron, Arturo García Bustos, Guillermo Monroy, Arturo Estrada y Fanny Rabel, como lo era para Mariana Morillo Safa y Roberto Behar. "Nos acostumbramos tanto a Frida y la queríamos de tal manera, que parecía que siempre había estado ahí", recordó Fanny. "Todos la querían en una forma extraña. Parecía que su vida siempre estaba tan estrechamente ligada a la de la gente que la rodeaba que ésta no podía vivir sin ella". Se quedaron con ella durante años, incluso después de salir de la escuela. Así como se les decía "Los Dieguitos" a los discípulos de Rivera, los de Frida llegaron a conocerse como "Los Fridos".

Al principio, Frida solía decirles, cuando llegaban a su casa: "Todo el jardín es nuestro. Vayamos a pintar. En este cuarto pueden guardar las cosas de trabajo. Yo voy a ocuparme en mi estudio. No saldré todos los días para ver qué están haciendo". En realidad, resultaba imposible prever el horario de Frida. A veces sólo bajaba a examinar el trabajo cada dos semanas, o lo hacía en tres ocasiones por semana. De cuando en cuando Rivera también estaba presente, comentando lo hecho. Esos días parecían de fiesta: Frida servía de comer y de tomar, y en ocasiones llevaba a sus alumnos al cine. Recuerdo particularmente una vez, en la que bajó al jardín vestida de negro, con un bastón y el cabello adornado con infinidad de flores, cuenta García Bustos. "Todos estábamos enamorados de Frida. Tenía una gracia y atractivo especiales. Era tan alegre, que convertía todo lo que la rodeaba en poesía". Monroy quedó igualmente hechizado en otra mañana del mes de junio de 1944. Un poco de niebla inundaba el jardín, al que él había llegado temprano. Se ocupó pintando un maguey ubicado cerca de un pequeño pozo para peces. Disfrutó tanto el esfuerzo de captar lo que veía que se puso a cantar. Entonces, según recuerda, "empecé a sentir una extraña e inquietante sensación en los hombros, un ligero escalofrío, y luego calor, así como pequeñas descargas eléctricas. Tenía la impresión de que relámpagos azules me estaban partiendo el hombro... (Me volví y encontré) nada menos que a Frida Kahlo... quien, toda sonrisas y fijando la mirada en la mía, dijo: «Sigue cantando, Monroycito; tú sabes que a mí también me gusta cantar... Qué bonito te está saliendo el cuadro; saca mucho placer y emociones de ese pequeño maguey. Qué conmovedora es la pintura. ¿no crees? ¡Qué planta más hermosa!» Entonces Frida sonrió, besó a Monroy en la mejilla izquierda y se despidió de él con la advertencia: "Sigue trabajando y pintando, y nunca dejes de cantar".

Para los alumnos de Frida, la casa de Coyoacán era todo un centro educativo por sí solo. Les servía de modelo todo lo que se encontrara cerca: monos, perros, gatos, ranas, peces, las plantas del jardín y los objetos de arte de la casa. Frida trató de despertar en ellos cierta estética de la vida cotidiana, por medio de juegos tales como el arreglo de la fruta, las flores y los platos de barro en la mesa del comedor, para ver quién podía realizar la mejor composición. "Constantemente renovaba la escenografía de los objetos que la rodeaban", recuerda Fanny Rabel. "Usaba veinte anillos un día y otros veinte al siguiente. Sus alrededores estaban llenos de cosas, siempre mantenidas en orden".

Frida transformó a sus alumnos en una familia, la de ella, y les proporcionó su casa como exótico hogar, en el que se enfrentaron con todo un mundo desconocido. "Cuando estaba enferma y se tenía que quedar en casa, siempre había gente", afirma Fanny Rabel. "Todas esas personas locas, como Jacqueline Breton, Leonora Carrington (pintora surrealista de origen inglés, radicada en México desde 1947), Esteban Francés (pintor surrealista español), Benjamín Péret, artistas, coleccionistas y toda clase de amigos. Yo los miraba con los ojos abiertos de par en par y Frida me hacía guiños de verme tan impresionada. Ahora, después de tantos años, recuerdo que le solía decir que no creía llegar a ser una artista nunca, pues yo era demasiado normal, y había que tener una gran personalidad para ser una gran artista. Frida siempre respondía: «¿Sabes por qué hacen todas esas cosas locas? Porque no tienen personalidad. La tienen que inventar. Tú vas a ser artista porque tienes talento. Eres artista ya, y por eso no te hace falta hacer todas esas cosas»".

A pesar de que Frida insistía tanto en el contacto directo entre el arte y la vida, también quería que sus alumnos leyeran (a Walt Whitman y Mayakovsky, entre otros) y que aprendieran con base en la historia del arte. Los ponía a esbozar esculturas precolombinas en el museo de antropología y arte colonial en otros. Declaraba que el arte prehispánico integraba la "raíz del arte moderno". Aparte de los pintores anónimos de los retablos, sus artistas preferidos eran José María Estrada, Hermenegildo Bustos, José María Velasco, Julio Ruelas, Saturnino Herrán, Goitia, Posada, el doctor Atl y, por supuesto, Diego. Les mostraba a sus alumnos libros con reproducciones de pinturas producidas por europeos tales como Rousseau y Brueghel. Les dijo que Picasso era un "gran y multifacético pintor". También

les comunicó su interés por la biología, enseñándoles portaobjetos bajo un microscopio y hablándoles de microorganismos, así como de plantas y animales. Ansiosa de compartir con ellos la propia fascinación en cuanto al tema de la formación
de la vida, no titubeó en incluir la educación sexual en el programa. Les prestó
libros con ilustraciones del desarrollo del feto humano, así como tratados acerca
del arte erótico, que a ella le encantaba.

Algunos de los discípulos de Frida habían tomado clases de muralismo con
Rivera en La Esmeralda. Enterada de este interés, Frida les proporcionó varias
oportunidades de pintar murales. Cerca de su casa, en la esquina de la calle de
Londres y justo al lado del hogar del destronado rey Carol de Rumania, había
una pulquería llamada La Rosita. Al igual que en la mayoría de establecimientos
semejantes, el gobierno mandó encalar las decoraciones murales, por razones de
higiene y otros elevados sentimientos. Frida obtuvo permiso para que sus alumnos
pintaran nuevos murales en la fachada exterior, que daba a la calle. Al poco
tiempo, tres de los cuatro "Fridos", además de otros jóvenes artistas entre las eda-
des de catorce y diecinueve años, estaban trabajando gratuitamente. Frida y Diego
pusieron a su disposición los pinceles y la pintura. El maestro y la maestra acudían
a observar el avance del trabajo y a dar consejos, pero no participaron en la
acción misma de pintar.

El proyecto fue ideado y ejecutado como diversión. Nadie esperaba la producción de una gran obra de arte. El estilo mezcló el realismo general y simplificado de Rivera con el primitivismo desmañado de la tradición mural en las
pulquerías. Se repartieron los motivos, escenas pueblerinas y campestres basadas
en el nombre de la cantina y en el pulque, según las predilecciones de cada participante. Fanny Rabel recuerda que ella se encargó de pintar a una niña. También salpicó el prado de rosas. (En ese entonces, se consideraba que los niños
constituían un motivo adecuado para las mujeres artistas. No es de sorprender
que Fanny más tarde se especializara en retratos infantiles.)

Se anunció la fiesta de inauguración de "La Rosita" por medio de volantes,
ilustrados al estilo de Posada y repartido por las plazas, los mercados y las calles
de Coyoacán:

> ¡Al espectador!, con su chisme acerca de las noticias del día. Querido radio-
> auditorio: el sábado, 19 de junio de 1943 a las once de la mañana: Gran Estreno
> de las Pinturas Decorativas de la Gran Pulquería La Rosita, ubicada en la esquina
> de Aguayo y Londres, Coyoacán, D. F. Las pinturas que adornan esa casa fueron
> realizadas por: Fanny Rabinovich, Lidia Huerta, María de los Ángeles Ramos, Tomás
> Cabrera, Arturo Estrada, Ramón Victoria, Erasmo V. Landechy y Guillermo Monroy,
> bajo la dirección de Frida Kahlo, profesora en la Escuela de Pintura y Escultura
> de la Secretaría de Educación Pública. Actúan como patrocinadores e invitados de
> honor: Don Antonio Ruiz y Doña Concha Michel, quienes ofrecen a la distinguida
> clientela de esta casa una comida suculenta, consistente en una exquisita barbacoa
> importada directamente de Texcoco y rociada con los supremos pulques hechos por
> las mejores haciendas productoras del delicioso néctar nacional. Agreguen al encanto
> del festival un grupo de mariachis, con los mejores cantantes del Bajío, cohetes, pe-
> tardos, estruendosos fuegos artificiales, globos invisibles y paracaidistas hechos de
> hojas de maguey. Todos los que quieran ser toreros arrójense al ruedo el sábado

por la tarde, pues habrá un pequeño toro para los aficionados. Exquisitos pulques, generosos premios, bonitos regalos, calidad superior, atenciones esmeradas.

"Todo México" fue a la inauguración: personajes famosos de los mundos del arte, la literatura, el cine y la música, además de alumnos de La Esmeralda y gente de Coyoacán. El evento fue espectacular y cumplió casi con todo lo anunciado por el cartel. Hubo fuego artificial, globos y un desfile de celebridades. La cantante popular Concha Michel, Frida y las alumnas de la escuela de arte acudieron vestidas de tehuanas. La pulquería y las calles estaban decoradas con figuras de papel cortado de vivo colorido, y el confeti caía como lluvia. Los camarógrafos de cine corrían de un lado a otro; la película de la inauguración más tarde fue proyectada en todos los teatros propios de los distribuidores, Cine México. Estaba presente una gran cantidad de fotógrafos y reporteros de prensa. Los grupos de mariachis tocaban animadamente, y Frida y Concha Michel se ganaron muchos aplausos cantando corridos. Entre los mismos había unos especialmente escritos para la ocasión, que trataban de Frida, los murales de La Rosita y la pintura de las pulquerías en general. Se imprimieron los versos, como antes las ilustraciones para baladas de Posada, en papel barato de colores y repartidos entre el público.
En el momento culminante de la fiesta, Guillermo Monroy cantó los quince versos de su corrido. A continuación repetimos seis:

¡El barrio de Coyoacán
antes era tan triste!
Y eso porque le faltaba
algo por qué ser feliz.

¡Pintar La Rosita
costó mucho esfuerzo!
La gente ya había olvidado
el arte de la pulquería.

Doña Frida de Rivera,
nuestra querida maestra,
nos dijo: Vengan, muchachos,
les mostraré la vida.

Pintaremos pulquerías
y las fachadas de escuelas;
el arte empieza a morir
cuando se queda en la academia.

"Amigos vecinos
quiero darles el consejo
de no tomar tanto pulque
pues pueden abotagarse.

"¡Recuerden el hecho de que tienen esposas
y preciosos hijitos!

¡Es una cosa ser alegre
y otra perder los sentidos!

El corrido de Arturo Estrada habló del pasado y presente de los murales en
las pulquerías:

Antes se veía muy mal,
eso no lo podíamos negar;
cuando empezamos a pintar,
una pulquería se llegó a crear.

Con el lenguaje de niños de la calle
nos criticaban los borrachos.
Unos decían: ¡qué bonito!
y otros: Ay, qué asco.

A pesar de esto, caballeros,
la gente se emociona
y están muy interesados
en hacerle los honores.

Al compás de la música, los asistentes bailaban en la calle. Existe una fotografía de Rivera, con un sombrero en la cabeza y las manos apretadas detrás
de la espalda, ejecutando una jarana yucteca con Concha Michel. Frida embotó
el dolor de la espalda y del pie con la emoción y el tequila y bailó jaranas, dan-
zones y zapateados con Diego. Por supuesto hubo algunas achispadas payasadas.
Como respuesta a un reto, Héctor Xavier hurtó el sombrero de un amigo, se lo
puso, metió la mano al mole y dibujó rayas color café en el rostro del otro. "No
obstante", cuenta Xavier, "lo mejor de la tarde fue cuando le dije a Diego:
«Maestro, el profesor francés (Benjamin Péret), que se encuentra allá, quiere
bailar un zapateado con usted». Diego, ágil y vivo con el cuerpo en movimiento
y oscilando, se acercó al tipo y le dijo, fríamente: «Bailemos». Le contestó:
«No, no bailo. No sé cómo bailar un zapateado». Acababa de llegar de Europa.
Lo más extraño en la actitud de Diego, como gran artista, era el jugueteo y la
amenaza. Cuando el hombre se negó, Diego sacó la pistola y dijo: «Te lo ense-
ñaré», y el maestro de francés ejecutó un zapateado con Diego. Era increíble ver
moverse a Diego, un elefante de pie, lento y lleno de gracia".
Todos los dignatarios pronunciaron discursos, aunque sólo unos cuantos celebraron a La Rosita. Concha Michel habló apasionadamente sobre el estado contemporáneo de la Revolución Mexicana que, según ella, no había servido para
otra cosa que entronizar a los reaccionarios en el poder, con el resultado de que
los mexicanos se refugiaran más y más en el pulque. Diego fue más lejos: declaró
que hacía falta otra revolución. Luego atenuó la idea, agregando que la revolución dependía de los artistas, quienes debían pintar murales en todas las pulquerías "para que el pueblo pueda expresar sus quejas y necesidades y ver cómo
se plasma su ideal, el derecho a un mundo mejor". Finalmente, el poeta Salvador

Novo comentó acerca de los murales, cuya creación se estaba celebrando. Felicitó a los artistas y a Frida, la cual, según él, había renovado la enseñanza del arte en México. Dolores del Río formuló más congratulaciones para Frida, a causa de "esta obra cultural que creará un arte verdadero, poniéndolo al alcance de nuestro pueblo, el cual no entra en los palacios, pero cuya contemplación no podrá evitar si éste se encuentra en las pulquerías".

De manera justificada, los estudiantes de arte se emocionaron mucho con su éxito. Según *La Prensa*, los murales causaron una impresión tan favorable entre la gente del municipio, que hubo varias ofertas de comisiones para pintar otras pulquerías. Con base en la entrevista hecha a Frida en la fiesta de inauguración, un reportero hizo constar: "Frida Kahlo, satisfecha con el trabajo, nos comentó que espera que esta cruzada a favor del arte resulte en un resurgimiento de la espontaneidad y del arte puro, pues los discípulos del movimiento pintarán al aire libre y en un ambiente cuya crítica sincera les ayudará a mejorar su estilo. Frida pretende que adornen todas las pulquerías de México, tan típicas y hermosas, con motivos nacionales". Otro periódico adoptó un punto de vista más escéptico en cuanto a las metas de Frida: "Al fin y al cabo, existe una tendencia de resucitar lo mexicano, cosa que cada uno hace a su propia manera".

Gracias al éxito de los murales de La Rosita, Frida consiguió otro proyecto para los "Fridos" en 1944. Un antiguo amigo de los Rivera construyó la Posada del Sol, un hotel de lujo, y quería que Diego y Frida pintaran murales en el salón para banquetes y bodas. A pesar de que Rivera no tenía interés, y la condición física de Frida le impedía aceptar tal comisión, no rechazaron la oferta. Dijeron que lo harían con la condición de que los "Fridos" los ayudaran. El dueño del hotel estableció el tema: las grandes historias de amor de la literatura mundial. Los jóvenes artistas presentaron sus esbozos y se pusieron a trabajar. Sin embargo, como consideraban que el tema fijado era demasiado trillado y anticuado, hicieron caso omiso de él y pintaron escenas relacionadas con el amor en México: el cortejo en una fiesta o las pasiones desesperadas de los soldados durante la Revolución. Esto no le pareció divertido al dueño. Canceló el contrato y mandó destruir el trabajo.

En 1945, fue posible obtener un proyecto de mural más apropiado para los "Fridos". Con el fin de mejorar las condiciones laborales de lavanderas, en su mayoría viudas y madres solteras, que se dedicaban a lavar ropa para sobrevivir y con frecuencia trabajaban en arroyos llenos de lodo, el presidente Cárdenas financió la construcción de varias lavanderías públicas. La de Coyoacán consistía en varios edificios pequeños: uno para planchar, otro para guardería, otro para comer y el último, como sala de conferencias, para eventos públicos y sociales. En éste los "Fridos" pintaron sus murales.

Los jóvenes artistas, bien adoctrinados después de dos años de estrecho contacto con Frida y Diego, estuvieron encantados con la idea de realizar un plan para el bien de la comunidad. Frida les proporcionó la pintura y los pinceles, y las lavanderas contribuyeron con suficiente dinero para comprar refrescos a los pintores. Después de hacer el proyecto de mural con base en su tema particular, se dedicaron de manera independiente a sus planes individuales. "Más tarde, en el momento de realizar la selección definitiva, formulamos un solo plan con ayuda de la clara percepción de la maestra Frida, dando unidad al motivo y al conjunto".

García Bustos recuerda que presentaron todas sus ideas primero a Frida y luego a un gran grupo de lavanderas. "Mi concepción en particular conmovió profundamente a esas mujeres. Lloraron cuando la examinaron, porque según ellas las hacía pensar en las desgracias de sus vidas. Nos pidieron que disimuláramos la miseria un poco, pues algunas de ellas iban a aparecer retratadas en el mural. Finalmente, se eligió el proyecto de Monroy, porque era el menos doloroso". Cada pintor aceptó la responsabilidad por el tema y la pared dibujada por él o ella, además de participar en la ejecución de todos los lienzos, en adhesión a la personalidad artística del autor.

El grupo trabajó con entusiasmo, con excepción de Fanny Rabel, quien se sentía como "un perro sin dueño", porque fue necesario abandonar su diseño para la guardería (de nuevo prefirió ocuparse con el tema de los niños) por falta de fondos. No obstante, afirma que la experiencia fue "hermosa. Todo el día nos rodeaban esas mujeres y nos dedicábamos a dibujarlas". Los "Fridos" incluyeron retratos de las lavanderas en escenas de lavado, planchado, coser y comer. Una fotografía de los esbozos preparatorios realizados sobre los muros (los murales, realizados con pintura al temple sobre paredes secas, no duraron) pone de manifiesto un estilo más hábil y sofisticado que el de las pinturas de La Rosita. Figuras grandes y simplificadas se delinean por medio de unos cuantos trazos sucintos: versión "riveresca" del dibujo ralo y elíptico popularizado por Picasso y Matisse en los años veinte.

Al finalizar el mural, se extendió una invitación bastante formal para la inauguración: "El grupo de jóvenes formado por Fanny Rabinovich, Guillermo Monroy, Arturo Estrada y Arturo García Bustos, de la Escuela de Pintura y Escultura de la Secretaría de Educación Pública, invitan a la inspección de la pintura mural que realizaron en la Casa de Mujeres «Josefina (sic) Ortiz de Domínguez», ubicada en Coyoacán, D. F., Calle Tepalcatitla No. 1 (Barrio del Niño Jesús)". La invitación hablaba de los sacrificios financieros hechos por la lavanderas con el fin de construir la lavandería, y consignaba: "Considerando que se hizo esta labor por y para el pueblo, creemos que usted, dado su sentido cívico y social, podría tener interés en aceptar nuestra invitación. Si llegara a opinar que nuestro esfuerzo no tiene validez, sería un colaborador en el trabajo que hemos emprendido, modesto pero con la firme resolución de plantar y hacer crecer en nuestros tiempos la maravillosa tradición artística mexicana del pasado, en el que todo, desde el más humilde utensilio del hogar hasta el templo colectivo, constituía una obra de arte".

El 8 de marzo, Día de la Mujer en México, los estudiantes y profesores de La Esmeralda se unieron a las lavanderas en la inauguración. Fanny Rabel afirma que hubo un sinnúmero de discursos y que parecía más un mitin político que una fiesta. No obstante, también se ofrecieron música, folletos impresos con un corrido para cantar y platos con tacos de nopales preparados por las lavanderas.

Frida promovía las carreras de sus discípulos de otras formas también. Les ayudaba a encontrar trabajo como asistentes de otros artistas y creaba oportunidades para que exhibieran sus obras. En junio de 1943, cuando apenas habían empezado a estudiar con ella, tuvieron una maestra, y en 1944 expusieron su trabajo en el Palacio de Bellas Artes, junto con el de otros alumnos de La Esmeralda. En febrero de 1945, se organizó otra exposición del grupo en la Galería de Artes Plásticas, ubicada en la Avenida Palma, que pertenecía a un amigo de Frida.

Los "Fridos" contribuyeron a la "Exposición de Arte Libre 20 de Noviembre", de 1945, con un enorme lienzo de pintura al temple. Estrada, García Bustos y Monroy lo realizaron juntos en el jardín de Frida, y la obra estaba llena de fervor revolucionario. El cuadro, que tenía el título inflamatorio *Quién nos explota y cómo nos explotan,* atrajo mucha atención, pero no produjo únicamente reacciones favorables. Primero alguien le aventó ácido sulfúrico. Luego estalló un torrente de protestas públicas cuando las autoridades del Instituto de Bellas Artes retiraron la pintura. Se restableció la calma después de que uno de los asistentes de Diego reparó la obra censurada. Un conocido coleccionista la adquirió por novecientos pesos.

Esta controversia política no resulta sorprendente. Frida siempre había considerado a sus alumnos como "camaradas", y Rivera no exageró el ímpetu político conferido por su esposa a éstos, cuando dijo: "Alentaba el desarrollo de un estilo personal de pintura. Instaba a sus discípulos a mantener firmes opiniones políticas y sociales. La mayoría de sus discípulos pertenecen al Partido Comunista". Frida inculcó la teoría izquierdista en sus alumnos por medio del propio ejemplo, así como el de Diego. En 1946, Rivera solicitó la readmisión al Partido, y Frida, a pesar de que tardó un poco más, terminó imitándolo. Según lo expresó un amigo: "Si Diego hubiera dicho: «Soy el Papa», Frida se hubiera vuelto papista". Frida planteó la cuestión todavía mejor. Entre sus papeles se encuentran unas rimas garabateadas: "Yo creí a D. R./Con el burgués una fiera;/ pero adoro sus ideas/porque no escoge a las feas". Irónicamente, los comunistas rechazaron varias solicitudes de Diego, hasta que fue aceptado en 1954. A Frida se le dio la bienvenida en 1948, quizá porque nunca se llegó a declarar formalmente partidaria del trotskismo. No obstante, tuvo que soportar el usual rito humillante de la "autocrítica", requerida por la ortodoxia del Partido.

Aunque no cabe lugar a dudas en cuanto a las simpatías políticas de Frida, la intensidad de sus convicciones sigue siendo un tema algo polémico. Algunas personas la perciben como heroína izquierdista, y otros consideran que, fundamentalmente era apolítica. El fervor, o la falta del mismo, comunicado por ella, aparentemente dependía de la tendencia política de la persona con la que estaba hablando y, por supuesto, de las opiniones contemporáneas de Diego. Por lo tanto, los izquierdistas suelen verla como vehemente comunista, mientras los que no saben o no tienen interés en la política, así como los que desaprueban el comunismo de Frida, prefieren calificarla de mujer alejada de la política. (Resulta interesante que sus alumnos hombres la describan como militante política, pero que la única mujer entre ellos, Fanny Rabel, no recuerde que hubiese tomado posiciones al respecto: "Era humanista, no una mujer politizada".) Con seguridad se puede afirmar que, a más tardar desde la década de los cuarenta, Frida puso énfasis en el contenido social del arte y tomó un vivo interés en el desarrollo político de sus jóvenes protegidos. Les recomendaba la literatura marxista y los involucraba en discusiones políticas mantenidas entre ella y Diego. Declaraba que la pintura debía actuar dentro de la sociedad. Aunque admitía que ella misma era incapaz de producir cuadros con un mensaje político, alentaba a sus discípulos a seguir la tradición, establecida por Rivera, del realismo "mexicanista" con una conciencia social, en lugar de adherirse a la corriente de pintura modernista de caballete, inspirada en los movimientos europeos.

Con el tiempo los "Fridos" llegaron a integrar una organización de pintores de izquierda que compartía el ideal de llevar el arte hacia el pueblo. Conocidos como los Jóvenes Revolucionarios, el grupo creció hasta abarcar a 47 miembros y realizó varias exposiciones ambulantes en los días de mercado, en distintos barrios obreros de la ciudad de México. Hasta la fecha, atribuyen su formación política a Frida. Muchos años después de la muerte de ésta, Arturo Estrada elogió a Frida en la inauguración de una muestra retrospectiva de su obra: "Su arraigo en la tradición de nuestro pueblo siempre la mantenía alerta a los problemas de la mayoría. De manera humanitaria, también atendía a las dificultades particulares de sus vecinas, las humildes mujeres del distrito de El Carmen, en Coyoacán, donde las jóvenes y las de edad encontraron en Frida a una amiga que aliviaba sus penas en lo espiritual y lo económico. De cariño le decían «niña Fridita»... La activa ocupación política de militante hizo de la maestra Frida Kahlo una auténtica hija del pueblo, con el cual se identificaba en todas sus manifestaciones".

Los cuatro discípulos originales de Frida Kahlo conservan este sentimiento de solidaridad aún hoy en día. Para ellos, el hecho de ser conocidos como los "Fridos" constituyen una cuestión de orgullo. No obstante, nunca imitaron la pintura de su maestra, y cada uno tiene un estilo propio. Lo que los une es la simpatía por los pobres de México y la pasión por la cultura mexicana. Cuando los "Fridos" terminaron los estudios ofrecidos por La Esmeralda, Frida les dijo: "Me voy a poner muy triste, porque ya no estarán aquí". Rivera supo exactamente cómo consolar a su esposa: "Desde este momento empiezan a caminar solos", le explicó. "Aunque emprendan sus propios caminos, vendrán a visitarnos siempre, porque son nuestros camaradas".

Capítulo 20

La venadita

UNA DE LAS IMÁGENES más simbólicas de Frida, *Autorretrato con changuito,* de 1945, muestra a un mono araña y una cinta, de la cual un extremo rodea la firma de Frida y el cuello de un ídolo precolombino, luego forma un lazo, parecido a un nudo corredizo, alrededor del de Frida, la une con los cuellos de su perro y del chango y, finalmente, da vuelta a un clavo puntiagudo, pintado de manera ilusionista al fondo del cuadro (lámina XXIII). El listón, que siempre simbolizaba la unión para Frida, resulta siniestro y amenazador en este caso, al igual que el clavo. La tela sedosa y amarilla (representando la enfermedad y la locura) indica alguna especie de asfixia síquica, mientras el clavo evoca el martirio del dolor físico.

En 1944, Frida redujo las horas que pasaba dando clases debido al constante deterioro de su salud. El dolor de su espina y pie aumentaban. Un cirujano osteológico, al doctor Alejandro Zimbrón, le mandó reposo absoluto e hizo fabricar un corsé de acero (el que usa en *La columna rota),* que aminoró el sufrimiento por un tiempo. Sin el apoyo de ese aparato, ella tenía la impresión de que no se podía sentar ni poner de pie. No se le antojaba comer, y bajó más de seis kilos y medio en la mitad de un año. Repentinos desmayos y una ligera fiebre la obligaron a guardar cama. Después de realizar una serie de pruebas, el doctor Ramírez Moreno diagnosticó sífilis y ordenó transfusiones de sangre, baños de sol y un tratamiento con bismuto. Otros médicos efectuaron distintos exámenes, incluyendo rayos X y drenajes espinales. El doctor Zimbrón opinó que era necesario fortalecerle la columna y recomendó una operación, pero no se realizó ninguna. El 24 de junio, Frida le escribió al doctor Eloesser desde la cama. La espina le dolía demasiado como para sentarse en una silla. En ese entonces llevaba cinco meses con el aparato del doctor Zimbrón.

Cada día estoy peor... al principio me costó mucho trabajo acostumbrarme, pues es de la chingada aguantar esa clase de aparatos, pero no puedes imaginarte cómo me sentía de mal antes de ponerme ese aparato. Ya no podía materialmente trabajar, pues me cansaba de todos los movimientos por insignificantes que fueran. Mejoré un poco con el corsé, pero ahora vuelvo a sentirme igual de mal y estoy ya muy desesperada, pues veo que nada mejora la condición de la espina. Me dicen los médicos que tengo inflamadas las meninges, pero yo no me acabo de explicar cómo está el asunto, pues si la causa es que la espina debe estar inmovilizada para evitar la irritación de los nervios, ¿cómo es que con todo y corsé vuelva a sentir los mismos dolores y las mismas friegas?

Oye, lindo, esta vez que vengas, por lo que más quieras en la vida, explícame qué clase de chingadera tengo y si tiene algún alivio o me va a *llevar la tostada* de cualquier manera. Algunos médicos han vuelto a insistir en operarme, pero no me dejaría operar si no fueras *tú* quien lo hiciera, en caso de que sea necesario.

En 1945, Frida fue metida en un nuevo corsé de yeso preparado por el doctor Zimbrón, pero se intensificaron los dolores en la espina y la pierna, y a los dos días se le quitó de nuevo. El hospital médico dice que le inyectaron Lipidol (para un drenaje de la espina), pero que el medicamento no fue retirado de su sistema. Como resultado se incrementó la "presión" sobre su cerebro, causándole constantes dolores de cabeza. (Alejandro Gómez Arias recuerda que el Lipidol, en lugar de bajar a la región dorsal, le subió al cerebro, donde era visible en las imágenes reproducidas por los rayos.) Con el paso de los meses, la espina le dolía más que nunca, particularmente cuando estaba emocionada.

Hacia el final de su vida, Frida describió la serie de corsés ortopédicos que usó después de 1944 y los tratamientos que los acompañaron como un "castigo". Hubo 28 en total: uno de acero, tres de cuero y los demás de yeso. Uno en particular no le permitía ni sentarse ni inclinarse. Se enojó tanto que se lo quitó y empezó a usar una faja para atarse el torso al respaldo de una silla y así sostenerse la espina. Hubo un periodo en el que pasó tres meses en una posición casi vertical, con bolsas de arena sujetas a los pies para enderezarle la columna vertebral. En una ocasión, Adelina Zendejas la visitó en el hospital, después de una operación y la encontró colgada de anillos de acero, con los pies apenas en contacto con el piso. El caballete se encontraba frente a ella. "Quedamos horrorizados", recuerda Zendejas. "Estaba pintando y contando chistes e historias divertidas. Cuando se cansó y ya no aguantaba más, fueron a bajarla con un aparato. La acostaron en la cama, pero con los mismos anillos para que no se contrajera la espina y las vértebras no se pegaran unas a otras".

Una amiga de Frida, la pianista Ella Paresce, relata otra historia espantosa. Un amigo, médico español, que no sabía nada de ortopedia, le puso un corsé de yeso a Frida. "Fue muy emocionante y nos reímos mucho de la cosa. En el curso de la noche, el corsé empezó a endurecer, como debía hacerlo. Por casualidad estaba yo presente, en la habitación de junto, y a las cuatro o cinco y media de la madrugada empecé a escuchar llanto, casi gritos. Salí de la cama de un salto y ahí estaba Frida, ¡diciendo que no podía respirar! ¡No podía respirar! El corsé se endureció de tal forma que le apretaba los pulmones. Formó pliegues alrededor de su cuerpo. Traté de encontrar a un médico, pero nadie hacía caso a esa hora de la madrugada. Finalmente, agarré una navaja y me arrodillé en la cama, encima de Frida. Lentamente me puse a cortar el corsé arriba de su pecho. Hice una cortada de más o menos cinco centímetros, para que pudiera respirar, y luego esperamos hasta que apareció un médico, quien terminó la obra. Después nos reímos hasta las lágrimas por lo sucedido y ella pintó el corsé, que todavía está expuesto en el museo de Coyoacán".

A pesar de que en público no hacía mucho énfasis en su sufrimiento, éste obsesionaba a Frida. Quería enterarse de todo lo relacionado con su condición física y se mantenía informada (aunque confundida) acerca de su enfermedad leyendo artículos y libros de medicina, consultando a muchos doctores. A una inválida se le puede perdonar la hipocondría. En el caso de Frida, por supuesto, estuvo involucrado cierto elemento de narcisismo. Aún más, es posible hacer constar que la invalidez formaba una parte esencial de la imagen de sí misma y que jamás hubiera podido transferir sus problemas físicos al arte, si éstos hubieran sido tan graves como pretendía. Una autoridad, tal como la representa el doctor Eloesser, estaba convencido de que la mayoría de las operaciones sufridas por Frida no fueron necesarias y que ella se encontró atrapada en un conocido síndrome sicológico que impulsa a los pacientes a desear la cirugía. Al fin y al cabo, una operación significaba una forma de atraer atención. Mucha gente cree que Rivera hubiera abandonado a Frida si ésta no hubiera estado tan enferma. Frida era muy capaz de someterse a una operación innecesaria, si creía que ésta fortalecería su unión con Diego.

Asimismo, una incisión quirúrgica es un asunto seguro: proporciona cierta confianza a la gente cuyo dominio sobre la realidad, o sea, el sentido de estar viva y en contacto con el mundo, está fallando. También les permite la pasividad a los pacientes, el derecho de no tomar decisiones y de que, en todo caso, esté pasando algo concreto y real. Las intervenciones quirúrgicas también poseen cierto aspecto sexual. En último lugar, llegan a ser sinónimo de la esperanza: el próximo doctor, la siguiente diagnosis u operación redundará en la salvación.

Los autorretratos en los que Frida se representa herida constituyen una especie de llanto silencioso. Las imágenes donde aparece sin pies, sin cabeza, agrietada o sangrante, convierten el dolor en un drama, con el fin de convencer a los demás de la intensidad de su sufrimiento. Al proyectar el padecimiento hacia afuera, sobre el lienzo, lo extraía de su cuerpo. Los autorretratos eran copias fijas e inmutables de su imagen en el espejo, y ni los reflejos ni los lienzos experimentan dolor.

Como antídotos contra el dolor, los autorretratos donde aparece herida le pueden haber servido aun de otra forma. Hay que pensar en la experiencia de verse en un espejo en un momento de angustia física o emocional. La imagen reflejada es asombrosa: se parece a nosotros, pero no comparte nuestro dolor. Esta diferencia entre cómo nos sentimos (en el interior) y la evidencia superficial proporcionada por el espejo, que reproduce a una persona aparentemente libre de cualquier dolor (vista desde afuera) puede funcionar como un medio de estabilización. La imagen reflejada nos hace recordar nuestro físico normal y así nos imbuye con una sensación de continuidad. En caso de que Frida se haya sentido atraída hacia los espejos porque la consolaban de dicha manera, la acción de pintar lo que veía representaba un modo de volver permanente la imagen tranquilizadora. De esta manera, los autorretratos podían crear una posición objetiva o disociada. Asimismo, al mirar las heridas que ella sufría en las pinturas, Frida lograba alimentar la ilusión de ser una espectadora fuerte e imparcial de su propia desgracia.

En *Sin esperanza,* de 1945, Frida ubica su drama personal en un inmenso y agitado mar de piedra volcánica, el Pedregal (lámina XXIX). Las fallas y grietas de la tierra simbolizan la violencia padecida por su cuerpo. No existe acción directa alguna, pero el horror experimentado por ella no puede negarse. Frida está acostada en cama, llorando. Entre los labios sostiene la punta de un enorme embudo membranoso: un cuerno de la abundancia sangriento, que contiene un puerco, un pollo, células cerebrales, un guajolote, carne de res, salchicha y un pescado, además de una calavera de azúcar que tiene el nombre "Frida" escrito en la frente. Parece que está vomitando todo eso sobre el caballete que atraviesa la cama, y así convierte la carnicería en una fuente de su arte. Es posible, asimismo, que la imagen se refiera a los símbolos precolombinos del lenguaje que parecen globos de dibujos animados y en los que el embudo carnicero representa un grito de coraje y horror.

Otra explicación señalaría que Frida pintó *Sin esperanza* durante la convalecencia de una operación, y que el embudo representa el asco experimentado por ella cuando su médico, rebosante del buen humor normalmente desplegado ante los pacientes, proclamó: "¡Ahora puede comer lo que sea!" Ya que era muy delgada, los doctores la alimentaban con purés cada dos horas. En el dorso del marco de esta pintura, Frida escribió las siguientes rimas: "A mí no me queda ya ni la menor esperanza... Todo se mueve al compás de lo que encierra la panza".

La sábana que cubre el cuerpo desnudo de Frida está salpicada de organismos microscópicos redondos, que se asemejan a células con núcleos o, quizá, a óvulos en espera de la fertilización. La forma de esas marcas se refleja en el sol color rojo sangre y en la pálida luna que aparecen, juntos, en el cielo. De este modo, Frida nuevamente extiende el significado de las desgracias sufridas por su cuerpo a los mundos contrarios del microscopio y el sistema solar. Asimismo, es posible que haya colocado el embudo horrorífico de *Sin esperanza* entre. células y orbes celestes con objeto de minimizar, en vez de agrandar, la propia miseria personal contrastándola con el plan superior de las cosas.

Se puede considerar como muy probable también que la presencia simultánea del sol y la luna que Frida se refiera, al igual que lo hace en otras de sus obras, al concepto azteca de una guerra eterna entre la luz y la oscuridad, o a la crucifixión de Cristo, en la que esos astros indican el luto sentido por toda la creación al morir el Salvador. Por lo tanto, esos productos sangrientos de carnicería que brotan de (o se meten) a la boca de Frida hacia (o desde) un caballete, evocador de una cruz, pueden interpretarse como una ofrenda ritual, una costumbre personal e imaginaria que redime o renueva a través del sufrimiento, sea el embudo una hemorragia, un niño abortado, un grito o una comida ingerida a la fuerza.

"Ella linda y querido Boit", escribió Frida a los Wolfe el 14 de febrero de 1946:

¡Aquí vuelve a aparecer el cometa! ¡Doña Frida Kahlo, aunque ustedes no lo crean! Les escribo desde la cama, porque desde hace *cuatro* meses estoy bien fregada con el espinazo torcido, y después de haber visto a hartísimos médicos de este país, he tomado la decisión de irme para los Nueva Yores a ver a uno que dicen que es "padre" de más de cuatro... Todos los de aquí, los «hueseros» u ortopédicos opinan por hacerme una operación que creo que es muy peligrosa, pues estoy muy flaca, agotada y dada enteramente a la chin... y en este estado no quiero dejarme operar sin consultar primero a algún doctor "copetón" de gringolandia. Así es que quiero pedirles un grandísimo favor, que consiste en lo siguiente:

Aquí les adjunto una copia de mi historia clínica que les servirá para darse cuenta de todo lo que he padecido en esta jija vida, pero además quisiera que si fuera posible, se la enseñaran al *doctor. Wilson,* que es al que quiero consultar allá. Se trata de un médico especializado en huesos. Cuyo nombre completo es doctor Philip Wilson, 321 East 42nd Street, ciudad de Nueva York.

Lo interesante para mí es saber estos puntos:

1) Yo podría ir a Estados Unidos más o menos a principio de abril. ¿Estará el doctor Wilson en Nueva York entonces? Si no, ¿cuándo podría encontrarlo?

2) Después de que más o menos conozca mi caso por medio de la historia clínica que ustedes podrían mostrarle: ¿estaría dispuesto a recibirme para hacer un estudio serio de mí y darme su opinión?

3) En caso de que aceptara ¿cree él necesario que yo llegue directamente a *un hospital* o puedo vivir en otra parte y solamente ir varias veces a su consultorio?

(Todo esto es importantísimo para mí de saber pues tengo que calcular la "fuierrada" que por ahora anda exigua.) ¿*You know what I mean kids?*

4) Pueden darle los siguientes datos para mayor claridad: He estado *cuatro* meses en cama y me encuentro muy débil y cansada. El viaje lo haría yo en avión, para evitar mayores trastornos. Me pondrán un *corsé* para ayudarme a aguantar las molestias. (Un corsé ortopédico o de yeso.) ¿En qué tiempo cree él poder hacer el diagnóstico, tomando en cuenta que llevo radiografías, análisis y toda clase de 'chivas' de esa índole? 25 radiografías de 1945 de columna vertebral, y 25 radiografías de enero de 1946 de espina, pierna y pata. Si se necesiatn tomar nuevas allá, estoy a su disposición... para cualquier desaire.

5) Traten de explicarle que no soy "millonaria" ni cosa que se le parezca, más bien la "mosca" está un poco "verde gris", tirando a color de ala de grillo amarillo.

6) MUY IMPORTANTE

Que me pongo en sus magníficas manos porque además de conocer su gran reputación a través de los médicos, me lo recomendó personalmente en México un señor que fue su cliente y se llama *Arcady Boytler,* quien lo admira y lo adora porque lo alivió de una cosa también de espina dorsal. Decirle que Boytler y su señora me hablaron primores de él y que yo voy encantada de la vida a verlo, pues sé que los Boytler lo adoran y que me estiman a mí bastante para mandarme con él.

7) Si a ustedes se les ocurren otras cosas prácticas (acuérdense de la clase de mula que soy), se los he de agradecer con todo mi corazoncito, niños adorados.

8) Para consultar con el doctor Wilson, yo les mandaré la mosca que ustedes me indiquen.

9) Pueden explicarle más o menos qué clase de cucaracha ranchera es su cuate Frida Kahlo pata de palo. Los dejo en entera libertad de darle toda clase de explicaciones y hasta de describirme (si es necesaria, pídale a Nick una foto, para que sepa qué clase de fachada me cargo).

10) Si quiere algún otro dato, procedan raudamente a escribirme, para que todo esté en orden antes de meter la pata (flaca o gorda).

11) Díganle que, como enferma, soy bastante aguantadora, pero que ahora ya me agarra un poco forzada, porque en esta ca... vida, se sufre, pero se aprende; además, ya la bola... de años me ha hecho más pen...sadora (probablemente empezó a escribir "pendeja").

Ahora van otros datos para ustedes, no para el doctorcito Wilsoncito:

En primer lugar, me van a encontrar algo cambiadita. Las canas me abruman. La flacura también.

Estoy un tanto cuanto ensombrecida por esta penalidad. La vida matrimonial 2ª va muy bien...

Hartísimos besos y todo el agradecimiento de su cuatacha

FRIDA

Saludos a todos los amigos

El 10 de mayo, Frida le mandó un telegrama a Ella, avisándole que iría a Nueva York el día 21 del mismo mes para que la operara el doctor Wilson. Como se negaba a la anestesia a menos que pudiera estrechar la mano de su hermana, Cristina la acompañó.

Se realizó la operación en junio, en el Hospital para Cirugía Especial. Se soldaron cuatro vértebras con un pedazo de hueso extraído de la pelvis y una vara de metal de quince centímetros de largo. Frida se recuperó bien. Durante la convalecencia (más de dos meses en el hospital), se encontró en buen estado de ánimo. En un principio se limitó a dibujar, ya que se le prohibió pintar. No obstante, al poco tiempo hizo caso omiso de las órdenes de los médicos y produjo, dentro del mismo hospital, un cuadro (que no ha sido posible identificar), que luego mandó al "Salón del Paisaje", exposición realizada en la ciudad de México.

Entre el gran número de amigos que visitaron a Frida en el hospital, figuró Noguchi. Fue la última vez que se vieron. "Ella estaba con Cristina", recuerda el escultor. "Pasamos un largo rato hablando de diferentes cosas. Ella había envejecido, pero estaba llena de vida, de admirable energía". Noguchi regaló a Frida una caja cubierta de vidrio llena de mariposas. La colgó arriba de la puerta en la habitación del hospital y, más tarde, en la parte inferior del dosel de una de sus camas con cuatro columnas.

El 30 de junio le escribió a Alejandro Gómez Arias (la carta está llena de palabras inventadas y salpicada de un gran número de términos en inglés, que a continuación se ponen en cursiva).

Alex *darling.*

No me dejan escribir mucho, pero es sólo para decirte que ya pasé *the big* trago operatorio. Hace tres *weeks* que procedieron al corte y corte de huesos. Y es tan maravilloso este medicamento y tan lleno de vitalidad *mi body,* que hoy ya procedieron al paren en mis "puper" *feet* por dos minutillos, pero yo misma no lo *bolivo.* Las dos *first* semanas fueron de gran sufrimiento y lágrimas, pues mis dolores no se los deseo a *nobody.* Son buten de estridentes y malignos, pero esta semana aminoró el alarido y con ayuda de pastillas he sobrevivido más o menos bien. Tengo dos enormes cicatrices en la espaldilla en *this* forma. Aquí se dibuja desnuda, con dos grandes cicatrices que llevan las marcas de las puntadas quirúrgicas. Una de ellas desciende en línea recta desde la cintura hasta abajo del coxis, y la otra atraviesa la nalga derecha). De aquí (una flecha indica la cicatriz de la nalga) procedieron al arranque del cacho de pelvis para injertarlo en la columnata, que es donde la cicatriz me quedó menos horripilante y más derechita. Cinco vertebrillas eran las dañadas, y ahora van a quedar como rifle. *The* latosidad es que tarda mucho el hueso para crecer y reajustarse y todavía me faltan seis semanas en cama hasta que me den dialta y pueda huir de esta horripilante *city* a mi amado Coyoacán. ¿Cómo estás tú, *please* escríbeme y mándame *one* libraquito; *plaease don't forget me.* ¿Cómo está tu mamacita? Alex, no me abandones solita, solita en este maligno hospital y escríbeme. Cristi está rete aburridísima y ya nos asamos de calor. Hace gran cuantiosidad de calor y ya no sabemos qué hacer. ¿Qué hay en México y qué pasa con "la raza" por allá?

Cuéntame cosas de todos y sobre todo, de ti.

Tu F.

Te mando buten de cariño, y hartos besos. ¡Recibí tu carta, que me animó tanto! No mi olvides.

Para octubre, Frida estaba de regreso en Coyoacán y entusiasmada con muchos planes. El día once de dicho mes, le escribió a su mecenas Eduardo Morillo Safa, a Caracas:

Ingeniero querido:

Hoy recibí su carta. Gracias porque es tan amable conmigo, como siempre, y por la felicitación del dicho premio (el premio otorgado a ella por *Moisés,* de parte de la Secretaría de Educación Pública) (que todavía no recibo)... ya sabe cómo son, estos ¡c...amiones de retrasados! Junto con su carta, es decir, en el mismo momento, recibí una del doctor Wilson, que fue el que me operó y me dejó ¡cual rifle de repetición! Dice que ya puedo pintar *dos horas* diarias. Antes de recibir sus órdenes ya había comenzado a pintar y aguanto hasta *tres* horas dedicada al pinte y pinte. Ya casi termino su primer cuadro [*Árbol de la esperanza*], ¡que, desde luego, no es sino el resultado de la jija operación...!

Me encantó su carta, ¡pero sigo sintiendo que se encuentra bastante *solo* y desligado entre esas gentes que viven en un medio tan antiguacho y jodido! Sin embargo, le servirá para echar un "ojo avisor" a Sudamérica en general, más tarde, escribir las puras verdades pelonas, echando comparación con lo que México ha logrado, a pesar de los pesares. Me interesa mucho conocer algo de los pintores de allá. ¿Puede mandarme fotos o revistas con reproducciones? ¿Hay pintores indios? O solamente mestizos?

Oiga, joven, con todo cariño le pintaré la miniatura de Doña Rosita (la madre de Morillo Safa, a la que Frida retrató en 1944). Mandaré sacar fotografías de los cuadros, y de una fotografía del retrato grande puedo pintar el chiquito, ¿le parece? También pintaré el altar con la Virgen de los Dolores, y las cazuelitas de trigo verde, cebada, etcétera, pues mi mamá ponía ese altar cada año, y era maravilloso... y en cuanto termine este primer cuadrito que, como ya le dije, casi está listo, comenzaré el suyo; también me parece suave la idea de pintar al "pelado" con la enrebozada, haré lo que pueda para que me salgan algo "piochas" los susodichos cuadrinches. Los iré entregando, como me dice, a la casa de usted con su tía Julia, mandándole foto de cada uno que vaya terminando; el color se lo imagina, compañero, pues no es difícil adivinar para usted que ya tienes rete hartos Fridas. Sabe que a veces me canso algo de la pintarrajeada, sobre todo cuando me pico y le sigo más de tres horas, pero yo espero que dentro de dos meses ya estaré menos fregada. En esta fregada vida se sufre harto, hermano, y aunque se aprende, lo resiente uno rete macizo a lo largo, y por más que le hago para hacerme la fuerte hay veces que quisiera aventar el harpa: ¡a lo machín! No estoy bromeando. Oiga, no me gusta sentirlo triste, ya ve que hay por este mundo gentes como yo, que están "pior" que uno, y le siguen jalando parejo; así es que, ningún desavalorinarse, y en cuanto pueda se regresa a Mexicalpán de los tlachiques. Ya sabe que acá la vida es dura, pero sabrosa, y usted merece hartas cosas buenas, porque la mera verdad es usted "doble ancho", compañero, ya sabe que se lo dice de corazón su mera cuate del alma.

"Ahora sí que no puedo contarle chismes de por acantos, pues me paso la vida enclaustrada en esta pinche mansión del olvido, dedicada dizque a recuperar la salud y a pintar en mis ratos de ocio. No veo a ninguna clase de raza, ni copetona, ni proletaria, ni ando en reuniones "literario-musicales". Cuando más oigo el odioso radio, que es un castigo peor que estar purgado y leo los *diarios* (a cual más de pen...sadores). Estoy leyendo un libro gordote de Tolstoi que se llama *La guerra y la paz* que se me hace "padre". Ya las novelas de amor y contra ellas no me dan de alazo, y sólo de cuando en cuando caen a mis manos algunas de detectives. Me gustan cada día más los poemas de Carlos Pellicer, y de uno que otro poeta de verdad, como Walt Whitman, de ahí en fuera no le entro a la literatura. Quiero que me diga qué le gusta leer, para mandárselo. Ya habrá sabido, naturalmente, la muerte de Doña Estercita Gómez, la mamá de Marte (el ingeniero Marte R.). Yo no lo vi a él personalmente, pero le mandé una carta con Diego, me dice Diego que le pudo mucho y está muy triste. Escríbale.

"Gracias, chulo, por lo que me ofrece mandarme de allá. Cualquier cosa que me dé será un recuerdo que guardaré con harto cariño. Recibí carta de Marianita y me dio muchísimo gusto. Ya le contesto. Salúdeme mucho a Licha y a todos los chamacos.

"A usted, ya sabe, le mando un beso y el sincero cariño de su cuate.

FRIDA

Gracias porque me va a mandar la mosca. Ya me hace algo de falta.

En realidad, la fusión espinal no alivió permanentemente los problemas que tenía en la espalda. Cuando la dieron de alta en el hospital y ella regresó a México, primero tuvo que guardar cama y luego estuvo confinada en un corsé de acero durante ocho meses. El doctor Wilson le mandó llevar una vida tranquila con mucho descanso, pero Frida no siguió las órdenes y su salud siguió empeorando. Se incrementó el dolor de la espina, desarrolló anemia y se reprodujo la infección de fungos en la mano derecha.

Alejandro Gómez Arias cree que el doctor Wilson fusionó las vértebras equivocadas. Uno de los médicos de Frida, el doctor Guillermo Velasco y Polo, asistente del cirujano Juan Farill, quien ejecutó en México algunas fusiones espinales unos años más tarde, compartía esta opinión. Dice que la lámina de metal introducida por el doctor Wilson "no quedó en el lugar indicado, pues la vértebra enferma estaba justamente arriba. Quizá fue por eso que Frida se entregó en manos del doctor Farill. En el Hospital Inglés de aquí, se trató de extraer el pedazo de metal que le había colocado el doctor Wilson y de hacer una fusión espinal con un injerto de hueso". Cristina contó que la operación ejecutada en Nueva York fue tan dolorosa que se le aplicaron a Frida dosis muy grandes de morfina. Empezó a alucinar y a ver animales en el cuarto del hospital. Más tarde, ya no se pudo deshacer de la adicción a la droga. Es cierto que la letra de Frida se volvió más grande y menos controlada aproximadamente durante esa época, y que los apuntes hechos en el diario parecen frenéticos y eufóricos.

En retrospectiva, la fusión espinal de Frida puede parecer un fracaso. No obstante, Frida misma decía que el cirujano era "maravilloso" y que se sentía muy bien. Es posible que ella misma haya estropeado la recuperación. Lupe Marín recordó que "la operación del doctor Wilson dejó a Frida en perfectas condiciones, según pensaban, pero una noche colmada de desesperanza, quizá Diego no llegó a casa o algo, Frida se puso histérica y se volvió a abrir todas las heridas. No había nada qué hacer con ella, nada en absoluto". Una historia semejante hace constar que, en alguna ocasión después de la fusión espinal, Frida se arrojó al piso, furiosa, y así deshizo lo ya logrado por la operación. Desgraciadamente, no existe información médica precisa al respecto, pero dicen que también sufría de osteomielitis, inflamación de la médula que causa el progresivo deterioro de los huesos y que una fusión espinal definitivamente no hubiera podido curar.

Árbol de la esperanza, de 1946, que en la carta a Morillo Safa describió como nada más "que el resultado de la jija operación", muestra a Frida llorando, vestida con un traje rojo de tehuana y cuidando a otra versión de sí misma que está acostada desnuda, aunque parcialmente cubierta por una sábana, en una camilla rodante de hospital (lámina XXX). La mujer recostada aparentemente se encuentra todavía bajo los efectos de la anestesia de una operación que le dejó profundas incisiones en la espalda. Éstas tienen las mismas posiciones que las cicatrices del dibujo que Frida mandó a Alejandro Gómez Arias, con la diferencia de que en el cuadro están abiertas y sangrando. La Frida sentada muestra con orgullo un corsé ortopédico pintado de un vivo color rosa con una hebilla roja, típico ejemplo de la ironía de Frida: el trofeo que ganó en ese maratón médico. Resulta evidente que trae otro aparato puesto, por las dos abrazaderas que le apoyan el pecho. Sin embargo, no la sostiene de verdad ese aparato, sino una bandera verde que ostenta en la mano derecha en la cual se leen en letras rojas, las palabras que Frida con frecuencia repetía a sus amigos: "Árbol. de la esperanza, mantente firme". Ésta es la primera línea de una canción veracruzana que le gustaba cantar, y que sigue así: "Que no lloren tus ojos cielito lindo al despedirme". Esto sugiere que el árbol de la esperanza sirve como metáfora para una persona. En el caso particular del cuadro, esta persona es el guardián, Frida, que llora por compasión, pero está sentada muy derecha. La idea de pintar cuadros basados en canciones se originó en los frescos realizados por Rivera en el tercer piso de la Secretaría de Educación, así como en las baladas ilustradas por Posada. No obstante, Frida siempre utilizó las canciones sólo como punto de partida para representar su drama personal. "Árbol de la esperanza, mantente firme" constituyó su grito y lema personal.

No obstante, el árbol de la esperanza de Frida crece desde el dolor: en el cuadro, las borlas rojas de la bandera son análogas a la sangre que gotea de la herida de la paciente. El extremo puntiagudo del asta de la bandera, cubierto de rojo, evoca un ensangrentado instrumento quirúrgico. Las dos Fridas son flanqueadas, de un lado, por un precipicio (donde un poco de pasto "lleno de esperanza" sale de la piedra volcánica), y del otro, por una tumba o zanja rectangular, versión más inquietante de los barrancos oscuros que atraviesan la tierra árida y que simbolizan la carne herida de la pintora. Sin embargo, a pesar del horror y el peligro, el cuadro consiste en un acto de fe, como un retablo. En esta obra la fe de Frida radica en sí misma, y no en una imagen sagrada. El guardián, resplandeciente en el traje de tehuana, representa al autor de los milagros.

"El paisaje es el día y la noche", dijo Frida acerca de *Árbol de la esperanza* en la carta a Morillo Safa. "Hay un esqueleto (o la muerte) que huye, despavorido ante la *voluntad mía de vivir*. Ya se lo imagina, más o menos, pues la descripción es «gachísima». Ya ve que no poseo la lengua de Cervantes, ni la aptitud o genio poético o descriptivo, pero usted es un «acha» para entender mi lenguaje, un tanto cuanto «relajiento»". En el cuadro, como existe ahora, ya no aparece el esqueleto, aunque la voluntad de vivir es completamente evidente. La muerte está presente sólo en sentido metafórico, dentro de la zanja parecida a una tumba y en la dialéctica de la luz y la oscuridad (el sol y la luna) que acompañan a las Fridas, una viva y la otra casi muerta. Extrañamente, la Frida que mantiene la esperanza está sentada debajo de la luna, mientras el sol descubre a la destrozada paciente de la cirugía. Es posible especular que esto es así porque el sol, en este caso, un enorme orbe color rojizo, se alimenta de la sangre humana, según las creencias aztecas.

Otro cuadro de 1946, *La venadita*, también plasma la experiencia de la fusión espinal. Consiste en un autorretrato, en el que Frida se presenta con el cuerpo de un joven venado (Granizo, el modelo, era macho) y con la cabeza humana coronada con una cornamenta (lámina XXXI). Originalmente fue propiedad de Arcady Boytler, el hombre que recomendó al doctor Wilson a Frida y quien, según mencionó ésta en la carta a Ella Wolfe, también tenía problemas espinales. Al igual que *La columna rota*, *La venadita* utiliza metáforas sencillas para demostrar que Frida está sufriendo. Al correr a través de un claro, nueve flechas entran en el venado y lentamente lo matarán. Sin duda, se refieren al paso de la misma Frida por la vida, durante la cual la persiguen heridas que, finalmente, la destruyen. Las heridas causadas por las flechas sangran, pero el rostro de Frida está calmado.

El cuadro también señala el sufrimiento sicológico. En realidad, el padecimiento físico y el síquico estaban interconectados tanto en la vida como en el arte de Frida. A partir del divorcio, y probablemente desde antes, las enfermedades que contrajo correspondieron tantas veces a periodos de trauma emocional que uno llega a la conclusión de que las "utilizó" para detener a Diego o para convencerlo de que regresara con ella. Ella Wolfe dice que *La venadita* expone "la agonía de vivir con Diego". Otro amigo íntimo indica que las flechas significan el sufrimiento de Frida gracias a la opresión de los hombres, explicación que las pondría en el mismo plano que las puñaladas de *Unos cuantos piquetitos*.

En *La venadita*, Frida volvió a usar objetos estropeados para señalar sus heridas, tanto las físicas como las sicológicas. Troncos macizos de madera seca y agrietada, con ramas rotas, representan la descomposición y la muerte. Las nudosidades y cortadas de la corteza reflejan las heridas en la ijada del venado. Debajo de sus patas se encuentra un delgado y frondoso vástago verde, parte de un joven árbol y símbolo de la juventud interrumpida de la artista así como del venado. Asimismo, indica la simpatía sentida por Frida hacia las cosas rotas en general. Una vez un jardinero le llevó una silla vieja, preguntando si la debía tirar a la basura, y ella le pidió la pata rota. Luego talló los propios labios en ella, como obsequio para el hombre al que amaba. También es posible que la rama tenga otro significado: Antonio Rodríguez afirma que "en el mundo prehispánico, se colocaba una rama seca (en la tumba del muerto). La resurrección correspondía a la transformación de la rama seca en una verde".

Al pintarse como venado, Frida de nuevo expresó su sentimiento de estar vinculada con todos los seres animados. Este concepto se originó en la cultura azteca. Según lo explica Anita Brenner en *Idols Behind Altars*, una penetrante actitud indígena se oculta tras una gran parte de la cultura mexicana, en la suposición de que los seres humanos "participamos de la misma materia como otras vidas no humanas". Por eso, los artistas precolombinos producían criaturas abstractas y compuestas por partes humanas y animales, con el fin de simbolizar la idea de la continuidad y el renacimiento. Los dioses precolombinos no constituían seres específicos, sino dinámicos, complejos, con muchas formas y atributos cambiantes. "La veneración", escribió Anita Brenner, "consistió en el ansia de identificarse con alguna cualidad o función de la divinidad, y no en el deseo de adquirir el carácter y modo de vivir del dios (al que nunca se definió). Por lo tanto, un adorador azteca podía rezar: «Soy la flor, soy la pluma, soy el tambor y el espejo de los dioses. Soy la canción. Lluevo flores, lluevo canciones»". Desde luego parece que oímos hablar, a través de estas palabras, a Frida, describiéndose como una montaña o un árbol o apuntando en el diario que los seres humanos forman parte de una sola corriente y que se dirigen hacia sí mismos "a través de millones de seres piedras, de seres aves, seres astros, seres microbios y seres fuentes..." Para los aztecas, ciertos animales tenían significados particulares. El loro, por ejemplo, por el poder del habla, se consideraba como criatura sobrenatural y se representaba mediante un pájaro con cabeza de hombre. Los aztecas también creían que un niño recién nacido tenía una contraparte animal; el destino de una persona estaba relacionado con el del animal que simbolizaba, el signo del calendario, en el día de su nacimiento. De modo semejante, Frida se percibía como criatura con posibilidad de metamorfosis. A veces tenía flores en lugar de cabeza y alas en lugar de brazos, o su cuerpo se transformaba en un venado. Sin duda, el surrealismo tuvo algo qué ver en este asunto, pero su verdadera fuente era el enfoque mágico de la vida en la antigua cultura mexicana.

La venadita también se remite al folclore y la poesía mexicanos. Hay una canción popular que empieza así:

Soy un pobre venadito que habita en la serranía.
Como no soy tan maldito, no bajo al agua de día.
De noche, poco a poquito, a tus brazos, vida mía.

En los "Versos expresando los sentimientos de un amante", Sor Juana Inés de la Cruz escribió:

Si ves el ciervo herido
que baja por el monte acelerado,
buscando, dolorido,
alivio al mal en un arroyo helado,
y sediento al cristal se precipita,
no en el alivio, en el dolor me imita.

A pesar de que el drama expresado por el cuadro es imaginario, el autorretrato de Frida como *La venadita* está relacionado con su propia vida: la idea de que una víctima herida es como un venado, la anotó en su diario en 1953. De luto por la prematura muerte de una amiga íntima, la pintora Isabel (Chabela) Villaseñor (quien realizó el papel de la hermosa y joven mujer indígena en *¡Qué Viva México!*, de Eisenstein), Frida pintó un autorretrato en el que sostiene una paloma y tiene el cuerpo cruzado por largas líneas que parecen lanzas. "Chabela Villaseñor", escribió. "Hasta que me vaya, Hasta viajar por tu camino. ¡Buen viaje, Chabela! Carmesí, carmesí, carmesí, Vida muerte". En la siguiente página redacta un poema recordando a su amiga perdida:

Te nos fuiste, Chabela Villaseñor
Pero tu voz
tu electricidad
tu talento enorme
tu poesía
tu luz
tu misterio
tu Olinka

toda tú, te quedas viva

Isabel Villaseñor pintora, poeta, cantadora
¡Siempreviva!

Carmesí
Carmesí
Carmesí
Carmesí
como la sangre
que corre
cuando matan
un venado.

Capítulo 21

Retratos de un matrimonio

Años despuÉs de las muertes de Frida y de Diego, sus amigos los recordaban como "monstruos sagrados". Sus aventuras y excentricidades se encontraban más allá de la mezquina censura de la moralidad ordinaria; no sólo se condonaban, sino que se guardaban en la memoria y convertían en mitos. En cuanto a ser "monstruos", los Rivera podían alojar a Trotsky, dedicar himnos pintados a Stalin, construir templos paganos, agitar pistolas, ostentar el haber comido carne humana y portarse en el matrimonio con la actitud imperiosa de las deidades olímpicas. Para los años cuarenta, Diego, desde luego, se había transformado en un mito de la antigüedad, mientras Frida, por otra parte, gozaba recientemente de dicha categoría. En el curso de esa década, se fundieron ambos mitos.

Después de contraer segundas nupcias, el lazo entre Frida y Diego se hizo más profundo, pero también se incrementó su mutua autonomía. Aun cuando vivían juntos, las ausencias de Diego eran frecuentes y largas. Ambos tenían aventuras: él abiertamente, y ella, en secreto, por los exagerados celos de su esposo cuando se trataba de otros hombres. No es de sorprender que su vida haya estado llena de violentas batallas seguidas por amargas separaciones y tiernas reconciliaciones.

A partir del "retrato de bodas" de 1931, Frida plasmó en la pintura las vicisitudes de su matrimonio. Los distintos cuadros que los muestran juntos, o que incluyen a Diego sólo por inferencia, por ejemplo, en las lágrimas que corren por las mejillas de Frida, revelan la medida en la que se modificó la relación de los Rivera en el curso de los años, a pesar de que algunas realidades fundamentales permanecieron constantes. *Frida y Diego Rivera,* 1931; *Autorretrato como tehuana,* 1943; *Diego y Frida 1929-1944,* 1944; *Diego y yo,* así como *El abrazo de amor del universo, la tierra (México), Diego, yo y el señor Xolotl,* ambos de 1949, expresan el gran cariño sentido por Frida hacia Diego, al igual que su necesidad de él. De manera contundente, la pareja se relaciona de modo distinto en cada cuadro. En el primero, el de bodas, el contacto entre ellos parece algo rígido. Como las figuras en un doble retrato realizado por un pintor folclórico, miran hacia adelante, en lugar de fijarse el uno en el otro. Este factor, agregado al espacio que los separa y el asimiento no muy estrecho de sus manos, les da la apariencia de nuevos compañeros que todavía no aprenden los pasos complicados y entrelazados del baile matrimonial. Por contraste, en el *Autorretrato como tehuana*, de 1943, el amor obsesivo que une a Frida con su esposo, imposible de poseer, atrapa la imagen de éste en la frente de ella, en forma de un "pensamiento" (lámina XXI). Un año más tarde, en *Diego y Frida 1929-1944* (ilustración 62), se entrelaza tan estrechamente con Diego que sus rostros componen una sola cabeza: estado simbiótico que, obviamente, no constituye una unión agradable ni armoniosa. En *Diego y yo,* la desesperanza experimentada por Frida a causa de los amores de Rivera se vuelve casi histérica. El retrato de su esposo se encuentra en la frente de la artista, pero él mismo se halla en otra parte, y un mechón de cabello la parece ahogar: una mujer que se hunde en la soledad (lámina XXVI). Al pintar *El abrazo de amor,* siguió llorando, pero aparentemente llegó a alguna resolución en cuanto al matrimonio. Frida sostiene a Diego en un abrazo, en lugar de dominarlo por completo (lámina XXXIII). Mientras ella jugó un papel filial en el retrato de bodas de 1931, en 1944, la pareja aparentemente ha alcanzado un estado de lucha más o menos igualitario, aunque no de reciprocidad. En *El abrazo de amor,* Frida, por fin, aprende a poseer a Diego del modo que probablemente fue el mejor para ambos: él encarna a un gran niño, recostado y contento en las piernas maternales de ella.

Los Rivera compartían muchas cosas: el humor, la inteligencia, el mexicanismo, la conciencia social y una actitud bohemia ante la vida. No obstante, quizás el lazo más fuerte entre ellos fue el inmenso respeto que inspiraba a cada uno el arte del otro. Rivera estaba orgulloso del éxito profesional de su esposa y admiraba el creciente dominio artístico que ella estaba alcanzando. Solía mencionar que Frida tuvo el honor de ver un cuadro suyo colgado en el Louvre, antes de que él o cualquiera de sus colegas pudiera decir lo mismo. Le encantaba presumir de ella delante de sus amigos. Una visitante recuerda que cuando conoció a Rivera, éste en primer lugar le dijo que debía presentarla con Frida. "¡No existe artista en México que se pueda comparar con ella!", declaró Rivera, radiante. "De inmediato me platicó que Picasso, en París, tomó un dibujo de Frida, lo miró por mucho tiempo, y luego comentó: «Mira estos ojos: ni tú ni yo somos capaces de nada así». Me di cuenta de que, al contarme eso, sus propios ojos saltones relucían con las lágrimas".

Al discutir el genio de Frida, Rivera solía afirmar: "Todos éramos patanes junto a Frida. Ella es la mejor pintora de su época". En el artículo "Frida Kahlo y el arte mexicano", escrito en 1943, apuntó: "En medio del panorama de toda la pintura mexicana de calidad, producida durante los últimos veinte años, como diamante en el centro mismo de un gran joyel, clara y dura, precisa y cortante, esplende la pintura de Frida Kahlo Calderón". Frida representaba, según dijo, "la mejor prueba de la realidad del renacimiento del arte de México".

Frida regresaba estos cumplidos a Diego. Para ella, él conformaba al "arqui-

tecto de la vida". Escuchaba sus historias y teorías con escepticismo entretenido;
a veces interponía: "Diego, ésa es una mentira", o estallaba en contagiosas y profundas risas. Mientras él hablaba, ella frecuentemente hacía extraños y pequeños
movimientos con las manos. Éstos eran señas, para que los oyentes supieran qué
parte de sus discursos era verdad, y qué no. En "Retrato de Diego", Frida escribió:

> Su supuesta mitomanía se encuentra en relación directa con una tremenda ima-
> ginación. Es decir, sigue tan mentiroso como los poetas o los niños que todavía
> no han sido convertidos en idiotas por la escuela o sus madres. Le he oído toda
> clase de mentiras: desde las más inocentes hasta historias muy complicadas acerca
> de gente, a la que combina en situaciones y actividades fantásticas, siempre con
> un gran sentido del humor y una maravillosa capacidad crítica; pero nunca le he
> escuchado una sola mentira estúpida ni banal. Mintiendo, o jugando a la mentira,
> desenmascara a muchas personas, averigua el mecanismo interior de los demás, menti-
> rosos mucho más ingenuos que él. Lo más curioso en cuanto a las supuestas men-
> tiras de Diego es que a través de ellas, los que están involucrados en las combi-
> naciones imaginarias, tarde o temprano se enojan, no por la mentira, sino por la
> verdad que ésta contiene y que siempre sale a la superficie.
> ...Ya que eternamente siente curiosidad, al mismo tiempo se constituye en un
> conversador incansable. Es capaz de pintar por horas o días sin descansar, platicando
> mientras trabaja. Habla y discute acerca de todo, absolutamente todo, como Walt
> Whitman. Le gusta hablar con todos los que quieren escucharlo. La conversación que
> lleva siempre resulta interesante. Incluye frases que asombran y a veces hieren; otras
> conmueven, pero nunca deja al oyente con la impresión de inutilidad o vacío. Sus
> palabras desconciertan mucho, porque son vivas y reales.

Frida toleraba y cedía a las idiosincrasias egocéntricas de Rivera. Lo protegía
exageradamente, defendiéndolo, por ejemplo, cuando lo atacaban por trabajar para
millonarios, o cuando la gente lo acusaba de ser millonario él mismo. En "Retrato
de Diego", desafió a los críticos de éste con una retórica que parece echar fuego
por la nariz:

> A los ataques cobardes que se emprenden contra él, Diego siempre reacciona
> con firmeza y un gran sentido del humor. Nunca transige ni cede: se enfrenta abier-
> tamente a sus enemigos, de los cuales la mayoría es rastrera y unos cuantos, vale-
> rosos. Siempre confía en la realidad y nunca en los elementos de la "ilusión" ni
> en "lo ideal". Esta intransigencia y rebeldía son fundamentales para Diego; comple-
> mentan su retrato.
> Entre las muchas cosas que se dicen de Diego, las siguientes son las más comu-
> nes: lo llaman creador de mitos, buscador de publicidad, y lo más ridículo, millo-
> nario... Resulta difícil de creer, seguramente, que los insultos más bajos, más falsos
> y más estúpidos se han arrojado contra Diego en su propia casa:
> México. Por medio de la prensa, mediante actos bárbaros y vandálicos se ha
> tratado de destruir su obra, empleando todo, desde los paraguas inocentes de seño-
> ras "decentes", que de forma hipócrita rayan los cuadros, como si fuera un accidente
> casual ocurrido al pasar, hasta los ácidos y los cuchillos de mesa, sin olvidar los
> escupitajos comunes y corrientes, dignos de los poseedores de tanta saliva y tan
> poco cerebro; por medio de grupos de jóvenes "bien educados", que apedrean su
> casa y su estudio, destruyendo obras irremplazables de arte mexicano precortesiano,

que forman parte de la colección de Diego; a través de los que se van corriendo después de haberse divertido con sus cartas anónimas (sería inútil hablar del valor de los remitentes); o por medio del silencio neutral, como de Pilato, de la gente en el poder, encargada de cuidar o importar la cultura para el buen nombre del país, pero que no da importancia a esos ataques a la obra de un hombre quien, con todo su genio y esfuerzo creativo único, no sólo trata de defender la libertad de expresión propia, sino también la de todos. . .

Sin embargo, los insultos y los ataques no cambian a Diego. Forman parte de los fenómenos sociales de un mundo en decadencia, y nada más. Toda la vida lo sigue interesando y lo asombra, por el aspecto fluctuante de la misma, y nada lo desilusiona ni intimida, porque él conoce el mecanismo dialéctico de los fenómenos y los sucesos.

Frida también estaba dispuesta a defender físicamente a su esposo, tanto como con palabras. En una ocasión, un borracho sentado en la mesa de junto en un restaurante buscó camorra con Diego, llamándolo "maldito trotskista". Rivera lo tiró de un golpe, pero uno de los compañeros del agresor sacó una pistola. Furiosa, Frida se puso delante de él, vociferando insultos. La pusieron fuera de juego con un revés en el estómago. Afortunadamente intervinieron los meseros, pero Frida, en todo caso, atrajo tanta atención que los atacantes prefirieron huir.

Mientras *Raíces* indica un momento de calma y contento matrimoniales, el pequeño cuadro intitulado *Diego y Frida 1929-1944* señala que esta condición terminó en 1944. Es cierto que los Rivera estuvieron separados durante una gran parte de dicho año. Como siempre, seguían reuniéndose con frecuencia y, a pesar de la separación, celebraron su decimoquinto aniversario de bodas con una gran fiesta y el intercambio de regalos. *Diego y Frida 1929-1944* constituyó el obsequio de Frida a su esposo. Captando el deseo de unirse con Diego, literalmente, de ser él, se pintó a sí misma y a Rivera como una sola cabeza, dividida verticalmente en dos partes. Un collar, formado por un tronco de árbol con ramas erizadas, rodea el cuello común de los dos. Evidentemente, la fragilidad del lazo marital volvió a Frida más ansiosa por poseer a Diego fundiendo la propia identidad con la de él.

Los nombres de los esposos, así como los años de su matrimonio, se encuentran inscritos en las diminutas conchas de almeja que decoran el marco, en forma de azucena, del cuadro. Los costados y las volutas curvadas del mismo evocan la pintura *La flor de la vida,* con la forma de una matriz, que se realizó también en 1944. Sin importar si Frida ideó el marco del retrato doble pensando en una flor o un útero, ella decía ser el embrión que "engendró a Diego", seguramente pretendió hacer una referencia sexual con las pequeñas conchas color rosa y rojo y las nacaradas de caracol que cubren la superficie del mismo. Para Frida, las conchas del mar simbolizan el nacimiento, la fecundidad y el amor: en la pintura misma, una venera y una concha están entrelazadas con raíces que se extienden desde el collar o árbol. Frida declaró, con referencia a objetos semejantes representados en *Moisés,* que encarnan "los dos sexos envueltos en raíces, eternamente nuevos y vivos".

La dualidad masculina/femenina se repite en la presencia simultánea del sol y la luna, y en la misma cabeza partida. En realidad, la idea de mostrar dos aspectos de una cosa dividiendo una cabeza por la mitad, probablemente se derivó del arte precolombino (Frida con frecuencia se ponía un prendedor en forma de cabeza de Tlatilco, con dos caras unidas en una y una sola ceja) o de las representaciones mexicanas de la trinidad, con tres cabezas barbadas fundidas en una.

Como prueba de amor, *Diego y Frida 1929-1944* resulta un poco discordante. Las formas opresivas e intrincadas parecen manifestar circunvoluciones interiores. Los rostros de los esposos tienen tamaños y conformaciones distintas, de manera que, aunque estén unidos, la disyunción indica la inestabilidad del matrimonio. Para mantenerlos juntos, la artista fija la cabeza con un árbol como collar, cuyas ramas están desprovistas de hojas, del mismo modo en que los Rivera quedaron sin hijos. Los vástagos entrelazados se parecen a la corona de espinas de Cristo: el vínculo marital equivale al martirio.

Tres meses más tarde, todavía estaban separados. El 25 de diciembre, Rivera escribió un recado dirigido "A la célebre pintora y distinguida dama Doña Frida Kahlo de Rivera, con el afecto, la devoción y el profundo respeto de su incondicional milagro". En el dorso de la hoja, decía: "Querida niña fisita, no dejes que la pelea te enoje. Puedes estar segura de mi cariño y de mi deseo de que nuevamente veamos el mundo juntos, como lo hicimos el año pasado, de que vuelva a percibir tu sonrisa y de saber que estás feliz. Devuelve a tu Cupido sus cimientos y permite que esta amistad y este cariño duren para siempre".

Efectivamente se reconciliaron y su amor, en un sentido más profundo, de veras duró "para siempre". El dolor también persistió. La mayoría de los momentos espinosos en el matrimonio de Frida y Diego tuvieron su causa en el comportamiento irregular e inmoderado de este último. Le encantaba alguien o algo y, después de poseer y disfrutar de esa persona u objeto, lo tiraba como un niño que se deshace de un juguete viejo. Su médico lo declaró incapaz de ser fiel, y Rivera se lo creyó con gusto.

Alguna gente dice que a Frida le agradaba escuchar cómo Diego relataba el desenlace de sus aventuras amorosas, y es cierto que ella frecuentemente hacía chistes sobre el flirteo incorregible de su esposo. En público ella se burlaba así: "Ser la esposa de Diego es lo más maravilloso del mundo... Permito que juegue al matrimonio con otras mujeres. Diego no es el marido de nadie, nunca lo será, pero es un gran camarada". En el texto "Retrato de Diego", Frida explicó esta actitud más a fondo:

No hablaré de Diego como "mi esposo", porque eso sería ridículo. Diego nunca ha sido ni será jamás el "esposo" de nadie. Tampoco lo mencionaré como amante, porque para mí trasciende el reino del sexo. Si lo describo como hijo, no habré hecho más que expresar o pintar mis propias emociones, casi un autorretrato, y no el retrato de Diego... Probablemente alguna gente espera un retrato muy personal, "femenino", divertido y lleno de anécdotas, quejas y quizá también cierta cantidad de chismes, de los "decentes", que se pueden interpretar o utilizar según la morbosidad del lector. Quizás esperen oír lamentos sobre "lo que se sufre" viviendo con un hombre como Diego. Sin embargo, no creo que las riberas de un río padezcan por dejar correr el agua, ni que la tierra sufra porque llueva, ni que el átomo se aflija porque descarga energía... para mí todo tiene su compensación natural. Dentro del margen de mi difícil oscuro papel como aliada de un ser extraordinario, se me otorga el mismo premio que a un punto verde en medio de un campo rojo: el premio del "equilibrio". Las penas y alegrías que regulan la vida de esta sociedad, podrida por las mentiras, no son mías, aunque viva en ella. Si yo tengo prejuicios y las acciones de otros, incluyendo las de Diego Rivera, me hieren, acepto la culpa de mi incapacidad de ver claramente; si no tengo tales prejuicios, debo admitir que es natural que los glóbulos rojos luchen contra los blancos sin el más mínimo escrúpulo, y que este fenómeno sólo equivale a un estado de salud.

Es muy posible que Frida haya sostenido esta actitud tolerante a una edad más avanzada y en los casos en que el asunto era trivial. No obstante, se quejaba de las dificultades matrimoniales con sus amigos más íntimos.

"Cuando nos encontrábamos a solas", recuerda Ella Wolfe, "me contaba de lo triste que era su vida con Diego. Nunca se acostumbró a los amores de él. Cada vez la hería de nuevo, y siguió sufriendo así hasta el día en que murió. A Diego no le importaba. Decía que el sexo es como la micción. No comprendía por qué la gente lo tomaba tan en serio No obstante, él sí era celoso de Frida: un doble criterio, «el gran macho»".

El hecho de que "siguió sufriendo" se pone de manifiesto, de manera obvia, en los autorretratos de Frida, y resulta particularmente intenso en los que la muestran con el tocado festivo de tehuana. Tanto en *Autorretrato como tehuana,* de 1943, como en el *Autorretrato,* de 1948 (láminas XXI y XXV), el rostro de Frida se ve perverso, incluso demoniaco, con la mirada penetrante debajo de las cejas oscuras y unidas, los labios rojos y carnosos y el ligero bozo. En la obra de 1948, ella tiene cuarenta años, y los contornos de su cara parecen más llenos y toscos, y menos ovalados: los cinco años que separan los dos retratos han tenido sus consecuencias. No obstante, Frida hace frente a los estragos del tiempo sin recurrir al engaño consolador de la ilusión.

Hay un elemento siniestro en la manera en la que Frida expresa el deseo de poseer a Diego en el primer cuadro. Es tan devoradora como una flor tropical carnívora. Entrelazadas con los hilos blancos que salen del diseño vegetal de los encajes hay raíces negras que en realidad forman continuaciones de las venas de las hojas que le adornan el cabello. Esta red viva de tentáculos parece constituir una extensión de Frida, senderos de energía y de sentimiento creados por alguien desesperado con la soledad y el encierro de ella y quien deseó hacer surgir la vitalidad de la artista de los límites de su cuerpo. Como una araña que se asoma por el centro de su tela, Frida atrapa la imagen de Diego en la frente. Aparentemente se comió a su víctima y alojó el recuerdo de la misma dentro de su propio ser, en forma de un pequeño retrato dentro del suyo.

En el autorretrato pintado en 1948, Frida trata la cuestión del amor frustrado de otra manera. Con excepción de una sombra de tensión alrededor de la boca y relucientes lágrimas en los ojos, el rostro de Frida, como siempre, es sereno y determinado. Sin embargo, emociones fuertes se agitan debajo de su piel. En la parte superior del cuadro, firmó su nombre y anotó el año en una hoja, con el mismo color que usó para marcar las venas de la misma: rojo sangre. Tres brillantes lágrimas sobre la piel morena sugieren su fascinación con el propio aspecto triste: el narcisismo del pesar. El espectador siente que en un momento de deses-

XVII *Autorretrato con mono,* 1940, óleo sobre masonite, 50.8 × 38.7 cm, colección del señor Jacques Gelman y señora, México, D. F., fotografía de Raúl Salinas.

XVIII *Autorretrato de pelona,* 1940, óleo sobre tela, 40 × 27.9 cm, colección Museo de Arte Moderno, Nueva York, donado por Edgar Kaufmann, Jr.

XIX *Autorretrato*, 1940, óleo sobre masonite, 59.7 × 40 cm, colección testamentaria del doctor Leo Bloesser, por cortesía de la galería Hoover.

XX *Autorretrato con monos,* 1943, óleo sobre tela, 81.5 × 63 cm, colección del señor Jacques Gelman y señora, México, D. F., fotografía de Raúl Salinas.

XXI *Autorretrato como tehuana*, 1943, óleo sobre masonite, 63 × 61 cm, colección del señor Jacques Gelman y señora, México, D. F., fotografía de José Verde.

XXII *Pensando en la muerte,* 1943, óleo sobre masonite, 59 × 51 cm, colección Dolores Olmedo, México, D. F., fotografía de Raúl Salinas.

XXIII *Autorretrato con changuito*, 1945, óleo sobre masonite, 54.5 × 39.5 cm, colección Dolores Olmedo, México, D. F., fotografía de Raúl Salinas.

XXIV *Autorretrato*, 1947, óleo sobre masonite, 61 × 45.1 cm, colección Licio Lagos, México, D. F., fotografía por cortesía de la Galería de Arte Mexicano.

XXV *Autorretrato*, 1948, óleo sobre masonite, 48.3 × 39.4 cm, colección del doctor Samuel Fastlicht, México, D. F., fotografía de Raúl Salinas.

XXVI *Diego y yo*, 1949, óleo sobre tela y masonite, 61 × 21.6 cm, colección señor S. A. Williams, Wilmette, Illinois, fotografía de William H. Bengtson.

XXVII *Raíces,* 1943, óleo sobre lámina, 30 × 51 cm, colección Dolores Olmedo, México, D. F., fotografía de Raúl Salinas.

XXVIII *La columna rota,* 1944, óleo sobre masonite, 40 × 31 cm, colección Dolores Olmedo, México, D. F., fotografía de José Verde.

XXIX *Sin esperanza,* 1945, óleo sobre masonite, 28 × 36 cm, colección Dolores Olmedo, México, D. F., fotografía de Raúl Salinas.

XXX *Árbol de la esperanza*, 1946, óleo sobre masonite, 55.9 × 40.6 cm, colección Daniel Filipacchi, París, fotografía por cortesía de Sotheby Parke Bernet.

XXXI *La venadita*, 1946, óleo sobre masonite, 23 × 30 cm, colección señor Espinosa Ulloa, México, D. F., fotografía de Raúl Salinas.

XXXII *El sol y la vida,* 1947, óleo sobre masonite, 40 × 49.5 cm, colección Manuel Perusquía, México, D. F., fotografía de Raúl Salinas.

XXXIII *El abrazo de amor del universo, la tierra (México), Diego, yo y el señor Xolotl,* 1949, óleo sobre tela, 69.9 × 60.3 cm, colección Eugenio Riquelme y señora, fotografía de Karen y David Crommie.

XXXIV *Retrato de Frida y el doctor Farill,* 1951, óleo sobre masonite, 41.5 × 50 cm, colección Eugenia Farill, México, D. F., fotografía de Raúl Salinas

XXXV *Viva la Vida,* 1954, óleo sobre masonite, 59.2 × 50.8 cm, Museo Frida Kahlo, México, D. F., fotografía de Raúl

peración, con las lágrimas calientes mojándole las mejillas, se ha vuelto hacia un espejo buscando consuelo y comunión. En él encontró a otra persona, a la Frida fuerte, la alternativa, y la pintó. Al retratar tanto a la persona deprimida como a la que la observa, Frida se convirtió en espectadora de sus propias emociones.

La relación disyuntiva, cargada de extraña energía, entre Frida y el traje de tehuana, como aparecen en este cuadro, y la manera en la que su rostro parece estar separado del encaje que lo enmarca, subraya la dualidad sicológica de la acción de llorar, el sentido de estar experimentando algo y simultáneamente viendo cómo se experimenta. Esta división da la impresión de ser bastante dolorosa, pues resulta fácil imaginarse por qué se atavió con el velo y los encajes dignos de una novia: estos autorretratos solicitan el amor de Diego. No obstante, el plumaje atractivo sirvió como máscara además de imán; expresó sentimientos de belleza y amor mientras ocultó otros más negativos: el rechazo, los celos, el coraje y el temor a ser abandonada. Por eso, entre mayor era la amenaza de la pérdida de Diego, más complicados y desesperadamente festivos se volvían los adornos de Frida.

Si el ataviarse con gorgueras y encajes representaba un modo de recuperar a Diego, otro era el darle a entender que su sufrimiento podía resultar fatal. En *Pensando en la muerte*, pintado en el mismo año que *Autorretrato como tehuana*, una apertura en la frente de Frida muestra un paisaje con una calavera y dos huesos cruzados (lámina XXII). El mismo tipo de hojas grandes que vivían de la savia vital de Frida en *Raíces*, en este caso forman un denso y carnoso muro tras su cabeza. Delante de esas plantas y entrelazadas con ellas, hay ramas color café con crueles espinas rojas. Frida nos mira con ojos sabios y serios, casi egipcios en cuanto a imperturbabilidad. Su vestimenta y rasgos en este autorretrato efectivamente hacen pensar en el famoso busto de la inigualable Nefertiti, a la que Frida admiraba. En una ocasión habló de "la maravillosa Nefertiti, esposa de Akhenaten. Me imagino que, aparte de ser extraordinariamente bella, era una «alocada» y colaboraba de manera muy inteligente con su esposo".

Sin duda, *La máscara*, cuadro en el que Frida sostiene una máscara morada con cabello anaranjado y tontas facciones de muñeca, de manera que se oculta la cara, se realizó durante otro periodo en el que la traicionaba Diego. Sus lágrimas mojan la máscara, y sus negros ojos se asoman por dos agujeros abiertos en los de la máscara, que en el lienzo están representados como si éste de veras estuviera agujerado. El desplazamiento de las lágrimas, de la persona que está llorando a la máscara, difícilmente podría ser más perturbador. Frida evidentemente está haciendo un comentario acerca de la insuficiencia de la máscara para ocultar las emociones cuando la persona que la usa sufre de gran tensión nerviosa. La sensación de histeria comunicada por este cuadro se incrementa con el pesado muro gris verdoso, de hojas feas y cactos espinosos, que la presiona desde atrás.

Dos dibujos realizados durante los años cuarenta revelan la angustia continua de Frida. En un autorretrato de 1946 (ilustración 63) está llorando, y en *Ruina*, obsequiado a Diego en 1947, pone de manifiesto su infelicidad con las palabras "Avenida Engaño". Una cabeza rajada, marcada "RUINA" y quizá representación de un amalgama de Frida y Diego, se une con una estructura arquitectónica compuesta, en parte, por un árbol con las ramas cortadas. Veinte resaltos de esta edificación llevan números, que supuestamente se refieren a los amores adúlteros de Rivera. A mano derecha, algo qu parece ser un monumento conmemorativo expone las palabras: "Ruina/Casa para pájaros/Nido de amor/Todo para nada".

Como hemos visto, Frida de ningún modo fue una víctima pasiva de los apetitos desmesurados de Diego, y oponía a su infidelidad numerosas aventuras sin trascendencia, y otras no tan insignificantes. A pesar de que su estado de salud, enfermedades y muchas operaciones repercutían en un gran número de periodos durante los cuales no era capaz de llevar una activa vida sexual, no la caracterizaba la pasividad asociada (por lo menos en la literatura) con el estereotipo de la "sufrida" mujer mexicana. Uno de sus amantes recuerda que sus dificultades físicas no presentaban impedimento alguno: "¡Nunca he visto a nadie tan robusto como lo era Frida, en cuanto a la expresión del cariño!" Tampoco tenía escrúpulos en cuanto a la persecución de los hombres que le gustaban. Creía que el grupo de la sociedad llamado por ella "la raza", gente no estropeada por las exigencias hipócritas de la civilización, no se inhibía tanto en lo relacionado con la sexualidad, y como ella quería ser primitivista, se creía en la obligación de expresar francamente sus opiniones sobre asuntos sexuales (aunque no discutía los detalles de su propia sexualidad). Pensaba mucho en el sexo, lo cual resulta evidente en cuadros y dibujos, así como en su diario.

La relación más larga e importante para Frida fue con un pintor refugiado de España, quien desea permanecer en el anonimato y quien vivió en México. Afirma que radicó en la casa de Coyoacán y que Rivera aceptaba el arreglo con ecuanimidad. No obstante, las cartas de Frida revelan que ella procuraba ocultar la aventura ante Diego. En octubre de 1946, por ejemplo, y después de haber viajado a Nueva York con su amante, Frida le escribió a Ella Wolfe para pedirle que remitiera las cartas a su amigo mientras éste se encontraba en Estados Unidos:

Ella linda de mi corazón:

Te sorprenderá que esta muchacha floja y sinvergüenza te escriba, pero ya sabes que de todos modos con o sin cartas, te quiero rete hartísimo. Por aquí no hay novedades importantes; yo sigo mejor; ya estoy pintando (un pinchísimo cuadro), pero algo es algo, "pior" es nada...

Quiero pedirte un favorzote del tamaño de la pirámide de Teotihuacan. ¿Me lo haces? Voy a escribir a B... a tu casa, para que tú hagas seguir las cartas a donde él se encuentre o se las guardes para entregárselas en su propia mano cuando pase por Nueva York. Por lo que tú más quieras en esta vida, que no pasen de tus manos, sino directamente a las de él. *You know what I mean kid!* No quisiera yo que ni Boitito supiera nada si puedes evitarlo, pues es mejor que solamente tú guardes el secreto, ¿comprendes? Aquí *nadie* sabe nada; únicamente Cristi, Enrique... *tú* y yo y el muchacho en cuestión sabemos de qué se trata. Si me quieres preguntar algo de él en tus cartas, pregúntame con el nombre de SONJA. ¿Entendido? Te ruego me cuentes cómo lo ves, qué hace si está contento, si se cuida, etcétera. Ni Sylvia (probablemente Sylvia Ageloff) sabe ningún detalle, así es que no "rajes leña" con *nadie* de este asunto. A ti sí puedo decirte que lo quiero de verdad y que es la única razón que me hace sentir de nuevo con ganas de vivir.

Háblale bien de mí, para que se vaya contento, y que sepa que soy una gente si no muy buena, cuando menos regularcita...

Te mando millones de besos y todo mi cariño.

FRIDA

No olvides romper esta carta, por futuros malentendidos. ¿Me lo prometes?

Hasta la fecha, el amante de Frida sigue ardientemente fiel a la memoria de ella. Valora mucho el pequeño autorretrato ovalado, de aproximadamente cinco centímetros de alto, que ella le regaló más o menos en 1946. Lo guarda en una caja con otros recuerdos: un listón color rosa para el cabello, un arete, unos dibujos y la cabeza de Tlatilco montada en un broche de plata. La relación duró hasta 1952; no obstante, con el peso de los años los problemas físicos de Frida volvían crecientemente más difícil el contacto con el sexo opuesto, y ella se dedicó más a las mujeres, con frecuencia a las mismas con las que Diego tenía amoríos. Según lo expresó Raquel Tibol, "se consolaba cultivando la amistad de mujeres con las que Diego tenía relaciones amorosas".

El hecho de que se acrecentaran las cualidades masculinas de Frida a fines de los años cuarenta se pone de manifiesto en sus autorretratos: ella se pintaba con rasgos más de hombre; por ejemplo, con un bozo todavía más oscuro de lo que era en realidad. No obstante, tanto Frida como Diego contaban con un marcado elemento andrógino; ambos se sentían atraídos hacia las características de su propio sexo que percibían en el otro. A Rivera le encantaban los modales de muchacho de Frida, al igual que su "bigote de Zapata"; en una ocasión se puso furioso cuando ella se rasuró. A Frida le gustaban mucho los aspectos blandos y vulnerables del carácter de Diego, así como sus senos de hombre gordo; esta parte de él garantizaba su necesidad de ella. Escribió una vez: "De su pecho hay que decir que si hubiese desembarcado en la isla gobernada por Safo, no lo hubieran ejecutado las guerreras. La sensibilidad de sus maravillosos senos le daría el derecho de admisión. Aun así, su extraña y particular virilidad lo hace objeto de deseo también en el dominio de las emperadoras ávidas de amor masculino".

Una de las "emperadoras" fue la estrella de cine María Félix, cuyo amorío con Diego se convirtió en un escándalo público. Los problemas empezaron cuando el pintor inició los preparativos para su gran exposición retrospectiva en el Palacio de Bellas Artes. Planeaba usar el retrato de María Félix, en el que estaba trabajando en ese momento, como pieza clave de la muestra. Por supuesto, la obra causó cierta agitación desde antes de que la hubiera terminado. La prensa planteó la pregunta más importante: ¿Estaba posando desnuda la modelo, durante las cuarenta sesiones a las que no admitían a ningún testigo? Los reporteros hicieron constar que el vestido diáfano lucido por María en el cuadro apenas cubría los contornos de su cuerpo. Se publicaron fotografías en las que Rivera hundía amorosamente la mirada en la de su modelo. (Al fin, María Félix se negó a prestar el retrato a la exposición, y el artista lo remplazó con otro igualmente provocador: un desnudo de tamaño natural de otra belleza, la poetisa Pita Amor.)

A pesar de las rectificaciones de Rivera, la prensa también informó que el "muy distinguido pintor" pensaba casarse con la actriz en cuanto consiguiera un divorcio. Tres periódicos importantes dieron a conocer la "noticia" de que María Félix había aceptado la proposición de matrimonio de Diego, con la condición de que se incluyera en la relación, para formar una clase de "ménage à trois", a una amiga de 22 años, hermosa refugiada española que le sirvió de enfermera y compañera a Frida. Rivera declaró que la aventura con María Félix no tenía nada que ver con su intención de divorciarse de Frida, plan que él no negaba. "Adoro a Frida, afirmó con calma, pero creo que mi presencia es muy perjudicial para su salud". Admitió estar enamorado de María Félix, "como otros cientos de miles de mexicanos".

La gama de recuerdos acerca de esta relación es casi tan variada como las personas que la comentan. La mayoría dice que Rivera estaba enamorado de María Félix, aunque no la amaba profundamente, y que ella nunca deseó casarse con él, sino que le gustaba la atención que recibía a causa del escándalo. Alguna gente menciona que Frida rentó un departamento ubicado cerca del monumento a la Revolución, en el centro de la ciudad de México, para estar alejada de Diego por unos meses. Quizás el hecho de que casi muriera en un incendio (dejó una vela encendida sobre una mesa, se le empezó a quemar la falda y la salvó un empleado del edificio quien escuchó sus gritos), convenció a Diego de que debía regresar con ella. Otros hacen constar que la aventura divertía a Frida y que Rivera la mantenía informada acerca de los avances del cortejo, relatándole todos los detalles y problemas que surgían. También le enviaba dibujos y recados que decían, por ejemplo: "Esto es de tu enamorado sapo-rana", o "Así llora tu sapo-rana", debajo de un autorretrato como sapo que llora. Frida fingía que no le importaba el asunto. Incluso le mandó un mensaje a María Félix, en el que ofreció darle a Diego como obsequio (la actriz rechazó la oferta).

Resulta característico de Frida que su propia relación con María Félix perdurara durante este periodo y aún después. En realidad eran amigas íntimas Frida, María y Pita Amor, con la que Rivera supuestamente también tuvo relaciones amorosas. (Frida tenía una fotografía de Pita Amor en la cabecera de su cama, y María Félix encabezaba la lista que adorna su recámara en Coyoacán.)

Adelina Zendejas me habló de la ocasión en la que la mandaron a entrevistar a Diego acerca de su aventura con María, siendo ella reportera de la revista *Tiempo*. Inquirió: "¿Te vas a divorciar?" Él contestó: "¿De quién?" Zendejas respondió: "De Frida, para luego casarte con tu diosa María Félix". Diego afirmó: "Si quieres, puedes hablar por teléfono en este mismo momento y encontrarás a María y a Frida conversando juntas". Adelina interpuso que sabía que Diego ya había presentado la solicitud para el divorcio. Diego reflexionó: "Seguramente te lo dijo alguien del FUF". Adelina se quedó perpleja. El pintor explicó que FUF eran las siglas del Frente Unido de las Feas, cuyos miembros "tienen celos tanto de la belleza de Frida como de la de María". Ya que la informante de Adelina fue la hermosa Lupe Marín, dijo: "No fueron las mujeres feas las que me lo platicaron". "Entonces", respondió Diego, "fue el FUA". De nuevo se turbó Adelina. El FUA era el Frente Unido de las Abandonadas, aclaró Rivera. "Sin duda fueron ellas". Diego, obviamente, estaba aludiendo a Lupe Marín. No obstante, cuando Adelina volvió a interrogar a ésta, le contestó: "Frida es una imbécil que permite que María entre a su casa y se lleve a Diego. Diego es infame, pero Frida es la idiota".

Sin embargo, quizá Frida no fue tan "idiota" después de todo, pues no perdió ni la amistad de María Félix ni a su esposo. En su autobiografía, Rivera relata el desenlace de la situación de manera concisa, lo cual es poco característico en él. Según el pintor, cuando María Félix se negó a casarse con él, regresó con Frida, quien se sentía "deprimida y dolida. No obstante, al cabo de un corto lapso de tiempo todo estuvo en orden otra vez. Logré sobrellevar el rechazo de María. Frida estaba contenta porque había regresado, y yo, agradecido por estar todavía casado con ella".

Ninguna de las versiones de la aventura de Diego y María Félix y de la reacción que tuvo Frida (sea cierto o no) logra negar el coraje y el pesar manifiestos en los autorretratos de 1948 y 1949. Cuando la fotógrafa y escritora Florence Arquin así como su marido, Samuel A. Williams, compraron *Diego y yo*, ésta apenas constituía un esbozo de Frida decorándose el cabello trenzado con flores. El cuadro terminado que envió a Estados Unidos la muestra llorando (en esta obra aun sus facciones parecen sollozar) y con el cabello suelto formando remolinos alrededor de su cuello, como si la fuera a ahorcar. Al igual que en *Autorretrato como tehuana*, su frente ostenta un pequeño retrato de Diego, quien siempre invadía sus pensamientos. No importa qué haya dicho ni cómo se haya encogido de hombros o reído en público: *Diego y yo* perdura como testimonio pintado de la pasión solitaria inspirada en Frida por su esposo, y de la desesperación que le causaba la idea de perderlo.

Estos sentimientos también impregnan su diario. Muchas de las hojas constituyen lo que mejor se puede describir como un poema en prosa dedicado a Diego. Su nombre se encuentra por todas partes. "Amo a Diego... y a nadie más", escribió. En un momento de soledad exclamó: "Diego, estoy sola". Una página más adelante: "DIEGO", y al final, días, meses o años más tarde (Frida no acostumbraba poner fecha a las anotaciones del diario, y a veces agregaba una hoja escrita con anterioridad): "Mi Diego. Ya no estoy sola. Tú me acompañas. Me duermes y me revives". En otro lugar, a continuación de una página llena de palabras y frases sin sentido creadas a la manera de una "corriente de conciencia", hay un apunte que parece referirse a la soledad experimentada por Frida durante la ausencia de Rivera. "Ya me voy conmigo misma", escribió. "Un minuto ausente. Te tengo robado y me voy llorando. Es un vacilón".

Muchas personas dicen que los Rivera nunca estuvieron unidos por un lazo sexual, que en principio eran compañeros. Es cierto que la camaradería formaba una parte importante de la actitud adoptada por Frida hacia su esposo. No obstante, ella también guardó un inconfundible sentimiento erótico, incluso después de que el deseo físico de poseerla disminuyera en Rivera, al cabo de los primeros años de matrimonio, y a pesar de que ella impuso la condición de que su vínculo fuera de celibato en las segundas nupcias. El amor carnal que Diego inspiraba en ella dio a una gran parte de su diario el carácter de una carta de amor erótico: "Diego: Nada comparable a tus manos ni nada igual al oro verde de tus ojos. Mi cuerpo se llena de ti por días y días. Eres el espejo de la noche. La luz violenta de los relámpagos. La humedad de la tierra. El hueco de tus axilas es mi refugio.

Mis yemas tocan tu sangre. Toda mi alegría es sentir brotar tu vida de tu fuente/ flor que la mía guarda para llenar todos los caminos de mis nervios, que son los tuyos". También, unas páginas más adelante:

Mi Diego:

Espejo de la noche:
Tus ojos, verdes dentro de mi carne. Ondos entre nuestras manos. Todo tú en el espacio lleno de sonidos, en la sombra y en la luz. Tú llamarás *auxócromo,* el que capta el color. Yo, *cromóforo:* la que da el color. Tú eres todas las combinaciones de los números, la vida. Mi deseo es la línea, la forma, la sombra, el movimiento. Tú llenas y yo recibo. Tu palabra recorre todo el espacio y llega a mis células, que son mis astros y va a los tuyos que son mi luz. Era sed de muchos años retenida en nuestro cuerpo. Palabras encadenadas que no pudimos decir sino en los labios del sueño. Todo lo rodeaba el milagro vegetal del paisaje de tu cuerpo. Sobre tu forma, a mi tacto respondieron las pestañas de las flores, los rumores de los ríos. Todas las frutas había en el jugo de tus labios, la sangre de la granada, el tramonto del mamey y la piña acrisolada. Te oprimí contra mi pecho y el prodigio de tu forma penetró en toda mi sangre por las yemas de mis dedos. Olor a esencia de roble, a recuerdo de nogal, a verde aliento de fresno. Horizontes y paisajes que recorro con el beso. Un olvido de palabras formará el idioma exacto para comprender las miradas de nuestros ojos cerrados.
Estás presente, intangible, y eres todo el universo que formó en el espacio de mi cuarto. Tu ausencia brota temblando en el ruido del reloj; en el pulso de la luz; respiras por el espejo. Desde ti hasta mis manos, recorro todo tu cuerpo y estoy contigo un minuto y estoy contigo un momento. Y mi sangre es el milagro que va en las venas del aire de mi corazón al tuyo.

LA MUJER

EL HOMBRE

El milagro vegetal del paisaje de mi cuerpo es en ti la naturaleza entera. Yo la recorro en vuelo que acaricia con mis dedos los redondos cerros, penetra mis manos los umbríos valles en ansias de posesión y me cubre el abrazo de las ramas suaves, verdes y frescas. Yo penetro el sexo de la tierra entera; me abrasa su calor y en mi cuerpo todo roza la frescura de las hojas tiernas. Su rocío es el sudor de amante, siempre nuevo. No es amor, ni ternura, ni cariño: es la vida entera, la mía, que encontré al verla en tus manos, en tu boca y en tus senos. Tengo en mi boca el sabor almendra de tus labios. Nuestros mundos no han salido nunca fuera. Sólo un monte conoce las entrañas de otro. Por momentos flota tu presencia como envolviendo todo mi ser en una espera ansiosa de mañana. Y noto que estoy contigo. En este momento lleno aún de sensaciones, tengo mis manos hundidas en naranjas, y mi cuerpo se siente rodeado por ti.

Dado el grado de intensidad alcanzado por el amor carnal que Frida profesaba por Diego, no resulta sorprendente que la infidelidad sexual de éste la hiriera. Para protegerse, adoptó la postura de una madre indulgente, relación igualmente sensual como la de compañera, pero de otra manera distinta. En lugar de sentir "la espada de tus ojos verdes dentro de mi carne", en lugar de que la "rodeara" y "penetrara" el "prodigio" de la forma de Diego, ella lo sentaba en su regazo, lo bañaba y lo cuidaba como si fuera su madre. En realidad, este lazo parecido al que une a una madre con su hijo adquirió aspectos tan físicos que Frida mencionó en su diario que deseaba "dar a luz" a Diego: "Soy el embrión, el germen, la primera célula que, en potencia, lo engendró... Soy *él,* desde las más primitivas y las más antiguas células que con el «tiempo» se volvieron él", escribió en 1947. En otra ocasión, confió al papel: "Cada momento él es mi niño nacido cada ratito, diario, de mí misma". En "Retrato de Diego", Frida hizo constar: "Las mujeres... entre ellas, yo, siempre teníamos ganas de sostenerlo en brazos, como a un recién nacido".

Esto es precisamente lo que hace en *El abrazo de amor del universo, la tierra (México), Diego, yo y el señor Xolotl,* pintado más o menos al mismo tiempo que *Diego y yo.* En este cuadro Frida representa a una especie de madre tierra mexicana, y Diego es su hijo. Una grieta de vivo color rojo se abre en el cuello y pecho de ella, y una fuente mágica rociaba leche desde donde deberían estar su seno y corazón. Éste es el alimento del gran niño pálido, Diego, que se recuesta en sus piernas con una planta de maguey, pintada con vivos colores anaranjado, amarillo y gris en las manos; símbolo de la "fuente/flor" y del sexo masculino. Las lágrimas convierten a Frida en una Madona que ha perdido, o teme perder, a su hijo.

En "Retrato de Diego", escrito durante el año en el que pintó *El abrazo de amor,* Frida describió al Diego que representó en el cuadro, con todo el cariño físico de una madre:

> Su figura: con la cabeza tipo asiático en la que crece pelo oscuro tan delgado y fino que parece flotar en el aire, Diego es un inmenso niño con un rostro amigable y la mirada un poco triste... y muy rara vez desaparece de su boca de Buda, con los labios carnosos, una sonrisa irónica y tierna, flor de su imagen.
>
> Viéndolo desnudo, de inmediato se piensa en un niño rana de pie sobre las patas traseras. Tiene la piel color blanco verdoso, como la de un animal acuático. Sólo están más oscuras sus manos y cara, quemadas por los rayos del sol. Sus hombros infantiles, delgados y redondos, se convierten, sin formar ángulos, en brazos femeninos que terminan en manos maravillosas, pequeñas y delicadas, sensibles y sutiles, como antenas que lo comunican con todo el universo. Resulta asombroso que estas manos hayan servido para pintar tanto y que sigan trabajando incansablemente.

Frida sentía mucho placer en calmar de atenciones a Diego. Se reía de tener que mandar hacer su enorme ropa interior con telas baratas de algodón, para lo cual prefería un vivo color rosa mexicano. (Él era demasiado gordo para la ropa interior de fábrica.) Solía decir refunfuñando, aunque no sin afecto: "Oh, ese niño, ya echó a perder la camisa". Cuando Rivera tiraba sus prendas al piso, Frida lo regañaba cariñosamente. Él respondía inclinando la cabeza en silencio, como un niño consciente de su culpabilidad, y disfrutaba de la atención que estaba recibiendo, a pesar de que Frida estuviera realmente disgustada.

A Rivera le gustaba que lo consintieran. Él mismo admitió tener muchos aspectos infantiles todavía, en el mural del Hotel del Prado (ilustración 74). En esta obra, pintada entre 1947 y 1948, se representó como niño gordo y travieso, vestido de bombachos, con una rana en una bolsa y una víbora en la otra y de pie delante de Frida, la cual aparece como mujer madura con una mano apoyada en el hombro de él. Uno de los momentos más felices del día era cuando Diego se bañaba. Desde colegiala, Frida le confió a su amiga Adelina lo que le gustaba Rivera y las ganas que tenía de "¡bañarlo y limpiarlo!" Más tarde, se le concedió ese deseo. Al igual que las esposas anteriores del pintor, Frida descubría que él necesitaba estímulos especiales para bañarse. Compró diversos juguetes para la tina de baño, y la limpieza diaria, con esponjas y cepillo, llegó a ser un rito de la casa.

Como todos los niños, Diego se quejaba mucho cuando no recibía lo que quería. Antonio Rodríguez recuerda una ocasión en la que fue a ver a Frida, acompañado por su hijo menor "al que ella trataba con mucho cariño". Diego no estaba presente. Frida le dio al niño un juguete, "uno de esos carros de combate que aparecieron en México durante la guerra y le dijo: «Escóndelo, pues si viene Diego y te ve jugando con él, se enojará o te lo quitará». Mi hijo no le hizo caso y siguió jugando. Cuando llegó Diego y descubrió a mi hijo con el juguete, hizo un gesto, como un niño a punto de llorar, y le preguntó a Frida: «¿Por qué me das cosas si luego me las quitas?» Ella contestó: «Te daré otro. Compraré otro». No obstante, Diego abandonó la habitación murmurando: «Ya no quiero nada». Casi estaba llorando. De veras parecía niño".

Frida describió el egocentrismo infantil de su esposo en "Retrato de Diego":

> Las imágenes e ideas circulan por su cerebro al compás de un ritmo fuera de lo común, por lo cual la intensidad con la que se fija en las cosas y con la que desea hacer siempre más es incontenible. Este mecanismo lo vuelve indeciso. Su volubilidad es superficial, porque el final logra hacer lo que él quiere con una voluntad firme y bien considerada. Nada ilustra mejor este aspecto de su carácter que lo que me platicó en una ocasión su tía Cesarita, hermana de su madre. Estuvo recordando la vez en que Diego, de muy niño, entró en una tienda, una clase de bazar lleno de magia y sorpresas, como los que todos recordamos con gusto. De pie delante del mostrador, con unos centavos en la mano, miró y revisó una y otra vez el universo contenido por la tienda, hasta que desesperado y furioso vociferó: "¡Qué es lo que quiero!" La tienda se llamaba "El Futuro", y esta indecisión de Diego le ha durado toda la vida. No obstante, a pesar de que rara vez toma la decisión de elegir algo, dentro de sí cuenta con un vector que conduce directamente al centro de su voluntad y deseo.

Con el fin de complacer el "vector" de la voluntad y el deseo de Diego, Frida se mostraba protectora y abnegada a la vez. "Nadie sabrá jamás cómo quiero a Diego", apuntó en su diario. "No quiero que nada lo hiera, que nada lo moleste ni le quite energía que él necesita para vivir. Vivir como a él se le dé la gana. Pintar, ver, amar, comer, dormir, sentirse solo, sentirse acompañado pero nunca quisiera que estuviera triste. Si yo tuviera salud quisiera dársela *toda*. Si yo tuviera juventud toda la podría tomar".

Frida, por lo tanto, no estaba dispuesta a sacrificarse por un amor exclusivamente romántico o maternal. Lo hizo por Diego, pues incluso el "infantilismo" voluntarioso de éste, para ella constituía una prueba de su superioridad. Ella consideró que Diego era un hombre cuya visión, impulsada por el vector inequívoco de sus deseos, abarcaba el universo, del mismo modo como éste lo abraza a él en *El abrazo de amor*. Representando esta idea en el cuadro, colocó un tercer ojo en el centro de la frente de Rivera, y lo llamó el "ojo avisor". En "Retrato de Diego", escribió: "Sus grandes ojos oscuros y saltones, extremadamente inteligentes, que casi le salen de las órbitas, son mantenidos en su lugar, con dificultad, por párpados hinchados y protuberantes, como los de una rana. Están mucho más separados el uno del otro que los ojos de la demás gente, y le permiten abarcar un campo visual mucho más amplio, como si se hubieran creado precisamente para un pintor de espacios y multitudes. Entre esos ojos, tan alejados el uno del otro, se adivina el ojo invisible de la sabiduría oriental".

Frida abraza a Diego y ella, a su vez, es estrechada por una diosa de la tierra, que representa a México y con el aspecto de un ídolo precolombino. Esta figura en realidad consiste en una montaña cónica, como referencia, quizá, al simbolismo inherente a las montañas o pirámides en la religión precolombina, o a la caracterización hecha por Frida de sí misma y Diego como montañas (en el diario). Las laderas del cerro son de dos colores, verde y café, lo cual tal vez indique que comprenden tanto la tierra mexicana como las plantas que en ella crecen. También es posible que señale el contraste entre las zonas desérticas y selváticas de México, o la alternancia de las temporadas secas y de lluvia. Al igual que Frida, el ídolo/montaña tiene el cabello largo y suelto, aunque no es negro sino hecho de cacto. Su pecho, como el de Frida, está abierto. Cerca de esta barranca brota un poco de pasto verde. Así es como Frida declara que la naturaleza oscila, entre ciclos de destrucción y renacimiento, vida y muerte. La abertura alcanza el pezón de la diosa, del cual cae una gota de leche como una lágrima.

Como siempre en los cuadros de Frida, la conexión concreta y específica entre *El abrazo de amor* y un suceso real (el asunto de María Félix) no expresa toda la verdad: a pesar de que Frida está herida y llorando, también es objeto de una serie de abrazos de amor, colocados uno adentro del otro, los cuales dan forma a su creencia de que todo está relacionado con todo en el universo, además de integrar la matriz que une y sostiene a ella y a su marido. Arrancada de la tierra, la montaña flota en el espacio y las raíces de los cactos que crecen sobre sus cuestas cuelgan sobre el mismo. Esas raíces, de las cuales algunas son rojas como venas, adquieren una extraña vida, como en todas las obras de Frida donde aparecen. En una ocasión, Frida representó su concepto del amor en la forma de una maraña de raíces rojas extendidas hacia abajo. En *El abrazo de amor*, las raíces suspendidas, aunque vivas, simbolizan la resistencia del amor que la une a Diego.

En la cosmología extraordinaria de Frida, el ídolo/montaña (tierra, México) a su vez se encuentra dentro del abrazo de una divinidad mayor, una diosa precolombina del universo, partida en luz y oscuridad y sólo medio concreta delante del cielo mitad de noche, mitad de día. De este modo, Frida y Diego están envueltos tanto en el amor universal como por los brazos de sus antepasados, en el nivel terrestre y el celestial. *El abrazo de amor* puede considerarse como una

Asunción fantástica de la Virgen, dentro de cuyo marco la Madre y el Hijo se reúnen en un cielo precolombino. No obstante, la representación de las plantas mexicanas comunes, la inclusión familiar y humorística del escuincle preferido de Frida, Xolotl (pintado con base con un perro precolombino en cerámica, hecho en Colima y propiedad de Frida), todo acurrucado en el brazo del universo, constituye una expresión concreta de los sentimientos experimentados por Frida durante un periodo particular, en el que la fragilidad del lazo matrimonial con Rivera la hizo más decidida a conservarlo como niño.

Al final, Frida se quedó con su esposo. Diego la quería más que a cualquier otra mujer. "Si me hubiera muerto sin conocerla", le confió una vez a Carmen Jaime, "¡me hubiera muerto sin saber lo que era una verdadera mujer!" En otra ocasión, esta amiga escuchó cómo Frida le preguntaba a Diego: "¿Para qué vivo? ¿Con qué fin?", y él contestó: "¡Para que yo viva!" Para Frida, Diego era... todo. Anotó en su diario:

Diego. *principio*
Diego. *constructor*
Diego. *mi niño*
Diego. *mi novio*
Diego. *pintor*
Diego. *mi amante*
Diego. *"mi esposo"*
Diego. *mi amigo*
Diego. *mi padre*
Diego. *mi madre*
Diego. *mi hijo*
Diego. *yo*
Diego. *Universo*
Diversidad en *la unidad*

¿Por qué lo llamo *Mi* Diego? Nunca fue ni será mío. Es de él mismo.

SEXTA PARTE

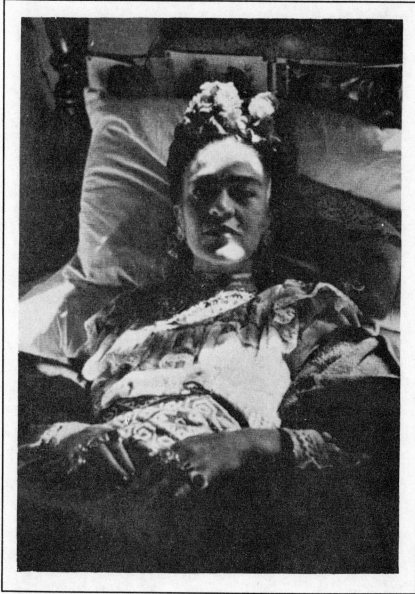

Capítulo 22

Naturaleza Viva

LAS FLECHAS que penetraron en las ijadas de la venadita se hundieron profundamente y no se soltaron. Pese a toda la energía que quedaba en su cuerpo, no
logró encontrar el camino que la condujera fuera del espeso bosque, hacia el mar
y cielo azules situados más allá. La fusión espinal de 1946, según el "cachucha"
Miguel M. Lira, dio principio "al calvario que la llevaría al fin". A principios
de 1950, Frida estaba tan decaída que se tuvo que internar en un hospital de la
ciudad de México, donde permaneció durante un año.

Al realizar una breve visita a México, el doctor Eloesser se reunió con ella
antes de que fuera hospitalizada. El 26 de enero de 1950, el médico hizo unos
apuntes acerca del estado en que se encontraba su amiga. El día 3 del mismo
mes, escribió que Frida "despertó y descubrió que las puntas de cuatro dedos
del pie derecho estaban negras. Al retirarse la noche anterior estaban bien. El
médico acudió el mismo día y la mandó al hospital. Durante el pasado año ha
comido muy poco y perdido. . . peso. Ha tomado mucho Seconal a través de los
últimos tres años, pero nada de alcohol". El doctor Eloesser mencionó que Frida
estuvo pintando hasta tres meses antes de que él llegara, que sufría de dolores
de cabeza y durante cierto lapso de tiempo de una fiebre continua. Afirmó que
Frida estaba constantemente adolorida. Lo demás es ilegible, con excepción de la
palabra "gangrena".

El 12 de enero, Frida dirigió una carta a su dentista, el doctor Fastlich, acerca
de un puente dental roto: "Perdone la molestia que le estoy causando. Sigo en el
hospital, pues «para variar» me operaron nuevamente de la espina y no salgo
hasta mañana sábado, cuando me iré a mi barrio, Coyoacán. ¡Todavía en un corsé.
y bastante fastidiada! Pero no he perdido los ánimos y trataré de empezar a pintar
lo más pronto posible". Aparte de estos problemas, Frida estaba sufriendo de falta
de circulación en la pierna derecha, lo cual serviría para explicar los dedos negros

y la "gangrena". El 11 de febrero envió una carta al doctor Eloesser desde Coyoacán, informándole que había consultado a cinco médicos, incluyendo al doctor Juan Farill, en el que tenía confianza porque parecía el más "serio". Este especialista le recomendó la amputación del pie derecho, dejando únicamente el talón.

Mi doctorcito queridísimo:

Recibí tu carta y el libro; mil gracias por toda tu ternura maravillosa y tu inmensa generosidad conmigo.

¿Cómo estás tú? ¿Qué proyectos tienes? Yo como me dejaste la noche última que te vi, sigo en las mismas.

El doctor Glusker trajo a verme a un doctor Puig, cirujano osteólogo catalán, educado en Estados Unidos. Su opinión es como la tuya de amputar los dedos, pero cree que sea mejor amputar hasta los metatarsianos, para obtener una cicatrización menos lenta y menos peligrosa.

Hasta ahora, las cinco opiniones que he tenido son las mismas: *amputación*. Solamente varía el lugar de la amputación. Yo no conozco bien al doctor Puig y no sé a qué decidirme, pues es tan fundamental para mí esta operación que tengo miedo de hacer una pendejada. Yo quiero rogarte me des tu sincera opinión de lo que debo hacer en este caso. Es imposible ir a Estados Unidos por los motivos que tú conoces y además porque significa una gran cantidad de dinero que no tengo y odio pedirle a Diego, pues sé que en este momento representa un esfuerzo mucho mayor para él, pues el peso vale *mierda*. Si la operación en sí no es una cosa del otro mundo, ¿crees tú que esta gente pueda hacérmela? ¿O debo esperar a que tú pudieras venir, o debo conseguir la "mosca" y hacerla allá contigo? Ya estoy desesperada, pues si realmente hay que hacerla lo mejor será enfrentarse al problema lo más pronto posible, ¿no te parece?

Aquí montada en la cama, me siento que estoy vegetando como una col y, al mismo tiempo, creo que hay que estudiar para lograr un resultado positivo desde el punto de vista puramente mecánico. Es decir: poder andar, para poder trabajar. Pero me dicen que como la pierna está tan fregada la cicatrización será lenta, pasaré unos meses invalidada para caminar.

Un médico joven, el doctor Julio Zimbrón, me propone un tratamiento extraño que quiero consultarte, pues no sé hasta qué punto sea positivo. Dice que él me garantiza que la gangrena *desaparece*. Se trata de unas inyecciones *subcutáneas* de *gases ligeros,* helio, hidrógeno y oxígeno... Tú, así a la ligera, ¿qué crees que pueda haber de cierto en todo esto? ¿No podrán formarse embolías? Yo le tengo bastante miedo... Dice que él cree que con su tratamiento no necesito yo de la amputación. ¿Tú crees que sea verdad?

Me traen loca y desesperada. ¿Qué debo hacer? Estoy como idiotizada y muy cansada ya de esta chingadera de pata, y ya quisiera estar pintando y no preocuparme de tantos problemas. Pero ni modo, me tengo que fregar hasta que se me resuelva la situación...

Por favor, lindo mío, sé tan bueno de aconsejarme lo que creas que debo yo hacer.

El libro de Stilwell parece fantástico, ojalá y me consigas más sobre Tao, y los libros de Agnes Smedley sobre China.

¿Cuándo volveré a verte? Me hace tanto bien saber que tú realmente me quieres y que no importa dónde andes tú me cielas (de cielo). Siento que esta vez solamente te vi unas horas. Si estuviera yo sana me iría contigo a ayudarte, para hacer que la "gente" se transforme en verdaderos seres útiles a los demás y a sí mismos. Pero así como estoy, no sirvo ni para tapón de caño.

Te adora
Tu FRIDA

Al poco tiempo de escribirle al doctor Eloesser, Frida regresó al Hospital Inglés y quedó al cuidado del doctor Juan Farill. A mediados de abril su hermana Matilde envió una carta al doctor Eloesser a nombre de Frida, quien para entonces ya había sufrido dos operaciones:

Muy apreciable doctor Eloesser:

Hoy contesto a usted su carta dirigida a Frida al hospital y en nombre de Frida agradezco a usted todo el cariño y buenos deseos que hacia ella sus letras manifiestan. Quiere ella que yo le cuente todo lo referente a su operación y con gusto lo hago, a pesar de que lleva sufriendo horrores y que hasta hoy no se ve ningún adelanto.

Ha pasado un verdadero calvario y no sé hasta dónde tendrá que llegar esto, pues como le dije a usted en mi primera carta le fusionaron tres vértebras con un hueso no sé de quién y los primeros once días fueron algo espantoso para ella. El intestino se le paralizó; calentura diaria desde el siguiente día de operarla de 39 y 39.5; vómitos constantes y dolores constantes en la espina, y puesto el corsé sobre el cuerpo de ella y acostada sobre la operación. Así comenzó este proceso. Para calmarle los dolores los médicos le dieron inyecciones de Demerol. . . y otras cosas, menos de morfina, pues no la tolera. La calentura siguió y comenzó a sufrir dolores en la pierna enferma y opinaron que era flebitis, le pusieron una inyección para la flebitis y desde ese momento fue un conejo de Indias, picándola con inyecciones y medicinas. La calentura cedió y entonces noté yo que ella despedía muy mal olor por la espalda. Se lo hice ver al médico y al siguiente día la volvieron a llevar a la sala de operaciones y abrieron el corsé y encontraron un absceso o tumor todo infectado en la herida y tuvieron que operarla nuevamente. Sufrió otra vez la paralización del intestino, dolores horribles y en lugar de adelantar otros horribles trastornos. Le pusieron otro nuevo corsé de yeso, y éste para secar fue cosa de cuatro o cinco días, y le dejaron canalización para escurrir toda la secreción.

Le dieron Cloromicetina cada cuatro horas y comenzó a bajar la calentura algo pero así llevamos ya desde el 4 de abril, que la operaron por segunda vez. Y va el corsé está sucio de porquería que por la espalda está destilando; tiene un olor a perro muerto y dicen estos señores que no se cierra la herida, y la pobre niña es una víctima de ellos. Esta vez necesitan otro corsé y otra operación o curación para quitarle todo lo malo. Yo, doctor Eloesser, pienso sin que Frida lo sepa, que no sé por qué creo que la infección no es superficial, sino que pienso que no ha pegado el hueso en las vértebras y que esto ha infectado todo. Desde luego, no se lo he dicho a ella, pues está la pobre atormentada y es digna de compasión. No me explico cómo pudo decidirse a esta estúpida operación sin estar ella en condiciones, pues le hicieron un examen de sangre, ya con la calentura y operada, y sólo tenía tres millones de glóbulos y esto ha sido un verdadero atraso para ella, así que no se alimenta bien, ya está rendida y cansada de la postura, y dice todo el tiempo que siente estar sobre puros vidrios. Yo quisiera darle mi vida como la veo sufrir, pero estos señores todo el tiempo dicen que va bien y que quedará bien. Pero me duele mucho decirle a usted, doctor Eloesser, pero yo sin saber medicina sé que no está bien Frida. Hay que esperar a que hagan la tercera intención de operación o de curación, y veremos de nuevo cómo va a quedar. No encarnan los puntos y no se ve que la herida cierre. Ella esto no lo sabe, pues ya es bastante con lo que sufre. Hubiera sido preferible dejarse como estaba, pues ya la gangrena había cedido y se habían caído los puntos negros.

Hemos sufrido al parejo de ella, pues todas nosotras, sus hermanas, la adoramos y nos duele tanto verla así. Ella es digna de admiración, pues es abnegada y fuerte, gracias a eso soporta su desgracia. Yo hubiera querido escribirle a usted antes, pero no he podido hacerlo, doctor, pues con estas angustias que tenemos no tengo tiempo de nada. Ya va comiendo mejor y le han puesto tres plasmas de 500, o sea medio litro, y sueros en cantidades con lo que mejoró algo de ánimo. Le dan muchas vitaminas, y así se va defendiendo. Ella le manda a usted cariñosos saludos y recuerdos. Me dice que vea usted en mis letras como si fueran de ella, pues ella no puede escribir. Diego lo saluda a usted también; se ha portado muy bien en esta ocasión y ella está tranquila.

Dice Frida que le manda a usted muchos besos y muchos cariños y que no la olvide... Todas mis hermanas le enviamos nuestros saludos y lo recordamos a usted muy a menudo, pues Frida habla todo el tiempo de usted para todos es usted el buen amigo de ella.

De mi parte muchos saludos para usted, querido doctor

MATILDE

Todo el año que pasó Frida en el Hospital Inglés, Rivera rentó un pequeño cuarto junto al de ella, para pasar las noches cerca de su esposa. Durante algunos periodos dormía en el hospital todas las noches con excepción de los martes, reservados para su trabajo en Anahuacalli, según decía. Diego era capaz de una ternura extraordinaria. Dormía a Frida meciéndola en los brazos como si fuera una niña, leía poesía a su lado y, en una ocasión cuando ella tenía un dolor de cabeza terrible, la distrajo bailando alrededor de la cama con una pandereta, fingiendo ser un oso. Otras veces no era tan atento. Según el doctor Velasco y Polo, Frida se hospitalizó en parte porque le convenía a Diego, quien quería estar libre. "Las altas y las bajas de Frida, durante su estancia en el hospital, dependían del comportamiento de Diego". Cuando él se preocupaba por ella, Frida se ponía feliz y desaparecía todo dolor. Cuando no la visitaba, lloraba y se incrementaba su sufrimiento. Ella estaba consciente de que mantendría a Diego a su lado si estaba lo suficientemente enferma. Según lo expresó Velasco y Polo: "No pudo ofrecer su pena a la Virgen, de manera que se la ofreció a Diego. Él era su dios".

Frida no era una paciente común. Las enfermeras le adoraban por su alegría (y las generosas propinas que daba). Les simpatizaba a los médicos porque "nunca se quejaba. Jamás dijo que algo estaba mal hecho. Lo aguantó todo un poco «a la mexicana», sufriendo sin protestar", según afirma Velasco y Polo. Frida se aferró a su sentido de lo absurdo. Le encantaba jugar, y en los días cuando su exuberancia natural le ganaba al dolor, hacía un escenario del aparato semicircular de metal que mantenía elevada su pierna derecha, y presentaba funciones de títeres con los pies. Cuando el depósito de huesos envió uno que le habían quitado a un cadáver colocado en un tarro que llevaba el nombre del donante, Francisco Villa, Frida se sintió tan enérgica y rebelde como el héroe de los bandidos revolucionarios, Pancho Villa. "Con mi nuevo hueso me dan ganas de salir de este hospital disparando balazos, y de empezar otra revolución", vociferó. Por una infección de fungos que contrajo a causa de uno de los injertos osteológicos, se le ponían inyecciones en la espalda todas las mañanas (fue la primera persona que en México recibió tratamientos con el antibiótico Terramicina). Cada vez que los médicos le retiraban el tubo de drenaje, profesaba gran admiración por el hermoso matiz verde que tenía. También le gustaba permitir que sus amigos se asomaran por un agujero que perforaba la escayola de yeso y que revelaba la carne viva de la herida que no se curaba.

La habitación de Frida resultaba casi tan extraordinaria como su ocupante. Estaba decorada con calaveras de dulce, un candelabro de Matamoros pintado llamativamente y en forma del árbol de la vida, palomas blancas de cera con alas de papel, símbolos de la paz para Frida, y la bandera rusa. La mesa de cabecera estaba cubierta de grandes pilas de libros, pequeños y limpios recipientes de pintura y un tarro lleno de pinceles. Hojas de papel estaban sujetas con chinches a las paredes, y persuadía a sus visitantes, entre los que figuraban Miguel Covarrubias, Lombardo Toledano, Eulalia Guzmán y otros conocidos comunistas, a firmar en apoyo del Congreso de la Paz de Estocolmo. (En 1952, Diego hizo de Frida la heroína de su mural *La pesadilla de la guerra y el sueño de la paz*. En el lienzo, Frida está sentada en una silla de ruedas y extiende una copia de la Petición para la Paz de Estocolmo, pidiendo las firmas de sus compatriotas. El héroe, mucho más grande, colocado en un sitio más elevado, es Stalin.)

Los visitantes también firmaban los corsés de yeso de Frida, y los decoraban de plumas, espejos, calcomanías, fotografías, guijarros y tinta. Cuando los médicos mandaron sacar las pinturas, Frida adornó la escayola que estaba usando en ese momento con lápiz labial y yodo. Existe una fotografía en la que Rivera observa a su esposa mientras ésta cuidadosamente pinta un martillo y una hoz sobre un corsé que le cubre todo el torso.

Aparte de eso, Frida produjo una serie de "dibujos emocionales" durante su confinamiento a la cama del hospital. Formaban parte de un experimento realizado por su amiga Olga Campos, quien estaba estudiando psicología en la universidad, y pensaba escribir un libro acerca de la relación entre las emociones del hombre y la línea, la forma y el color. Las dos docenas de esbozos resultantes revelan las espontáneas reacciones gráficas de Frida y de Diego a los conceptos del dolor, amor, alegría, odio, risa, celos, coraje, temor, angustia, pánico, preocupación y paz. Los dibujos de Frida ponen de manifiesto el grado en que la fascinaban las redes intrincadas y las formas parecidas a raíces en la composición integrada por un sinnúmero de líneas. Los de Diego, en cambio, captan sus reacciones a los diferentes sentimientos con unos cuantos trazos anchos y ejecutados con rapidez.

Cuando se sentía capaz de ello y lo permitían los médicos, Frida pintaba. Usaba un caballete especial que se adaptaba a la cama del hospital, de tal forma que podía trabajar acostada. A principios de noviembre, después de haber sufrido seis operaciones, pasaba cuatro o cinco horas diarias dedicada a la pintura. Volvió

a trabajar en el cuadro *Mi familia,* empezado varios años antes, pero que nunca
terminó; en él de nuevo reunió a sus antepasados a su alrededor, pero incluyó
también a sus hermanas y sobrinas. Aparentemente, el representar lazos genealó-
gicos la consolaba del hecho que ella, literalmente, estaba deshaciéndose. La
misma acción de pintar se convirtió en una fuente de apoyo moral. "Cuando salga
del hospital dentro de dos meses, declaró, hay tres cosas que quiero hacer: pintar,
pintar y pintar".

El cuarto de Frida siempre estaba lleno de visitantes. El doctor Velasco y
Polo recuerda que ella temía a la soledad y al aburrimiento. Le gustaba un ambiente alegre, chismes calientes y chistes obscenos. De carácter voluble, solía "emo-
cionarse mucho", según el doctor", y decía: «Escuche a ese hijo de la chingada,
por favor sáquelo de aquí. Mándelo al infierno». Cuando me veía con una muchacha bonita, exclamaba: «¡Préstemela! ¡Ésa me la fumo yo!» Le gustaba hablar
sobre la medicina, la política, su padre, Diego, el sexo, el amor libre y los males
del catolicismo".

Uno de los atractivos de Frida era su capacidad para escuchar. Elena Vázquez
Gómez, amiga íntima de Frida durante los últimos años de su vida, afirma:
"Nosotros, las personas sanas que la íbamos a visitar, la abandonábamos consolados
y más fuertes moralmente. Todos la necesitábamos".

El recuerdo que tiene Fanny Rabel es semejante: "No se concentraba en sí
misma. Uno no se daba cuenta de sus desdichas y conflictos al estar con ella.
Siempre estaba muy interesada en los demás y en el mundo exterior. Solía pedir:
«Platícame algo. Platícame de tu niñez». Decía que eso le parecía mejor que el
cine. Se conmovía mucho y a veces lloraba al escuchar a la gente. Era capaz de
pasar horas oyéndola. Una vez fui al hospital y Frida apenas estaba recuperando
la conciencia después de ser anestesiada. Cuando nos descubrió a mí y a mi hijo
del otro lado de la ventana de cristal, dijo que nos quería ver. En otra ocasión
se puso a contar acerca de los demás pacientes del hospital. Estaba muy preocupada, porque parecían estar verdaderamente enfermos. Era como si ella estuviera
de vacaciones".

Frida sentía particular placer con las visitas de niños. Un pequeño discípulo
suyo, un niño indígena oaxaqueño de nueve años de edad llamado Vidal Nicolás,
la visitaba con frecuencia. Acostumbraba ponerse de pie junto a la cama de
Frida, con su sarape y los enormes ojos llenos de admiración por la pintura.
de ella. "Tiene mucho talento, comentó Frida, y le voy a costear su educación. Lo
voy a mandar a la Academia de San Carlos". Frida murió antes de que Vidal
pudiera demostrar su aptitud, pero el incidente constituye un ejemplo de su impulso por invertir toda su energía en grandes planes. La mayoría de las ideas, fueran
viajes a Europa o la educación de un niño, no pasaron del entusiasmo, pues en
1950 Frida ya estaba demasiado enferma para realizar sus esperanzas.

Otra forma de entretenimiento era el cine. Rivera pidió prestado un proyector y rentaba películas diferentes todas las semanas. Frida disfrutaba particularmente con las películas del Gordo y el Flaco, Charlie Chaplin y las dirigidas
por el Indio Fernández. Al terminar de ver toda la serie de películas realizadas por
uno de estos artistas, las volvía a pasar, acompañada por sus hermanas y amigos.
Olga Campos recuerda que "Cristina llevaba una enorme canasta llena de toda

clase de comida, y un gran grupo de amigos comíamos con Frida todos los días, enchiladas, mole. Veíamos las películas más recientes. Siempre había una botella de tequila, y todos los días se organizaba una fiesta en el cuarto de Frida".

La pintora describió de la misma manera el año que pasó en el hospital: "Nunca perdí los ánimos. Me ocupé con la pintura todo el tiempo, porque me mantenían con Demerol, lo cual me animaba y me hacía sentir feliz. Pintaba los corsés de yeso y los lienzos, hacía chistes, escribía, me llevaban películas. Pasé tres años (de nuevo exagera) en el hospital como si fuera una fiesta. No me puedo quejar".

A pesar de su historia médica, que a primera vista parecía ser muy aleatoria, Frida recibió los mejores cuidados de la época. El doctor Wilson era un pionero en el campo de la cirugía ortopédica y un especialista muy conocido en cuanto a la fusión espinal. Al doctor Farill se le consideraba uno de los cirujanos más destacados en México. Fundó un hospital para niños lisiados en el que no cobraba nada si el paciente era demasiado pobre para pagar. Trataba a los enfermos con una mezcla precisa de autoridad y simpatía benévola. Frida siempre se mostraba bastante informal con sus médicos, y a éste le decía "Chulito". Seguía sus consejos al pie de la letra, tanto así que Rivera empezó a pedirle al doctor que persuadiera a Frida a hacer cosas de cuyo beneficio él mismo no lograba convencerla. Aun cuando la pintora ya había regresado a su casa, siguió viendo al doctor casi diariamente. Quizá se sintió particularmente atraída hacia él porque era cojo, al igual que ella (el médico había sufrido operaciones en la pierna y el pie, y pasó años caminando con muletas y luego con un aparato ortopédico).

Frida le regaló dos cuadros al doctor Farill: una naturaleza muerta pintada en 1953, representando una paloma y una bandera mexicana que lleva las palabras *"Viva la vida* y el doctor Farill, y yo pinté esto con cariño Frida Kahlo"; y en 1951 el extraordinario *Retrato de Frida y el doctor Farill* (lámina XXXIV), en el que se muestra a sí misma en el acto de estar pintando al médico. Realizado. durante el periodo en el que Frida se estaba recuperando en su casa de la serie de injertos osteológicos ejecutados por el médico en su columna, la obra constituye un retablo profano en el que Frida encarna a la víctima salvada de un peligro inminente y el doctor Farill sustituye a la imagen sagrada. La extraña y difusa intensidad que impregna la pintura nos da la impresión de que ésta fue imprescindible para el bienestar de la artista, al igual que un exvoto; plasma un suceso de la vida real, pero no pidiendo compasión, sino confirmando la fe.

En el cuadro, Frida está sentada en una silla de ruedas, trabajando en un retrato del doctor Farill. Con excepción de sus joyas, está vestida casi con la sobriedad de una monja. Lleva puestos su huipil preferido de Yalalag, con una borla de seda color lavanda, y una amplia falda negra. Se mantiene ríjidamente derecha y la blusa holgada oculta el voluminoso corsé ortopédico. Los desnudos alrededores subrayan la gran austeridad y dignidad de esta mujer. Asimismo, indican la soledad que Frida, siendo inválida, experimentaba a pesar de las atenciones de sus amigos. Al igual que el inmenso desierto abierto que constituye el fondo en otras obras, las paredes limitativas vacías de ésta reflejan su abandono. Una ancha franja azul recorre la parte inferior de la pared, y es casi el único color vivo del cuadro. Sin embargo, los demás matices son vivos, no opacos. Una persona que se ha encontrado cerca de la muerte no precisa de un tono magenta para sentir la vida; para tal individuo, incluso el beige, café, negro y gris vibran.

El diario de Frida describe su estado de ánimo:

> He estado enferma un año... el doctor Farill me salvó. Me volvió a dar alegría de vivir. Todavía estoy en la silla de ruedas, y no sé si pronto volveré a andar. Tengo el corsé de yeso que a pesar de ser una lata pavorosa, me ayuda a sentirme mejor de la espina. No tengo dolores. Solamente un cansancio... y, como es natural, muchas veces desesperación. Una desesperación que ninguna palabra puede describir. Sin embargo, tengo ganas de vivir. Ya comencé a pintar. El cuadrito que voy a regalarle al doctor Farill y que estoy haciendo con todo mi cariño para él...

Frida colocó su corazón extraído, rodeado por venas rojas y azules, sobre una paleta de la misma forma. El órgano constituye el pigmento con el que crea su arte. Ofrece al médico esta paleta-corazón tanto como señal de cariño como testimonio de su sufrimiento. En la otra mano sostiene varios pinceles de finas puntas que gotean pintura roja e inmediatamente evocan instrumentos quirúrgicos. Al fin y al cabo, la pintura para Frida constituía una clase de cirugía sicológica; cortaba y sondeaba su propio espíritu. Cuando remojaba el pincel en la paleta de su corazón, salía teñido de rojo.

"No tengo dolores", escribió. "Sólo cansancio... y, como es natural, muchas veces desesperación. Una desesperación que ninguna palabra puede describir". De regreso del hospital, su estado de salud siguió empeorando, y los médicos, por más que se esforzaban, no lograron hacer nada que lo mejorara definitivamente. Por regla general permanecía en casa, prisionera de la monotonía y, a pesar de sus valerosas palabras, del dolor. Se movilizaba en una silla de ruedas, pero cuando se cansaba de estar sentada, sólo era capaz de caminar cortas distancias con la ayuda de un bastón o de muletas, así como de calmantes inyectados por su enfermera, primero una mujer indígena, la señora Mayet, y luego, en 1953, una costarricense llamada Judith Ferreto. Desde luego, los visitantes y los periodos dedicados al trabajo alegraban el aburrimiento usual, pero estas distracciones eran demasiado breves y no conseguían disipar por mucho tiempo el penetrante vaho gris de la invalidez.

Al igual que la adolescente que después del accidente de camión le escribió a su novio que se sentía sola y "aburrida con b de burro" y que deseaba que se la llevara la pelona, Frida con frecuencia se encontraba sin compañía, oprimida por el tedio y por pensamientos suicidas. Por supuesto la sostuvo la personalidad mítica que había creado a través de los años. No obstante, en ese periodo su desafiante alegría adoptó cierto carácter desesperado; la llamativa máscara se estaba volviendo quebradiza y delgada como una hoja de papel.

El día empezaba con una taza de té servida en cama por la enfermera. Después de un ligero desayuno, solía pintar, normalmente en la cama o, cuando era capaz de ello, en el estudio o afuera, asoleándose en el patio. En las tardes, recibía a sus visitantes. La buscaban con frecuencia Dolores del Río, María Félix y el esposo de esta última, el famoso actor de cine y cantante Jorge Negrete, además de artistas, escritores y amigos involucrados en la política, como Teresa Proenza (amiga íntima que le sirvió de secretaria a Cárdenas) y Elena Vázquez Gómez (quien en ese entonces trabajaba en la Secretaría de Relaciones Exteriores). Sus hermanas Matilde y Adriana la visitaban con frecuencia; Cristina, todos los días, y sus hijos una o dos veces a la semana. Durante el último año de su vida, Cristina la cuidó de día y de noche, turnándose con la enfermera para que su hermana nunca estuviera sola. Cuando llegaba, Frida la saludaba cariñosamente: "Chaparrita, ¿qué haces?" Cristina, con el mismo afecto, decoraba el cabello trenzado de Frida con flores y le aseguraba que se encargaría de los distintos asuntos del hogar.

Cuando tenía fuerza suficiente, Frida recibía a sus amigos en la sala de estar o el comedor. En otras ocasiones, comían en una pequeña mesa colocada en la recámara. Elena Martínez, cocinera de Frida entre 1951 y 1953, recuerda particularmente las visitas de María Félix. Esta estrella de cine gustaba mucho de la compañía de Frida, porque con ella se podía relajar; en lugar de jugar a la diva, la hacía de bufón, cantando y bailando para la inválida para hacerla reír. "María Félix era muy íntima y solía acostarse junto a Frida por un rato para descansar".

Hubo excursiones de cuando en cuando, a lugares cercanos a la ciudad de México. En ocasiones, el doctor Velasco y Polo la recogía en su Lincoln Continental convertible, y Frida se deleitaba con la velocidad y el sentido de libertad dado por el viento, y con poder mirar hacia todas partes. A veces se bajaban del auto, caminaban unos metros y se sentaban a descansar. "Deme un tequila doble", ella solía decir. Algunas veces su enfermera la acompañó a pasar un día o dos en ciudades no muy lejanas, como Puebla o Cuernavaca. Cuando Frida era capaz de caminar sin demasiado malestar, recorrían los puestos en los que se vendían objetos de arte popular en las plazas. "Adondequiera que iba en un momento la multitud la seguía", recuerda Judith Ferreto. "Cuando íbamos al cine, había muchachos que limpiaban zapatos y vendían periódicos... (y ella solía decir:) «Siempre les gusta ir al cine. Yo lo sé, porque era uno de ellos. Diles que nos acompañen, por favor, y cómprales cigarros». Eran muy jóvenes, pero ella sabía que todos fumaban... Era evidente, por las caras de las personas, que simpatizaban con ella".

Cuando tenía suficiente fuerza para salir por la noche, Diego reunía un grupo de amigos, la fotógrafa Bernice Kolko, Dolores del Río, María Asúnsulo (una gran belleza cuyos rasgos pueden apreciarse en retratos hechos por varios pintores mexicanos), los poetas Carlos Pellicer y Salvador Novo, y la llevaba a cenar a un restaurante. "Bailábamos, cantábamos, bebíamos, comíamos y nos divertíamos", recuerda Bernice Kolko. "La sentábamos a la mesa y Diego bailaba conmigo o con otra, y ella era tan feliz. Siempre le gustó la alegría".

Los empleados de Frida en Coyoacán la adoraban, pues cuando se sentía bien trabajaba en la cocina junto a ellos, y trataba a los sirvientes como si formaran parte de la familia. El mozo, Chucho, quien trabajó con ella durante casi veinte años, prácticamente estaba enamorado de Frida. Le gustaba tomar, al igual que a ella, y frecuentemente se acompañaban con una copita. "Lo quiero por muchas cosas", afirmó Frida, "pero en primer lugar, porque hace las canastas más hermosas de cualquier parte". Chucho la bañaba cuando estaba demasiado débil para cuidarse a sí misma. La desvestía con mucho cuidado y la llevaba cargando a la tina. Cuando estaba bañada y seca, la vestía, le arreglaba el cabello y la volvía a llevar a la cama como si fuera una niñita.

Al deteriorarse la salud de Frida, los vínculos con la vida, las cosas, la política, la pintura, los amigos y Diego, se volvieron crecientemente más intensos. Aborrecía la soledad, como si el hecho de que no estuviera nadie o de que no tuviera nada qué hacer dejase un vacío que podría llenarse de terror, y se aferraba a lo que la unía con el mundo. "Yo quiero mucho a las cosas, a la vida, a la gente", confió a una amiga en 1953.

Un armario y un tocador de su recámara están atiborrados de una colección de pequeñas cosas: muñecas, muebles para las mismas, juguetes, animales de vidrio en miniatura, ídolos precolombinos, joyas y todo tipo de canastas y cajas. Le encantaba ordenar y arreglar todo eso, y solía decir: "Voy a ser una viejecita que anda por su casa organizando sus cosas". Recibía regalos como una niña: con ímpetu desgarraba la envoltura y vociferaba el placer que le causaba el contenido. "Como no se podía mover", declara Fanny Rabel, "el mundo iba hacia ella. Las cajas llenas de juguetes estaban muy limpias y bien arregladas. Sabía dónde estaba todo".

Con la misma vehemencia con la que solicitaba obsequios, ella a su vez regalaba cosas. "Si alguien se negaba a aceptar algo, ella se enojaba mucho y uno estaba obligado a recibirlo", dice Jesús Ríos y Valles. Si la recepción de regalos era una manera de atraer el mundo hacia sí misma, la acción de darlos constituía un modo de salir al mismo y de confirmar su relación con otra gente.

La política constituía otra forma de hacer lo mismo y la adhesión de Frida al Partido Comunista, a un sistema que decía explicar el pasado y abarcar el futuro de la humanidad, se convirtió en devoción durante los últimos años de su vida. El diario revela que su fe en la interrelación de todas las cosas se volvió más y más apasionada al desintegrarse su cuerpo, y que el Partido empezó a mediar esa fe: "La revolución es la armonía de la forma y del color y todo existe y se mueve de acuerdo con una sola ley: la vida", escribió. El 4 de noviembre de 1958, apuntó:

Hoy como nunca estoy acompañada (25 años). Soy un ser comunista... He leído la historia de mi país y de casi todos los pueblos. Conozco ya sus conflictos de clases y económicos. Comprendo claramente la dialéctica materialista de Marx, Engels, Lenin, Stalin y Mao Tse. Los amo como a los pilares del nuevo mundo comunista... Soy solamente una célula del complejo mecanismo revolucionario de los pueblos para la paz y de los nuevos pueblos rusos soviético-chino-checoslovaco-polaco, ligados por la sangre a mi propia persona y al indígena de México. Entre esa gran multitud de gente asiática, siempre habrá rostros míos, mexicanos, de piel oscura y bella forma, de elegancia sin límite; también estarán ya librados los negros, tan hermosos y tan valientes.

El 4 de marzo de 1953: "Todo el universo perdió el equilibrio con la falta (la ida) de STALIN. Yo siempre quise conocerlo personalmente, pero no importa ya. Nada se queda; todo revoluciona". Estas declaraciones se alternan con dibujos caóticos: Frida dividida en dos partes, una oscura y otra clara, con una gran sección de su figura borrada por otros trazos; un globo con un martillo y una hoz; Frida sosteniendo una paloma de la paz mientras largas líneas evocadoras de lanzas le atrapan la cabeza borrosa. Algunos esbozos muestran exclamaciones: "Paz, revolución"; "Viva Stalin, Viva Diego"; o "Engels, Marx, Lenin, Stalin, Mao". (Los retratos fotográficos de estos cinco hombres todavía están colgados al pie de la cama de Frida.)

En el pasado, la política de Frida siempre la ató más estrechamente a Diego. No obstante, en este periodo, en el que la volvió a abrazar el Partido mientras a Rivera no, su posición se volvió más complicada. Atacó a Trotsky como un gato con las uñas de fuera, acusando a este líder muerto de toda clase de pecados, desde la cobardía hasta el robo, y declaró que sólo su sentido de hospitalidad le impidió oponerse cuando Diego lo invitó a quedarse en su casa. "Un día", declaró en una entrevista publicada por el principal periódico de México, *Excélsior,*

Diego me dijo: "Voy a mandar traer a Trotsky", yo le contesté: "Mira, Diego, estás cometiendo un tremendo error político". Me nombró sus razones y las acepté. Acababan de arreglar mi casa. El viejo Trotsky y la vieja Trotsky llegaron con cuatro gringos. Pusieron ladrillos de adobe en todas las puertas y ventanas. Salía rara vez, porque era un cobarde. Me irritó desde el momento de su llegada, por su presunción y pedantería...

Cuando estuve en París, el loco Trotsky me escribió una vez y me dijo: "Diego es un individuo muy indisciplinado que no quiere trabajar para la paz, sino sólo para la guerra. Tenga la bondad de convencerlo de que regrese a su partido". Respondí: "No puedo influir en Diego de ninguna forma. Ya que él está separado de mí, hace lo que quiere y yo también. Además, usted se robó: asaltó mi casa y se llevó catorce camas, catorce ametralladoras y catorce de todo". Me dejó únicamente su pluma; quitó la lámpara, sacó todo.

A una amiga, la periodista Rosa Castro, le dijo:

Pertenecía al Partido antes de conocer a Diego, y creo que soy mejor comunista de lo que él es o será jamás. Sacaron a Diego del Partido en 1929, cuando nos casamos, porque se encontraba en la oposición. Apenas estaba yo aprendiendo de la política y lo seguí. Mi error político. No me devolvieron mi credencial hasta hace diez años (en realidad, cinco). Desafortunadamente, no he podido ser miembro activo, por mi enfermedad, pero no he dejado de pagar ni una cuota ni he prescindido de informarme acerca de cada detalle de la revolución y la contrarrevolución en todo el mundo. Sigo siendo comunista, totalmente, y ahora también antimperialista, pues nuestra meta es la paz.

La pintura también constituía un modo de afirmar sus lazos con el mundo, y se sentía mejor y más feliz cuando pintaba. "Muchas cosas de la vida ya me aburren", declaró, y temo que me llegue a cansar la pintura. Pero ésta es la verdad: todavía me apasiona". Limitada a su casa y con frecuencia postrada en la cama, se dedicaba a pintar, principalmente naturalezas muertas con los frutos del jardín o del mercado local, que podían colocarse en una mesa junto a la cama. Debido a que los representaba de un tamaño mayor, en relación con el fondo, que en las naturalezas muertas de los años treinta y cuarenta, el espectador siente que ella literalmente se ha acercado al tema reproducido, aproximando los ojos y la nariz a los objetos de su cariño y deseo. En el mundo cerrado de los inválidos, las cosas verdaderamente reales son las que se encuentran al alcance de la mano. De manera significativa, la fruta que pintaba aunque madura y atractiva, a veces la representaba dañada. Frida reconocía el carácter transitorio de la misma, aun mientras disfrutaba de su vitalidad y belleza sensual y del sentido de unidad con la naturaleza que le confería el hecho de pintarla.

Como siempre, cuando pintaba algo aparte de sí misma, Frida hacía que la fruta se asemejara a ella. Los melones y las granadas están abiertos y revelan los interiores jugosos y carnosos que evocan los autorretratos heridos y la asociación del sexo con el dolor. A veces quita un poco de la cáscara de una fruta o pica la misma con una diminuta asta de bandera, lo cual hace recordar las flechas, espinas y clavos que la torturan a ella en algunos autorretratos. En una naturaleza muerta, pintada en 1951 y perdida desde entonces, la punta aguda del asta de bandera surge en el interior blando y oscuro de la fruta cortada a la mitad; en otra, la herida vierte tres gotas de jugo, como las tres lágrimas que mojan la mejilla de Frida en varios autorretratos. Cerca del melón representado en el último cuadro, Frida colocó uno de sus perros de cerámica precolombina de Colima, y a pesar de que el animal sólo está hecho de barro, sus ojos melancólicos brillan. En algunas de las últimas naturalezas muertas los cocos tienen rostros cuyos ojos redondos y simiescos están llorando; la identificación de la artista con la naturaleza era tan fuerte que la fruta que ella disponía para pintar lloraba con ella.

Al intensificarse su fervor comunista, la empezó a angustiar la calidad personal de su obra. "Tengo mucha inquietud en el asunto de mi pintura", apuntó en su diario en 1951. Sobre todo por transformarla para que sea algo útil. . . pues hasta ahora no he pintado sino la expresión honrada de mí misma, pero alejada absolutamente de lo que mi pintura pueda servir al Partido. Debo luchar con todas mis fuerzas para que lo poco de positivo que mi salud me deje hacer sea en dirección a ayudar a la revolución. La única razón real para vivir".

Frida trató de dar un carácter político a sus naturalezas muertas agregando banderas, inscripciones políticas y palomas de la paz, anidadas entre la fruta. (En ese periodo, Rivera también empezó a usar la paloma como símbolo. Stalin sostiene una, por ejemplo, en *La pesadilla de la guerra y el sueño de la paz.*) En otoño de 1952, ella empezó a sentir que estaba avanzando por el camino hacia un arte socialista. "Por primera vez en mi vida la pintura está apoyando la línea trazada por el Partido. *Realismo Revolucionario*", escribió en el diario. No obstante, en realidad las naturalezas muertas de Frida cantan un himno a la naturaleza y a la vida. Admitió esta extraña animación al intitular una *Naturaleza viva* (1952), en oposición al término normalmente usado, o sea, "naturaleza muerta". No sólo la fruta y el modo como está pintada resultan inquietantes, sino que incluso el título, escrito en la parte inferior del cuadro, late lleno de vida: las palabras están formadas con zarcillos trepadores.

Las naturalezas muertas que Frida pintó antes de 1951 demuestran una técnica limpia y precisa, llena de refinados detalles y un ingenio astuto y sugerente. En 1952, este estilo se modificó radicalmente; las últimas naturalezas muertas no sólo son animadas, sino agitadas. Poseen una clase de intensidad salvaje, como si Frida estuviera en angustiosa búsqueda de algo sólido a qué asirse; una balsa sobre el pesado mar de la inestabilidad. Las pinceladas se han vuelto más sueltas; ya no existe la precisión exquisita de la pintora de miniaturas. Los característicos trazos pequeños, lentos y cuidadosos ceden ante un manojo desordenado y frenético. Los colores ya no son claros ni vibrantes, sino estridentes e irritantes. El modelado y la textura de la superficie son tan sumarios que las naranjas han perdido su redondez firme y atractiva; las sandías ya no se ven suculentas. En varias naturalezas muertas anteriores, los loros domesticados de Frida se posaban entre la fruta. Al asomarse con mirada interrogadora, conferían un encanto particular a los cuadros. En el periodo discutido aquí los loros son remplazados por palomas de la paz pintarrajeadas de la manera más burda y descuidada.

El contenido de las naturalezas muertas posteriores parece tan inquieto como el estilo de su representación. La fruta ya no se encuentra ordenadamente amontonada sobre una mesa; en cambio, la mayoría de las veces se extiende sobre la tierra o debajo del cielo abierto. Varios cuadros se dividen en día y noche, y en estos casos el sol y la luna reflejan la forma de la fruta. La elección de la naturaleza muerta como tema no comunica una sensación de abundancia ni bienestar domésticos. Muchos artistas eligen la fruta porque es uno de los temas más abstractos, cuyas formas y colores, emocionalmente naturales, se prestan a la manipulación más libre que, digamos el paisaje o el retrato. Sin embargo, eso no es así para Frida. Por contraste, las naturalezas muertas de ella adoptan un carácter apocalíptico. Los soles tienen rostros, mientras en la superficie de las lunas llenas está dibujada una criatura embrionaria parecida a un conejo y muy semejante a una escultura en piedra muy conocida, la cual representa al dios azteca del pulque. Rivera también la reprodujo sobre la luna del mural *Tlazolteotle, el dios de la creación,* que está ubicada en el Hospital de la Raza (1952-1954).

El pulque, esa ambrosía de delirio querida tanto por los sufridos pobres de México, durante mucho tiempo fue un calmante para Frida, junto con el tequila y el brandy. No obstante, empezó a tomar cantidades siempre más grandes de drogas también, con el fin de mitigar el dolor. Las pinceladas rápidas y el deterioro de control artístico eran síntomas de lo mismo. "El estilo de sus últimos cuadros demuestra angustia", afirma el doctor Velasco y Polo, "acompañada por momentos de excitación del tipo que se remite a la toxicomanía". Siempre fue muy pulcra al pintar, y durante este periodo se manchaba las manos y la ropa de pintura, lo cual, según Judith Ferreto, la desesperaba.

Su estilo también decayó, porque Frida tenía prisa, por ejemplo, para terminar una comisión con el fin de conseguir dinero para drogas o para ayudarle a Diego. (En una ocasión, Diego se encontraba en una situación tan mala que estuvo a punto de vender un regalo que le dio María Félix. Frida, a pesar de estar muy enferma en esa época, le dijo a su enfermera: "Mañana debo pintar. No sé cómo lo vaya a hacer... Necesito ganar dinero. Diego no tiene lana".) Asimismo, pintaba apresuradamente porque sólo podía trabajar por ratos cortos antes de sucumbir al dolor o al estupor causado por demasiados calmantes. Pero más que nada la causa principal de su precipitación era la seguridad de que no estaba lejana su muerte.

No obstante, en la medida en que los cuadros se volvían más torpes y caóticos, Frida seguía esforzándose por conseguir cierto equilibrio y orden en el arte.

En el diario de 1953 hay dos proyectos para naturalezas muertas, en los que trató de lograr la armonía aplicando la "sección de oro". Al sentir que el control se le escapaba de los dedos, se puso a buscar una entidad absoluta de control.

Las amistades más estrechas durante esa época fueron con otras mujeres: María Félix, Teresa Proenza, Elena Vázquez Gómez y la artista Machila Armida. Los nombres de estas mujeres, además de los de Diego e Irene Bohus, se encuentran inscritos con pintura color rosa en la pared de su recámara, y Frida decía que su casa les pertenecía. A pesar de que todavía contaba a hombres entre sus amistades fieles, Carlos Pellicer, por ejemplo, la visitaba con frecuencia, al igual que algunos "cachuchas", su invalidez le impedía salir a buscar la compañía masculina.

Varios antiguos amigos se cansaron de la tertulia de mujeres que rodeaba a Frida como si fuera la corte de una reina. No obstante, hay algo significativo y muy típico en esta reunión de mujeres alrededor de la cama de Frida durante sus últimos años. Las mujeres, aparte de producir la vida, son las que tradicionalmente ayudan en la hora de la muerte.

Diego empezó a persuadir a sus amigas a que trabaran amistad con Frida. Les pedía que la visitaran y que pasaran la noche con ella. A veces el lesbianismo de ella se manifestaba de manera bastante agresiva. Una amiga se asustó tanto cuando Frida se despidió de ella con un beso en la boca que la empujó, y Frida se cayó hacia atrás al piso. Raquel Tibol recuerda la ira mostrada por Frida cuando rechazó sus avances; Raquel, quien estaba viviendo con los Rivera en Coyoacán, tuvo que mudarse al estudio de San Ángel, lo cual le dio a Frida otro motivo para enojarse. Celosa por la relación que, según suponía, existía entre Diego y Tibol, trató de colgarse del dosel de la cama. Se hubiera muerto si la enfermera no la hubiera encontrado y bajado a tiempo.

Tibol también platica la historia del suicidio de una muchacha con daños cerebrales (había sufrido una trepanación del cráneo), hermana de uno de los mecenas de Frida. Esta última rechazó los acercamientos de aquélla: "La muchacha tenía una fuerte fijación por Frida, pero le parecía repugnante a ésta. Cuando regresé al estudio de San Ángel, se aprovechó de mi ausencia y entró a la casa como un animal, para ver si podía tener alguna clase de contacto físico con Frida. Obsesionada con el lesbianismo, la muchacha declaró: 'Si no me haces caso, me suicidaré'. Bajó al pequeño comedor, tomó veneno, subió y cayó muerta al pie de la cama de Frida. Chucho llamó a Diego, quien se puso a reír de manera incontrolable y luego mandó quitar el cuerpo, cuidando de que la prensa no se enterara del asunto. Ningún periódico publicó la noticia de que alguien se había suicidado en el cuarto de Frida".

Aparte de Cristina, Judith Ferreto probablemente fue la más cercana a Frida durante estos últimos años. Alejandro Gómez Arias la recuerda como una mujer alta y guapa de cabello oscuro, quien subrayaba su masculinidad usando altas botas negras. No obstante, era muy tierna. Al igual que muchas enfermeras particulares, Judith llegó a sentirse dueña de Frida. Estaba convencida de saber qué era lo mejor para su paciente y de que los médicos, los amigos, Diego y aun Frida misma no lo sabían. Esta devoción a veces se volvía tiránica y hacía que Frida se rebelara. "Eres como un general fascista que me impone cosas", oponía. De cuando en cuando la enfermera la exasperaba tanto que le gritaba o tiraba patadas. En varias ocasiones la echó de la casa, pero terminaba llamándola de nuevo, con las palabras: "Eres la única que me puede ayudar". Judith se dio cuenta de que Frida, la mayoría de las veces, la despedía porque estaba empeorando su estado de salud".

Como lo hacía con otra gente a la que quería, Frida estaba decidida a atar a la enfermera a sí misma, pero cuando lo lograba, se sentía asfixiada y culpable. "Creo que fomento tus sentimientos para mi propio beneficio, para utilizarlos de manera positiva para mí misma... Muchos buenos amigos saben que he estado sufriendo toda la vida, pero nadie comparte mi sufrimiento, ni Diego. Él sabe cuánto sufro, pero el saberlo es distinto a sufrir *conmigo*". La enfermera casi se convirtió en una parte de Frida; era otro modo de salir al mundo y de fundirlo con el propio ser.

"Empecé a trabajar con ella por las noches al igual que durante el día", recuerda Judith, "porque se sentía muy sola todo el tiempo, pero particularmente en las noches, aunque mucha gente la rodeara... En mis manos era como una niña. Muchas veces sentí que era mi hija, porque así se comportaba. Le gustaba dormirse como lo hacen los niños. Como si fuera uno, había que cantarle una canción, contarle un cuento o leerle algo. Nuestras camas se encontraban en la misma habitación. Era imposible portarse como enfermera con Frida; una enfermera nunca se hubiera acostado con un paciente ni sentado en la cama del mismo. No obstante, era distinto con Frida y Diego. Yo siempre me acostaba junto a ella, para apoyarle la espalda, y me llamaba su «pequeño sostén». A veces le cantaba, y a Diego también. De ese modo se dormía. Siempre lo hacía con medicinas recetadas por el médico. A veces éstas no surtían efecto durante dos horas, lo cual, por supuesto, dependía de su condición. Yo me quedaba junto a ella durante todo el tiempo antes de que se durmiera. Solía pedirme otro cigarrillo, y hasta el último momento lo sostenía en la mano. Cuando yo veía que ya no era capaz de detenerlo y que no podía guiarlo hacia la boca, le preguntaba si quería que se lo quitara. Decía «No» con un gesto, porque ya no podía hablar, aunque entendiera todo. Todavía estaba disfrutando el cigarrillo. Esperaba el momento en el que se lo podía quitar sin que ella se diera cuenta. Esto significaba que estaba dormida.

"Siempre me pedía: «Por favor, no me dejes de inmediato cuando me duerma. Necesito que estés cerca y percibo tu presencia aún después de dormirme. Por eso, no te vayas luego». Siempre me quedaba junto a su cama durante una hora o más, hasta que estaba convencida de que ya no se daría cuenta de que me iba. Entonces la acomodaba de la manera correcta, sobre un lado, y le ponía almohadas especiales detrás de la espalda para sostenerla. Trataba de lograr que la almohada bajo su cabeza estuviera lisa y arreglada, porque nunca dejaba de dolerle todo el cuerpo. Yo siempre escuchaba cualquier cambio en el ritmo de su respiración, y cuando ella se despertaba a veces se ponía furiosa y decía: '¡No duermes sólo para estarme escuchando a mí!' No obstante, creo que eso la hacía feliz".

Por necesidad, las vidas de Frida y de Diego se llevaban a cabo por separado. Tenían horarios diferentes. Él salía a trabajar a las ocho y regresaba tarde, normalmente después de que Frida cenara. Se dormían en distintas partes de la casa: Frida en el piso superior, el ala moderna, y Diego abajo, en un cuarto que convenientemente daba al comedor. "Vivían juntos, pero separados", afirmó Ferreto.

Como inválida, poco era lo que Frida podía hacer por Diego. En otros tiempos fue capaz de mimarlo, cocinar para él y complacer sus caprichos, además de cuidarlo cuando se enfermaba. Ahora ya no lo podía ayudar en nada. (En 1952, contrajo cáncer del pene, que se detuvo con una terapia de rayos X cuando se negó a la amputación.) Frida sólo contaba con el sufrimiento para atar a su esposo a sí misma. Sus diversas tentativas de suicidio quizá constituyeron, más que otra cosa, medios para demostrar cuánto estaba sufriendo. No obstante, Diego era un hombre con un vivo apetito de todos los aspectos de la vida, y no podía limitarse a una existencia en la que el cuidado de Frida fuera su preocupación principal. A veces tierno y, en otras, insensible, siempre era inconstante. Hubo peleas terribles y periodos de separación. A pesar de que Frida con frecuencia declaraba a sus amigos que ya no le importaban las aventuras de Diego porque "le hace falta alguien que lo cuide", y pese a que les pedía a sus amigas que se ocuparan de él, insinuando que atendieran también sus necesidades románticas cuando no se encontraba con ella, Frida lo llamó desesperadamente en su diario:

> Si sólo tuviera cerca de mí su caricia, como a la tierra el aire se la da, la realidad de su persona me haría más alegre, me alejaría del sentido que me llena de gris. Nada ya sería en mí tan hondo, tan final. ¡Pero cómo le explico mi necesidad enorme de ternura! Mi soledad de años. Mi estructura inconforme por inarmónica, por inadaptada. Yo, es mejor irme, irme, no, *escaparme*. Que todo pase en un instante. Ojalá.

"Quiero a Diego más que nunca", dijo a su amiga periodista, Bambi, poco antes de su muerte. "Espero serle útil en algo y seguir pintando con toda mi alegría, y espero que nada le pase nunca a Diego, pues el día de su muerte yo lo acompañaré, sin importar nada. Nos enterrarán a los dos. Ya he dicho que «no cuenten conmigo después de que se vaya Diego». No voy a vivir sin Diego, ni puedo. Para mí es mi niño, mi hijo, mi madre, mi padre, mi amante, mi esposo, mi todo".

El aislamiento y el dolor que llenaron a Frida "de gris" se aclararon en diciembre de 1952, por su participación en la nueva decoración de La Rosita. Al darse cuenta de que los primeros murales de sus discípulos estaban decolorados, decidió que era necesario remplazarlos. En esta ocasión colaboraron dos "Fridos" (García Bustos y Estrada) así como un grupo de asistentes y protegidos de Rivera. Los estudiantes realizaron estudios y eligieron el mejor proyecto con la ayuda de Frida. Ella supervisó la ejecución, yendo a la pulquería en muletas para observar el trabajo de sus discípulos.

Las paredes se pintaron al fresco en un solo día y con nueva temática, que en esta ocasión incluyó sucesos sentimentales muy conocidos y celebridades del momento. Se retrató dos veces a María Félix. En un lienzo se encontraba sentada en una nube arriba de un grupo de hombres de cabeza con los pies señalando hacia arriba, ilustración del título de la obra: *El mundo de cabeza por la belleza*. Otra sección mostraba a Frida vestida de tehuana, colocada junto a Arcady

Boytler. Ella sostenía una paloma de la paz, y debajo de su figura se hallaba una voluta inscrita con las palabras: "Amamos la paz". Frida misma eligió el dibujo en el que aparecía Rivera con María Félix y Pita Amor de cada lado.

A pesar de que Frida decía que se realizaron los murales "para el puro placer, la pura alegría y para la gente de Coyoacán", con la intención de resucitar "el deliberado espíritu crítico mexicano, que impulsó a los mejores entre nuestros pintores y grabadores del primer cuarto del siglo, incluyendo a José Guadalupe Posada y Saturnino Herrán", el nuevo decorado de La Rosita (perdido cuando se derribó el establecimiento), fue mucho menos popular y auténticamente mexicano que la versión de 1943. Se basó en sofisticados chistes del momento y personalidades famosas, amigos íntimos de los Rivera, en lugar de campesinos anónimos y símbolos del pulque y de la rosa. Incluso se consideró cambiar el nombre de la pulquería a algo como "Los amores de María Félix". De tal modo, este proyecto se convirtió más bien en un suceso social para la gente culta, en vez de un esfuerzo por renovar la cultura "del pueblo". Fue como si Frida y Diego estuvieran divirtiendo al pedir prestada una tradición popular y transformar el lugar de reunión de la clase obrera en una celebración de los altos círculos bohemios.

La inauguración de los nuevos murales coincidió con el cumpleaños de Rivera, el 8 de diciembre (cumplió 66). Frida quiso organizarla como una tradicional posada, con un desfile de invitados cantando al atravesar las calles hasta las puertas abiertas de la casa azul. Las festividades llegaron a ser aún más célebres que la primera inauguración de La Rosita. Rosa Castro describió la tarde como deslumbrante, aunque grotesca. Frida estuvo platicando con ella acerca de la desdicha de estar encerrada en corsés ortopédicos, cuando repentinamente, al anochecer, vociferó: "¡Ya no!" Se arrancó el corsé y salió a participar en las festividades, dejando a Rosa Castro a que atendiera a los invitados que andaban por toda la casa. Ésta se acuerda particularmente de la escena que reinaba en la recámara de Frida, donde una multitud de Judas, vestidos por Frida con su propia ropa así como la de Diego, colgaba de las vigas del techo, al igual que Frida lo hacía mientras esperaba que se secaran sus corsés de yeso. Los Judas oscilaban y giraban, mientras el flujo continuo de gente que entraba y salía de la habitación les sacudía los huesos de cartón.

Al escuchar unos gritos en la calle, Rosa Castro se asomó a la puerta. Allí vio a Frida, con el cabello suelto cubriéndole los hombros y el rostro lleno de la emoción, que sin duda se debió, en parte, a las drogas que tomó con el fin de soportar el dolor causado por caminar sin el apoyo del corsé. Se acercó tambaleando a su casa, con los brazos elevados arriba de la cabeza y la voz uniéndose al alboroto general de la muchedumbre que le seguía. A la pálida luz de la tarde, una nube de polvo se levantó alrededor de los fiesteros. Por encima del ruido creado por las canciones, las risas y los silbidos de la gente, se percibía la voz de Frida: "¡Nunca más!", vociferaba triunfalmente, refiriéndose al estar aprisionada en los corsés. "¡Nunca más, no importa qué pase! ¡Nunca más!"

Capítulo 23
Homenaje a Frida Kahlo

Unos meses después de la segunda inauguración de La Rosita, en la primavera de 1953, Lola Álvarez Bravo decidió organizar una exposición de los cuadros de Frida en su Galería de Arte Contemporáneo, ubicada en el número 12 de Amberes, calle de la Zona Rosa, barrio de moda en la ciudad de México. "Acababan de realizarle el trasplante de un hueso. Desgraciadamente, éste estaba enfermo y lo tuvieron que sacar de nuevo", recuerda Álvarez Bravo. "Me di cuenta de que la muerte de Frida era inminente. Yo creo que hay que rendirle honor a la gente mientras todavía está viva para que lo disfrute y no cuando ha muerto". Le propuso la idea a Diego, quien la recibió con entusiasmo. Juntos hablaron con Frida. "Para ella, la noticia fue muy buena. Su estado de salud mejoró un poco por unos días, mientras hizo todos los planes necesarios y se ocupó pensando en el acontecimiento. Los médicos opinaron que ya no podía empeorar y que el plan tal vez la estimularía".

La muestra iba a ser la primera exposición exclusiva de Frida Kahlo en su país natal. Para Frida, destrozada por la enfermedad, constituía un triunfo. Envió encantadoras invitaciones folclóricas, pequeños folletos impresos en papel de colores atados con brillantes cintas de lana. El mensaje tenía la forma de una balada, escrita con la letra de Frida:

Con amistad y cariño
nacidos del corazón
tengo el placer de invitarlo
a mi humilde exposición.

A las ocho del avemaría,
pues, después de todo, tiene reloj,

> lo esperaré en la galería
> de la Lola Álvarez Bravo.
>
> Queda en Amberes doce
> y las puertas abren a la calle
> para que no se extravíe
> es todo lo que diré antes de que calle.
>
> Sólo quiero que me diga
> su buena y sincera opinión.
> Usted es persona instruida
> su saber, de primera gradación.
>
> Estas pinturas
> la pinté con mis propias manos
> y esperan en los muros
> dar placer a mis hermanos.
>
> Bueno, mi querido cuatacho,
> con amistad verdadera
> de todo corazón se lo agradece mucho
> Frida Kahlo de Rivera.

La galería también publicó un folleto en el que Lola Álvarez Bravo llamó a Frida una "gran mujer y artista", y expresó el hecho obvio de que hacía mucho que merecía el homenaje.

Al acercarse la noche de la inauguración, Frida se encontraba tan enferma que sus médicos le prohibieron moverse. No obstante, no quiso perderse el acontecimiento. En cierta forma, la posible presencia de Frida en sí se estaba convirtiendo, por impulso propio, en un suceso. Los teléfonos de la galería no dejaban de sonar. ¿Estaría presente Frida? ¿Estaba demasiado enferma para ir? Reporteros especializados en el arte, mexicanos y extranjeros, hablaban para preguntar acerca de la muestra. El día anterior a la inauguración, Lola Álvarez Bravo se enteró de que Frida estaba peor, pero que todavía insistía en acudir a la exposición. Iba a mandar su cama para poder asistir acostada. Al cabo de unas horas, llegó la enorme cama de cuatro columnas, y el equipo de la galería se puso a reacomodar los cuadros, con el fin de convertir el mueble en una parte integrante de la muestra.

El día de la inauguración, aumentó la tensión. Los empleados andaban de un lado a otro, enderezando los cuadros, revisando las etiquetas, acomodando las flores y asegurándose de que estaba listo el bar, con los vasos ordenados en filas y el hielo a la mano. Como era costumbre en esa galería, cerraron las puertas poco antes de la hora acordada, tratando de crear un momento de paz para garantizar que todo estuviera limpio y en orden. En ese momento, según Lola Álvarez Bravo, se juntó una multitud de cientos de personas en la calle: "Había un embotellamiento afuera y la gente empujaba contra la puerta, porque insistía en entrar a la galería de inmediato. No quise dejarla pasar hasta que llegara Frida, pues sería muy difícil para ella una vez que la galería estuviera atestada de gente". Finalmente se vio obligada a abrir las puertas, por el temor de que la inqueta muchedumbre las derrumbara.

A pocos minutos de que los invitados llenaron el local, se escucharon sirenas desde la calle. La gente corrió hacia la puerta y, asombrada, vio una ambulancia acompañada por una escolta de moticicletas, de la cual se estaba sacando a Frida Kahlo sobre una camilla de hospital. "Los fotógrafos y reporteros se sorprendieron de tal manera", afirma Lola Álvarez Bravo, "que casi les provocó una conmoción. Abandonaron las cámaras en el piso y no fueron capaces de sacar fotografías del suceso".

Afortunadamente alguien tuvo la presencia de ánimo de fotografiar ese extraordinario momento en la vida de Frida. La fotografía muestra a Frida vestida en un traje nacional con todo y joyas, recostada sobre una camilla. Los amigos la saludan mientras es cargada hacia la galería. El viejo Doctor Atl, lisiado y de barba blanca, pintor legendario, revolucionario y vulcanólogo, la mira con una expresión de intenso sentimiento. Los ojos atormentados y fijos de Frida predominan en su rostro, desfigurado por la enfermedad; sin duda le tuvieron que dar una gran dosis de drogas.

La colocaron en su cama, ubicada en el centro de la galería. El esqueleto de un Judas estaba suspendido, boca abajo, en la parte inferior del dosel bordeado por espejos como si la estuviera contemplando. Otros tres más pequeños colgaban del mismo lugar, y la cabecera del mueble estaba cubierta de fotografías de los héroes políticos de Frida, de su familia, de amigos y de Diego. Uno de los cuadros de la pintora adornaba el pie de la cama, la cual permaneció en la galería aún después de la inauguración. Las almohadas bordadas estaban perfumadas con el aroma "Shocking", de Schiaparelli.

Al igual que los santos lujosamente ataviados que se apoyan en sábanas de raso y se veneran en las iglesias mexicanas, Frida recibió a su corte. "Les pedimos a las personas que circularan", contó Lola Álvarez Bravo, "que la saludaran y luego pasaran a la exposición misma, pues temíamos que la muchedumbre asfixiara a Frida. Formaba una verdadera turba. Esa noche no acudieron únicamente los círculos artísticos, los críticos y sus amigos, sino un gran número de personas inesperadas. Hubo un momento en el que nos vimos obligados a sacar la cama de Frida a la estrecha terraza al aire libre, porque apenas podía respirar".

Carlos Pellicer fungió como policía de tránsito. Dispersó a la gente cuando se acercaba demasiado a Frida e insistió en que los invitados hicieran cola para felicitar a la artista uno por uno. Cuando los "Fridos" lograron alcanzar la cama, Frida les dijo: "Quédense conmigo un rato, chamacos", pero no lo pudieron hacer por los empujones de los demás.

El alcohol abundaba. El zumbido de la plática era interrumpida a menudo por los roncos sonidos de las risas, mientras la gente se divertía, hacía chistes y saludaba a los amigos. Resultó una de esas fiestas en las que la emoción alcanza una intensidad febril. Todos se dieron cuenta de la importancia del suceso. Carlos Pellicer tenía lágrimas en los ojos al leer en voz alta un poema que escribió acerca de Frida, la cual tomó y cantó corridos con sus invitados. Le pidió al escritor Andrés Henestrosa que cantara "La llorona" y Concha Michel interpretó otras melodías populares. Después de que la mayoría de sus amigos la hubieron saludado, todos formaron un círculo alrededor de la cama de cuatro columnas y cantaron:

> Esta noche m'emborracho
> Niña de mi corazón
> Mañana será otro día
> y verán si tengo razón.

Cuando el doctor Velasco y Polo le mencionó a Diego que Frida se estaba cansando y que alguien la debía llevar a casa, éste estaba demasiado ocupado celebrando como para hacerle caso. Se deshizo del médico con una leve grosería: "¡Anda, hijo, te voy a dar!"

Al igual que las calaveras de dulce que le encantaban a Frida, o los sonrientes Judas, la inauguración de esta muestra estuvo tan macabra como alegre. "Todos los lisiados de México fueron a darle un beso a Frida", recuerda Andrés Henestrosa, describiendo a los pintores que acudieron. "María Izquierdo llegó sostenida por amigos y familiares, porque era inválida. Se inclinó para besar a Frida en la frente. Goitia, enfermo y fantasmal, surgió de su choza en Xochimilco con su ropa de campesino y larga barba, del mismo modo como Rodríguez Lozano, quien estaba loco. Estuvo presente el Doctor Atl. Tenía ochenta años, una barba blanca y muletas, pues una de sus piernas había sido amputada poco tiempo antes. No obstante, no se veía melancólico. Se agachó sobre la cama de Frida, riéndose bulliciosamente de algún chiste pronunciado frente a la muerte. Él y Frida se burlaron del pie inexistente del pintor, y dijo a la gente que no lo consideraran con compasión, pues le volvería a salir otro, mejor que el anterior. Afirmó que la muerte sólo existe si uno deja de imbuirle un poco de vida. Fue como un desfile de monstruos, como Goya, o más bien como el mundo precolombino con su sangre, mutilaciones y sacrificios".

"Frida estaba muy arreglada, pero cansada y enferma", recuerda Monroy. "Nos sentimos profundamente conmovidos al ver cómo se había reunido toda su obra y cómo la quería tanta gente". No obstante, los anteriores alumnos de Frida tuvieron la impresión, al igual que un gran número de amigos, que la exposición contaba con cierto aspecto exhibicionista. "Fue algo espectacular", comentó Raquel Tibol, "un poco como un acto surrealista, con Frida en el papel de la Esfinge de la Noche, presentándose en la galería dentro de la cama. Puro teatro".

"Todo mundo estaba presente", platica Mariana Morillo Safa. "Frida se emocionó muchísimo al saludar a todos. No obstante, era otra Frida, distinta de la que conociera de niña. No tenía la misma naturalidad. Parecía estar pensando en otra cosa. Se portaba como si estuviera feliz, pero se estaba esforzando mucho".

Ciertamente, es verdad que la presencia de Frida convirtió la inauguración en un despliegue de sentimientos y emociones personales, en vez de una celebración artística. No obstante, aunque Frida tuvo que actuar para ocultar su dolor, presentó el tipo de espectáculo que le encantaba: lleno de colorido, sorprendente, intensamente humano y algo morboso, muy parecido a la manera dramática con la que se presentaba en el arte.

Frida quedó asombrada por el éxito que tuvo la exposición, y la galería mostró la misma reacción. Lola Álvarez Bravo recuerda que "recibimos llamadas de París, Londres y varios lugares de Estados Unidos, pidiendo detalles acerca de la muestra de Frida... nos sorprendió que alguien supiera de ella fuera de México". La galería se vio obligada a extender la exposición por un mes, a causa de la demanda pública, y la prensa estuvo encantada, alabando la presencia heroica de Frida en la inauguración tanto como expresaba admiración por su obra.

El pintor, poeta y destacado crítico José Moreno Villa tocó una cuerda, en *Novedades,* que seguiría sonando a través de los años: "Resulta imposible", escribió, "separar la vida y la obra de esta singular persona. Sus cuadros conforman su biografía". La revista *Time* comentó acerca de la exposición de Frida en un artículo intitulado "Mexican Autobiography". A pesar del hecho de que la conocieran, todavía tenía mucho qué ver con el matrimonio con Diego Rivera, ya no era "la pequeña Frida", sino una celebridad por derecho propio. El crítico de *Time* habló del accidente de Frida, de su matrimonio y del orgullo que sentía por sus convicciones comunistas. El artículo termina con la siguiente evaluación inquietante del estado físico y moral de la pintora:

> Después de visitar su exposición la semana pasada, México comprendió la dura realidad de Frida Kahlo, la cual se está volviendo más y más difícil. Recientemente ha empeorado su estado de salud; los amigos que la recuerdan como una mujer regordeta y vigorosa están conmocionados por su apariencia macilenta. No aguanta estar de pie por más de diez minutos a la vez, y una pierna amenaza contagiarse con gangrena. No obstante, todos los días Frida Kahlo se sienta en su silla a pintar, aunque sólo sea por un rato. "No estoy enferma", asegura. "Estoy destrozada. Pero soy feliz de vivir mientras tengo la capacidad de pintar".

En su autobiografía, Diego menciona la exposición de Frida con orgullo y placer: "Para mí, el suceso más emocionante de 1953 fue la exposición exclusiva de Frida en la ciudad de México durante el mes de abril. Todos los que la visitaron no pudieron evitar maravillarse por su gran talento. Incluso yo quedé impresionado al contemplar su obra en conjunto". No obstante, también apunta que Frida apenas pronunció una palabra en la muestra: "Más tarde se me ocurrió que seguramente se había dado cuenta de que se estaba despidiendo de la vida".

Quizás estaba cansada y destrozada, pero se despidió de la vida con su estilo propio y espléndido. En su diario, Frida enumeró, en forma de poema en prosa, algunas de las imágenes, *La venadita, La flor de la vida,* que colgaban de las paredes de la galería. La última, deliberadamente separada de las demás, es *El árbol de la esperanza:*

> La Vida callada...
> dadora de mundos.
> Venados heridos
> Ropas de tehuana
> Rayos, penas, Soles
> ritmos escondidos
> "La niña Mariana"
> frutos ya muy vivos.

la muerte se aleja,
líneas, formas, nidos.
las manos construyen
los ojos abiertos
los Diegos sentidos
lágrimas enteras
todas son muy claras
Cósmicas verdades
que viven sin ruidos

Árbol de la Esperanza
mantente firme.

Capítulo 24

Está anocheciendo en mi vida

"FUI A DEJARLE un anillo para ella", recuerda Adelina Zendejas al pensar en aquel día del mes de agosto de 1953, en el que los médicos de Frida, al cabo de medio año de torturadora indecisión, decidieron amputarle la pierna derecha. "Siempre me dijo que le gustaría tener un anillo de pavo real. Le pedí que lo dibujara. «Mira, me enseñó, aquí tengo unas piedritas. Sal a la calle a buscar más». Junté un montón de piedrecitas y se las llevé.

"Llegó el doctor Farill. Tenía mucha prisa y dijo: «Veamos la pierna», porque ya era insoportable el dolor. Diego estaba desesperado, y ella tomaba una cantidad terrible de drogas.

"Por primera vez después de muchos años, contemplé su pierna. Estaba tan lisiada, encogida y deteriorada que no comprendí cómo lograba meter el pie en la bota. Faltaban dos dedos. Farill la examinó, la tocó y se puso pensativo. Frida le preguntó: «¿Qué doctor, es lo que me va a cortar? ¿Otro dedo? Quite estos dos de una vez». Él contestó: «Sabe, Frida, creo que sería inútil quitarle únicamente el dedo, por la gangrena. Creo que ha llegado el momento en el que sería mejor cortarle la pierna».

"¡Si hubiera podido oír el grito que soltó Frida! Exclamó: «¡No!» Le salió de las vísceras. Fue algo patético. Tenía el cabello suelto, estaba vestida con un traje de tehuana y cubierta por la ropa de cama, pero el pie sobresalía de la misma. La pierna se veía muy delgada, como si estuviera rota, como si colgara de su torso. Entonces volteó, me miró y preguntó: «¿Qué piensas? Dime, Tímida, ¿qué piensas?»

"No quité la mirada de Diego, quien se estaba apoyando al pie de la cama, y dije: «Bueno, Frida, siempre te llamabas 'Frida la coja, pata de palo'. Serás coja. Ya lo eres ahora, con mucho sufrimiento. Tu pierna no te permite caminar. Hay excelentes piernas artificiales, y tú eres la clase de persona que sabe muy bien sobrellevar este tipo de cosas. Probablemente podrás caminar y moverte de manera mucho más normal que con esta pierna, que ya no te sirve y que además te causa mucho dolor, convirtiéndote en una inválida. Tampoco se extenderá la enfermedad, y ya no tendrás que ser 'Frida la coja'. Piénsalo. ¿Por qué no dejas que te operen?»

"Frida miró a Diego, quien estaba a punto de llorar y no quiso verme. El doctor Farill me estaba contemplando, como si quisiera decir: «Gracias». Frida anunció: «Si tú lo dices, lo haré». Se volteó y le indicó al doctor Farill: «Prepáreme para la operación». Cuando Diego me llevó a casa, dijo: Va a morir; esto la matará».

"El día anterior a la operación, le envié a Frida un pequeño venado de barro, uno de esos que se planta con una semilla de «chía». Tenía un changuito en el lomo. También mandé un recado que decía: «Aquí tienes tu venado. Espero que salgas de la operación tan alegre como él lo es con su changuito». Me contestó lo siguiente: «Adelina, siempre me animas. Mañana estaré bajo el cuchillo. Entonces sí seré Frida la coja, pata de palo, de la ciudad de los Coyotes»".

Frida se estaba haciendo la valiente. "¿Ya sabías que me van a cortar la pata?", preguntaba alegremente a sus amigos. Aborrecía que la miraran con compasión. No obstante, la angustia y la desesperación que se mezclaban con su esperanza se revelan en las anotaciones que hizo en su diario durante los seis meses anteriores a la operación: "Una y otra vez afirmaban que me iban a cortar la pierna, y tenía ganas de morir".

En un dibujo horrorífico se representa como muñeca con una sola pierna, cayéndose de algo que sólo puede interpretarse como un pedestal irónico, erigido a una figura a la que le faltan completamente los ideales clásicos del equilibrio, la unión y la armonía: una columna clásica. El cuerpo de la muñeca está cubierto de manchas, y está perdiendo la cabeza y una mano. Arriba del macabro autorretrato se leen palabras aún más siniestras: "Soy la DESINTEGRACIÓN".

No obstante, en julio, un mes antes de la amputación, Frida apuntó, mientras se encontraba en Cuernavaca, lugar al que la llevó su enfermera para ver si el clima más cálido mejoraba la salud y el estado de ánimo de su paciente:

Puntos de apoyo

En mi figura completa sólo hay *uno;* y quiero dos. Para tener yo los dos, me tienen que cortar *uno.* Es el uno que no tengo el que tengo que tener para poder caminar; ¡el otro será ya muerto! A mí, las alas me sobran. (Que las corten, y a volar.)

Dos páginas más adelante, hay un dibujo de un desnudo sin cabeza, pero con alas. Una paloma se posa donde debería de estar la cabeza, y la figura tiene una columna agrietada en vez de espina. Una pierna es artificial y la otra, natural. Las piernas llevan las leyendas: "Apoyo número 1" y "Apoyo número 2". Frida acompaña el esbozo con las siguientes palabras: Se equivocó la paloma. Se equivocaba... en vez del Norte se fue al Sur, se equivocaba... creyó que el trigo era el agua. Se equivocaba. . ." En otra representación de sí misma, con alas y desnuda, el cuerpo de Frida está cubierto con una maraña de puntos y sombras. "¿Te vas? No", se encuentra escrito arriba de esa imagen. Debajo se lee la explicación de la negativa: "ALAS ROTAS". Al hallarse en otro estado de ánimo, Frida hizo un bosquejo de sus pies sobre un pedestal. El de la derecha está separado de la pierna a la altura del tobillo, y zarzas espinosas surgen de la cortada. Las piernas están teñidas de amarillo, y al fondo aparece una aguada de tinta color sangre. La hoja lleva la leyenda: "Pies ¿para qué los quiero?, si tengo alas pa' volar. 1953".

Quizá el dibujo que más acongoja del diario es en el que Frida llora debajo de una luna oculta, mientras su cuerpo recostado se confunde con la tierra, convirtiéndose en una de sus raíces. Arriba de ella se ven las palabras "color veneno", tal vez con referencia a la gangrena. El sol está hundido debajo de la superficie de la tierra y en el cielo, junto a un pequeño pie solitario, dice: "todo al revés, sol y luna, pies y Frida". En la página de enfrente se aprecia el dibujo de un árbol desnudo y sacudido por la tormenta; el viento le está arrancando las hojas. Está lacerado, doblado aunque no roto, y sus raíces se entierran profundamente en el suelo.

El tema de la desintegración se reproduce en *El círculo*, pequeño autorretrato sin fecha. Realizado sobre un pedazo redondo de lámina de metal, muestra el torso desnudo de Frida, rajado del pecho y deteriorándose en el paisaje nocturno que lo rodea. Sus pantorrillas se transforman en hongos, mientras su cabeza desaparece entre dibujos color musgo y tierra detrás de los cuales se levanta una ráfaga de humo. Una raya roja le cruza el pecho y llamas color carmesí brotan del lugar donde debería estar su hombro derecho. Muy distinto de la visión optimista de la participación femenina en los ciclos vitales ofrecida por *Raíces, El círculo*, como el dibujo en el diario, presenta una espantosa imagen de disolución física y sicológica. A su antiguo amigo Andrés Henestrosa Frida comunicó que había remplazado el lema "Árbol de la esperanza, mantente firme" con otro: "Está anocheciendo en mi vida".

En agosto, cuando los médicos y Frida finalmente tomaron la decisión ya sabida, ésta apuntó en su diario: "Seguridad de que me van a amputar la pierna derecha. Detalles sé pocos, pero las opiniones son muy serias. El doctor Luis Méndez y el doctor Juan Farill. Estoy preocupada, mucho, pero a la vez siento que será una liberación. Ojalá y pueda, ya caminando, dar todo el esfuerzo que me quede para Diego, todo para Diego".

En la noche anterior a la operación, su amigo Antonio Rodríguez, el historiador de arte escribió tantos artículos laudatorios acerca del arte y el heroísmo de Frida, la visitó en compañía de unos cuantos amigos más. Al ver cómo sufrían, la pintora trató de darles ánimo con cuentos y chistes. Rodríguez afirma: "Casi estábamos llorando, por ver a esa maravillosa mujer, bella y optimista, sabiendo que le iban a amputar una pierna. Por supuesto, se dio cuenta de que estábamos sufriendo y nos armó de valor, exclamando: «¿Pero qué les pasa? Mírense, ¡parece que hubiera una tragedia! ¿Cuál tragedia? Me van a cortar la pata. ¿Y qué?»" Más tarde se puso un elegante vestido de tehuana, como si fuera a ir a una fiesta, y se entregó al cuchillo del cirujano.

Página del diario

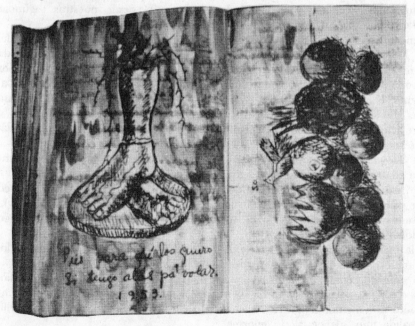

No obstante, Judith Ferreto estuvo presente después de haberse ido los invitados, cuando Frida abandonó su alegre fachada. Le hizo compañía durante los dos días que pasó en el hospital antes de la operación, y se encontró junto a ella cuando todo había pasado. "La noche anterior a la operación, cuando, finalmente, estábamos solos Diego, Frida y yo en su cuarto (del hospital), entró la enfermera para prepararle la pierna para la cirugía. Todo estaba en silencio... No pronunciamos ni una sola palabra. Todos los días que siguieron a la operación fueron así. Incluso cuando se ponía furiosa, yo deseaba verla enojada, escuchar sus protestas, nada. Puro silencio. Sólo las pocas palabras que eran absolutamente necesarias. No tenía interés ni en las visitas de Diego, y Diego era su vida. El médico llegó y me dijo que la obligara a caminar por el pasillo, que la llevara a Chapultepec a pintar, pintar, pintar. Después de que se fue, Frida quedó completamente trastornada. Al rato llegó el siquiatra. Me preguntó qué había pasado. Le dije que estaba tranquila hasta que el médico ordenó que la acompañara al parque para pintar. El siquiatra me indicó: «Judy, por favor no la obligue a hacer nada. No quiere vivir. La estamos forzando a vivir»".

La extirpación de su pierna ofendió terriblemente la sensibilidad estética de Frida. En el nivel más profundo de su ser, su sentido de integridad y de respeto a sí misma estaba relacionado con la vanidad, la cual quedó destrozada. Se desmoralizó tanto que no quería ver a nadie, ni a Diego. "Diles que estoy dormida", me pedía. Cuando recibía a Diego, no le hacía caso, mostrando una actitud indiferente y lejana. Estaba callada y apática, y no se interesaba por nada. "A continuación de la pérdida de su pierna", afirmó Rivera en su autobiografía, "Frida cayó en una profunda depresión. Ya ni quería que le platicara mis aventuras románticas, acerca de las cuales le gustaba oír, desde nuestras segundas bodas. Había perdido la voluntad de vivir".

Cuando llegó la hora de regresar a su casa, al principio se negó a irse del hospital. Ferreto recordó que "Diego tenía a una persona en su estudio. Frida siempre respetaba el derecho de él de hacer lo que quería. Decía: «Si sufro por eso, es por mi propia culpa»; como él amaba a las mujeres, Frida lo aceptaba. No obstante, esa persona que vivía en el estudio de él daba órdenes en la casa de Frida. Había que tener mucho cuidado acerca de mandar algo en su casa o en algo relacionado con la misma. Esa mujer no tenía tacto, e hizo sufrir a Frida. Por eso se negó a ir a su casa.

"Un día por la mañana Frida pasó por una crisis. Diego pasó la noche anterior con ella. Fue durante la época mala en el hospital. Ella estaba muy contenta con Diego, cuando entró la enfermera del piso y anunció: «Señor Rivera, alguien lo espera para ir a la inauguración de una exposición». Era la persona que vivía en su estudio. Vi que Frida no estaba muy feliz por la interrupción, pero Diego la abandonó de cualquier forma.

"A la mañana siguiente, me (levanté y) fui al baño. Ella estaba durmiendo. Había tratado de suicidarse en la madrugada".

Una serie de pensamientos extraños acerca del dolor, la soledad y el suicidio, confiados al diario, parecen dar la bienvenida a la muerte o expresar remordimientos causados por alguna tentativa reciente de suicidio. Aquí, la muerte para ella es una "salida muy silenciosa" y "enorme":

Calladamente, la pena
Ruidosamente el dolor.
el *veneno* acumulado...
me fue dejando el amor

Mundo extraño ya era el mío
de silencios criminales

de alertas ojos ajenos
equivocando los males
Oscuridad en el día
las Noches no las vivía

¡Te estás matando!
¡Te estás matando!
con el cuchillo morboso
¡de las que estás vigilando!
¿La culpa la tuve yo?

Admito mi culpa grande
tan grande como el dolor
era una salida enorme por donde pasé, mi amor.
salida muy silenciosa
que me llevaba a la muerte
¡estaba tan olvidada!
que ésta era mi mejor muerte

¡Te estás matando!
TE ESTÁS MATANDO
Hay quienes ¡Ya no te olvidan!
Acepté su mano fuerte

Aquí estoy, para que vivan.
FRIEDA

El estribillo del poema, "¡Te estás matando!" puede remitirse a pláticas de Frida consigo misma, o a palabras pronunciadas por Diego, quien se desesperaba por todos los estupefacientes que ella tomaba para aligerar el sufrimiento. Al decir "Aquí estoy", al final del poema, Frida parece aceptar la mano de la muerte o la de la vida.

Más o menos dos meses después de que la "persona" del estudio de Rivera se fue de la casa (Emma Hurtado, comerciante de Rivera a partir de 1946, y la mujer que se convirtió en su cuarta esposa en 1955), Frida regresó a Coyoacán. Rivera hacía todo lo posible por consolarla. Judith Ferreto lo calificó como un "colaborador maravilloso" en sus tareas de enfermera. A pesar de estar conscientes de que aborrecía las interrupciones en su trabajo, Ferreto o Frida misma lo llamaban cuando nadie lograba calmar o secar las lágrimas de esta última. En tales ocasiones, Diego llegaba a casa a sentarse junto a Frida. La entretenía contándole de sus aventuras, leyendo poesía en voz alta, cantando suaves baladas o simplemente abrazándola hasta que la medicina la adormecía. Según él mismo lo narra en su autobiografía:

> En el curso de su convalecencia, la enfermera con frecuencia me hablaba por teléfono para avisar que Frida estaba llorando y diciendo que quería morir. De inmediato dejaba de pintar y me iba corriendo a la casa para consolarla. Cuando Frida volvía a descansar tranquilamente, regresaba a mi pintura y trabajaba horas extras, para compensar las que había perdido. A veces estaba tan cansado que me dormía en mi silla, en lo alto del andamio.
>
> Con el tiempo conseguí un equipo de enfermeras que atendían las necesidades de Frida veinticuatro horas al día. Este gasto, agregado a otros también médicos, rebasaban lo que estaba ganando con los murales, por lo cual aumenté mis ingresos pintando acuarelas. Algunas veces lograba terminar dos grandes diariamente.

En ocasiones no regresaba de inmediato al estudio, sino se quedaba a vigilarla, dormitando a su lado hasta la medianoche. Su gran talla llenaba la silla y su rostro se plegaba formando arrugas de tristeza y agotamiento: una vieja rana mugidora, sabía y resignada, pero no derrotada.

En un principio, Frida se negaba a usar la pierna artificial. Le parecía repugnante y, además, dolorosa, y cuando trató de aprender a caminar con su ayuda se cayó. El doctor Velasco y Polo recuerda: "Mandó hacer una bola especial, porque no le gustaba la pierna artificial. Le dije: «Nadie se va a dar cuenta, porque siempre usa faldas largas». Me respondió con una grosería: «Hijo de su..., ¡no se meta en lo que no le importa! Me cortó la pierna, ¡pero ahora yo diré lo que se hace!»"

No obstante, al cabo de tres meses aprendió a recorrer cortas distancias y lentamente mejoró su estado de ánimo, de manera especial cuando volvió a pintar de nuevo. Mandó hacer botas de lujosa piel roja, con un bordado chino en oro adornado con pequeñas campanas, para ocultar la pierna. Con este calzado, decía Frida, bailaría "su alegría". Lo hacía delante de sus amigos para ostentar la recién ganada libertad de movimiento. El escritor Carletto Tibón platica que "Frida estaba muy orgullosa de sus botitas rojas. Un día llevé a la hermana de Emilio Pucci con Frida, quien estaba toda vestida de tehuana y probablemente drogada. Frida exclamó: «¡Estas maravillosas piernas! ¡Qué bien me sirven!» y bailó el jarabe tapatío con la pierna de madera".

Un domingo por la tarde, Rosa Castro fue a visitar a Frida, y se le presentó un espectáculo extraño. Al abrir la puerta de la recámara, halló a Frida vestida completamente de blanco, con excepción de las botas rojas; tenía puestos guantes blancos con muchos anillos colocados en los dedos enguantados. Agitando las manos en el aire, se rió y preguntó: "¿No te encantan? ¡Son los primeros guantes que uso en la vida!" Asimismo, ofrecía a sus amigos otra distracción más sombría. Igual que en 1951 había disfrutado de mostrar a sus visitantes las heridas quirúrgicas abiertas, a través del agujero que perforaba la escayola de yeso, ahora les empezó a pedir que contemplaran el muñón que le había quedado. Mariana Morillo Safa tiene el siguiente recuerdo: "Frida hacía chistes acerca de la amputación, pero con un humor muy negro. Un día que la visité en su casa, me regaló una fotografía de sí misma, con la dedicatoria: «Su majestad es coja» (juego de palabras con "es coja" y "escoja"). Durante esa época estaba peleada con su antigua amiga Dolores del Río, y bromeó: «Como venganza, le mandaré mi pierna sobre una charola de plata»".

En términos médicos, la amputación fue sencilla. Se le quitó la pierna a la altura de la rodilla. No obstante, pese a las botas rojas y a la risa, Frida no se recuperó por completo. El 11 de febrero de 1954, apuntó en su diario: "Me amputaron la pierna hace seis meses; me han hecho sufrir siglos de tortura y en momentos casi perdí la «razón». Sigo queriendo matarme. Diego es el que me detiene, por mi vanidad que me hace pensar que le hago falta. Me lo ha dicho, y le creo, pero nunca en la vida he sufrido más... esperaré un tiempo. Por la página siguiente aparece un destello de la antigua alegría:

> He logrado mucho.
> Seguridad al caminar
> Seguridad al pintar
> Amo a Diego más
> que a mí misma.
> Mi voluntad es grande
> Mi voluntad permanece
> Gracias al magnífico amor de Diego, al trabajo honrado e inteligente del doctor Farill. Al intento tan honesto y cariñoso del doctor Ramón Parrés (el siquiatra de Frida) y al cariñoso doctor de toda mi vida, doctor David Gluskeray al doctor Eloesser.

Entre los últimos dibujos del diario figuran dos autorretratos desnudos con la pierna artificial. Uno está dedicado con amor a su "niño Diego". En el otro, la pierna consiste simplemente en un palo de madera, su pata de palo, y unas flechas señalan hacia varios puntos de su cabeza y cuerpo, sugiriendo sufrimiento síquico además de físico.

Una vez Frida apuntó en el diario que la muerte no era otra cosa "que un proceso que lleva hacia la existencia". En su caso, no fue posible detener ese proceso, un lento debilitamiento causado por la osteomielitis y mala circulación, a pesar de todas las operaciones y otros tratamientos médicos que recibió. El 27 de abril de 1954, el diario sugiere que acaba de recuperarse de una crisis, quizás otra tentativa de suicidio o, simplemente, un deterioro de la salud. Suena como si se encontrara en un estado de euforia inducido por drogas, pero la insistente letanía de agradecimiento insinúa cierta desesperanza subyacente, haciendo sospechar que ella sabía que era inminente su despedida del mundo:

> Salí sana. Hice la promesa, y la cumpliré, de jamás volver atrás. Gracias a Diego, gracias a mi Tere (Teresa Proenza), gracias a Gracielita y a la niña, gracias a Judith, gracias a Isaura Mino, gracias a Lupita Zúñiga, gracias al doctor Ramón Parrés, gracias al doctor Glusker, al doctor Farrill, al doctor Polo, al doctor Armando Navarro, al doctor Vargas, gracias a mí misma y a mi voluntad enorme de vivir entre todos los que me quieren y para todos los que yo quiero. Que viva la ale-

gría, la vida, Diego, Tere, mi Judith y todas las enfermeras que he tenido, en la
vida y que me han tratado tan maravillosamente bien. Gracias porque soy comunista
y lo he sido toda mi vida. Gracias al pueblo soviético, a los pueblos chino, checos-
lovaco y polaco y al pueblo de México, sobre todo, de Coyoacán, donde nació mi
primera célula, que se incubó en Oaxaca, en el vientre de mi madre, que había
nacido allí, casada con mi padre, Guillermo Kahlo, mi madre Matilde Calderón,
morena campesina de Oaxaca. Tarde maravillosa que pasamos aquí en Coyoacán;
cuarto de Frida, Diego, Tere y yo. La señorita Capulina, el señor Xolotl, la señora
Kosti (estos últimos tres, perros de Frida).

Se aferró a la idea de la esperanza y la gratitud, como si de otra forma se
hubiera hundido en la amargura y la desesperanza. Es posible, asimismo, que
sintiera que el agradecimiento y la alegría integraban, como los retablos o las
operaciones, ritos devotos imbuidos de algún poder mágico: a través de ellos,
se comunicaba con las personas a las que necesitaba y quería.

Por la pérdida de control, tanto físico como mental, cosas terribles le pasaban
a Frida. Un accidente ocurrió mientras estaba guardando cama, pero precisaba
algo ubicado fuera de su alcance. Ya que aborrecía no poderse atender a sí misma
ni quería pedir ayuda, se levantó. En su diario narra el suceso: "Ayer, 7 de
mayo... al caerme en las baldosas de piedra, se me enterró en una nalga (nalga
de perro) una aguja. Me trajeron inmediatamente al hospital en una ambulancia.
Estaba sufriendo horribles dolores y gritando toda la distancia de la casa al Hospital Inglés... me tomaron una radiografía, varias, localizaron la aguja y me la
van a sacar uno de estos días con imán. Gracias a mi Diego, amor de toda mi
vida. Gracias a los doctores".

Cuando no estaba drogada ni durmiendo, a veces su nerviosismo alcanzaba
un estado de histeria. Sus reacciones se volvieron imprevisibles. Se enojaba por
pequeñeces, cosas que normalmente no la hubieran molestado. Trataba de pegar
a las personas, vociferando insultos aun a Diego. Judith Ferreto recuerda que
"a veces sólo una palabra, un error, algo sucio o una actitud hacía explotar a
Frida, por su sensibilidad. Si alguien ama, lo hace de veras, particularmente Frida.
Cuando ella quería a una persona, ésta podía estar segura del hecho. Nunca fue
capaz de manifestar algo que no sintiera, y no lograba aguantar nada, excepto el
dolor y el sufrimiento".

Hubo momentos en los que la enfermedad y el comportamiento desenfrenado
de Frida resultaban demasiado duros para Rivera. Raquel Tibol platica de un día
en el que Frida estaba muy enferma, acostada en su recámara y sólo consciente
a medias, por el efecto de las drogas: "Diego y yo nos encontrábamos en la sala.
Había llegado a comer, pero no tenía apetito. Empezó a llorar, como un niño, y
dijo: «Si tuviera valor, la mataría. No soporto ver cómo sufre». Lloró como un
niño, sin parar. Fue una clase de amor piadoso".

El sufrimiento que le causaba el ver a Frida en ese estado lo alejaba de ella.
Con frecuencia no aparecía durante varios días seguidos, y Frida se sentía sola,
enojada, desesperada. "No obstante, en cuanto se presentaba Diego, recuerda Rosa
Castro, "cambiaba ella y le decía, con la voz más suave y cariñosa: «Mi hijo,
¿en dónde has estado, mi hijo?». Diego se acercaba a besarla. A veces había un
plato con fruta junto a la cama, y ella preguntaba: «Mi querido niño, ¿quieres

tantita fruta?» Diego solía contestar diciendo (chi) en lugar de (sí), como si de veras fuera un niño".

En una ocasión, Adelina Zendejas y Carlos Pellicer estaban comiendo en el patio de la casa de Coyoacán cuando Frida lanzó una botella de agua contra Diego, quien se agachó. El proyectil apenas libró su cabeza. El ruido causado por el choque del vidrio contra la piedra del piso le quitó le furia y se puso a llorar: "¿Por qué lo habré hecho?", preguntó. "Díganme, ¿por qué hice eso? Si sigo así, ¡prefiero morir!" En camino a la casa de Adelina, después de la comida, Rivera dijo: "Debo mandarla a un asilo. Tengo que internarla. No es posible seguir así". Como todos, con excepción de Cristina, Diego se apartó de Frida. Judith Ferreto le trató de explicar que Rivera la abandonaba porque la quería tanto que no soportaba ver cómo sufría. A veces la consolaba esta explicación, pero normalmente la situación le causaba amargura:

> Todas las noches se desvela. No regresa a casa temprano, ni una vez. ¿Adónde va? Ya ni siquiera le pregunto nada. Tal vez vaya al teatro con sus amigos arquitectos, o a conferencias. Todos los días (llega) a las once o las doce; a la una o las cuatro de la tarde. ¿De dónde? ¡Quién sabe! A la mañana siguiente se levanta y viene a saludarme: "¿Cómo estás, linda?" "Bien, ¿y tú?" "Mejor". "Vas a venir a comer?" "No lo sé, te avisaré". Por regla general come en el estudio. Oswaldo le lleva la comida. Yo como sola. En la noche no lo veo, porque llega muy tarde. Tomo mis pastillas y nunca lo veo, jamás está conmigo, y es un horror, y no le gusta que fume, no le gusta que duerma, hace tanto escándalo por todo que despierta a todo mundo. Necesita su libertad, y la tiene.

"Durante ese último y trágico periodo, su relación con Diego era inconsciente", recuerda la escritora Loló de la Torriente. "A veces tranquila, tierna y cariñosa; en otras, tempestuosa y llena de furia. El maestro la complacía con paciencia, aguantaba su ira y la mimaba, pero siempre terminaba llamando al médico, quien la colmaba con paliativos. Se dormía y la gran casa parecía una tumba... Durante esa época, Frida hablaba poco. Se acostaba o sentaba cerca de la gran ventana de su recámara, contemplando el movimiento de las palmas, las ramas y la fuente del jardín".

Los sentimientos de Frida por Diego cambiaban de una hora a otra, de un minuto al otro. "Nadie sabe cuánto quiero a Diego, afirmaba, "pero tampoco saben lo difícil que es vivir con ese señor". Es tan extraño en su manera de ser, que tengo que adivinar si me ama, porque creo que sí, aunque sea «a su manera». Siempre uso la siguiente frase cuando se discute nuestro matrimonio: que hemos unido «el hambre con las ganas de comer»". Probablemente quería decir que ella tenía hambre y Diego, codicia: el hambre toma lo que consigue; la codicia se apodera de lo que quiere, aquí y allá, con el fin de darse placer a sí misma.

Sus excesos emocionales tenían mucho que ver con la creciente adicción a las drogas. Contaba con el permiso de una oficina gubernamental para adquirirlas, pero sus necesidades ya rebasaban lo que podía obtener de este modo. Con frecuencia le pedía ayuda a Diego, quien siempre sabía en dónde encontrarlas. A veces Frida se alocaba y hacía desesperadas llamadas telefónicas, tratando de pedir dinero prestado a sus amigos. En un momento, Rivera intentó sustituir el alcohol

por las drogas. Frida llegó a consumir dos litros de coñac diarios, sin dejar los estupefacientes.

Tomaba enormes dosis, mezcladas de maneras muy poco ortodoxas. En varias
ocasiones, en las que Raquel Tibol le ayudó a Cristina en el cuidado de Frida,
observó cómo ésta colocó tres dosis o más de Demerol en una gran jeringa, agregando pequeños frascos de otros narcóticos. Frida le pedía a Tibol que la inyectara.
Ya que su espalda estaba cubierta por costras de otras inyecciones, así como cicatrices de operaciones, resultaba difícil hallar un lugar en dónde meter la aguja.
Frida exclamaba: "Tócame, tócame, ¡y donde encuentres un lugar blando, inyecta!"

"Una vez la fui a ver acompañado por Lupe Marín", recuerda Jesús Ríos
y Valles. "Estaba completamente perdida y me pidió conseguirle una inyección.
Pregunté: '¿En dónde la voy a obtener?' Le dije que Diego y el médico me
habían informado que ya no debía de inyectarse más. Frida pareció enloquecer.
Repitió: «¡Por favor! ¡por favor!» Interpuse: «De cualquier forma, ¿en dónde
la consigo?» Me indicó: «Abre ese cajón». Atrás de varios dibujos de Diego había
una caja con miles de frascos de Demerol".

Frida llevaba casi un año sin pintar cuando, en la primavera de 1954, se
obligó a salir de la cama y entrar de nuevo al estudio. Ahí, atada a la silla de
ruedas con una faja para sostenerse la espalda, trabajaba en el caballete por
el tiempo que aguantara el dolor y luego seguía pintando en la cama.

La pintura se convirtió en un acto piadoso. Ejecutaba cuadros que comunicaban su fe política y varias "naturalezas vivas"; todas estas obras cuentan con
cierta cualidad quimérica y una exuberancia que tiene mucho que ver con el
efecto eufórico del Demerol. Una naturaleza muerta pintada en 1954 se divide
en cuatro partes (tierra, cielo, día y noche) y los rayos del sol se transforman en
una red de raíces o venas de un brillante color rojo, que abrasa tanto la fruta
como la paloma que se anida en el centro. Ahí donde terminan las raíces, en la
parte inferior del cuadro, éstas deletrean la palabra "LUZ", además del nombre
'Frida". A pesar de que la composición resulta tosca, de colores chillones y conceptos poco sutiles, hay un elemento de valor en la pasión y esperanza proyectadas por
Frida a las naranjas y los melones. Es obvio que estaba consciente de la cercanía
de la noche final, aun mientras pintaba el abrazo de la vida por la luz.

En busca de un modo de expresar sus convicciones políticas, Frida de nuevo
recurrió al retablo. En *Frida y Stalin,* ella está sentada delante de un enorme
retrato de Stalin, apoyado en el caballete. Al igual que la imagen del médico en
Retrato de Frida y el doctor Farill, la de Stalin sustituye al intercesor sagrado de
un ex voto. En *El marxismo dará la salud a los enfermos,* Frida, la protagonista,
trae un corsé ortopédico y la salva el santo milagroso Carlos Marx (ilustración
80). Su cabeza de barbas blancas flota en el cielo, una mano que surge de la
misma ahorca a una águila norteamericana, caricatura del Tío Sam. Una paloma blanca de la paz sale de la cabeza de Marx por el otro lado y revolotea
en el aire, protegiendo a Frida y a un globo que muestra un gran continente
rojo, sin duda, la Rusia soviética. La tierra también adopta una actitud política.
Debajo de la paloma de la paz y Rusia, los ríos son azules. Debajo del cielo
nocturno que rodea al águila, las aguas de los mismos son rojas. Dos inmensas
manos sueltas (una tiene el ojo de la sabiduría en la palma) bajan del cielo

(desde donde está Marx) para apoyar a Frida. Éstas, así como el libro rojo que ella sostiene y que probablemente es *El capital* de Marx, le permiten deshacerse de las muletas. Frida le indicó a Judith Ferreto que en este cuadro "por primera vez ya no lloro".

Aunque en ésta y semejantes obras, se agiten banderas, vuelen palomas de la paz y héroes marxistas ocupen el cielo, las últimas pinturas de Frida fueron personales, revelándola a ella misma. Jamás hubieran servido de propaganda política. Más bien confirmaban su fe, como si fueran oraciones. Frida estaba consciente de ello al quejarse amargamente con la enfermera. La frustraba mucho su incapacidad de producir cuadros que tuvieran algún valor social: "¡No puedo, no puedo, no puedo!" Ella lo sabía aun mientras le decía a Antonio Rodríguez: "Quiero que mi trabajo contribuya a la lucha por la paz y la libertad"; "Si no comunico más ideas a través de la pintura, es porque no tengo nada qué decir y no creo disponer de suficiente autoridad para dar clases, y no porque piense que el arte debe ser mudo". Los cuadros de Frida difícilmente podrían calificarse de mudos. Vociferan sus mensajes personales con tal pasión, que queda ni un decibel para la propaganda.

Al igual que *Aparador en Detroit,* el extraño y desagradable paisaje intitulado *Los hornos de ladrillo* se inspiró en algo que Frida vio por casualidad en una excursión. Un día primaveral, el doctor Farill la sacó a dar una vuelta por los alrededores de la ciudad. Pasaron por un grupo de hornos de ladrillo, y algo en la belleza desolada y arcaica de esas construcciones redondas llamó la atención de la pareja de lisiados. El doctor Farill dijo que quería pintarlos, pero Frida afirmó que ella lo haría. Cuando el médico sugirió que hiciera un esbozo ahí mismo, Frida respondió que no le hacía falta, pues lo llevaba en la mente. *Los hornos de ladrillo* muestra a un grupo de hornos y a un hombre de sombrero que alimenta a uno de ellos con un largo palo. El estilo pone de manifiesto la pérdida de control de la artista. Las pinceladas son desordenadas, el emplaste, arenoso, y el color, lóbrego. Los miserables árboles sin hojas y las amenazadoras nubes de humo que salen de los hornos subrayan la desagradable impresión general de la escena. Puesto que Frida había expresado el deseo de que la incineraran, el descubrimiento de los hornos de ladrillo, en la excursión con el cirujano, probablemente la hizo pensar en el fin de su propia vida. El cuadro indudablemente presagia la muerte.

Raquel Tibol estuvo presente en el momento en el que Frida terminó el cuadro. Recuerda que ésta contempló la obra con una mirada seria, aunque apresurada, y preguntó: "¿No has visto el otro? El de mi cara dentro de un girasol. Es una comisión. No me gusta la idea; siento estarme abogando en la flor". Tibol encontró el cuadro mencionado por Frida y se lo llevó. Al igual que *Los hornos de ladrillo,* lo pintó de manera descuidada con un emplaste espeso. No obstante, al contrario del último, ese cuadro estaba lleno de movimiento, expresiones de alegría. Tibol narra el suceso:

> Irritada por la energía vital que emanaba de un objeto creado por ella, una energía de la que ella, en sus propios movimientos ya no disponía, tomó un cuchillo hecho en Michoacán, de filo recto y cortante. Venciendo la lasitud provocada por las inyecciones nocturnas, con lágrimas en los ojos y una sonrisa convulsiva en los

labios temblorosos, empezó a rascar el cuadro lenta, demasiado lentamente. El ruido causado por el acero contra la pintura al óleo reseca se convirtió en un lamento matutino de ese espacio de Coyoacán donde ella había nacido... Siguió rayando, aniquilando y destruyéndose; fue su sacrificio y su expiación.

Quizá le repugnaba la energía resplandeciente del autorretrato como girasol, pero en la medida en que se volvía más densa la oscuridad de su propio crepúsculo, deseaba acercarse a la luz. En junio pidió que se moviera su cama de cuatro columnas de la pequeña recámara al pasillo adyacente, que llevaba al estudio. Afirmó que quería contemplar más verdor; el estrecho pasillo contaba con puertas de metal y vidrio que daban a una escalera que descendía al jardín. Desde ese lugar veía las palomas que vivían en las ollas de cerámica que Rivera había empleado en los muros de piedra agujerada del ala nueva de la casa. Al empezar las lluvias veraniegas, Frida pasó muchas horas observando la agitada luz sobre las hojas, el movimiento de las ramas con el viento y las gotas de lluvia que caían sobre el techo y chorreaban por los canalones.

Mariana Morillo Safa recuerda: "Durante esos últimos días estaba acostada, incapaz de moverse. Era toda ojos. No soportaba verla ya. Su carácter había cambiado por completo. Se peleaba con todo mundo. Ya que sólo me quedé un rato, fue amable conmigo, pero parecía estar pensando en otra cosa y sólo se esforzaba por ser amigable. No soportaba el ruido y no quería tener a muchas personas a su alrededor. No quería ver niños. Sólo movía los brazos y las manos, y los usaba para arrojar cosas contra la gente. «¡Dejen de molestarme! ¡Paz!» gritaba, mientras pegaba a las personas con su bastón. Vociferaba: «¡Tráeme eso! ¡Te estoy hablando!» El bastón se encontraba junto a su cama y lo utilizaba si uno no hacía las cosas rápidamente. Era muy impaciente por no poder hacer todo ella misma. Lo único de lo que era capaz era de peinarse y de ponerse lápiz labial. Antes no usaba cosméticos, con excepción del lápiz labial. Hacia el final de la vida empezó a maquillarse, pero no podía controlar los colores. Era algo grotesco. Sólo quedaba una horrible imitación de la antigua Frida Kahlo".

Judith Ferreto: "En esos días estaba decayendo rápidamente... Creo que sintió que día a día desmejoraba... Esa mañana me habló por teléfono. Yo siempre sabía cómo se encontraba por su voz; resulta muy fácil notar por la voz cuando una persona está completamente desesperada, y ella lo estaba ese día. Me dijo: «Ay, por favor, Judith, ¡ven! ¿Puedes venir, Judy, a ayudarme? No puedo hacer nada. Estoy completamente trastornada. Por favor ven a ayudarme».

"Fui y pasé la mayor parte del día con ella. Estaba pintando en el estudio... siempre fue tan hermosa, con vestidos tan bellos, pero ese día era distinta. Los volantes en gran parte estaban separados de la falda. Tenía el pelo completamente despeinado y los ojos, fuera de las órbitas. Estaba pintando y tenía las manos cubiertas de pintura, los nudillos y todo... La levanté con todo mi cariño. La metí en la cama y pregunté: «¿Quieres que te arregle?» Contestó: "Sí". Inquirí: ¿Qué vestido te quieres poner? «Por favor trae el que preparaste antes de irte, porque todo eso fue hecho con amor, y ya no hay amor aquí. Tú sabes que el amor es la única razón para vivir. Por eso trae el que se hizo con amor». Le arreglé el pelo y todo y descansó... tan dulce, tan enojada, tan antipática".

La visita terminó con una pelea y una reconciliación. Algunos visitantes se quedaron demasiado tiempo y, al ver cómo cansaban a Frida, Judith les pidió que se fueran. Frida se puso furiosa. Sintió que Judith estaba mandando en su propia casa. No obstante, se avinieron de nuevo, Frida trató de convencer a su anterior enfermera que aceptara como regalos un anillo y un vestido de tehuana, pero los rechazó. Según lo explica Judith: "Me exasperé ese día, porque sabía, como enfermera, que era imposible ayudarle a Frida Kahlo. La había visto pasar por muchas crisis en la vida. En la mayoría le pude hacer algo por ella, pero entonces Frida todavía tenía ambas piernas. Ahora estaba consciente de que sin la pierna no era posible ayudarle ya.

"Durante esa época, a veces iban niños a la casa para visitarla... incluyendo a la hija de su hermana, a la que quería mucho. Después de que la abandonaban, decía: «Ay, Judy, ya no me gustan los niños. No los quiero. No les puedo decir que no vengan, porque eso no está bien, pero preferiría ya no ver a niños». Después de la amputación, odiaba a los niños... La operación destruyó una personalidad. Amaba la vida, de veras la amaba, pero todo fue completamente distinto después de que le amputaron la pierna.

"Al final del día apareció Carlos Pellicer. Yo me alegré mucho, porque casi era la hora en que debía abandonarla, y el día había sido terrible. Yo me sentí feliz, porque sabía cuánto se querían. En el último momento, Frida agarró una muñeca a la que le faltaba una pierna y dijo: «Ésta soy yo sin mi pierna». Fue su último regalo, además de un ramito de flores muy bonitas en un pequeño vaso. Me instó: «Llévatelas». Tomé un taxi y en el camino tiré las flores a la calle. Estaba furiosa con la vida. Ése fue el último día que la vi".

Hacia finales de junio pareció mejorar su estado de salud. "¿Qué me van a dar de premio por estarme recuperando?" bromeaba. Sin esperar la respuesta, decía: "Me gustaría más una muñeca". Era exigente con sus amigos. Insistía, por ejemplo, en que la visitaran, cuando hablaba con ellos por teléfono. "Pronto" no era suficiente; tenían que asegurarle que pasarían a verla esa misma tarde. Pedía a las personas que pasaran la noche con ella. Incluso invitó a Lupe Marín, con la que se había reconciliado a lágrimas. Lupe rechazó la invitación.

Tenía mucha esperanza y planes para el futuro. Dijo que quería adoptar a un niño. Habló de su deseo de viajar. La atraía mucho una invitación para visitar Rusia, pero afirmó que no pensaba ir sin Rivera, quien aún no conseguía la readmisión al Partido Comunista, a pesar de haber presentado diversas solicitudes. Frida se emocionó con la idea de ir a Polonia, donde planeaba seguir un tratamiento médico recomendado por el doctor Farill. Según ella, a Diego le parecía buena idea y ofreció acompañarla. Lo que Frida esperaba con más ansias eran sus bodas de plata, el 21 de agosto. Le pidió a una amiga: "¡Traigan mucha raza, porque habrá una gran fiesta mexicana!" Compró el regalo para Diego desde antes. Era un hermoso anillo antiguo de oro. Quería que la celebración fuera un acontecimiento popular, como una posada. Irían todos los habitantes de Coyoacán.

Un día frío y húmedo de la temporada de lluvias, el 2 de julio de 1954, Frida no hizo caso de las órdenes del médico y abandonó la cama a fin de participar en una manifestación comunista. A pesar de que apenas se estaba re-

cuperando de un caso de bronconeumonía, quiso expresar su sentimiento de solidaridad con la multitud de más de diez mil mexicanos, que salieron a la calle
para protestar contra la imposición, por parte de la CIA, de un régimen reaccionario encabezado por el general Castillo Armas en Guatemala, en sustitución del
presidente de tendencias izquierdistas Jacobo Arbenz. Caminaron de la Plaza Santo
Domingo hasta el Zócalo. Ésta fue su última aparición en público, y Frida se
convirtió en un espectáculo heroico. Mientras Diego empujaba la silla de ruedas
lentamente por las calles desiguales, figuras destacadas del mundo de la cultura
mexicana les siguieron.

Como en muchos murales de Rivera, Frida sirvió de símbolo viviente para la
entereza moral y de punto de reunión para el fervor revolucionario. Las fotografías tomadas durante la manifestación la muestran con un estandarte representado
la paloma de la paz en la mano izquierda, y con la derecha formando un puño
de lucha. Su rostro demacrado y cansado, campo de batalla del sufrimiento, apa-
renta más años de los que tenía. Demasiado enferma para preocuparse por el
coqueteo, no se arregló el cabello con su usual corona de trenzas, sino lo cubrió
con una vieja y arrugada mascada. La única señal de su extravagancia acostumbrada son los anillos que hacen brillar, como un centro, el puño de la protesta.
Frida soportó el malestar de la silla de ruedas por cuatro horas, uniéndose al grito
de la multitud: "¡Gringos asesinos, fuera!" Cuando, finalmente, regresó a casa, se
llevó la satisfacción de saber que su presencia había sido significativa para los
demás manifestantes. Confió a un amigo: "Sólo quiero tres cosas de la vida: vivir
con Diego, seguir pintando y pertenecer al Partido Comunista".

No disfrutó de ninguna de las tres por mucho tiempo. A consecuencia de la
participación en la protesta, no se recuperó de la pulmonía. Su estado empeoró
cuando abandonó la cama de noche, al cabo de pocos días, y se bañó, de nuevo
en oposición a las órdenes del médico. Así la enfermedad cobró nuevas fuerzas.

Frida sabía que se estaba muriendo. En una de las últimas páginas del diario,
dibujó esqueletos disfrazados, parecidos a las *Calaveras* de Posada. Con letras marcadas, escribió: *"Muertes en relajo".* Para ella, la muerte formaba parte de la
vida, de un ciclo eterno, y había que enfrentarse a ella abiertamente. "Buscamos
la calma y la paz", apuntó en el diario, "porque nos anticipamos a la muerte,
pues morimos en cada momento". En una visita del "cachucha" Manuel González
Ramírez, poco antes de que muriera, hablaron sobre los detalles de su fallecimiento.
"No resultó difícil hablar de su muerte", recuerda González, "porque Frida no le
tenía miedo". Lo que la preocupaba era la idea de que la metieran al suelo
acostada. Sufrió tanto en muchos hospitales, precisamente en esa posición, explicó
Frida, que no quería ir a la tumba acostada. Por eso mismo, pidió que la incineraran.

La noche anterior al cumpleaños de Frida, le dijo a Teresa Proenza: "Empecemos a celebrar mi cumpleaños. Como regalo, quiero que me acompañes ahora,
para despertar aquí mañana". Teresa estuvo de acuerdo y a la mañana siguiente
puso un disco de "Las Mañanitas", canción mexicana de cumpleaños, para que
Frida se despertara con la música. La pintora pasó la mañana durmiendo, hasta
que pasó el efecto de los narcóticos que había tomado; cuando despertó de nuevo,
recibió a algunos visitantes. Más tarde, vestida con su grueso huipil de algodón

blanco con una borla color lavanda hecho en Yalalag, y maquillada de la cara, fue cargada al comedor. Rodeada por muchas flores, saludó a sus amigos. La gente llegaba y se iba. Cien invitados comieron exclusivamente platillos mexicanos: mole de pavo, chile, tamales con atole. Frida rebosaba de su antigua viveza. A las ocho de la noche, subió y siguió la reunión en su recámara. Le dio mucho gusto una carta de las mujeres del Partido Comunista, así como un soneto escrito por Carlos Pellicer.

Las últimas páginas del diario de Frida están cubiertas por extrañas figuras femeninas con alas, dibujos mucho más caóticos que los autorretratos alados realizados unos meses antes. El último esbozo muestra a un ángel negro que se eleva hacia el cielo: sin duda, el ángel de la muerte. Tales imágenes indican un ansia de trascender, contraparte del deseo de arraigarse en la tierra que expresan los otros dibujos de Frida: incluso en cuanto a la muerte, sus ideas se dividían entre las tradiciones católicas y las paganas. Las últimas palabras apuntadas en el diario revelan de manera muy intensa su voluntad de percibir las realidades más desoladoras con alegría. "Espero alegre la salida... y espero no volver jamás... Frida".

Estas palabras y el último dibujo sugieren que Frida se suicidó. No obstante, como causa de su muerte, la cual ocurrió en martes, el 13 de julio de 1954, se nombró una "embolia pulmonar". La narración que hace Rivera de la muerte de su esposa no excluye la posibilidad del suicidio. Sin embargo, al mismo tiempo guarda la imagen de Frida como indomable en su lucha por la vida. Según él, Frida estaba muy enferma de pulmonía en la noche anterior a su muerte.

> Me quedé junto a su cama hasta las dos y media de la mañana. A las cuatro se quejó de un severo malestar. Cuando un médico llegó al amanecer, descubrió que había muerto poco antes, de una embolia pulmonar.
>
> Cuando entré a su cuarto para verla, su rostro estaba tranquilo y parecía más bello que nunca. La noche anterior me dio un anillo, que compró como regalo para nuestro vigesimoquinto aniversario, para el que todavía faltaban diecisiete días. Le pregunté por qué me lo estaba dando tan pronto y contestó: "Porque siento que te voy a dejar dentro de muy poco".
>
> No obstante, a pesar de que sabía que iba a morir, ha de haber luchado por la vida. De otra forma, ¿por qué se vio obligada la muerte a sorprenderla quitándole el aliento mientras dormía?

Muchos amigos de Frida no creen que se haya suicidado. Afirman que hasta el final conservó la esperanza y su valerosa voluntad. Otros sospechan que murió de una sobredosis de drogas que puede, o no, haber sido accidental. Es cierto que la circulación de su sangre no era buena y que el reciente ataque de bronconeumonía la había dejado muy débil.

Después de la muerte de Frida, su amiga Bambi publicó un largo artículo sobre sus últimas horas, en *Excélsior*. Dicen que Frida no recibió a nadie el día anterior a su muerte, porque estaba sufriendo de terribles dolores. Diego pasó un rato con ella en la tarde. Platicaron y se rieron juntos, y ella le informó que había dormido durante la mayor parte de la mañana, en atención a las órdenes del doctor Velasco y Polo. Hizo bromas acerca de una taza especial para inválidos que le llevó su enfermera, la señora Mayet (que de nuevo estaba trabajando con ella), para darle alimentos líquidos. Era el "año del caldo", según Frida, pues tenía la impresión de no estar consumiendo más que eso.

En la noche le dio a Diego el anillo, el regalo de aniversario, y le indicó que quería despedirse de él y de algunos de sus amigos más íntimos. A las diez de la noche, Rivera llamó al doctor Velasco y Polo. "Frida está muy enferma; me gustaría que la viniera a ver". El médico acudió y halló a Frida en estado muy crítico, causado por la bronconeumonía. Al abandonarla y bajar encontró a Diego platicando con un amigo. El doctor advirtió: "Diego, Frida está muy enferma". Diego respondió: "Sí, ya lo sé". "Pero de veras está muy enferma, tiene una fiebre muy alta", insistió el primero. "Sí", contestó Rivera.

A las once de la noche y después de tomar jugo de fruta, Frida se durmió, con Diego a su lado. Convencido de que estaba bien dormida, éste se fue a pasar el resto de la noche en el estudio de San Ángel. A las cuatro de la madrugada, Frida despertó y se quejó de ciertos dolores. La enfermera la calmó y le alisó las sábanas. Se quedó cerca de Frida hasta que ésta se volvió a dormir. Todavía estaba oscuro cuando la señora Mayet escuchó a alguien tocar la puerta, a las seis de la mañana. Camino a ella, pasó por la cama de Frida para acomodar las cobijas. Los ojos de Frida estaban abiertos y fijos. La enfermera le tocó las manos. Estaban frías. Llamó al chofer de Rivera, Manuel, y le contó lo que había pasado. El viejo chofer, que había trabajado con Guillermo Kahlo y conocía a Frida desde su nacimiento, le llevó la noticia a Diego. "Señor", dijo "murió la niña Frida".

Capítulo 25

Viva la vida

AL MORIR FRIDA, el rostro de Diego, normalmente entusiasta y regordete, se hizo macilento y gris. "Se convirtió en un anciano pálido y feo en unas cuantas horas", recuerda una amiga. Un reportero de *Excélsior* llegó a tomarle fotografías y a entrevistarlo, pero Rivera se negó a verlo. "Le ruego que no me pregunte nada", le pidió. Volvió la cara hacia la pared y permaneció en silencio.

La noticia de la muerte de Frida se difundió rápidamente. Diego llamó a Lupe Marín no muy avanzada la mañana, y ella acudió a la casa de la tercera esposa de Rivera, acompañada por Emma Hurtado, que pronto sería la cuarta. "Diego estaba completamente solo", platica Lupe. "Me quedé cerca de él y lo tomé de la mano. A las ocho y media empezaron a llegar los amigos de Frida. Me despedí y me fui".

Frida estaba acostada en la cama de cuatro columnas y vestida con una falda negra de tehuana y el huipil blanco de Yalalag. Sus amigas le trenzaron el pelo y lo decoraron con cintas y flores. La adornaron con aretes, collares de plata, coral y jade y le cruzaron los brazos sobre el cuerpo. En cada dedo llevaba un anillo. Una almohada blanca con embutidos almidonados de encaje mexicano le enmarcaba el rostro. Junto a la cama, a la altura de la cabeza, había un florero con rosas. Un solo pie, con las uñas pintadas de vivo color rojo, sobresalía del dobladillo de la larga falda. La flanqueaban ramos de flores rojas. Muñecas chinas e ídolos precolombinos observaban la escena desde una repisa ubicada cerca de la cama.

Un gran número de personas, entre las que muchas no pudieron contener las lágrimas, desfiló ante la cama de Frida ese día. Olga Campos fue una de las primeras: "Resultó terrible para mí. Frida todavía estaba tibia cuando llegué a la casa, más o menos a las diez u once de la mañana. Puso carne de gallina cuando la besé, y grité: «¡Está viva! ¡Está viva!» Pero se había muerto".

Bernice Kolko acudió a mediodía: "Por supuesto estaba histérica cuando llegué a esa casa. Me encontré con su harmana Cristina y me llevó por la casa diciendo: «Hemos perdido a nuestra Frida». Fui a la cama y la vi, y entonces esperamos un rato. No pudimos ver a Diego, porque se había encerrado en su cuarto".

A las seis y media de la tarde, se desvistió el cuerpo de Frida de todas las joyas, con excepción de los anillos, un collar de Tehuantepec y unas cuentas baratas y brillantes. La metieron en un ataúd gris y la llevaron al Palacio de Bellas Artes. "Diego se fue solo con el chofer en su coche", platica Bernice Kolko. "No quiso que nadie lo acompañara".

Ahí, en el amplio vestíbulo de la gran estructura neoclásica del mayor centro cultural mexicano, Frida Kahlo estaba de cuerpo presente y Rivera a su lado, muy intranquilo. Le había pedido un certificado de muerte al doctor Velasco y Polo, para poder incinerar el cadáver de Frida, pero el médico se lo negó, aparentemente por razones legalistas. Rivera lo obtuvo de su amigo y anterior cuñado, el doctor Marín. No obstante, aun con el certificado en mano, no se convenció de que su esposa había muerto.

Rosa Castro narra el suceso: "Cuando ella estaba de cuerpo presente en Bellas Artes, vi a Diego con el doctor Federico Marín, hermano de Lupe. Me acerqué a ellos y pregunté: «¿Qué pasa, Diego?» Contestó: 'Es que no estamos muy seguros de que Frida esté muerta'. El doctor Marín insistió: «Diego, te aseguro que está muerta». Diego dijo: «No, me horroriza la idea de que todavía tenga actividad capilar. Los vellos aún se levantan sobre su piel. Me aterra enterrarla así». Yo le indiqué: «Pero si es muy sencillo. Que el doctor le abra las venas. Si no fluye sangre, es porque está muerta». Cortaron la piel de Frida y no sangró. Le abrieron la yugular y salieron unas dos gotas. Estaba muerta. Diego no quería creerlo, por su intenso deseo de no separarse de ella. La quería mucho. Cuando se murió Frida, él parecía un alma partida en dos".

Toda esa noche y durante la mañana siguiente, Frida estuvo en el enorme vestíbulo de altos techos. El ataúd estaba colocado encima de una tela negra extendida sobre el piso y lo rodeaban cantidades de flores rojas.

Andrés Iduarte, antiguo compañero de Frida de la preparatoria y entonces director del Instituto Nacional de Bellas Artes, dio permiso de honrarla de ese modo, con la condición de que Rivera prometiera no meter la política en la ceremonia. "Nada de pancartas políticas, lemas, discursos: nada de política", advirtió. Diego movió la cabeza afirmativamente: "Sí, Andrés". No obstante, cuando la primera guardia de honor, compuesta por Iduarte y otros funcionarios del Instituto de Bellas Artes, entró al vestíbulo donde se encontraba el ataúd de Frida, un discípulo de ella, Arturo García Bustos, surgió entre un grupo formado alrededor de Rivera y se acercó rápidamente al ataúd, que en seguida se vio cubierto de una brillante bandera roja marcada con un martillo y una hoz en el centro de una estrella blanca.

Iduarte y sus asistentes se retiraron, consternados. Desde su oficina en un pico superior, envió un mensaje a Rivera en el que le recordaba su promesa. Un recado le informó que el pintor estaba tan afligido que no era posible molestarlo. Para la desgracia de Iduarte, el presidente Ruiz Cortines no se encontraba en la capital en ese momento, de manera que el director llamó al secretario presidencial buscando consejo. Le dijeron que persuadiera a Rivera de quitar la bandera comunista, pero que evitara un escándalo. Rivera, rodeado por sus amigos izquierdistas, no quiso saber nada del asunto. Amenazó sacar el cadáver de Frida a la calle y velarla ahí si lo despojaban de la bandera.

Iduarte sintió gran alivio cuando el anterior presidente, Lázaro Cárdenas, llegó a ocupar un lugar en la guardia de honor de Frida; si un hombre de tal rango estaba dispuesto a tolerar la bandera roja, ésta quizá no era tan impropia, después de todo. Una llamada telefónica al secretario presidencial confirmó sus sentimientos. "Si el general Cárdenas está montando guardia", le indicaron, "usted también lo debería hacer".

De ese modo un ídolo nacional se transformó, cuando menos temporalmente, en heroína comunista. Un resultado de esa "farsa rusófila", como la llamó la prensa, fue la despedida de Iduarte como director (regresó a su cátedra como profesor de literatura latinoamericana en la Universidad Columbia de Nueva York). Por su parte, Rivera estuvo muy contento de ser readmitido al Partido Comunista dos meses y medio después de los funerales de Frida.

Durante toda esa noche y la mañana siguiente, los guardias de honor estuvieron de pie junto a las cuatro esquinas del ataúd de Frida. Entre ellos figuraron destacados comunistas así como amigos íntimos y parientes. Estuvieron presentes Lola Álvarez Bravo, Juan O'Gorman, Aurora Reyes, María Asúnsolo y el muralista José Chávez Morado. Tres de las hermanas de Frida también la velaron, así como las hijas de Rivera, Lupe y Ruth. Dos representantes de la embajada rusa pasaron por unos minutos. Diego vestía formalmente con un traje oscuro, su rostro se veía cansado y afligido. Permaneció cerca del ataúd toda la noche y tomó parte en varias vigilias. Logró controlarse lo suficiente para estrechar las manos de los consoladores y para cooperar con la prensa. A un reportero de periódico le informó que Frida había muerto de una embolia pulmonar, en la presencia de un osteólogo, entre las tres y las cuatro de la mañana. Con orgullo hizo saber que su esposa había pintado alrededor de doscientos cuadros; que era la única pintora hispanoamericana que conquistó el Louvre, y que su última obra, realizada un mes antes, era una naturaleza muerta con sandías, llena de colorido y alegría.

La última guardia de honor estuvo formada por Rivera, Iduarte, Siqueiros, Covarrubias, Henestrosa, el destacado agrónomo y político de izquierda, César Martino, el anterior presidente Cárdenas y su hijo, Cuauhtémoc. Para el mediodía del 14 de julio, más de seiscientas personas habían hecho los honores al ataúd de Frida. A las doce y diez, Cristina pidió a la multitud congregada que cantara el himno nacional y el "Corrido de Cananea" balada que entrelaza indignación, por las injusticias sufridas por el pueblo mexicano, con la historia de un amor, desventurado. Con gran solemnidad, Cárdenas marcó el ritmo moviendo los brazos. Rivera, Siqueiros, Iduarte y otros levantaron el ataúd de Frida a sus hombros y lo bajaron por las anchas escaleras de mármol del Palacio de Bellas Artes. Afuera estaba lloviendo. Un desfile funerario de más o menos quinientos dolientes siguió a pie la carroza fúnebre que lentamente llevó el ataúd de Frida por la Avenida Juárez.

El crematorio del Panteón Civil de Dolores era pequeño y muy rudimentario.

Se apiñaron en el diminuto y caluroso cuarto amigos y parientes, representantes culturales de varios países socialistas, los secretarios del Partido Comunista Mexicano y de la Organización de la Juventud Comunista, así como destacados personajes de los mundos artísticos y literario. Afuera, cientos de personas se reunieron entre las lápidas, bajo la incesante lluvia. Metieron el ataúd de Frida en la antesala y lo abrieron. Tenía una corona de claveles rojos en la cabeza y un rebozo le cubría los hombros. Alguien colocó un enorme ramo de flores en la cabecera del ataúd. De pie junto a Frida y con Diego a su lado, Andrés Iduarte pronunció una grandilocuente oración fúnebre:

> Frida ha muerto. Frida ha muerto.
> La criatura brillante y voluntariosa que en nuestros días iluminaba los salones de la Escuela Nacional Preparatoria ha muerto... Una extraordinaria artista ha muerto: de espíritu despierto, corazón generoso, la sensibilidad encarnada, amor al arte hasta la muerte, íntima del México de vértigo y gracia... Amiga, hermana del pueblo, gran hija de México: todavía estás viva... Sigues viviendo...

Carlos Pellicer leyó los sonetos que dedicó a Frida. Uno de los versos dice: "Siempre vivirás sobre la tierra, siempre serás la rebelión llena de auroras, la flor heroica de amaneceres sucesivos". Adelina Zendejas habló de sus recuerdos de Frida en la preparatoria y de la vida y obra de la pintora, como ejemplo de la "voluntad férrea de vivir". Juan Pablo Sáinz, miembro del Comité Central del Partido Comunista Mexicano, habló a nombre del mismo y aprovechó la ocasión para discutir los problemas del mundo contemporáneo.

A la una y cuarto, Rivera y varios familiares sacaron a Frida del ataúd y la colocaron en una carretilla automática que la conduciría por vías de hierro al horno crematorio. Rivera se mantuvo a su lado con las manos apretadas formando puños y el rostro y cuerpo decaídos por el pesar. Se inclinó para besarle la frente. Los amigos se acercaron para despedirse.

Rivera quiso que Frida se fuera acompañada por música. Con los brazos en alto levantando los puños, la congregación cantó la *Internacional,* el himno nacional, "El joven guardia", la marcha fúnebre de Lenin y otras canciones políticas. Faltando diez minutos para las dos, se abrió la puerta al horno y la carretilla con el cuerpo de Frida empezó a moverse hacia el fuego. Entonces los dolientes cambiaron a baladas de despedida: "Adiós, mi chaparrita", "Adiós, Mariquita linda", "La embarcación" y "La barca de oro", cuya letra es la siguiente:

> Yo ya me voy al puerto donde se halla la barca de oro
> que debe conducirme.
> Yo ya me voy, sólo vengo a despedirme.
> Adiós, mi amor, adiós para siempre adiós.
> No volverán tus ojos a mirarme, ni tus oídos escucharán mi canto.
> Voy a aumentar los mares con mi llanto.
> Adiós, mi amor, adiós para siempre adiós.

"Rivera estuvo con los puños cerrados" recuerda Monroy. "Cuando se abrió la puerta del horno para recibir la carretilla de Frida, hubo una ola de calor infernal que nos obligó a apretujarnos contra la pared del fondo, porque no la aguantamos. Sin embargo, Diego no se movió".

En ese momento ocurrió algo casi tan grotesco como uno de *Los caprichos* de Goya. Adelina Zendejas lo recuerda: "Todos estaban colgados de las manos de Frida cuando la carretilla empezó a jalar el cadáver hacia la entrada al horno. Se echaron encima de ella y le arrancaron los anillos, porque querían tener algo que había sido de ella".

La gente lloraba. Cristina se puso histérica y empezó a gritar cuando vio cómo el cuerpo de su hermana se deslizaba hacia el horno. La tuvieron que sacar cargando, lo cual estuvo bien hecho, pues en el momento en que Frida entró al horno, el intenso calor la levantó, y su cabello ardiente formó una aureola alrededor de su rostro. Siqueiros afirmó que su cara pareció sonreír en el centro de un gran girasol en el momento en que las llamas le incendiaron el cabello.

El fuego de los crematorios antiguos tardaban cuatro horas en realizar su tarea. Durante la espera, la multitud siguió cantando. Diego lloró y hundió las uñas en las palmas de las manos, una y otra vez, hasta que sangraron. Finalmente, se abrió la puerta del horno y salió la carretilla candente con las cenizas de Frida. Un soplo de asfixiante calor mandó a la gente tambaleando hacia las paredes del cuarto, cubriéndose las caras para protegerlas. Rivera y Cárdenas fueron los únicos que calmadamente conservaron su sitio.

Las cenizas de Frida guardaron la forma de su esqueleto durante unos minutos antes de que las dispersara el aire. Al darse cuenta, Rivera lentamente relajó el puño y metió la mano en el bolsillo derecho del saco, donde guardaba una pequeña libreta para dibujos. Con el rostro absorto completamente por lo que estaba haciendo, esbozó el esqueleto plateado de Frida. Luego reunió cariñosamente las cenizas en una tela roja y las colocó en una caja de cedro. Pidió que se mezclaran sus cenizas con las de Frida cuando él muriera. (Todavía no se cumple este deseo; se consideró como más apropiado que el gran muralista yaciera en el lugar de descanso de los ciudadanos mexicanos más famosos: la Rotonda de los Hombres Ilustres.)

En su autobiografía escribió: "El 13 de julio de 1954 fue el día más trágico de mi vida. Perdí a mi querida Frida, para siempre... Demasiado tarde me di cuenta de que la parte más maravillosa de mi vida había sido el amor que sentía por Frida".

Al poco tiempo de la muerte de Frida, se bautizó a la nieta de Rivera en la casa de Coyoacán. Para la ocasión, Diego vistió a un Judas, quizás en forma de esqueleto, con ropa de Frida y colocó una bolsa con sus cenizas y un corsé de yeso en una cuna. Frida hubiera aprobado el gesto, enfoque festivo y mexicanista de la antigua dualidad del nacimiento como cuna de la muerte y la muerte como creadora de vida.

Cuando se inauguró el Museo Frida Kahlo, en julio de 1958, se puso la bolsa con las cenizas de la artista sobre su cama; arriba se encontraba su máscara de muerte en yeso, envuelta en uno de sus rebozos: una Frida fantasmal sentada sobre la cama. Una guirnalda de flores, cuya imagen se repite como adorno de un niño muerto en una antigua pintura colgada en la pared, formó un arco arriba del conjunto.

Más tarde las cenizas se cambiaron a una jarra precolombina, en forma de mujer redondeada sin cabeza, y se colocó un molde en bronce de la máscara de muerte sobre un pedestal arriba de la misma. La urna parece encinta de vida, al igual que el ídolo de barro que aparece en *Cuatro habitantes de México,* descrito por Frida como embarazada "porque, estando muerta, tiene algo vivo adentro".

Hoy en día la casa de Frida está abierta a los visitantes, como lo estuvo mientras ella vivía. Rivera regaló la casa, con todo y su colección de arte, que incluía cuadros de Diego y de Frida, además de los muebles folclóricos, al pueblo mexicano en 1955, con motivo de perpetuar el recuerdo de su esposa. "Aparte impuse una condición más", indicó Rivera: "que se guardara un rincón para mí solo, para los momentos en los que tuviera la necesidad de regresar al ambiente que recreaba la ausencia de Frida".

Algunos de los que visitan el museo son amigos de Frida. Otros nunca la conocieron, pero abandonan la casa con la impresión de que sí fue así, pues los objetos ahí expuestos, los trajes, joyas, juguetes, muñecas, cartas, libros, material artístico, recados de amor dirigidos a Diego, la colección maravillosa de arte popular, presentan una imagen viva de su personalidad y del ambiente que la rodeaba en la vida y el trabajo. Crean el escenario perfecto para los cuadros y dibujos de Frida, que cuelgan en lo que antes fuera la sala. En el piso de arriba, el estudio de Frida, su silla de ruedas se encuentra cerca del caballete. Uno de los corsés de yeso, decorado con plantas y chinches, está colocado sobre la cama de cuatro columnas cuyo dosel tiene un espejo adosado a la parte inferior. Junto a su cama se ve otra vacía, para muñecas. Un esqueleto está suspendido del dosel de otra cama de cuatro columnas, y las muletas de Frida se apoyan al pie de la misma.

El museo hace más que recrear un ambiente; sirve para convencernos de la especificidad y realismo de las imágenes fantásticas en los cuadros de Frida y del estrecho vínculo entre su vida y su arte. Porque era inválida, la casa de Coyoacán se convirtió en su mundo. Porque era artista, los cuadros que adornan esa casa constituían una extensión y transformación de ese mundo; insistentemente evocan y conmemoran la extraordinaria vida que Frida pasó en ella.

El último cuadro de Frida se expone en una pared de la sala (lámina XXXV). Muestra sandías, las más queridas entre todas las frutas mexicanas, contrastando con un cielo de vivo azul dividido en dos partes, una más clara y la otra, oscura. La fruta está entera, partida a la mitad en cuartos, o cortada en trozos con otras formas. La pintura está aplicada con mucho más control que en otras naturalezas muertas del último periodo; las formas se definen y componen con solidez. Parece como si Frida hubiera reunido y enfocado lo que le quedaba de vitalidad a fin de ejecutar esta declaración final de alegría. En rebanadas y trozos, la fruta admite la cercanía de la muerte, pero la apetitosa carne roja celebra la plenitud de la vida. Ocho días antes de morir, cuando las horas se oscurecían por la inminente calamidad, Frida Kahlo mojó el pincel con pintura color rojo sangre y agregó su nombre, aparte de la fecha y el lugar de realización, Coyoacán, México, en la carne carmesí de la primera rebanada. Luego, en mayúsculas altas, saludó la vida por última vez: VIVA LA VIDA.

Reconocimientos

La buena voluntad y generosa cooperación de un gran número de personas aportó mucho a la realización de este libro. En particular, le estoy muy agradecida a Dolores Olmedo, presidenta del Comité Técnico del Fideicomiso Diego Rivera, no sólo por su inteligente perspicacia y continuo apoyo, sino también por el permiso de citar el diario y el archivo personal de Frida Kahlo. Asimismo, la señora Olmedo accedió a la reproducción de su maravillosa colección de obras pintadas por Frida Kahlo. De igual modo le agradezco su ayuda a Alejandro Gómez Arias, quien describió la juventud de Kahlo en una serie de conversaciones, y además, amablemente me confió las cartas que ella le dirigió, y revisó mi manuscrito con inteligencia y cuidado. Quisiera agradecer particularmente a Isolda Kahlo, por mostrarme las fotografías de la familia y por hablar acerca de su tía Frida durante muchas horas. Entre otros, quienes deseo agradecer el permiso de citar la correspondencia de Kahlo y además papeles personales figuran Joyce Campbell, Alberto Misrachi, Mariana Morillo Safa, Mimi Muray, Emmy Lou Packard y Ella Wolfe. Todas estas personas no escatimaron ningún esfuerzo para ayudarme también en otros sentidos.

Un gran número de gente puso a mi disposición su tiempo y recuerdos en entrevistas realizadas en México, Estados Unidos y Francia. Lucienne Bloch, quien conoció íntimamente a Frida durante los años treinta, compartió conmigo el diario que escribió mientras vivía con Frida y Diego Rivera en Detroit. Sus vivas anécdotas me ayudaron a sentir el ingenio, la vitalidad y las pasiones de la pintora. Jean van Heijenoort, secretario de Trotsky entre 1932 y 1940, fue inapreciable en la creación de una imagen perspicaz y precisa de la amistad de Trotsky con los Rivera. Clare Boothe Luce, brillante narradora de anécdotas, contó la historia del suicidio de Dorothy Hale, amiga de Frida, con sentido del humor y un buen ojo para los modales y las costumbres de los treinta. Los vivos relatos de Isamu

Noguchi acerca de Frida fueron tan entretenidos como interesantes. En México, la crítica Raquel Tibol fue muy generosa al dejarme participar en sus recuerdos, aparte de sus consejos inteligentes y las fotografías que me prestó. Un amigo de Frida, el historiador de arte Antonio Rodríguez, compartió conmigo la afectuosa y perspicaz visión que guarda de ella, manifiesta tanto en las fotografías que le tomó como en nuestras conversaciones y sus escritos. Adelina Zendejas habló con mucho entusiasmo acerca de las travesuras de colegiala de su amiga Frida, y me prestó varios artículos publicados por ella en diferentes periódicos. Los alumnos de Frida, Arturo García Bustos, Arturo Estrada, Guillermo Monroy y Fanny Rabel, proporcionaron una imagen cariñosa y viva de ella, como maestra y como mujer. El médico Guillermo Velasco y Polo desplegó tanto humor como compasión en sus comentarios acerca de las enfermedades de Frida y de su relación con Diego.

Asimismo, les estoy agradecida a las siguientes personas, cuyos recuerdos fueron muy importantes en la evocación de la personalidad de Frida Kahlo: Margot Albert, Dolores Álvarez Bravo, Manuel Álvarez Bravo, Carmen Corcuera Barón, Beryl Becker, Roberto Behar, Heinz Berggruen, Adolfo Bergruender, Lucile Blanch, Suzanne Bloch, Paul Boatine, Elena Boder, Jacqueline Breton, Sophia Caire, Nicolás Calas, Mercedes Calderón, Olga Campos, Lya Cardoza, Rosa Castro, Olga Costa, Dolores del Río, Stephen Pope Dimitroff, Baltasar Dromundo, Marjorie Eaton, Eugenia Farill, doctor Samuel Fastlich, Judith Ferreto, Gisèle Freund, Fernando Gamboa, Enrique García, José Gómez Robledo, Ernst Halberstadt, Andrés Henestrosa, José de Jesús Alfaro, Margarita Kahlo, María Luisa Kahlo, Edgar Kaufmann, Jr., Katherine Kuh, Marucha Lavín, Parker Lesley, Julien Levy, Antonio Luna Arroyo, David Margolis, Lupe Marín, Elena Martínez, Concha Michel, Enrique Morales Pardavé, Guadalupe Morillo Safa, Annette Nancarrow, doctor Armando Navarro, Margarita Nelkin, Juan O'Gorman, Pablo O'Higgins y señora, Esperanza Ordóñez, Antonio Peláez, Michel Petitjean, Carmen Phillips, Alice Rahon, Aurora Reyes, Jesús Ríos y Valles, Lupe Rivera de Iturbe, Mala Rubinstein, Rosamund Bernier Russell, Peggy de Salle, Bernarda Bryson Shahan, Mary Sklar, Juan Soriano, Carletto Tibón, Elena Vázquez Gómez, Esteban Volkow y Héctor Xavier.

Por el privilegio de reproducir las obras de arte en su posesión, estoy muy agradecida a los dueños, particulares y públicos, de los cuadros, dibujos y fotografías que se incluyen aquí. Debo mencionar mi especial aprecio por el permiso de ver y fotografiar las espléndidas colecciones de cuadros de Frida Kahlo reunidas por Dolores del Río, doctor Samuel Fastlich, Eugenia Farill, Jacques Gelman, Isolda Kahlo, Edgar Kaufmann, Jr., Michel Petitjean, Mary Sklar y Jorge Espinosa Ulloa. También dirijo mi gratitud a Noma Copley, por su constante entusiasmo y estímulo; a Mary-Anne Martin de Sotheby Parke Bernet, por su perspicacia y experta ayuda; a Max y Joyce Kozloff, por despertar mi interés en Frida Kahlo y por seguir interesados en escuchar acerca de ella a través de los años; a Frances McCullough, por pedirme que escribiera este libro; a Miriam Kaiser y el Instituto Nacional de Bellas Artes de México, por compartir sus conocimientos acerca de la ubicación de las obras de Kahlo y otros consejos inapreciables; a los profesores Milton W. Brown, Linda Nochlin, Eugene Goossen y Edward Sullivan por su sensata revisión del primer borrador del manuscrito; y a Karen y David Crommie, por su amable apoyo, incluyendo el préstamo de las grabaciones que hicieron de las entrevistas realizadas en 1958, como parte de los preparativos para la película premiada *The Life and Death of Frida Kahlo.*

Asimismo, agradezco sinceramente la ayuda y el estímulo que recibí de parte de la Escuela para Graduados y el Centro Universitario de la Universidad de la ciudad de Nueva York, incluyendo una beca del Fondo para Disertaciones del Programa de Historia del Arte. Varias personas colaboraron, de buen humor y tenazmente, en el mecanografiado del libro. Entre ellas figuraron Jean Zangus, Kriss Larsen, Leslie Palmer y Liza Pulitzer, quienes, además, me hicieron otros muchos favores. Estoy muy agradecida, asimismo, a Toni Rachiele, el editor de producción, quien invirtió muchas horas adicionales asegurándose de que el manuscrito se convirtiera en libro. Quisiera mencionar particularmente mi aprecio por la devoción, el entusiasmo y la constante comprensión manifestados por mi editora, Corona Machemer. Finalmente, y en primer lugar, estoy profundamente agradecida a mi esposo, Philip Herrera, y a nuestros hijos, Margot y John, por su apoyo y paciencia a través de la realización de *Frida.*

Bibliografía selecta

LIBROS Y CATÁLOGOS

Brenner, Anita, *Idols Behind Altars,* Nueva York, Payson & Clarke, 1929.
Breton, André, *Surrealism and Painting,* trad. de Simon Watson Taylor, Nueva York, Harper & Row, editores, 1972.
Charlot, Jean, *The Mexican Mural Renaissance: 1920-1925,* New Haven y Londres, Yale University Press, 1967.
Comité Organizador de los Juegos de la XIX Olimpiada, *The Frida Kahlo Museum,* catálogo con textos de Lola Olmedo de Olvera, Diego Rivera y Juan O'Gorman, México, D. F., Comité Organizador de los Juegos de la XIX Olimpiada, 1968.
Comité Técnico del Fideicomiso Diego Rivera, *Museo Frida Kahlo,* catálogo del museo con textos de Carlos Pellicer y Diego Rivera, México, D. F., Comité Técnico del Fideicomiso Diego Rivera, 1958.
Del Conde, Teresa, *Vida de Frida Kahlo,* México, D. F., Secretaría de la Presidencia, Departamento Editorial, 1976.
Dromundo, Baltasar, *Mi Calle de San Ildefonso,* México, D. F., Editorial Guarania, 1956.
Flores Guerrero, Raúl, *Cinco Pintores Mexicanos,* México, D. F., Universidad Nacional Autónoma de México, 1957.
Gruening, Ernest, *Mexico and Its Heritage,* Nueva York, Appleton-Century-Crofts, 1928.
Heijenoort, Jean van, *With Trotsky in Exile: From Prinkipo to Coyoacán,* Cambridge, Massachusetts, y Londres, Harvard University Press, 1978.
Helm, MacKinley, *Modern Mexican Painters,* Nueva York, Dover, 1968.

367

Henestrosa, Andrés, *Una Alacena de Alacenas,* México, D. F., Ediciones de Bellas Artes, 1970.

Herrera, Hayden, *Frida Kahlo: Her Life, Her Art,* disertación presentada a la facultad para graduados en historia del arte, como cumplimiento parcial de los requisitos para el doctorado en filosofía, Nueva York, The City University of New York, 1981. Pronto estará disponible a través de University Microfilms.

Instituto Nacional de Bellas Artes, *Diego Rivera: Exposición Nacional de Homenaje,* catálogo de la exposición, México, D. F., Instituto Nacional de Bellas Artes, 1977.

Instituto Nacional de Bellas Artes, *Frida Kahlo: Exposición Nacional de Homenaje,* catálogo de la exposición, México, D. F., Instituto Nacional de Bellas Artes, 1977, ensayos de Alejandro Gómez Arias y Teresa del Conde.

Instituto Nacional de Bellas Artes, *Frida Kahlo Acompañada de Siete Pintoras,* catálogo de la exposición, México, D. F., Instituto Nacional de Bellas Artes, 1967.

Museum of Contemporary Art, *Frida Kahlo,* catálogo de la exposición, Chicago, The Museum of Contemporary Art, 1978, ensayo de Hayden Herrera.

Paz, Octavio, *The Labyrinth of Solitude: Life and Thought in Mexico,* trad. de Lysander Kemp, Nueva York, Grove, 1961.

Rivera, Diego, y March, Glayds, *My Art, Life: An Autobiography,* Nueva York, Citadel, 1960.

Rodríguez Prampolini, Ida, *El Surrealismo y el Arte Fantástico de México,* México, D. F., Instituto de Investigaciones Estéticas, Universidad Nacional Autónoma de México, 1969.

Schmeckebier, Laurence E., *Modern Mexican Art,* Minneapolis, University of Minnesota Press, 1939.

Tibol, Raquel, *Frida Kahlo,* Trad. de Helga Prignitz, Frankfurt, Verlag Neue Kritik, 1980.

Tibol, Raquel, *Frida Kahlo: Crónica, Testimonios y Aproximaciones,* México, D. F., Ediciones de Cultura Popular, S. A., 1977.

Trotsky, León, *Writings of Leon Trotsky: 1936-1938, and 1938-1939,* 12 tomos que cubren los años de 1929 a 1940, editados por Naomi Allen y George Breitman, Nueva York, Pathfinder, 1969-1975.

Westheim, Paul, *The Art of Ancient Mexico,* trad. de Ursula Bernard, Nueva York, Doubleday (Anchor), 1965.

Whitechapel Art Gallery, *Frida Kahlo and Tina Modotti,* catálogo de la exposición, Londres, 1982, ensayos de Laura Mulvey y Peter Wollen.

Wolfe, Bertram D., *Diego Rivera: His Life and Times,* Nueva York y Londres, Knopf, 1939.

Wolfe, Bertram D., *The Fabulous Life of Diego Rivera,* Nueva York, Stein and Day, 1963.

Wolfe, Bertram D., y Rivera, Diego, *Portrait of Mexico,* texto de Bertram D. Wolfe, ilustrado con cuadros de Diego Rivera, Nueva York, Covici, Friede, 1937.

ARTÍCULOS EN REVISTAS, PERIÓDICOS Y FOLLETOS

Bambi, Frida Dice Lo Que Sabe, *Excélsior,* México, D. F., 16 de junio de 1954, pp. 1, 7.

Bambi, Frida Kahlo Es Una Mitad, *Excélsior,* México, D. F., 13 de junio de 1954, p. 6.

Bambi, Manuel, el Chofer de Diego Rivera, Encontró Muerta Ayer a Frida Kahlo, en su Gran Cama que Tiene Dosel de Espejo, *Excélsior,* México, D. F., 14 de julio de 1954, pp. 1, 5.

Bambi, Un Remedio de Lupe Marín, *Excélsior,* México, D. F., 16 de junio de 1954, p. 3.

Bomb Beribboned (bomba adornada con cintas), *Time,* 14 de noviembre de 1938, p. 29.

Cardona Peña, Alfredo, Frida Kahlo, *Novedades,* México, D. F., suplemento, "México en la Cultura", 17 de julio de 1955.

Cardoza y Aragón, Luis, Frida Kahlo, *Novedades,* México, D. F., suplemento, "México en la Cultura", 23 de enero de 1955, p. 3.

Castro, Rosa, Carta a Frida Kahlo, *Excélsior,* México, D. F., suplemento, "Diorama de la Cultura", 31 de julio de 1955, p. 1.

Castro, Rosa, Cartas de Amor: Un Libro de Frida Kahlo, *Siempre,* México, D. F., 12 de junio de 1954, p. 76.

De la Torriente, Loló, Recuerdos de Frida Kahlo, *El Nacional,* México, D. F., suplemento, "Revista Mexicana de Cultura", 8 de abril de 1979, pp. 1, 8-9.

De la Torriente, Loló, Verdad y Mentira en la Vida de Frida Kahlo y Diego Rivera, recorte de periódico sin fecha en la ficha de Diego Rivera de la biblioteca del Museo de Arte Moderno, Nueva York, pp. 8, 21.

Dromundo, Baltasar, Frida Kahlo, la Niña de la Mochila, *El Sol de México,* sección D, 22 de abril de 1974.

Flores Guerrero, Raúl, Frida Kahlo: Su Ser y su Arte, *Novedades,* México, D. F., suplemento, "México en la Cultura", 10 de junio de 1951.

Freund, Gisèle, Imagen de Frida Kahlo, *Novedades,* México, D. F., suplemento, "México en la Cultura", 10 de junio de 1951, p. 1.

Galerías de la Ciudad de México en colaboración con el Museo Frida Kahlo, *Homenaje a Frida Kahlo,* folleto de la exposición, 1967.

Gómez Arias, Alejandro, Un Testimonio Sobre Frida Kahlo, ensayo incluido en *Frida Kahlo: Exposición Nacional de Homenaje,* Instituto Nacional de Bellas Artes, 1977.

González Ramírez, Manuel, Frida Kahlo, 24 de abril de 1953, recorte de periódico no identificado, archivo de Isolda Kahlo.

González Ramírez, Manuel, Frida Kahlo o el Imperativo de Vivir, *Huytlate* 2, 1954, pp. 7-25.

Henestrosa, Andrés, Frida, *Novedades,* México, D. F., suplemento, "México en la Cultura", 17 de julio de 1955, p. 5.

Herrera, Hayden, Frida Kahlo, ensayo publicado en *Women Artists: 1550-1950,* editado por Ann Sutherland Harris y Linda Nochlin, Los Ángeles Country Musseum of Art, y Alfred A. Knopf, Nueva York, 1976, pp. 335-337.

Herrera, Hayden, Frida Kahlo: Her Life, Hert Art, *Artforum* 14 de mayo de 1976, pp. 38-44.

Herrera, Hayden, Frida Kahlo: Sacred Monsters", *Ms.* 6, febrero de 1978, pp. 29-31.

Herrera, Hayden, Frida Kahlo's Art, *Artscanda*, núm. 230-31, octubre-noviembre 1979, pp. 25-28.

Herrera, Hayden, Portrait of Frida Kahlo as a Tehuana, *Heresies*, invierno de 1978, pp. 57-58.

Herrera, Hayden, Portraits of a Marriage, *Connoisseur* 209, marzo de 1982, pp. 124-128.

Kahlo, Frida, The Birth of Moses, *Tin-Tan*, verano-otoño de 1975, pp. 2-6.

Kahlo, Frida, Frida Habla de su Pintura, recorte de periódico sin fecha, archivo de Antonio Rodríguez.

Kahlo, Frida, Retrato de Diego, *Novedades*, México, D. F., suplemento, "México en la Cultura", 17 de julio de 1955, p. 5.

Kozloff, Joyce, Frida Kahlo, *Women's Studies* 6, 1978, pp. 43-59.

Mexican Autobiography, *Time*, 27 de abril de 1953, p. 90.

Monroy, Guillermo, Homenaje de un Pintor a Frida Kahlo a los 22 Años de su Muerte, *Excélsior*, México, D. F., 17 de julio de 1976, p. 8.

Monroy, Guillermo, Hoy Hace 24 Años que Falleció Frida Kahlo, *Excélsior*, México, D. F., 13 de julio de 1978, p. 2.

Monteforte Toledo, Mario, Frida: Paisaje de Sí Misma, *Novedades*, México, D. F., suplemento, "México en la Cultura", 10 de junio de 1951, pp. 1-2.

Moreno Villa, José, La Realidad y el Deseo en Frida Kahlo, *Novedades*, México, D. F., suplemento, "México en la Cultura", 26 de abril de 1953, p. 5.

O'Gorman, Juan, Frida Kahlo, *The Frida Kahlo Musseum*, catálogo del museo, México, D. F., publicado por el Comité Organizador de los Juegos de la XIX Olimpiada, 1968, p. 12.

Oliver, Rosa María, Frida la Única y Verdadera Mitad de Diego, *Novedades*, México, D. F., suplemento, "México en la Cultura", agosto de 1959, p. 7.

Orenstein, Gloria, Frida Kahlo: Painting for Miracles (Pintando para milagros), *Feminist Art Journal*, otoño de 1973, pp. 7-9.

Poniatowska, Elena, El Museo Frida Kahlo, *Novedades*, México, D. F., suplemento, "México en la Cultura", 7 de julio de 1958, p. 11.

Rivera, Diego, "Frida Kahlo: Biographical Sketch". "Frida Kahlo: un esbozo bibliográfico", escrito para el Instituto Nacional de Bellas Artes de México, en agosto de 1954, para la exposición de pintura mexicana en Lima, Perú; se publicó un resumen en *The Frida Kahlo Museum*, catálogo editado por el Comité Organizador de los Juegos de la XIX Olimpiada, 1968, p. 8.

Rivera, Diego, Frida Kahlo y el Arte Mexicano, *Boletín del Seminario de Cultura Mexicana*, núm. 2, México, D. F., Secretaría de Educación Pública, octubre de 1943, pp. 89-101.

Robles, Antonio, La Personalidad de Frida Kahlo, recorte de periódico sin fecha, archivo de Isolda Kahlo.

Rodríguez, Antonio, Frida Abjura del Surrealismo, recorte de periódico sin fecha, archivo de Antonio Rodríguez.

Rodríguez, Antonio, Frida Kahlo, parte de la serie "Pintores de México", recorte de periódico sin fecha, archivo de Isolda Kahlo, p. 18.

Rodríguez, Antonio, Frida Kahlo, Expresionista de su Yo Interno, *Mañana*, México, D. F., recorte de periódico sin fecha, archivo de Antonio Rodríguez, pp. 67-69.

Rodríguez, Antonio, Frida Kahlo: Heroína del Dolor, *Novedades*, México, D. F., suplemento, "México en la Cultura", 17 de julio de 1955, pp. 1, 4.

Rodríguez, Antonio, Frida Kahlo: El Homenaje Póstumo de México a la Gran Artista, *Impacto*, México, D. F., núm. 7, 1958, pp. 49-51.

Rodríguez, Antonio, Una Pintora Extraordinaria: La Vigorosa Obra de Frida Kahlo, Surge de su Propia Tragedia, con Fuerza y Personalidad Excepcionales, recorte de periódico sin fecha, archivo de Antonio Rodríguez.

Ross, Betty, Cómo Pinta Frida Kahlo, Esposa de Diego, las Emociones Íntimas de la Mujer, *Excélsior*, México, D. F., 21 de octubre de 1942, p. 6.

Tibol, Raquel, Frida Kahlo: En el Segundo Aniversario de su Muerte, *Novedades*, México, D. F., suplemento, "México en la Cultura", 15 de julio de 1956, p. 4.

Tibol, Raquel, Frida Kahlo, Maestra de Pintura, *Excélsior*, México, D. F., suplemento, "Diorama de la Cultura", 7 de agosto de 1960.

Tibol, Raquel, ¿Fue Frida Kahlo una Pintora Surrealista?, *Siempre*, México, D. F., suplemento, "La Cultura en México", 5 de agosto de 1970, pp. x-xi.

Westheim, Paul, Frida Kahlo: Una Investigación Estética, *Novedades*, México, D. F., suplemento, "México en la Cultura", 10 de junio de 1950, p. 3.

Wolfe, Bertram D., Rise of Another Rivera (surge Otra Rivera), *Vogue*, 1 de noviembre de 1938, pp. 64, 131.

Zendejas, Adelina, Frida Kahlo: En los Diez Años de su Muerte (1910-1954), *El Día*, México, D. F., suplemento, "El Gallo Ilustrado", 12 de julio de 1964, pp. 1-2, 64.

Notas

Prólogo

12 "Dónde está el circo": Julien Levy, *Memoir of an Art Gallery,* Nueva York, Putnam, 1977, p. 16.

12 "No quiero compartir mi cepillo de dientes": Carmen Philips, entrevista privada, Pipersville, Pensilvania, noviembre de 1979.

12 "Soy campeona en operaciones": Rafael Lozano, corresponsal en la ciudad de México de *Time,* 9 de noviembre de 1950.

13 "Pinto mi propia realidad": Bertram D. Wolfe, "Rise of Another Rivera" (Surge otra Rivera), p. 64.

13 "Frida encarnaba": cita publicada en Ira Kamin, "Memories of Frida Kahlo" (Memorias de Frida Kahlo), *San Francisco Examiner Chronicle,* 6 de mayo de 1979, pp. 44-50.

14 "Ni Derain, ni yo": Raquel Tibol, *Frida Kahlo: Crónica, Testimonios y Aproximaciones,* p. 96. Todas las traducciones edl español original, en cartas, diarios, libros y artículos, son de la autora.

Capítulo 1: *LA CASA AZUL DE LA CALLE DE LONDRES*

18 Como lo demuestra su acta de nacimiento: El nacimiento de Frida fue inscrito en el registro de nacimiento del ayuntamiento de Coyoacán.

19 El joven sufrió heridas en el cerebro: Esta información proviene del historial médico de Frida Kahlo, entre su nacimiento y 1946, que fue compilado por la doctora Henriette Begun, la ginecóloga de Frida, quien emigró de Berlín a México en 1942. Este historial fue publicado en Raquel Tibol, *Frida Kahlo,* una traducción al alemán de la *Crónica* de la misma autora. Tibol añadió dicho documento a la edición alemana, publicada en 1980; véanse pp. 138-143. En adelante, historial médico de Begun. Encontró trabajo: Alejandro Gómez Arias, entrevistas privadas, México, D. F., julio

de 1977-enero de 1982. Gómez Arias dice que Guillermo Kahlo emigró a México con los hermanos Diener, a quienes ayudó a fundar "La Perla".

19 "La noche en que murió su esposa": Tibol, *Crónica,* p. 22.

19 "Como una campanita de Oaxaca": ibídem, p. 20.

19 "Era muy interesante": ibídem, p. 21.

19 Su madre le mostró un libro: ibídem, p. 26.

20 Su abuelo le prestó una cámara a su padre: ibídem, p. 22.

20 "Primer fotógrafo oficial": Felipe García Beraza, "La Obra Histórica de Guillermo Kahlo", *Homenaje a Guillermo Kahlo* (1872-1941): *Primer Fotógrafo Oficial del Patrimonio Cultural de México,* catálogo de la exposición, publicado por el Instituto Mexicano-Norteamericano de Relaciones Culturales, A. C., en agosto de 1976. Algunas de las fotografías fueron utilizadas después para ilustrar los seis volúmenes monumentales de *Las Iglesias de México,* libro preparado entre 1924 y 1927 con la colaboración del conocido pintor doctor Atl, el historiador de arte Manuel Toussaint y el ingeniero José R. Benítez. El Instituto Nacional de Antropología e Historia ahora posee una colección de daguerrotipos de Kahlo. Se dice que Matilde, la hermana de Frida, conservó las placas de vidrio de su padre después de la muerte de éste. Era un ama de casa tan obsesionada con la limpieza como lo fuera su madre. Un día decidió lavar placas, y muchas fueron destruidas (Dolores Olmedo, entrevista privada, Xochimilco, D. F., marzo de 1977).

20 "Guillermo Kahlo, especialista en paisajes": ibídem.

20 Afirmaba que no quería: María Luisa Kahlo, entrevista privada, México, D. F., noviembre de 1977.

20 Sólo tenía "dos amigos": Tibol, *Crónica,* p. 21.

20 Según ella, tenía alrededor de dos años: Frida Kahlo, entrevistada por Parker Lesley, Coyoacán, D. F., 27 de mayo de 1939. En adelante, notas de Lesley.

21 "Tengo los ojos de mi padre": Tibol, *Crónica,* p. 23.

21 Sus abuelos mexicanos: notas de Lesley.

Capítulo 2: *INFANCIA EN COYOACAN*

22 "Me crió": notas de Lesley.

22 Fueron colocadas en un convento: No es de sorprender que Margarita y María Luisa guardaran recuerdos desagradables de su madrastra, a la que conocieron como una mujer mezquina, vanidosa y egoísta (Margarita Kahlo y María Kahlo, entrevista privada, México, D. F., noviembre de 1977). Otro miembro de la familia, Mercedes Calderón, se acuerda de que rara vez veía a los padres de Frida cuando visitaba a sus parientes en la calle de Londres: "Siempre desaparecían tras pesadas puertas de madera" (Mercedes Calderón, entrevista privada, México, D. F., febrero de 1980).

22 Empezó a padecer: Tibol, *Frida Kahlo,* p. 138.

23 "Era con gran dificultad": Tibol, *Crónica,* p. 22.

23 Hipotecaron la casa: Gómez Arias, entrevistas privadas.

23 "No sabía": Tibol, *Crónica,* pp. 20-21.

24 "Mi madre llegó a la historia": ibídem, pp. 26-27.

24 "Entre los tres": ibídem, p. 24.

24 "La empujé y cayó": ibídem, pp. 24-25.

24 Llamándolo "Herr Kahlo": Gómez Arias, entrevistas privadas.

24 "A los siete": Tibol, *Crónica,* p. 26.

25 Matilde solía llegar: Margarita y María Luisa Kahlo, entrevista privada.

25 "Maty ya visita": Frida Kahlo, en una carta a Alejandro Gómez Arias fechada el 22 de julio de 1927. Gómez Arias, archivo personal.

25 "Muy simpática, activa, inteligente": Tibol, *Crónica* pp. 21-22, 26.

25 "No cesaba de llorar": Lucienne Bloch, entrevista privada, San Francisco, noviembre de 1978.

25 Contrajo la polio: El historial médico de Frida Kahlo, compilado por la doctora Begun, hace constar que su nacimiento fue normal. Con excepción de las enfermedades infantiles comunes, sarampión, varicela y amigdalitis, no tuvo problema de salud hasta 1918, cuando sufrió un accidente y golpeó contra un tocón con el pie. Ese suceso causó una ligera deformación en el mismo, que se volteó hacia fuera. Varios médicos diagnosticaron la dificultad como polio, mientras otros opinaron que Frida tenía un "tumor blanco". El tratamiento consistía en baños de soy y de calcio.

25 "Todo comenzó": Tibol, *Crónica,* p. 26.

26 "Mis juguetes": ibídem, p. 28.

26 "La pierna quedó": ibídem, p. 26.

26 "Éramos bastante crueles": Aurora Reyes, entrevista privada, México, D. F., noviembre de 1978.

26 "Tenía una coordinación física": Adelina Zendejas, "Frida Kahlo: En los Diez Años de su Muerte (1910-1954)", p. 1.

26 En un cuadro, pintado en 1938: Este cuadro, llamado *Piden aeroplanos y les dan alas de petate,* se perdió, pero lo retiene una fotografía contenida en el archivo personal de Michael Petitjean.

27 El cuadro se remonta a "la ocasión": Wolfe, "Rise of Another Rivera" (Surge otra Rivera), p. 131.

27 La plaza está casi "vacía": notas de Lesley.

27 "Eso es lo más importante en los indígenas": ibídem.

27 "Se quema": ibídem.

28 "La muerte: algo muy alegre": ibídem.

28 "Por débil": ibídem.

28 *"Frida, liebe Frida":* Gómez Arias, entrevistas privadas.

28 "Frida es la más inteligente": María Luisa Kahlo, entrevista privada.

29 "La filosofía hace prudentes a los hombres": ibídem.

29 El vínculo entre el arte de éste y el de ella misma: Emmy Lou Packard, entrevista privada, San Francisco, noviembre de 1978.

29 Los cuadros... de Guillermo Kahlo: Tres de sus acuarelas forman parte de la colección de Isolda Kahlo. La primera es una naturaleza muerta; la segunda representa un corral con dos becerros vellosos, confrontando a una gallina que saca el pecho con orgullo para proteger a sus polluelos; la última constituye una copia de *La encajera* de Caspar Metcher (colección Wallace, Londres). La primera y la tercera llevan 1938 como fecha, mientras la escena del corral no tiene ninguna.

29 Ella constituye un ejemplo más: En su artículo 'Why Have There Been No Great Women Artists?" "¿Por qué no ha habido grandes artistas mujeres?" (Thomas B. Hess y Elizabeth C. Baker, *Art and Sexual Politics,* Nueva York. Macmillan, 1973), Linda Nochlin dice que existen muchos casos, en la historia del arte, de mujeres artistas cuyos padres también lo fueron. Asimismo, las pintoras de los siglos xix y xx con frecuencia "tuvieron una estrecha relación personal con un hombre fuerte y dominante, dedicado también a las artes" (p. 30). Frida obviamente tuvo esta experiencia, además de la primera.

30 Una "clase de misterio que inspiraba temor": notas de Lesley.

30 "Muchas veces al ir caminando": Tibol, *Crónica*, p. 28.

30 Haya usado la palabra "tranquilo": ibídem, p. 21.

30 Las manchas desligadas: Este fondo comunica un sentimiento de angustia, al igual que el tapiz floreado que insinúa cierta aflicción en *La Berceuse* (1889) de Van Gogh, quien empezó a pintar el cuadro al sufrir una enfermedad mental y lo terminó durante su convalecencia. Se siente, tanto en el retrato de Kahlo como en la pintura de Van Gogh, que los dos artistas representan a un icono particular y que las obras reflejan su extrema necesidad de tener presentes a los modelos. Al escribir sobre sus intenciones en relación con su obra, Van Gogh dijo que quiso crear una imagen que consolara y aliviara el "triste aislamiento" de los pescadores. Como el maestro holandés, parece que Frida trató de producir algo que fuera conmemorativo y consolador al mismo tiempo.

Capítulo 3: *LA ESCUELA NACIONAL PREPARATORIA*

31 "Será nuestro lema": Baltasar Dromundo, *Mi Calle de San Ildefonso,* p. 43.

32 "Idealistas, persistan": ibídem, p. 46.

32 Debía fundarse... en "nuestra sangre": Octavio Paz, *El Laberinto de la Soledad: Vida y Pensamiento en México,* p. 152.

33 "Los hombres son más maleables": Jean Charlot, *The Mexican Mural Renaissance: 1920-1925,* pp. 87, 93.

33 "Por Mi Raza": Paz *Laberinto,* pp. 146-147.

33 "No hablamos de tiempos": Andrés Iduarte, "Imagen de Frida Kahlo", recorte de un periódico publicado en Caracas (12 de agosto de 1954), archivo de Isolda Kahlo.

33 Al grito de la escuela: Dromundo, *Mi Calle de San Ildefonso,* p. 28.

33 "Manicomio sobre ruedas": ibídem, p. 78.

34 "Terrible riña": Charlot, *Mexican Mural Renaissance,* pp. 115-116.

34 Un padre dejó que su hija: Elena Boder, entrevista privada, Los Ángeles, noviembre de 1978.

34 "Una adolescente frágil": Alejandro Gómez Arias, "Un Testimonio Sobre Frida Kahlo", texto inédito.

34 Como alumna de una preparatoria alemana: ibídem. Gómez Arias afirma que Frida estuvo en el Colegio Alemán de la ciudad de México por poco tiempo antes de entrar a la Preparatoria. Sin embargo, sus padres comprobaron que la colegiatura era demasiado alta para ellos y Frida, que los métodos eran muy severos (Gómez Arias, entrevistas privadas). También dicen que Frida cursó dos años en la Escuela Normal para Maestros, institución fundada en 1887 para la preparación de maestros de primaria (Teresa del Conde, *Vida de Frida Kahlo,* p. 13).

34 "¡Qué niña tan fea!": Alicia Galant, citada en Gabriela Rábago Palafox, "Frida Vive en Coyoacán", 1982, recorte de un periódico, archivo de la autora.

34 Cargaba una mochila de colegiala: Gómez Arias, "Frida Kahlo", texto inédito.

34 A la mayoría de las otras alumnas las calificaba de *cursis:* Isolda Kahlo, entrevista privada, México, D. F., octubre de 1977.

35 Entre los "contemporáneos": Zendejas, "Frida Kahlo", p. 1.

35 Sus verdaderos *cuates:* Aparte de las excepciones marcadas como tales, he basado mi relato de las actividades de Frida y los "cachuchas" en los recuerdos tant oescritos como comunicados verbalmente en entrevistas privadas) de distintos miembros del grupo, sobre todo Alejandro Gómez Arias, pero también José Gómez Robleda, Manuel González Ramírez y Jesús Ríos y Valles, además de otros contemporáneos, como Baltasar Dromundo, Adolfo Zamora y Adelina Zendejas.

35 Sus aventuras: Baltasar Dromundo, entrevista privada, México, D. F., noviembre de 1978.

35 "Fue nuestra actitud burlona": Manuel González Ramírez, "Frida Kahlo".
36 "Ya no lo aguantamos": Zendejas, "Frida Kahlo", p. 2. No tiene nada de sorpren- dente que Antonio Caso no haya querido indagar en el pensamiento socialista en las aulas de la Preparatoria. No obstante, sí criticó el positivismo, creando una filosofía basada en la intuición, la acción, el sentimiento y la caridad cristiana. Estaba en contra del imperialismo y a favor del gobierno constitucional, pero sentía que sólo se podría lograr el progreso por medio de individuos sobresalientes. Según él, se estaba poniendo demasiado énfasis en las masas (J. Frederick Rippy, *Latin America: A Mo- dern History,* Ann Arbor, University of Michigan Press, 1968).
36 "Gómez Arias... salieron del edificio": José Gómez Robleda, entrevista privada, Méxi- co, D. F., abril de 1978.
36 Frida fue expulsada: Bertram D. Wolfe, *The Fabulous Life of Diego Rivera,* pp. 240-241.
37 "Préstame tu Spengler": Dromundo, entrevista privada.
37 Zendejas... recuerda: Zendejas, "Frida Kahlo", p. 2.
37 A las dos les encantaba entretenerse: ibídem.
37 Carmen Jaime: ibídem y Dromundo, *Mi Calle,* pp. 153-160.
37 Tenía la capacidad de recordar: Antonio Luna Arroyo, *Juan O'Gormann: Autobiogra- fía, Antología, Juicios Críticos y Documentación exhaustiva sobre su Obra,* México, D. F., Cuadernos Populares de Pintura Mexicana Moderna, 1973, p. 103.
37 Solía sentarse justo fuera de la clase: Adolfo Zamora, entrevista telefónica, México, D. F., febrero de 1980.
38 Le pasó un recado a Adelina Zendejas: Zendejas, "Frida Kahlo", p. 2.
38 "No es maestro": Arroyo, *Juan O'Gorman,* p. 103.
38 "Les prendíamos fuego": Gómez Robleda, entrevista privada.
38 Robaba comida: Wolfe, *Fabulous Life of Diego Rivera,* p. 241.
38 A Frida le gustaba ocultarse: ibídem, p. 242, y Diego Rivera, *My Art, My Life,* pp. 128-129.
39 "Mi ambición": Wolfe, *Fabulous Life of Diego Rivera,* p. 21.
39 Cuando Adelina Zendejas protestó: Adelina Zendejas, entrevistada por Karen y David Crommie para la película *The Life and Death of Frida Kahlo,* 1968.
39 "Viejo panzón": Antonio Rodríguez, "Frida Kahlo: El Homenaje Póstumo de México a la Gran Artista", p. 49.
39 "Una noche": Rivera, *My Art, My Life,* pp. 128-129.
40 "El optimismo, el sacrificio, la pureza": Dromundo, *Mi Calle,* p. 262.
40 "Era espontánea, quizá un poco ingenua y cándida en su manera de ser": Gómez Arias, entrevista privada.
40 Alejandro cortejaba a su "niña de la preparatoria": Dromundo, entrevista privada, y Zendejas, "Frida Kahlo", p. 1. La frase "niña de la preparatoria" viene de algunas entre las muchas cartas dirigidas a Gómez Arias de parte de Frida, entre 1922 y 1927. Todas ellas se encuentran en el archivo personal de Gómez Arias.
40 El flujo de palabras rara vez es contenido: Frida escribía como hablaba. Mi traduc- ción del español original sigue su puntuación, excepto en los casos donde la falta de la misma dejaría poco claro el significado.
40 *"One* tipo ideal": Carta a Gómez Arias, 14 de septiembre de 1924.
40 Frida diseñó un emblema personal: González Ramírez, "Frida Kahlo".
41 "Dime si ya no me amas": Carta a Gómez Arias, alrededor del 15 de enero de 1925.
42 Dicen que en la Nochebuena: Dromundo, *Mi Calle,* p. 166.
42 "Estoy triste y aburrida": Carta a Gómez Arias, 4 de agosto de 1924. La siguiente cita fue tomada de una carta fechada el 25 de julio de 1925.

45 "Sexualmente precoz": Gómez Arias, entrevistas privadas.
46 "No sé qué hacer": Carta a Gómez Arias, 1924. Frida no anotó la fecha exacta, sino escribió "Día de los gringos". La información que proporciono acerca de los trabajos de Frida proviene de las cartas que dirigió a Gómez Arias así como de lo que éste recuerda.
46 "Pagan 4 o 4.50": Carta a Gómez Arias, 8 de enero de 1925.
47 Una empleada: Gómez Arias, entrevistas privadas.
47 Iniciación a las relaciones homosexuales: Jean van Heijenoort, entrevistas privadas, México, D. F., Nueva York y Cambridge, Massachusetts, abril 1978-mayo 1982.
47 "Talento enorme": Una declaración que Fernández hizo acerca de su aprendiz cuelga en el Museo Frida Kahlo junto a algunos de los primeros dibujos de Frida, realizados con el asesoramiento de éste. Dice que Frida fue a trabajar con él porque era un amigo íntimo de su padre, y continúa: "En vista del talento enorme que demostró tener para el dibujo, pensé que le permitiría dedicarse al grabado al agua fuerte y con punta seca. Le entregué un libro con reproducciones de la maravillosa obra de Anders Zorn y realmente quedé sorprendido por la habilidad de esta maravillosa artista. Copiaba directamente del original, a pulso y con pluma, sin utilizar indicaciones aparte de unas cuantas rayitas muy finas hechas a lápiz. La facilidad y precisión de su trabajo pueden apreciarse en estos dibujos originales que por fortuna guardé. Tengo el gran placer de donarlos al museo de Frida".
El marco de esta declaración también contiene tres dibujos de Frida, hechos a pluma y yuxtapuestos a reproducciones de grabados de Zorn (1860-1920) que le sirvieron de modelos. Se percibe la habilidad de Frida, pero es igualmente obvio su esfuerzo por hacer una copia fiel: los trazos y el sombreado son mucho menos precisos que en el original.

Capítulo 4: *EL ACCIDENTE Y SUS SECUELAS*

51 "A poco": Tibol, *Crónica,* p. 31.
52 "El tren eléctrico": Gómez Arias, entrevistas privadas.
53 "Fue un choque raro": Tibol, *Crónica,* p. 31.
53 Su columna vertebral: Begun, historial médico.
53 "Perdí mi virginidad": Tibol, *Crónica,* p. 32. Lo más probable es que Frida habló simbólicamente. Según Gómez Arias, ya no era virgen cuando ocurrió el accidente (Gómez Arias, entrevistas privadas).
53 "La tuvieron que ensamblar": Baltasar Dromundo, "Frida Kahlo: Vida Cercenada Mil Veces por la Muerte", *El Sol de México,* 23 de abril de 1974, p. D3.
53 "Mi madre se quedó muda": Tibol, *Crónica,* p. 32.
53 "Nos tenían en una especie de pabellón horrendo": ibídem.
53 "En este hospital": Gómez Arias, "Frida Kahlo", texto inédito.
55 "Una de las casas más tristes": Carta a Gómez Arias, 12 de abril de 1926.
58 "Aunque haya dicho «te quiero» a muchos": Carta a Gómez Arias, 28 de septiembre de 1926.

Capítulo 5: *LA COLUMNA ROTA*

62 Por lo menos 32 operaciones quirúrgicas: Olga Campos, entrevista telefónica, México, D. F., febrero de 1980.
62 "Se fue muriendo durante toda la vida": Andrés Henestrosa, "Frida".
62 Los doctores del hospital de la Cruz Roja: Reyes, entrevista privada.

62 "Nadie me hizo caso": Tibol, *Crónica,* p. 32.

62 "Ya no sirve": Carta a Gómez Arias, 31 de mayo de 1927.

63 "Ya que era joven": Antonio Rodríguez, "Frida Kahlo, Expresionista de su Yo Interno", p. 67. Este artículo es uno de varios que recibí en forma de fotostáticas sacadas de recortes de periódico. Rodríguez no recuerda la fecha exacta en que fueron publicados. También, "Una Pintora Extraordinaria", texto inédito, y Antonio Rodríguez, entrevista privada, México, D. F., agosto de 1977.

63 Brevemente consideró: Gómez Arias, entrevistas privadas.

63 Todo el tiempo estaba dibujando líneas entrelazadas caprichosamente: González Ramírez, "Frida Kahlo". De manera profética, González Ramírez se dio cuenta de que las redes de líneas dibujadas por Frida parecían representar el aparato circulatorio humano. El mismo tema, así como líneas entrelazadas de todo tipo, la ocuparían constantemente en su obra madura. De manera semejante, el autorretrato en forma de triángulo y con barba, que le sirvió de emblema, presagia el bozo que caracteriza su rostro en los cuadros que pintó de adulta.

63 "Nunca pensé en la pintura": Wolfe, "Rise of Another Rivera" (Surge otra Rivera), p. 131. Frida le dijo a Parker Lesley que pintó su primer autorretrato en la cama, con un caballete especial y viéndose en un espejo colgado arriba de ella (notas de Lesley), pero el cuadro es demasiado grande para haberse pintado de este modo. Algunos conocidos de la época afirman que Frida empezó a pintar antes del accidente. En una entrevista concedida a Raquel Tibol en 1953, Frida narró una conversación, probablemente ficticia, que tuvo con su madre: "Tan pronto vi a mi madre le dije: «No he muerto y, además, tengo algo por qué vivir. Ese algo es la pintura». Como debía estar acostada con un corsé de yeso que iba de la clavícula a la pelvis, mi madre se ingenió en prepararme un dispositivo muy chistoso del que colgaba la madera que me servía para apoyar los papeles" (Tibol, *Crónica,* p. 33).

63 "Durante muchos años": Rodríguez, "Frida Kahlo, Expresionista", p. 67.

63 Por estar inválida: Adelina Zendejas recuerda a Frida acostada en la cama pintando pequeños paisajes, en acuarelas o lápiz de colores, sobre pedazos de cartón que le llevaba Guillermo Kahlo (Zendejas, entrevista privada). Se han perdido todos estos cuadros, así como los paisajes que produjo más avanzada su carrera, pero una carta que escribió a Gómez Arias en 1926 (no lleva fecha) demuestra que a veces pintaba con óleo y al aire libre: "No creo que vaya a ir al convento a pintar, porque no tengo óleos ni he tenido ganas de comprarlos".

Isolda Kahlo, una sobrina de Frida, tiene en su posesión una charola redonda decorada con amapolas. Frida la pintó antes de su accidente, como regalo para su abuela. A pesar de que la realización de las flores pone de manifiesto bastante habilidad, el diseño no parece ser de Frida. Probablemente lo copió de alguna muestra de arte decorativo, tal vez de un patrón para encaje de agujas. Lo más seguro es que la charola fue ideada como artesanía y no como objeto de arte. Asimismo, el Museo Frida Kahlo expone un dibujo roto y descolorido *(Autorretrato)* en el cual está escrito: "Frieda Kahlo 1927 En mi casa de Coyoacán Primer Dibujo de mi Vida". Dado el hecho de que empezó a pintar en 1926, es poco probable que esa inscripción diga la verdad. Tal vez quiso señalar el primer dibujo de la vida que empezó cuando conoció a Diego. Tanto el collar precolombino como su camisa de trabajo indican la influencia de Rivera, lo mismo que el fondo en el que los rascacielos marcados "Estados Unidos", "Casas Grandes" y "Sin estilo propio" contrastan con montañas designadas "Coyoacán" y "Valle de México".

La charola pintada de amapolas y las demás obras que se mencionen en este libro sin ilustrarlas fueron reproducidas en mi tesis "Frida Kahlo: Her Life, Her Art".

64 "La Boticelinda Adriana" y "Un recorte de cartón": Cartas a Gómez Arias, 24 de junio y 23 de julio de 1927.

64 Árboles delgados y nubes festoneadas: Es posible que estas últimas también se remitan a Botticelli, quien pintó nubes de semejante forma, por ejemplo en el retrato intitulado *Hombre Joven con Medalla,* que está expuesto en la galería Uffizi de Florencia. Otras posibles fuentes para la composición de los primeros retratos, en particular el primer *Autorretrato,* son Roberto Montenegro, cuyos murales al estilo del *Art Nouveau* y placas decorativas adornan la Biblioteca Iberoamericana, muy conocida por Frida, y el Doctor Atl, pintor mexicano conocido especialmente por sus autorretratos intensos con el volcán Popocatépetl al fondo. Rivera también comentó sobre esta influencia en Frida (Wolfe, *Fabulous Life of Diego Rivera,* p. 243), la cual parece aún más verosímil, porque a mediados de los veinte el Doctor Atl colaboró con el padre de Frida en la edición de la serie de libros llamada *Las Iglesias de México.*

Dicen que Frida estudió ilustraciones del *Art Nouveau* con base en una colección de libros de bolsillo o reseñas, publicadas por la Editorial Aurora y adquirida por Guillermo Kahlo (Gómez Arias, entrevistas privadas). Unos años después de terminar el primer *Autorretrato,* ella misma produjo una ilustración muy estilizada para el frontispicio y la portada del libro de poemas *Caracol de Distancias,* de Ernesto Hernández Bordes. Esta obra fue publicada en una edición limitada de 250 copias por el "cachucha" Miguel N. Lira. La ilustración, que representa a dos mujeres, confirma el conocimiento que tenía Frida del *Art Nouveau.*

64 "Cómo me gustaría explicarte": Carta a Gómez Arias, 31 de abril de 1927.

64 "Compasión es más fuerte que el amor": Edgar Kaufmann, Jr., entrevista privada, Nueva York, mayo de 1978.

65 "Para enfriar su estrecha relación": Tibol, *Crónica,* p. 35, nota 4.

69 "Se llamará *Panorama": No se publicó el artículo de Miguel N. Lira, pero éste colaboró en la elaboración de un pequeño folleto acerca de Frida después de su muerte, publicación ejecutada por el antiguo compañero "cachucha" Manuel González Ramírez.

71 "Me burlo y río de la muerte": Enrique Morales Pardavé, entrevista privada, México, D. F., abril de 1978.

71 Había querido [pintar el accidente]: notas de Lesley. Frida tenía un retablo que ilustraba la escena. Más o menos veinte años después del accidente, encontró otro, de un choque entre un tranvía y un camión casi idéntico al que ella experimentó. Ella o alguno de sus alumnos cambió ciertos detalles, por ejemplo, poniendo "Coyoacán" en el letrero que marcaba el destino del camión, y "Tlalpan" en el del tranvía. La muchacha extendida sobre las vías tiene las cejas unidas, al igual que las de Frida. También fue añadida una dedicatoria: "El matrimonio Guillermo y Matilde C. de Kahlo dan las gracias a la Virgen de los Dolores por salvar a su hija Frida en el accidente que ocurrió en 1925 sobre la esquina de Cuauhtemotzín y la Calzada de Tlalpan".

71 "Me retrato a mí misma": Rodríguez, entrevista privada, y "Una Pintora Extraordinaria", texto inédito.

71 "Me parezco a mucha gente": Mario Monteforte Toledo, "Frida: Paisaje de Sí Misma", p. 1.

72 "Desde entonces": Antonio Rodríguez, "Frida Kahlo: Heroína del Dolor", p. 1.

72 "Frida es la única pintora": Dolores Álvarez Bravo, entrevistada por Karen y David Crommie.

72 "¿Por qué estudias tanto?": Carta a Gómez Arias, 29 de septiembre de 1926. Esta carta fue publicada en Zendejas, "Frida Kahlo", p. 64.

72 "Nadie en esta casa cree": Carta a Gómez Arias, 25 de abril de 1926.

72 "Siempre parecía feliz": Reyes, entrevista privada.

72 "Cuando la visitábamos": Adelina Zendejas, artículo de la misma dictado a la autora en una entrevista privada. El artículo fue publicado originalmente en el *Boletín del Grupo Preparatorio 1920-1924*, núm. 44.

73 Tres meses en el hospital de la Cruz Roja: Tibol, *Crónica*, p. 32.

73 Las caderas envueltas en una tela: Según Arturo García Bustos (entrevista privada, México, D. F., marzo de 1977), Frida originalmente dejó desnudos sus caderas y muslos, pero decidió que la representación del sexo distraía del cuadro total, por lo cual se envolvió las caderas con una sábana.

Capítulo 6: *DIEGO: EL PRÍNCIPE RANA*

76 "Samurai de la nación": Dromundo, *Mi Calle*, p. 262.

76 "No nos convencerá": Alejandro Gómez Arias, "Aquella Generación; Esta Generación", ensayo publicado en *En Torno de una Generación: Glosa de 1929*, p. 75.

76 "Germancito el Campirano": Carta a Gómez Arias, 24 de junio de 1927.

77 "Más que nunca": Carta a Gómez Arias, 14 de junio de 1928.

77 "No soy solamente un «artista»": Wolfe, *Fabulous Life of Diego Rivera*, p. 342.

77 "Es como de lechón muy tierno": Lucienne Bloch, entrevista privada.

78 Era una obra extraña: En *Idols Behind Altars,* un relato encantador de la cultura e historia mexicana, Anita Brenner repite un diálogo que se escuchó en 1923 en una reunión de intelectuales y profesores universitarios, realizada en la casa de Lombardo Toledano. Antonio Caso juzgó el mural de Rivera como "¡estupendo!", lo cual fue apoyado por su hermano Alfonso Caso, quien dijo que mostraba "¡un exceso de genio!" Lombardo Toledano comentó: "México palpita en su obra". El veredicto de la señora de Caso y cuatro familiares mujeres fue que se debía encalar la pared en la que se encontraba el mural. Alejandro Gómez Arias, que también estaba presente, opinó que Rivera tuvo éxito "en virtud de la extensión de su obra, pero definitivamente no en cuanto a su calidad" (Wolfe, *Fabulous Life of Diego Rivera*, p. 139).

78 El arte mexicano "es grande": MacKinley Helm, *Modern Mexican Painters*, p. 32.

79 "El arte del pueblo mexicano": ibídem. La popularidad del folclor durante los años veinte también provocó otras reacciones. El 15 de septiembre de 1921, el arte popular recibió un gran estímulo a través de la primera exposición del mismo en México. La organizó el pintor Doctor Atl (que tres años después colaboraría con el padre de Frida en la elaboración de los seis volúmenes intitulados *Las Iglesias de México),* junto con Adolfo Best Maugard, otro pintor y Diego Rivera. (El Doctor Atl nació en 1877 como Gerardo Murillo. Renunció a su patronímico español y adoptó como seudónimo la palabra indígena que significa "agua"). El catálogo de la exposición, *Arte Popular de México,* preparado por el mismo Doctor Atl, hasta la fecha constituye un clásico sobre el tema. En el momento de su publicación, sirvió para poner la riqueza de esta forma artística a disposición de los pintores, como fuente de inspiración.

No todos los artistas mexicanos apoyaron la idea de que el arte, para ser mexicano, tenía que "volver" a los motivos sencillos y el estilo primitivo del arte popular. Orozco reconoció el peligro de que tal arte fácilmente podía rebajarse a una pintoresca trivialidad, o aun a la explotación de temas y formas indígenas con el propósito de atraer a los turistas. En su papel de crítico, era tan hábil como Rivera era elocuente en su defensa entusiasmada del movimiento. El primero despreciaba el culto a los retablos y los murales de las pulquerías (murales de diseño sencillo que decoraban los bares donde se vendía la bebida alcohólica *pulque)* y se mofó de la popularización del folclor: "En realidad los mexicanos debemos culparnos en primer lugar a nosotros mismos, por inventar y fomentar el mito del ridículo charro y de la absurda china, como símbolos de lo que se dice «mexicanismos»... Al entrar a la visita un charro o una china, al escuchar los primeros compases del horrible jarabe, automáticamente se recuerda el repugnante teatro mexicano. Amalgamado, todo eso se vuelve nuestro" (Charlot, *Mexican Mural Renaissance*, p. 60).

79 "La principal huella que ha dejado la naturaleza": Aaron Copland, *Music and Imagination*, Nueva York, New American Library, 1959, p. 98.

80 Tronaba contra los "artistas falsos": Diego Rivera, "Frida Kahlo y el Arte Mexicano", pp. 96-97.

80 Más tarde, Rivera declaró: Henry Beckett, "Rivera Niega los Himnos de Odio «Rojos»". *New York Evening Post,* 19 de septiembre de 1933.

80 "Ojos verdes, tan transparentes": Rivera, *My Art, My Life,* p. 126.

80 La causa de su separación: Alan Robinson, "Lupe Marín Recalls Life with Diego Rivera", *News,* México, D. F., 2 de diciembre de 1977, p. 12.

80 Delante de un asombrado grupo de invitados: Wolfe, *Fabulous Life of Diego Rivera,* p. 186.

81 Destrozó algunos de los ídolos: Robinson, "Lupe Marín", p. 12.

81 Diego se entregó a más aventuras: Wolfe, *Fabulous Life of Diego Rivera,* p. 245.

81 Por naturaleza, los hombres somos unos salvajes": recorte de periódico sin fecha, más o menos del 27 de diciembre de 1931, archivo privado, Nueva York.

81 Su reputación de mujeriego: Hay mucha gente que no cree que Rivera en realidad se haya involucrado sexualmente con el sinnúmero de mujeres que pasaron por su vida. Su obesidad, horas increíblemente largas de trabajo, concentración en el arte y la política, hipocondría y frecuentes enfermedades con seguridad le impidieron gozar del sexo tan a menudo como les gustaba afirmar a los periodistas de sociales. La pintora Lucienne Bloch recuerda que, cuando ella vivía con los Rivera en Detroit, "una mañana Diego me besó en la mejilla y dijo: «Sabes, cuando estoy enamorado, no soy todo lo que tratan de hacer creer»" (Lucienne Bloch, entrevista privada).

José Gómez Robleda declara que "Diego tenía muchísimas perversidades y anomalías, y sospechaba que era deficiente en las relaciones sexuales normales, a causa de su gordura, etcétera" (Robleda, entrevista privada).

82 "El encuentro (con Diego)": Bambi, "Frida Kahlo Es una Mitad".

82 "Me dio un abrazo": Frida comentó sobre esta reacción que su pintura provocó en Orozco con un periodista estadunidense, Robert Lubar. Véase también *Time,* "Mexican Autobiography", 27 de abril de 1953, p. 90. Frida conocía a Orozco por lo menos desde sus días en la Preparatoria. El estudio del pintor se encontraba cerca de su casa, en Coyoacán, y se dice que frecuentemente hacían el viaje entre este pueblo y la ciudad de México juntos y que Orozco la seguía y esperaba en las esquinas, para que pudieran tomar el mismo camión. "Frida lo fascinaba, pero era algo tímido", afirma Rosa Castro, escritora y amiga de Frida (Rosa Castro, entrevista privada, México, D. F., noviembre de 1977).

82 "En cuanto me permitieron": Bambi, "Frida Kahlo Es una Mitad", y Rodríguez, "Frida Kahlo, Expresionista", p. 68.

82 La versión del encuentro, que sostiene Diego Rivera: *My Art, My Life,* pp. 169-172.

Capítulo 7: *EL ELEFANTE Y LA PALOMA*

87 "Cuando fui a la Secretaría de Educación": Radar, columna ("Etcétera") en un periódico de la ciudad de México. Recorte sin fecha, archivo de Isolda Kahlo.

87 El afectuoso recuerdo: Rivera, *My Art, My Life,* p. 175.
87 "Sólo lo irritan dos cosas": Frida Kahlo, "Retrato de Diego". Este ensayo se publicó también en *Hoy* (México, D. F.), 22 de enero de 1949, y en el catálogo de la exposición retrospectiva de Rivera, que tuvo lugar en 1949, aunque dicho catálogo no se imprimió hasta 1951: *Diego Rivera: 50 Años de su Labor Artística, Exposición de Homenaje Nacional,* Museo Nacional de Artes Plásticas. Algunos extractos del ensayo se incluyeron en Rivera, *My Art, My Life,* pp. 301-303. Más recientemente fue reimpreso en *Exposición Nacional de Homenaje a Diego Rivera,* Instituto Nacional de Bellas Artes, 1977, pp. 11-23.
88 "El problema con Frida": Entrevista privada con un antiguo amigo de Frida, que desea permanecer anónimo.
88 "Estaba pintada": Radar, "Etcétera".
88 "Ya no usaba blusas blancas": Gómez Arias, entrevistas privadas.
88 "Tienes cara de perro": Wolfe, *Fabulous Life of Diego Rivera,* p. 244. Al contrario de Lupe Marín, que sirvió de modelo para los desnudos sensuales más vibrantes de Rivera, Frida nunca llegó a encarnar el ideal que tenía éste de la sensualidad y el encanto femeninos. La representó desnuda una vez, en una litografía hecha en 1930. El cuadro incluye todos los detalles de la pintura erótica: Frida está desvistiéndose, sentada en el borde de una cama. Su liga se encuentra sobre la almohada. Todavía no se quita las medias, los zapatos de tacón alto ni el collar. La posición elevada de sus brazos presenta sus senos con ventaja. Todo esto debería de ser provocativo, pero no lo es. Está flaca, y se ve sociable en lugar de sexualmente atractiva. Se imprimió otra litografía en el lado opuesto de la misma piedra. Ésta muestra a una amiga de Rivera, Lola (Dolores) Olmedo. Mientras Frida se ve segura de sí misma y terrenal, Lola Olmedo constituye un ídolo en espera de que lo posean. Dolores Olmedo recuerda que Rivera dijo una vez que ella y Frida se complementaban (entrevista privada). Es de suponer que esto le haya servido de pretexto para amar a las dos.
88 "Tenía una inquietud tremenda": Tibol, *Crónica,* p. 49. Las siguientes dos citas son de la misma fuente.
89 "Diego me mostró": Rafael Lozano, corresponsal de *Time* en la Ciudad de México 10 de noviembre de 1950.
89 Una figura de un mural de Diego: Frida afirmó que anhelaba pintar murales durante el periodo en el que mostró sus primeros cuadros a Rivera. A pesar de que su delicadeza física hizo imposible una carrera como muralista, existe un fresco incompleto que tal vez es de Frida. Representa a una muchacha de más o menos trece años (posiblemente Frida misma) que lleva una túnica color azul marino y una blusa blanca. El lienzo forma parte de la colección de la hija mayor de Rivera, la cual cree que Frida lo pintó en 1928, cuando volvió a ver a Rivera (Lupe Rivera de Iturbide, entrevista telefónica privada, México, D. F., julio de 1977). Es muy posible que Rivera le haya ayudado a Frida en sus experimentos con la técnica del fresco, lo cual puede haber fomentado su gira hacia un realismo simplificado, en el que un cuadro consiste en unas pocas formas de colores relativamente aguados. También es posible que el lienzo haya sido producido en 1934, año en el que Frida mencionó, en una carta, que planeaba pintar un pequeño fresco en una escuela infantil ubicada cerca de Tacuba, en la ciudad de México.
89 Los [retratos infantiles] de Frida siempre son concretos: Únicamente en el *Retrato de Isolda Kahlo como bebé,* 1929, pintó a una niña "mona", quizá porque Isolda era su ahijada y el cuadro iba a ser un regalo para su hermana Cristina.
91 "Radiante como un águila": Wolfe, *Fabulous Life of Diego Rivera,* p. 244. No se sabe exactamente cuál sea el significado de la yuxtaposición del reloj sobre el pedes-

tal y el avión en el cielo, en el segundo autorretrato de Frida. Una posibilidad es que se refiere al mundo tecnológico moderno que entusiasmaba tanto a Rivera. Una vez él explicó así un detalle que aparece en su mural, pintado en 1930, de la Bolsa de San Francisco: "Como símbolo del futuro retraté a un niño de California con la cara vuelta hacia el cielo y un avión de juguete en las manos" *(My Art, My Life,* p. 177). También es posible que Frida haya querido expresar algo tan banal como "el tiempo vuela", mediante esa combinación de avión y reloj. Era completamente capaz de hacer tal juego de palabras.

91 "Cásate con él": Jesús Ríos y Valles, entrevista privada, San Miguel de Allende, noviembre de 1978.

91 "Cuando se comprometió con Rivera": Dromundo, entrevista privada.

91 Matilde Calderón de Kahlo... no quiso aceptar: Gómez Arias, entrevistas privadas.

92 "A los 17 años": Bambi, "Frida Kahlo Es una Mitad". La declaración de que pidió prestada la ropa para su casamiento a una sirvienta probablemente constituye una alteración de la verdad. El vestido que aparece en una fotografía tomada en su día de bodas no parece ser "la falda y blusa" de una criada, aunque su estilo definitivamente es mexicano.

92 La pareja se unió en matrimonio en una ceremonia civil: Rivera, *My Art, My Life,* p. 173.

92 *La Prensa,* publicada en la ciudad de México: recorte de periódico, archivo de Isolda Kahlo.

92 Bertram Wolfe narra el suceso: Wolfe, *Fabulous Life of Diego Rivera,* p. 249. Asimismo, se menciona la historia en Rivera, *My Art, My Life,* p. 173. Ella Wolfe lo recuerda bien (entrevista privada, Palo Alto, California, noviembre de 1978).

93 La versión que dio Frida de los sucesos posteriores a la boda: Bambi, "Frida Kahlo Es una Mitad".

93 Andrés Henestrosa recuerda que la fiesta: Henestrosa, entrevista privada, México, D. F., marzo de 1977. Es posible que Henestrosa esté confundiendo la celebración de la boda con la fiesta en la casa de la Modotti, donde Frida conoció a Diego.

Capítulo 8: *RECIÉN CASADA: FRIDA LA TEHUANA*

94 "De muebles teníamos": Bambi, "Frida Kahlo Es una Mitad": Ya que Siqueiros estaba encarcelado cuando se casaron Diego y Frida, por haber participado en una manifestación obrera reprimida violentamente por la policía en mayo de 1929, es posible que el relato de Frida indique que ella y Diego vivieron juntos antes de su casamiento.

94 Cargos en su contra: Wolfe, *Fabulous Life of Diego Rivera,* pp. 163-165.

95 "Diego llegó": Dromundo, entrevista privada.

95 "Creo que su abandono del Partido": Mildred Constantine cita esta carta de la Modotti en *Tina Modotti: A Fragile Life,* Nueva York, Paddington Press, Two Continents Publishing Group, 1975, pp. 162, 166.

95 "No tenía hogar": Beckett, "Rivera Niega".

95 Los maestros se tenían que someter: Wolfe, *Fabulous Life of Diego Rivera,* p. 260.

96 Lupe Marín le enseñó a atender los gustos: Bambi, "Frida Kahlo Es una Mitad". La preocupación de Lupe por Frida no duró mucho. El 2 de noviembre de 1929 le escribió desde Veracruz, adonde había ido a vivir con su esposo, el crítico Jorge Cuesta: "Frida: Me da asco tener que levantar la pluma para escribirte, pero quiero que sepas que ni tú, ni tu padre o madre tienen derecho alguno a lo que es Diego. Únicamente está obligado a mantener a sus hijas (entre ellas cuento a Marcia [sic], ¡a la

que nunca ha mandado ni un centavo!). Guadalupe" (Wolfe, *Fabulous Life of Diego Rivera*, p. 249). En realidad. Diego se mostraba muy generoso en sus tratos con Lupe y nunca dejó de mandar dinero a su hija ilegítima, Marika, que vivía en París.

Se ha perdido el retrato que hizo Frida de Lupe Marín, pero una fotografía retiene su imagen. A pesar de que se ve atractiva e inteligente, según el concepto de Frida, no es la misma belleza salvaje y sensual que representan los retratos de Rivera y las famosas fotografías de Edward Weston.

97 Le encantaba platicar la historia: Zendejas, entrevista de Crommie.

97 Luis Cardoza y Aragón... describió los días que pasó en Cuernavaca: Luis Cardoza y Aragón, "Frida Kahlo".

98 "No pudimos tener un hijo": Bambi, "Frida Kahlo Es una Mitad". Frida sufrió un aborto: Begun, historial médico.

98 Mencionó la posibilidad: Carta al doctor Leo Eloesser, 26 de mayo de 1932, Joyce Campbell, archivo personal.

98 "Sufrí dos accidentes graves": Gisèle Freud, "Imagen de Frida Kahlo".

99 "Como es natural": Wolfe, *Fabulous Life of Diego Rivera*, pp. 395-396.

99 "El hecho más importante de mi vida": Rivera, *My Art, My Life*, p. 172.

100 "Para la encantadora Fisita": Isolda Kahlo, sobrina de Frida, le decía "Fisita" cuando era demasiado pequeña para pronunciar "Frida" (Isolda Kahlo, entrevista privada).

100 Regresó... con una carretada de flores: La señora de Pablo O'Higgins, entrevista privada, México, D. F., abril de 1978.

100 Mariana Morillo Safa... recuerda: Mariana Morillo Safa, entrevista privada, México, D. F., julio de 1977.

100 Carmen Jaime recuerda: Othón Lara Barba, "Sor Juana y Frida Kahlo: Paralelamente", *Boletín Bibliográfico*, Secretaría de Hacienda y Crédito Público (México, D. F., volumen XIII, número 380 del 1 de diciembre de 1967), p. 8.

100 "En otra época me vestía de muchacho": Bambi, "Frida Dice Lo Que Sabe", 15 de junio de 1954, p. 1.

101 "¿Sirve?": Lucile Blanch, entrevista telefónica, Woodstock, Nueva York, octubre de 1978.

101 "Masoquismo coqueto": Bambi, "Manuel, el Chofer de Diego Rivera, Encontró Muerta Ayer a Frida Kahlo, en su Gran Cama que Tiene Dosel de Espejo", p. 1.

102 "Es una persona": Parker Lesley, transcripción de los apuntes hechos durante dos conversaciones con Diego Rivera en la ciudad de México, acerca de Frida Kahlo y su obra (mayo de 1939). El comerciante en arte de Rivera, Alberto Misrachi, y un colega neoyorquino de éste, Pierre Matisse, estuvieron presentes y participaron en la entrevista.

102 "El clásico traje mexicano": "Fashion Notes", *Time*, 3 de mayo de 1948, pp. 33-34. Durante las décadas de los treinta y los cuarenta, se celebraban las virtudes del pasado colonial "casero". El arte nativo popular también tenía seguidores al norte de la frontera. Desde Greenwich Village hasta Santa Fe, las mujeres sofisticadas (en su mayoría artistas o esposas de artistas) usaban blusas bordadas, faldas con volantes y huaraches. Como es normal cuando tales personas adoptan trajes folclóricos, éstos no se hicieron populares entre los hombres, ni en México ni en Estados Unidos. Diego Rivera, por ejemplo, prefirió usar trajes de negocios raídos y mal ajustados. Se hubiera sentido ridículo en la camisa y los pantalones de manta blanca que prácticamente componen el uniforme del campesino mexicano. Lo único que contradecía su aspecto urbano era el sombrero *Stetson* y la pistola que traía en el cinturón, los

cuales lo vinculaban con la Revolución Mexicana y el activismo. Para el trabajo, se ponía el overol de mezclilla del proletariado urbano. "He examinado las profundidades de mi alma, declaró en 1929, y he encontrado... suficiente fuerza para ser un obrero entre obreros" (Diego Rivera, *Creative Art,* enero de 1929).

102 El poder mágico de la ropa: El fotógrafo Manuel Álvarez Bravo captó la misteriosa vitalidad de la ropa vacía en *Absent Portrait* ("retrato ausente") de 1945, en el que coloca un vestido pasado de moda en una silla, en posición de estar sentado alguien en medio de un cuarto vacío. El vestido llena la habitación con la ausencia de su dueña. Álvarez Bravo sacó varias fotografías de Frida. Uno de sus retratos la muestra en la azotea de una casa en la ciudad de México, vestida con un traje mexicano y situada junto a ropa puesta a secar. Cuando se le preguntó al fotógrafo si existía alguna relación entre esa imagen y los cuadros de Frida que representan ropa vacía, afirmó que era muy posible que su conocimiento de la obra de Frida haya influido en su decisión de retratarla así (Manuel Álvarez Bravo, entrevista privada, México, D. F., febrero de 1978).

Capítulo 9: *GRINGOLANDIA*

104 "Encalar esos horribles frescos": Wolfe, *Fabulous Life of Diego Rivera,* p. 203.

104 "El filósofo del pincel": ibídem, p. 301. Rivera se salió del sindicato de artistas en julio de 1924, porque no quiso respaldar la protesta contra la ola de vandalismo que causó considerables daños a los murales de la Escuela Preparatoria. Más tarde, en el edificio de la Secretaría de Educación, caricaturizó a su antiguo patrocinador, Vasconcelos, en forma de un enano, montado a horcajadas sobre un elefante, que remoja su pluma en una escupidera.

105 El crítico Max Kozloff lo expresó de la siguiente manera: Kozloff, "Los frescos de Rivera de la industria moderna en el Instituto de Artes de Detroit: Arte Proletario bajo el Patrocinio Capitalista", *Artforum* 12, noviembre de 1973, p. 60.

105 "Me queda una cosa": *New York Times,* 17 de mayo de 1933.

106 "Hay mucha belleza": Edward Weston, *The Daybooks of Edward Weston,* volumen I, "México" (California, An Aperture Book, 1961), pp. 34-35. Asimismo, una entrevista de Rivera, posiblemente hecha por Bertram Wolfe o por Frida Kahlo, revela su actitud positiva hacia Estados Unidos (archivo de Bertram D. Wolfe, Institución Hoover, Universidad de Stanford).

106 "Frida soñó": Rivera, *My Art, My Life,* p. 174. Es posible que el autorretrato que Frida le regaló a Diego en camino a San Francisco sea el dibujo a lápiz expuesto en el Museo Frida Kahlo, que ella erróneamente señala como su primero. En él, Frida aparece delante de un fondo que consiste la mitad en rascacielos estadunidenses y a la otra, en montañas mexicanas.

106 "Puesto que no tenían teléfono": Blanch, entrevista privada.

106 "El futbol americano": Wolfe, *Fabulous Life of Diego Rivera,* p. 290.

107 Años más tarde, Frida le contó a una amiga: Loló de la Torriente, "Verdad y Mentira en la Vida de Frida Kahlo y Diego Rivera", p. 21.

107 "La ciudad y la bahía son irresistibles": Frida Kahlo, carta a Isabel Campos (3 de mayo de 1931), publicada en Tibol, *Frida Kahlo,* pp. 42-43.

107 "Nos festejaban en fiestas": Rivera, *My Art, My Life,* p. 175.

107 El *Call-Bulletin* informó: Wolfe, *Fabulous Life of Diego Rivera,* p. 287.

108 "No me caen muy bien los gringos": Kahlo, carta a Isabel Campos, 3 de mayo de 1931.

108 "Soy un aventurero": Weston, *Daybooks,* volumen 2, "California", p. xi.

108 "¿Por qué esta marea de mujeres?": ibídem, p. ix.

108 "¡Vi a Diego!": ibídem, pp. 198-199.

109 Diagnosticó una deformación congénita de su espina dorsal: Este diagnóstico indica que no todos los problemas subsiguientes que Frida tuvo con la columna vertebral resultaron del accidente. Aparentemente también mostraba síntomas de sífilis, pues se le hicieron un análisis Wassermann y uno de Kahn. Los resultados fueron "ligeramente positivos" y recibió tratamientos contra la enfermedad. Las pruebas hechas más tarde, en las décadas de los treinta y los cuarenta (en su mayor parte) tuvieron resultados negativos (Begun, historial médico).

109 A la edad de 49 años: Este relato de la personalidad y vida del doctor Eloesser se remite a una entrevista privada con Joyce Campbell, Tacámbaro, Michoacán, México, julio de 1977. Joyce Campbell fue la persona más cercana al doctor Eloesser durante muchos años.

110 "Quizá no serían inoportunos": Carta del doctor Eloesser al señor William Zinn, encargado de regalos y donaciones en el hospital de la Universidad de California en San Francisco, archivo del hospital.

110 Lady Cristina Hastings: Lucienne Bloch, entrevista privada.

110 Frida escribió sobre lo exasperante: Carta al doctor Leo Eloesser, 15 de marzo de 1941. Las cartas que Frida Kahlo dirigió al doctor Eloesser entre 1931 y 1946 se encuentran en el archivo personal de Joyce Campbell.

111 *Luther Burbank:* Es posible que el elemento fantástico en este cuadro, tan distinto de los retratos más sencillos y claros que Frida pintó en San Francisco, indique que lo terminó después de regresar a México (por un periodo de seis meses) en junio de 1931. Una prueba de esta sospecha radica en una fotografía que fue tomada del cuadro todavía incompleto. Es casi seguro que eso pasó en México. Dicha fotografía actualmente se encuentra en el Instituto Nacional de Bellas Artes de México.

111 *Frida y Diego Rivera:* En 1932, el cuadro se expuso en la sexta muestra anual de la Sociedad de Mujeres Artistas de San Francisco, realizada en el Palacio de la Liga de Honor. Se reprodujo en lugar destacado en por lo menos un periódico local. Hoy en día forma parte de la colección del Museo de San Francisco. El personal del mismo está convencido de que el título de la obra debería de coincidir con la ortografía de la inscripción: *Frieda y Diego Rivera.*

112 "Paso la mayor parte del tiempo pintando": Kahlo, carta a Isabel Campos, 1931.

112 "Su enorme vientre": Kahlo, "Retrato de Diego".

113 "Diego está más allá de toda relación personal limitada": ibídem.

113 En una cena: Blanch, entrevista privada.

113 "Rivera para la ciudad de México": Wolfe, *Fabulous Life of Diego Rivera,* p. 285.

114 La queja del pintor Kenneth Callahan: ibídem, p. 292. Más tarde se cubrió el mural, aunque no fue por el "trasero gordo" de Rivera, sino porque ya no estaba de moda el arte figurativo. Los tiempos han cambiado y nuevamente se expone con orgullo.

115 La Asociación de Artes Mexicanas... con el fin de "promover la amistad": Wolfe, *Fabulous Life of Diego Rivera,* p. 297.

115 "La médula de lo que es Diego": Museo de Arte Moderno, *Diego Rivera,* catálogo de una exposición (Nueva York, Museo de Arte Moderno, 1931), p. 35.

115 Diego se encontraba en la cubierta: Los detalles de la llegada de los Rivera a Nueva York y de los comentarios de Diego proceden de la *New York Herald Tribune,* 14 de noviembre de 1931. La narración que hace Bertram Wolfe del arribo (*Fabulous Life of Diego Rivera,* p. 278) erróneamente cita el periódico *New York Times,* 14 de diciembre de 1931.

116 En una ocasión le pidió: Lucienne Bloch, entrevista privada.
117 "Estaba sentada junto a Diego": ibídem.
118 "Almorzamos con Frida": Diario de Lucienne Bloch, que leyó algunas partes del mismo en voz alta en beneficio de la autora, durante su entrevista privada.
118 "Disfruté de una comida deliciosa": ibidem, diciembre de 1931.
118 "Con referencia a lo que me preguntó": Carta al doctor Eloesser, 26 de mayo de 1932.

Capítulo 10: *DETROIT: EL HOSPITAL HENRY FORD*

119 Para Diego Rivera, Detroit: Linda Downs, "The Rouge in 1932: The «Detroit Industry» Frescoes by Diego Rivera", Detroit Institute of Arts, *The Rouge: The Image of Industry in the Art of Charles Sheeler and Diego Rivera*, Detroit Institute of Arts, 1978, pp. 47-48.
119· William Valentiner... se reunieron con él: El doctor Valentiner conoció a Rivera por medio de Helen Wills. Junto con su nuevo amigo, tuvo la experiencia espantosa de ser llevado por la atleta a uno de sus juegos de tenis: "Estuve sentado en el descubierto asiento trasero con Rivera, discutiendo el equilibrio y la armonía en la composición. De repente fuimos lanzados hacia atrás y nos encontramos en una posición horizontal, mirando directamente hacia el cielo. Helen Wills se deleitó en subir por la calle más empinada de San Francisco. El peso de Rivera lo jaló tanto hacia atrás que pensé que se caería, y yo con él" (Downs, "The Rouge", pp. 47-48).
119 "La gran saga de la máquina y el acero": *Detroit News*, 19 de enero de 1933, p. 4.
119 Les dio la bienvenida en la estación: Con excepción de la cita *"His name is Carmen"*, la descripción de la llegada de los Rivera a Detroit en gran parte se remite a *Detroit News*, 22 de abril de 1932. Edgar P. Richardson recordó el inglés chapurrado de Diego en una carta dirigida a la autora (30 de enero de 1978).
120 El Wardell: Lucienne Bloch, entrevista privada.
120 "Entonces coloqué el héroe colectivo": Rivera, *My Art, My Life*, p. 183.
120 Calificaba la... fuente escalonada de horrorosa: *Detroit News*, 22 de abril de 1932.
120 "Una sinfonía maravillosa": Rivera, *My Art, My Life*, p. 187.
120 "Marx hizo teorías": ibídem, p. 188.
120 Se desquitaba: Este relato de la vida social de Frida en Detroit procede de entrevistas privadas u otros contactos con personas que la conocieron ahí: la señora Barnett Malbin (entrevista telefónica privada, ciudad de Nueva York, enero de 1978); Lenore de Martínez (Detroit, enero de 1978); Ernst Halberstadt (Onset, Massachusetts, septiembre de 1978); Edgar P. Richardson (carta a la autora, 30 de enero de 1978); Peggy de Salle (Detroit, enero de 1978); Lucienne Bloch (entrevista privada y diario).
121 "Mr. Ford, ¿es usted judío?": Lucienne Bloch, entrevista privada.
121 Donde, según Frida, había más viveza: de Salle, entrevista privada.
121 La cuestión de la comida: Lucienne Bloch, entrevista privada.
121 Cuando Frida lo regañó: Ríos y Valles, entrevista privada.
121 Su éxito [de Frida] en una fiesta de baile folclórico: Rivera, *My Art, My Life*, pp. 188-189.
122 "Cuando estuvimos en Detroit": Bambi, "Frida Dice Lo que Sabe", p. 7.
122 En realidad, se hizo un intercambio: Lucienne Bloch, diario, finales de octubre de 1932, y entrevista privada; Ernst Halberstadt, entrevista privada.
124 Cuando Lucienne Bloch llegó a Detroit: Lucienne Bloch, entrevistada por Karen y David Crommie.

124 Lucienne trabajaba... diseñando estatuillas: Frida le decía a Lucienne que debía trabajar en algo más grande, pues esculturas tan pequeñas no le servían a su carrera. La ocupación como asistente de Rivera, finalmente, incitó a Lucienne a abandonar el plan de convertirse en escultora. En cambio, se volvió muralista y ha estado pintando frescos desde entonces (Lucienne Bloch, entrevista privada).

124 "Sólo esperaba estar embarazada": Lucienne Bloch, entrevista de Crommie.

125 "¡Quisiera estar muerta!": de Salle, entrevista privada.

125 Cuando Lucienne le llevó la parodia: Lucienne Bloch, entrevista privada.

125 Frida quería dibujar al niño que perdió: Lucienne Bloch, entrevista de Crommie.

127 Rivera se dio cuenta del cambio: Rivera, *My Art, My Life,* p. 202.

127 "Mi manera de explicar los adentros de una mujer": notas de Lesley.

127 El caracol indicaba... el aborto: ibídem.

127 El significado de la... máquina: Lucienne Bloch, entrevista privada, y Wolfe, (Surge otra Rivera), manuscrito inédito en el archivo de Frida Kahlo, Museo Frida Kahlo, México, D. F.

128 "Todo lo mecánico" siempre significaba mala suerte y dolor: notas de Lesley.

128 Frida misma explicó a una amiga: Helm, *Modern Mexican Painters,* p. 169.

128 A otra le dijo que la "inventó": notas de Lesley.

128 "Diego me la regaló [la orquídea]": ibídem.

128 Según ella, pintó el suelo color tierra: ibídem.

128 Para ayudarle a combatir su depresión: Lucienne Bloch, entrevista privada.

128 Frida se convertía en "un animal bravísimo": Lucienne Bloch, diario, julio y agosto de 1932.

129 "Estas pruebas no son buenas ni malas": Muller anotó sus comentarios en la segunda impresión de la litografía, la cual llevaba como fecha agosto de 1932 y, como firma, "Frieda Rivera" en lugar de "Frieda Kahlo", quizá porque Muller era amigo de Rivera y no de Frida.

129 Frida regresó a su caballete: Lucienne Bloch, entrevista privada, y entrevista de Crommie.

129 Frida intentó tener un hijo tres veces más: Rivera, *My Art, My Life,* p. 201.

129 Le "prohibió concebir de nuevo": ibídem.

129 "Diego era muy cruel": Ella Wolfe, entrevista privada, Palo Alto, California, noviembre de 1978. La incapacidad de Frida de tener un hijo se atribuye con más frecuencia al accidente. Sin duda, éste tuvo que ver, pero el historial médico de Frida hace constar que cierto doctor Zollinger le mandó hacer un aborto a los tres meses de embarazo, en 1934, cuando Frida quedó encinta por tercera vez, a causa del "infantilismo de sus ovarios". Ambas hermanas mayores de Frida también tenían "ovarios deficientes" y ninguna de las dos tuvo hijos (Adriana abortó tres veces). Finalmente, mandaron extraerse esos órganos por la existencia de quistes (Begun, historial médico). Gómez Arias afirma que "una vez me dijo que sus órganos femeninos guardaron ciertas características infantiles durante toda su vida. Eran los órganos de una niña dentro de una mujer adulta" (Gómez Arias, entrevista privada). Otra posibilidad, aunque remota, es que la sífilis haya influido de alguna manera. La evolución de úlceras en los pies constituye un síntoma secundario de esta enfermedad.

130 "Tráeme una muñeca": Bambi, "Manuel, el Chofer de Diego Rivera", p. 1.

131 "Mi pintura lleva dentro": Tibol, *Crónica,* p. 50.

131 "Frida llegaba todos los días": José de Jesús Alfaro, entrevista privada, Detroit, enero de 1978.

131 Stephen Dimitroff... trató de congraciarse: Stephen Pope Dimitroff, entrevistado por Karen y David Crommie, y Lucienne Bloch, entrevista privada.

131 Solía pararse repentinamente para comentar: Lucienne Bloch, entrevista privada.

131 En la casa, colaboró con Lucienne: Lucienne Bloch, entrevista privada y diario.

132 "Mis cuadros están bien pintados": Tibol, *Crónica*, p. 50.

133 "Los retablos de Frida no parecen retablos: Rivera, "Frida Kahlo y el Arte Mexicano", p. 101. Desde la época colonial, se hacen los retablos en México. Lo más usual es que la persona salvada, o su familia, mande hacer el trabajo con un pintor profesional de exvotos, quien se considera un artesano anónimo y no firma los cuadros. Los compradores cuelgan sus retablos en las iglesias. Los templos dedicados a santos especialmente eficaces a veces están cubiertos en su totalidad por tales pinturas, así como por otras ofrendas votivas: muletas, fotografías, bragueros y amuletos hechos de plata en forma de la pierna, el corazón, la oreja, etcétera, que fue curado por un milagro. Lucienne Bloch recuerda cómo se concibió la pintura: Lucienne Bloch, entrevista privada y diario.

134 "En la mayoría de religiones naturales": Bertram D. Wolfe y Diego Rivera, *Portrait of Mexico*, p. 49.

135 "A decir verdad": Carta al doctor Eloesser, 29 de julio de 1932.

135 El tres de septiembre recibió un telegrama: Lucienne Bloch, entrevista privada y diario.

136 Frida le escribió una carta a Diego: Bertram Wolfe copió la misma y se encuentra entre sus papeles en el archivo de la Institución Hoover, Universidad de Stanford, junto con la respuesta de Diego.

137 "Frida regresó a Detroit": Rivera, *My Art, My Life*, pp. 193-194.

138 La primera obra de la serie: Lucienne Bloch afirma que Rivera le dio la idea a Frida (entrevista privada).

138 "Cómo me imaginaba mi nacimiento": notas de Lesley.

138 La Virgen de los Dolores... como "parte de mis recuerdos": notas de Lesley.

138 "El rostro de la madre": Rivera, "Frida Kahlo y el Arte Mexicano", p. 101.

138 "Quise producir una serie de cuadros": notas de Lesley.

139 "La esposa del maestro muralista": Florence Davies, "La esposa del Maestro Pintor de murales se ocupa alegremente en trabajos de Arte", *Detroit News*, 2 de febrero de 1933, p. 16.

Capítulo 11: *LOS REVOLUCIONARIOS EN EL TEMPLO DE LAS FINANZAS*

141 "Broma despiadada a costa de los patrocinadores capitalistas": Wolfe, *Fabulous Life of Diego Rivera*, p. 312.

141 "Admiro el valor de Rivera": ibídem, p. 314.

141 "El principio de la realización": Rivera, *My Art, My Life*, p. 200.

142 Enseñándoles baladas mexicanas: Lucienne Bloch, entrevistada por Crommie. Frida prefería una que trataba de un accidente de tren, ocurrido en 1895, en el que murió mucha gente. Los corridos, al igual que los retablos o los grabados de José Guadalupe Posada, frecuentemente hablan de desastres reales. Constituyen una clase de periodismo musical e incluyen todos los espantosos detalles puestos en verso, además de la fecha, el lugar y el número de personas que murió. Aparte de los accidentes, los corridos informan sobre crímenes, suicidios, catástrofes naturales y acontecimientos extraños, como apariciones, la detención de 41 homosexuales o una mujer con cien esposos. Dado su gusto por lo sensacional, no sorprende que tanto a Diego como a Frida les encantara cantar estas canciones.

142 "Frida siempre hacía los peores": Lucienne Bloch, entrevista privada.

142 "Lo metió debajo de los cobertores": Suzanne Bloch, entrevista privada, ciudad de Nueva York, abril de 1977.

142 "Frida pasaba por estas últimas [tiendas que vendían artículos baratos]": Lucienne Bloch, entrevista privada.

143 En una ocasión, pasó por una [farmacia]: Mary Sklar, entrevista privada, ciudad de Nueva York, septiembre de 1977.

143 David Margolis... recuerda: Margolis, entrevista privada, ciudad de Nueva York, junio de 1978.

143 Prefería ir a Brooklyn: Beryl Becker, entrevista privada, Cuernavaca, México, agosto de 1977.

143 "Aburrían como ostras": Lucienne Bloch, entrevista privada.

143 "Nos portamos como las peores traviesas": Lucienne Bloch, diario.

143 "El hombre en la encrucijada": Wolfe, *Fabulous Life of Diego Rivera,* p. 317.

144 "Rivera pinta escenas": ibídem, p. 325.

144 "Algo puede pasar": Lucienne Bloch, diario.

144 Ofendería "seriamente a muchas personas": Wolfe, *Fabulous Life of Diego Rivera,* p. 325.

144 "Obreros, ¡uníos! Ayudad a proteger": *Time,* 22 de mayo de 1933, p. 25.

145 "Salven la pintura de Rivera": ibídem.

145 "Pinto lo que veo": E. B. White, "I Paint What I See", *New Yorker,* 20 de mayo de 1933, p. 29. También publicado en *Poems and Sketches of E. B. White,* Nueva York, Harper & Row, 1981, pp. 35-36.

145 El mural del Centro Rockefeller... "reaccionario": Rivera, *My Art, My Life,* p. 210.

146 Rockefeller se acercó a ella: Lucienne Bloch, entrevista privada.

146 "La señora de Diego Rivera": Geraldine Sartain, "La esposa de Rivera Deplora la Prohibición del Arte", *New York World Telegram,* 10 de junio de 1933.

146 Rivera... anunció: Wolfe, *Fabulous Life of Diego Rivera,* p. 334.

146 21 lienzos movibles: Los lienzos ahora se encuentran en el comedor de Unity House, el Centro Recreativo del Sindicato de Obreros de la Fabricación de Ropa para Damas, ubicado en Forest Park, Pensilvania.

147 "Diego Rivera, artista mexicano": *New York Times,* 16 de mayo de 1933.

147 La casa de los Rivera "siempre estaba abierta": Louise Nevelson, *Dawns and Dusk,* grabaciones de conversaciones con Diana MacKown, Nueva York, Scribner's, 1976, p. 57.

148 "Salgamos a cenar": Marjorie Eaton, entrevista privada, Palo Alto, California, noviembre de 1978.

148 "Jugábamos mucho": Nevelson, *Dawns and Dusks,* p. 65.

148 Le mostró su agradecimiento: Eaton, entrevista privada. Según Eaton, Nevelson sintió pena por el regalo y no se lo puso en la noche, cuando se reunió con Frida y Diego para cenar. Diego la tranquilizó cuando se dirigió a ella, delante de Frida, y le preguntó: "¿Ya le mostraste tu collar a Frida?"

148 Rivera estaba... con Louise: Lucienne Bloch, entrevista privada.

148 Su pie derecho parecía estar paralizado: Begun, historial médico.

148 "Frida no salía": Lupe Marín, entrevista privada, México, D. F., julio de 1977.

148 "¡Cómo odio estar sola!": Suzanne Bloch, entrevista privada.

148 "Quería independizarse": Lucienne Bloch, entrevista privada.

150 Puras tonterías: Lucienne Bloch, entrevistada por Crommie.

150 "Nueva York es muy bonito": Frida Kahlo, carta a Isabel Campos del 16 de noviembre de 1933, publicada en Tibol, *Frida Kahlo,* pp. 43, 46-47.

152 "El puente de George Washington": *New York Times Magazine,* 2 de abril de 1933, p. 11.

152 Una disputa... acalorada: Lucienne Bloch, entrevista privada.
153 "Juntamos a un grupo": Nevelson, *Dawns and Dusks,* p. 59.

Capítulo 12: *UNOS CUANTOS PIQUETITOS*

157 "Desde el punto de vista bohemio: Ella Wolfe, entrevista privada.
157 "Las teorías arquitectónicas [de Diego]": Ric y Rac, "In-Mural", *Excélsior,* México, D. F., 14 de agosto de 1949, sección 2, p. 1.
157 *Unos cuantos piquetitos* se basa en la información que dio un periódico: Loló de la Torriente, "Verdad y Mentira en la Vida de Frida Kahlo y Diego Rivera", y relató la verdadera historia del cuadro, y en una entrevista privada a un pintor español refugiado, amigo de Frida, que desea permanecer en el anonimato, en una entrevista privada. Se ha perdido el esbozo original de *Unos cuantos piquetitos,* pero una fotografía de varios dibujos de Frida retiene su imagen. La misma fue expuesta en la exhibición retrospectiva de la obra de Frida que presentó el Palacio de Bellas Artes de la ciudad de México en 1977. El bosquejo muestra a la mujer desnuda, muerta en la cama, mientras el asesino y un niño la miran con lágrimas en los ojos. Una paloma sostiene una cinta en el pico, la cual lleva la inscripción: "Mi chata ya no me quiere". En la esquina superior de la derecha, las palabras del asesino se encuentran puestas en verso: "Mi chata ya no me quiere, pues quiere a otro cabrón, pero ahora seguro no viene, porque ha llegado su matón". En la parte inferior de la hoja, continúan las palabras: "Unos cuantos «piquetitos». No fueron veinte puñaladas, señor".
158 "El verbo [chingar]": Paz, *El laberinto de la soledad,* pp. 76-77. La violencia dirigida hacia mujeres que rechazan, desobedecen o engañan a un hombre constituye un tema cotidiano en la vida y la cultura mexicanas. Existen, por ejemplo, numerosas baladas acerca de las represalias violentas tomadas por hombres contra mujeres. Frida guardaba entre sus papeles la historia de Rosita Alvírez, que fue asesinada por un hombre con el que no quiso bailar (archivo de Frida Kahlo, Museo Frida Kahlo). En México, los crímenes de pasión, como el representado por *Unos cuantos piquetitos,* frecuentemente se consideran como muestras de manías humanas en lugar de acciones nefandas. Los asesinatos incitados por el orgullo se creen actos varoniles. "Para nosotros [en México], afirma Octavio Paz, el crimen es todavía una relación, y en ese sentido posee el mismo significado liberador que la Fiesta o la confesión. De ahí su dramatismo, su poesía y, ¿por qué no decirlo?, su grandeza. Gracias al crimen, accedemos a una efímera trascendencia" *(El laberinto de la soledad,* p. 55).
158 "Porque en México el asesinato es bastante satisfactorio": Notas de Lesley.
159 Un médico... lo mandó "inflarse de nuevo": Wolfe, *Fabulous Life of Diego Rivera,* p. 309.
159 Estaba "débil, flaco, amarillo": Las cartas de Frida Kahlo a Ella Wolfe se encuentran en el archivo de Bertram Wolfe, Institución Hoover, Universidad de Stanford.
159 "Mi pie [derecho]": Carta al doctor Eloesser, 24 de octubre de 1934.
159 Se operó del pie: Begun, historial médico. Ésta fue la primera de varias operaciones ejecutadas en el pie derecho de Frida. En 1935 hubo otra y los médicos descubrieron que tenía cartílagos sesamoideos (pequeños nódulos que se pueden producir en los tendones). Esa vez, el pie tardó seis meses en curar. En 1936 la volvieron a operar para extraer dichos cartílagos. La curación de nuevo fue muy larga.
160 "Vive un poco de manera... etérea": Carta a Ella Wolfe, fechada "miércoles 13", 1938.
160 Los médicos le dijeron: Tibol, entrevista privada, México, D. F., agosto de 1977.

160 "Entre más amaba a una mujer": Rivera, *My Art, My Life*, pp. 287-288.

161 Frida incluso consultó a un abogado: Gómez Arias, entrevista privada.

161 Le compró a Frida un juego de muebles "modernos": Eaton, entrevista privada.

161 Para el departamento que ésta [Cristina] tenía: doctor Samuel Fastlich, entrevista privada, México, D. F., noviembre de 1977.

162 Algunos amigos: Annette Nancarrow, entrevista privada, ciudad de Nueva York, noviembre de 1979.

162 "¡Mira!", exclamó: Gómez Arias, entrevista privada.

162 El agotador viaje: Sklar, entrevista privada.

162 "Al apagarse las llamas del rencor": Wolfe, *Fabulous Life of Diego Rivera*, p. 357.

162 "Todas estas cartas, aventuras": ibídem, pp. 357-358.

162 Habla de un suceso: Rivera, *My Art, My Life*, pp. 214-215.

163 Frida dijo que simbolizaban el bien y el mal: ibídem.

164 Es posible que *Recuerdo...* describa: En 1939, Frida le regaló el cuadro a Michel Petitjean y dijo que expresaba la manera en que el accidente de 1925 la había cambiado (Petitjean, entrevista privada, París, noviembre de 1981).

165 "Colores mexicanos líricos y vivos": Kaufmann, entrevista privada. Él mismo también recuerda que el cuadro "tenía un marco plano forrado en terciopelo. Los lados opuestos eran de pálidos colores rojo y verde, menos vivos que los de la pintura misma. Todo se veía muy intenso".

166 Con franqueza les explicó a unos amigos: Julien Levy, entrevista privada, Bridgewater, Connecticut, abril de 1977, y Kaufmann, entrevista privada.

Capítulo 13: *TROTSKY*

167 Cuando Frida se enojaba con él: Sidney Simon, entrevista privada, Wellfleet, Massachusetts, agosto de 1978.

167 Diego proporcionaba el dinero: Este relato de los asuntos financieros de los Rivera se remite a Wolfe, *Fabulous Life of Diego Rivera*, Ella Wolfe, entrevista privada y muchas entrevistas con amigos de Frida.

167 Cuando lo reprendían, contestaba: Ella Wolfe, entrevista privada.

167 "Frida solía regañarme": Rivera, *My Art, My Life*, pp. 251-252.

168 "Hubo ocasiones": ibídem.

168 Un recado típico... de parte de Frida dice: Las cartas que Frida dirigió a Alberto Misrachi y a su sobrino (del mismo nombre) entre 1935 y 1946, se encuentran en el archivo de Alberto Misrachi, Central de Publicaciones, S. A., México, D. F. Cuando todo iba bien: Esta narración de la vida cotidiana de los Rivera se deriva de Van Heijenoort y Eaton, entrevistas privadas.

168 Salía... para ir... "a algún pueblito": Carta al doctor Eloesser, 12 de julio de 1936. En la misma, Frida menciona el autorretrato: "Estoy terminando mi retrato, el que me pidió en la carta desde Rusia". El 17 de diciembre le escribió preguntando si le debía mandar la pinturita.

169 "Siempre, desde los cuatro años": Isolda Kahlo, entrevista privada.

169 Le escribían amorosas cartas: "Las cartas que Isolda y Antonio Kahlo escribieron a Frida en agosto y septiembre de 1940 se encuentran en el archivo de Frida Kahlo.

170 "Fui a comer": Eaton, entrevista privada.

170 Otra asidua invitada: Ella Wolfe, entrevista privada.

170 "A veces": Van Heijenoort, entrevista privada.

170 Frida... empezó a cargar un pequeño frasco: Jean van Heijenoort, Ella Wolfe, Julien Levy y otros describieron esas costumbres en entrevistas privadas con la autora.

170 "Le puedes decir a Boit": Carta a Ella Wolfe, que lleva como fecha "Miércoles 13", 1938. Frida cita una frase de un amigo íntimo de ella, el poeta José Farías: "Tomaba porque quería ahogar mis penas, pero ahora las malditas han aprendido a nadar" (Wolfe, *Fabulous Life of Diego Rivera*, pp. 107-108).

171 Lucienne Bloch recuerda: Lucienne Bloch, entrevista privada.

171 "Frida tenía muchas amigas": Van Heijenoort, entrevista privada.

172 Según dicen, Picasso afirmó: Leo Steinberg, conversación con la autora, en el otoño de 1973.

172 "La indígena desnuda": Dolores del Río, entrevista privada, México, D. F., noviembre de 1977.

172 "[Diego] consideraba las aventuras lesbianas de Frida como una ... válvula de escape": Van Heijenoort, entrevista privada.

173 "La quería mucho": Isamu Noguchi, entrevista privada, Long Island City, Nueva York, abril de 1977.

173 Planearon: Eaton, entrevista privada.

173 Otros dicen que la relación: Roberto Behar, entrevista privada, México, D. F., octubre de 1977.

174 Según lo narró Noguchi: Noguchi, entrevista privada. Frida se encontraba en el Hospital Inglés para ser operada del pie.

174 En 1933... Diego se declaró simpatizante: Margolis, entrevista privada.

174 Rivera decidió exponer su lado: Emanuel Eisenberg, "Batalla del Siglo", *New Masses*, 10 de diciembre de 1935, pp. 18-20. Siqueiros lanzó una serie de insultos contra Rivera a principios de los treinta. El 29 de mayo de 1934, por ejemplo, publicó, una censura a su antiguo amigo en *New Masses*. Calificó a Rivera de "contrarrevolucionario", "pintor de los millonarios" y "esteta del imperialismo". Éste se defendió por medio de un artículo, publicado en diciembre de 1935 e intitulado "Defense and Attack Against the Stalinists" ("Defensa y ataque de los estalinistas"). En el mismo afirmó que Siqueiros sólo era un instrumento de los estalinistas. (Ambos artículos se reimprimieron en Raquel Tibol, *Documentación Sobre el Arte Mexicano*, Fondo de Cultura Económica, México, D. F., 1974, pp. 53-82.)

175 "La esperanza más viva y fuerte": Carta al doctor Leo Eloesser, 30 de enero de 1937. Frida expresó sus inquietudes políticas en un extraño cuadro, que desde entonces se ha perdido. Sin embargo, lo reprodujo el periódico *Novedades*, de la ciudad de México, el 17 de julio de 1955. La imagen muestra una escena que corresponde tanto al título *Sobreviviente* (nombre que se le dio en la exposición neoyorquina de la obra de Frida, en 1938) como al otro, *El accidente aéreo*, que le dio Bertram Wolfe en "Surge otra Rivera". (Esta publicación apareció al mismo tiempo que la exposición.) Debajo de la ilustración se ve la leyenda: "Un testimonio de los sufrimientos de un mundo en estado de guerra" (*Novedades*, suplemento "México en la Cultura", 17 de julio de 1955, p. 6). Es muy posible que el cuadro represente la reacción que tuvo Frida a las narraciones de primera mano que escuchó acerca de los horrores de la lucha de parte de los milicianos españoles. El cuadro muestra una matanza cuyo único sobreviviente, un herido, mira un avión accidentado y quemado así como los cuerpos sangrientos y destrozados que se encuentran regados por el suelo. Al parecer son civiles, pues hay mujeres entre ellos.

176 [Trotsky empezó] a perder toda esperanza: Jean van Heijenoort, *With Trotsky in Exile From Prinkipo to Coyoacán*, p. 89.

176 El 21 de noviembre... [Rivera] recibió: Octavio Fernández, "Cómo Se Obtuvo el Derecho de Asilo para Trotsky en México", *La Prensa*, México, D. F., 20 de abril de 1956, pp. 20-21, 39.

177 Trotsky informó a la policía: Robert Payne, *The Life and Death of Trotsky*, Nueva York, McGraw-Hill, 1977, p. 391.

177 Para recibirlos: Leon Trotsky, *Writings of Leon Trotsky*, 1936-1937, p. 79.

177 "Al cabo de cuatro meses": ibídem, p. 79.

177 Un tren extraordinario: *Time*, 16 de enero de 1937, p. 16.

177 Trotsky abrazó a Rivera: Trotsky, *Writings (1936-1937)*, p. 80.

178 Los detalles de seguridad:. Payne, *Trotsky*, pp. 391-392.

178 "Era como un nuevo planeta para nosotros": Joel Carmichael, *Trotsky: An Appreciation of His Life*, Nueva York, St. Martins, 1975, p. 432.

178 "¿Quiénes son estas personas?": Gómez Arias, entrevista privada.

178 "Según nuestras últimas noticias": *Time*, 16 de enero de 1937, p. 16.

179 "La experiencia de mi vida": Isaac Deutscher, *The Prophet Outcast, Trotsky 1929-1940*, tercer volumen de una trilogía, Londres, Oxford University Press, 1963, p. 380.

179 Durante los meses subsiguientes al "juicio": Esta narración de las actividades de los Rivera y los Trotsky se remite a los recuerdos de Jean van Heijenoort (entrevista privada y *Trotsky in Exile*).

180 "Cuando se encontraban juntos": Van Heijenoort, entrevista privada.

180 En un artículo intitulado "Arts and Politics": Wolfe cita el artículo, *Fabulous Life of Diego Rivera*, pp. 238-239.

180 Asimismo, tenía un vigoroso interés en el sexo: Van Heijenoort, entrevista privada.

181 "Frida no vacilaba en emplear la palabra «amor»": Van Heijenoort, entrevista privada.

181 "Me miré en un espejo": Jean van Heijenoort, "Correspondence of Leon and Natalia Trotsky, 1933-1938". Este manuscrito inédito contiene la traducción al inglés, realizada por Van Heijenoort, de las cartas que los Trotsky se escribieron durante sus breves separaciones. La correspondencia ha sido publicada en francés, también por Van Heijenoort (París, Gallimard, 1980).

181 Natalia... le escribió a su esposo una carta: ibídem.

182 La narración... evidentemente mal representada por parte de Trotsky: ibídem. Al otro día (12 de julio), Trotsky hizo constar que acababa de recibir una carta que le escribió Natalia el 10 de julio, antes de obtener conocimiento del viaje realizado por Frida. Esta misiva no figura en los archivos de Trotsky. Lo más seguro es que Natalia la haya destruido después de la muerte de su esposo, por considerar que la carta revelaba demasiado el dolor que ella sentía por la aventura del mismo.

182 "Ahora déjame platicarte de la visita": ibídem.

182 "Acabo de recordar que ayer": ibídem.

182 Ella Wolfe cree: Ella Wolfe, entrevista privada.

183 "Era imposible seguir": Van Heijenoort, entrevista privada.

183 En una película que... muestra a Trotsky: Ivan C. F. Heisler tomó esta película cuando estaba visitando a Trotsky junto con su padre, Francis Heisler. La película ahora forma parte de la colección Trotsky, Institución Hoover, Universidad de Stanford. Natalia trataba a Frida con una combinación extraña de reserva y cariño. A veces no salía de su cuarto cuando Diego y Frida iban a la casa de Coyoacán. En otras ocasiones, la rusa saludaba a Frida con un beso o le regalaba flores (Van Heijenoort, entrevista privada). Muchas fotografías, tomadas en el curso de excursiones hacia las afueras de la ciudad de México, muestran a Natalia al lado de Frida, como si estuviera cuidando a una persona en la que no confiaba. Una causa más sutil de las atenciones de Natalia para con Frida, puede haber sido la emoción que hace que una persona quiera a la que es amada por el ser querido de la primera. El hecho de amar al mismo hombre creó una clase de complicidad entre las dos mujeres. El vínculo entre ellas perduró hasta después de la muerte de Trotsky,

y después de que Natalia dejara de ver a Frida por muchos años. En los cuarenta, por ejemplo, Natalia insistió en llevar a un trotskista francés, de visita en México, a ver los frescos pintados en Coyoacán por los alumnos de Frida y bajo la supervisión de ella (Van Heijenoort, entrevista privada).

184 "Hace mucho que admiro": André Breton, "Frida Kahlo", *Surrealism and Painting,* pp. 141-144.

Capítulo 14: *UNA PINTORA POR DERECHO PROPIO*

185 Una carta fechada el 14 de febrero de 1938: Esta carta de Frida a Lucienne Bloch se encuentra en el archivo personal de la señora Bloch.

185 Le escribió a Ella Wolfe en la primavera: La carta lleva como fecha "Miércoles 13", 1938.

188 El antiguo patrimonio de México renace con cada nueva generación: Frida dijo que se representó con el cuerpo de niña y la cabeza igual a como estaba cuando pintó el cuadro, porque quería demostrar la continuidad de la vida (notas de Lesley). Según su concepto del mismo factor en la cultura mexicana, hubiera estado de acuerdo con Octavio Paz, quien notó que la actitud tradicional del mexicano hacia el tiempo es el sentimiento apasionado de estar conectado con el pasado. México es un "país de pasados sobrepuestos. La ciudad de México se construyó encima de Tenochtitlan, la ciudad azteca, a semejanza de Tula, ciudad tolteca a la que se le dio el aspecto de Teotihuacan, la primera gran ciudad del continente americano. Todos los mexicanos llevan dentro de sí esta continuidad, que se remonta a través de dos mil años. No importa que esto casi siempre sea inconsciente, o adopte las formas primitivas de la leyenda y la superstición. No es algo que se sabe, sino algo vivido" (Paz, "Reflexiones: México y Estados Unidos", *New Yorker,* 17 de septiembre de 1979, pp. 140-141).

188 Los conductos y las glándulas: Al igual que en otras muchas ocasiones, Frida utilizó una ilustración médica de la anatomía interior. El archivo personal de Frida Kahlo contiene la hoja de un catálogo que anuncia la venta de "sostenes fisiológicos de diseño científico" e ilustra los conductos y las glándulas lactíferos. Se sentó otro precedente en el seno cuya estructura interior está descubierta como por rayos X, que pintó Rivera en el mural del Palacio de Bellas Artes, segunda versión del fresco del Centro Rockefeller.

188 "Leche de la Virgen": notas de Lesley.

188 "Aparezco con el rostro": ibídem.

189 Dolores del Río... afirmó: Dolores del Río, entrevista privada. Frida volvió a pintar a la niña con la máscara de muerte en un cuadro muy semejante (perdido desde entonces) que fue reproducido en *Novedades,* México, D. F., "México en la Cultura" (suplemento), 10 de junio de 1951, p. 2.

189 Una familia de Ixtapalapa: *Portrait of Mexico,* de Bertram D. Wolfe, reproduce varios retratos que Rivera pintó de los hijos de la familia Rosas (véase, por ejemplo, *Retrato de Dimas,* 1935, lámina 51), además de que el autor escribe sobre la misma en las páginas 27 y 28. Alejandro Gómez Arias cree que Dimas fue hijo de uno de los sirvientes de Rivera (Gómez Arias, entrevistas privadas). Dimas lleva una corona de cartón, y sólo queda la esperanza de que el atavío festivo del pobre niño no tenga nada que ver con una antigua costumbre mexicana, que persistió hasta el primer cuarto del siglo xx y que Ernest Gruening describe en *Mexico and Its Heritage,* libro publicado en 1928. Gruening habla de una práctica que formó parte del rito del velatorio entre las familias pobres: se colgaba a los niños muertos

"en beneficio de la edificación de los vecinos, por 24 horas o más". El mismo escritor cita el relato de un sacerdote francés que vivió en México durante veinte años, a mediados del siglo XIX: "He hablado de la costumbre de vestir a los niños muertos, adornándolos con alas de seda, coronas de papel, flores y cintas, de exponerlos sentados en sillas o extendidos sobre una mesa, de enterrarlos al compás del ruido hecho por petardos o de polkas y cuadrillas. En la ciudad de México, así como en el interior, he visto cosas aún más repugnantes: los comerciantes de pulque rentan esos cadáveres, llamados angelitos, con el fin de incrementar el negocio. En primer lugar se reza y luego se bebe; jóvenes muchachas aprovechan estas ocasiones para fijar citas con sus pretendientes. Un solo cadáver les sirve a varios comerciantes, y no se entierra hasta que el proceso de putrefacción ya está muy avanzado". Gruening hace patente la similitud de esta costumbre y la práctica azteca de decorar a los muertos con distintas clases de papeles. El retrato de Dimas difunto, vestido de angelito, guarda algo de la barbarie de esas tradiciones.

190 "Se petateó" significa: Wolfe, *Portrait of Mexico,* p. 22.

192 *Pitahayas* (que se ha perdido): La Exposición Internacional del Puente Dorado incluyó *Pitahayas,* cuadro que probablemente fue vendido a alguien en California en 1940. Una carta (del 29 de julio de 1940) que Thomas Carr Howe, Jr., director del Palacio de la Liga de Honor de California, dirigió a Frida, pone de manifiesto que cierta señora Ryan (jefa del departamento de ventas de la exposición) recibió una oferta de 120 dólares por parte de un coleccionista importante. (El cuadro fue valorado en 150 dólares.) No se conoce el resultado de esa misiva.

192 "Nunca me imaginé": Breton, *Surrealism and Painting,* p. 143.

192 El tumultuoso cielo mexicano: La capacidad de Frida de intuir el modo en el que la naturaleza respondía a sus emociones se demuestra a través del hecho de que las nudosidades de la mesa de madera en *Los frutos de la tierra,* sobre la cual se expone la fruta, parecen heridas. Antiguas fotografías del cuadro comprueban que originalmente tenía un cielo color azul pálido, con blancas y aborregadas nubes. Al poco tiempo de terminada la obra, Frida lo cambió, pintándolo de gris oscuro con nubes que amenazan una tormenta. Dejó una franja del azul original hasta arriba, de manera que una sección del cielo traslapa a la otra, como si ambas fueran los telones de foro de un teatro. Es posible que haya realizado esta modificación con el fin de expresar la melancolía que la invadió después de la separación de Diego, en 1939. Al igual que el mantel en *Tunas,* que se transforma en un paisaje y cielo, el doble firmamento de *Los frutos de la tierra* integra un dispositivo surrealista que Magritte hubiera podido utilizar. Subraya el carácter ficticio y variable, completamente inconstante, de la realidad de Frida.

192 "Está trabajando ahora": Van Heijenoort, entrevista privada.

192 "Diego quiere que pinte siempre": Carta a Julien Levy, borrador sin fecha, archivo de Frida Kahlo.

192 Le dijo a Luciene: Luciene Bloch, entrevista privada.

193 "Por ese precio": Entrevista privada con un antiguo amigo de Frida que deseó permanecer en el anonimato.

193 "Ha de ser que está enamorado": Lucienne Bloch, entrevista privada.

193 "Tenía escondidos como 28 cuadros": Bambi, "Frida Kahlo Es una Mitad", p. 6. Una carta que Gladys Lloyd Robinson les escribió a Diego Rivera y Frida Kahlo el 7 de septiembre de 1938 (archivo de Frida Kahlo) dice: "Todo el mundo se deshizo en alabanzas sobre los cuatro cuadros de Frida así como los tuyos... Simplemente se enamoraron de *Yo y mi muñeca* y de los retratos, y se volvieron locos por los marcos... Todo mundo estuvo de acuerdo respecto a que Frida es una

gran artista, y se desviven por conocer las nuevas adiciones a nuestra colección".

194 "Lugar surrealista *par excellence*": Esta cita así como la siguiente fueron tomadas de Ida Rodríguez Prampolini, *El Surrealismo y el Arte Fantástico de México,* p. 54, y de una entrevista hecha a Breton por Rafael Heliodoro Valle, *Universidad,* México, D. F., núm. 29 (junio de 1938), pp. 5-8.

194 (Trotsky) se encolerizó: Van Heijenoort, entrevista privada.

194 "Conversaciones en Pátzcuaro": Van Heijenoort, *Trotsky in Exile,* p. 127. Las ideas discutidas en estas "Conversaciones" condujeron a la fundación, de parte de Trotsky, Breton y Rivera, de la Federación Internacional de Artistas Revolucionarios Autónomos (FIRA), con el fin de oponer resistencia a la invasión totalitaria del arte y la literatura y para contrapesar las organizaciones estalinistas. Produjeron un manifiesto intitulado "Hacia un Arte Revolucionario Autónomo", en el que enfatizaron la necesidad de los artistas de estar libres de control político, siempre que no usaran esa libertad para atacar la revolución. A causa de que se dirigía a artistas, lo firmaron Breton y Rivera, y no Trotsky, a pesar de que el pintor mexicano no tuvo nada que ver en la realización del documento.

194 "Nos portamos como dos colegialas": Jacqueline Breton, entrevista telefónica privada, París, octubre de 1980.

195 "No conocían límites": Breton, *Surrealism and Painting,* p. 144.

195 Hizo crer a amigos como Noguchi: Noguchi y Levy, entrevistas privadas.

196 "Deberías de retratar a la señora Luce": Wolfe, *Fabulous Life of Diego Rivera,* pp. 358-359.

196 "Te la recomiendo": ibídem, p. 360. Los Lewisohn trabaron amistad con Frida y le compraron un cuadro en la exposición. La señora Lewisohn hace constar en una carta a Frida (archivo de Frida Kahlo, Museo Frida Kahlo): "Nos encantó su cuadro, que se admira mucho en nuestra sala". Las hijas de Lewisohn guardan agradables recuerdos de las veces que Frida visitó la casa de campo de sus padres, pero ninguna de ellas recuerda que hubiera un cuadro de la artista en la colección de los mismos. El escultor Sidney Simon, casado por un tiempo con una de ellas, sí recuerda la obra. Dice que era una naturaleza muerta. Stanton Loomis Catlin tuvo la amabilidad de proporcionarme una vieja fotografía, de 1937, que muestra un cuadro representando flores en un florero decorado con las palabras "Pertenezco a mi dueño". "Mrs. Sam Lewisohn" está escrito a lápiz en el dorso. Se supone que esta pintura fue la que se expuso con ese título en la muestra de Frida que se realizó en la galería de Julien Levy. Frida mencionó la adquisición de una de sus obras por parte de los Lewisohn en la solicitud de la beca Guggenheim, que presentó en 1940.

196 El comunicado de prensa: Una copia del mismo se encuentra en la ficha de Frida Kahlo de la biblioteca del Museo de Arte Moderno en Nueva York. El mismo establecimiento posee una copia del catálogo de la exposición: un folleto que consiste en una sola hoja de papel amarillo doblado.

197 El catálogo incluyó los siguientes títulos: En el caso de algunas de las obras, sólo es posible hacer conjeturas con respecto a su identidad; otras se han perdido o se conocen por títulos distintos. Para Frida, los nombres que les ponía a sus cuadros no eran permanentes. Según Julien Levy, frecuentemente los inventaba sin pensarlo, mientras conversaba con algún pretendiente (Levy, entrevista privada). Obviamente, *Yo y mi nana* es *Mi nana y yo; La plaza es de ellos* equivale a *Cuatro habitantes de México; Mi familia* representa el mismo cuadro que *Mis abuelos, mis padres y yo; El corazón* es *Recuerdo; Mi vestido estaba colgando ahí* es lo mismo que *Mi vestido cuelga ahí; Vestido para el paraíso* sustituye a *El difuntito Dimas; El*

nacimiento es igual a *Mi nacimiento;* y *Burbank - Fabricante de frutas norteamericano* designa a *Luther Burbank.* Resulta menos fácil identificar otros. Es posible que
Ella juega sola sea una versión de *Niña con máscara de muerte* (parte de la colección de Dolores del Río), pero tal vez sea *Yo y mi muñeca,* cuadro que no se
menciona en el folleto con este título, pero que Edward G. Robinson prestó a
la exposición. Quizá *Enamorada apasionadamente* sea lo mismo que *Retrato de
Diego,* otra obra que se encontraba en posesión del mismo coleccionista. Wolfe la
reprodujo en "Surge otra Rivera". No obstante, sospecho que Frida haya utilizado
ese título para designar irónicamente a *Unos cuantos piquetitos,* que formaba parte
de la exposición, según Wolfe (quien tradujo literalmente el título original). Robinson facilitó, además, el autorretrato con cuentas de jade que Frida pintó en
Detroit en 1933. Es posible que sea la obra mencionada como *Xóchitl,* pues Frida
a veces firmaba con ese nombre. (La reina tolteca que popularizó el pulque, en
el siglo ix a. C., se llamaba Xóchitl, y Frida le puso el mismo nombre a uno de sus
perros mexicanos pelones.) Con referencia al cuadro intitulado *El ojo,* posiblemente
sea *Retrato de Diego,* pues se sabe que ella pensaba que su esposo era muy
perspicaz. También puede ser un autorretrato, con un juego de palabras en inglés
basado en el sonido de la palabra "eye", que es el mismo de "I" ("yo").

198 "Agitación más notable de la semana": *Time,* "Bomba con cintas", 14 de noviembre de 1939, p. 29.

198 "Más obstétricos que estéticos": *New York Times,* 16 de noviembre de 1939, p. 10.

198 Otro crítico quisquilloso: Recorte de periódico sin fecha, archivo privado, ciudad
de Nueva York.

199 El gran coleccionista Chester Dale compró una: Levy, entrevista privada. La señora
Elise V. H. Ferber, empleada del Servicio de Información sobre Arte en la Galería
Nacional de Arte, Washington, D. C., me escribió el 26 de abril de 1977 que
ningún cuadro de Frida Kahlo formaba parte de la donación que hizo Chester
Dale a dicha galería. La viuda del coleccionista me informó, en una conversación
telefónica realizada en abril de 1977, que no existía ningún cuadro de la artista
mexicana en la colección de su esposo. Agregó que recordaba a Frida como una
"criaturita delgada que se sentaba mucho en divanes. Tenía sentido del humor y
era viva, de cierta forma discreta".

199 Según Frida, el crítico de arte Walter Pach... compró un cuadro: Frida Kahlo,
lista de mecenas incluida en su solicitud de una beca Guggenheim, 1940.

199 (Clare Boothe Luce) compró el autorretrato dedicado a Trotsky: La señora Luce
recuerda que estaba en México en 1940, cuando fue asesinado Trotsky. "Pasó lo
siguiente: encargué a Carlos Chávez, secretario de Bellas Artes en ese entonces,
una sinfonía conmemorativa de la muerte de mi hija. Viajé a México y vi mucho
a Diego y a Frida, quienes eran amigos íntimos del compositor. Ella me mostró
el autorretrato, que tenía en su estudio y que le regaló a Trotsky con motivo de
un cumpleaños del mismo. Al día siguiente, o en la misma noche, Carlos me dijo
que habían matado a Trotsky, y que Frida ya no soporta verlo (el cuadro). Por
eso contesté: Carlos, ¿me lo podrías conseguir? Hizo las negociaciones en mi lugar,
sacaron el cuadro del estudio y me lo llevé a casa. Me quedé con él después de
vender el resto de mi colección, porque es muy hermoso".

199 Frida fue comisionada: Sklar, entrevista privada.

199 Conger Goodyear se enamoró: ibídem.

199 "Hice eso": Levy, entrevista privada.

199 "En una colección particular": Carta a Gómez Arias, 1 de noviembre de 1938.

199 "En cuanto entramos al banco": Levy, *Memoir.*

200 "Me gusta este tipo": Levy, entrevista privada.
200 "Correspondía por completo al ideal surrealista de la mujer": Nicolás Calas, entrevista telefónica privada, ciudad de Nueva York, otoño de 1974.
200 "No mostró mucho entusiasmo por la idea": Levy, entrevista privada.
200 Su pie derecho: Begun, historial médico.
200 Para Levy, Frida era una clase de "criatura mítica": Levy, entrevista privada.
201 Edgar Kaufmann, Sr... quería patrocinarla: Levy, *Memoir*, p. 85.
201 Era "muy desenvuelta con los hombres": Levy, entrevista privada.
201 Las reuniones que se realizaban todos los miércoles por la noche: Paul Gallico, "Memento Muray", ensayo en *The Revealing Eye Personalities of the 20's in Photography*, de Nickolas Muray, texto de Paul Gallico, pp. 16-17.
202 Las cartas que Frida le escribió: Cartas de Frida Kahlo a Nickolas Muray, 1930-1940, archivo personal de Mimi Muray, hija del fotógrafo, Alta, Utah.
203 "Mi niñita chiquitita": Wolfe, *Fabulous Life of Diego Rivera*, pp. 358-359.
204 "No dejes de darle sed": En el diario, tachó siete líneas después de la palabra "corolas". El final original del poema era:

> Nombre de Diego, nombre del amor
> No dejes de darle sed
> Al árbol que te amó tanto,
> Que atesoró tu semilla,
> Que cristalizó tu vida
> A las seis de la mañana.
> Tu Frida.

Capítulo 15: *ESTE PINCHÍSIMO PARÍS*

206 "Tenía la panza llena": Carta a Ella y Bertram Wolfe, 17 de mayo de 1939.
206 "Al maldito hotel": Carta a Nickolas Muray, 16 de febrero de 1939.
207 "Marcel Duchamp me ha ayudado mucho": Carta a Nickolas Muray, 27 de febrero de 1939.
207 Frida participó: Aparte de las cartas de Frida, este relato de su estancia en París se basa en entrevistas privadas con Michel Petitjean, Jacqueline Breton, Alice Rahon (México, D. F., marzo de 1977) y Carmen Corcuera Barón (entrevistada por Elizabeth Gerhard por pedido de la autora, París, mayo de 1978).
207 En una ocasión, Frida se rehusó: Alice Rahon, entrevista privada. Carmen Corcuera Barón, que se casó con el comerciante parisiense de Frida en 1939, Pierre Colle, dice que Frida "siempre se sentaba en el piso y constantemente hacía cosas con las manos", como trenzar los flecos de seda de muebles antiguos (entrevista de Gerhard).
207 El mundo de la alta moda también la admitió: *Time*, "Fashion Notes", 3 de mayo de 1948, pp. 33-34.
208 Acudió al "mercado de los ladrones": Carta a Nickolas Muray, 27 de febrero de 1939.
208 "No te imaginas": Carta a Nickolas Muray, 16 de febrero de 1939.
209 "Te partiría el corazón": Carta a Ella y a Bertram Wolfe, 17 de marzo de 1939.
209 Incluso tuvo una breve aventura: Petitjean, entrevista privada.
209 "Diego se peleó": Carta a Bertram y a Ella Wolfe, 17 de marzo de 1939.
209 Conflictos personales y políticos: Van Heijenoort, *Trotsky in Exile*, p. 136.
209 Un suceso hace patente: ibídem, p. 132.

209 No concordaban: Este relato se basa en Payne, *Trotsky*, y Van Heijenoort, *Trotsky in Exile*, y en entrevistas privadas. Ya que ante el ojo público Trotsky estaba estrechamente vinculado con Rivera, sintió que era necesario manifestar su desacuerdo con los caprichos políticos de este último. Rivera definió a Lázaro Cárdenas como "un cómplice de los estalinistas" y creyó que Mújica continuaría revolucionando México. Cuando Mújica renunció a la candidatura, Rivera prestó su apoyo al general derechista Juan Andrew Almazán, quien estaba íntimamente relacionado con los intereses industriales norteamericanos. Este acto arbitrario confundió a los amigos izquierdistas del pintor. No obstante, en ese entonces (1940), la ruptura entre éste y Trotsky ya era definitiva.

209 "Realmente soy un poco anarquista": Van Heijenoort, entrevista privada.

209 Un "gesto vanaglorioso": Payne, *Trotsky*, p. 409.

210 Trotsky tomó medidas para limitar su influencia: Van Heijenoort, entrevista privada. Van Heijenoort recuerda que "el círculo trotskista mexicano era muy pequeño y dividido en facciones. Todos los miembros eran muy pobres, con excepción de Diego, quien tenía mucho dinero. Por eso lograba imponer su voluntad a la de los demás. Cuando el grupo quería imprimir un cartel por alguna razón, por ejemplo, y Diego estaba de acuerdo con la idea, contribuía con dinero. Cuando decidía que no le gustaba un proyecto, se rehusaba a participar. Esta actitud creaba cierto estado de caos en la organización. Diego ambicionaba involucrarse activamente en la política. Tenía una especie de sentimiento de culpabilidad por sólo pintar. Trotsky le dijo varias veces: «Eres pintor; tienes tu trabajo. Ayúdales nada más, pero dedícate a tu propio trabajo»" (Trotsky, *Writings* (1938-1939), "Declaración necesaria", 4 de enero de 1939). El Secretariado Internacional y el comité fundador de la Cuarta Internacional resolvieron que Rivera no debía "ser miembro de la organización reconstituida", sino trabajar directamente bajo el "control del Secretariado Internacional" (Van Heijenoort, *Trotsky in Exile*, p. 133).

210 Rivera le escribió una carta a Breton: Van Heijenoort, *Trotsky in Exile*, pp. 136-137.

210 Trotsky afirmó, ante la prensa mexicana: Deutscher, *Prophet Outcast*, pp. 444-445.

210 "Todos nosotros estamos muy contentos": Trotsky, *Writings* (1938-1939), pp. 276-279.

210 Rivera lo rechazó: Diego Rivera, "Rivera aún admira a Trotsky: Deplora que sus opiniones choquen", *New York Times*, 15 de abril de 1939. Según Rivera, Trotsky le mandó 200 pesos de renta. El pintor interpretó esta acción como afrenta y habría devuelto el dinero si no le hubieran dicho que en ese caso Trotsky sacaría sus pertenencias a la calle. Finalmente, Rivera aceptó el dinero y lo regaló a la revista trotskista *Clave*, de la cual tanto él como Trotsky eran colaboradores. En el artículo publicado por el *New York Times*, Rivera afirmó que la carta a Breton precipitó la discusión con Trotsky y que él abandonó la Cuarta Internacional con el fin de no poner en un aprieto a Trotsky. "El problema entre Trostky y yo no es un pleito, sino un lamentable malentendido". Rivera calificó a Trotsky de "un gran hombre... el que junto con Lenin dio la victoria al proletariado de Rusia", pero opinó que la situación y las penas de Trotsky lo habían vuelto "más y más difícil, a pesar de su inmensa reserva de bondad y desinterés. Lamento que el destino haya decretado que yo chocara con este aspecto complicado de su carácter. Sin embargo, mi dignidad de hombre me impidió hacer algo para evitarlo".

211 Dejó atrás... una pluma: Van Heijenoort, *Trotsky in Exile*, p. 27.

211 [Frida] no quiso: Wolfe, *Fabulous Life of Diego Rivera*, p. 396.

211 "Completamente ridícula": Bambi, "Frida Kahlo Es una Mitad".

211 [Frida] describió la ocasión en la que conoció a... Ramón Mercader: ibídem.

211 La historia que le contó "Mornard": Maria Craipeau, "J'ai Connu l'Assassin de

Trotsky", *France Observateur,* 19 de mayo de 1960, p. 12. Traducido del francés por la autora.

212 "Si [la muestra] tiene éxito": Ésta y la siguiente cita son de la carta que Frida le escribió a Nickolas Muray el 27 de febrero de 1939.

212 Canceló una muestra... en Londres: El archivo de Frida Kahlo, Museo Frida Kahlo, contiene una carta de Peggy Guggenheim fechada el 3 de mayo de 1939: "Espero que ya haya llegado con bien a su casa y haya superado todos los problemas que tuvo en Europa. Me desilusionó mucho que no viniera a Londres. También lamento no tener el gusto de mostrar sus cuadros aquí. Uso los hermosos aretes mucho. Todo el mundo los admira y me gustan más que todos los que tengo. La galería cierra a fines de junio. Espero que el Museo de Arte Moderno se inaugure en su lugar en el otoño próximo. La exposición de Breton se está volviendo más y más complicada. Sólo Dios sabe cómo terminará". Unos años después, Peggy Guggenheim tuvo la oportunidad de exhibir un autorretrato (1940) de Frida.

212 Jacqueline Breton recuerda... la inauguración: Jacqueline Breton, entrevista privada.

212 Favorablemente reseñada por *La Flèche:* L. P. Foucaud, "L'Exposition de Frida Kahlo", *La Flèche,* marzo de 1939. Recorte en el archivo de Frida Kahlo. Traducción del francés original de la autora.

212 Diego por supuesto tenía más cosas que decir: Rivera, *My Art, My Life,* p. 224.

212 Picasso le regaló a Frida unos aretes: Sklar, entrevista privada. Seguramente son los mismos que Frida tiene puestos en un autorretrato extraordinario realizado en 1946.

212 También le enseñó una canción española: Packard, entrevista privada.

Capítulo 16: *LO QUE ME DIO EL AGUA*

215 "No sabía que yo era surrealista": Wolfe, "Surge otra Rivera", p. 64.

215 La definición del surrealismo según Breton: William S. Rubin, *Dada and Surrealist Art,* Nueva York, Abrams, 1969, p. 121.

215 Miguel Covarrubias... la [calificó] de surrealista: Museo de Arte Moderno, *Twenty Centuries of Mexican Art,* Nueva York, Museo de Arte Moderno, y México, D. F., Instituto de Antropología e Historia, 1940, p. 141.

216 "Me encanta la sorpresa": Rodríguez, "Frida Kahlo, Expresionista", p. 68.

216 La fiesta de inauguración "tuvo el carácter": Rodríguez Prampolini, *El Surrealismo,* pp. 55-56, citando al crítico mexicano Ramón Gaya, "Divagaciones en Torno al Surrealismo".

216 Algunos articulistas observadores hicieron patente: ibídem.

216 "Ingenuidad espiritual": Luis G. Basurto, Jr., "Crítica de Arte", artículo publicado en dos partes por *Excélsior,* en enero o febrero de 1940. Recorte de periódico sin fecha, Isolda Kahlo, archivo personal.

216 [Frida] misma declaró: Carta a Nickolas Muray de enero de 1940.

216 Incluyó dos cuadros: Dado el orgullo que sentían Frida y Diego por el patrimonio mexicano, parece extraño que aparecieran en la lista de participantes europeos en lugar de mexicanos (Catálogo de la "Exposición Internacional del Surrealismo", Galería de Arte Mexicano, 1940). Supuestamente esta clasificación tuvo que ver con el hecho de que ambos habían exhibido sus obras fuera de México y de que gozaban de reputación internacional. Otra posible explicación es que en ese momento sentían que el arte mexicano debía ser menos nacionalista y más abierto a

las tendencias extranjeras. En todo caso, ninguno estaba (en ese entonces) en contra de la asociación con corrientes contemporáneas de otras partes.

217 El dominio de los muralistas: Rodríguez Prampolini, *El Surrealismo,* p. 44.

217 México disponía de su propia magia y mitos: ibídem, p. 95. Rodríguez Prampolini afirma que los artistas mexicanos rechazan lo abstracto o el "arte puro" y se aferran al realista por la "inseguridad y ambivalencia" que caracterizan sus vidas. Además, quieren que su obra comunique un mensaje. El mexicano tiene una visión mágica de la vida y una manera animista de ver la realidad concreta. Por eso, apunta, no existe oposición entre el sujeto y el objeto, la conciencia y el subconsciente, el símbolo y la cosa simbolizada.

217 Ella afirmó que este cuadro era particularmente importante: Levy y Van Heijenoort, entrevistas privadas.

218 Al igual que podría pasar en una película de terror: Quizá este cuadro muestre la influencia de los insectos y la sangre que aparecen en la película surrealista de Luis Buñuel y Salvador Dalí, *Un Perro Andaluz,* que se estrenó en la ciudad de México durante la estancia de Breton, en 1938, mientras Frida estaba trabajando en *Lo que me dio el agua.*

218 *"Lo que me dio el agua* da expresión óptica": Breton, *Surrealism and Painting,* p. 144.

219 Un paradigma del surrealismo semejante al que describe... Lautréamont: Rubin, *Dada and Surrealist Art,* p. 36. Isidore Ducasse (el "conde de Lautréamont"), que murió en 1870 a la edad de 24 años, era considerado como el precursor de los surrealistas por ellos mismos.

219 "Es bastante explícito": Levy, entrevista privada.

220 Diego argumentó que Frida era "realista": Rivera, "Frida Kahlo y el Arte Mexicano", p. 101.

220 "El surrealismo es la sorpresa mágica": Frida Kahlo, diario.

221 "Utilizo el surrealismo como una manera de burlarme": O'Gorman, "Frida Kahlo".

221 Una pieza que con seguridad se puede decir que es de ella: Gómez Arias, entrevista privada.

221 "El problema con el señor Breton": Entrevista privada con un amigo de Frida que desea permanecer en el anonimato.

221 "A pesar de que André Breton": Wolfe, "Surge otra Rivera", pp. 64, 131.

221 Parker Lesley le escribió: Carta de Parker Lesley, archivo de Frida Kahlo. Nunca se publicó el artículo.

222 "Pintora arraigada profundamente en la realidad": Rodríguez, "Frida Kahlo: Heroína del Dolor", p. 4.

222 "Constituye el recuerdo sangriento de su experiencia": Rodríguez, "Frida Kahlo, Expresionista", p. 68.

222 "Estaba cantando el gallo": Levy, entrevista privada.

222 "Algunos críticos han tratado de clasificarme": Esta carta de Frida se cita en Antonio Rodríguez, "Frida Abjura del Surrealismo".

225 "Pensaban que era surrealista": *Time,* "Mexican Autobiography", 27 de abril de 1953.

Capítulo 17: *UN COLLAR DE ESPINAS*

229 "Querida, querida Frida": Nickolas Muray, carta a Frida Kahlo. Ésta y la siguiente, ambas sin fecha, se encuentran en un sobre con sello del 16 de mayo de 1939, archivo de Frida Kahlo.

230 Un amigo recuerda: Entrevista privada con un amigo mexicano de Frida Kahlo que no desea ser identificado.

232 Algunas personas afirman que Rivera sufría de impotencia: Gómez Robleda, entrevista privada.

232 En una ocasión, Frida culpó a Lupe Marín: Frida expresó este sentimiento en una carta que dirigió a una amiga que desea permanecer en el anonimato.

232 "Cuando Frida ya no servía para nada": Marín, entrevista privada. Hay una reproducción del cuadro en Wolfe, *Diego Rivera*, p. 69.

232 Otra teoría supone: Entrevista privada con un antiguo amigo de Frida que no desea se conozca su identidad.

232 Jean van Heijenoort piensa: Van Heijenoort, *Trotsky in Exile*, p. 141.

232 El rumor de que Rivera planeaba casarse con... Irene Bohus: *El Universal*, 19 de octubre de 1939, recorte de periódico, archivo de Bertram D. Wolfe, Institución Hoover, Universidad de Stanford.

232 Se supone que hubo cierta relación romántica entre [Rivera] y [Paulette Goddard]: Rivera mismo lo dio a entender en *My Art, My Life*, p. 228.

232 El *Herald Tribune* de Nueva York hizo notar: Rivera, citado en un artículo, 19 de octubre de 1939, recorte de periódico, archivo de Bertram D. Wolfe.

232 "No se ha modificado": *Time*, 30 de octubre de 1939, p. 44.

232 "Diferencia artística": *New York Herald Tribune*, 20 de octubre de 1939, recorte de periódico, archivo de Bertram D. Wolfe.

232 "Éste es el décimo año de su matrimonio": Bertram D. Wolfe, *Diego Rivera: His Life and Times*, p. 394.

232 [Díganle] a Bert que: Wolfe, *Fabulous Life of Diego Rivera*, p. 361.

233 "Sin problemas ni líos": recorte de *El Universal*, 19 de octubre de 1939.

233 "Nuestra separación ha durado cinco meses": ibídem. Véase también *Art Digest* (Núm. 14, 1 de noviembre de 1939), p. 8.

233 Firestone escribió a Diego: Diego Rivera y Frida Kahlo, correspondencia con Sigmund Firestone, 1940-1941. Actualmente, las cartas se encuentran en posesión del señor Philip M. Liebschutz y de su esposa, Rochester, Nueva York. (La señora de Liebschutz es hija de Sigmund Firestone.)

Firestone tuvo que esperar los autorretratos por mucho tiempo, porque Rivera estaba ocupado. En julio envió una carta bastante cáustica al artista, en la que menciona que recibió un catálogo de la exposición de arte que aparecía dentro del marco de la Exposición Internacional de Golden Gate en el Palacio de Bellas Artes de San Francisco. Asombrado, se dio cuenta de que exhibía el autorretrato que Frida había pintado para él sin entregárselo. Se mencionó como un préstamo del mismo Firestone. (Otras obras de Frida que se incluyeron en la muestra fueron *Cuatro habitantes de México, Los frutos de la tierra* y *Pitahayas*.) Firestone señaló que no estaba bien que Diego no cumpliera con su parte del trato, pues a Frida le hacía falta el dinero que él mismo iba a pagar en cuanto recibiera ambos autorretratos. Cuando Firestone recibió el de Frida, le escribió que era "precioso", pero se quejó: "Es un excelente retrato tuyo de cuando estás pensativa. ¿Por qué no sonreíste un poco? Sólo puedo criticar el tamaño del lienzo, que es demasiado pequeño. La figura se ve apretada dentro del marco... Adjunto un cheque por $150.00 y mandaré el resto, para que lo repartan como quieran, en cuanto reciba el retrato de Diego, como habíamos acordado en la ciudad de México".

Frida le agradeció el pago a Firestone en una carta, con sello del 1 de noviembre de 1940: "Sigy, quisiera pedirte un favor. No sé si sea demasiado molesto para ti. ¿Sería posible que me mandaras los cien dólares restantes de mi cuadro? Me hacen

mucha falta. Te prometo que conseguiré que Diego te mande su pintura en cuanto
vaya a San Francisco. Estoy segura de que lo hará con mucho gusto; sólo es cuestión
de tiempo". Firestone accedió. El 9 de diciembre Frida escribió: "Estoy muy contenta y orgullosa porque te haya gustado mi retrato. No es bonito, pero lo hice con
mucho gusto para ti". Finalmente, Rivera le avisó a Firestone, el 31 de enero de
1941, que ya había terminado el autorretrato y que se encontraba en camino. La
siguiente carta de Firestone demuestra su aprecio: "Es excelente y perfecto en todos
los aspectos... Hasta ahora estuve enamorado del retrato de Frida. Con tu magnífica
pintura a su lado debo duplicar mi admiración, porque ambas son excelentes; y
Alberta y yo las queremos y estimamos mucho".

234 "Nadie prestaba atención": Lesley, entrevista privada, ciudad de Nueva York, junio
de 1978.

234 "Le encantaba el minué": Kaufmann, entrevista privada.

234 El refugiado español Ricardo Arias Viñas: Gómez Arias, entrevistas privadas.

Lo único que se sabe de este hombre proviene de una carta que Frida le escribió
a Edsel B. Ford el 6 de diciembre de 1939, en la que le pide que ayude a su
amante a conseguir trabajo en la Ford Motor Company de México. Hay un borrador en el archivo de Frida Kahlo, Museo Frida Kahlo:

"Estoy segura de que ha de recibir miles de cartas molestas. De veras me da pena
enviarle una más, pero le ruego me perdone. Es la primera vez que lo hago y
espero que lo que le voy a pedir no le cause muchos problemas.

"Sólo pretendo exponerle el caso especial de un muy querido amigo mío. Por
muchos años fue agente de la Ford en Gerona, Cataluña. A causa de las circunstancias
de la reciente guerra en España, ha venido a México. Se llama *Ricardo Arias Viñas*
y tiene 34 años. Trabajó para la Ford Motor Co. durante casi diez años. Cuenta
con una carta de la Central Europea (Essex) que confirma el hecho de que fue
empleado de la compañía y se dirige a la fábrica de la misma, ubicada en Buenos
Aires. El señor Ubach, gerente de la fábrica de Barcelona, puede dar todo tipo de
informes acerca del señor Arias. Durante la guerra, aprovechó su cargo de jefe
de transportación en Cataluña y logró devolver a las fábricas de usted más de cien
unidades robadas al principio del movimiento.

"El problema que tiene es el siguiente: no pudo ir directamente a Buenos
Aires, a causa de dificultades económicas. Por eso quisiera quedarse en México y
trabajar en su fábrica. Estoy segura de que el señor Lajous, el gerente de aquí,
le daría el empleo si tuviera conocimiento de su experiencia y habilidad como
empleado de Ford. Sin embargo, con motivo de evitar cualquier dificultad le agradecería mucho me enviara un mensaje que el señor Arias le pudiera dar al señor
Lajous, como una recomendación directa de parte de usted. Esto facilitaría mucho
su entrada a la compañía. No pertenece a ningún partido político, y me imagino
que no habrá impedimento para que consiga el trabajo y se dedique a él honrada-
mente. De veras le agradecería mucho este gran favor y espero que no haya problemas para que acepte mi solicitud. Permítam darle las gracias de antemano por
cualquier cosa que amablemente pueda hacer en cuanto a este asunto".

234 Tomaba: Begun, historial médico.

235 A Wolfgang Paalen le indicó: Frida Kahlo, carta a Wolfgang Paalen, 6 de diciembre de 1939. Hay una copia de la misma en el archivo de Frida Kahlo, Museo
Frida Kahlo.

235 "No veo a nadie": Esta carta lleva como fecha simplemente "enero 1940", y fue
sellada el 11 del mismo mes.

235 "Nunca fui": Rivera, *My Art, My Life,* pp. 225-226.

235 "Tomé té con Frida Kahlo": Helm, *Modern Mexican Painters,* pp. 167-168.

236 "Lo empecé a pintar hace tres meses": recorte de *El Universal,* 19 de octubre de 1939.

237 "Dualidad de su carácter": Dolores Álvarez Bravo, entrevista privada, México, D. F., septiembre de 1974.

237 "La pintora más pintor": Rivera, "Frida Kahlo y el Arte Mexicano", p. 101.

237 No se efectuó la muestra: Levy, entrevista privada.

238 *La mesa herida:* Según un alumno de Frida, Arturo García Bustos, este cuadro formaba parte de un grupo de cuadros mexicanos donados a un museo en Rusia durante los cuarenta (García Bustos, entrevista privada).

238 El Judas... encima del dosel de su cama: El esqueleto, con la cabeza descansando sobre una almohada, aparece en una fotografía sacada en 1940 por Emmy Lou Packard.

239 En México... los colibrís: Nancy Breslow, "Frida Kahlo: A Cry of Joy and Pain", *Americas,* núm. 32, marzo de 1980, pp. 33-39. Breslow también cita a Fernando Gamboa, antiguo director del Museo de Arte Moderno de la ciudad de México, quien afirmó que el colibrí constituyó un símbolo precolombino de la resurrección, al igual que las mariposas y las espinas con las que Frida se viste en el autorretrato que pintó en 1940. Se puede declarar con seguridad que Frida se identificaba con ese pájaro, pues sus amigos la comparaban con él. La señora de Eddie Albert, esposa del actor de cine, describió la impresión que recibió de Frida en una comida celebrada en la casa de los Covarrubias alrededor de 1943: "Tenía las cualidades de un colibrí: una mente rápida y movimientos veloces y llenos de gracia. Era muy bella y vulnerable" (Margot Albert, entrevista privada, julio de 1978, Cuernavaca, México).

240 [Los aztecas] se cortaban la piel: Anita Brenner, *Idols Behind Altars,* p. 138.

240 Casi todas las iglesias mexicanas cuentan con una escultura espantosamente concreta de Cristo: El muralista Jean Charlot hizo esta observación acerca del arte religioso de México en *The Mexican Mural Renaissance,* pp. 15-16: "El patrimonio de las sangrías rituales de los aztecas y del ascetismo español no resultó en remilgos bonitos. Ya que llegaron tarde, los santos tuvieron que demostrar, de manera por lo menos igualmente impresionante a como lo habían hecho los fanáticos paganos, que tenían valor. Si este último mostraba su devoción pasando una cuerda con nudos a través de una perforación en la lengua, el santo tenía que superarlo para ganarse la bienvenida". Por eso, subraya Charlot, el arte religioso de México "no tomó en cuenta las reglas del buen gusto por su deseo de conmover, amonestar y convertir".

242 Según una versión, Frida amenazó con deshacerse: Entrevista privada con el amante español de Frida, quien desea permanecer en el anonimato.

242 Frida lleva ropa de hombre: El uso de ropa de hombre por Frida en este cuadro, hace pensar en la pintora francesa Rosa Bonheur (1822-1899), quien se vestía así para ocultar su sexo cuando dibujaba en las ferias de caballos y los mercados de reses. Los autorretratos de la pintora norteamericana Romaine Brooks (1874-1970) revelan un rechazo semejante de la feminidad así como un intenso matiz de lesbianismo. Según Annette Nancarrow, una amiga de Frida (entrevista privada), Frida se cortó el cabello y se puso ropa de hombre con el fin de demostrar su identidad como persona independiente dedicada a una carrera. "Indicó la negación del papel más pasivo de esposa y mujer bien vestida", afirma la señora Nancarrow. No obstante, a pesar de que es cierto que Frida usaba pantalones de mezclilla cuando trabajaba y tomaba muy en serio la idea de mantenerse a sí misma a través de la

pintura, parece poco probable que sus motivos hayan sido tan deliberadamente feministas.

243 "Creo que tuviste mucha razón": Conger Goodyear, carta a Frida Kahlo, archivo de Frida Kahlo, Museo Frida Kahlo.

243 Anita Brenner envió otra carta ofreciendo su ayuda: Anita Brenner, carta a Frida Kahlo, archivo Frida Kahlo, Museo Frida Kahlo.

244 "Es una pintora excelente": Resumen de la solicitud de Frida Kahlo, preparada por el equipo de la fundación para el Concurso Interamericano de la Fundación en Memoria de John Simon Guggenheim, organizado en 1940. Ya no existe la solicitud original.

245 Clare Boothe Luce... afirma: Boothe Luce, entrevista privada, ciudad de Nueva York, noviembre de 1978.

245 "Era una mujer muy hermosa": Noguchi, entrevista privada.

245 "Dorothy Donovan Hale era": Luce, entrevista privada. La señora Luce también relató el desenlace de la historia del cuadro, después de que se lo llevó el admirador de Dorothy Hale: "Mi amigo Frank Crowninshield, editor por mucho tiempo de *Vanity Fair*, también era un conocido coleccionista de arte. Cuando me devolvieron el cuadro sin la inscripción, se lo llevé a «Crowny», y le pedí que lo guardara por unos años, hasta que se olvidara el suicidio de la Hale, para entonces regalarlo al Museo de Arte Moderno como ejemplo del arte moderno de México, pero sin usar mi nombre.

"Veinte años después, vivía en Arizona. Un día recibí un objeto que ya había olvidado hacía mucho: la misma caja enviada en un entonces desde México con el cuadro pintado por Kahlo del suicidio de Dorothy Hale. La acompañaba una carta del sobrino y heredero de Frank Crowninshield, haciendo constar que había encontrado la pintura entre otras dejadas por el difunto. El sobrino recordaba que su tío le dijo que el cuadro de Kahlo pertenecía a Clare Luce, por lo cual me lo estaba devolviendo.

"Entonces se lo di al señor F. M. Hinkhouse, conservador del Museo de Arte de Phoenix, bajo la condición de que se designara como obsequio de un *donante anónimo*. Unos años más tarde, el señor Hinkhouse abandonó el museo. A principios de los setenta, el sucesor del mismo decidió organizar una muestra del arte mexicano y del suroeste de Estados Unidos con el que contaba el museo. Les habló por teléfono (supongo) a unos amigos mexicanos de los Rivera, con motivo de conseguir informes acerca del cuadro para el catálgo. Aparentemente le dijeron que, tomando en cuenta la descripción, debía ser el trabajo comisionado por Clare Boothe Luce para conmemorar el suicidio de su amiga Dorothy Hale. El catálogo dio estos datos.

"Bueno, el episodio me condujo a inventar una frase que desde entonces ha sido muy citada:

"Ninguna buena acción queda sin castigo".

Capítulo 18: *SEGUNDAS NUPCIAS*

249 "Se portaron como fabricantes de petardos": Bambi, "Frida Dice Lo Que Sabe", pp. 1, 7.

249 "Frecuentemente me llevaba": Ésta y la siguiente cita, Rivera, *My Art, My Life,* pp. 228, 237.

250 Pensaba incluir a Bohus en el mural: Packard, entrevista privada.

250 Rivera se convirtió en un abogado apasionado de la solidaridad americana: El poeta

chileno Pablo Neruda fue testigo de una acalorada discusión entre Rivera y Siqueiros acerca de este tema. Cuando se les acabaron los argumentos, los pintores "sacaron enormes pistolas y dispararon casi al mismo tiempo, aunque no el uno contra el otro, sino hacia las alas de los ángeles, hechos de yeso blanco, que volaban por el techo del teatro. Cuando pesados trozos del material empezaron a caer encima del público, se desocupó el lugar y la discusión terminó con el penetrante olor a pólvora en la sala desierta" (Pablo Neruda, *Memoirs,* traducción al inglés de Hardie St. Martin, Nueva York, Farrar, Straus and Giroux, 1977, pp. 153-154).

250 Quería crear: Timothy G. Turner, "What Happened to Diego Rivera?", *Los Angeles Times Sunday Magazine,* 14 de julio de 1940, pp. 3, 8.
250 Ella representa a la "juventud norteamericana": Rivera, *My Art, My Life,* p. 245.
250 Frida Kahlo, artista mexicana": Wolfe, *Diego Rivera,* p. 364.
250 "Mataron al viejo Trotsky": Bambi, "Frida Dice Lo Que Sabe", p. 7.
250 La policía la... interrogó durante doce horas: Rivera, *My Art, My Life,* p. 239.
250 "Saquearon la casa de Diego": Bambi, "Frida Dice Lo Que Sabe", p. 1.
251 Rivera... declaró con orgullo: Tibol, entrevista privada, así como otras entrevistas.
251 Afirmó ante el poeta chileno Pablo Neruda: Neruda, *Memoirs,* pp. 153-154.
251 "Raquelito, hay que abrir una botella": Tibol, entrevista privada.
251 Contrató a un guardia armado: Packard, entrevista privada.
251 "Diego te quiere mucho": doctor Leo Eloesser, carta a Frida Kahlo, archivo de Frida Kahlo.
251 El doctor Eloesser negó el grave diagnóstico: Según Teresa del Conde, el doctor Eloesser diagnosticó "poliomielitis" (Del Conde, *Vida de Frida Kahlo,* p. 29).
252 "Estuve muy enferma": Carta a Sigmund Firestone (sin fecha; sello del 1 de noviembre de 1940).
253 "Me llevó al hospital": Heinz Berggruen, entrevista privada, ciudad de Nueva York, noviembre de 1981.
254 Le advirtió a Frida que Rivera no cambiaría de costumbres: Rivera, *My Art, My Life,* p. 242.
254 "Me voy a casar con ella": Packard, entrevista privada.
254 La separación "había tenido consecuencias desagradables": Rivera, *My Art, My Life,* p. 242.
254 "Diego esencialmente es triste": Anita Brenner, carta a Frida Kahlo, 25 de septiembre de 1940, archivo de Frida Kahlo.
254 Había visto a antiguos amigos: Rivera, *My Art, My Life,* pp. 241-242.
254 [Logró] terminar unos cuadros: Frida Kahlo, carta a Emmy Lou Packard, 24 de octubre de 1940. Archivo personal de Packard. Frida afirmó que regresaría a San Francisco en cuanto acabara uno o dos cuadros en Nueva York.
255 "Quería mantenerse económicamente": Rivera, *My Art, My Life,* p. 242. Dos años después del segundo casamiento, precisamente cuando Frida estaba enseñando *Las dos Fridas* a un reportero, Rivera entró en la habitación. Seriamente le comunicó al visitante que ella lo había pintado durante el divorcio, razón por la cual el corazón estaba roto y sangrante. El periodista exclamó: "¡Cuánto lo ha de amar! ¿Por casualidad le dio ella este cuadro para dárselo a entender?" "Oh, ¡no!", contestó Rivera. "No era necesario, puesto que yo nunca dejé de quererla; aún más, me divorcié de ella porque pensé que sería feliz si recobraba su libertad. Sin embargo, cuando me convencí de que no era así, regresé a ella y nos volvimos a casar" (Betty Ross, "Cómo Pinta Frida Kahlo, Esposa de Diego, las Emociones Íntimas de la Mujer").
255 Presidió el juez municipal: *Los Angeles Times,* 9 de diciembre de 1940, "Diego

Rivera, Mexican Mural Artist, Weds Former Wife", recorte en el archivo de Karen y David Crommie.

255 Diego... fue a trabajar a la Isla del Tesoro: Packard, entrevista privada.

255 "Emilucha linda": Carta a Emmy Lou Packard (sin fecha, 1941), archivo personal de Packard.

255 El mural de la Isla del Tesoro: Más tarde, la obra fue trasladada al vestíbulo del Auditorio para las Artes en el Colegio Junior de San Francisco.

257 Según Emmy Lou Packard: Con excepción de los lugares donde se indica otra fuente, este relato de la vida cotidiana de los Rivera, después de su segundo casamiento, se remite a la entrevista privada de la autora con Emmy Lou Packard.

257 La preocupación que sentía [Rivera]... por su salud: Emmy Lou Packard recuerda la ocasión en la que estalló un vaso sanguíneo en el ojo de Rivera, quien se convenció de que moriría en cualquier momento. "Tenía siempre presente la muerte. Se enfermaba con frecuencia, y Frida lo cuidaba", afirma. Entre los papeles del archivo de Frida Kahlo se encuentra un recado dirigido a ella de parte de Diego, probablemente de 1940: "Niñita Fisita: me duele el corazón. En el Banco de Comercio tengo $ 14,000 pesos... Alberto Misrachi me debe $ 10,000; pídeselos, así como los terrenos, la casa, mis ídolos y cuadros. Diego Rivera. Esto tiene la validez de un testamento".

257 "La niña Fridita": Tibol, *Crónica*, p. 115.

257 "Los quería": Jacqueline Breton, entrevista privada.

259 "Imagínate: murió el pequeño loro «Bonito»": Frida Kahlo, carta a Emmy Lou Packard, 15 de diciembre de 1941, archivo personal de Packard.

262 *Autorretrato con Bonito:* La señora de Somerset Maugham (Syrie Maugham) adquirió este cuadro en 1941. Se desconoce su paradero actual.

262 "Frida y yo fundamos una extraña especie de rancho": Rivera, *My Art, My Life,* pp. 249-252.

262 En un estilo descrito por él mismo como compuesto: ibídem, p. 249.

263 Anahuacalli ha sido calificado: Wolfe, *Diego Rivera,* p. 370.

263 Le dio a su esposo el título: ibídem.

263 "Hace tiempo que estoy preocupada por Diego": Frida Kahlo, carta a Marte R. Gómez, archivo de Frida Kahlo.

264 "La estupenda obra": Kahlo, "Retrato de Diego".

Capítulo 19: *PATROCINADORES, POLÍTICA, RECONOCIMIENTO PÚBLICO*

265 "Desde que el accidente me desvió el camino": Frida Kahlo, "Frida Habla de Su Pintura". A pesar de que se publicó mencionando a Frida como autora, el artículo en realidad constituyó una compilación de comentarios hechos por ella en el curso de una entrevista conducida por Antonio Rodríguez.

266 "La más reciente de las ex esposas de Rivera": Frank Crowninshield, "New York Goes Mexican", *Vogue,* 15 de junio de 1940, p. 82.

266 Algunos años más tarde: Peggy Guggenheim, *Confessions of an Art Addict,* Nueva York, Macmillan, 1960, pp. 166-167.

267 Título original: *La flor de la llama: Flor de la vida* se exhibió como *La flor de la llama* en el Salón de la Flor de la Feria Nacional de las Flores en 1944. Rivera también tenía por costumbre transformar plantas en órganos genitales masculinos y femeninos, por ejemplo, en el caso de la enorme flor parecida a un azafrán que

aparece en el mural de la Secretaría de la Salud, pintado en 1929, y que integra un híbrido entre órganos sexuales masculinos y femeninos.

267 Tres motivos la incitaron a dedicarse al arte: Los comentarios de Frida se publicaron en un artículo intitulado "Frida Kahlo y la Melancolía de la Sangre", *Rueca,* México, D. F., núm. 10 (1944), p. 80. El autor se identifica sólo mediante las iniciales A. F. El recorte forma parte del archivo personal de Isolda Kahlo.

268 "El secretario de Educación me pidió": Gómez Arias, entrevista privada.

268 Miguel N. Lira... le pidió [a Frida]: Miguel N. Lira, carta a Frida Kahlo, 7 de enero de 1943, archivo de Frida Kahlo.

268 En 1943, ella participó en la coordinación: Esta información procede de varios documentos y recortes relacionados con el Seminario de la Cultura Mexicana en el archivo de Frida Kahlo.

268 "Las cinco mujeres mexicanas": Carta al doctor Leo Eloesser, 18 de julio de 1941.

269 "Con base en lo que me dices": Carta a Emmy Lou Packard, archivo personal de Packard.

269 "Lucharé por ti": Emmy Lou Packard, carta sin fecha a Frida Kahlo, archivo de Frida Kahlo.

269 "No me dio mucha tristeza": Carta al doctor Eloesser, 15 de marzo de 1941.

270 Adquirió la obra porque Frida necesitaba dinero con gran urgencia: Fernando Gamboa, entrevista privada, México, D. F., noviembre de 1977.

270 *Doña Rosita Morillo* muestra... un realismo extremadamente refinado y detallado: El realismo extremo inherente a la obra de Frida producida durante esa época puede haber sido inspirado por los retratos de Hermenegildo Bustos, el pintor guanajuatense de fines del siglo pasado, a quien ella admiraba y cuya pintura se exhibió junto con la de ella en la exposición de un siglo del retrato mexicano, en enero de 1943. Sin duda, el cuadro pintado por Bustos de su esposa fascinó particularmente a Frida por la mezcla de realismo detallado con primitivismo (*Joaquina Ríos Bustos*). La franqueza directa con la que el lienzo capta la presencia emocional de la modelo se repite en el retrato de Doña Rosita.

271 El retrato de Mariana Morillo Safa: Cuando Morillo Safa recibió el cuadro, le escribió a Frida, el 20 de enero de 1944: "Te mando mil pesos por el de Mariana. Salió muy bien y está muy bonito. Escucha, ¿cuánto me cobrarías por dos retratos más? ¿Uno de Lupe y otro de Eduardo [los otros dos hijos de Morillo Safa]? Házmelo saber a través de ellos". Eduardo Morillo Safa, carta a Frida Kahlo, archivo de Frida Kahlo.

271 "Convierten [a los pequeños] en idiotas": Kahlo, "Retrato de Diego".

271 "Diego me consiguió trabajo": Bambi, "Frida Kahlo Es una Mitad".

271 Roberto Behar, se acuerda: Roberto Behar, entrevista privada.

272 "Yo la quería": Morillo Safa, entrevista privada.

272 "Desde Coyoacán, tan triste": Frida Kahlo, carta a Mariana Morillo Safa, 23 de octubre de 1946, archivo personal de Morillo Safa. El "apodo", "Cachita, changa, maranga", es una rima sin sentido.

273 Este cuadro fue el resultado de una conversación casual: José Domingo Lavin, entrevistado por Karen y David Crommie.

273 "Como ésta es la primera vez en la vida": Frida Kahlo, "The Birth of Moses", p. 2. Remplacé la traducción publicada junto con el original en español con una hecha por mí misma.

274 "La energía solar, origen de toda la vida": Rivera, *My Art, My Life,* p. 131. En la explicación que dio por escrito del mural, al poco tiempo de terminarlo, Rivera llamó el orbe central de luz "El que es luz, o la Energía Primordial", e hizo

constar que las manos ubicadas en los extremos de los rayos de luz señalan hacia la tierra con el índice y el dedo anular, mientras los demás dedos están doblados. Este gesto, según él, significa "PADRE-MADRE" (Wolfe, *Diego Rivera,* p. 136).

274 "El centro de todas las religiones": Kahlo, "Moses", p. 4.

274 El nacimiento de Moisés representa el de todos los héroes: ibídem. En el tratado sobre *Moisés* (pp. 4-6), Frida hizo una lista de los héroes así como de los dioses a los que ellos inventaron por su temor a la muerte.

"Al igual que Moisés [afirmó ella], ha habido y habrá un gran número de «más elevados» transformadores de las religiones y de las sociedades humanas. Se puede decir que forman una especie de *mensajeros* entre la gente que manejan, y los *dioses,* inventados por ellos con el fin de manejarla.

"De estos «dioses» hay muchos, como ustedes saben. Por supuesto no cupieron todos, y coloqué los que están vinculados directamente con el sol (aunque no les guste) de cada costado del mismo. A la derecha se encuentran los de Occidente y a la izquierda, los de Oriente.

"El toro alado Asirus, Amón, Zeus, Osiris, Horus, Jehová, Apolo, la Luna, la Virgen María, la Divina Providencia, la Sagrada Trinidad, Venus y... el diablo.

"A la izquierda, el Relámpago, el Golpe y la Estela del Relámpago, es decir Huarakán, Kukulkán y Gukumatz, Tláloc, la magnífica Coatlicue, madre de todos los dioses, Quetzalcóatl, Tezcatlipoca, la Centéotl, el dios chino (el dragón) y el hindú, Brahma. No incluí a ningún dios africano, pues no lo encontré en ninguna parte (se podrá hacerle un huequito).

"No puedo hablar sobre cada uno de ellos, porque mi ignorancia en cuanto a su origen, significación, etcétera, *es demasiado para mí.*

"Después de haber pintado a los dioses que cupieron, en sus respectivos cielos, quise separar el mundo celestial de la imaginación y la poesía del reino terrestre del *temor a la muerte,* y pinté los esqueletos humano y animal que aquí pueden ver...

"En la misma tierra, pero con las cabezas más grandes, para poder distinguirlos de las «masas», se retratan a los héroes (muy pocos, pero bien escogidos): los transformadores de la religión, los inventores o creadores de ésta, los conquistadores, los rebeldes... en otras palabras, los de mayor jerarquía.

"A la derecha aparece una figura a la que le hubiera debido dar mucho más importancia que a cualquier otra: Amenhotep IV, al que luego se llamó Akhenatón.

"Más abajo, Moisés, quien según el análisis de Freud dio al pueblo que adoptó *la misma religión que la de Akhenatón,* modificada un poco según los intereses y las circunstancias de sus tiempos...

"A Cristo siguieron Alejandro el Grande, César, Mahoma, Lutero, Napoleón y... «el niño perdido»... Hitler.

"A la izquierda, la maravillosa Nefertiti, esposa de Akhenatón. Me imagino que, aparte de ser extraordinariamente bella, era una «alocada» y colaboraba de manera muy inteligente con su esposo. Buda, Marx, Freud, Paracelso, Epícuro, Gengis Kan, Gandhi, Lenin y Stalin (el orden es de mal gusto, pero los pinté según mis conocimientos de la historia, que tampoco son buenos).

"Entre las «masas», pinté un mar de sangre que significa la «Guerra», inevitable y fértil.

"Finalmente, la gran masa de la humanidad, poderosa y «nunca bien considerada», compuesta de toda clase de... tipos extraños: los guerreros, los pacifistas, los científicos y los ignorantes, los creadores de monumentos, los rebeldes, los porteadores de banderas y de medallas, los fanfarrones, los cuerdos y los locos, los alegres y los tristes, los sanos y los enfermos, los poetas y los tontos y todos los demás de la raza que usted quiera dentro de este poderoso montón.

"Se ve con algo de claridad únicamente a los del primer plano; el resto, con el ruido... no se supo".

274 "De ambos lados del niño": Kahlo, "Moses", p. 4.

274 "Tronco de la eternidad": ibídem, p. 6.

274 Una concha, representando "el amor": ibídem.

275 Tenían como fin... "preparar a individuos": Copia del folleto publicado en 1943 por la Secretaría de Educación Pública, para dar a conocer el propósito y el programa de la escuela, archivo de Frida Kahlo.

275 "Al principio sólo había como diez alumnos": Guillermo Monroy, entrevista privada, Cuernavaca, México, marzo de 1977.

275 "Un antiguo vicio de las mujeres": Fanny Rabel, entrevista privada, México, D. F., agosto de 1977.

276 "Fraternal, una maestra extraordinaria": Monroy, entrevista privada.

276 "Recuerdo la primera vez que entró a la escuela": Guillermo Monroy, transcrito Por María Idalia (los artículos publicados por Monroy en *Excélsior* normalmente llevan la firma de otro autor), "Homenaje de un Pintor a Frida Kahlo a los 22 Años de su Muerte", p. 8.

277 "Me parece que aquí debería aumentar la intensidad del colorido": Monroy, entrevista privada.

277 "Su única ayuda": García Bustos, entrevista privada.

277 "La gran lección que nos dio Frida": Rabel, entrevista privada.

277 "Muchachos, proclamaba": Monroy, entrevista privada.

278 "Al iniciar el viaje de regreso": Héctor Xavier, entrevista privada, México, D. F., noviembre de 1977.

278 "Nos acostumbramos tanto a Frida": Fanny Rabel, entrevistada por Karen y David Crommie.

278 "Todo el jardín es nuestro": Monroy, entrevista privada.

278 "Recuerdo particularmente": García Bustos, entrevista privada.

278 Monroy quedó igualmente hechizado: Guillermo Monroy, "Hoy Hace 24 Años que Falleció Frida Kahlo".

279 "Constantemente renovaba la escenografía": Rabel, entrevista de Crommie.

279 "Cuando estaba enferma": ibídem.

279 "Raíz del [arte] moderno": Arturo Estrada, entrevista privada, México, D. F., marzo de 1977. A Estrada también se debe la lista de los pintores favoritos de Frida.

279 "Gran y multifacético pintor": ibídem.

280 Fanny Rabel recuerda: Rabel, entrevista privada.

280 Volante, ilustrado al estilo de Posada: El archivo de Frida Kahlo contiene una copia del anuncio.

281 [Corridos] especialmente escritos para la ocasión: El archivo de Frida Kahlo contiene copias de estos corridos.

282 Existe una fotografía de Rivera... Frida... bailó: *La Prensa,* México, D. F., 20 de junio de 1943, p. 27. Recorte de un artículo sin firma, acerca de la inauguración de "La Rosita", en el archivo de Frida Kahlo.

282 "Lo mejor de la tarde": Xavier, entrevista privada.

282 Todos los dignatarios pronunciaron discursos: recorte de *La Prensa,* 20 de junio de 1943, p. 27.

283 "Frida Kahlo, satisfecha con el trabajo": ibídem.

283 Otro periódico adoptó un punto de vista más escéptico: recorte no identificado, archivo de Frida Kahlo.

283 Un proyecto de mural más apropiado para los "Fridos": Arturo Estrada, "Recuerdo de Frida", texto de un discurso pronunciado el 11 de agosto de 1967, archivo personal de Arturo Estrada.

283 Las lavanderas contribuyeron: Arturo García Bustos, entrevistado por Karen y David Crommie.

283 "En el momento de realizar la selección definitiva": Estrada, "Recuerdo de Frida".

284 "Mi concepción en particular": García Bustos, entrevista privada.

284 Cada pintor aceptó la responsabilidad: Estrada, "Recuerdo de Frida". Esta idea del colectivo, contrario al método individual, era muy popular durante la época, según Estrada.

284 "Un perro sin dueño": Rabel, entrevista de Crommie.

284 Una fotografía de los esbozos preparatorios: Estas fotografías se encuentran en un álbum de recortes reunidos acerca del proyecto por Arturo García Bustos. Se encuentra en el archivo personal de éste.

284 Una invitación bastante formal: Una copia de la misma se halla en el archivo personal de García Bustos.

284 Fanny Rabel afirma: Rabel, entrevista privada.

284 También se ofrecieron música: García Bustos, entrevista de Crommie.

284 En junio de 1943... tuvieron una muestra: Un anuncio de esta exposición se encuentra en el archivo de Frida Kahlo.

285 Los "Fridos" contribuyeron: Estrada, "Recuerdo de Frida". Por una descripción del cuadro, véase Tibol, *Crónica*, pp. 135-137.

285 "Alentaba el desarrollo de un estilo personal": Diego Rivera, "Frida Kahlo: Esbozo Biográfico".

285 "Si Diego hubiera dicho": Guillermo Velasco y Polo, entrevista privada, Tepoztlán, Morelos, México, octubre de 1977.

285 A Frida [el Partido Comunista] le dio la bienvenida: Octavio Paz dijo que Rivera, al rechazar a Trotsky y declararse partidario del estalinismo, hizo de su solicitud de readmisión al Partido Comunista Mexicano "una miserable e innecesaria declaración de *mea culpa*". Bertram Wolfe recuerda que Frida "arrastró los pies" cuando Rivera realizó ese cambio político. No se sintió capaz de humillarse ni de admitir las equivocaciones de su pasado político del mismo modo como lo hacía Rivera al someterse al rito "autocrítico" exigido por el Partido Comunista (Wolfe, *Diego Rivera*, p. 396). Octavio Paz no está de acuerdo con esta versión. Según el escritor, Frida no omitió declaraciones humillantes en la solicitud escrita de readmisión al Partido: "La retractación de Frida Kahlo, sin duda influida por Rivera, no fue menos vergonzosa" (Octavio Paz, "Realismo Social en México: Los murales de Rivera, Orozco y Siqueiros", *Artscanada*, núm. 36 (diciembre de 1979-enero de 1980), pp. 63-64.

285 "Era humanista": Rabel, entrevista privada.

286 La pintura debía actuar dentro de la sociedad: Esta información sobre la actitud de Frida ante la relación entre la política y el arte se debe a entrevistas privadas con García Bustos, Monroy y Estrada.

286 "Su arraigo en la tradición de nuestro pueblo": Estrada, "Recuerdo de Frida".

286 "Me voy a poner muy triste": Monroy, entrevista privada.

Capítulo 20: *LA VENADITA*

287 El doctor Alejandro Zimbrón, le mandó: Begun, historial médico. Todos los detalles

en cuanto a la salud de Frida son de este historial, aparte de las excepciones así marcadas.

288 Alejandro Gómez Arias recuerda: Gómez Arias, entrevista privada.
288 Frida describió la serie de corsés ortopédicos: Bambi, "Un Remedio de Lupe Marín".
288 Hubo un periodo en el que pasó tres meses: Dromundo, entrevista privada.
288 "Quedamos horrorizados": Adelina Zendejas, entrevista privada, México, D. F., octubre de 1977.
288 "Fue muy emocionante": Ella Paresce, entrevistada por Karen y David Crommie. En realidad, el corsé de yeso que se exhibe sobre la cama de Frida en el museo no es el que Ella Paresce ayudó a quitar, pues no muestra señales de que se cortó en la parte de adelante. Frida lo decoró con calcomanías, vegetales pintados y una columna clásica rota, que lo divide por la mitad. Otro "adorno" consistía en chinches amarillas hundidas en la superficie del yeso hasta que alguien las sacó. Hacen pensar en los clavos que penetran la carne de Frida en *La columna rota*, y uno se puede imaginar cómo se rió al meterlas, creando imágenes de las punzadas sufridas por ella.
289 El doctor Eloesser, estaba [convencido]: Joyce Campbell, entrevista privada.
290 "¡Ahora puede comer lo que sea!": Monteforte Toledo, "Frida: Paisaje de Sí Misma", p. 2.
290 Los doctores la alimentaban con purés: Jacqueline Breton, entrevista privada.
290 "Todo se mueve al compás de lo que encierra la panza": En su diario, Frida anotó un misterioso poema que termina con las mismas palabras:

Números, economía
farsa de la palabra,
nervios son azules,
no sé por qué. . . también rojos,
pero llenos de colores.

De las cifras redondas
y los nervios rojos
se hacen las estrellas
y los mundos son sonidos.

No quisiera alimentar
ni la menor esperanza,
todo se mueve al compás
de lo que encierra la panza.

290 El microscopio y el sistema solar: La visión de Frida del mundo como una entidad continua, y de sí misma como vinculada a la dialéctica del microcosmos y macrocosmos era compartida por su esposo, como ya hemos visto. Los murales de Rivera muestran el alcance de la vida, desde las unidades celulares hasta las cósmicas. Como ejemplo, citamos la descripción hecha por el pintor de una parte del mural que realizó en la sala de espectáculos musicales de Radio City Music Hall, de Nueva York: "En el centro, el telescopio pone al acance de la vista y la comprensión del hombre lo cuerpos celestiales. El microscopio vuelve visibles y comprensibles al hombre infinitesimales organismos vivos, y así liga los átomos y las células con el sistema astral" (Wolfe, *Diego Rivera*, p. 321).

292 Se realizó la operación en junio: El hijo del doctor Philip Wilson, el doctor Philip
    D. Wilson, Jr., quien trabaja en el Hospital para Cirugía Especial, me escribió (el
    21 de julio de 1977) comentando que recuerda cómo su padre le habló de Frida,
    pero que no puede encontrar huella alguna de registros de hospital ni administra-
    tivos a nombre de Kahlo o Rivera.
292 "Ella estaba con Cristina": Noguchi, entrevista privada.
293 "Querido ingeniero": Carta a Eduardo Morillo Safa, 11 de octubre de 1946,
    archivo personal de Mariana Morillo Safa.
294 El doctor Wilson fusionó las vértebras equivocadas: Gómez Arias, doctor Velasco y
    Polo, entrevistas privadas.
295 Cristina contó que la operación... fue tan dolorosa: Tibol, entrevista privada.
295 Lupe Marín recordó: Marín, entrevista privada.
295 Dicen que también sufría de osteomielitis: Del Conde, *Vida de Frida Kahlo,* p. 16.
296 "Árbol de la esperanza, mantente firme", constituyó su grito: Henestrosa, entrevista
    privada. En el artículo intitulado "Frida", Henestrosa compara a Frida con un
    árbol: "Frida Kahlo ha muerto. Con ella se fue, silenciosamente, una lección de
    firmeza ante la adversidad; con su muerte se termina el espectáculo de una mujer
    que era como un árbol, pequeña y débil, pero tan profundamente arraigada en la
    tierra de la vida que la muerte luchó durante años para arrancarla".
297 "La agonía de vivir con Diego": Ella Wolfe, entrevista privada .
297 Las flechas significan el sufrimiento de Frida gracias a la opresión de los hombres:
    el refugiado español, amante de Frida, entrevista privada.
297 Una vez un jardinero le llevó una silla vieja: ibídem.
297 "En el mundo prehispánico": Rodríguez, entrevista privada.
297 Según lo explica Anita Brenner: Brenner, *Idols Behind Altars,* p. 155.
298 Hay una canción popular: García Bustos, entrevista privada, marzo de 1977. Sor
    Juana Inés de la Cruz: Laura Mulvey y Peter Wollen señalaron la conexión entre
    La venadita y este poema en su ensayo "Frida Kahlo y Tina Modotti", publicado
    en Whitechapel Art Gallery, Exhibition Catalogue, *Frida Kahlo and Tina Modotti,*
    p. 25.
298 Tu Olinka: La hija de Isabel Villaseñor se llama Olinka.

Capítulo 21: *RETRATOS DE UN MATRIMONIO*

299 "Monstruos sagrados": Entrevista con el refugiado español amigo de Frida, quien
    desea permanecer en el anonimato.
300 Solía mencionar: Rivera, "Frida Kahlo: Esbozo Biográfico". El cuadro de Frida,
    adquirido por el Estado de Francia en 1939, ahora se encuentra en el Musée National
    de Art Moderne, Centre Georges Pompidou, París.
300 "No existe artista en México": Rosa María Oliver, "Frida la Única y Verdadera
    Mitad de Diego". Recorte de periódico sin fecha, archivo de Isolda Kahlo.
300 "Todos éramos patanes junto a Frida": Entrevista privada con un viejo amigo de
    Frida, quien no desea que se mencione su nombre.
300 "En medio del panorama de toda la pintura mexicana": Rivera, "Frida Kahlo y
    el Arte Mexicano", p. 101. La opinión que tenía Frida de sí misma era más
    modesta. A un amigo que inquirió acerca de su arte, ella dijo: "¿Y cómo esperas
    que tenga ambiciones dada la condición física en que me encuentro?... Me han
    operado once veces, y cada vez salgo con una sola esperanza: la de ver triunfar
    nuevamente a Diego" (Antonio Robles, "La Personalidad de Frida Kahlo").
300 [Diego] conformaba al "arquitecto de la vida": Paul Boatine, entrevista privada,
    Detroit, enero de 1978.

301 Escuchaba sus historias: Ella Wolfe, entrevista privada.
301 "Su supuesta mitomanía": Kahlo, "Retrato de Diego".
301 "A los ataques cobardes": ibídem.
301 En una ocasión, un borracho: Wolfe, *Fabulous Life of Diego Rivera*, pp. 360-361.
302 *Diego y Frida 1929-1944:* En realidad existen dos versiones de este cuadro: Un visitante que lo vio en 1944 lo describió como una "medalla portátil" (Oliver, "Frida la Única"). Frida, efectivamente, pintó varias miniaturas ovaladas, siguiendo la correspondiente tradición mexicana, que fue muy popular durante el siglo xix. Obsequió una de ellas, pintada más o menos en 1946 y de apenas cinco centímetros de alto, al refugiado español que era su amante. A pesar de que sólo mide trece por ocho centímetros, la versión existente de *Diego y Frida 1929-1944* no sirve de medalla. La otra interpretación (retenida en una fotografía tomada probablemente durante la vida de Frida, que ahora se encuentra en el archivo del Departamento de Bellas Artes de México) lleva su firma. Ya que el estilo es más minucioso, la composición menos apretada y el detalle más complicado, creo que representa el original. Opino que la versión conocida conforma una copia realizada posteriormente por Frida misma.
302 Ella decía ser el embrión que "engendró a Diego": Frida Kahlo, diario.
302 Las conchas de mar simbolizaban el nacimiento: Paul Westheim, "Frida Kahlo: Una Investigación Estética".
302 "Los dos sexos": Kahlo, "Moisés", p. 6.
302 La idea de mostrar dos aspectos: Frida no fue la única artista del siglo xx que adoptó el concepto de la dualidad como contenido de una sola figura, con base en la cultura precortesiana. Su amigo Roberto Montenegro utilizó la idea en *Así es la Vida*, de 1937, obra en la que una mujer elegante se ve en un espejo. Está dividida verticalmente, compuesta a la mitad por un esqueleto y, a la otra, por una mujer de carne y hueso.
303 Los vástagos entrelazados se parecen a la corona de espinas de Cristo: Esta alusión al martirio de Cristo es muy evidente. Con anterioridad Frida ya había transformado la corona de espinas de Cristo en un collar, en dos autorretratos pintados en 1940. Por otra parte, también es posible que ella pretendió usar el collar/árbol como símbolo del vínculo, fuerte y vital, que la unía a Rivera. Frida con frecuencia empleaba los árboles para encarnar la resistencia de la vida, a pesar de terribles desventajas.
303 "A a célebre pintora": Este recado se encuentra en el archivo de Frida Kahlo.
303 "Ser la esposa de Diego": Lozano, colaboración con *Time*, 9 de noviembre de 1950.
303 "No hablaré de Diego como «mi esposo»": Kahlo, "Retrato de Diego".
304 "Cuando nos encontrábamos a solas": Ella Wolfe, entrevista privada.
305 "La maravillosa Nefertiti": Kahlo, "Moses", p. 5.
306 "Nunca he visto a nadie": Entrevista con un amante de Frida, quien desea permanecer en el anonimato.
307 "Se consoló": Tibol, entrevista privada.
307 Su "bigote de Zapata": Uno se pregunta cuál de los pretendientes de Frida (¿quizá ella misma?) fue quien escribió las rimas garabateadas en un pedazo de papel guardado cuidadosamente por ella. Ahora se encuentra en el archivo de Frida Kahlo, Museo Frida Kahlo: "Me gusta tu nombre, Frida,/pero tú me gustas más/en lo «free» por decidida/y en el final porque das./Cuando te veo con tu bozo/y como chico pelón/siento que sería mi gozo/el volverme maricón".
307 "De su pecho hay que decir": Kahlo, "Retrato de Diego".

307 La prensa planteó la pregunta: "Un Retrato de Escándalo", recorte de periódico sin fecha, archivo de Isolda Kahlo.
308 Tres periódicos importantes dieron a conocer la "noticia": Colaboración a *Time* de un corresponsal en México, 14 de agosto de 1949.
308 "Adoro a Frida": ibídem.
308 Frida rentó un departamento: Reyes y Rabel, entrevistas privadas.
308 Rivera la mantenía informada: Rosa Castro, entrevista privada.
308 [Frida] incluso le mandó un mensaje a María Félix: Ríos y Valles, entrevista privada.
308 Rivera... también tuvo relaciones amorosas [con Pita Amor]: Ric y Rac, "In-Mural".
308 Adelina Zendejas me habló de la ocasión: Zendejas, entrevista privada.
309 "Deprimida y dolida": Rivera, *My Art, My Life,* pp. 264-265.
309 *Diego y yo*... apenas constituía un esbozo: Samuel A. Williams, entrevista telefónica privada, noviembre de 1981.
311 "Las mujeres... entre ellas, yo": Kahlo, "Retrato de Diego".
311 Con una planta de maguey... en las manos: Frida comparó la fuerza de carácter de Rivera con la resistencia de un cacto: "Como los cactos de su tierra, crece fuerte y asombroso, lo mismo en la arena que en la piedra... Aunque lo arranquen de la tierra, sus raíces sobreviven. Se levanta con sorprendente fuerza y florece y da frutos como ninguna otra planta" (Kahlo, "Retrato de Diego", p. 5). Rivera utilizó una planta semejante a la de *El abrazo de amor,* también brotando hacia arriba, como símbolo sexual en el mural *La tierra fecunda:* "Mi símbolo para la Naturaleza fue una colosal mujer soñadora. Sus manos estrechaban una planta fálica de igual simbolismo" (*My Art, My Life,* p. 139). Un desnudo de Lupe Marín representó la fertilidad. Por otro lado, Frida decidió pintar a su esposo desnudo como imagen de un concepto semejante. El matiz anaranjado del cacto que sostiene Rivera también evoca *La flor de la vida,* cuadro de Frida de 1944.
311 "Su figura: con la cabeza tipo asiático": ibídem.
311 "Oh, ese niño": Rabel, entrevista de Crommie.
312 Antonio Rodríguez recuerda: Rodríguez, entrevista privada.
312 "Las imágenes e ideas circulan": Kahlo, "Retrato de Diego".
313 Ojo avizor: Isolda Kahlo, entrevista privada. Frida misma escribió "ojo avizor" en un gran ojo solitario que dibujó en los años cuarenta (Colección Rafael Coronel, México, D. F.). En su texto acerca de *Moisés,* afirmó que le dio un "ojo avizor" a Moisés porque era "más listo y agudo que otras personas" (Kahlo, "Moisés", p. 4).
313 En una ocasión, Frida representó su concepto del amor: En 1950, Frida y Diego ejecutaron una serie de dibujos expresando sus reacciones a varias emociones humanas. En parte esto fue un juego y, por otra, un experimento psicológico (Olga Campos, entrevista privada).
314 "Si me hubiera muerto sin conocerla": Lara Barba, "Sor Juana y Frida Kahlo: Paralelamente", p. 8.

Capítulo 22: *NATURALEZA VIVA*

317 "El calvario que la llevaría al fin": González Ramírez, "Frida Kahlo o el Imperativo de Vivir", p. 22.
317 El [doctor Eloesser] hizo unos apuntes: Estas anotaciones se encuentran entre las cartas dirigidas al doctor Eloesser de parte de Frida, en el archivo personal de Joyce Campbell.

317 Perdone la molestia": Frida Kahlo, carta al doctor Fastlich, archivo personal del doctor Fastlich.

319 "Hoy contesto la carta": Matilde Kahlo, carta al doctor Leo Eloesser, archivo personal de Joyce Campbell.

320 Diego era capaz de una ternura extraordinaria: Reyes, entrevista privada.

320 Según el doctor Velasco y Polo: Velasco y Polo, entrevista privada.

320 "Nunca se quejaba": ibídem.

321 "Con mi nuevo hueso": Velasco y Polo, entrevista privada, y Lozano, mensaje a Time, 9 de noviembre de 1950.

321 También le gustaba permitir que sus amigos se asomaran: Campos, entrevista privada.

321 Campos... pensaba escribir: ibídem.

322 "Cuando salga del hospital": Lozano, comunicación a Time, 9 de noviembre de 1950.

322 El doctor Velasco y Polo recuerda que ella temía a la soledad: Velasco y Polo, entrevista privada.

322 "Nosotros, las personas sanas": Elena Vásquez Gómez, entrevista privada, México, D. F., agosto de 1977.

322 "No se concentraba en sí misma": Rabel, entrevista privada.

322 "Tiene mucho talento': Lozano, comunicación a Time, 9 de noviembre de 1950.

322 Al terminar de ver toda la serie de películas: Antonio Luna Arroyo, entrevista privada, México D. F. marzo de 1977.

323 "Cristina llevaba una enorme canasta": Campos, entrevista privada.

323 "Nunca perdí los ánimos": Bambi, "Un Remedio de Lupe Marín".

323 [El doctor Farill] fundó un hospital: doctor Armando Navarro, entrevista privada, México, D. F., marzo de 1977.

323 [Frida] le decía "Chulito": Eugenia Farill de Pastor, entrevista privada, México, D. F., julio de 1977.

323 Quizá se sintió particularmente atraída hacia él: Velasco y Polo, entrevista privada.

324 Se movilizaba en una silla de ruedas: Elena Martínez, entrevista privada, México, D. F., octubre de 1978.

324 El día empezaba con una taza de té: ibídem.

325 "Chaparrita, ¿qué haces?": ibídem.

324 "María Félix era muy íntima": ibídem.

325 El doctor Velasco y Polo la recogía: Velasco y Polo, entrevista privada.

325 "En un momento una multitud la seguía": Judith Ferreto, entrevistada por Karen y David Crommie.

325 "Bailábamos, cantábamos": Bernice Kolko, entrevistada por Karen y David Crommie.

325 "Lo quiero por muchas cosas": Ferreto, entrevista de Crommie.

325 La desvestía con mucho cuidado: Tibol, entrevista privada.

326 "Yo quiero mucho": Tibol, Crónica, p. 32.

326 "Voy a ser una viejecita": Rabel, entrevista privada.

326 "Como no se podía mover": Rabel, entrevista privada.

326 "Si alguien se negaba a aceptar algo": Ríos y Valles, entrevista privada.

327 "Un día... Diego me dijo": Bambi, "Frida Es una Mitad".

327 "Pertenecía al Partido antes de conocer a Diego": Rosa Castro, "Cartas de Amor: Un Libro de Frida Kahlo".

327 "Muchas cosas de la vida ya me aburren": Robles, "La Personalidad de Frida Kahlo".

329 "El estilo de sus últimos cuadros": Velasco y Polo, entrevista privada.

329 Durante este periodo se manchaba las manos y la ropa de pintura: Ferreto, entrevista de Crommie.

329 "Mañana debo pintar": ibídem.

330 Frida decía que su casa era de ellas: El texto escrito en la pared de su recámara empieza con las siguientes palabras: "Casa de..."

330 Varios antiguos amigos se cansaron: Lupe Marín, entrevista privada.

330 Una amiga se asustó tanto: Entrevista privada con una amiga de Frida que no desea revelar su nombre.

330 Raquel Tibol recuerda la ira mostrada por Frida: Tibol, entrevista privada.

330 Trató de colgarse: Ferreto, entrevista de Crommie.

330 Tibol también platica la historia del suicidio de una muchacha con daños cerebrales: Tibol, entrevista privada. También se ha dicho que la muchacha no se suicidó, sino que Frida la mató, golpeándola con una muleta en un ataque de ira (entrevista privada con un amigo de Frida y de Diego, que desea permanecer en el anonimato).

Judith Ferreto contó una historia a Karen y a David Crommie, que posiblemente constituye la tercera versión del mismo suceso. Según Ferreto, una muchacha murió en la casa de Frida, de encefalitis contagiosa. "Frida se encontraba en un estado crítico y fue casi imposible calmarla. Tuvimos que poner la casa en cuarentena y pasar un mes en mi departamento".

330 Alejandro Gómez Arias la recuerda [a Ferreto]: Gómez Arias, entrevista privada.

330 "Eres como un general fascista": Ferreto, entrevista de Crommie.

331 "Creo que he fomentado tus sentimientos": ibídem.

331 "Empecé a trabajar con ella": ibídem.

332 "Vivían juntos": ibídem.

332 En 1952, contrajo cáncer del pene: Rivera, *My Art, My Life,* p. 234.

332 "Le hace falta alguien que lo cuide": Castro, entrevista privada.

332 "Quiero a Diego más que nunca": Bambi, "Un Remedio de Lupe Marín", p. 3.

332 Frida misma eligió el dibujo: Julio García Scherer, "Sátira Fina, Nunca Enmohína", recorte de periódico sin fecha, archivo de Isolda Kahlo.

333 "Para el puro placer": ibídem.

333 Incluso se consideró cambiar el nombre de la pulquería: Monroy, entrevista privada.

333 La tarde... deslumbrante, aunque grotesca: Rosa Castro, "Galería del Mundo", "Recordando a Frida Kahlo", *El Día,* México, D. F., 19 de julio de 1966.

Capítulo 23: *HOMENAJE A FRIDA KAHLO*

334 "Acababan de realizar un trasplante de huesos": Dolores Álvarez Bravo, entrevista de Crommie.

334 Invitaciones folclóricas: Arturo García Bustos tiene una invitación en su archivo personal.

335 La galería también publicó un folleto: Hay una copia en el archivo de Frida Kahlo. La muestra se llamaba "Primicias para un Homenaje a Frida Kahlo", pues se estaba pensando en hacer una retrospectiva más extensa en el Instituto Nacional de Bellas Artes. Finalmente, nunca se organizó. Rodríguez (entrevista privada) afirma que se canceló por el escándalo que se produjo cuando el funeral de Frida se convirtió en un acto político. La exposición se hubiera realizado en el verano de 1954, precisamente cuando murió Frida.

335 Al acercarse la noche de la inauguración: Este relato se basa en la entrevista de Crommie con Dolores Álvarez Bravo, y en Dolores Álvarez Bravo, entrevista privada.

335 "Había un embotellamiento afuera": Dolores Álvarez Bravo, entrevista de Crommie.
336 "Los fotógrafos y reporteros se sorprendieron de tal manera": ibídem.
336 "Les pedimos a las personas que circularan": ibídem.
336 Carlos Pellicer fungió como policía de tránsito: Morillo Safa, entrevista privada.
336 "Quédense conmigo": Monroy, entrevista privada.
336 Carlos Pellicer tenía lágrimas: Morillo Safa, entrevista privada.
336 Le pidió al escritor Andrés Henestrosa que cantara "La llorona": Henestrosa, entrevista privada.
337 "Anda, hijo": Velasco y Polo, entrevista privada.
337 "Todos los lisiados de México": Henestrosa, entrevista privada, y Andrés Henestrosa,
Una Alacena de Alacenas, pp. 87-89.
337 "Frida estaba muy arreglada": Monroy, entrevista privada.
337 "Fue algo espectacular": Tibol, entrevista privada.
337 "Todo mundo estaba presente": Morillo Safa, entrevista privada.
338 "Recibimos llamadas": Dolores Álvarez Bravo, entrevista de Crommie.
338 "Resulta imposible separar la vida y la obra": J. Moreno Villa, "La Realidad y el
Deseo en Frida Kahlo".
338 La revista *Time* comentó acerca de la exposición: *Time,* "Mexican Autobiography".
338 "Para mí, el suceso más emocionante": Rivera, *My Art, My Life,* pp. 283-284.
338 Algunas de las imágenes... que colgaban de las paredes: Según la prensa (*Excélsior,*
crónica sin firma, 12 de abril de 1953) hubo más o menos 36 cuadros, todos de
colecciones particulares propias. No se ofrecía ninguno para la venta. El catálogo
de la exposición sólo enumeró 31 artículos, incluyendo un grupo de dibujos y el
diario de Frida. Asimismo, se exhibieron el *Autorretrato* a lápiz de 1927, muchas
obras adquiridas por Morillo Safa y dos prestadas por Marte R. Gómez. Varios
cuadros mencionados por el catálogo no se atribuyen a ningún dueño en particular,
y resulta imposible identificar otros (*Mujer de Sarape,* por ejemplo, puesto a disposición de la galería por el difunto Frederick Davis; *Autorretrato,* colección de la
señora Emilia Moreschi; y *Frida en llamas,* prestado por Teresa Proenza). Según
dicha publicación, Dolores del Río facilitó *La tierra misma,* lo cual posiblemente
constituye otro título de *Dos desnudos en un bosque.*

Capítulo 24: *ESTÁ ANOCHECIENDO EN MI VIDA*

340 "Fui a dejarle un anillo": Zendejas, entrevista privada.
341 "¿Ya sabías...?": Elena Poniatowska, "El Museo Frida Kahlo".
341 "Una y otra vez afirmaban": Bambi, "Un Remedio de Lupe Marín".
342 *El círculo...* presenta una espantosa imagen: Tal imagen también aparece en un
extraño cuadro no acabado, representando un cuerpo en medio de un paisaje pedre-
goso, que hoy en día cuelga de la recámara de Frida en el museo. Aunque no
lleve firma ni se mencione en el catálogo del museo, creo que constituye una obra
producida durante los últimos años de Frida. Aparte de la cruda técnica, el paisaje
es casi idéntico al de *Raíces.* Un pequeño cerro y una barranca ocupan posiciones
semejantes en ambos cuadros, y la proporción entre el cielo y la tierra es la misma.
Como *Raíces,* el otro parece representar una figura dormida, pero ahí es donde
termina la semejanza. En lugar de un autorretrato ejecutado con esmero, vemos
un cuerpo amorfo que aparentemente se confunde con o se desintegra sobre la tierra.
En un rincón del cuadro hay un cacto, símbolo de la persistencia de la vida. Junto
al mismo, un rostro o máscara tirada, melancólicamente contempla el cielo.
342 Comunicó que había remplazado el lema: Henestrosa, entrevista privada.

342 La pintora trató de darles ánimos: Rodríguez, "Frida Kahlo: El Homenaje", p. 50, y entrevista privada.

344 "La noche anterior a la operación": Ferreto, entrevista de Crommie.

344 "Diles que estoy dormida": ibídem.

344 "A continuación de la pérdida de su pierna": Rivera, *My Art, My Life,* p. 284.

344 "Diego tenía a una persona en su estudio": Ferreto, entrevista de Crommie.

345 [Diego era] un "colaborador maravilloso": Ferreto, entrevista de Crommie.

346 "En el curso de su convalecencia": Rivera, *My Art, My Life,* p. 284.

346 "Mandó hacer una bota especial": Velasco y Polo, entrevista privada. El doctor Velasco y Polo, no el doctor Farill, amputó la pierna de Frida. Ya que él mismo era cojo, el doctor Farill no hacía amputaciones.

346 Con este calzado, decía Frida, bailaría "su alegría": Flores Guerrero, *Cinco Pintores Mexicanos,* p. 16.

346 Lo hacía delante de sus amigos: Castro, "Carta a Frida Kahlo".

346 "Frida estaba muy orgullosa": Tibón, entrevista privada, Cuernavaca, Morelos, México, julio de 1977.

346 Rosa Castro fue a visitar a Frida: Castro, "Carta a Frida Kahlo".

346 "Frida hacía chistes": Morillo Safa, entrevista privada.

348 No... quería pedir ayuda: Martínez, entrevista privada.

348 "Ayer, el 7 de mayo": El texto dice 1953, pero creo que Frida se equivocó de año, pues la anterior anotación tiene como fecha abril de 1954.

348 "A veces sólo una palabra": Ferreto, entrevista de Crommie.

348 Raquel Tibol platica de un día: Tibol, entrevista privada.

348 "No obstante, en cuanto se presentaba Diego": Castro, entrevista privada.

349 "¿Por qué lo habré hecho?": Zendejas, entrevista privada.

349 Judith Ferreto le trató de explicar: Ferreto, entrevista de Crommie.

349 "Todas las noches se desvela": Bambi, "Frida Dice Lo Que Sabe", p. 7.

349 "Durante ese último y trágico periodo": Loló de la Torriente, "Recuerdos de Frida Kahlo", p. 9.

349 "Nadie sabe cuánto quiero a Diego": Robles, "La Personalidad de Frida Kahlo".

349 Contaba con el permiso: Tibol, entrevista privada.

350 "Una vez la fui a ver": Ríos y Valles, entrevista privada.

351 Probablemente es *El capital* de Marx: Ella valoraba mucho este libro. En una lista de las cosas que quería hacer, la cual se expone en el Museo Frida Kahlo, Frida anotó que quería mandar encuadernar de nuevo *El capital.*

351 "Por primera vez": Ferreto, entrevista de Crommie. Es cierto que Frida tiró las muletas una vez, mientras estaba produciendo *El marxismo dará la salud a los enfermos.* No obstante, después de avanzar unos pasos, se cayó, agravando su condición, crítica ya (García Bustos, entrevista privada).

351 "No puedo": ibídem.

351 "Quiero que mi trabajo contribuya": Rodríguez, "Frida Abjura del Surrealismo".

351 Un día primaveral, el doctor Farill: Eugenia Farill, entrevista privada.

351 "¿No has visto el otro?": Tibol, "Frida Kahlo: En el Segundo Aniversario de su Muerte". Según. Tibol describió el cuadro, era un autorretrato en el que Frida llevaba pantalones de lana y un rebozo, montando guardia junto a un crematorio. Tibol también recuerda que Frida lo pintó en un pequeño pedazo de madera. A pesar de que esta descripción no corresponde completamente a la pintura existente intitulada *Los hornos de ladrillo,* parece probable que éste y el que Tibol vio pintar a Frida en 1954 sean el mismo. Es posible que el autorretrato en el que su rostro aparece dentro de un girasol sea uno que se encuentra registrado por una fotografía.

En él, se ve a Frida desnuda, con una mano en un girasol que le cubre los órganos genitales, y con pinceles y una máscara de sus propias facciones en la otra. Su rostro ha perdido dichos rasgos y se transforma en cuatro pétalos que irradian luz sobre las otras flores que llenan el fondo. Dolores Olmedo (entrevista privada) afirma que el cuadro representa el cuerpo de ella y el rostro de Frida (como máscara), además de que está relacionado con la idea de Rivera de que había cierta dualidad entre Dolores Olmedo y Frida: opuestos complementarios.

352 "Durante esos últimos días": Morillo Safa, entrevista privada.

352 "En esos días": Ferreto, entrevista de Crommie.

352 "Fui y pasé la mayor parte del día": ibídem. Por su propio estado de salud, Ferreto no estaba trabajando con Frida en esa época.

353 "¿Qué me van a dar de premio...?": Bambi, "Manuel, el Chofer", p. 5.

353 Incluso invitó a Lupe Marín: Radar, "Etcétera", 15 de julio de 1954.

353 Dijo que quería adoptar a un niño: Zendejas, entrevista privada.

353 Una invitación para visitar Rusia: Bambi, "Manuel, el Chofer", p. 1.

353 Frida se emocionó con la idea de ir a Polonia: ibídem.

353 "Traigan mucha raza": ibídem.

354 "Gringos asesinos": Tibol, Crónica, leyenda de una ilustración.

354 "Sólo quiero tres cosas": J. O., "Frida Kahlo, Una Vida de Martirio", 29 de julio de 1954, recorte de periódico, archivo de Isolda Kahlo.

354 "No resultó difícil hablar": González Ramírez, "Frida Kahlo o el Imperativo de Vivir", p. 25.

355 "Empecemos a celebrar": Bambi, "Manuel, el Chofer", p. 1.

355 "Embolia pulmonar": El Nacional, 14 de julio de 1954.

355 "Me quedé junto a su cama": Rivera, My Art, My Life, pp. 284-285.

355 Bambi publicó un largo artículo: Bambi, "Manuel, el Chofer", p. 1, 5.

356 Rivera llamó al doctor Velasco y Polo: Velasco y Polo, entrevista privada.

356 A las once de la noche: Bambi, "Manuel, el Chofer", p. 5.

356 "Señor", dijo: ibídem, p. 1. El doctor Velasco y Polo (entrevista privada), dijo que cuando regresó a la casa después de la muerte de Frida, "estaba acostada en la cama. Me contaron que la encontraron muerta en la tina de baño. Aparentemente lo que pasó fue que le molestó la pierna, por lo que se levantó y fue al baño. Ahí se cayó y murió".

Capítulo 25: VIVA LA VIDA

357 "Se convirtió en un anciano": Ella Paresce, carta a Bertram D. Wolfe, 23 de julio de 1954, Institución Hoover, Universidad de Stanford.

357 "Le ruego": Wolfe, Fabulous Life of Diego Rivera, p. 400.

357 "Diego estaba completamente solo": Marín, entrevista privada.

357 "Resultó terrible para mí": Campos, entrevista privada.

357 "Por supuesto estaba histérica": Kolko, entrevista de Crommie.

358 "Diego se fue solo con el chofer": ibídem.

358 Le había pedido un certificado de defunción: Velasco y Polo, entrevista privada.

358 "Cuando ella estaba de cuerpo presente": Castro, entrevista privada.

358 "Nada de pancartas políticas": Wolfe, Fabulous Life of Diego Rivera, p. 400. Este relato de los funerales de Frida se remite principalmente a Fabulous Life of Diego Rivera, de Wolfe, a las notas de prensa reunidas en el archivo de Isolda Kahlo, y a entrevistas con Arturo García Bustos y el doctor Velasco y Polo.

359 Amenazó sacar el cadáver de Frida: *Foto-Guión*, 48, recorte sin fecha de una revista, archivo de Isolda Kahlo.

359 "Si el general Cárdenas": Wolfe, *Fabulous Life of Diego Rivera*, p. 401.

359 "Farsa rusófila": recorte de periódico sin fecha, archivo de Isolda Kahlo.

359 A un reportero de periódico le informó: Rodolfo Contreras A., "Frida Kahlo, la Artista del Pincel, Dejó de Existir Ayer", *Novedades*, México, D. F., 14 de julio de 1954, p. 19.

359 "Frida ha muerto": Iduarte, "Imagen de Frida Kahlo".

360 "Siempre vivirás": Este poema de Pellicer nunca ha sido publicado en inglés. Traduje las últimas tres líneas del español original. La primera dice: "Si en tu vientre acampó la prodigiosa".

360 "Voluntad férrea de vivir": "El Cadáver de la Artista Frida Kahlo, Incinerado en Dolores", *Novedades*, México, D. F., 15 de julio de 1954, p. 26.

360 A la una y cuarto: ibídem.

360 Rivera quiso que Frida se fuera acompañada por música: Monroy, entrevista privada, y Guillermo Monroy, "Vayan a la Cámara del Horno a Despedir a Frida Kahlo", *Excélsior*, México, D. F., 13 de julio de 1975, pp. 1, 5, 8.

360 "Rivera estuvo con los puños cerrados": Monroy, entrevista privada.

361 "Todos estaban colgados de las manos de Frida": Zendejas, entrevista privada.

361 Cristina se puso histérica: Paresce, carta a Bertram Wolfe.

361 Su cara pareció sonreír: Tibol, "Frida Kahlo: Segundo Aniversario".

361 Un soplo de asfixiante calor: Monroy, "Vayan a la Cámara del Horno". Véase también *Novedades*, "El Cadáver de la Artista", p. 17.

361 Con el rostro absorto completamente: Estrada, entrevista privada.

361 Pidió que se mezclaran sus cenizas con las de Frida: Al poco tiempo de la muerte de Frida, Antonio Peláez pidió a Rivera que escribiera unas palabras redactadas por él mismo, para acompañar el retrato de Frida que se publicaría en *21 Mujeres de México*, Editorial Fournier, S. A., 1956, p. 21. Un párrafo de la colaboración de Rivera decía: "Cualesquiera que tuviese la suerte sin par de encontrarse cerca de Frida, dentro de su amor, puede, en el momento en que cambió de presencia a través del fuego, caerse más y más profundamente al abismo sin fin que dejó mundos, comprendiéndolos mejor en cada instante, con la esperanza de alcanzar la felicidad total por medio de la mezcla de las propias cenizas, molécula por molécula, con las de ella".

361 "El 13 de julio de 1954 fue el día más trágico de mi vida": Rivera, *My Art, My Life*, pp. 285-286.

361 Una bolsa con sus cenizas: Juan Soriano, entrevistado por Elizabeth Gerhard a pedido de la autora, París, junio de 1978. Según otra versión, Rivera comió un poco de las cenizas de Frida.

362 "Porque, estando muerta": notas de Lesley.

362 Cuadros de Diego y de otros: La colección de arte de Frida incluyó obras de Paul Klee, Yves Tanguy, Marcel Duchamp, José María Velasco y José Clemente Orozco.

362 "Aparte impuse una condición más": Rivera, *My Art, My Life*, pp. 285-286.

362 Ocho días antes de morir: Rodríguez, "Frida Kahlo: El Homenaje", p. 50.

Ilustraciones

XIII *Autorretrato*, 1937, óleo sobre tela, 76.2 × 61 cm, colección señora de Henry R. Luce, Honolulu, Hawai, fotografía de Ric Noyle.

XIV *Las dos Fridas*, 1939, óleo sobre tela, 173.5 × 173 cm, colección Museo de Arte Moderno, México, D. F., fotografía de José Verde.

XV *El sueño*, 1940, óleo sobre tela, 74.3 × 98.4 cm, colección Selma y Nesuhi Ertegun, Nueva York, fotografía por cortesía de Sotheby Parke Bernet.

XVI *Autorretrato*, 1940, óleo sobre tela, 61.2 × 47.6 cm, colección de Iconografía, Centro de Investigaciones de Humanidades, Universidad de Texas en Austin.

Láminas a color entre las páginas 304-305

XVII *Autorretrato de pelona*, 1940, óleo sobre tela, 40 × 27.9 cm, colección Museo de Arte Moderno, Nueva York, donación de Edgar Kaufmann, Jr.

XVIII *Autorretrato con mono*, 1940, óleo sobre masonite, 50.8 × 38.7 cm, colección del señor Jacques Gelman y señora, México, D. F., fotografía de Raúl Salinas.

XIX *Autorretrato*, 1940, óleo sobre masonite, 59.7 × 40 cm, colección testamentaría del doctor Leo Eloesser, por cortesía de la galería Hoover.

XX *Autorretrato con monos*, 1943, óleo sobre tela, 81.5 × 63 cm, colección del señor Jacques Gelman y señora, México, D. F., fotografía de Raúl Salinas.

XXI *Autorretrato como tehuana*, 1943, óleo sobre masonite, 63 × 61 cm, colección del señor Jacques Gelman y señora, México, D. F., fotografía de José Verde.

XXII *Pensando en la muerte*, 1943, óleo sobre masonite, 59 × 51 cm, colección Dolores Olmedo, México, D. F., fotografía de Raúl Salinas.

XXIII *Autorretrato con changuito*, 1945, óleo sobre masonite, 54.5 × 39.5 cm, colección Dolores Olmedo, México, D. F., fotografía de Raúl Salinas.

XXIV *Autorretrato*, 1947, óleo sobre masonite, 61 × 45.1 cm, colección Licio Lagos, México, D. F., fotografía por cortesía de la Galería de Arte Mexicano.

XXV *Autorretrato*, 1948, óleo sobre masonite, 48.3 × 39.4 cm, colección del doctor Samuel Fastlicht, México, D. F., fotografía de Raúl Salinas.

XXVI *Diego y yo*, 1949, óleo sobre tela y masonite, 61 × 21.6 cm, colección señor S. A. Williams, Wilmette, Illinois, fotografía de William H. Bengtson.

XXVII *Raíces*, 1943, óleo sobre lámina, 30 × 51 cm, colección Dolores Olmedo, México, D. F., fotografía de Raúl Salinas.

XXVIII *La columna rota*, 1944, óleo sobre masonite, 40 × 31 cm, colección Dolores Olmedo, México, D. F., fotografía de José Verde.

XXIX *Sin esperanza*, 1945, óleo sobre masonite, 28 × 36 cm, colección Dolores Olmedo, México, D. F., fotografía de Raúl Salinas.

XXX *Árbol de la esperanza*, 1946, óleo sobre masonite, 55.9 × 40.6 cm, colección Daniel Filipacchi, París, fotografía por cortesía de Sotheby Parke Bernet.

XXXI *La venadita*, 1946, óleo sobre masonite, 23 × 30 cm, colección señor Espinosa Ulloa, México, D. F., fotografía de Raúl Salinas.

XXXII *El sol y la vida*, 1947, óleo sobre masonite, 40 × 49.5 cm, colección Manuel Perusquía, México, D. F., fotografía de Raúl Salinas.

XXXIII *El abrazo de amor del universo, la tierra (México), Diego, yo y el señor Xolotl*, 1949, óleo sobre tela, 69.9 × 60.3 cm, colección Eugenio Riquelme y señora, fotografía de Karen y David Crommie.

XXXIV *Retrato de Frida y el doctor Farill*, 1951, óleo sobre masonite, 41.5 × 50 cm, colección Eugenia Farill, México, D. F., fotografía de Raúl Salinas.

XXXV *Viva la Vida*, 1954, óleo sobre masonite, 59.2 × 50.8 cm, Museo Frida Kahlo, México, D. F., fotografía de Raúl Salinas.

Ilustraciones en blanco y negro entre las páginas 48-49

1. Retrato de bodas de Guillermo Kahlo y Matilde Calderón, 1898.
2. *Mis abuelos, mis padres y yo,* 1936, óleo y temple sobre lámina, 30.8 × 34.6 cm, colección Museo de Arte Moderno, Nueva York, donación de Allan Roos, M. D., y B. Mathieu Roos.
3. Frida (lado inferior de la derecha), después de recuperarse de la poliomielitis, con algunos miembros de su familia. Fila de atrás, segunda de la derecha, su madre; quinta de la derecha, su abuela; sentada con las piernas cruzadas, su hermana Cristina.
4. *Piden aeroplanos y sólo les dan alas de petate,* 1938, óleo, paradero desconocido.
5. *Cuatro habitantes de México,* 1938, óleo sobre lámina, 32.4 × 47.6 cm, colección particular, California.
6. Autorretrato de Guillermo Kahlo, más o menos 1907.
7. *Retrato de don Guillermo Kahlo,* 1952, óleo sobre masonite, 62 × 48 cm, colección Museo Frida Kahlo, México, D. F., fotografía Raúl Salinas.
8. Frida como colegiala, 1923.
9. Alejandro Gómez Arias, más o menos 1928.
10. Dibujo de Frida del accidente, sin fecha, colección Rafael Coronel, México, D. F., fotografía de Raúl Salinas.
11. Frida (de pie a la izquierda, con un traje de hombre) con algunos miembros de su familia. Al fondo, desde la izquierda: su tío, su hermana Adriana, el esposo de Adriana, Alberto Veraza; en el centro: su tío, su madre, su prima Carmen; hasta adelante: Carlos Veraza, Cristina. Fotografía de Guillermo Kahlo, 1926.
12. *Retrato de Adriana,* 1927, óleo sobre tela, paradero desconocido, fotografía de Guillermo Kahlo.
13. *Retrato de Cristina mi hermana,* 1928, óleo sobre madera, 99 × 81.5 cm, colección Isolda Kahlo, México, D. F.
14. Retrato de Frida distribuyendo armas, en el mural de la Secretaría de Educación realizado por Diego Rivera, 1928.
15. *Niña,* 1929, óleo sobre masonite 84 × 68 cm, colección Dolores Olmedo, México, D. F., fotografía de Raúl Salinas.
16. *El camión,* 1929, óleo sobre tela, 26 × 55.5 cm, colección Dolores Olmedo, México, D. F., fotografía de Raúl Salinas.
17. Frida y Diego en el día de su casamiento, 21 de agosto de 1929.
18. *Autorretrato,* 1930, óleo sobre tela, 54 × 65 cm, colección Dolores Olmedo, México, D. F., fotografía de Raúl Salinas.
19. *Retrato de Eva Frederick,* 1931, óleo sobre tela, 63 × 46 cm, colección Dolores Olmedo, México, D. F., fotografía de Raúl Salinas.
20. *Retrato de la señora Jean Wight,* 1931, óleo sobre tela, 64.8 × 47.6 cm, colección Gutierre Tibón, Cuernavaca, México, fotografía de Raúl Salinas.
21. *Retrato del doctor Leo Eloesser,* 1931, óleo sobre cartón, 85.1 × 59.7 cm, colección Universidad de California, San Francisco, Escuela de Medicina.
22. *Luther Burbank,* 1931, óleo sobre masonite, 87 × 62 cm, colección Dolores Olmedo, México, D. F., fotografía de Raúl Salinas.
23. Frida y Diego en la fábrica Rouge River de la Ford Motor Company, Detroit, 1932.
24. En el andamio del Instituto para las Artes de Detroit, 1932. Por cortesía del Instituto para las Artes de Detroit, compra de la Sociedad de Fundadores, Fondo Edsel B.

Ford y donación de Edsel B. Ford, negativo núm. 2773, fotografía de W. J. Stettler, fotógrafo de la Ford Motor Company.

25. Con (de izquierda a derecha) Lucienne Bloch, Arthur Niendorff y Jean Wight, en el techo del Instituto para las Artes de Detroit, viendo el eclipse solar, 31 de agosto de 1932. Por cortesía del Instituto para las Artes de Detroit, negativo núm. 2774, fotografía de W. J. Stettler, fotógrafo de la Ford Motor Company.
26. *Frida y el aborto*, 1932, litografía, 32 × 23 cm, fotografía de Raúl Salinas.
27. Después de la muerte de su madre, fotografía de Guillermo Kahlo, 1932.
28. *Autorretrato en la frontera entre México y Estados Unidos*, 1932, óleo sobre lámina, 31.9 × 34.9 cm, colección Manuel Reyero y señora, Nueva York, fotografía por cortesía de Christie's, Nueva York.
29. Pintando *Autorretrato en la frontera*.
30. *Autorretrato*, 1933, óleo sobre lámina, 34.3 × 29.2 cm, colección Jacques Gelman y señora, México, D. F., fotografía de Raúl Salinas.
31. El mural del Centro Rockefeller de Rivera, en su segunda versión del Palacio de Bellas Artes, México, D. F., 1934, fotografía de Raúl Salinas.
32. Con Diego y una amiga no identificada en la Escuela Nueva para Trabajadores, Nueva York, 1933.
33. Con Nelson Rockefeller y Rosa Covarrubias en 1939.
34. *Mi vestido cuelga ahí*, 1933, óleo y collage sobre masonite, 45.7 × 50.2 cm, testamentaría del doctor Leo Eloesser, por cortesía de la Galería Hoover, San Francisco.
35. Los retratos de Frida, Cristina y los hijos de Cristina, realizados por Rivera en su mural del Palacio Nacional, 1935.
36. Con Ella Wolfe en Nueva York, 1935.
37. *Autorretrato*, 1935, óleo sobre lámina, colección particular, California.
38. Isamu Noguchi, fotografía de Edward Weston, 1935.
39. *Recuerdo*, 1937, óleo sobre lámina, 40 × 27.9 cm, colección Michel Petitjean, París.
40. *Recuerdo de la herida abierta*, 1938, óleo, destruido por un incendio, fotografía por cortesía de Raquel Tibol.
41. Con sus sobrinos, Isolda y Antonio Kahlo.
42. Con Diego delante de la cerca de cactos de órgano en San Ángel.
43. Las casas vinculadas de los Rivera en San Ángel.

Ilustraciones en blanco y negro entre las páginas 208-209

44. La llegada de los Trotsky a Tampico, 1937.
45. Frida y Trotsky, 1937.
46. Frida con (de la izquierda) Trotsky (sentado), Diego, Natalia Trotsky, Reba Hansen, André Breton y Jean van Heijenoort, en una excursión a los alrededores de la ciudad de México, junio de 1938.
47. Una reunión en el departamento de Lupe Marín en 1938. De la izquierda: Luis Cardoza y Aragón, Frida, Jacqueline y André Breton, Lupe, Diego y Lya Cardoza.
48. *Yo y mi muñeca*, 1937, óleo sobre lámina, 40 × 31.1 cm, colección Jacques Gelman y señora, México, D. F., fotografía de Raúl Salinas.
49. *Escuincle y yo*, más o menos 1938, óleo, paradero desconocido, fotografía por cortesía de Unidad de Documentación, Dirección de Artes Plásticas, Instituto Nacional de Bellas Artes, México, D. F.

ILUSTRACIONES

50. *Lo que me dio el agua,* 1938, óleo sobre tela, 96.5 × 76.2 cm, colección Tomás Fernández Márquez, México, D. F., fotografía de Raúl Salinas.
51. En la exposición de Nueva York, 1938, fotografía de Elinor Mayer.
52. Con Nickolas Muray, fotografía de Nickolas Muray, más o menos 1938.
53. *Dos desnudos en un bosque,* 1939, óleo sobre lámina, 22.9 × 30.5 cm, colección Dolores del Río, México, D. F., fotografía de Raúl Salinas.
54. *El suicidio de Dorothy Hale,* 1939, óleo sobre masonite, 59.2 × 48.3 cm, Museo de Arte de Phoenix, Phoenix, Arizona.
55. *La mesa herida,* 1940, óleo sobre tela, paradero desconocido, fotografía por cortesía del archivo de *Excélsior.*
56. *Autorretrato,* 1940, óleo sobre masonite, 59.7 × 40 cm, testamentaría del doctor Leo Eloesser, por cortesía de la Galería Hoover, fotografía por cortesía de Sotheby Parke Bernet.
57. *Autorretrato con trenza,* 1941, óleo sobre tela, 51 × 38.5 cm, colección Jacques Gelman y señora, México, D. F., fotografía de Raúl Salinas.
58. Relojes de cerámica, uno con la fecha del divorcio (Frida escribió en el mismo: "Se rompieron las horas"), el otro con la fecha de las segundas nupcias, fotografía de Hayden Herrera.
59. Frida y Diego con Caimito de Guayabal, fotografía por cortesía del archivo de *Excélsior.*
60. Durante la Segunda Guerra Mundial, fotografía de Nickolas Muray.
61. En el comedor de la casa azul de Coyoacán, fotografía de Emmy Lou Packard.
62. *Diego y Frida 1929-1944,* 1944, óleo sobre cartón, paradero desconocido, fotografía por cortesía de la Unidad de Documentación, Dirección de Artes Plásticas, Instituto Nacional de Bellas Artes, México, D. F.
63. *Autorretrato,* dibujo, 1946, lápiz sobre papel, 38.5 × 32.5 cm, colección Marte Gómez Leal, México, D. F., fotografía de José Verde.
64. *La flor de la vida,* 1944, óleo sobre masonite, 27.8 × 19.7 cm, colección Dolores Olmedo, México, D. F., fotografía de Raúl Salinas.
65. *Naturaleza muerta,* 1942, óleo sobre lámina, 63 cm de diámetro, colección Museo Frida Kahlo, México, D. F., fotografía de Raúl Salinas.
66. *Los frutos de la tierra,* 1938, óleo sobre masonite, 41.3 × 59.2 cm, colección Banco Nacional de México, México, D. F., fotografía de Larry Bercow.
67. *Retrato de Mariana Morillo Safa,* 1944, óleo sobre tela, 26.7 × 38.1 cm, colección Ruth Davidoff, México, D. F., fotografía por cortesía de la Unidad de Documentación, Dirección de Artes Plásticas Nacional de Bellas Artes, México, D. F.
68. *Doña Rosita Morillo,* 1944, óleo sobre masonite, 77.5 × 72.4, colección Dolores Olmedo, México, D. F., fotografía de Raúl Salinas.
69. *Moisés,* 1945, óleo sobre masonite, 75 × 61 cm, colección Jorge Espinosa Ulloa, México, D. F., fotografía de Raúl Salinas.
70. Con Granizo cuando éste era un cervato, más o menos 1939, fotografía de Nickolas Muray.
71. Con Diego en un mitin político, más o menos 1946.
72. Con tres alumnos suyos, más o menos 1948. De la izquierda: Fanny Rabel, Arturo Estrada y Arturo García Bustos.
73. Frida, más o menos 1947.
74. Detalle del mural pintado por Rivera en 1947-1948 en el Hotel del Prado, donde se representa a sí mismo como niño, mientras la mano de Frida descansa protectoramente sobre su hombro.
75. Diego con María Félix, 1949.

76. El año que pasó Frida en el hospital, 1950-1951. Arriba y a la izquierda, con una calavera de azúcar inscrita con su nombre; arriba y a la derecha, pintando uno de la serie de corsés de yeso que soportó; a la izquierda, con Diego; fotografía de Juan Guzmán.

77. Pintando *Naturaleza Viva* en su casa, 1952, fotografía de Antonio Rodríguez.

78. Con sus sirvientes, más o menos 1952.

79. Entrando a la galería para la inauguración del Homenaje a Frida Kahlo, en 1953. Contemplándola (de izquierda a derecha) Concha Michel, Antonio Peláez, doctor Roberto Garza, Carmen Farell y (abajo y a la derecha), el doctor Atl; fotografía por cortesía del archivo de *Excélsior*.

80. *El marxismo dará la salud a los enfermos,* 1954, óleo sobre masonite, 76 × 61 cm, colección Museo Frida Kahlo, México, D. F., fotografía de Raúl Salinas.

81. El estudio de Frida como ella lo dejó, con el retrato sin concluir de Stalin en el caballete; fotografía de Raúl Salinas.

82. Protestando por la destitución del presidente guatemalteco Jacobo Arbenz Guzmán por parte de la CIA, en julio de 1954. Juan O'Gorman se encuentra junto a Frida y Diego, atrás de ella.

83. En su lecho de muerte.

84. Diego flanqueado por Lázaro Cárdenas (a la izquierda) y Andrés Iduarte, siguiendo la carroza fúnebre al crematorio; fotografía por cortesía del archivo de *Excélsior*.

85. La cama de Frida, Museo Frida Kahlo, fotografía de Raúl Salinas.

Otras ilustraciones en blanco y negro

Página del título: Frida Kahlo en 1931, fotografía de Imogen Cunningham, © The Imogen Cunningham Trust.

Títulos divisorios de las partes

I. Frida como niña. Fotografía de Guillermo Kahlo.
II. Frida en 1926. Fotografía de Guillermo Kahlo.
III. Frida y Diego en 1931. Fotografía de Peter Juley.
IV. Frida a mediados de los treinta. Fotografía de Manuel Álvarez Bravo.
V. Frida en 1939. Fotografía de Nickolas Muray.
VI. Frida, más o menos en 1953. Fotografía de Bernice Kolko.

Hojas del diario de Frida: páginas 265 y 415.

ÍNDICE ANALÍTICO
Y
ONOMÁSTICO

432

Autorretrato —Nueva York— (Kahlo), 149
Autorretrato —Trotsky— (Kahlo), 183, 184, 187, 198, 199, 211, 217
Ávila Camacho, el presidente Manuel, 269

Balada de la revolución proletaria, la, serie de murales (Rivera), 88-89
Bambi, 355
Barr, Alfred H., Jr., 116
Behar, Roberto, 271
Beloff, Angelina, 78, 254, 261
Bender, Albert M., 108, 269
Berggruen, Heinz, 252-254
Bienes congelados, los (Rivera), 105, 132
Blanch, Lucile, 101, 106
Bloch, Lucienne, 117, 118, 124, 125, 126, 127, 128, 131, 133, 136, 137, 139, 142, 143, 144, 148, 152, 162, 171, 185
Bloch, Suzanne, 117, 142, 148
Bohus, Irene, 232, 249, 250, 330
Bolsa de San Francisco, 106, 108
   alegoría de California, mural (Rivera), 106, 110
Boytler, Arcady, 296, 332
Brener, Anita, 76, 117, 162, 176, 200, 243, 254, 255, 297
Breton, André, 184, 192, 193, 194, 198, 200, 203, 205, 206, 207, 208, 210, 212, 215, 216, 217, 218, 221, 243
   ensayo para el catálogo de la exposición en la galería de Levy, 195, 196
Breton, Jacqueline (esposa de André), 194, 205, 212, 213, 279
Bustamante, Octavio, 69

Caballera Sevilla, Carmen, 257
Cachuchas, 35-38, 39, 42, 53
Cadavre exquis, 142
Caimito de Guayabal, 239
Calas, Nicolás, 200
Calderón, Antonio (abuelo), 19, 21
Calderón y González, Matilde. *Véase* Kahlo, Matilde Calderón de
Calles, presidente Plutarco Elías, 42, 75, 96, 104
Camión, el (Kahlo), 90-91
Campaña contra los murales
   Detroit, 141
   Nueva York, 144-147
Campos, Isabel, 107, 112, 150

Campos, Olga, 62, 321, 322, 357
Canasta de flores, la (Kahlo), 232
Caña de azúcar (Rivera), 118
Cárdenas, presidente Lázaro, 170, 174, 177, 283, 359
Cardoza y Aragón, Luis, 97
Caso, Antonio, 32, 36
Castro, Rosa, 333, 346, 348, 358
Centro Rockefeller, mural (Rivera), 139, 143-147
Círculo, el (Kahlo), 342
Colegio Nacional, 268
Columna rota, la (Kahlo), 73-74, 239, 265, 287, 296
Colle, Pierre, 206, 207
   galería, 205, 213, 244
Comisión Dewey, 179, 181
Comisión para las Artes de Detroit, 119, 120
"Conversaciones en Pátzcuaro", 194
Copland, Aarón, 79, 170
Cornell, Joseph, 201, 221
Coronet, 201
Covarrubias, Miguel, 76, 137, 215, 245, 321, 359
Covarrubias, Rosa Rolando, 76, 137, 234, 245
Creación, la (Rivera), 38, 77-78
Creación de un fresco, la (Rivera), 113
Crowninshield, Frank, 117, 266
Cuatro habitantes de México, los (Kahlo), 27-29, 187, 188, 189
Cunningham, Imogen, 101
Chávez, Carlos, 79, 95, 118, 243
Chucho, 173, 325, 330
"Chucho Paisajes". *Véase* Ríos y Valles, Jesús

Dale, Chester, 199
De Campo, Germán, 35, 76
De la Torriente, Loló, 349
Del Río, Dolores, 170, 172, 203, 283, 324, 325, 347
Detroit, murales (Rivera), 139, 141, 143
Detroit News, 120, 139
Diario. *Véase* Kahlo, Frida, diario
Díaz, Porfirio, 20, 22, 32, 75
Diego y Frida 1929-1944 (Kahlo), 299, 302
Diego y yo (Kahlo), 299, 309, 311
Difuntito Dimas, el (Kahlo), 187, 188, 189, 190, 191

ESTA EDICION DE 2 000 EJEMPLARES SE TERMINO
DE IMPRIMIR EL 15 DE OCTUBRE DE 1987 EN LOS
TALLERES DE LITOGRAFICA ORION, S. A. DE C. V.
MAPLE 14, COL. STA. MA. INSURGENTES
06430 MEXICO, D. F.